Xavier Reyes-Ayral es un autor francés que ha trabajado desde los años 90 en los lugares de las apariciones marianas a través de libros que ha publicado en Francia, Alemania e Italia. Tras haber colaborado brevemente durante algunos años con el mundialmente conocido monseñor René Laurentin, Xavier Reyes-Ayral ha seguido estudiando las apariciones de la Santísima Virgen María en Europa, Canadá y América Latina.

En 2013, Xavier escribió y publicó también en Francia un libro titulado *Heroïsme* relativo a las extraordinarias aventuras en la Segunda Guerra Mundial de su tío, Jean Ayral; un oficial francés altamente condecorado por la Fuerzas Francesas Libres y por la Royal Navy, cuyas misiones durante la ocupación y liberación de Francia han quedado registradas en los anales de los servicios de inteligencia británicos y franceses.

Xavier Reyes-Ayral es hoy Caballero de Colón de cuarto grado y Gran Caballero de su propio consejo, y desde el fallecimiento de Monseñor Laurentin en 2017, ha decidido escribir más libros sobre las apariciones marianas y sobre los extraordinarios pero alarmantemente urgentes mensajes que afectan a una sociedad humana inconsciente de ellos; inconsciente de las inminentes amenazas que están a punto de remodelar el siglo XXI....

Dedicado
a Jeanne y a su Alteza Real, Henri V de la Croix
a quien esperamos con fervor y profunda fe

Mont Joie Saint Denis!
Dieu Premier servi!

Xavier Reyes-Ayral

REVELACIONES

Los mensajes secretos ocultos y las profecías de la Santísima Virgen María

AUSTIN MACAULEY PUBLISHERS
LONDON * CAMBRIDGE * NEW YORK * SHARJAH

Copyright © **Xavier Reyes-Ayral** 2025

Ninguna parte de esta publicación puede ser reproducida, distribuida o transmitida de ninguna forma o por ningún medio, incluyendo fotocopias, grabaciones u otros métodos electrónicos o mecánicos, sin el previo permiso por escrito del editor, excepto en el caso de breves citas incorporadas en reseñas críticas y otros usos no comerciales permitidos por las leyes de derechos de autor. Para solicitar el permiso, escriba al editor.

Cualquier persona que cometa cualquier acción no autorizada en relación con esta publicación puede ser objeto de persecución penal y de reclamaciones civiles por daños y perjuicios.

Información sobre pedidos
Venta de cantidades: Las empresas, asociaciones y otras entidades pueden beneficiarse de descuentos especiales en la compra de cantidades. Para más detalles, póngase en contacto con el editor en la dirección que sigue.

Publisher's Cataloging-in-Publication data
Reyes-Ayral, Xavier
Revelaciones

ISBN 9798895437162 (libro de bolsillo)
ISBN 9798895437179 (libro electrónico)\

Biblioteca del Congreso – Número de control: 2022901020

www.autinmacauley.com/us

Primera edición 2024
Autin Macauley Editores LLC
40 Wall Street, 33rd Floor, Suite 3302
New York. NY 10005
USA

mail-usa@autinmacauley.com
+1 (646) 512576

Todo mi agradecimiento a mi esposa, Lisa Aladro de Ayral, que estuvo detrás de la idea de este proyecto, y que me ayudó en la realización de este libro.

Todo mi agradecimiento a Don Carlos Larrainzar, Profesor de Derecho Canónico en la Universidad de Salamanca, España, por su amable asistencia y traducción de "REVELATIONS" del Inglés al Castellano.

Índice de contenidos

Prólogo	21
Introducción	29
Capítulo I - Aparición de La Salette	31
El Secreto de La Salette	37
El Secreto de La Salette sobre el futuro rey de Francia	51
El Secreto sobre dos futuros papas del siglo XXI	54
La Iglesia oculta el Secreto de La Salette	58
Conclusión	60
Capítulo II - Apariciones de La Fraudais	63
Declaración de Mons. Fournier, obispo de Nantes, sobre M. J. Jahenny	64
Profecías de Marie-Julie Jahenny	88
El Aviso y Profecías sobre la Iglesia	91
La Iglesia reformada - Liberación del Santo Padre, triunfo de la Santa Iglesia	112
Francia y Europa ante la guerra que se avecina, y los castigos de la guerra	123
España	139
Inglaterra	141
Italia	141
Archael de la Torre	142
París destruida	143
La llamada del joven mensajero de Dios al rey francés	161
El Aviso	185
El Castigo	186
Cuatro horas de tinieblas sobre Bretaña	186
Dos días de tinieblas	188

Tres días de tinieblas	191
La victoria y el renacimiento de Francia, la Iglesia y el mundo	200
Refugio Seguro en Bretaña	203
Foto de satélite de Bretaña	206
Simulación de Bretaña bajo 35-40 metros de agua	207
Medios de protección durante el período del Castigo	208
Remedios contra las próximas enfermedades y dolencias	210
Sacramentales adicionales de protección para el periodo del Castigo	218
El Escapulario Púrpura	218
Agua bendita y velas benditas (para los tres días de tinieblas)	221
El crucifijo y la imagen (o estatuilla) de la Sagrada Familia	222
La medulla de San Benito	223
La Cruz del Perdón	225
La Medalla Milagrosa (de la Rue du Bac, París)	226
El Escapulario (Medalla) del Carmen	227
La Medalla de Nuestra Señora de la Buena Guarda	228
Capítulo III - Apariciones de Tilly	**245**
Profecía de enero de 1897	247
Profecía: Santa Juana de Arco aparecerá y salvará de nuevo a Francia	249
"He visto Montmartre salvado, Versalles destruido, Fontainebleau preservado"	252
Los tres días de tinieblas	256
Los castigos	257
20 de julio de 1903 - La resurrección de la monarquía francesa	265
Aprobación - Controversia - Aprobación final de la Iglesia por fin confirmada	266

Capítulo IV - Apariciones de Fátima 268

Nuestra Señora del Marne 269

La 1ª aparición del Ángel 272

La 2ª aparición del Ángel 273

La 3ª Aparición del Ángel 273

(13 de mayo de 1917) - 1ª Aparición de Nuestra Señora del Rosario 274

(13 de junio de 1917) - 2ª Aparición de Nuestra Señora del Rosario 276

(13 de julio de 1917) - 3ª Aparición de Nuestra Señora del Rosario 277

(19 de agosto de 1917) - 4ª Aparición de Nuestra Señora del Rosario 279

(13 de septiembre de 1917) - 5ª Aparición de Nuestra Señora del Rosario 280

(13 de octubre de 1917) - 6ª Aparición de Nuestra Señora del Rosario 281

Aparición a Lúcia dos Santos el 13 de junio de 1929 287

La Iglesia aprueba finalmente las apariciones de Nuestra Señora de Fátima 289

1957 - Entrevista del Padre Fuentes 296

Los tres secretos "completos" de Fátima 306

El 1º Secreto de Fátima 306

El 2º Secreto de Fátima 306

El 3er Secreto de Fátima 307

La parte oculta del 3er Secreto de Fátima 310

Entrevista original de Art Bell al Padre Malachi Martin, 13 de julio de 1998 (en Coast-to-Coast Radio) 323

Entrevista a su Eminencia el Cardenal Carlo Caffarra de Bolonia 328

Discrepancias en la publicación del tercer secreto del Vaticano 330

El Padre Pío conocía el Tercer Secreto de Fátima	334
Entrevista con el arzobispo Carlo Maria Vigano	338
Capítulo V - Apariciones de Akita	**341**
Investigación formal - Comisión y aprobación final y formal de la Iglesia	352
Testimonio de Vassula Ryden (10 de noviembre de 1995)	353
Mensaje recibido por la hermana Sasagawa en vísperas del Sínodo de la Amazonia (octubre de 2019)	355
Capítulo VI - Apariciones de la Virgen del Buen Suceso	**358**
Extractos de la carta que Pike escribió a Mazzini	360
Capítulo VII - Apariciones de Garabandal	**377**
Carta del Padre Pío a las videntes de Garabandal	380
La noche de los gritos	385
El Aviso	394
El Milagro	396
El Castigo	397
Entrevista a Mons. Del Val Gallo por el asunto especial de la Vigilia (1992)	401
Entrevista a Conchita González, Obispo Garmendia (27 de agosto de 1981))	405
B.B.C. Entrevista a Conchita González - Realizada en inglés - (1980)	411
La posición de la Iglesia Católica Romana	417
Capítulo VIII - Apariciones de la Gospa (Medjugorje)	**420**
Entrevista al P. Petar Ljubicic en 2008	432
Tres advertencias antes de un signo visible	434
El primer secreto	435
El 2º Secreto	435

El 3er Secreto	435
Los secretos restantes	436
La Santa Eucaristía	439
Oración	442
Ayuno	443
Lectura diaria de la Biblia	444
Confesión	445
Cielo	449
Mirjana	451
Ivanka	452
Marija	452
Ivan	453
Jakov	453
Infierno y Purgatorio	454
Reconocimiento de la Iglesia y proceso de aprobación formal	457
Monseñor René Laurentin	457
Capítulo IX - Revelación a Papas, santos y místicos	473
Papa León XIII (1810)-1903)	474
Padre Pío (1887- 1968)	475
Los tres días de tinieblas del Padre Pío	480
Ana Catalina Emmerich (1774-1824)	483
Capítulo X - Reverendo Padre Michel Rodrigue	491
Rev. Padre Michel Rodrigue (actualidad...)	491

Consagración del Hogar revelada (Rev. Padre Michel Rodrigue)		503
Remedios contra la vacuna COVID 19 (Rev. Padre Michel Rodrigue)		504
Marzo 2021 Mensaje de San Gabriel Arcángel al Rev. Padre Michel Rodrigue con respecto a diciembre 2021		505
Rev. Padre Constant Louis-Marie Pel (1876-1966)		511
Abad D. Souffrant (1755-1828)		513
Jeanne Royer (Hermana de la Natividad) (1731-1798)		525
Bernadette Soubirous (Hermana Marie-Bernade) (1844-1879)		530
Cinco profecías dadas a Bernadette Soubirous		**441**
Beata Elena Aiello (Sor Elena Aiello) (1895-1961)		532
Profecías de la Beata Elena Aiello		534
Beata Anna-Maria Taigi (1769-1837)		537
Profecías extraordinarias de Anna-Maria Taigi (3 días de tinieblas)		538
Marcelle Lanchon (Hermana Marie-Francc) (1891-1933)		539
Conclusión		542
Oraciones recomendadas y promesas		593
I	El Santo Rosario	600
II	Rosario de la Virgen de Fátima	608
III	Las quince promesas de la Virgen María a los cristianos que rezan el Santo Rosario	609
IV	Coronilla de San Miguel Arcángel	610
V.	Coronilla de la Divina Misericordia	612
VI.	Invocación a los Santos Ángeles	613
VII.	Las estaciones del Via Crucis	616

VIII.	Promesas al Hermano Estanislao (1903-1927) de Nuestro Señor Jesucristo para todos los que tienen devoción por la práctica del Vía Crucis (Via Crucis)	617
IX.	Oración de Santa Gertrudis la Grande (por 1.000 almas del purgatorio)	618
X.	Devoción de los primeros cinco sábados de Fátima	618
XI.	Oración por las almas del purgatorio	619
XII.	Oración pedida por la Santísima Virgen María	619
XIII.	Oración - Devoción a la Santa Herida del Hombro de Nuestro Señor Jesucristo - San Bernardo de Claravall	620
XIV	El Sagrado Corazón salvaguarda el cuerpo, el alma y los hogares	621
Bibliografía		622

Su Santidad el Papa Pablo VI abolió los cánones 1399 § 5 y 2318 del antiguo Código de Derecho Canónico, que prohibían la publicación de libros relativos a nuevas apariciones, visiones, profecías y milagros, y que excomulgaban a sus autores (Decreto del 14 de octubre de 1966 de la Congregación para la Doctrina de la Fe, *Acta Apostolicae Sedis*, 29 de septiembre de 1966, página 1186).

Otros libros escritos por el mismo autor:

«UN MESSAGE D'AMOUR» (EDICIONES RESIAC)
Ediciones RÉSIAC
B.P. 6, F 53150, Montsûrs, Francia
Tel: (+32/2) 43.01.01.26
Fax: (+32/2) 43.01.04.20
Correo electrónico: resiac@wanadoo.fr
O BIEN
1416 4è Avenue
La Pocatière, Québec, G0R 1Z0
CANADA
Tel: (+1/418) 856-6111
Fax: (+1/418) 856-3913
Correo electrónico: informatio@librariescml.ca

Traducción alemana:
«EINE LIEBESBOTSCHAFT» (EDICIONES DU PARVIS)
Ediciones Du Parvis
CH 1648, Hauteville (Suiza)
Tel#: (+41/26) 915.93.93
Fax#: (+41/26) 915.93.99
Correo electrónico: librairie@parvis.ch

Traducción italiana
«UN MESAGGIO D'AMORE» (EDICIONES SEGNO)
Ediciones Segno
Via del Vascello 12-33100 Udine, Italia
Tel#: (+39/432) 52.18.81
Fax#: (+39/432) 60.31.95

«UN APPEL À LA CONVERSION» (EDICIONES RESIAC)
Ediciones RÉSIAC
B.P. 6, F 53150, Montsûrs, Francia
Tel: (+32/2) 43.01.01.26
Fax: (+32/2) 43.01.04.20
Correo electrónico: resiac@wanadoo.fr
O BIEN
1416 4è Avenue
La Pocatière, Québec, G0R 1Z0
CANADA
Tel: (+1/418) 856-6111
Fax: (+1/418) 856-3913
Correo electrónico: informatio@librariescml.ca

«HÉROÏSME. JEAN AYRAL. COMPAGNON DE LA LIBÉRATION»
(EDICIONES L'HARMATTAN)
5,7, rue de l'École-Polytechnique
75005 París, Francia
Tel: (+33/1) 40 46 79 20

«REVELATIONS THE HIDDEN SECRET MESSAGES AND PROPHECIES OF THE BLESSED VIRGIN MARY
(AUSTIN MACAULEY)
40 Wall Street, 33rd Floor, Suite 3302
New-York, NY 10005, U.S.A.
Tel#: (+1/646) 512 5767

Prólogo

«*El árbol se juzga por sus frutos, dice el Señor, y es el único criterio de discernimiento que procede de Él (Mt 7,20; 12,33). Sin embargo, hay una ambigüedad de la que debemos ser muy conscientes. Las apariciones, donde la fe se hace evidente, donde lo invisible se hace visible, son un fenómeno superficial y secundario en comparación con el Evangelio y los santos sacramentos. Incluso cuando la Iglesia reconoce una aparición (incluidas Lourdes y Fátima, las más solemnemente reconocidas), no emplea su infalibilidad, ni siquiera su autoridad, pues no se trata de un dogma, necesario para la salvación y enseñado en nombre de Cristo, sino de un discernimiento, sólo probable y conjetural.*

No dice: "Tienes que creer", sino: "Hay algunas buenas razones para creer. Es beneficioso creer". La propia autoridad responsable puede incluso añadir: "Yo creo"; pero no impone este juicio bajo pena de pecado. Si no creyera en Lourdes ni en Fátima, no tendría que confesarse si tuviera razones para dudar. Con este espíritu y con una mente completamente abierta emprendí mis investigaciones sobre Lourdes. Del mismo modo, si la autoridad dice: "Hay serias razones para no creer", entonces es un error creer. Nuestro juicio está llamado a obedecer a la Iglesia, pero permite la libertad de examen y de discernimiento».

(Monseñor René Laurentin, 1997)

Desde mediados del siglo XIX, han sido muchos los casos de apariciones marianas que advertían con gravedad de los desastrosos acontecimientos que ya comenzaban en el mundo. Las apariciones de la Santísima Virgen María en París a la hermana Catalina Labouré (*Medalla Milagrosa*), en La Salette a dos pastorcillos llamados Maximino Giraud y Melania Calvat, en Lourdes a Bernadette Soubirous, y en La Fraudais a Marie-Julie Jahenny, una extraordinaria mujer bretona que llevaba todos los estigmas de Nuestro Señor Jesucristo, no son más que cinco de los ejemplos más imponentes de esas amonestaciones del Cielo en ese siglo. Sería unos años más tarde cuando Nuestra Señora se presentaría en Tilly y Fátima para anunciar y confirmar los acontecimientos catastróficos para el final del extremadamente perturbado siglo XX y la centuria del siglo XXI...

Entre mayo y octubre de 1917, mientras la Primera Guerra Mundial cumplía su tercer año sin que se vislumbrara el final, la Santísima Virgen María se apareció de nuevo, esta vez en una pequeña aldea de Portugal, para anunciar el pronto fin de la guerra, al tiempo que advertía de otra más... que seguiría a ésta poco después, bajo el reinado de un nuevo Papa que se llamaría Pío XI. Esta Segunda Guerra Mundial, añadió, sería más devastadora y costosa en vidas humanas que la actual si la humanidad ignoraba su advertencia y su llamada a la conversión.

Asimismo, la Santísima Virgen María advirtió de los peligros de que Rusia extendiera sus errores por todo el mundo. Pero, ¿quién escuchó? ¿Quién creyó? De hecho, a finales de 1917, Rusia estaba de rodillas y sin aliento por un conflicto no preparado con Alemania, dejando al Imperio Ruso en desorden y sostenido por un amplio remanente de un ejército de desfile desorganizado y cosacos borrachos a caballo... Semejante advertencia profética fue considerada en su momento nada más que el producto de la tontería de niños, de la histeria o, en el mejor de los casos, de la más absoluta alucinación... Sin embargo, como señal de su presencia y de la veracidad de sus advertencias, la Santísima Virgen María anunció una señal que tendría lugar el 13 de octubre de 1917 y que sería vista por todos en la Cova de Iria... y efectivamente, lo extraordinario ocurrió ante más de 70.000 testigos: ¡el milagro del sol!

Las visiones relatadas en Fátima cobraron a partir de entonces una atención generalizada, ya que numerosos peregrinos de los cuatro confines del mundo comenzaron a visitar el lugar en masa, y después de 13 años de profundas y meticulosas investigaciones, de investigaciones exhaustivas y de estudios teológicos de los mensajes recibidos por Lúcia, Jacinta y Francisco, una investigación canónica, encabezada por el Obispo de Leiria-Fátima, declaró oficialmente, en octubre de 1930, las visiones de Fátima como *dignas de ser creídas*, permitiendo la creencia en los mensajes de Nuestra Señora de Fátima y fomentando las peregrinaciones a la pequeña aldea portuguesa.

Hoy, en el año 2023-2024, el mensaje de Fátima y sus tres secretos adquieren un significado de la mayor importancia, ya que las advertencias formuladas por la Santísima Virgen María han cobrado la mayor relevancia; sin embargo, durante casi 100 años, la aprensión de la Iglesia a asustar a las masas, inspiró la inacción. La decisión de Roma de callar —fundada más en el miedo que en la precaución— condujo a millones de fieles a la oscuridad de la ignorancia y, por tanto, a la falta de las necesarias oraciones e intercesión por la paz... Lamentablemente, hoy reflexionamos, casi con incredulidad, sobre la exactitud de los mensajes y predicciones de la Virgen de Fátima.

En efecto, pocos días después de la última aparición de Fátima (13 de octubre de 1917), Rusia fue tomada por un gran *golpe de estado* que terminó con la ejecución del Zar y de su familia, y que vio la instalación en su lugar de un régimen sumamente bárbaro y liberticida. El armisticio y el cese de las hostilidades de la Primera Guerra Mundial, que tuvo lugar más de 13 meses después del milagro del sol (noviembre de 1918), demostró el cumplimiento de la segunda profecía de la Virgen María.[1] En cuanto a lo que siguió, se argumenta que el comienzo de la Segunda Guerra Mundial sí fue predicho con exactitud por la Santísima Virgen María, ya que comenzó con la guerra civil española bajo el reinado de Pío XI, que vio los primeros combates militares, desde 1918, entre varias fuerzas occidentales y la recién modernizada *Wermacht* alemana en España.

---

[1] **El primer cumplimiento de la profecía de Fátima fue el fallecimiento de Jacinta y Francisco Marto.**

Por desgracia, la advertencia de Fátima fue totalmente ignorada y la Segunda Guerra Mundial tuvo lugar, costando en su proceso más de cincuenta millones de vidas en todo el mundo...

Cuatro años después del final de la Segunda Guerra Mundial y de la destrucción de la maquinaria bélica de Hitler, una Europa que salía de las cenizas aún humeantes de una ideología alemana revanchista se veía amenazada ahora por una nueva amenaza soviética, no menos peligrosa que su predecesora alemana, que detonaba su primera bomba atómica en Kazajstán. Esta nueva potencia emergente, originada por la pasión y la diabólica estratagema de un antiguo mayordomo ruso llamado Lenin, hizo temblar durante casi medio siglo todas las tierras y los mares del mundo entero.

En efecto, entre 1945 y 1989, la URSS ha propagado sus errores por una zona de influencia que se extiende por todos los continentes del mundo, y ha sometido, a menudo con su fuerza aérea, su ejército y su marina, a numerosos pueblos bajo la tiranía y el caos de su yugo rojo, dejando tras de sí estragos cuyas consecuencias el mundo sigue presenciando hoy... Por si fuera poco, aún había que tener en cuenta la siguiente profecía: la anunciada conversión de la poderosa Rusia comunista, atea y militarista.

Comprensiblemente, tal profecía parecía tan irreal en 1917 como setenta años después; sin embargo, en 1989, el Muro de Berlín cayó contra toda expectativa; el Pacto de Varsovia se desmoronó y, en un periodo de cuatro años, entre 1990 y 1994, todas las tropas y arsenales nucleares soviéticos instalados en Europa del Este se retiraron hacia el este, tras los montes Urales... Poco después, el sistema comunista se derrumbó casi por completo, y la Unión Soviética se desmembró para transformarse en 13 repúblicas soberanas y democráticas.

La Iglesia Ortodoxa Rusa, amante de la Virgen, regresó con toda su fuerza, haciendo que millones de personas volvieran en sus brazos, y la democracia elegía a los próximos líderes de Rusia para las próximas décadas. Esta agitación inimaginable en Europa del Este cumplió de hecho la profecía dada por Nuestra Señora del Rosario más de setenta años antes de su realización, y fue simbolizada por el incontable número de coronaciones de estatuas de Nuestra Señora de Fátima en la Plaza Roja de Moscú; sin embargo, a pesar de lo que parece ser sólo una breve pausa desde el final de la guerra fría, sigue habiendo, no obstante, nuevos peligros, no menos aterradores que cualquier otro visto antes: un peligro que representa la idea del propio mal que aflora desde el centro de Oriente Medio y que se traduce en una expansión islámica por las tierras de los "infieles" por medio de inmigraciones masivas organizadas, guerras regionales, terrorismo en el corazón de las naciones occidentales (Nueva York, París, Londres, Colonia, Berlín, Madrid, etcétera).

En cuanto a Europa del Este, seguramente, la guerra fría con la Unión Soviética ha terminado, pero se está gestando una nueva con una Rusia recién renacida que está reforzando con su aliado chino todos los lazos económicos y militares, amenazando así la existencia misma de una paz mundial cada vez más frágil... Occidente no está preparado... En Europa, más que en Estados Unidos, el paganismo levanta también una espada de Damocles, que se creía enterrada hace siglos, que corroe los fundamentos mismos de la civilización cristiana... A pesar de todo, la promesa final de la Virgen María sigue resonando en el corazón de los hombres:

«**No tengáis miedo. Al final, mi Corazón Inmaculado triunfará**».

Indiscutiblemente, el dilema del tercer secreto de Fátima permanece en este primer cuarto del siglo XXI, más acuciante ahora que en 1960, año de su solicitada revelación al mundo... Sin embargo, el incomprensible silencio del Vaticano sobre este tercer secreto, y las razones que han llevado a esa decisión, son las mismas que llevaron al silencio previo de la Santa Sede sobre las cinco profecías de Lourdes (**ver página: 532**), las amonestaciones y advertencias proféticas de La Salette (ver capítulo I) y las revelaciones de La Fraudais (ver capítulo II).

Sin embargo, hoy uno se pregunta: ¿qué nos espera en el futuro? ¿Qué advertencias se nos han dado sobre los años venideros? Ciertamente, la visión del tercer secreto de Fátima ha sido divulgada por el Vaticano el 26 de junio de 2000, mientras que ha ocultado el mensaje que la acompaña (**ver página 309**) ... De hecho, demasiados prelados que han leído el tercer secreto de Fátima (al lado de todos los Papas desde Juan XXIII hasta Benedicto XVI) han dado testimonio tangible del hecho de que la visión del tercer secreto de Fátima estaba de hecho acompañada de un mensaje grave; sin embargo, hemos podido discernir, a partir de lugares de apariciones pasadas y contemporáneas aprobadas, de revelaciones religiosas, de estigmatizadas y místicos, lo que algunos ya llaman hoy el cuarto secreto oculto de Fátima.

Sí, está claro que las apariciones aprobadas y los secretos más desconcertantes de Nuestra Señora de La Salette (1846), de La Fraudais (1876), de Fátima (1917) y de Akita (1980), junto con las extraordinarias revelaciones dadas a San Padre Pío, al Rev. Padre Louis-Marie Pel, al Rev. Padre Souffrant, y a tantos otros, desvelan lo que todavía hoy oculta tan celosamente la más alta jerarquía de la Iglesia...

Profecías, advertencias, amonestaciones... Sí, estas son partes importantes de las apariciones de la Virgen María, pero estas llamadas del Cielo están destinadas a advertir y llamar urgentemente a los hombres al arrepentimiento y a la conversación, una advertencia que ya se oyó antes, hace mucho tiempo, en la profundidad del río Jordán, nada menos que por el propio primo del Cristo-Jesús, Juan el Bautista:

«**Arrepentíos de vuestros pecados y volved a Dios, porque el Reino de los cielos está cerca!**»

(**Mateo 3,2**).

La Santísima Virgen María ha hecho repetidamente, durante la mayor parte de los últimos 200 años, la misma advertencia, alertando a la Iglesia y a los hombres de buena voluntad, del asalto del padre de la mentira a la sociedad del hombre a través de una agresiva y sutil corrupción cultural de los valores, y sin embargo, el Papa Juan XXIII se negó a divulgar el mensaje del Cielo en 1960, como lo pidió la Santísima Virgen María. ¿Por qué? ¿Fue la desobediencia del Pontífice el reflejo de una arrogancia que lo llevó, al igual que a sus sucesores, a creerse más sabio que el Cielo mismo, juzgando que el tercer Secreto no era apropiado para su divulgación inmediata? ¿Será que Dios cometió un error de juicio al pedirle a Su Santa Madre que el mensaje del Cielo fuera divulgado al mundo en 1960?

    Los numerosos mensajes y profecías de la Virgen María, aunque se hicieron eco de ellos los mensajeros de todo el mundo, fueron barridos por la Iglesia por un supuesto "miedo al sensacionalismo", y sin embargo estos mensajes llamaron a los hombres a la conversión inmediata, a volver a las enseñanzas de Jesucristo, a vivir los Evangelios, los Diez Mandamientos y los Sacramentos de la Iglesia Romana, Católica y Apostólica. Además, con el apremiante llamamiento a volver a los Santos Sacramentos, en particular al de la Santa Misa, estas extraordinarias revelaciones del Cielo llaman igualmente a los hombres a interceder y a rezar por la venida de un santo Papa largamente anunciado y por un gran Monarca francés, mencionados siempre de forma reiterada en los mensajes de La Fraudais, de La Salette, de Tilly, y a través de varios santos y místicos.

    Estos dos hombres, se nos dice, estarán llamados a restituir y reconstruir una Iglesia católica que se derrumba a su gloria de antaño, una Iglesia que ha sido destrozada durante décadas por reformistas y liberales que tienen como único objtivo forjar una nueva Iglesia bañada en el compromiso, la autodenigración y la cultura de la integración, sacrificando en nombre de la inclusión popular y los valores culturales de los tiempos el propio Dogma católico...[2] Pero antes de la "Resurrección", la "Pasión" debe seguir su curso en caso de que volvamos a ignorar las advertencias del Cielo, por muy ocultas, desatendidas y barridas bajo la polvorienta alfombra del olvido conveniente de Roma...

    La Iglesia y el mundo, se nos dice, van a pasar por una purificación épica como nunca se ha visto o acontecido antes... Sin embargo, la Santísima Virgen María nos dice que no estamos huérfanos ni indefensos ante los perniciosos ataques de las legiones de Satanás. En efecto, se nos dan armas para defender nuestra Fe y a nosotros mismos. Como armadura y cota de malla, se nos da la Sagrada Eucaristía y los santos sacramentales; como escudo se nos da el Sacramento de la Confesión; como espada se nos da el Santo Rosario y los Santos Evangelios; como lanza se nos da la oportunidad de realizar actos de reparación por los pecados propios y ajenos con la voluntad de llevar la propia cruz en la vida con amor y resignación.

    Finalmente, lo que da a un caballero de María sus colores y su identidad es su autoconsagración al Sagrado Corazón de Jesucristo y al Corazón Inmaculado

---

[2] Vid. **Amoris Laetitia** de Papa Francisco.

de María. Estas son, en efecto, las defensas que se nos ofrecen y que Satanás, nos asegura la Virgen, encontrará totalmente inexpugnables.

Nuestro camino en esta vida es corto, pero la Virgen nos ofrece su compañía. Con perseverancia y buena voluntad, el hombre puede alcanzar el estadio de santificación que merece la vida eterna. En esencia, la Santísima Virgen María proclama una llamada urgente a una movilización espiritual, un cambio radical de estilo de vida a través de una conversión encabezada por los Sacramentos, la fe, la oración y el amor.

La Madre de Cristo promete el triunfo de su Inmaculado Corazón, pero implora a sus fieles hijos que permanezcan firmes a pesar de los ominosos sucesos que pronto habrán de ocurrir...

Los franceses de mi generación sólo han podido escuchar, a menudo con admiración, los relatos del pasado de los que nuestros padres, y los suyos antes que ellos, se han hecho eco, sin poder mantener siempre los ojos secos, con un profundo sentido de la dignidad y una profunda emoción. Ciertamente, la Segunda Guerra Mundial ha terminado, y desde Londres ya no se oye desde la B.B.C a un general francés, consumido por un profundo sentido del honor y del deber, llamando a los franceses a continuar la guerra y prometiendo la liberación de la tiranía alemana; sin embargo, la llamada de la que fueron testigos los hombres de mi generación no es muy diferente de la que nuestros padres han escuchado en la mañana de su juventud. Juan Pablo II nos dio testimonio de los desafíos de nuestro tiempo y de la promesa más grandiosa del futuro:

> *«(...) A la luz del misterio de la maternidad espiritual de María, tratemos de comprender el extraordinario mensaje que, a partir del 13 de mayo de 1917, resonó en todo el mundo desde Fátima, prolongándose durante cinco meses hasta el 13 de octubre del mismo año.*
>
> *La Iglesia siempre ha enseñado y sigue proclamando que la revelación de Dios se completó en Jesucristo, que es la plenitud de esa revelación, y que "no cabe esperar ninguna nueva revelación pública antes de la manifestación gloriosa de nuestro Señor" (Dei Verbum, 4). La Iglesia evalúa y juzga las revelaciones privadas según el criterio de conformidad con esa única revelación pública.*
>
> *Si la Iglesia ha aceptado el mensaje de Fátima es, sobre todo, porque ese mensaje contiene una verdad y una llamada cuyo contenido básico es la verdad y la llamada del propio Evangelio.*
>
> *"¡Arrepentíos y creed en el Evangelio!" (Mc 1,15) Son las primeras palabras que el Mesías dirigió a la humanidad. El mensaje de Fátima es, en su núcleo básico, una llamada a la conversión y al arrepentimiento, como en el Evangelio. Esta llamada fue pronunciada a principios del siglo XX y, por tanto, se dirigió particularmente a este siglo. La Señora del mensaje parece haber leído con especial perspicacia los "signos de los tiempos", los signos de nuestro tiempo.*
>
> *La llamada al arrepentimiento es maternal. Al mismo tiempo, es*

fuerte y decisiva. El amor que "se alegra de la verdad" (1 Cor. 13) es capaz de ser claro y firme. La llamada al arrepentimiento va unida, como siempre, a una llamada a la oración. En sintonía con la tradición de muchos siglos, la Señora del mensaje indica el Rosario, que puede definirse con razón como "la oración de María", la oración en la que Ella se siente particularmente unida a nosotros.

Ella misma reza con nosotros. La oración del Rosario abarca los problemas de la Iglesia, de la Sede de San Pedro, los problemas del mundo entero. En él nos acordamos también de los pecadores, para que se conviertan y se salven, y de las almas del purgatorio.

Las palabras del mensaje estaban dirigidas a los niños, de siete a diez años. Los niños, como Bernadette de Lourdes, son particularmente privilegiados en estas apariciones de la Madre de Dios. De ahí que también su lenguaje sea sencillo, dentro de los límites de su comprensión. Los niños de Fátima se convirtieron en interlocutores de la Señora del mensaje y colaboradores suyos. Uno de ellos aún vive.

Cuando Jesús en la Cruz dijo: "Mujer, ahí tienes a tu hijo" (Jn 19,26), abrió de un modo nuevo el Corazón de su madre, el Corazón Inmaculado, y le reveló las nuevas dimensiones y la amplitud del amor al que fue llamada en el Espíritu Santo por la fuerza del sacrificio de la Santa Cruz ...

A la luz del amor de una madre, entendemos todo el mensaje de la Señora de Fátima. El mayor obstáculo en el camino del hombre hacia Dios es el pecado, la perseverancia en el pecado y, finalmente, la negación de Dios. El borrado deliberado de Dios del mundo del pensamiento humano. El alejamiento de Él de toda la actividad terrenal del hombre. El rechazo de Dios por parte del hombre.

En realidad, la salvación eterna del hombre sólo está en Dios. El rechazo del hombre a Dios, si llega a ser definitivo, conduce lógicamente al rechazo de Dios al hombre, a la condenación (Mt. 7,23; 10,33).

¿Puede la Madre, que desea la salvación de todos, guardar silencio sobre lo que socava la base misma de su salvación? No, no puede.

Así que, aunque el mensaje de Nuestra Señora de Fátima es maternal, también es fuerte y decisivo. Suena severo. Suena como Juan el Bautista hablando a orillas del Jordán. Invita al arrepentimiento. Advierte. Llama a la oración. Recomienda el Rosario.

El mensaje se dirige a todo ser humano. El amor de la Madre del Salvador llega a todos los lugares tocados por la obra de la salvación. Su cuidado se extiende a cada individuo de nuestro tiempo y a todas las sociedades, naciones y pueblos. Sociedades amenazadas por la apostasía, amenazadas por la degradación moral. El colapso de la moral implica el colapso de las sociedades»

(Tomado de la *Homilía del Papa Juan Pablo II en Fátima, 13 de mayo de 1982*)

A lo largo de los próximos capítulos, los mensajes (y las advertencias proféticas) dados a través de lugares de apariciones formalmente consideradas "dignos de creer" serán mostrados "sin restricciones ni miedo a ser *políticamente incorrectos*". Las revelaciones privadas a videntes, santos, religiosos y laicos serán tratadas de forma exhaustiva y objetiva, expuestas la luz en este libro, sin la habitual reserva y restricciónes que se practican en otros lugares. Asimismo, se repasarán los mensajes surgidos en Garabandal y en Medjugorje (ambos aún bajo investigación eclesiástica), dos de los lugares de apariciones marianas más populares del mundo actual.

Al repasar detenidamente estos mensajes y llamadas verdaderamente notables, puede verse la misma invitación a rezar por el Papa, los Cardenales, los Obispos, los sacerdotes y los religiosos, que están en primera línea de una guerra espiritual, y la mayoría de las veces son sus principales víctimas... La Santísima Virgen María implora a los fieles que no condenen ni juzguen al Clero, sino que intercedan por aquellos que caen en el error o la debilidad.

No obstante, estamos llamados a mantener nuestra fidelidad a la Única y Verdadera Iglesia de Jesucristo y a los Sacramentos y el Dogma de la Fe que, a pesar de la tempestad y la tormenta que se abaten sobre la nave que es la Iglesia Católica, es y seguirá siendo siempre infalible. Como veremos, estos casos de apariciones no traen más que un mismo mensaje, una misma advertencia de la que a veces se hace eco con una misma redacción, entonación y calidez, no sólo a un pueblo o a una nación específica, sino a una audiencia mundial en un singular tiempo de nuestra era.

Introducción

Las revelaciones confiadas en lugares de apariciones aprobados por la Iglesia Católica Romana tienen todas las particularidades extraordinarias de ser todas iguales; en ocasiones de ser incluso complementarias, pero siempre iguales en su naturaleza y en su llamada preventiva a la conversión... El objetivo de las apariciones de la Santísima Virgen María y, en muchas ocasiones, de Nuestro Señor Jesucristo (Paray-le-Monial, La Fraudais, Tilly, Cracovia, Kibeho) es llamar a la humanidad a las enseñanzas de los Evangelios y al Dogma de la Fe de la Iglesia antes de que sea demasiado tarde. El Cielo nos dice que ignorar o rechazar esta última llamada urgente tendrá las más graves consecuencias...

Como veremos en los capítulos de este libro, las amonestaciones y advertencias que el Cielo hace a la humanidad a través del Primer Emisario del Cielo son bastante críticas, bastante chocantes en su brutalidad y en su amplitud totalmente devastadora; sin embargo, de ninguna manera la Fuente de estas advertencias del Cielo debe ser vista como un Dios severo, amargo, implacable, poco caritativo o injusto, sino por el contrario como un Dios profundamente Amoroso y Misericordioso. En efecto, durante siglos la humanidad se ha deslizado por la pendiente de la violencia, el odio, el ateísmo y el paganismo, sobre todo en los siglos XIX, XX y XXI, en los que la humanidad se ha entregado a una concepción de la auto-adoración, la seguridad en sí misma, la autosatisfacción, el egoísmo, un paganismo arraigado en la sustitución de los valores y la moral cristianos por la práctica cultural del espiritismo, la masonería, la idolatría luciferina y el ateísmo.

De hecho, las espantosas profundidades del horror, la indiferencia y la inhumanidad en las que el hombre se ha hundido en estos últimos siglos, décadas y años han ido in crescendo a pesar de los muchos milagros, apariciones y llamadas implorantes de la Madre amorosa del Cielo. En lugar de la conversión, la indecencia, el crimen y el vicio se han convertido en una tendencia cultural que debe ser tolerada bajo la justificación de la apertura de mente, la libertad y la democracia, y su aceptación es exigida por la Sociedad bajo la pena de ser tachado de fascista o incluso de neonazi.

Y sin embargo, Dios ha optado por no limpiar la tierra como hizo en tiempos pasados... por no destruir una civilización que, en su inmensa mayoría, vive en un continuo desprecio a Dios, con impiedad, crueldad, odio, egocentrismo, corrupción, aborto, zoofilia, violación, incesto, homosexualidad... Y, sin embargo, en lugar de enviar el castigo que el mundo merece por derecho, Dios envía una y otra vez a su amorosa Madre para dar a la Humanidad una última oportunidad, una última oportunidad de redimirse de sus inconcebibles crímenes.

El brazo castigador de Jesús, nos dice la Santísima Virgen María, ha sido retenido a través de sus continuas súplicas e intercesiones durante mucho tiempo, pero se acerca el momento en que la Misericordia de Dios debe dar paso a la

Justicia de Dios; y sin embargo... surge una nueva esperanza, se anuncia un nuevo comienzo para la Humanidad después de una "purificación" que aniquilará las fuerzas del ángel caído y traerá así el Triunfo del Corazón Inmaculado de María.

No nos dejemos engañar, como afirmó su santidad Juan Pablo II, estamos viviendo, en efecto, el final de los tiempos, en el que tiene lugar una batalla épica entre el Bien y el mal, una batalla cuyo resultado ya está decidido... El autor de este libro, en su inmensa gratitud al Cielo, espera y reza profundamente para que los lectores de estas revelaciones se sientan inspirados a responder "¡presente!" a la urgente invitación de Dios a volver a su Santa Iglesia y a sus Sacramentos. En palabras de la Virgen:

"Haced lo que Él os diga

(John 2,5).

Capítulo I

Mensaje y Secretos de Nuestra Señora de La Salette

Nuestra Señora de La Salette

"¡Dirijo una llamada urgente a la Tierra! ¡Llamo a los verdaderos discípulos del Dios vivo que reina en el cielo! ¡Llamo a los verdaderos imitadores del Cristo hecho hombre, el Único y Verdadero Salvador de los hombres! Llamo a los hombres, a mis verdaderos devotos, a los que se han entregado a mí para que los conduzca a mi Hijo, a los que, en otras palabras, llevo en mis brazos, ¡a los que han vivido de mi espíritu! Es hora de que vengan a nosotros y salgan a iluminar la tierra"

(Nuestra Señora de La Salette)

¿Cómo se puede proseguir el tema de la historia contemporánea de las apariciones marianas en Francia sin abordar la aparición de la Santísima Virgen María a los dos pastorcillos de La Salette? En efecto, el sábado 19 de septiembre de 1846, la Santísima Virgen María se apareció por primera vez entre lágrimas en la montaña de La Salette, en los Alpes franceses, ante dos niños asombrados llamados Maximino Giraud y Melania Calvat. He aquí el testimonio dado por los dos niños (copiado exactamente como fue publicado y recibido por la Iglesia, traducido del original francés al castellano):

El testimonio escrito de Melania Calvat:

El 18 de septiembre (1846), la víspera de la Santa Aparición de la Virgen, me encontraba sola, como de costumbre, vigilando las vacas de mi amo. Hacia las once de la mañana, vi a un niño pequeño que se dirigía hacia mí. Esto me asustó, pues me parecía que todos debían saber que yo evitaba toda clase de compañía. Este niño se acercó a mí y me dijo:

Niña, voy contigo, yo también soy de Corps.

Ante estas palabras, la maldad natural que hay en mí no tardó en manifestarse y, dando unos pasos atrás, yo le dije:

No quiero a nadie alrededor. Quiero estar sola.

Pero el chico me siguió, diciendo:

Vamos, déjame quedarme contigo. Mi amo me dijo que viniera a vigilar mis vacas junto con las tuyas. Soy de Corps.

Me alejé de él, haciéndole un gesto de que no quería a nadie cerca, y cuando estuve a cierta distancia, me senté en la hierba. Allí hablaba con las florecillas del Buen Dios.
Un momento después, miré detrás de mí, y allí encontré a Maximino sentado cerca de mí. Enseguida me dice:

Déjame estar contigo. Seré muy bueno.

Pero la maldad natural que hay en mí no quiso atender a razones. Me puse en pie de un salto, corrí un poco más lejos sin decir una palabra y me puse de nuevo a jugar con las florecillas del Buen Dios. En un instante, Maximino estaba de nuevo allí, diciéndome que sería muy bueno, que no hablaría, que se aburriría solo, y que su amo lo había enviado para estar conmigo, etcétera. Esta vez, me apiadé, le hice un gesto para que se sentara y seguí jugando con las *florecillas del Buen Dios*.

No pasó mucho tiempo antes de que Maximino rompiera el silencio estallando en carcajadas (creo que se estaba burlando de mí). Le miré y me dijo:

Divirtámonos un poco, inventemos un juego.

No dije nada en respuesta, pues era tan ignorante que no entendía lo que eran los juegos con otras personas, ya que siempre había estado sola. Jugué con las flores, a solas, y Maximino se acercó a mí, sin hacer otra cosa que reírse, diciéndome que las flores no tenían oídos para escucharme y que, en cambio, debíamos jugar juntos. Pero a mí no me gustaba nada el juego que me decía. Sin embargo, empecé a hablar con él y me dijo que los diez días que iba a pasar con su amo terminarían pronto y que luego se iría a casa con su padre a Corps, etcétera.

Mientras hablaba, oí la campana de La Salette, era el Ángelus. Le hice un gesto a Maximino para que elevara su alma a Dios. Se quitó el sombrero y se quedó un momento en silencio. Luego le dije:

— **¿Quieres cenar?**
— **Sí**, respondió, **comamos**.

Nos sentamos y saqué de mi bolsa las provisiones que me había dado mi amo. Como era mi costumbre, antes de partir mi pequeño pan redondo hice una cruz con la punta de mi cuchillo sobre el pan, y un pequeño agujero en el centro, diciendo:

Si el diablo está ahí, que se vaya, y si el Buen Dios está ahí, ¡que se quede!

Y rápidamente tapé el pequeño agujero. Maximino se echó a reír y me quitó el pan de las manos de una patada. Rodó por la ladera de la montaña y se perdió de vista. Tomé otro trozo del pan que compartimos. Después, jugamos a un juego. Entonces, al darme cuenta de que Maximino debía seguir teniendo hambre, le señalé un lugar en la ladera de la montaña cubierto de todo tipo de bayas. Le insté a que fuera a comer algunas y fue enseguida. Se comió unas cuantas bayas y se trajo el sombrero lleno de ellas. Al anochecer, bajamos juntos la montaña y prometimos volver al día siguiente para cuidar juntos de nuestras vacas.

Al día siguiente, el 19 de septiembre, me encontré con Maximino en la subida. Subimos juntos por la ladera de la montaña. Descubrí que Maximino era un chico muy bueno y sencillo, y que estaba dispuesto a hablar de lo que yo quisiera. También era muy flexible y no tenía opiniones fijas. Sólo era un poco curioso, pues, cuando me alejaba de él, en cuanto veía que me había detenido, corría hacia mí para ver lo que hacía y escuchar lo que yo decía a las flores del

Buen Dios. Y si llegaba demasiado tarde, me preguntaba qué había dicho.

Maximino me dijo que le enseñara un juego. Ya era el amanecer. Le dije que recogiera algunas flores para el "Paraíso" (un "Paraíso" es una pequeña construcción de piedra). *Nos pusimos a trabajar juntos. Pronto tuvimos una serie de flores de varios colores. Podía oír el sonido del Ángelus del pueblo, ya que el tiempo era bueno y no había ni una nube en el cielo.*

Después de contarle al Buen Dios lo que habíamos aprendido, le dije a Maximino que debíamos conducir nuestras vacas hasta una pequeña meseta cerca del barranco, donde habría piedras para construir el "Paraíso". Condujimos nuestras vacas hasta el lugar elegido y luego tomamos una pequeña comida. Luego empezamos a recoger piedras para construir nuestra casita, que constaba de una supuesta planta baja que era donde íbamos a vivir, y luego un piso superior que iba a ser, como lo llamábamos, el "Paraíso".

Este cuento estaba adornado por todas partes con flores de diferentes colores, con guirnaldas que colgaban de los tallos de las flores. Este "Paraíso" estaba cubierto por una sola piedra grande que habíamos sembrado de flores. También habíamos colgado guirnaldas alrededor. Cuando terminamos, nos sentamos a contemplar el "Paraíso". Empezamos a tener sueño y, tras alejarnos un par de metros, nos fuimos a dormir a la hierba.

Cuando me desperté no podía ver las vacas, así que llamé a Maximino y subí al pequeño montículo. Desde allí pude ver a nuestras vacas pastando tranquilamente y yo estaba bajando con Maximino subiendo, cuando de repente vi una hermosa luz que brillaba más que el sol.

— ***Maximino, ¿ves lo que hay allí? ¡Oh! ¡Dios mío!***

En ese mismo momento, dejé caer el bastón que sostenía. Algo inconcebiblemente fantástico pasó por mí en ese momento y me sentí atraída. Sentí un gran respeto, lleno de amor, y mi corazón latió más rápido.

Mantuve mis ojos firmemente fijos en esta luz, que era estática, y como si se hubiera abierto, alcancé a ver otra luz mucho más brillante que se movía, y en esta luz vi a una hermosísima dama sentada encima de nuestro "Paraíso", con la cabeza entre las manos.

Esta hermosa Señora se levantó; se cruzó tranquilamente de brazos mientras nos observaba, y nos dijo:

— **Venid, hijos míos, no tengáis miedo. Estoy aquí para daros una gran noticia.**
Si mi pueblo no quiere someterse, me veo obligada a soltar el brazo de mi Hijo... ¡Es tan fuerte y tan pesado que ya no puedo sostenerlo! ¡He sufrido tanto por todos vosotros! Si quiero que mi Hijo no os abandone, me veo obligada a rezarle sin cesar por todos vosotros. ¡Sois indiferentes a ello! A pesar de vuestras oraciones y vuestras obras, nunca podréis compensar el dolor que he tomado por todos

vosotros...
> Os he dado seis días para trabajar; me reservé el séptimo, y no me lo quieren conceder. Eso es lo que hace que el brazo de mi Hijo sea más pesado... Igualmente, los que conducen carros no saben jurar sin usar el Nombre de mi Hijo. Estas son dos cosas que hacen que el brazo de mi Hijo sea siempre tan pesado...
> Si la cosecha va mal, es sólo por vuestra culpa. Os lo mostré el año pasado con las patatas, ¡pero no hicisteis caso! Al contrario, cuando encontrasteis patatas estropeadas, jurabais, usabais el Nombre de mi Hijo en medio de ello. Las patatas seguirán estropeándose, y este año en Navidad no habrá más...

Hasta ahora, la Santísima Virgen María hablaba en francés. Respondió a una pregunta de Melania y terminó su mensaje en francés-patois:

> No lo entendéis, hijos míos. Os lo diré de otra manera: "Si la cosecha se pierde... Si tienes trigo, no debes sembrarlo. Todo lo que sembréis, se lo comerán las bestias, y lo que venga se convertirá en polvo cuando se coseche".
> Vendrá una gran hambruna. Antes de que llegue el hambre, los niños pequeños menores de siete años tendrán sacudidas (temblores) y morirán en las manos de las personas que los sostengan... Los demás harán penitencia con el hambre. Las cáscaras de nuez estarán vacías y las uvas se pudrirán...

En ese momento de la aparición de la Santísima Virgen María, Melania vio que la hermosa Señora le decía unas palabras a Maximino que no podía oír... Después fue Maximino quien vio que la Señora le decía unas palabras a Melania que no podía oír...

Una vez revelados los secretos a cada niño, la Santísima Virgen María continuó con "el Mensaje para el pueblo de Francia" que escucharon los dos jóvenes pastores al mismo tiempo:

> — Si se convierten, las piedras y las rocas se convertirán en montones de trigo, y las patatas serán sembradas por el país.
> — ¿Hacéis bien vuestras oraciones, niños?
> — *No es así, Señora.*
> — Ah, hijos míos, haced bien vuestras oraciones por la noche y por la mañana, aunque no sea más que un "Pater" (Padrenuestro) y un "Ave María" (Avemaría) cuando no podáis hacer más. Cuando podáis hacerlo mejor, debéis hacer más oraciones.
> En verano, sólo algunas mujeres algo mayores van a Misa. Las demás trabajan los domingos durante todo el verano y todo el invierno. Cuando no saben qué hacer, sólo van a Misa para

burlarse de la religión. Durante la Cuaresma, van a la carnicería como perros...
¿Habéis visto alguna vez trigo malogrado, hijos míos?
— *No, Señora.*
Pero tú, Maximino, hijo mío, quizás habrás visto algo, en la esquina, con tu padre.
El dueño del campo le pidió a tu padre que viniera a ver su trigo estropeado. Vosotros (los dos) **fuisteis** (a verlo). **Tu padre cogió tres espigas de trigo, las desmenuzó y todas se convirtieron en polvo. Al volver, cuando sólo estabais a media hora de casa, tu padre te dio un trozo de pan diciendo: "Toma esto, pequeño. Come el pan de este año, porque no sé quién comerá de él el año que viene si el trigo sigue así..."**
— *¡Ah, sí, Señora! ¡Ahora recuerdo! No me acordaba antes.*
Bien, hijos míos, ¡vosotros transmitid (mi mensaje) **a todo mi pueblo! ¡Id, hijos míos, comunicadlo a todo mi pueblo!**

El secreto revelado a Melania por la Santísima Virgen María debía ser revelado a más tardar en 1858, el mismo año en que la Santísima Virgen María se apareció en Lourdes, confirmando así la complementariedad de estas dos apariciones marianas. ¿Fue una mera coincidencia? Sólo los ciegos lo dirían. La Salette y Lourdes están inequívocamente conectadas entre sí, ya que La Fraudais complementaría de manera importante estas dos apariciones anteriores, que luego serían confirmadas por los mensajes dados en Tilly y por la apoteosis de todas las apariciones: Fátima y su "Milagro del Sol". No obstante, el texto íntegro del secreto revelado a Melania fue más de una vez impugnado y ocultado por el obispo de Grenoble y por los religiosos que habitaban el santuario de La Salette...

Afortunadamente, el texto auténtico fue descubierto (por accidente) más de cien años después en los archivos secretos de la Santa Sede en la Biblioteca del Vaticano por un sacerdote francés, el Abad Cotteville, que recibió el permiso del Cardenal Ratzinger, el entonces Prefecto de la Congregación de la Doctrina de la Fe (y futuro Papa Benedicto XVI) bajo el mandato de Su Santidad el Papa Juan Pablo II para hacer la investigación adecuada sobre los Secretos revelados en La Salette. Estos fueron los secretos que la Santísima Virgen María reveló a los niños, tal y como fueron escritos en 1851 a Su Santidad el Papa Pío IX por los jóvenes Maximino y Melania:

El Secreto de La Salette

Melania, lo que te diré ahora no será siempre un secreto. Podrás publicarlo en 1858.

Los sacerdotes, ministros de mi Hijo, por su mala vida, por su irreverencia y su impiedad en la celebración de los Santos Misterios, por su amor al dinero, por su amor al honor y a los placeres, los sacerdotes se han convertido en mantos de impureza... Sí, los sacerdotes exigen venganza, y la venganza está suspendida sobre sus cabezas.

¡Ay de los sacerdotes y de los consagrados a Dios que, con sus infidelidades y su mala vida, crucifican una vez más a mi Hijo! Los pecados de los Consagrados gritan hacia el Cielo y claman venganza, y aquí está la venganza a su puerta porque ya no hay nadie que implore misericordia y perdón para el pueblo; ya no hay ningún alma generosa; ya no hay nadie digno de ofrecer la Víctima Inmaculada al Eterno en favor del mundo... Dios golpeará de una manera como ninguna otra antes.

¡Ay del habitante de la tierra! Dios agotará su Cólera, y nadie podrá escapar de tantos males juntos. Los jefes, los conductores del pueblo de Dios han descuidado la oración y la penitencia, y el Diablo ha oscurecido su inteligencia; se han convertido en esas estrellas errantes que el viejo Diablo arrastrará con su cola para hacerlos perecer. Dios permitirá que la vieja serpiente ponga división entre los dirigentes en todas las sociedades, en todas las familias. Habrá sufrimientos físicos y morales. Dios abandonará a los hombres a su suerte, y enviará castigos que se sucederán durante más de 35 años... ¡La sociedad está en vísperas de las más terribles plagas y de grandes acontecimientos! Hay que esperar ser gobernado con una vara de hierro y beber un cáliz de la Ira Divina.

Que el Vicario de mi Hijo, el soberano pontífice Pío IX no abandone Roma después del año 1859, sino que sea firme y generoso. Que luche con las armas de la Fe y del Amor. Yo estaré con él. Que tenga en cuenta a Napoleón; su corazón es de doble cara, y cuando quiera ser al mismo tiempo Papa y Emperador, Dios le retirará pronto... Él (Napoleón) es esa águila que, queriendo elevarse siempre más alto, caerá sobre la espada que quiso utilizar para obligar al pueblo a elevarlo...

Italia será castigada en su ambición por querer sacudirse el yugo del Señor de los Señores; también ella será entregada a la guerra. La sangre se derramará por todas partes; las iglesias serán cerradas o profanadas; los sacerdotes y religiosos serán ahuyentados; los harán morir y morirán de una muerte cruel. Muchos abandonarán su fe, y será grande el número de sacerdotes y religiosos que se separarán de la Verdadera Religión. Entre esta gente, ¡habrá incluso obispos! Que el Papa se ponga en guardia contra los hacedores de milagros, porque ha llegado el tiempo de los más asombrosos prodigios que tendrán lugar en la tierra y en los aires.

En 1864, Lucifer, con un gran número de demonios, será soltado del infierno. Abolirán la Fe poco a poco en las personas consagradas a Dios; las cegarán de tal manera que, a menos que reciban una gracia particular, estas personas tomarán el espíritu de estos malos ángeles... Muchos religiosos perderán la Fe y perderán muchas almas. Los libros malos serán numerosos en la tierra, y los espíritus de las tinieblas difundirán por todas partes una relajación universal sobre todo lo que implica el servicio de Dios; tendrán un poder muy grande sobre la naturaleza.

¡Habrá iglesias para servir a estos espíritus! Las personas serán transportadas de un lugar a otro a través de estos espíritus malignos, incluso los sacerdotes lo serán porque no serán conducidos por el Buen Espíritu del Evangelio que es un espíritu de humildad, de caridad y de celo por la Gloria de Dios.

Harán que los muertos y los justos resuciten...

Habrá prodigios extraordinarios en todas partes porque la verdadera Fe se ha extinguido y porque la falsa luz ilumina al mundo... ¡Ay de los Príncipes de la Iglesia que se ocuparán de amasar riqueza sobre riqueza, de salvaguardar su autoridad y de dominar con orgullo! El Vicario de mi Hijo tendrá que sufrir mucho, porque durante un tiempo, la Iglesia será entregada a una gran persecución; será el tiempo de las tinieblas. La Iglesia tendrá una crisis espantosa...

Olvidada la Santa Fe de Dios, cada individuo querrá guiarse a sí mismo y ser superior a sus semejantes. Abolirán los poderes civiles y eclesiásticos; todo orden y justicia serán pisoteados; sólo se verán homicidios, odios, celos, mentiras y discordias sin amor a la patria ni a la familia. El Santo Padre sufrirá mucho. Yo estaré con él hasta el final para recibir su sacrificio. Los malvados intentarán muchas veces atentar contra su vida, pero sin conseguir entorpecer sus días; ni él ni su sucesor —(*breve silencio*)— verán el Triunfo de la Iglesia de Dios.

Nota: En la última frase de este párrafo, Melania ha notado un espacio, una especie de silencio... Esto no es más que una mera especulación personal, pero ¿podría ser que la Santísima Virgen María se refiriera al Papa Juan Pablo II, cuya vida fue atentada el 13 de mayo de 1981, y el estatus de su sucesor es algo incierto ya que, por primera vez en medio milenio, el mundo tiene dos Pontífices vivos en el Vaticano... ¿Podría ese breve espacio o silencio ser la razón de esa... "incertidumbre"?

En 1865, se verá la abominación en los lugares santos; en los conventos, las flores de la Iglesia serán depuradas, y el diablo se convertirá en rey de los corazones... Que los jefes de las comunidades religiosas se pongan en guardia contra las personas que deben recibir, porque el demonio utilizará toda su malicia para introducir en las órdenes religiosas a personas abandonadas al pecado, pues los desórdenes y el amor a los placeres carnales se extenderán por toda la tierra.

Si un hombre tiene relaciones sexuales con un hombre como lo hace con una mujer, ambos han hecho lo que es abominable. Deben ser condenados a muerte; su sangre caerá sobre sus propias cabezas

(Levítico 20,13)

Por eso Dios los abandonó a sus vergonzosos deseos. Incluso las mujeres se volvieron contra el camino natural y en su lugar fueron contra la naturaleza. Y lo mismo ocurrió con los hombres, abandonando la relación natural con las mujeres, ardieron de lujuria entre ellos. Los hombres hicieron cosas vergonzosas con otros hombres, y como resultado de este pecado, sufrieron en su interior el castigo que merecían

(Romanos 1,26-27).

Francia, Italia, España e Inglaterra estarán en guerra; se derramará sangre en las calles. Los franceses lucharán contra los franceses, los italianos contra los italianos, entonces habrá una guerra general (Guerra Mundial) que será espantosa... Durante un tiempo, Dios ya no se acordará de Francia ni de Italia porque el Evangelio de Jesucristo ya no se conoce. Los malvados usarán toda su malicia; la gente se matará entre sí, se masacrarán mutuamente incluso dentro de los hogares. Al primer golpe de su poderosa espada, las montañas y toda la naturaleza temblarán de espanto porque los desórdenes de los crímenes de los hombres atraviesan la bóveda del Cielo.
París arderá en llamas y Marsella se hundirá... Muchas grandes ciudades serán sacudidas y engullidas por terremotos. La gente creerá que todo está perdido. Sólo se verán homicidios y se oirán ruidos de armas y blasfemias... Los justos sufrirán mucho; sus oraciones, sus penitencias y sus lágrimas se elevarán al Cielo, y todo el pueblo de Dios pedirá perdón y misericordia, y solicitará además mi ayuda e intercesión. Entonces, Jesucristo, por un acto de su Justicia y de su Gran Misericordia para con los justos, ordenará a sus ángeles que todos sean ejecutados.
De repente, los perseguidores de la Iglesia de Jesucristo, y todos los

hombres entregados al pecado perecerán, y la tierra se convertirá en un desierto; entonces se hará la paz, la reconciliación entre Dios y los hombres; Jesucristo será servido, adorado y glorificado. La caridad florecerá en todas partes. Los nuevos reyes serán el brazo derecho de la Santa Iglesia que será fuerte, humilde, piadosa, pobre, celosa e imitadora de las virtudes de Jesucristo. El Evangelio será predicado en todas partes y los hombres harán grandes progresos en la Fe porque habrá unidad entre los obreros de Jesucristo, y porque los hombres vivirán en el temor de Dios.

Nota: Parece que este pasaje del Secreto de La Salette se refiere a los tres días de Tinieblas, el período de purificación del mundo que será claramente descrito unos años más tarde por la locución del Espíritu Santo, las apariciones de Nuestro Señor Jesucristo, la Santísima Virgen María y San Miguel Arcángel a Marie-Julie Jahenny, y más tarde aún al Padre Pío.

Esta paz entre los hombres no será muy larga... Veinticinco años de cosechas abundantes les harán olvidar que los pecados de los hombres son la causa de todos los problemas que vienen a la Tierra. Un precursor del Anticristo, junto con las tropas de muchas naciones, luchará contra el Verdadero Cristo, el único Salvador del mundo. Derramará una gran cantidad de sangre y querrá destruir el culto de Dios para aparecer él mismo como un dios.

La tierra será golpeada de toda clase de heridas; habrá guerras hasta la última guerra que será librada por los diez reyes del Anticristo que todos tendrán el mismo objetivo y que serán los únicos que gobernarán el mundo. Antes de que esto ocurra, habrá una falsa paz en el mundo; todos pensarán sólo en distraerse. Los malvados cometerán toda clase de pecados, pero los hijos de la Santa Iglesia, los hijos de la Fe, mis verdaderos imitadores, crecerán en el amor a Dios y en las virtudes que me son más queridas. ¡Felices las almas humildes guiadas por el Espíritu Santo! Lucharé con ellas hasta que lleguen a la plenitud de la edad. La naturaleza exige venganza para los hombres, y tiembla de espanto esperando lo que ha de suceder a la tierra ensuciada por los crímenes.

¡Tiembla, Tierra! Y vosotros que hacéis profesión de servir a Jesucristo y que en vuestro interior os adoráis a vosotros mismos, temblad: os entregará a su enemigo porque el lugar santo está corrompido. Muchos conventos ya no son las casas de Dios, sino los pastos de Asmodeus y su familia... Será durante este tiempo que el Anticristo nacerá de una monja hebrea, una falsa virgen que comulgará con la vieja serpiente, el maestro de la impureza; su padre será un obispo.

Al nacer, vomitará blasfemias; tendrá dientes; en una palabra, será el diablo encarnado... Hará gritos espantosos; hará prodigios; se alimentará de impurezas. Tendrá hermanos que, aunque no serán como él, demonios encarnados, serán hijos del mal. Cuando tengan 12 años, se harán notar por las valientes victorias que obtendrán. Pronto, cada uno de ellos estará a la cabeza de los ejércitos, asistidos por las legiones del infierno.

Las estaciones cambiarán. La tierra sólo producirá malos frutos; las estrellas perderán sus movimientos regulares; la luna sólo reflejará una débil luz rojiza; el agua y el fuego darán al globo terrestre movimientos convulsos, y horribles sacudidas que engullirán montañas y ciudades.

Roma perderá su fe y se convertirá en la Sede del Anticristo. Los demonios del aire con el Anticristo harán grandes prodigios en la tierra y en los aires, y los hombres se pervertirán cada vez más. Dios cuidará de sus siervos fieles y de los hombres de buena voluntad. El Evangelio será predicado en todas partes; ¡todas las naciones tendrán conocimiento de la Verdad!

Nota: Aquí, al afirmar que Roma perderá su fe y se convertirá en la Sede del Anticristo, se está denunciando a un Pontífice que sería un Anticristo... Este mensaje es de la mayor gravedad y anuncia lo que el Tercer Secreto de Fátima anunciará también setenta y un años después. Es interesante señalar que ambos secretos, similares tanto en La Salette como en Fátima, han sido sellados y ocultados por la Iglesia durante décadas...

¡Dirijo una llamada urgente a la Tierra! ¡Llamo a los verdaderos discípulos del Dios vivo que reina en el cielo! ¡Llamo a los verdaderos imitadores del Cristo hecho hombre, el Único y Verdadero Salvador de los hombres! Llamo a los hombres, a mis verdaderos devotos, a los que se han entregado a mí para que los conduzca a mi Hijo, a los que, en otras palabras, llevo en mis brazos, ¡a los que han vivido de mi espíritu!

¡Es hora de que salgan y se presenten para iluminar la tierra! ¡Vayan y muéstrense como mis hijos amados! Yo estoy con vosotros y en vosotros mientras su fe sea la luz que los ilumine en estos días de dolor. Que vuestro celo os haga hambrientos de la Gloria y del Honor de Jesucristo. Luchad, hijos de la Luz, vosotros los pocos que veis, porque he aquí el tiempo de los tiempos, el fin de los fines.

La Iglesia se eclipsará; el mundo estará consternado. Pero he aquí a Enoc y a Elías llenos del Espíritu de Dios. Predicarán con la fuerza de Dios, y los hombres de bien creerán en Dios y muchas almas serán consoladas. Harán grandes progresos por la virtud del Espíritu Santo, y condenarán los errores diabólicos del Anticristo.

¡Ay de los habitantes de la tierra! Habrá guerras sangrientas y hambrunas, pestes y enfermedades contagiosas; habrá lluvias compuestas de horribles piedras de granizo; habrá truenos que harán temblar las ciudades, terremotos que engullirán los países. Se oirán voces en el aire. Los hombres se golpearán la cabeza contra las paredes; pedirán la muerte, y, por otro lado, la muerte será su tortura: la sangre se derramará por todas partes. ¿Quién podría ganar si Dios no abrevia el tiempo (de este difícil momento)?

A través de la sangre, las lágrimas y las oraciones de los justos, Dios se dejará conmover (y así aliviará un poco la intensidad de Su Ira). Enoc y Elías serán condenados a muerte. La Roma pagana desaparecerá; el fuego del Cielo caerá y consumirá tres ciudades... El universo entero será golpeado por el terror, y muchos se dejarán seducir porque no han adorado al Verdadero Cristo que vive entre ellos.

Es la hora. El sol se oscurece, sólo la Fe sobrevivirá. ¡Ha llegado el momento! El abismo se abre. Aquí viene el rey de reyes de las tinieblas; aquí viene la bestia con sus súbditos llamándose a sí mismo el salvador del mundo. Se alzará con aires de orgullo para ir al cielo. Será asfixiado mortalmente por el soplo de San Miguel Arcángel; caerá, y la tierra que durante tres días estará en continuas transformaciones, se abrirá llena de fuego; será engullido para siempre en las profundidades eternas del infierno. Entonces el agua y el fuego purificarán la tierra y consumirán todas las obras de soberbia de los hombres... y todo será renovado. Dios será servido y glorificado.

(Nuestra Señora de La Salette, 18 de septiembre de 1846)

Melania Calvat:

Entonces, se acercó al lugar donde yo había ido a ver a nuestras vacas. Sus pies no tocaban más que las puntas de la hierba y sin doblarla. Una vez en la cima del pequeño montículo, la hermosa Señora se detuvo, y yo me apresuré a ponerme delante de Ella para mirarla tan... tan de cerca, y tratar de ver qué camino se inclinaba más. Pues todo había terminado para mí. Me había olvidado tanto de mis vacas como de los dueños para los que trabajaba. Me había unido para siempre y sin condiciones a mi Señora. Sí, quería no dejarla nunca, nunca. La seguí sin otro motivo que el de estar con Ella, y estaba plenamente dispuesta a servirla por el resto de mi vida.

En presencia de mi Señora, sentí que había olvidado el "Paraíso". No pensaba en otra cosa que en servirla de todas las maneras posibles; y sentía que podría haber hecho todo lo que me hubiera pedido, pues me parecía que Ella tenía un gran poder. Me miraba con una ternura que me atraía hacia Ella. Podría haberme arrojado a sus brazos con los ojos cerrados. No me dio tiempo a hacerlo.

Se elevó imperceptiblemente desde el suelo hasta una altura de unos cuatro pies o más; y, colgando así en el aire durante una fracción de segundo, mi hermosa Señora miró hacia el Cielo, luego hacia la tierra, a su derecha y luego a su izquierda, y luego me miró con sus ojos tan suaves, tan amables y tan buenos que sentí que me atraía dentro de Ella, y mi corazón pareció abrirse al suyo.

Y mientras mi corazón se derretía, dulcemente alegre, el bello rostro de mi buena Señora desaparecía poco a poco. Me pareció que la luz en movimiento se hacía más fuerte, o más bien se condensaba alrededor de la Santísima Virgen, para impedirme verla por más tiempo.

Y esta luz ocupó el lugar de las partes de su cuerpo que desaparecían ante mis ojos; o más bien me pareció que el cuerpo de mi Señora se fundía en luz. Así, la esfera de luz se elevó suavemente hacia la derecha. No puedo decir si el volumen de luz disminuía a medida que se elevaba, o si la creciente distancia me hacía ver cada vez menos luz a medida que Ella se elevaba. Lo que sí sé es que estuve mucho tiempo con la cabeza levantada, mirando la luz, incluso después de que la luz, que se alejaba cada vez más y disminuía su volumen, finalmente desapareciera. Aparté los ojos del firmamento y miré a mi alrededor. Veo que Maximino me mira y le digo:

Maxi, ese debe haber sido el Buen Dios de mi padre, o la Santa Virgen, o algún otro gran santo.

Maximino lanza sus brazos al aire y dice:

¡Oh! ¡Si lo supiera!

La tarde del 19 de septiembre, volvimos a bajar un poco antes de lo habitual. Cuando llegué a la granja de mi amo, me dediqué a atar las vacas y a arreglar el establo, y aún no había terminado cuando mi ama se me acercó llorando y me dijo:

¿Por qué, hija mía, no viniste a contarme lo que pasó en la montaña?

Maximino, al no encontrar a sus amos que seguían trabajando, se había acercado a los míos y les había contado todo lo que había visto y oído. Yo le contesté:

Quería decírtelo, pero primero quería terminar mi trabajo.

Un momento después, me acerqué a la casa y mi ama me dijo:

Cuéntame lo que has visto. De Bruite, el pastor (ese era el apodo de Pedro Selme, el amo de Maximino), me lo ha contado todo.

Comencé, y hacia la mitad del relato, mi amo llegó de vuelta del campo.

Mi ama, que lloraba al oír las quejas y amenazas de nuestra dulce Madre, dijo:

¡Ah! Ibas a cosechar el trigo mañana (domingo). Ten mucho cuidado. Ven a escuchar lo que le ha pasado hoy a este niño y al pastorcillo de Pierre Selme.

Y volviéndose hacia mí, dijo:

Repite todo lo que has dicho.

Empecé de nuevo, y cuando terminé, mi amo dijo:

Fue la Santa Virgen o bien un gran santo, que ha venido en nombre del Buen Dios, pero es como si el Buen Dios hubiera venido él mismo. Hay que hacer lo que ha dicho esta Santa. ¿Cómo te las vas a arreglar para decírselo a todo su pueblo?

Le contesté:

Dígame cómo debo hacerlo y lo haré.

Luego, mirando a su madre, a su mujer y a su hermano, añadió:

Tendré que pensarlo.

Luego todos volvieron a sus asuntos…
Después de la cena, Maximino y sus amos vinieron a ver a mis amos y a contar lo que Maximino les había dicho y a decidir lo que había que hacer. Ellos dijeron:

Nos parece que fue la Santa Virgen enviada por el Buen Dios. Las palabras que Ella pronunció nos convencen de ello. Y les dijo que lo transmitieran a todo su pueblo. Tal vez estos niños tengan que viajar por todo el mundo para dar a conocer que todos deben observar los mandamientos del Buen Dios, para que no nos sobrevengan grandes desgracias.

Después de un momento de silencio, mi amo nos dijo a Maximino y a mí:

¿Sabéis lo que debéis hacer, hijos míos? Mañana debéis levantaros temprano e ir los dos a ver al cura y contarle todo lo que habéis visto y oído. Contadle cuidadosamente cómo ha sucedido todo. Él os dirá lo que tenéis que hacer.

El 20 de septiembre, al día siguiente de la Aparición, salí por la mañana temprano con Maximino. Cuando llegamos al presbiterio, llamé a la puerta. El ama de llaves del sacerdote vino, abrió la puerta y nos preguntó qué queríamos. Le dije (en francés, y yo, que nunca había hablado francés): — Nos gustaría hablar con el Padre Perrin. — *¿Y qué tienes que decirle?, preguntó ella.* — Queremos decirle, señorita, que ayer subimos a vigilar nuestras vacas en la montaña de Baisses y después de cenar, etcétera ... etcétera.

Contamos un buen trozo de las palabras de la Santísima Virgen. Entonces sonó la campana de la iglesia: era la llamada final de la misa. El padre Perrin, párroco de La Salette, que nos había oído, abrió de golpe su puerta; lloraba y se golpeaba el pecho. Nos dijo:

Hijos míos, estamos perdidos, Dios nos castigará. ¡Oh! ¡Santo Dios! ¡Fue la Santa Virgen la que se te apareció!

Y se fue a decir la Santa Misa. Nos miramos, Maximino, el ama de llaves, y yo. Entonces Maximin me dijo:

Yo, me voy a casa con mi padre a Corps.

Y nos separamos.
Como mis amos no me habían dicho que volviera al trabajo inmediatamente después de hablar con el padre Perrin, no vi nada malo en ir a misa. Y así estuve en la iglesia. Comienza la misa y, tras la primera lectura del Evangelio, el padre Perrin se dirige a la congregación y trata de relatar a sus feligreses la historia de la Aparición que acababa de tener lugar, el día anterior, en una de sus montañas, y les insta a dejar de trabajar los domingos. Su voz se quebró con sollozos, y toda la congregación se conmovió enormemente.

Después de la Santa Misa, volví a mis amos para trabajar. El Sr. Peytard, que todavía hoy es el alcalde de La Salette, vino a interrogarme sobre la Aparición, y cuando se aseguró de que yo decía la verdad, se fue convencido.

Permanecí al servicio de mis amos hasta el día de Todos los Santos. Luego fui internada con las monjas de la Providencia, en mi ciudad natal de Corps.

<u>La descripción de la Santísima Virgen María (según Melania Calvat)</u>

«La Santísima Virgen era alta y bien proporcionada. Parecía tan ligera que un simple soplo podría haberla agitado, pero estaba inmóvil y perfectamente equilibrada. Su rostro era majestuoso, imponente, pero no imponente a la manera de los Señores de aquí abajo. Ella imponía un temor respetuoso. Al mismo tiempo que su majestad imponía respeto mezclado con amor, me atraía hacia ella.

Su mirada era suave y penetrante. Sus ojos parecían hablar a los míos, pero la conversación surgía de un profundo y vivo sentimiento de amor por esta belleza deslumbrante que me estaba licuando. La suavidad de su mirada, su aire de incomprensible bondad, me hicieron entender y sentir que me atraía hacia ella y que quería entregarse. Era una expresión de amor que no se puede expresar con la lengua, ni con las letras del alfabeto.

La ropa de la Santísima Virgen era de color blanco plateado y bastante brillante. Era bastante intangible. Estaba hecha de luz y de gloria, centelleante y deslumbrante. No hay expresión ni comparación que pueda encontrarse en la tierra.

La Santa Virgen era todo belleza y todo amor; su visión me sobrecogía. Tanto en sus galas como en su persona, todo irradiaba la majestuosidad, el esplendor, la magnificencia de una Reina incomparable. Parecía tan blanca, inmaculada, cristalizada, deslumbrante, celestial, fresca y nueva como una Virgen. La palabra AMOR parecía salir de sus labios puros y plateados. Se me apareció como una buena Madre, llena de bondad, de amabilidad, de amor por nosotros, de compasión y de misericordia.

La corona de rosas que había colocado sobre su cabeza era tan hermosa, tan brillante, que desafía la imaginación. Las rosas de diferentes colores no eran de esta tierra; era una unión de flores que coronaba la cabeza de la Santísima Virgen. Pero las rosas cambiaban y se sustituían unas a otras, y entonces, desde el corazón de cada rosa, brillaba una hermosa y fascinante luz, que daba a las rosas una belleza resplandeciente. De la corona de rosas parecían surgir ramas doradas y numerosas florecillas que se mezclaban con las brillantes. El conjunto formaba una bellísima diadema, que brillaba más que el sol de nuestra tierra.

La Virgen tenía una cruz muy bonita colgada al cuello. Esta cruz parecía dorada, (digo dorada y no chapada en oro, pues a veces he visto objetos dorados con distintos matices de oro, que tenían un efecto mucho más bello sobre mis ojos que el simple chapado en oro). Sobre esta hermosa y brillante cruz, había un Cristo; era Nuestro Señor en la Cruz. Cerca de ambos extremos de la Santa Cruz había un martillo, y en el otro extremo, un par de pinzas.

El Cristo era del color de la piel, pero brillaba de forma deslumbrante; y la luz que salía de su santo cuerpo parecía como dardos brillantes que atravesaban mi corazón con el deseo de fundirse dentro de él. A veces, el Cristo parecía estar muerto. Su cabeza estaba inclinada hacia delante y su cuerpo parecía ceder, como si estuviera a punto de caer, si no hubiera sido retenido por los clavos que lo sujetaban a la Cruz.

Sentí una profunda compasión y hubiera querido contar su desconocido amor al mundo entero, y dejar que se filtrase en las almas mortales el más sentido amor y gratitud hacia un Dios que no tenía necesidad alguna de nosotros para ser todo lo que Él es, era y será siempre. Y sin embargo, ¡oh amor que los hombres no pueden comprender, se hizo hombre, y quiso morir, sí, morir, para inscribir mejor en nuestras almas y en nuestra memoria, el amor apasionado que nos tiene! ¡Oh, qué desdichada soy al encontrarme tan pobre en mi expresión del amor de nuestro buen Salvador por nosotros! Pero, por otra parte, ¡qué felices somos al poder sentir más profundamente lo que no podemos expresar!

En otras ocasiones, el Cristo parecía estar vivo. Tenía la cabeza erguida, los ojos abiertos y parecía estar en la cruz por voluntad propia. A veces también parecía hablar: Parecía mostrar que estaba en la cruz por nuestro bien, por amor a nosotros, para atraernos a su amor, y que siempre tiene más amor que darnos, que su amor en el principio y en el año 33 es siempre el de hoy y será por siempre.

La Santa Virgen estuvo llorando casi todo el tiempo que me habló. Sus lágrimas fluyeron suavemente, una a una, hasta sus rodillas, y luego, como chispas de luz, desaparecieron. Eran brillantes y estaban llenas de amor. Me hubiera gustado consolarla y detener sus lágrimas. Pero me pareció que necesitaba las lágrimas para mostrar mejor su amor olvidado por los hombres.

Me hubiera gustado arrojarme a sus brazos y decirle: "**¡Madre mía, no llores! Quiero amarte por todos los hombres de la tierra**", *pero ella parecía decirme:* "**¡Hay tantos que no me conocen!**"

Estaba entre la vida y la muerte y, por un lado, veía tanto deseo de esta Madre de ser amada, y por otro lado, tanta frialdad e indiferencia... ¡Oh! ¡Madre mía, Madre bellísima y adorable, amor mío, corazón de mi corazón!

Las lágrimas de nuestra dulce Madre, lejos de disminuir su aire de majestad, de Reina y de Señora, parecían, por el contrario, embellecerla, hacerla más bella, más poderosa, más llena de amor, más maternal, más arrebatadora, y hubiera podido enjugar sus lágrimas que hacían saltar mi corazón de compasión y de amor. Ver llorar a una madre, y a una madre así, sin hacer todo lo posible para consolarla y cambiar su pena por alegría, ¿es eso posible?

Oh! Madre, que eres más que buena; has sido formada con todas las prerrogativas que Dios es capaz de hacer; te has casado con el poder de Dios, por así decirlo; eres buena, y más, eres buena con la bondad de Dios mismo. Dios se ha lucido haciendo de ti su obra maestra terrenal y celestial.

La Santísima Virgen tenía un pichi amarillo. ¿Qué digo, amarillo? Tenía un pichi más brillante que varios soles juntos. No era un material tangible; estaba compuesto de gloria, y esta gloria era centelleante, y arrebatadoramente bella. Todo lo que había en la Santa Virgen me llevaba firmemente e hizo deslizarme hacia la adoración y el amor de mi Jesús en todos los estados de su vida mortal.

La Santísima Virgen tenía dos cadenas, una un poco más ancha que la otra. De la más estrecha, colgaba la cruz que antes he mencionado. Estas cadenas (ya que hay que darles el nombre de cadenas) eran como rayos de gloria brillante, centelleantes y deslumbrantes. Sus zapatos (ya que hay que llamarlos zapatos) eran blancos, pero de un blanco plateado y brillante. Había rosas alrededor de ellos. Estas rosas eran deslumbrantemente bellas, y del corazón de cada rosa brillaba una llama de luz muy bella y agradable. En sus zapatos había una hebilla de oro, no del oro de esta tierra, sino del oro del paraíso.

La visión de la Santa Virgen era en sí misma un paraíso perfecto. Tenía todo lo necesario para satisfacer, pues la tierra había sido olvidada. La Santísima

Virgen estaba rodeada de dos luces. La primera luz, la más cercana a la Santísima Virgen, llegaba hasta nosotros. Brillaba de la manera más hermosa y centelleante. La segunda luz brilló un poco alrededor de la Bella Dama y nos encontramos bañados en ella. Era inmóvil (es decir, no centelleaba) pero mucho más brillante que nuestro pobre sol en la tierra. Toda esta luz no dañaba ni cansaba los ojos de ninguna manera.

Además de todas estas luces, de todo este esplendor, brillaban concentraciones o haces de luz y rayos individuales del cuerpo de la Santa Virgen, de sus vestidos y de todo su cuerpo.

La voz de la Bella Dama era suave. Era encantadora, arrebatadora, cálida para el corazón. Satisfacía, paliaba cada obstáculo, calmaba y ablandaba. Me parecía que nunca podía dejar de deleitarme en su hermosa voz y mi corazón parecía bailar o querer ir hacia ella y fundirse dentro de ella.

Los ojos de la Virgen Santísima, nuestra Dulce Madre, no se pueden describir con lenguaje humano. Para hablar de ellos se necesitaría un serafín, se necesitaría más que eso, se necesitaría el lenguaje de Dios mismo, del Dios que formó a la Virgen inmaculada, obra maestra de su omnipotencia. Los ojos de la majestuosa María parecían mil veces más bellos que los más raros brillantes, diamantes y piedras preciosas. Brillaban como dos soles; eran suaves, la suavidad misma tan clara como un espejo. En sus ojos podías ver el paraíso. Te atraían hacia Ella, parecía querer atraer y entregarse.

Cuanto más miraba, más quería ver; cuanto más veía, más la amaba y la amaba con todas mis fuerzas.

Los ojos de la bella Inmaculada eran como la puerta del Reino de Dios, desde donde se podía ver todo lo que puede alegrar el alma. Cuando mis ojos se encontraron con los de la Madre de Dios, sentí dentro de mí una feliz revolución de amor y quise declarar que la amo y que me derrito de amor. Al mirarnos, nuestros ojos se hablaron a su manera, y la amé tanto que hubiera podido besarla en medio de sus ojos, que tocaban mi alma y parecían atraerla hacia ellos, haciendo que se fundiera en los suyos. Sus ojos provocaban un dulce temblor en todo mi ser; y yo temía hacer el menor movimiento que pudiera causarle el menor disgusto.

Sólo la vista de los ojos de la más pura de las Vírgenes habría bastado para hacer el cielo de una criatura bendita, suficiente para llenar el alma de la voluntad del Altísimo en medio de los acontecimientos que ocurren en el curso de la vida mortal, suficiente para hacer que el alma realice continuos actos de alabanza, de acción de gracias, de expiación y de perdón. Sólo esta visión centra el alma en Dios, y la hace como una muerte en vida, mirando todas las cosas de esta tierra, incluso las que parecen más graves, como nada más que juguetes de niños. El alma no querrá oír hablar a nadie si no habla de Dios y de lo que afecta a su gloria.

El pecado es el único mal que ella ve en la tierra. Morirá de pena si Dios no la sostiene.

Amen.

Firmado: MARÍA DE LA SANTA CRUZ, Víctima de Jesús, nacida MELANIA CALVAT, pastora de La Salette, Castellamare, 21 de noviembre de 1878.

Palabras adicionales de Melania Calvat:

El gran castigo vendrá, porque los hombres no se convertirán; sin embargo, sólo su conversión puede impedir estos azotes. Dios comenzará a golpear a los hombres infligiéndoles castigos más leves para que abran los ojos; luego se detendrá, o podrá repetir sus anteriores advertencias para dar lugar al arrepentimiento. Pero los pecadores no aprovecharán estas oportunidades; en consecuencia, enviará castigos más severos, deseoso de mover a los pecadores al arrepentimiento, pero todo en vano. Finalmente, la obstinación de los pecadores atraerá sobre sus cabezas las mayores y más terribles calamidades.

Todos somos culpables. No se hace penitencia, y el pecado aumenta cada día. Los que deberían acercarse a hacer el bien son retenidos por el miedo. El mal es grande. Un castigo moderado sólo sirve para irritar a los espíritus, porque ven todas las cosas con ojos humanos. Dios podría obrar un milagro para convertir y cambiar el aspecto de la tierra sin el castigo. Dios obrará un milagro; será un golpe de su misericordia; pero después de que los impíos se hayan embriagado de sangre, llegará el castigo.

¿Qué países se preservarán de tales calamidades? ¿Dónde nos refugiaremos? Yo, a mi vez, preguntaré, ¿cuál es el país que observa los mandamientos de Dios? ¿Qué país no se deja influir por el temor humano cuando están en juego los intereses de la Iglesia y la gloria de Dios? (¡Ah, sí! ¿Qué país, qué nación sobre la tierra?) En nombre de mi Superiora y en el mío propio, me he preguntado muchas veces dónde podríamos refugiarnos, si tuviéramos los medios para el viaje y para nuestra subsistencia, a condición de que nadie lo supiera. Pero renuncio a estos pensamientos inútiles.

Somos muy culpables. Como consecuencia de esto, es necesario que venga un azote muy grande y terrible para revivir nuestra fe, y para devolvernos la razón misma, que hemos perdido casi por completo. Los hombres malvados son devorados por la sed de ejercer su crueldad; pero cuando hayan llegado al punto máximo de la barbarie, Dios mismo extenderá su mano para detenerlos, y muy pronto se efectuará un cambio completo en todas las personas que sobrevivan. Entonces cantarán el **Te Deum Laudamus** *con la más viva gratitud y amor.*

La Virgen María, nuestra Madre, será nuestra libertadora. Reinará la paz y la caridad de Jesucristo unirá todos los corazones... Recemos, recemos. Dios no quiere castigarnos severamente. Nos habla de tantas y tantas maneras para hacernos volver a Él. ¿Hasta cuándo vamos a seguir siendo obstinados? Recemos, recemos; no dejemos nunca de rezar y de hacer penitencia. Recemos por nuestro Santo Padre el Papa, la única luz para los fieles en estos tiempos de oscuridad. Oh sí, recemos mucho por todos los medios. Oremos a la buena, dulce y misericordiosa Virgen María, porque tenemos mucha necesidad de sus poderosas manos sobre nuestras cabezas".

Asimismo, el abad Michel Corteville descubrió en 1999, en los archivos secretos del Vaticano, la carta de Melania Calvat a su Santidad el Papa Pío IX. Esta versión del Secreto confiado por la Santísima Virgen María no tiene ninguna diferencia con el texto original publicado en 1879, excepto por su extensión y por algunas informaciones adicionales extremadamente interesantes que darán igualmente un mayor sentido a la realidad de lo que cabe esperar hoy en el siglo XXI.

Carta de Melania Calvat a Su Santidad el Papa Pío IX

Secreto que la Santa Virgen me dio en la Montaña de La Salette el 19 de septiembre de 1846:

"**Melanie, te diré algo que no repetirás a nadie: ¡El tiempo de la ira de Dios ha llegado! Si cuando hayas dicho a los pueblos lo que te dije antes, y después lo que te diré más, si después de esto no se convierten (si no hacemos penitencia y si no dejamos de trabajar los domingos, y si seguimos blasfemando el Santo Nombre de Dios) en otras palabras si la faz de la tierra no cambia, Dios se vengará de los pueblos ingratos y esclavos del diablo. Mi Hijo ejercerá su poder.**
París, esta ciudad ensuciada por toda clase de crímenes, perecerá irremediablemente. Marsella será destruida en poco tiempo. Cuando estas cosas sucedan, el desorden será completo en la tierra. El mundo se abandonará a sus pasiones impías. El Papa será perseguido por todas partes. Le dispararán. Querrán matarlo, pero no podrán hacer nada; el Vicario de Dios volverá a triunfar. Los sacerdotes y religiosos y los verdaderos servidores de mi Hijo serán perseguidos y muchos morirán por la Fe de Jesucristo.
Una hambruna reinará al mismo tiempo. Una vez que todas estas cosas hayan tenido lugar, mucha gente reconocerá la Mano de Dios sobre ellos. Se convertirán y harán penitencia por sus pecados.
Un Gran Rey se alzará en el trono y reinará durante unos años. La religión florecerá y se extenderá por todo el mundo, y la fertilidad será grande. El mundo, feliz de que no le falte nada, reiniciará sus desórdenes, abandonará a Dios y se entregará a sus pasiones criminales.
Entre los ministros de Dios, y las esposas de Jesucristo, hay algunos que se abandonarán al desorden, y eso será lo más terrible. Al final, un infierno reinará en la tierra. Será cuando el Anticristo nazca de una monja, pero ¡ay de ella! Mucha gente creerá en él porque dirá venir del Cielo; ¡ay de los que le crean! El tiempo no está lejos. No pasarán dos veces 50 años. Hija mía, repetirás lo que te acabo de

decir. No se lo dirás a nadie. Si un día tienes que decirlo, no dirás de qué se trata; ¡pues no dirás nada antes de que yo te diga que lo digas!"

Ruego a nuestro Santo Padre el Papa que me dé su santa bendición.

Melanie Mathieu, Pastora de La Salette
Grenoble, 6 de julio de 1851

<u>Carta de Maximino Giraud a Su santidad el Papa Pío IX</u>

El 19 de septiembre de 1846, vimos a una hermosa dama. Nunca dijimos que esta señora fuera la Santa Virgen, pero siempre hemos dicho que era una señora muy hermosa. No sé si se trata de la Santa Virgen o de otra persona. Por mi parte, hoy pienso que es la Santa Virgen.
Esto es lo que me dijo esta Señora:

Si mi pueblo continúa, lo que te diré tendrá lugar antes; si cambia un poco, ocurrirá un poco más tarde.

Francia ha corrompido el universo. Un día será castigada. La fe se extinguirá en Francia: Tres partes de Francia ya no practicarán la religión, o casi toda, la otra parte la practicará, pero sin hacerlo. Entonces, después de eso, las naciones se convertirán y la Fe será re-iluminada en todas partes. Un gran país del norte, hoy protestante, se convertirá. Con el apoyo de ese país, todos los demás países del mundo se convertirán.
Antes de que esto tenga lugar, vendrán grandes tribulaciones a la Iglesia y en todas partes; después, nuestro santo padre el Papa será perseguido. Su sucesor será un Pontífice que nadie espera. Luego, después de eso, vendrá una gran paz, pero no durará mucho. Un monstruo vendrá a perturbarla. Todo lo que estoy contando aquí sucederá en el próximo siglo, o a más tardar en los años 2000.

Maximini Giraud (Algunas veces antes, Ella me dijo que dijera esto)

Mi Santísimo Padre, su bendición para uno de sus corderos
Grenoble, 3 de julio de 1851

El secreto de La Salette sobre el futuro Rey de Francia

Este secreto ha sido uno de los temas de controversia más ocultos que los republicanos y otras "sociedades" de Francia han intentado, con mucho esfuerzo, "barrer bajo la alfombra", pero como en todas las cosas, cuanto más se oculta algo, más se descubre en un momento u otro, en este caso sin duda por la Divina Providencia.

Melania Calvat:

Es Lucifer quien gobierna Francia... Dios nos dará un Rey oculto en el que nadie pensará, y nos lo dará después de los azotes. Sólo Dios lo dará (a Francia). Nunca he anunciado el regreso de los d'Orleans (familia), y me parecería un castigo de Dios sobre Francia si se sentasen en el trono... Sólo habrá un rebaño. El Santo Papa con el Rey más cristiano actuarán como uno unidos en la Fe. El gran triunfo de la Iglesia se verá bajo el Pastor angélico (y) *con el ángel terrenal que será de la descendencia del Rey Mártir* (Luis XVI).

Maximino Giraud:

Maximino Giraud, pastor de La Salette, recibió en secreto las instrucciones de la Santísima Virgen María de revelar la supervivencia de Luis XVII (hijo del rey mártir Luis XVI y de María Antonieta) y de su descendencia del conde de Chambord, que se creía entonces que era el miembro de la familia Borbón más cercano a la línea directa de la Corona francesa. Por ello, Maximino fue a reunirse con el noble y cristianísimo conde francés de Chambord en Frohsdorf (Austria).

Se ha publicado el secreto de Melania Calvat, hermana María de la Santa Cruz. Todo el mundo puede meditar sobre este documento revelado por la Santísima Virgen, un documento que el propio liberalismo ya no se atreve a atacar hoy, pues una Comisión de Cardenales lo ha declarado públicamente y tras la debida investigación, irreprochable en su contenido. Esta revelación dada por la Santísima Virgen María se refiere especialmente a las desgracias de Francia y del Papado.

El secreto de Maximino, en cambio, se refiere al triunfo de la Iglesia y a la restauración de la Monarquía francesa. **El mensaje del pastor de La Salette se mantuvo sellado y bajo profundo secreto por el Vaticano, hasta 1999.** Dicho esto, el notable secreto fue revelado por otra vía: la familia de Vanssay.[3] Se trata de una extraordinaria confirmación de la próxima restauración de la monarquía francesa:

Maximino Giraud, algunos años antes de su muerte, se dirigió a Froshdorf, en Austria, para cumplir una misión que le había encomendado la Señora de las montañas, y para entrevistarse con el Conde de Chambord, que entonces se creía heredero directo del trono de Francia... Al principio, el conde

---

[3] El Conde de Vanssay era el secretario personal y hermano del Conde de Enrique de Chambord, quien a finales del siglo XIX era el heredero directo de la Corona de Francia en el caso de una Restauración (lo que no se hizo por razones que aquí se revelarán).

Enrique de Chambord se mostró algo reticente a recibir al vidente de La Salette, pero al leer una carta de recomendación, se le concedió audiencia. El Conde de Chambord pidió a su secretario, el conde Enrique de Vanssay, que estuviera presente durante el encuentro.

Una vez que el pastor fue presentado al buen Conde Enrique, el vidente francés pidió a su anfitrión hablar con él a solas. Al instante, el Conde de Vanssay se despidió, pero con una mano imperiosa Enrique de Francia lo detuvo mientras tomaba suavemente el brazo de Maximino, conduciéndolo hacia una ventana pidiéndole que hablara en voz baja. El Conde de Vanssay observaba desde lejos a los dos hombres que hablaban. El intercambio duró unos veinte minutos.

Durante ese tiempo, el Conde de Chambord parecía estar sujeto a vivas emociones... Parecía extremadamente sorprendido, incluso estupefacto, luego angustiado, pronto seguido del temor... El Conde de Vanssay vio al final de la reunión al príncipe francés ofreciendo una bolsa de oro que Maximino rechazó diciendo en voz alta:

"He venido a traer un mensaje. He cumplido con mi deber. El dinero estaría fuera de lugar".

Enrique de Francia insistió en que el pastor aceptara al menos los gastos del viaje a lo que Maximino finalmente aceptó.

Una vez concluida la reunión, el Conde de Chambord se acercó a pasear por el parque de la propiedad con el Conde de Vanssay, que le seguía a corta distancia... Mientras caminaba por el jardín de la propiedad, el Conde de Chambord apareció absorto con las manos a la espalda, exclamando:

"¡Oh... eso es extraordinario!... pero no, es imposible!... ¡No puede ser! ¡Esto no puede suceder! ¡Qué revelación!".

Poco después de este notable encuentro, el conde Enrique de Chambord hizo construir un rico altar de mármol en la basílica de Nuestra Señora de la Salette. Pero lo que es aún menos conocido es la confidencia que el Conde de Chambord hizo a su fiel secretario. En efecto, el día del encuentro entre Maximino y el príncipe francés, el conde de Vanssay, observando la extraordinaria escena, escribió a su familia una carta en la que describía este extraordinario acontecimiento:

Vi que el Conde de Chambord estaba conmovido y habló largamente y con mucha amabilidad al joven vidente. Cuando Maximino salió de la habitación, profundamente conmovido, el Príncipe se volvió hacia mí:

Ahora tengo la certeza de que mi primo Luis XVII vive; no me sentaré en el Trono de Francia, pero Dios quiere que guardemos este secreto. Sólo Él se reserva (el derecho) *de restablecer* la Royaute (Realeza francesa).

Y el Conde de Vanssay añadió un par de líneas más para sus sobrinos y sobrinos nietos:

"Sobre todo, que conserven la esperanza de que un día Dios devolverá al Trono de Francia al Descendiente de la Lys (Flor de Lys) cuya cabeza fue cortada, y que nuestra Madre Patria, hija mayor de la Iglesia, volverá a encontrar su grandeza y su gloria de antaño".

Secreto sobre dos futuros Papas en el siglo XX

El Rev. Padre Malachi Martín reveló que una frase del Secreto de La Salette ha sido borrada universalmente por instrucciones de una autoridad contemporánea del Vaticano que, insistió, no quiere ser nombrada... Esta frase, según el conocido exorcista jesuita, decía:

En el transcurso del próximo siglo, habrá dos Papas corruptos ("vermoulus") ...

La aprobación formal de la Iglesia a la aparición de Nuestra Señora de La Salette:

Mgr. De Bruillard, obispo de Grenoble, nombró dos comisiones para examinar el expediente de la aparición de La Salette, y fue por fin en septiembre de 1851 cuando Mons. Bruillard reconoció oficialmente este caso de aparición. He aquí un extracto del documento oficial emitido por la diócesis de Grenoble el 19 de septiembre de 1851:

"Hace cinco años se nos anunció un acontecimiento extraordinario, que parecía increíble, como si hubiera tenido lugar en las montañas de nuestra diócesis. Se trataba nada menos que de una aparición de la Santa Virgen que, según se decía, se mostró a dos pastores el 19 de septiembre de 1846. Ella les habría hablado de acontecimientos dolorosos que amenazaban a su pueblo, sobre todo a causa de las blasfemias y de la profanación del día del domingo, y habría confiado a cada uno de ellos un secreto particular con la prohibición de revelarlo a nadie.

A pesar del candor natural de los dos pastores, a pesar de la imposibilidad de un concierto entre dos niños ignorantes y que apenas se conocían; a pesar de la firmeza constante de sus testimonios que nunca han cambiado, ni ante la justicia humana ni ante miles de personas que han agotado todos los medios de seducción para hacerles caer en la contradicción o para obtener la revelación de su secreto, hemos tenido que mostrarnos difíciles de admitir como incontestable un hecho que nos parecía siempre tan maravilloso...

Mientras nuestro cargo episcopal nos obligaba a temporalizar, a pensar, a implorar con fervor las luces del Espíritu Santo, el número de hechos prodigiosos que se publicaban desde todas las direcciones era siempre creciente. Anunciaban curaciones extraordinarias, operadas en diversas partes de Francia y en el extranjero, incluso en países lejanos. Se trataba de enfermos, desesperados y condenados por los médicos a una muerte próxima o bien a dolencias perpetuas, que, según se decía, volvían a gozar de perfecta salud como consecuencia de la invocación de

Visionarios de La Salette, France

Maximin Giraud y Mélanie Calvat en La Salette **Mélanie Calvat (1903)**

Dibujo de la aparición de Nuestra Señora de La Salette a Maximin Giraud y a Mélanie Calvat

Louis XVII

Conde Henri de Chambord

Rey de Francia Louis XVI

Marie-Antoinette y los Príncipes de Francia

Nuestra Señora de la Salette, y siguiendo el uso de una fuente de agua sobre la que la Reina del Cielo se apareció a los dos pastores.

Otro hecho que nos ha parecido un prodigio es la afluencia, difícilmente creíble pero sin embargo por encima de toda contestación, que se ha producido en esta montaña en diferentes épocas, pero especialmente en el aniversario de la aparición; una afluencia que resulta bastante sorprendente teniendo en cuenta la distancia y otras dificultades que representa tal peregrinación...

- *(De ahí) Considerando primero la imposibilidad en la que nos encontramos de explicar el hecho de La Salette de otra manera que no sea a través de la Intervención Divina (...)*
- *Considerando, en segundo lugar, que los siguientes hechos maravillosos de La Salette son el testimonio de Dios mismo, que se manifiesta por medio de milagros, y que este testimonio es superior al de los hombres y a sus objeciones.*
- *Considerando que estos dos motivos antes mencionados, tomados por separado, y por razones mayores juntos, deben dominar todas las cuestiones, quitando toda clase de valor a cualquier pretensión o suposición contraria de la que declaramos tener perfecto conocimiento.*
- *Considerando que la docilidad y la sumisión a las advertencias del Cielo pueden preservarnos de nuevos castigos de los que estamos amenazados, mientras que una resistencia prolongada puede exponernos a plagas sin remedio... declaramos lo siguiente:*

PRIMER ACTO: Juzgamos que la Aparición de la Santísima Virgen a dos Pastores, el 19 de septiembre de 1846, en la montaña de la cadena de los Alpes, situada en la parroquia de La Salette, del Archipiélago de Corps, lleva en sí todas las características de la verdad que los fieles están fundados a creer como indubitable y cierta.

SEGUNDO ACTO: Creemos que este hecho ha adquirido un nuevo grado de certeza por la inmensa y espontánea participación de los fieles en los lugares de la Aparición, y la multitud de prodigios que han seguido a dicho acontecimiento y que es imposible revocar sin violar las reglas del testimonio humano.

TERCER ACTO: Por eso, para testimoniar a Dios y a la Gloriosa Virgen María nuestro profundo agradecimiento, autorizamos el culto a Nuestra Señora de La Salette.

Dado in Grenoble, *el 19 de septiembre de 1851 (quinto aniversario de la famosa Aparición)*

Como continuación de esta declaración oficial, Roma favoreció también la devoción a Nuestra Señora de La Salette.

1. Una cédula del 3 de septiembre de 1852 concede la indulgencia plenaria, una vez al año, a todos los que visiten la iglesia de Nuestra

Señora de la Salette.
2. Un indulto del 2 de diciembre de 1852, por el que su Santidad Pío IX concede permiso para la cedelebración solemne de cada año el 19 de septiembre, aniversario de la aparición, o el domingo siguiente, en todas las iglesias de la diócesis de Grenoble, con una misa solemne y el canto de vísperas en honor de la Santísima Virgen.
3. La elevación de la iglesia de peregrinación de La Salette como basílica menor y, en 1879, la coronación de la imagen de Nuestra Señora de La Salette. Esta ceremonia tuvo lugar el 21 de agosto de 1879.

En 1937 Roma se dignó favorecer la Reconciliación de los pecadores, concediendo 500 días de indulgencias al rezo de la Recolección, y de "300 días a la invocación":

"Nuestra Señora de La Salette, Reconciliadora de los Pecadores, ruega sin cesar por nosotros que recurrimos a ti"

La Iglesia oculta el secreto de La Salette

Poco después de la muerte de ambos videntes, el secreto dado por Nuestra Señora de La Salette desapareció misteriosamente... Se rumoreó que el obispo local, irritado por el mensaje poco halagüeño dado por la Virgen María sobre el clero francés, eliminó la revelación dada a los dos jóvenes pastores; sin embargo, más de un siglo después, el 2 de octubre de 1999, un sacerdote francés llamado P. Cotteville estaba haciendo un trabajo de investigación en las profundidades de la biblioteca subterránea del Vaticano, cuando por pura casualidad descubrió una vieja caja que contenía viejas carpetas y papeles cuidadosamente atados.

El exterior de una de estas cajas llevaba las fechas del pontificado de León XIII. Pero dentro había carpetas de la época de Pío IX. Una de ellas contenía el expediente completo de La Salette con todos sus documentos originales, ¡incluidos los diversos manuscritos de los secretos! Finalmente, los secretos originales de La Salette entregados al Papa Pío IX en 1851 —**enterrados durante más de un siglo en los archivos del Vaticano**— fueron descubiertos por fin... ¡por casualidad!

El padre Corteville se maravilló con los documentos antiguos del paquete recién abierto. Desgraciadamente, sonó la campana para cerrar el periodo de consultas. Al regresar a su residencia con una alegría inexpresable, el P. Corteville se puso a estudiar detalladamente esos documentos para disipar todas las dudas que le quedaban sobre el asunto. Los resultados de ese trabajo pronto se convirtieron en la piedra angular de la tesis que defendió con éxito en la célebre Facultad de Teología del *Angelicum* de la Orden Dominicana de Roma.

Dicha tesis, de más de mil páginas, fue inicialmente redactada con la ayuda y colaboración del abad René Laurentin (**ver página: 459**), mariólogo francés de fama mundial, y publicó con él un libro notable titulado: **La gran noticia de los pastores de La Salette**. El libro lleva el *imprimatur* de Mons. Michel Dubost, Obispo de Evry, y el *nihil obstat* de Dom Bernard Billet, de la Abadía de Notre-Dame de Toumay.

La editorial francesa Fayard publicó **La gran noticia de los pastores de La Salette** en abril de 2002, y su contenido, se argumentó rápidamente, era un tema de lo más tabú para la Iglesia católica: la dilucidación de la cuestión de la autenticidad del Secreto de La Salette, conocido sobre todo en su última versión, la de 1879 que había recibido el imprimátur de monseñor Zola, obispo de Lecce en Italia.

Nuestra Señora de La Fraudais se pronunció así más de cuarenta años después de la aparición a los dos pastorcillos franceses en la montaña de La Salette a la estigmatizada Marie-Julie Jahenny:

> **(...) He sufrido de verdad cuando santos pastores-sacerdotes querían que las últimas líneas de mis secretos, en los montes de los dolores, fueran conocidas por todo mi pueblo,** (mientras) **otros pastores se rebelaban** (contra esa idea) **...**
> **Tuve la dolorosa pena de ver colocadas bajo sello estas últimas páginas que deberían haber sido entregadas al mundo... Es porque se trata de una gran cantidad de pastores y del sacerdocio que se han rebelado** (contra mis instrucciones) **y que doblaron las últimas páginas de este secreto divino... ¿Cómo puedes esperar que el castigo no caiga sobre la tierra?**
> **Van tan lejos como envolver mis últimas palabras en la montaña sagrada y hacerlas desaparecer.** (Llegan hasta) **hacer sufrir a los que se consagraron por esta santa causa con la alegría de glorificarme con esta solemne profecía. Es porque estas últimas líneas son todas sobre el sacerdocio, y fue porque fui yo quien las pronunció, quien las reveló,** (que) **el orgullo fue mortificado. Muestro cómo sirven a mi Hijo en las santas Órdenes, y cómo viven en todo momento su sacerdocio. ¿Cómo puedes esperar que el Cielo los bendiga? No hablo de todos los pastores, de todo el sacerdocio, pero el número que eximo es verdaderamente pequeño.**
> **Cuidan su salvación de modo muy escaso. Les gusta el descanso, la buena comida y la buena vida... Mis queridos sacerdotes víctimas, los verdaderos son realmente pocos... Aman el Santo Tribunal con indiferencia. Suben al Altar porque están obligados a cumplir este acto, pero pronto veréis su alegría por no tener que hacerlo más; veréis su felicidad por ser descargados de almas y de su perdón. ¡Qué palabras tan vanas! ¡Qué conversaciones tan desagradables para el Cielo!**
> **¿Qué será de ellos** (los sacerdotes) **en el gran día? ¿Qué será en esos**

días horribles e inolvidables? No repito la parte negativa que vosotros conocéis de mis secretos dados en la santa montaña.

(La Santísima Virgen María a Marie-Julie Jahenny, 4 de agosto de 1904)

Recé, lloré, sufrí. Bajé a la tierra para advertirles. Les prometí la salvación si hacían penitencia.
Anuncié al Clero perdiciones fatales. Hice que recibieran mis advertencias si se debilitaba en la tormenta y la tempestad. Clamé sobre Francia. Trazo allí el Camino de la Santa Cruz. Abrí fuentes para limpiar a los enfermos (es decir, Lourdes). **Consolé a mi pueblo prometiéndole mantenerlo a salvo. Mas esto no ha tocado al culpable. Él ha permanecido en el crimen. Su castigo está cerca.**

(La Santísima Virgen María a Marie-Julie Jahenny, 29 de noviembre de 1877)

Todavía tengo en mis ojos el rastro de mis lágrimas que derramé en esos días en los que quise llevar a mis hijos la buena noticia si se convertían, y la triste noticia si persistían en sus injusticias. Ellos hacían poco caso a lo que yo les revelaba...
Hijos míos, cuando recuerdo el día en que, en el monte santo, hice llegar a la tierra mis advertencias... cuando recuerdo la dureza con que recibieron mis palabras, no todas, sino muchas; y (cuando recuerdo) **que quienes debían haberlas difundido en el corazón de mis hijos con inmensa confianza y profundo discernimiento, no me han escuchado** (a mí). **Los han despreciado y, en su mayor parte, se han negado a confiar en ellos... Pues bien, os aseguro que todas estas promesas, estos secretos íntimos, tendrán lugar. Deben tener lugar visiblemente.**
Cuando veo lo que sucederá en la tierra, todavía derramo lágrimas...
Cuando la tierra haya sido purificada por los castigos de sus crímenes y de todos los vicios de que está revestida, volverán los días hermosos con el salvador elegido por nosotros y desconocido hasta ahora por nuestros hijos (es decir, el rey Enrique V de la
Santa Cruz).

(La Santísima Virgen María a Marie-Julie Jahenny, 29 de septiembre de 1901)

Conclusión

Las revelaciones de los secretos completos de La Salette fueron por fin comunicadas públicamente bajo Juan Pablo II, y el mundo fue informado a través de varias publicaciones del mensaje completo de la Santísima Virgen María (*se decía que el mensaje de La Salette era la lectura favorita de la mesita de noche del Santo Padre*), pero pocos, muy pocos prelados, pastores y sacerdotes de todo el mundo se hicieron eco de la advertencia del Cielo a los fieles bajo la razón de que el mensaje tenía más de 150 años de antigüedad y, por tanto, ya no era relevante en el siglo XXI, o simplemente que el mensaje es "demasiado sensacionalista" para lo que con demasiada frecuencia se considera un público infantil.

Pero, una vez más, ¿es verdaderamente sabia esa prudencia? ¿Saben el Papa y sus vicarios en todo el mundo más que el Cielo como para permanecer de esta manera silenciosa y casi indiferente a estas insistentes y repetitivas exhortaciones del Cielo? Dado que prácticamentese no se hacen eco activamente de ninguna de las amonestaciones de Nuestro Señor y de nuestra Santísima Madre, la inmensa mayoría de los fieles permanece en la oscuridad y apenas conoce los mensajes y advertencias traídos por las apariciones de Nuestro Señor Jesucristo y de la Santísima Virgen María, incluso las más contemporáneas como la de Akita, o a través de revelaciones en el siglo XX a místicos y santos como el Padre Pío, el Padre Pel, el Padre Constant, etcétera, todos los cuales, confirman los mismos presagios para el futuro, como el de La Salette, La Fraudais y Fátima.

Sin embargo, con la ignorancia de los hechos viene la falta de oraciones, la falta de la penitencia requerida y la falta de conversión. La tozudez, la ceguera y el orgullo mal entendido de la Iglesia se niegan a prestar atención a un mensaje urgente que no estaba dirigido a los Papas, ni a la alta Jerarquía de la Iglesia solamente, sino incuestionable y principalmente a todos los pueblos y países de los siglos XIX, XX y XXI.

Las revelaciones proféticas de La Salette son realmente extraordinarias. En efecto, las profecías de las guerras venideras y de los orígenes y la llegada de un anticristo son por sí solas bastante escalofriantes y notablemente inquietantes; sin embargo, el mensaje de esperanza no está ausente en el mensaje de La Salette, ya que se nos dice que un hombre, un hijo de Francia predestinado por la Divina Providencia, va a surgir y restaurar, de las cenizas de una república corrompida, un reino de Francia renacido destinado a convertirse en la hija pródiga de la Iglesia. Este salvador, se nos dice, sería de la Casa Real de Francia y descendiente directo de sus Altezas Reales Luis XVI y María Antonieta. Por indicación precisa de Nuestra Señora de La Salette, este gran secreto debía ser revelado al noble Conde de Chambord. A este noble francés, nieto del rey Carlos X, primero en la línea de sucesión a la Corona, le fue ofrecido en 1871 —tras la caída del Segundo Imperio francés— el Trono de Francia por una asamblea recién reconstituida y preocupada por mantener, entre interminables divisiones políticas, una nación unificada bajo una Corona recién reconocida. Enrique de Chambord fue llamado a ocupar su lugar como nuevo Rey de Francia..., pero, al recibir el mensaje secreto de Nuestra Señora de La Salette en abril de 1865, el buen Conde se dio cuenta de que no ascendería, no debía ascender, al trono de Francia, y así utilizó el debate político sobre el cambio de los colores de la bandera de Francia como falso pretexto para rechazar la Corona:

> "Ahora tengo la certeza de que mi primo Luis XVII vive; yo no me sentaré en el Trono de Francia, pero Dios quiere que guardemos este secreto. Él es el único que se reserva (el derecho) de restablecer *La Royaute* (la realeza francesa)"

(Conde de Chambord, abril de 1865)

Y el Conde de Vanssay, en una carta privada a su familia, confirmó este extraordinario secreto:

> "Sobre todo, que conserven la esperanza de que un día Dios devolverá al Trono de Francia al descendiente de la Lys (la flor de Lys) cuya cabeza fue cortada, y que nuestra Madre Patria, hija mayor de la Iglesia, volverá a encontrar su grandeza y su gloria de antaño"

Cuando su Santidad el Papa Pablo VI declaró que "el humo de Satanás ha entrado en la Iglesia...", se rumorea que él ya sabía que los lobbies reformistas externos, los grupos laicos y antimarianos y las sociedades secretas se habían insertado dentro de los lobbies vaticanos, las diócesis, los conventos, los monasterios y los seminarios de todo el mundo con el objetivo de imponer un sociocomunista y ecuménico del catolicismo para que la Iglesia ya no patrocine una única Fe, un único Dogma fundado en el Evangelio traído por Nuestro Señor Jesucristo, sino un conglomerado de creencias y cultos de diferentes denominaciones y credos.

¿Fue acaso la razón por la que el Papa Pablo VI abolió los cánones 1399 § 5 y § 2318 del antiguo Código de Derecho Canónico, que prohibían la publicación de libros relativos a nuevas apariciones, visiones, profecías y milagros (Decreto del 14 de octubre de 1966 de la Congregación para la Doctrina de la Fe, *Acta Apostolicae Sedis* 29 de septiembre de 1966 página 1186) **(*)** ? Esto parece hoy cada vez más probable... *

---

* **N.T.**: Esto se hizo, de acuerdo con el Cardenal Ottaviani, entonces Prefecto del Santo Oficio, tras las audiencias de Conchita González con ambos, a fin de que pudiera difundirse esa maravillosa experiencia de las niñas cántabras con la Virgen en Garabandal.

Capítulo II
Las profecías y mensajes de La Fraudais

(*Notre Dame de la Bonne Garde*)
(*Nuestra Señora de la Buena Guardia*)

"Hijos Míos, haced el Camino de la Cruz, que, en poco tiempo, llevarà muchas almas al Cielo... Recibir a menudo la Sagrada Comunión, y decir el rosario."

(La Santísima Virgen María, 2 de febrero de 1881)

Incuestionablemente, uno de los casos de apariciones marianas más notables de la Historia de la Iglesia, el caso de La Fraudais ha sido aprobado, aunque de manera informal mediante una carta firmada por el obispo local de Nantes, Mons. Fournier, el 6 de junio de 1875. Las apariciones de la Santísima Virgen María a la estigmatizada bretona Marie-Julie Jahenny (1850-1941) fue sin duda el caso más detallado y completo jamás estudiado en los anales de la Historia de las apariciones marianas. De ahí que el segundo capítulo de este libro sea sin duda el más importante junto con el de La Salette, Lourdes, Tilly, Fátima y Akita, ya que los seis casos de apariciones se complementan perfectamente.

Aunque las apariciones de La Fraudais han tenido lugar mucho después de las de La Salette y las de Lourdes, se han producido continuamente antes, mientras y después de las de Fátima. Los asombrosos mensajes de Nuestro Señor Jesucristo, de la Santísima Virgen María, de San Miguel Arcángel y de multitud de santos, representan una pieza capital del mensaje global y de las advertencias proféticas emitidas en el período de tiempo que comienza en 1873 hasta 1941.

En efecto, si quedaba alguna duda sobre la pertinencia de estos mensajes extraordinarios y a la vez alarmantes para nuestro tiempo, las apariciones contemporáneas, aprobadas por la Iglesia, de Nuestra Señora de Akita, Japón (1973-1981), que concluyeron exactamente cuarenta años después del fallecimiento de Marie-Julie Jahenny, confirman la severa advertencia a la Humanidad dada en La Salette y Fátima, una advertencia profética dirigida en primer lugar a la Iglesia Católica Romana, pero sobre todo a toda la humanidad, un mensaje apremiante y sumamente sorprendente que fue deliberadamente ignorado, temido y, en total desobediencia a las órdenes del Cielo, cuidadosamente ocultado durante décadas por una Santa Sede que creía "saber más".

Sin embargo, hubo quienes, fieles a sí mismos y a Dios, aceptaron ser convertidos en instrumento de la Voluntad de Dios. Tal hombre fue Monseñor Fournier, Obispo de Nantes, quien aprobó, permitió y alentó las revelaciones públicas de los mensajes recibidos por Marie-Julie Jahenny cerca de la pequeña ciudad de Blain, Francia.

Declaración Aprobativa de Monseñor Fournier, Obispo de Nantes, sobre Marie-Julie Jahenny

Los informes que recibo diariamente sobre Marie-Julie me muestran cada vez más la acción de Dios sobre esta alma. Le concede gracias de un orden sobrenatural evidente. Al mismo tiempo, crece en virtudes y sentimientos nobles. Lo natural y lo humano desaparecen en ella, y a menudo habla a las personas que ve o a las que se le remiten, dando instrucciones que no corresponden a su estado normal.

(...) Es sincera. Lo que manifiesta es sobrenatural, no veo más que lo bueno, edificante y conforme a los principios de la espiritualidad. Por tanto, es Dios quien la favorece.

(Mons. Fournier, Obispo de Nantes, el 6 de junio de 1875)

Marie-Julie Jahenny nació en Coyault el 12 de febrero de 1850, en el pueblo de Blain en Bretaña, Francia. Sus padres, Charles y Marie Boya, tuvieron cinco hijos, de los cuales ella era la mayor. Cuando era una niña pequeña, sus padres se mudaron a una casa de campo en una aldea del suroeste de Bretaña llamada La Fraudais, al noreste de Blain, donde vivió hasta el final de su vida en 1941.

Para Marie-Julie Jahenny, todo comenzó el 6 de enero de 1873. Unos días antes de cumplir los veintitrés años, la joven bretona enfermó gravemente y se le diagnosticó un tumor escrofuloso... Muy pronto, la salud física de Marie-Julie empeoró rápidamente hasta estar al borde de la propia muerte... El 15 de enero, el abad David, confesor de Marie-Julie y vicario de Blain, fue rápidamente convocado para administrarle los últimos auxilios; sin embargo, su hora aún no había llegado, y el 22 de febrero, Marie-Julie se sentó repentinamente en su lecho de muerte y vio a la Santísima Virgen María asegurándole con calor y amor que se curaría.

Mientras Marie-Julie Jahenny se recuperaba rápida e inexplicablemente, dedicaba horas de sus días ante el sagrado Tabernáculo de la iglesia de su pueblo. Un día, en una aparición de la Santísima Virgen María, se le preguntó a Marie-Julie si estaría dispuesta a sufrir la Pasión de su Hijo por la conversión y la redención de los pecadores, y por Francia. Sin dudarlo, la joven francesa aceptó y abrazó la misión de convertirse en alma-víctima. Las agonías que aceptó sufrir fueron predichas con antelación y se concedieron gradualmente con el tiempo, permitiendo a la joven prepararse, y seguramente, el viernes 21 de marzo de 1873, con doscientas personas presentes, tuvo lugar su primera estigmatización.

Nuestro Señor Jesucristo se le apareció a Marie-Julie a las 9:00 a. m. con sus Cinco Llagas deslumbrantes... De cada una de ellas salía una luz cegadora que golpeaba su cuerpo. Cinco veces Marie-Julie se estremeció, y cinco veces perdió el conocimiento... Entonces, después de recuperar sus sentidos, Jesús se dirigió a ella y le dijo:

Mi querida hija, esta herida servirá para convencer a los hombres. Tratarán de borrarla, pero no podrán hacerlo. Los confundiré. Cuando las heridas estén casi borradas, introduciré los clavos más profundamente en ellas, y los clavos dejarán una marca más aguda.

(Nuestro Señor Jesucristo a Marie-Julie Jahenny, 21 de marzo de 1873).

Marie-Julie recibió las cinco heridas el 21 de marzo de 1873, la Corona de espinas el 5 de octubre de 1873; el 25 de noviembre del mismo año, mostró la misma Herida que Nuestro Señor sufrió en su hombro izquierdo cuando llevaba su Cruz... Notablemente, estos no fueron los únicos sufrimientos que Marie-Julie Jahenny aceptó y acogió. El 6 de diciembre de 1873, las terribles heridas de la flagelación de Nuestro Señor podían verse claramente en su espalda... Asimismo, el 12 de enero de 1874, la joven estigmatizada francesa recibió dolorosas marcas en sus muñecas, donde las manos de Nuestro Señor estaban atadas, junto con una herida un tanto curiosa sobre su corazón.

Dos días después, recibió otras marcas de flagelación en los tobillos, las piernas y los antebrazos, el mismo día en que apareció un estigma epigráfico sobre su corazón... Dos días después, sufrió dos franjas particulares de flagelación en el costado. Marie-Julie se sentía cada vez más atraída por el sagrario y pasaba largas horas de oración en la iglesia, o buscaba un lugar tranquilo para rezar y meditar. Su devoción y su vocación la llevaron a ingresar en la Tercera Orden de San Francisco de Asís, donde fue señalada por todos como un modelo de piedad, modestia y perfección espiritual. Con el paso de los meses, los estigmas y las apariciones de Nuestro Señor y de la Santísima Virgen María fueron cada vez más numerosos.

Por ello, en los pueblos vecinos y en la ciudad de Nantes se empezó a rumorear que Dios había enviado a su Santa Madre a visitar Francia una vez más, ¡esta vez a través de la joven Marie-Julie Jahenny de La Fraudais! Monseñor Fournier, el obispo regional local, se enteró rápidamente de los rumores que corrían sobre la extraordinaria y piadosa joven. En consecuencia, a la vista de los estigmas y de las supuestas apariciones que la joven había recibido, Monseñor Fournier ordenó una investigación formal inmediata sobre las apariciones graduales de los estigmas de Marie-Julie y sobre sus "supuestos" éxtasis...

Asimismo, el obispo francés nombró una investigación médica encabezada por un reconocido y célebre profesor de la prestigiosa Facultad de Medicina de Clermont-Ferrand, el doctor Imbert-Gourbeyre.

En septiembre de 1873, los estigmas de Marie-Julie Jahenny continuaron desarrollándose. Sus manos empezaron a sangrar por delante y por detrás (como si un clavo las hubiera atravesado), y siete meses después recibió los estigmas de la Corona de los Tomos... El 5 de octubre y el 5 de noviembre de 1873, Marie-Julie se confió a su recién nombrado director espiritual, el abad David, vicario del pueblo de Blain, y le dijo:

Nuestro Buen Señor vendrá en una aparición. Me preguntará si he renunciado a todos los placeres del mundo y a todo lo que se ama en la tierra. Ese día me desprenderé de todo. Seré la prometida de Cristo. La Santísima Virgen María también me dijo:

«Verás el mundo a través de una espesa nube, y en tu mano derecha habrá un anillo hecho con tu carne».

La Pasión de Nuestro Señor se manifestó en su cuerpo por grados de intensidad, pero, tal como le fue predicho por la Santísima Virgen María, una nueva herida apareció en el dedo anular de su mano derecha el 20 de febrero de 1874. Se le dijo que era un anillo de sangre bajo la piel del dedo, mostrando así que había sido elegida por Nuestro Señor como Su Esposa Espiritual.

El abad David, testigo del extraordinario anuncio que se hizo realidad a principios del año siguiente, escribió al Dr. Imbert-Gourbeyre:

¡Alabado sea Dios! ¡Deo gratias! Ayer tuvimos el día más consolador posible. Todo lo que se anunció el pasado mes de abril se ha producido... Había organizado todo según las órdenes de Monseñor (de Mons. Fournier): 14 hombres como testigos. Tres de Nantes enviados por la diócesis. A las 8:30 a. m., vimos que las heridas estaban secas; que el dedo anular de la mano derecha estaba normal, pálido como la muerte y sin rastro de anillo. Después de las 9:00 a. m., sangrado de todas las heridas... Hacia las 9:15 a. m., notamos el dedo hinchado y enrojecido bajo la piel. Hacia las 9:45 a. m. la sangre fluía por encima y por debajo del dedo, y poco a poco vimos que el anillo tomaba forma. Ahora está bien marcado para toda la vida... Monseñor (Fournier) está entusiasmado.

(Carta del abad David al Dr. Imbert-Gourbeyre, 20 de febrero de 1874)

El Abbad David escribió la siguiente descripción de la apariencia del anillo de boda de la joven: *Hecho de carne, similar a un anillo de coral rojo atrincherado dentro de la piel. Dirá haber sido bendecida directamente por el Señor.*

A medida que los acontecimientos sobrenaturales iban aumentando en La Fraudais, el obispo de Nantes, Mons. Fournier, comenzó a interesarse personalmente por la estigmatizada que tanto estaba dando que hablar en toda la región; así, el 18 de julio de 1874, el obispo francés visitó por primera vez a la joven estigmatizada. Este primer encuentro, que no tardó en conmoverle, le hizo estar firmemente convencido de la autenticidad de las experiencias de Marie-Julie.

En efecto, después de haber visto a la joven revivir la Santa Pasión en éxtasis, le presentó unas reliquias cuyo origen Marie-Julie divulgó sin equivocarse. Una de estas reliquias era una cruz hecha en el famoso lugar de las apariciones de Paray-le-Monial.[4] Marie-Julie se la llevó a los labios sin mirarla y dijo: "*Marguerite-Marie...*" (Margarita-María). El buen obispo francés se quedó totalmente asombrado, ya que éste era el nombre de la famosa vidente y santa de Paray-le-Monial... ¿Cómo podía saberlo?

El obispo Fournier regresó a Nantes, dejando por instrucciones que la

---

[4] Paray-le-Monial: Lugar de apariciones en una pequeña ciudad de la región de Bourgogne, en el este de Francia, donde el Sagrado Corazón de Jesucristo se apareció a Margarita-María Alacoque a finales del siglo XVII. Aparición que llama a la difusión de la devoción al Sagrado Corazón.

investigación teológica, médica y científica siguiera su curso mientras se registraban todos los sucesos relacionados con las extraordinarias experiencias y revelaciones de Marie-Julie Jahenny.

El último y más asombroso estigma que recibió Marie-Julie fue el 7 de diciembre de 1874, visto por muchos testigos, una herida que, al parecer, nunca se había manifestado con otros estigmatizados de la Iglesia: una cruz y una flor en su pecho con las palabras **O Crux Ave** (Salve a la Cruz), perfumadas por una extraordinaria fragancia que emanaba de su cuerpo.

Cuando le preguntaron a Marie-Julie Jahenny por las visiones que vio cuando recibió los estigmas, respondió:

Cuando recibí los estigmas, Nuestro Señor se me apareció con heridas radiantes, era como si un sol las rodeara. Un rayo luminoso salía de cada Herida y golpeaba mis manos, pies y costado; al final de cada rayo había una gota de Sangre roja. El rayo que salió del costado de Nuestro Señor era el doble de ancho que los otros y tenía forma de lanza. El dolor que sentí fue grande, pero apenas duró un segundo.

El desconcertado doctor observó rápidamente que las heridas de Marie-Julie no eran de origen natural ni autoinfligidas, y que en realidad eran ...*de origen sobrenatural*. El doctor Imbert-Gourbeyre escribió sus conclusiones al obispo Fournier, declarando:

No hay fraude en La Fraudais. Esta joven ha abrazado el sufrimiento. Hay en ella una (cierta) predisposición a la que hay que añadir un espíritu profético.

Fue sobre todo en eso que Marie-Julie Jahenny se reveló completamente. Desnudó su alma, su franqueza, su amor a Dios, a sus enemigos y a sus allegados. Asimismo, mostró su amor al sufrimiento, a la Eucaristía, su extraordinaria devoción a la Santísima Virgen, su respeto a los sacerdotes, su fidelidad a la Iglesia, su generosidad para sufrir por la conversión de los pecadores y por la Gloria del Señor. Sus éxtasis son la prueba más hermosa de la excelencia de su alma.

El obispo Fournier también estaba de acuerdo con las conclusiones del buen médico, como se desprende de una carta que le escribió el 6 de junio de 1875:

Los informes que recibo diariamente sobre Marie-Julie me muestran cada vez más la acción de Dios sobre esta alma a la que concede gracias de un orden sobrenatural evidente. Al mismo tiempo, crece en virtudes y sentimientos nobles. Lo natural y lo humano desaparecen en ella, y a menudo habla a las personas que ve o a las que se le remiten dándoles instrucciones que no corresponden a su estado normal (en la vida). Por lo tanto, tenga confianza,

querido doctor, llegará el momento en que la propia Marie-Julie será la prueba... Ella es sincera: lo que manifiesta es sobrenatural. No veo nada más que bueno, edificante y conforme a los principios de la espiritualidad. Por tanto, es Dios quien la favorece, puedes estar seguro de que saldrá bien.

Por ello, se le dio un nuevo nombre, ya que, durante un éxtasis del 14 de marzo de 1876, declaró humildemente que San Francisco de Asís se le apareció con una piedra blanca, aparentemente una gran piedra angular para la gran y santa obra de la Santa Cruz que iba a comenzar en La Fraudais. El Señor bendijo la piedra y los ángeles trajeron un libro con el nuevo nombre de Marie-Julie en letras doradas:

Marie-Julie Jahenny:

> *Veo, mi querido Esposo, este lugar marcado donde voy a mantenerme en tu presencia. Esta piedra es una piedra blanca tallada traída del Cielo por mi Seráfico Padre (San Francisco de Asís). Nuestro Señor la ha bendecido, los ángeles la rodean. Otros ángeles traen un libro abierto, escrito con letras de oro y sangre. Veo firmado mi nombre en la parte superior del libro. Díganme lo que significa; veo mi nombre:* **Marie-Julie del Crucifijo**.

Marie-Julie reveló entonces que el libro místico no se abriría hasta siete meses después de su muerte (octubre de 1941), sólo entonces la obra de la Santa Cruz iniciada durante su vida comenzaría a extenderse por todo el mundo.[5]

Como para proclamar a Marie-Julie en su misión de alma-víctima y esposa de Cristo, el Padre Eterno le preguntó el 1 de agosto de 1876 cuál era su nombre:

> *Soy María Julia del Crucifijo, virgen de la Santa Cruz, gran signo para los pecadores; yo, Magdalena arrepentida, contrita, penitente y perdonada, mi querido Esposo que prometió la gracia a quien le dio la flor. Él me hizo su Esposa. Es a mí a quien pronto recogerá la cosecha de la Santa Cruz, del sufrimiento, de la Eucaristía. (...)*

Unos meses más tarde, Nuestro Señor la llamará por su nuevo nombre, como se vio en su aparición el 22 de febrero de 1877:

Marie-Julie del Crucifijo, ven y quédate en mi herida de amor.

Con humildad, Marie-Julie tenía miedo de acercarse a la Herida de Su Corazón debido a su miseria humana, pero Nuestro Señor la invitó una vez más:

---

[5] Empezó con el trabajo del Marquis de la Franquerie

Ven, mi esposa crucificada, ven a recibir estos dulces consuelos. Nuestro Señor añadió: Tú eres mi máxima elegida.

Nuestro Señor le revelaría más tarde a María Julia su misión el 27 de octubre de 1887 con Santa Margarita-María a su lado:

(Dirigiéndose a Santa Margarita-María): **Víctima de mi Sagrado Corazón ...**
(Luego se dirige a Marie-Julie):
Y tú, víctima de Mi Cruz. No has sido elegida para la misma obra. La Beata Margarita-María fue elegida para publicar la gloria de Mi Sagrado Corazón, y tú, eres elegida para publicar la gloria de Mi Cruz. Ella es la víctima de Mi Sagrado Corazón, tú eres la víctima de Mi Cruz. La Obra de Mi Cruz es hermosa y grandiosa, seguirá rápidamente la Obra del Sagrado Corazón.

(Nuestro Señor Jesucristo, 27 de octubre de 1887)

Doce años antes, Nuestro Señor prometió a la vidente bretona:

No tardaré en darte a conocer Mis secretos. Pronto se descubrirá el secreto y el mundo entero será testigo de Mi amor y Mi poder.

(Nuestro Señor Jesucristo, 25 de junio de 1875)

Además, Nuestro Señor prometió:

Haré mayores milagros por ti que por tu hermana Margarita-María.

(Nuestro Señor Jesucristo, 28 de junio de 1875)

En sus años de vida, Marie-Julie recibió siempre el apoyo y la ayuda de monseñor Fournier, y años más tarde de uno de sus sucesores, monseñor Le Fer de la Motte —doctor en Teología y en Filosofía en la Academia Santo Tomás de Aquino, licenciado en Derecho Canónico, laureado en varios concursos internacionales de ciencias religiosas—, que se convirtió en obispo de Nantes en 1914. Ambos obispos franceses visitaron y conversaron a menudo con la vidente y estigmatizada francesa en La Fraudais, y siempre regresaron a Nantes conmovidos hasta la médula.

Mgr. Fournier, después de afirmar, el 6 de junio de 1875, que el caso de Marie-Julie Jahenny era sobrenatural y provenía de Dios, incluso fue a Roma para presentar su causa. La investigación médica sobre Marie-Julie Jahenny continuó durante años con las continuas observaciones del doctor Imbert-Gourbeyre, que quedaron bien registradas.

Los estigmas de Marie-Julie sangraban todos los viernes, después sólo los Viernes Santos, pero el dolor de las distintas heridas seguía aumentando sistemáticamente, sobre todo los viernes... Todos los estigmas expuestos fueron siempre anunciados de antemano. El día de Todos los Santos de 1884, Nuestro Señor declaró que envolvería a Marie-Julie con un manto de luz, profecía que se cumplió ese diciembre en la fiesta de la Inmaculada Concepción. Su familia fue testigo de cómo una corriente de luz, del tamaño de un guisante, irradiaba de las heridas de sus manos durante lo que pareció durar una eternidad: cinco minutos.

Sin embargo, Marie-Julie estaba dispuesta a sufrir aún más por la salvación de los pecadores y por Francia, por lo que se le infligieron enfermedades y agonías físicas totalmente inexplicables... Uno de estos casos comenzó en junio de 1880: sufría especialmente dolores extremos durante sus éxtasis los lunes, martes y jueves de cada semana, prediciendo cada vez qué tipo de sufrimiento iba a padecer. Naturalmente, el doctor Imbert-Gourbeyre nunca estaba lejos, y siempre registraba y escribía todos los sucesos, siempre con total asombro... Tenemos uno de sus textos, fechado en septiembre de 1880, que describe uno de esos períodos de expiación:

Durante el Vía Crucis, el viernes anterior (24 de septiembre de 1880), Nuestro Señor se apareció y se dirigió a Marie-Julie que repitió sus palabras durante su éxtasis. El mensaje fue grabado por un secretario:

El lunes, para expiar las ofensas culpables que recibiré y que ya he recibido este mes, te oprimiré de otra manera. Todos tus miembros se encogerán, te reduciré a ser tan pequeño que no tendrás libertad en ningún miembro; tu cabeza se fijará a tus huesos, y serás como el gusano que destruyo. En este dolor tus sufrimientos serán muy violentos, todas tus articulaciones sufrirán. Con este dolor tendrás una fiebre ardiente. Tu lengua estará hinchada, muy grande. Habrá una hinchazón visible en todas las articulaciones de tus huesos y esto mostrará lo fuerte que es el dolor.

(Nuestro Señor Jesucristo, 24 de septimbre de 1880)

Todo este programa profético iba a tener lugar ante mis ojos. Esto tuvo lugar el lunes 27 de septiembre de 1880... Algunos días después de haber asistido a estos extraordinarios sufrimientos, oí a Marie-Julie anunciar delante de mí, en profundo éxtasis, que pronto tendría una nueva y larga enfermedad. En los seis meses precedentes, ella había dicho a menudo que Dios le había pedido el sacrificio completo de sus oídos, de sus ojos, del habla y del movimiento. Ella aceptó todo...

(Diario médico del doctor Imbert-Gourbeyre, septiembre de 1880)

La ofrenda completa de sus sentidos comenzó a finales de ese año, lo que predijo de nuevo el 19 de diciembre. Sin embargo, cada sentido se vio afectado gradualmente. El martes siguiente a su predicción, Marie-Julie perdió el habla y el oído. Tres días después, se quedó ciega. El sufrimiento incluyó también una extraña transformación de su lengua, que se volvió inamovible, dura como una roca, y completamente empujada hacia atrás con la punta doblada hacia abajo, bloqueando completamente su garganta... Su boca se cerró entonces, sus labios permanecieron inmóviles. Sin embargo, poco después se liberó de esta rareza. El 10 de febrero de 1881 anunció las siguientes etapas de su insoportable martirio. Nuestro Señor le preguntó si estaba dispuesta a sufrir de nuevo, y ella aceptó. Luego le respondió:

Pues bien, a partir del próximo lunes, ya no podrás permanecer en tu estaca, (es decir, posiblemente una referencia a la "horca" mística en la que había sufrido hasta entonces) **... todos tus miembros se descoyuntarán, pero sin cambiar de posición. Todos los miembros de tu lado izquierdo, desde la planta de los pies hasta la parte superior de la cabeza, ya no se moverán. (...) Te quedarás en tu sillón, allí; nuevas crucifixiones de sufrimientos vendrán a hacerte compañía, una por una.**

Esta agonía duró muchos años; además, al mismo tiempo se produjeron una serie de fenómenos físicamente inexplicables. En una ocasión, sus familiares quisieron moverla para que estuviera algo más cómoda y, al hacerlo, descubrieron que pesaba más que una piedra y, por tanto, no pudieron levantarla de su silla... Al ver la angustia de su familia, Marie-Julie daba a sus parientes una hora en la que podían moverla, pero hasta entonces permanecía inamovible.

Cuando llegó la hora señalada, se volvió misteriosamente ligera como una pluma... Asimismo, a pesar de su sordera, podía oír y entender al sacerdote presente cuando éste hablaba o rezaba en latín, una maravilla notable, ya que ella no tenía educación ni conocimientos de lenguas extranjeras, y mucho menos de latín... No obstante, Nuestro Señor le informó que podría hablar durante sus éxtasis, y su lengua fue efectivamente ablandada como se le había prometido; sin embargo, una vez terminados los éxtasis, su lengua retomó inexplicablemente su condición endurecida...

A pesar de lo que parece una severa dureza para la devota mujer bretona, el Cielo le concedió breves periodos de movilidad todos los viernes a las 9:00 de la mañana, permitiendo el cambio de sábanas y de ropa. A Marie-Julie se le permitía también el pleno funcionamiento de su persona para su acostumbrado "Vía Crucis" a la 1:00 de la tarde, en el que literalmente revivía, en éxtasis, la Pasión de Jesucristo en Jerusalén. Inmediatamente después de la conclusión de la última estación del Vía Crucis, la parálisis de Marie-Julie volvió a aparecer y cada dolencia mística se reanudó progresivamente... Este período de martirio duró cuatro años continuos, según el doctor Imbert-Gourbeyre, quien además informó:

Primero desapareció la hemiplejía, y luego, sucesivamente, la mudez, la sordera y la ceguera. Todas las circunstancias de este síntoma (de contractura) demuestran que no es de naturaleza histérica. Además, ¿quién ha visto alguna vez ... una contractura que cesa regularmente cada viernes durante varias horas, para permitir al sujeto hablar y caminar en éxtasis? La observación de la virgen bretona disipa todas las observaciones de la histeria conocida. Basta con ser médico para comprender.

Aunque para muchos, este sufrimiento voluntario es difícil de entender, esta *devoción al Cirineo* (en referencia a Simón de Cirene) sólo puede comprenderse si se entiende la profunda voluntad de la estigmatizada bretona de ser una con Cristo en la redención de los pecadores y de la patria de sus padres que cayó un siglo antes de su tiempo y que aún iba a tener su mayor colapso en el siglo siguiente.

Antes de continuar con la descripción de las experiencias de Marie-Julie, es importante subrayar que, a pesar de lo que parece ser un trato cruel y despiadado, Marie-Julie Jahenny estaba dispuesta y muy feliz de compartir la Pasión de Nuestro Señor Jesucristo por un amor indescriptible hacia Él. Para Marie-Julie, este sufrimiento "finito" era un medio de unión con Aquel que ha dado su Vida por la humanidad y por su redención.

Aunque para muchos, este sufrimiento voluntario es difícil de entender, esta *devoción cirenaica* (en referencia a Simón de Cirene) sólo puede comprenderse si se entiende la profunda voluntad de la estigmatizada bretona de ser una con Cristo en la redención de los pecadores y de la patria de sus padres, que cayó un siglo antes de su tiempo, y que todavía iba a tener su mayor colapso dentro del siguiente...

Al igual que otras místicas de renombre, Marie-Julie Jahenny experimentó períodos de ayuno completo y total en los que no tomaba ni bebida ni comida y vivía únicamente de la Eucaristía. La primera ocasión de tales sucesos tuvo lugar el 12 de abril de 1874 y duró 94 días. Marie-Julie anunció entonces que el siguiente período de ayuno incesante comenzaría el 28 de diciembre de 1875 **"¡para los próximos cinco años, un mes y 22 días!"**.

El buen doctor Imbert-Gourbeyre, que primero se dejó llevar por el puro pánico, registró más tarde con cruda consternación que **durante todo ese período no hubo "excreciones líquidas ni sólidas"**, es decir, lo imposible... El buen doctor se enfrentó a una serie de milagros que desafiaban todas las leyes conocidas de la ciencia médica y, sin embargo, otros continuaron añadiéndose a lo que ya era una serie extraordinaria de maravillas sobrenaturales... En efecto, Marie-Julie recibía regularmente comuniones milagrosas que aparecían simplemente de la nada.

Como estos acontecimientos fueron predichos y puestos en conocimiento de la diócesis de Nantes, Mons. Fournier envió inmediatamente testigos con el doctor Imbert-Gourbeyre para investigar este hecho tan notable. La primera comunión milagrosa tuvo lugar el 4 de junio de 1874, y de nuevo en tres ocasiones distintas ese mismo año… El siguiente periodo de Comuniones milagrosas tuvo lugar desde mayo de 1876 hasta el 29 de enero de 1877, donde aparentemente se recibieron trece santas y milagrosas Comuniones durante dicho periodo de tiempo, todas ellas durante sus éxtasis de los viernes. ¡Estos acontecimientos fueron observados formalmente por más de 200 testigos! [6]

Con la decimotercera comunión milagrosa dada el 27 de enero de 1877, llegó el anuncio de una decimocuarta santa recepción que tendría lugar décadas más tarde, en la víspera del fallecimiento de Marie-Julie… Tres meses más tarde, Marie-Julie fue testigo de otra aparición de Nuestro Señor Jesucristo:

> — *Espero recibirte en mi decimocuarta comunión. Mi muerte liberará a Monseñor y a mi padre de su angustia…*
> — **¿Tienes confianza en tu decimocuarta Comunión?**
> — *Sí, Señor, sí, sí. Eres Tú quien ha instituido la Divina Eucaristía. Sí, creo en todo lo que la Santa Iglesia me propone creer. No se equivoca. Sí, creo en la Eucaristía en mi decimocuarta Comunión. Siento una gran alegría al pensar en ello.*
> — **¿Crees en todas las revelaciones que te di para tu muerte?**
> — *Sí, creo en todas, de acuerdo con el juicio de mi padre, pues soy muy ignorante.*
> — **¿Crees en el triunfo de la Iglesia?**
> — *Sí, Señor, porque se lo has revelado a Margarita María; en cuanto a mí, confiaría sólo en mí misma.*
> — **¿Crees en la infalibilidad de la Iglesia?**
> — *Sí, sí, mi querido esposo. La Iglesia es infalible. Nuestro Señor se lo dijo a San Pedro. Sí, creo en el triunfo de la Iglesia.*

(Intercambio entre Nuestro Señor Jesucristo y Marie-Julie Jahenny, 24 de abril de 1877)

Otros milagros incluyeron imágenes y crucifijos sangrantes en la casa de la vidente. Un día, Marie-Julie le pidió al abad David que le trajera un cuadro de la Crucifixión (**ver página 475**). Al hacerlo, Marie-Julie se quedó hipnotizada en la contemplación ante ella durante días.

El 21 de enero de 1877, Nuestro Señor se le apareció durante un éxtasis y le dijo:

> **¡Oh, tú que me amas! Ved cómo sufro… Derramo Mi Divina Sangre para pagar los pecados de Francia… El cuadro donde estoy crucificado ante el cual meditáis, os recordará Mi sufrimiento. La Sangre Divina de Mis Cinco Llagas que acaba de fluir sobre Mi cruz,**

---

[6] Comuniones milagrosas similares se dieron años más tarde en el pueblecito español de Garabandal, España, a la vidente Conchita González (ver capítulo VII).

fluirá sobre las cinco llagas de este cuadro... Dile a tu Padre que la recoja... y ahora vuelve a la tierra: Encontrarás Mis cinco Llagas bañadas en Sangre.

(Nuestro Señor Jesucristo, 21 de enero de 1877)

Tres años más tarde, el P. Lequeux, párroco de Blain, fue testigo y registró el milagro de la Sagrada Sangre de Nuestro Señor. Esto ocurrió en la fiesta del *Corpus Christi*, el 27 de mayo de 1880:

El jueves estuve en La Fraudais hacia las once y media. Mientras dirigía unas palabras a Marie-Julie sobre el amor de Jesús en el Santísimo Sacramento, ella entró en éxtasis, y de repente exclamó: **El Crucifijo al final de mi cama está sangrando***.*

Me giré enseguida y vi en el cuadro un corte de sangre de unos dos centímetros. Llamé a Angele, (hermana de Marie-Julie) que, como yo, vio el prodigio. Mientras estaba ocupado mirando la pintura en la pared me di cuenta de que Marie-Julie tenía los labios pegados a su crucifijo y parecía estar bebiendo. Me acerqué a ella y vi claramente sangre roja en el Crucifijo y en los labios de nuestra querida víctima que me dijo mientras estiraba la mano:

— **Padre, dame rápidamente mi otro Amor Crucificado, tu Crucifijo.**
Se lo di y enseguida bebió de la misma manera. Después de unos momentos, añadió:
— **Mi Jesús te dice que purifiques los dos crucifijos con tus dedos consagrados.**
Con un paño bendecido purifiqué entonces los dos crucifijos que estaban todos rojos de sangre. Entonces Marie-Julie me dijo:
— **Mi Jesús quiere que purifiques mis labios enrojecidos con su adorable sangre.**
Luego tomé el paño por cada extremo y lo presioné sobre los labios de la vidente.

(P. Lequeux, 27 de mayo de 1880)

Este acontecimiento podría fácilmente escandalizar a un lector; así le sucedió al autor, pero luego, al reflexionar en una fría retrospectiva, me pregunté:

¿Acaso no bebemos la Sangre de Nuestro Señor en la Misa cuando se nos ofrece el Cáliz durante la Santa Comunión?

Entonces, me vino a la mente cierto pasaje del Evangelio:

Yo soy el pan vivo que bajó del cielo. Si alguien come de este pan,

vivirá para siempre. Y el pan que daré para la vida del mundo es mi carne.

Los judíos discutían entre sí, diciendo: "¿Cómo puede éste darnos a comer su carne?" Entonces Jesús les dijo: "En verdad, en verdad os digo que si no coméis la carne del Hijo del Hombre y no bebéis su sangre, no tenéis vida en vosotros. El que come mi carne y bebe mi sangre tiene vida eterna, y yo lo resucitaré en el último día. Porque mi carne es verdadera comida y mi sangre es verdadera bebida. El que come mi carne y bebe mi sangre permanece en mí, y yo en él. Como el Padre viviente me envió, y yo vivo por el Padre, así el que se alimenta de mí, también vivirá por mí. Este es el pan que bajó del cielo, no como el que comieron los padres, y murieron. El que se alimenta de este pan vivirá para siempre".

(Juan 6,51-58)

Porque mi carne es verdadera comida y mi sangre es verdadera bebida. El que se come mi carne y bebe mi sangre permanece en mí, y yo en él. ¿Acaso la respuesta a cualquier alma preocupada no se encuentra en el Evangelio de San Juan? Además de este fenómeno excepcional, Marie-Julie Jahenny recibió innumerables apariciones de un batallón de santos y ángeles que le dieron gran consuelo y consejo espiritual. Naturalmente, Nuestro Señor y Nuestra Señora fueron compañeros constantes, pero también vio al Padre Eterno, y al Espíritu Santo que venía en forma de paloma o como una lengua de fuego llameante. Asimismo, los santos se le aparecían a menudo a Marie-Julie dándole grandes detalles de su vida en la tierra, desconocidos hasta entonces por los historiadores y teólogos.

Además, algunos de estos santos corrigieron abiertamente algunos elementos que los biógrafos y cronistas habían registrado erróneamente a lo largo de los años. También la visitaron santos desconocidos que le contaron detalles de sus vidas. En una ocasión, Marie-Julie se acercó mucho a San José, y quizás se familiarizó demasiado con él, burlándose de él durante un éxtasis el 1 de abril de 1880, insistiendo en que se le concedieran ciertas peticiones, hasta que... Nuestro Señor mismo tuvo que intervenir y decir "¡Basta!", rescatando así a su padre adoptivo de la persistente pero profundamente arrepentida y avergonzada Marie-Julie...

De los textos que se han hecho públicos, principalmente por el Marqués de la Franquerie y posteriormente por su nieta, la Sra. Isabelle Sczcebura, tenemos la siguiente lista de santos y ángeles que se le han aparecido a la estigmatizadoa bretona:

San José
Santa Ana, Madre de Nuestra Señora
San Miguel Arcángel
San Juan Evangelista
San Francisco de Asís

San Luis IX, rey de Francia (rey San Luis)
San Carlomagno, rey de Francia y primer emperador del Sacro Imperio Romano Germánico
San Germán
San Alfonso de Ligorio
Santa Margarita María
San Luis Gonzaga
San Buenaventura
Santa Catalina de Siena
Santo Tomás de Aquino
San Tito
San Francisco de Sales
San Juan de la Santa Cruz
San Vicente Ferrier
San Pablo, Apóstol
San Juan Francisco Regis
San Gregorio Magno, Papa
San Benito
* San Luciano (¿de Antioquía?)
San Néstor, obispo y mártir
San Abraham, ermitaño
San Marcelino, mártir
San Lamberto, obispo y mártir
San Juan, Papa y mártir
San Félix, obispo
San Pánfilo, mártir
San Vicente, mártir
San Pantaleón, mártir
San Marisco (Marius), mártir
San Didier (Desiderio), obispo y mártir
San Primus, mártir
San Dieudonné (Adedodato I, también Deusdedit), Papa
San Vito, mártir
San Disterique, obispo (¿un santo desconocido?)
San Paulino, obispo y mártir
San Grelut, al parecer, un mártir hasta ahora desconocido
San Victoriano, obispo y mártir
San Hermenegildo, príncipe y mártir
San Casiano, mártir
San Julio, mártir
San Celeste (¿Celestino?), mártir
San Vitalis de Milán, mártir
San Sergio, mártir

En algunos textos, Marie-Julie decía que veía visiones en "el sol". ¿Es que se le permitía ver sus apariciones a través de una "ventana" mística con forma de sol? Asimismo, durante sus éxtasis, Marie-Julie experimentaba frecuentes ataques de xenoglosia y podía recitar oraciones o cantar himnos en diferentes idiomas. Además, se la observaba salir inmediatamente de un éxtasis si recibía la orden de su director espiritual o de un religioso con autoridad canónica, incluso cuando se le hablaba en latín.

Como todos los verdaderos místicos, fue siempre obediente a sus superiores espirituales y volvía inmediatamente de un éxtasis cuando se lo ordenaban mentalmente, vocalmente o simplemente por escrito. Esto fue atestiguado por su Excelencia el Obispo Fournier el 17 de julio de 1874 en compañía del Superior de los Jesuitas y del secretario del Superior. El Obispo declaró que los conocimientos que recibió estaban muy por encima de su estado normal de vida. El doctor Imbert-Gourbeyre escribió:

Los discursos en éxtasis tienen dos características principales: la ciencia infusa y el espíritu profético. Hemos asistido varias veces a los éxtasis de Marie-Julie. Qué sorpresa, oír a esta simple campesina sin ninguna instrucción, hablar de las cosas divinas como una teóloga consumada. Hablaba admirablemente de Dios, de Jesucristo, de la Eucaristía, daba instrucciones místicas, disertaba sobre la Cruz y el Sacerdocio, contaba la vida de un gran número de santos que no podía conocer, citaba textos latinos de la Sagrada Escritura, reproducía pasajes enteros de los Santos Padres, hacía numerosas revelaciones y a veces se elevaba a un estilo literario incomparable

Información sobre los textos de los éxtasis de Marie-Julie

A juzgar por el relato del Abad Gouron, fechado el 6 de noviembre de 1878, algunas personas de especial confianza acudían a La Fraudais y cedían su tiempo para venir a transcribir los diálogos entre Marie-Julie Jahenny y sus visitantes celestiales a medida que se producen. El Abad Gouron nombra como escriba, en este día, a Monsieur Charbonnier, antiguo notario de Nantes, que anotaba los mensajes dados a Marie-Julie con la mayor rapidez que le permitían sus dedos; sin embargo, el Abad declaró *que a los visitantes les estaba prohibido tomar notas* (aunque sí escribió un relato de su visita que se conservó).

Podemos suponer que, al asegurarse de que ningún visitante escribiera notas, el obispo aseguraba así la integridad de los mensajes que se conservarían posteriormente. Asimismo, esto se ordenaba para evitar la difusión de textos espurios con añadidos no oficiales. Otros dos escribas se distinguieron especialmente por ofrecer, siempre, su tiempo para anotar los textos de los éxtasis de Marie-Julie: Monsieur y Madame Cluzeau.

Los ataques del diablo y los años de persecución

Marie-Julie también tuvo que sufrir las asechanzas del demonio —o *Kéké*, como ella lo llamaba— desde que recibió los primeros estigmas. En efecto, la Virgen advirtió varias veces a Marie-Julie Jahenny de estos asaltos venideros... Una última advertencia llegó el 26 de abril de 1874, con la solemne promesa de que Nuestra Señora nunca la abandonaría en medio de estas nuevas pruebas. Quince minutos después de esta advertencia, el diablo intentó hacer lo peor... Golpeaba a Marie-Julie y la cubría de magulladuras y cortes, que nunca se infectaban y que se curaban rápida y milagrosamente con agua bendita. Destruía sus sacramentales, rompía sus rosarios, derribaba sus imágenes sagradas de las paredes, tiraba su crucifijo al suelo, además de tirar los objetos bendecidos al suelo, o, si no los destruía, intentaba infligir algún tipo de daño a dichos objetos.

A veces, si había testigos, intentaba empujarlos también... Asimismo, intentaba asustar hasta la muerte a la pobre anciana bretona apareciendo como una bestia espantosa, como un animal, o como su habitual aspecto horrendo, amenazando con la promesa de que acabaría consiguiendo condenar su alma, intentando así obligarla a abandonar su misión de salvar almas... Cuando la táctica del terror fracasaba, cambiaba inmediatamente de estrategia y se presentaba como un bello y tentador joven prometiéndole de todo, desde riquezas hasta curas para sus enfermedades, pero de nuevo sin éxito.

En otras ocasiones, intentaba engañarla durante sus éxtasis apareciendo como ángeles o santos, pero Marie-Julie era extremadamente cautelosa con todas las apariciones, probándolas todas para asegurarse de que venían del Cielo y así desenmascarar con prudencia al impostor infernal cuando se aparecía de esta manera tan astuta. Si un visitante místico cumplía y hacía un acto de amor al Sagrado Corazón, ella sabía que la aparición era verdadera. Cuando se trataba de Satanás, éste salía volando repentinamente cuando ella exigía esta petición.

A veces podía ver fácilmente a través del disfraz: si el demonio se presentaba como un santo, la aureola carecía de sus gloriosos rayos de luz, o el símbolo de la Santa Cruz no se representaba correctamente en sus ropas o vestiduras, apareciendo doblado o retorcido. Estos ataques no carecían de frutos, pues eran medios adicionales de sacrificio que ella podía ofrecer para salvar almas. En otras ocasiones, Marie-Julie podía deshacerse de él simplemente rociando agua bendita.

Por si los ataques del diablo no fueran suficientes, el tiempo de la persecución terrenal comenzó también sólo unos pocos años después de la aparición de los estigmas, cuando el obispo Fournier falleció en junio de 1877[7]... En efecto, el buen obispo francés de Nantes había sido el mayor defensor de la causa de Marie-Julie Jahenny, declarando que todo lo relacionado con ella, desde los estigmas hasta sus éxtasis y revelaciones, provenía de Dios, y ahora, era

---

[7] El Obispo Fournier aprobó informalmente Marie-Julie Jahenny el 6 de junio 1875 come vidente y mensajera del Cielo.

sustituido por un obispo que adoptó una postura totalmente diferente en el caso de la estigmatizada, postura que se tradujo rápidamente en la persecución de Marie-Julie por parte del nuevo obispo francés elegido...

Poco menos de un mes después de la muerte de Monseñor Fournier, el Capítulo de Curas dio la orden de privar a Marie-Julie de los Santos Sacramentos, incluida la Sagrada Comunión, una decisión espantosa mantenida por el nuevo obispo de Nantes, Monseñor Lecoq, durante once años y medio... Sin embargo, a pesar de la injusta decisión del nuevo obispo, el Cielo se encargó de que Marie-Julie no se viera privada del Santo Sacramento de la Comunión, pues en cuanto llegó la orden del Capítulo de Curas, las comuniones milagrosas se reanudaron de nuevo y aparecieron, dadas por Nuestro Señor Jesucristo en persona, todos los domingos de cada semana, y en ciertos días de fiesta.

Un eclesiástico, presente con otros compañeros sacerdotes durante estas extraordinarias comuniones milagrosas, describió los notables acontecimientos a uno de los escribas presentes de la siguiente manera:

Todos agradecemos esta atención que nunca habíamos tenido... Estoy a unos 50 centímetros del rostro de Marie-Julie, iluminado por la luz de la ventana, y veo sus dos manos unidas sobre el pecho. De repente, abre la boca y presenta la lengua. No hay nada... Me inclino más hacia ella y veo sin dificultad el techo de su boca. Cierra la boca. Vuelve a abrirla y presenta de nuevo su lengua. Sigue sin haber nada... Aprieta los labios y vuelve a presentar la lengua, pero sigue sin haber nada...

¡Es incuestionable! Ahí está la prueba (de que no hay nada de los rumores que hemos oído) ... ¡Pero un prodigio! Marie-Julie vuelve a abrir la boca con humildad, cuando una Hostia, más blanca y brillante que la nieve, aparece allí, ¡visible a nuestros ojos! ¡Un grito de absoluta admiración sale de todos nuestros corazones! Marie-Julie vuelve a cerrar la boca y, en dos ocasiones, la abre para que la miremos, mostrando todavía la Hostia Santa. La duda y la ilusión ya no son posibles... Por fin, sus labios se cierran, para abrirse una última vez mostrando su lengua vacía...

Describir correctamente nuestra emoción es imposible. Es (para nosotros) un sentimiento indescriptible. Pero es ahora cuando Marie-Julie nos ofrece el más delicioso de los espectáculos. Su rostro se ilumina con un suave esplendor; sus ojos se cierran ligeramente; una lágrima rueda lentamente por su mejilla. Es una sonrisa del cielo; y su belleza resplandece. ¡Qué alegría! ¡Esto es un poco de cielo (para nosotros) y esto duró quince minutos!

El doctor Imbert-Gourbeyre informó además de que en algunas ocasiones, durante las santas comuniones, se observaba a Marie-Julie levitando, suspendida en el aire a unos 30 centímetros (11 13/16 pulgadas) por encima de su cama. El doctor Imbert-Gourbeyre continuó con sus observaciones e informes diarios sobre la estigmatizada francesa al obispo Lecoq, y siguió siendo su fiel y valiente defensor, acudiendo sin descanso a la diócesis de Nantes y explicando al obispo hostil que su predecesor había dictaminado que todo lo relativo a Marie-Julie era de origen sobrenatural y celestial. Sin embargo, el nuevo obispo permaneció sordo y totalmente indiferente a los testimonios, explicaciones e informes verdaderamente heroicos del doctor Imbert-Gourbeyre:

Carta del doctor Imbert-Gourbevre al obispo Lecoq:

La estigmatizada de La Fraudais ha recibido un buen número de comuniones milagrosas. La primera fue el 4 de junio de 1874, seguida de otras tres durante el mismo año. Desde principios de mayo de 1876 hasta el 29 de enero de 1877, hubo trece comuniones durante el éxtasis de los viernes que fueron vistas por más de doscientas personas. Marie-Julie sabía de antemano por revelación el día en que iba a tener lugar la comunión milagrosa de los viernes... Ese día, los testigos, avisados de antemano, eran admitidos en la casa de campo; normalmente eran quince... Estas admisiones habían sido autorizadas por Monseñor Fournier, obispo de Nantes.

La pequeña estigmatizada siguió recibiendo muchas Comuniones Milagrosas, ya que nunca fue abandonada por su Esposo del Cielo.

El 12 de junio de 1879, Nuestro Señor se apareció de nuevo a Marie-Julie, juzgando muy duramente a los sacerdotes que le negaban el Santo Sacramento del Altar y muy particularmente a Mons. Lecoq que lo ordenaba, de esta manera:

— A pesar del rechazo, tendrás sin embargo el mérito. Tendrás lo que la dureza y la insensibilidad de los corazones te han negado. ¡Yo hice lo que ellos debían hacer! Me rebajé a ser el mero ministro de la tierra... Cumplí con el deber de aquellos que son míos, que no temen, que no tiemblan ante la idea de hacerme sufrir dos veces; por eso, antes de que se vayan de aquí, antes de que los separe de la tierra, les diré: "¡Hice lo que tenía que hacer! ¡Me rebajé para aliviar y salvar a las almas! No cumpliste con tu deber hacia Mí..."
Consuélate, víctima mía. Son ellos los que han rechazado la Justicia y los que cargarán con la responsabilidad, y, un poco más tarde, cuando estés conmigo, y cuando el que te ha privado de tantas Comuniones esté en el juicio, vendrás a pedirle que te dé las Comuniones de las que te ha privado.
— *¡Oh, Jesús mío! No vendré* (al juicio de Mons. Lecoq). *Me iré a un rinconcito cuando lo juzgues, y rezaré por él para que lo cubras con Tu Amor.*

(Coloquio entre Nuestro Señor Jesucristo y Marie-Julie Jahenny, 12 de junio de 1879)

Un año antes, el 28 de febrero de 1878, Nuestro Señor le pidió a Marie-

Julie:

> — "¿Por qué no dices en todas partes y en voz alta: *La autoridad me tiene encadenada, férreamente, privándome de la Comunión*".
>
> — *Dios mío, son la autoridad...*
>
> (Coloquio entre Nuestro Señor Jesucristo y Marie-Julie Jahenny, 12 de junio de 1879)

Nuestro Señor Jesucristo sabía muy bien la respuesta que iba a dar y el estado de ánimo de su querida "pequeña víctima". El propósito de este coloquio era que se transmitiera, que se escuchara... que se leyera... El mensaje es éste: Creed en esta mensajera, porque no sólo es verdaderamente la sierva fiel y obediente de Cristo, sino que es una súbdita fiel y obediente de la Santa Iglesia de Nuestro Señor, incluso cuando es injusta aunque sea temporalmente... En efecto, la Iglesia católica romana es la única Iglesia cristiana fundada por Jesucristo sobre Pedro, su discípulo, su primer vicario, su primer pontífice.

Y yo te digo que tú eres Pedro, y sobre esta roca edificaré mi iglesia, y las puertas del Hades no la vencerán

(Matteo 16,18).

A partir de ese momento, todos los domingos y algunos días de fiesta, entre las 6 y las 7 de la mañana, la estigmatizada tuvo una comunión milagrosa que no tuvo más testigo que su propia familia. Esto duró once años y medio, hasta que los santos sacramentos le fueron devueltos por orden de la Santa Sede como resultado de una investigación que su santidad el Papa León XIII había hecho a través del muy reverendo padre Vanutelli, dominico, primo del Cardenal del mismo nombre. Este período de persecución terminó por fin en 1888, cuando el reverendo padre Vanutelli dictaminó oficialmente que:

"Marie-Julie había sido privada injustamente de los Santos Sacramentos."

Por ello, **por orden de su Santidad el Papa León XIII**, se levantó finalmente la prohibición impuesta por el Capítulo de Curas y se permitió a Marie-Julie recibir normalmente la Sagrada Comunión de su párroco.

A pesar de las despiadadas y lamentables persecuciones que sufrió Marie-Julie Jahenny, nunca se quejó ni murmuró una palabra contra el obispo Lecoq o contra la Iglesia local, sino que permaneció siempre obediente a los sucesivos obispos de Nantes, reconociendo con humilde obediencia la autoridad que Dios les había dado. La lección que puede deducirse de este suceso de su vida —que fue presenciado y así relatado según los designios del Cielo— es que, a pesar de los errores e injusticias cometidos por la Iglesia, los fieles no deben condenar, sino dejarlos en manos de Dios, pues el Juicio es suyo y sólo suyo.

<u>Sus éxtasis</u>

Sus éxtasis se produjeron con regularidad y, como en otros casos de apariciones marianas auténticas, mostraron también los siguientes fenómenos: mientras estaba en éxtasis, cesaban las reacciones naturales de sus sentidos y permanecía insensible hasta el punto de no reaccionar cuando se le pinchaba con agujas, o cuando se le quemaba, o cuando se le encendían luces brillantes en los ojos...

A veces, como hemos visto antes, su cuerpo levitaba milagrosamente a casi 30 centímetros del suelo o de su cama durante un tiempo indeterminado. Además, mostraba agudas habilidades de hierognosis, distinguiendo la diferencia entre objetos bendecidos y no bendecidos. Si discernía que un sacramental colocado ante ella había sido bendecido, lo veneraba besándolo con fervor. Sin embargo, si no estaba bendecido, simplemente no respondía.

El 18 de octubre de 1877, mientras estaba en éxtasis, reviviendo la Pasión de Nuestro Señor, Marie-Julie detuvo su representación mística del Vía Crucis y pidió una imagen de San Francisco. Un sacerdote visitante tenía una en su breviario y se la entregó, pero ella permaneció inmóvil y no la veneró... El P. David supo entonces que la imagen no estaba bendecida y, corriendo hacia ella, la bendijo de inmediato. Al recibirla de nuevo, Marie-Julie lo veneró profundamente, cubriéndolo de besos.

Durante el mismo éxtasis, los visitantes le tendieron un rosario, pero ella se negó a besar el sacramental como era su costumbre... El visitante recordó entonces que había perdido el crucifijo original del rosario y lo había sustituido por otro, pero no pensó en hacer bendecir el sustituto. La bendición se hizo inmediatamente y Marie-Julie se alegró, besando repetidamente el crucifijo y las cuentas antes de reanudar su sufrimiento de la Pasión.

En otras ocasiones, daba información sorprendente sobre una reliquia sagrada que se le presentaba durante un éxtasis y que nadie había conocido antes. Un ejemplo asombroso: sin decirle una palabra de antemano, se le presentó una reliquia y ella confirmó inmediatamente lo que el propietario sólo había sospechado hasta entonces: la reliquia tenía un fragmento de la lanza que abrió el costado de Nuestro Señor y, además, ¡contenía todavía un trozo del Corazón de Nuestro Señor!

Al parecer, la reliquia pertenecía al marqués de la Franquerie, cuya familia sigue poseyendo esta asombrosa reliquia hasta el día de hoy. Además de ser jerónima, Marie-Julie tuvo también la gracia —casi únicamente reservada a los estigmatizados— de tener varios ángeles auxiliares, además de su propio ángel custodio. Disfrutó de este privilegio durante el tiempo que estuvo sorda, muda, ciega y paralizada.

En la noche de Navidad de 1879, Marie-Julie recibió un extraordinario regalo del cielo: la gracia de tener al Niño Jesús en sus brazos:

Sentí en mi alma un gran calor de amor que me hizo arder; sentí que mi alma salía y se iba en medio de una multitud de ángeles que iban al pesebre divino, y cuando estuve en el pesebre del Santo Niño, sentí este mismo ardor como nunca antes lo había sentido; y al instante el Santo Niño dijo a su querida Madre: — **"Mi querida Madre dame la hermosa túnica que hemos preparado, tú y P."** *(no se dio otro nombre). Y la Virgen me dio un vestido blanco, y el pequeño Niño Jesús me puso un manto blanco sobre los hombros. Me dijo:* — **"Quiero descansar en tu corazón, en tus brazos"**. *Estaba a punto de huir para no llevarlo porque no soy digna cuando me dijo:* — **"Quédate ahí, quiero que me lleves"**. *Me puse a llorar. Él secó mis lágrimas con su pequeña mano y allí en una cuna de fuego recibí al Santo Niño Jesús. Lo sostuve entre mis manos, su adorable cabecita sobre mi corazón, mientras lo sostenía, Él acariciaba mis mejillas con sus delicadas manos. Me dio un pequeño beso... allí en medio de mi frente y después, tenía en su mano derecha un clavo de oro y lo colocó así... directamente en mi corazón diciendo:* — **"Un día este mismo clavo de oro quedará grabado donde lo he colocado. Del lugar de su clavo emanará un olor que será el mismo cuando salgas de la tumba antes de la Resurrección"**. *No sé qué significa esto y no le pregunté a Él. Las maravillas de la fragancia, me dijo:* — **"... será lo mismo durante tu vida que después de tu muerte"**.

De hecho, a partir de ese momento, del pecho de Marie-Julie salían a menudo olores incomparables que eran percibidos por numerosos visitantes y testigos.

En un éxtasis que tuvo lugar en agosto de 1939, una semana antes de que Hitler invadiera Polonia, Nuestro Señor y Nuestra Señora dieron la siguiente advertencia: "una gran guerra" estaba a punto de estallar; además añadió Nuestro Señor:

Mi pequeña sirviente debe llevar a su casa todos los documentos que conciernen a Marie-Julie para evitar una confiscación por parte de los alemanes...

(24 de agosto de 1939).

De hecho, la Segunda Guerra Mundial comenzó unos días después, el 3 de septiembre de 1939, cuando Francia declaró la guerra a Alemania después de que la punta de lanza de la infame *Wermacht* invadiera Polonia. Las instrucciones de este mensaje, dado el 24 de agosto, iban dirigidas a André le Sage, marqués de La Franquerie de la Tourre, el "pequeño sirviente" que estuvo presente en la recomendación de Nuestro Señor para asegurar que los documentos no cayeran en manos de los alemanes.

El marqués de La Franquerie de La Tourre se convirtió en 1939 en chambelán del Papa Pío XII, quien, habiendo oído hablar de la estigmatizada francesa, visitó a Marie-Julie en Francia antes de ser elegido Papa.

Monárquico francés y defensor a ultranza de la Iglesia católica romana, el marqués de La Franquerie escribió muchos libros después de la Guerra, uno de los cuales trataba en profundidad sus experiencias con Marie-Julie Jahenny, y que ha sido traducido al español: **The Breton Stigmatist** (1977).

De hecho, es una de las pocas biografías de Marie-Julie Jahenny que se han traducido al español. El marqués de la Franquerie fue también durante un tiempo director de la revista *International Journal of Secret Societies*, y era bien conocido por ser un acérrimo "enemigo de los masones, atacando sus sectas luciferinas y exponiendo sus conspiraciones para infiltrarse en la Iglesia y en los círculos políticos e industriales de Francia".

El marqués de la Franquerie fue presentado a Marie-Julie por Monseñor Jouin,[8] un famoso ensayista francés del siglo XIX. Sin duda, las profecías de Marie-Julie le espolearon, ya que San Miguel Arcángel, en términos nada equívocos, reveló a través de la anciana estigmatizada bretona que los francmasones eran la causa de los mayores estragos en Francia, en la Iglesia y en el mundo, prometiendo que él (San Miguel Arcángel) golpearía un día a las logias francmasónicas y las expulsaría de Francia (29 de septiembre de 1878, fiesta de San Miguel Arcángel).

El marqués de la Franquerie tuvo una nieta, Isabelle, que se convirtió en la señora Szczebura, y que creó el **Santuario de Marie-Julie Jahenny** en La Fraudais, conservando hasta el día de hoy los textos y la casa de la vidente bretona para los numerosos peregrinos que todavía hoy vienen de los cuatro confines del mundo a ver la casa donde la estigmatizada enviada por Dios ha recibido todas sus extraordinarias revelaciones y mensajes.

Isabelle Szczebura ha creado, junto con su marido Richard, un sitio *web* con numerosas imágenes reproducidas, biografías, oraciones, mensajes y profecías recibidas por Marie-Julie. Dicho sitio web es: **www.marie-julie-jahenny.fr** y constituye hoy la principal fuente original de los mensajes recibidos por Marie-Julie Jahenny para el mundo.

Los textos grabados y las numerosas profecías de Marie-Julie Jahenny se dieron en una línea de tiempo que va de 1871 a 1941, y todo ello dentro de un completo desorden cronológico... Esto se hizo de forma muy intencionada, y de igual forma se mezclaron con innumerables mensajes privados, intercambios y conversaciones a menudo de naturaleza confidencial (escritos en más de 120.000 páginas), cuya razón está aquí abajo claramente explicada por Nuestro Señor Jesucristo:

---

[8] Monseñor Ernest Jouin (21 de diciembre de 1844-27 a junio de 1932) fue un sacerdote católico y ensayista francés, conocido por su promoción de la *Teoría de la conspiración Judeo-Masónica*. También publicó la primera edición francesa de *Los protocolos de los sabios de Sión*.

Toda esta obra escrita (grabaciones de los mensajes recibidos por Marie-Julie Jahenny), **quiero que permanezca enteramente cerrada a todas las criaturas hasta el momento en que se permita poseerlas en todas las partes del mundo. Mi Voluntad es que si estas palabras fueran reunidas ahora** (y) **leídas por los ojos, no sean comprendidas...**
La luz que sale de ellos no sería encontrada ni reconocida como verdadera. Quiero que esto se observe exactamente (como se ha dicho).
Hay (sin embargo) **algunas que deben ser propagadas sin más demora y sin preocupación. Yo seré el Conductor Divino de aquellas cosas que deben ser conocidas y transmitidas ante los demás. Para estas cosas, tendré Mis órdenes que serán muy claras y no habrá rastro de ninguna nube** (en el entendimiento del hombre).
Pon atención a las palabras que se escribirán mientras se pronuncian, sin confiar en lo que se envía sin notas al pie. Mi pueblo me entenderá bien.

(Nuestro Señor Jesucristo, 2 de agosto de 1881)

El 23 de febrero de 1880, Marie-Julie Jahenny anuncia un libro sobre la gran doctrina, la de la Santa Cruz, revelada a la estigmatizada bretona, libro que evidentemente no podrá ser escrito hasta que todos los éxtasis hayan sido estudiados por un teólogo capaz de extraer y exponer con la debida autoridad y con toda su trascendente plenitud la doctrina de la Santa Cruz.

En los mensajes de los que se hace eco Marie-Julie, Nuestro Señor es muy claro. El tiempo para la comprensión de estos mensajes está en Sus designios y sólo en Sus designios. Dicho esto, es muy evidente, como podemos ver en el mensaje de Nuestro Señor dado más arriba, que Nuestro Señor Jesucristo mantiene y desea que se respete la autoridad de la Iglesia que Él mismo instituyó a través de San Pedro, cuando afirmó: **Quiero que permanezca enteramente cerrada a todas las criaturas hasta el momento en que le sea permitido poseerlas en todas las partes del mundo (...)**, pues recordemos que la difusión pública de tales mensajes, amonestaciones, apariciones, visiones, mensajes proféticos y milagros, según los cánones 1399, §5 y § 2318 del antiguo Código de Derecho Canónico, estaban totalmente prohibidos sin adquirir previamente la aprobación formal de la Iglesia Católica.

Sin embargo, el 14 de octubre de 1966, su Santidad el Papa Pablo VI abolió dichos cánones que excomulgaban a sus autores (Decreto de la Congregación para la Doctrina de la Fe, *Acta Apostolicae Sedis*, 29 de septiembre de 1966, página 1186). Este acto papal formal permitió legalmente en adelante la difusión y publicación de los mensajes de los lugares de aparición aprobados y no aprobados en todo el mundo.

Si no hay nada más, estos pasajes establecen claramente, una vez más, la insistencia del interlocutor de Marie-Julie- Jahenny en la obediencia incondicional al Magisterio de la Iglesia Católica Romana.

En julio de 1882, en pleno éxtasis, Marie-Julie Jahenny exclamó:

A solas con Jesús, yo miro con los ojos de mi alma la parte superior de su hoja de papel donde se escribió algo. Su adorable voz me dice:

En el día decidido para que Mis escritos sean enviados a todos mis siervos y a mis víctimas para indicarles Mi Hora y la hora del milagro, contra esta llamada nada resistirá.
Protegeré y guardaré a los que se verán obligados a esperar un corto tiempo para encontrar refugio bajo el árbol divino de la Santa Cruz. La hora será comunicada a toda la familia de la Santa Cruz cuyo destino es ser protegida. Esta hora llegará antes de que se cierren los caminos de la tierra, antes de que el enemigo dentro de los vastos espacios de toda Francia se decida a conquistarla y hacerla perecer.

Al leer las conversaciones entre Marie-Julie y sus diferentes interlocutores celestiales a lo largo de su vida, uno se siente a menudo avergonzado o "entrometido" en lo que suelen ser intercambios muy íntimos y privados... Gran parte de dichas conversaciones con Nuestro Señor Jesucristo, con la Santísima Virgen María o con los santos tratan de asuntos muy personales... En una ocasión, Marie-Julie recibió un mensaje de prudencia de Nuestro Señor sobre los mensajes que recibía:

Hijos míos, cuando yo hable, o cuando mi Santa Madre venga a visitaros, si hay un gran número de personas presentes seremos muy reservados, y velaremos nuestras graves palabras o incluso las dejaremos para otro momento... Muchos juzgan las palabras que decimos dentro de un significado que no es el correcto... Os advierto que no os sorprendáis ni os preocupéis. Más adelante, todo será revelado. Conozco los corazones que juzgan sin comprender... Esto me desagrada y puede tener graves consecuencias.

(Nuestro Señor Jesucristo, 1 de febrero de 1880)

Nota: El mensaje aquí expuesto es la sabiduría misma, no sólo para los mensajes de La Fraudais, sino para todos los mensajes que surgen de los lugares de aparición y de las revelaciones privadas de los místicos y/o de los santos. No obstante, como autor de este libro, y en respuesta a estos mensajes introductorios de Nuestro Señor Jesucristo, es bueno saber que este libro ha sido ofrecido por los Méritos de la Santa Pasión de Nuestro Señor, y por los méritos del Corazón Doloroso de la Santísima Virgen María, a los Pies de la Santa Cruz de Nuestro Señor.

Las profecías de Marie-Julie Jahenny

Las profecías son, en palabras del mundialmente conocido Mariólogo Monseñor René Laurentin, siempre la parte más controvertida de un caso de apariciones; sin embargo, la historia bíblica de Nínive demuestra claramente cómo una profecía puede ser efectivamente evitada si el hombre se convierte y cambia sus caminos a tiempo. El Libro de Jonás describe, en efecto, a Nínive como una ciudad malvada digna de ser destruida. Dios envió a Jonás a predicar a los ninivitas advirtiéndoles de su próxima destrucción si no se convertían. Los ciudadanos de la malvada ciudad creyeron, se arrepintieron, oraron y ayunaron (*haciendo que sus bestias también ayunaran*). Como resultado, Dios perdonó a la ciudad advertida, mostrando misericordia por su población que reaccionó con contrición y se arrepintió.

En los lugares de apariciones aprobados por los modernos, de los que se habla en este libro, los hombres, se nos dice, han abrazado la depravada ideología libertaria que se ha hecho comparable a la de los tiempos paganos de antaño bajo los falsos títulos de la *iluminación de la razón* y el *libertinaje de pensamiento y obra*... Por tanto, teniendo en cuenta las advertencias del Cielo a través de la estigmatizada bretona y, en consecuencia, las "escalofriantes" profecías que están por venir, tenemos como señal de credibilidad las profecías que Marie-Julie Jahenny reveló y que en realidad ya tuvieron lugar exactamente como ella predijo. Por nombrar sólo algunas:

- El 15 de septiembre de 1879, predijo el *Kulturkampf* de Bismarck, que iba a iniciar una feroz lucha entre el gobierno imperial alemán y la Iglesia Católica Romana. Marie-Julie Jahenny profetizó que este conflicto tendría lugar en 1881, predominantemente por el control de los nombramientos educativos y eclesiásticos, y por el lugar y el papel de la religión en la política moderna, generalmente en relación con las campañas de secularización. Dos años más tarde (15 de septiembre de 1881), el *Kulturkampf* de Bismarck se hizo realidad en toda Prusia y en la actual Alemania moderna.

- Asimismo, Marie-Julie predijo con gran exactitud la masiva y catastrófica erupción del monte Pelé en la isla de Martinica, en el Caribe francés, y describió los horribles acontecimientos mientras se producían, a pesar de estar a medio mundo de distancia.

- Marie-Julie Jahenny predijo sin error la fecha y el lugar de la muerte del Conde de Chambord. Enrique de Chambord era descendiente directo de la Casa Real de los Borbones de Francia, en efecto, y falleció el 24 de agosto de 1883 en Lanzenkirchen (Austria)... *porque, por desgracia, Francia rechazó la salvación...* Esta profecía se demostró una vez más correcta.

- Justo antes de que se eligiera al sucesor del Papa León XIII, Marie-Julie Jahenny declaró, unos días antes de la clausura del cónclave reunido, que... **el "Cardenal adriático" ha sido elegido por Dios. Su reinado será el de Cristo, no durará mucho y se llamará Pío**. Marie-Julie acertó en que el próximo Papa eligió el nombre de Pío X. Este nuevo Pontífice cumplió efectivamente la profecía al ser el "Cardenal Adriático", ya que era el antiguo cardenal de Venecia y fue Papa durante apenas 11 años, mientras que su predecesor Pío IX reinó durante más de 31 años.

- En 1881, se le mostró también la Guerra de Transvaal en Sudáfrica, anunciando así que tendría lugar a la muerte de la reina Victoria, lo que ocurrió como se predijo en 1901.

- El 2 de agosto de 1881, profetizó el comienzo de la Primera Guerra Mundial en 1914, y con ello la desolación del pueblo de Francia y un número de muertes que no se puede contar...

- El 15 de septiembre de 1881, Marie-Julie Jahenny predijo que Melanie Calvat (*la vidente de La Salette*) fallecería el 15 de diciembre de 1904, en Altamura, Italia, lo que ocurrió exactamente en la fecha y el lugar que ella predijo.

- Marie-Julie anunció que la primera guerra mundial comenzaría en 1914.

- Asimismo, profetizó que Francia recuperaría las regiones de Alsacia y Lorena de Alemania como resultado de la victoria de Francia en la Primera Guerra Mundial.

- Tres años después de las apariciones de la Santísima Virgen María en Fátima, en noviembre de 1920, Marie-Julie predijo detalles de la Segunda Guerra Mundial. Hablando de los alemanes, la Santísima Virgen María dijo:

Estas almas crueles y bárbaras intentan, mediante una tremenda injusticia, pagar su horrible deuda. Volverán y causarán mucho daño, pero yo conservaré mi reino. Mi poder divino detendrá su furia. Los haré retroceder.

- También habló de la guerra civil española de los años 30 con la intervención de fuerzas extranjeras (más de cuarenta años antes de que ocurriera).

- El anuncio de luces boreales en el cielo de Europa en enero de 1938 que anunciaría el comienzo de la Segunda Guerra Mundial. (profecía hecha por María Julia antes que Lúcia de Fátima en 1917).

- Marie-Julie anunció correctamente de antemano que Francia perdería su colonia de Argelia a manos de los árabes, y añadió que los sacerdotes franceses de ese país sufrirían horribles pruebas. Esto aconteció al pie de la letra, en efecto, en 1962 y de nuevo 34 años después, en 1996...

- Marie-Julie añadió que los ejércitos franceses perderán sus guerras en las tierras de los árabes...

Las predicciones de Marie-Julie Jahenny continuaron hasta su muerte en 1941, siendo su muerte la predicción más extraña de todas, ya que no cayó en el día prometido... Nuestro Señor prometió el 1 de diciembre de 1876 que moriría un viernes, pero en realidad murió un martes... Si reveló correctamente tantos otros acontecimientos, ¿cómo pudo cometer un error de este calibre? De hecho, es posible que no haya ningún error, ya que esta promesa de morir un viernes puede haberse cumplido de una manera inverosímil.

En un éxtasis (fecha desconocida), a Marie-Julie se le mostró un cáliz místico colocado sobre su cabeza. Hizo una petición insólita pidiendo llevarse el Cáliz con ella "a la tierra" (es decir, cuando fuera enterrada). El Señor le respondió:

Esconderé Mi Corazón bajo este velo, y vivirá en tu corazón. Tu corazón latirá como antes. Tu amor nunca se ralentizará, no olvidarás Mi Nombre bajo la tabla del ataúd; el aliento de vida de Mi Corazón se trasplantará dentro de la tumba.

¿Cómo puede interpretarse este enigmático mensaje? Puede que Dios le haya concedido su deseo. Teniendo en cuenta que sus últimas palabras están fechadas en febrero de 1941, no es imposible que entrara en un coma mortal el 4 de marzo, o que su último éxtasis en la tierra antes de su muerte fuera tan profundo que se confundiera con la muerte real en esa fecha, lo que ya ha sucedido con varios místicos registrados en los anales de la Iglesia. Su última penitencia puede haber sido permanecer viva en el ataúd y, de esa manera, morir un viernes como había prometido, el verdadero día de su muerte completamente desconocido y oculto a los ojos de sus amigos y familiares...

Por supuesto, esta teoría no puede ser probada ahora, sin embargo, las profecías precisas fueron repetidas una y otra vez por la valiente estigmatizada bretona. Marie-Julie predijo además en 1878, ocho meses después de la muerte de Pío IX, que éste... **será elevado un día a un nivel muy alto de santidad, y su santidad salvará a Roma de terribles calamidades en ese momento**. Pío IX ya está en camino de la canonización oficial, ya que el Papa Juan Pablo II lo proclamó Venerable el 6 de julio de 1985, para luego beatificarlo el 3 de septiembre de 2000.

Otras profecías:

En uno de los mensajes recibidos más famosos de Marie-Julie, San

Miguel advirtió a los fieles que no pusieran su confianza en un gobernante político francés (sin nombrarlo), pues no traerá la prometida restauración de Francia. Será una "columna de barro" (29 de septiembre de 1878), un texto hasta ahora críptico, pero se sostiene en nuestro tiempo que este mensaje bien puede referirse al presidente francés Emmanuel Macron... Además, predijo la canonización informal y discutida del emperador Carlomagno, acontecimiento que aún no hemos visto producirse. Marie-Julie Jahenny añadió igualmente que Luis XVI sería elevado a los altares durante el reinado del Gran Monarca prometido, Enrique V de Francia también conocido como Enrique V de la Santa Cruz.

Otra profecía asombrosa, hecha el 2 de enero de 1885, un año antes de la muerte de su hermana Angèle, consiste en que Nuestro Señor promete que Angèle será un día exhumada y encontrada incorrupta, mostrando así el primero de muchos acontecimientos milagrosos en La Fraudais. Nuestro Señor declaró además, el 4 de mayo de 1877, que **para mostrar que todo tú eres de Mí, protegeré tu cuerpo hasta en el seno de la tierra**, palabras que sugieren indudablemente que Marie-Julie será igualmente exhumada y encontrada incorrupta como su hermana antes que ella.

Además, las profecías de Nuestro Señor sobre el corazón de Marie-Julie pueden ser una doble revelación, primero, por su muerte "oculta", como se ha mencionado anteriormente, y más tarde, cuando sea exhumada, **su corazón, se nos dice, ¡se encontrará todavía latiendo!** [9]

Quien escribe hoy estas líneas, puede esperar que más pronto que tarde la extraordinaria vida de Marie-Julie sea llevada al Dicasterio de la Doctrina de la Fe, y que el proceso oficial para su beatificación y canonización pueda comenzar sin más demora...

<u>El aviso y las profecías sobre la Iglesia Católica y Apostólica Romana</u>

Al leer las profecías de Marie-Julie Jahenny, la Virgen predice la difusión de la masonería, la aniquilación de la inocencia de los niños, las guerras mundiales, el hambre, las enfermedades, la destrucción masiva, el surgimiento de leyes abominables y, además, múltiples ataques a la Iglesia católica romana mediante, primero, la retirada de las cruces en los hospitales, en las escuelas y en los edificios de la administración, luego el cierre de los monasterios, conventos e iglesias, y la sustitución del cristianismo por el islam y el ateísmo... Se podría argumentar perfectamente que las numerosas apariciones a Marie-Julie en La Fraudais forman el marco de todos los mensajes que la Santísima Madre ha dado en el siglo XVII en Quito (Nuestra Señora del Buen Suceso), en La Salette, en Fátima y, años más tarde, en Akita, ya que Marie-Julie proporcionó un número asombroso de mensajes que implican a la Iglesia católica, sus sacerdotes y su clero...

---

[9] **Como el de Santa Juana de Arco, tras los dos intentos de los ingleses de consumirla con aceite hirviendo.**

La mujer bretona reveló que habría una gran pérdida de fe en toda Francia, la introducción de una "Nueva Celebración" y una abominable "Nueva Misa" dentro de la Iglesia Católica. El Cielo le dijo además que habría igualmente una falta general de moralidad que invertiría el entendimiento del hombre, haciéndole creer que lo bueno es malo y lo malo bueno... Uno de los mensajes más dolorosos de Nuestra Señora se refiere a la pérdida de la inocencia de los niños antes de que alcancen la edad de la razón, todo lo cual, añade la Santísima Virgen María, va a provocar la degradación de la raza humana y, en consecuencia, los castigos de Dios sobre un mundo pecador e impenitente...

La lectura de los numerosos mensajes recibidos por Marie-Julie Jahenny requiere un estudio muy cuidadoso y metódico, ya que algunos de los mensajes parecen repetirse en una línea de tiempo que es todo menos lineal, lo que hace bastante difícil discernir cuándo van a tener lugar muchos de estos acontecimientos descritos; sin embargo, en el lado positivo, las profecías de La Fraudais hacen aparecer una gran esperanza, un "gran monarca francés" y un "santo pontífice" que restaurarían juntos Francia, la Iglesia y la fe católica en todo el mundo superviviente. Se puede pensar que los mensajes de los que se hace eco Marie-Julie conciernen únicamente a Francia, pero no es así.

Las revelaciones señalan que Francia será la primera nación en hundirse y la primera en levantarse. La Santísima Virgen María explicó que Francia es más culpable que los demás países, ya que era la hija mayor de la Iglesia y, como tal, se le concedieron ciertas vocaciones, entre ellas la de ser la protectora de la Iglesia y la propagadora de la Fe. A causa de su traición y de su despojo de su "monarquía bendecida por el Cielo" —mediante el asesinato, la persecución y la barbarie absoluta— y por haber sustituido la monarquía francesa por una república de inspiración masónica, Francia sería castigada en primer lugar.

El pecado de blasfemia

La Virgen clamó a Marie-Julie el 9 de agosto de 1881 al advertirle de los días horribles que estaban a punto de desencadenarse en la tierra, sobre todo por el castigo debido al pecado de blasfemia, y a la absoluta falta de respeto por las cosas de Dios:

Hijos míos, es la blasfemia la que trae el infierno a la tierra. Me duele el clero. Veo que la mente (o el espíritu) se debilita cada día en una gran cantidad, y más aún de sacerdotes.

*El Cielo recomienda que ayudemos a reparar cada vez que veamos u oigamos cometer el pecado de blasfemia diciendo un **"Gloria"** (ver página: 603): Cuando oigas una blasfemia, di un "Gloria". Es un consuelo para el Cielo.*

(Marie-Julie Jahenny, Fecha desconocida)

Otro mensaje dado a la estigmatizada bretona se refería a las Tres Crisis que llenan el contenido del folio de las advertencias proféticas que involucran a la Iglesia, a Francia y al Mundo:

La primera crisis:

Marie-Julie declaró:

> *En el sol, la voz dice:*
> **Hace algún tiempo, el Señor ha decretado tres meses de castigos fatales y terribles. Él acortará mucho este tiempo...**
> **El próximo comienzo de la Crisis Revolucionaria Mortal...** *La voz habla así...* **este comienzo durará cuatro semanas, ni un día más ni un día menos, ¡pero su extensión será inmensa! El número de los llamados Asesinos del Pueblo será de una inmensidad inconcebible... En medio de esta hora terrible, los extranjeros, cuyo deseo está lleno de una violencia sin medida, serán los amos en Francia. En cuanto se conozca la noticia del fatal acontecimiento, sus oídos no serán sordos. Durante este primer conflicto en toda Francia, habrá libertad para todo. Ya no habrá prisioneros detenidos por crímenes; esta libertad estará en todas partes** (en Francia) **... Una pausa muy corta seguirá a esta gran entrada del mal (que) será completa, especialmente en el Centro** (París) **y en sus alrededores** (Los suburbios parisinos, hoy ocupados en su mayoría por árabes franceses e inmigrantes ilegales).
> **La segunda crisis:**

Marie-Julie continua:

> *La voz dice:*
> **La segunda y violenta Crisis comenzará. Francia será invadida hasta las diócesis donde comienza Bretaña...** *La voz añade:* **¡La tuya!**
> **La Segunda Crisis pondrá fin a todas las cosas, y del pueblo sólo escaparán los que encuentren un refugio oculto.**
> **En esta segunda época, los hombres del poder, después de haber entregado el reino a la sangre, se reunirán en un lugar tranquilo y formarán proyectos definitivos y decisivos. Buscarán un salvador para colocarlo en el trono. Muchos de estos grandes comandantes del reino se retirarán a una parcela de esa tierra robada a Francia: ¡Alsacia y Lorena! Una vez allí, en secreto, asignarán a su rey, aquel que está en contra de los designios de la Providencia. Así decidirán, y nada desviará su voluntad de que el culpable se siente en un trono que nunca le pertenecerá.**
>
> *La segunda época irá más allá de un mes. Continuará, sin descanso ni*

pausa, hasta el día 37° o 45°. Esta segunda época logrará todo. Los únicos salvados serán los que Dios prometió proteger en los lugares descritos a través de Su Palabra, y guardó a través de Su bondad gratuita. Como la persecución se extenderá en Francia, recibirá una gran ayuda de las potencias vecinas (¿naciones árabes …?) de todos aquellos que se parecen a los que, en Francia, entregan todo sin piedad a la sangre y al fuego (árabes/musulmanes).

La tercera crisis:

Porque la duración de la tercera época no está en este paso del sol… (?) (9 de mayo de 1882). *La tercera crisis, de hecho, implica la liberación de Francia y del Papa en Roma por el verdadero rey elegido por Dios, el rey Enrique V de la Santa Cruz. Esta reconquista de Francia debe durar siete meses, mientras que las tres crisis deben durar tres años…*

Amigos del Sagrado Corazón, me quedo con vosotros; vuestra compañía es la de Jesús. Sois soldados generosos y valientes. El Señor desea que os diga estas palabras: 'Preparaos, valientes siervos de Dios, pues el Divino Maestro vendrá pronto, primero en su Misericordia, segundo en su justa ira y venganza. Él quiere que muestre esta espada a Sus amigos actuales y (entonces) **habré cumplido con mi deber.**

(San Miguel Arcángel, 29 de septiembre de 1881)

San Miguel muestra entonces a Marie-Julie Jahenny una espada con la que ayudará a los fieles cristianos en los tiempos proféticos; luego San Miguel añade:

Esta es la espada que delego a los amigos de Dios; esta (una) **es mía.** (Le muestra a Marie-Julie Jahenny su propia espada junto a la primera). **Son similares; ambas llevan el sello del Señor. Es el Nombre de Jesús escrito en la hoja, bien grabado.**
Queridos amigos del Señor, estamos aquí en el umbral de la Misericordia y en el umbral de la justicia de Dios.

El mensaje aquí es claro. Se va a conceder un periodo de Misericordia para que la humanidad se arrepienta, se convierta y vuelva a Dios antes de que sea demasiado tarde… Entonces, seguirá el período de la Justicia de Dios… Sin embargo, Nuestra Señora le dijo a Marie-Julie que Satanás utilizará todos los medios en su poder para aprovechar el tiempo de la misericordia de Dios concedido al hombre para acentuar sus designios cuidadosamente planeados, especialmente concentrando sus esfuerzos contra la inocencia de los niños.

Mis queridos hijos, todo se ha comprometido ante una pérdida irreparable, me refiero a la salvación de las almas de los niños. El alimento de estas pobres almas pequeñas debe ser para ellas el pan de amor de su Reina Inmaculada, la Reina del Cielo. Sufro al ver a estas almas como pastos entregados al enemigo de la salvación de las almas; es la bondad de mi Divino Hijo lo que Satanás toma para sí. Para apropiarse de ella, tiene sus partidarios en todos los rincones de la Tierra. Me desespero, sí, me desespero de salvar a esas almas que están en un inmenso peligro (...)
La mayoría de estos niños han entrado en el camino de la corrupción, y estas almas no han recibido ni una gota de mi perfume de virtudes y pureza; es con un dolor inconmensurable que os lo revelo, porque si vierais el número (de jóvenes víctimas), os asustaríais e incluso os golpearía como si fuera un golpe mortal.
(...) Mis queridos hijos, esas madres despreocupadas que ya no tienen la fe, esos padres culpables metidos en círculos (de malas compañías) **donde no hacen más que ofender a mi Divino Hijo. En el Cielo, ¡qué responsabilidad tendrán y cuántas cuentas tendrán que rendir! No piensan en eso... ¡Qué terrible desgracia!**

(La Santísima Virgen María, 9 de febrero de 1904)

Veo una multitud de almas que se pierden, especialmente niños, incluso aquellos que no tienen la edad de la razón... ¡Los responsables (de la pérdida de las almas de los niños) **si supieran lo que les espera en el temido juicio! Los niños son educados ahora como adultos. ¡Qué palabras vergonzosas resuenan en sus oídos y tienen eco en sus bocas! Es espantoso y terrible. Hace temblar ver a la juventud llegar a este punto, y ellos** (los padres de los niños) **no vigilan, no se cuidan, no se ocupan de lo que hacen. Los padres se ríen al escuchar lo que dicen sus hijos, y los dejan en total libertad de acción.**

(Nuestro Señor Jesucristo, 2 de octubre de 1903)

Resulta bastante llamativo constatar que, mientras escribía estas líneas por primera vez en este libro, aparecía en los medios de comunicación y en los cines de Estados Unidos un nuevo tráiler de una película de lo más horrenda (2019). Estos repugnantes fragmentos mostraban a niños de quinto-sexto grado actuando de forma espeluznantemente pre-sexual, pronunciando en el transcurso de dicha película todo tipo de sórdidas obscenidades con el objetivo de atraer la risa de los espectadores.

Siendo padre de dos niños pequeños, no puedo evitar preguntarme sobre el estado mental de los padres de estos niños... ¿Cómo podrían estos padres y madres tolerar, a cambio de las sumas de dinero que les prometieron, semejante contaminación moral exhibida públicamente por sus hijos, induciendo seguramente a otros niños pequeños de la misma edad (o menores) a seguir su ejemplo?

Como padre, me quedo sin palabras ante semejante irresponsabilidad paterna, y no encuentro justificación alguna para prostituir la posición moral de los hijos por un medio que pone aún más en peligro el bienestar moral de otros jóvenes inocentes. Esto es una vergüenza y, lamento decirlo, un ejemplo del mensaje profético cumplido del 2 de octubre de 1903 de Nuestro Señor a Marie-Julie Jahenny.

En el Evangelio de San Mateo (28,18), leemos la declaración de Cristo — **Se me ha dado todo el poder en el Cielo y en la tierra**— instruyendo a sus discípulos para que hagan discípulos de todas las naciones y los bauticen en el nombre del Padre, del Hijo y del Espíritu Santo, después de lo cual fue llevado al Cielo y entronizado a la derecha del Padre (San Marcos, 16,19). Cuatro años antes de que su Santidad el Papa León XIII fuera testigo de un coloquio entre Nuestro Señor Jesucristo y Satanás (**ver página: 477**), a Marie-Julie se le mostró una detallada visión mística de la Ascensión de Nuestro Señor el 30 de agosto de 1880.

En dicha visión, a Marie-Julie se le permitió presenciar cómo Satanás se presentaba ante Jesucristo inmediatamente después de su Ascensión al Cielo, exigiendo una porción de la tierra para su propio reino infernal. El demonio, explicó Marie-Julie Jahenny, estaba profundamente enfurecido porque Nuestro Señor había recuperado el mundo, redimiéndolo con Su Sacrificio en la Cruz, y por lo tanto estaba consumido por los celos debido a que el Padre le había concedido a Cristo el poder supremo sobre la tierra:

Marie-Julie:

> *"Veo en el sol el momento en que el Señor ascendió al cielo y tomó posesión de su Reino Eterno. En ese momento, el infierno se convirtió en el reino del enemigo. El Señor tomó posesión de Su reino terrenal y dijo:*
> — **Estoy establecido como Rey Eterno**.
> *"Satanás está furioso y busca durante vueltas la manera de ampliar maliciosamente su poder... El Señor le dice:*
> — **Estarás bajo sumisión, no harás sino lo que te permite mi ley eterna**.
> *Satanás pide llevar el nombre de "príncipe" y que el dedo del Señor grabe este nombre bajo los ojos de todos nosotros. Nuestro Señor respondió:*
> — **Sí, tienes todos los nombres. El nombre de príncipe: príncipe de las tinieblas, príncipe del abismo**.
> *Pero esto no es suficiente para el diablo:*
> — *No pongas límites a Tu poder. Déjame libre para extenderme tanto como Tú debas extenderte hasta el fin de los tiempos.*
> *Nuestro Señor responde:*
> — **Permaneceré como Rey sobre todo lo que hagas, todo lo que poseas**.

Estaré por encima (sobre todo), *y mandaré* (es decir, Satanás no será completamente libre de hacer lo que quiera).
Satanás se rebeló. Sin embargo, obtuvo su parte, pero el Señor también gozó de sus posesiones. El Señor le dijo:
— **Póstrate a mis pies y adora mis deseos**.
"Inclino mi rodilla, pero con una condición. Déjame libertad" —dijo Satanás con autoridad— "para usar, como Tú y a mi antojo, el poder sobre la muerte, para ser su amo".
— **Te dejo el poder de tentar a todos los hombres, de hacerlos sufrir hasta cierto punto, pero yo estaré presente.**
Satanás también exige el poder de hacer milagros. El Señor no le deja esto por completo, sino que le dio algo para que podamos merecer más.
— **Al principio,** dijo el Señor, **no harás muchas maravillas; serán un número reducido. Te servirán para hacer el mal**.
Satanás protesta que esa sola porción no es justa.
— **Llegará un tiempo, muy lejano,** respondió el Señor, **en el que poseerás en el mundo una multitud tan grande que tu porción superará la mía. Te convertirás en un gran conquistador durante un espacio de tiempo que será muy largo y que, sin embargo, será muy corto. Mientras tú harás la conquista de las multitudes, Yo operaré brillantes maravillas y terremotos, cuando el mundo esté listo para perecer, cuando tú triunfes con una victoria sin medida, cuando casi todas las partes del mundo, toda Europa se levantará en contra** (de sí misma). **En la oscuridad, habrá muchas conversiones, muchos de los perdidos volverán a Mí en arrepentimiento.**
Cuando estaban a punto de separarse, para volver cada uno a su reino, Satanás pidió la autoridad para adoptar todas las formas, para ir a cualquier parte.
— **Te permito tentar a mi pueblo,** dice el Señor, **pero no te permito nunca tomar la forma de figuras divinas ni verdaderas.**
Satanás se atreve entonces a utilizar términos familiares con el Señor, Pero Satanás es rechazado. Nuestro Señor:
— *¡Respétame, en nombre de mi poder eterno!*
— *"Sí", responde Satanás, "un día, lejos de donde estamos hoy, ha de parecer que dices que soy un poderoso conquistador. No pongas límites a los estragos de los que, ya, el deseo me consume".*

Marie-Julie preguntó a la Llama del Espíritu Santo si está fijado el tiempo en el que Satanás debe reinar como un gran señor. La Llama respondió que está fijado en los designios de Dios, y el demonio apresuró el tiempo, sin conocerlo (cuándo) exactamente... La Llama dijo:

— **Es esta época en la que estáis ahora, hijos de Dios...**
Satanás continua:
— *"Al principio de ese tiempo"*, dice, *"utilizaré todas las profanidades y todas las cosas injustas para la destrucción de Tu Reino. Transformaré todo en una herramienta de trabajo contra Ti. Primero trabajaré en ese lugar donde vive el mayor número".*
— **No ignores lo que es,** dijo la Llama (Espíritu Santo). **Cultivo este lugar sobre el que caerás como un rayo. Tú destruirás primero, y yo, después de ti, acabaré con todo, haré ruinas como nunca ha habido antes.**
"El Espíritu Santo", dijo Marie-Julie, *"advierte que no debemos olvidar que Satanás sigue siendo un ángel poderoso, aunque caído. El Espíritu Santo hará que Satanás vuelva a caer como un rayo. Satanás destruirá primero, pero luego Dios enviará sus poderosos castigos".*
— **Cubriré a los que son míos con una tierna protección,** *dice el Señor.*
(Aquí, Nuestro Señor promete proteger a sus propios hijos, aquellos que permanecen fieles a Cristo, a sus enseñanzas y a su Iglesia).
— *"Voy a lanzar una revuelta entre los tuyos y los míos", responde Satanás, "moveré a todos los reyes, pondré una división que llevará a una guerra civil en el universo".*
— **Por mi parte,** continúa el Señor, **enviaré mi justicia: castigos, milagros, muerte, plagas, pestes, enfermedades desconocidas.**
— *"¡Derribaré el templo de tus oraciones!", afirma Satanás, "estableceré los ídolos que adoramos. Todo lo que, en tiempos de paz, reside en tus templos será roto, arrastrado, reducido a polvo por los míos".*
— **Mostraré,** dice el Señor, **que soy el Rey Eterno. Aplastaré bajo el rayo del Cielo, todo lo que se le dará a ti y al infierno. Restauraré a Mi pueblo; preservaré** (a los míos) **de las plagas, levantaré las ruinas. Te arrojaré al abismo, pero sólo después de que hayas usado los poderes que te dejo por ahora.**
La Llama (el Espíritu Santo) *dijo que el dolor está a punto de entrar en los corazones, y el infierno está listo para cantar la gran canción de su victoria."*

(Final de la visión de Marie-Julie Jahenny, 30 de agosto de 1880)

En otra visión fechada el 25 de octubre de 1881, Satanás arremetió contra San Miguel:

"Atacaré a la Iglesia, derrocaré a la Iglesia, gobernaré al pueblo, dispondré, en sus corazones, un gran debilitamiento de la Fe. Habrá una gran traición. Me convertiré, por un tiempo, en el amo de todas las cosas,

¡tendré todo bajo mi imperio!".

Ese mismo día, San Miguel nos advirtió del peligro y nos aseguró la ayuda del Cielo: **"Nunca ha habido una época como ésta. Debemos estar atentos y prepararnos para no ser sorprendidos... Todos los demonios se reunirán, muchos en forma de hombre"**.

El abad Robert Dell, conocido sacerdote católico e historiador de la época, compartió, durante una breve visita a La Fraudais, un particular intercambio que presenció entre Marie-Julie Jahenny y San Miguel Arcángel:

Marie-Julie hizo preguntas al Arcángel sobre las ocupaciones existentes en el Cielo:

Marie-Julie Jahenny:

— *"¿Se reza la coronilla en el cielo?"*
— *"Sí"*, responde San Miguel.
— *"¿Y también se leen libros?"*
— **"Sí, también libros"**.
— *"¿Y los que los leen, aprenden de ellos? ¿Quién enseña la escuela en el Cielo?"*
— **"El Buen Jesús, los ángeles, los santos..."**
— *"¿Las letras de esos libros están escritas a mano o impresas?"*
— **"Son letras gloriosas que no tienen nada en común con las de la tierra..."**

El Abad Robert Dell:

Marie-Julie sólo leía cartas impresas, como la mayoría de la gente de su época. A pesar de ello, San Miguel, como podemos imaginar, no se presentaba para una charla tan tonta:

— **"Amigos míos"**, dijo, dirigiéndose a los que estaban presentes ese día. **"Me dirijo a vosotros. El Señor me ha encargado la tarea de daros la siguiente palabra"**: *Estad preparados, valientes siervos de Dios. Satanás le ha dicho al Señor:*
— *Mis cadenas caerán. Me darás la libertad y entraré como conquistador, ¡primero en una Francia amenazada que perecerá!*

El Señor respondió:

— **"Muchos perecerán, pero muchos se salvarán. Tendrán un refugio bajo Mi Cruz y en Mi Corazón"**.

A estas palabras, Satanás blasfemó y juró su odio, más infernal que nunca, y dijo:

— *"¡Atacaré a la Iglesia! ¡Haré tropezar la Cruz! Dividiré al pueblo. Depositaré en los corazones de los hombres un gran debilitamiento de la Fe. ¡Habrá una gran apostasía! Me convertiré durante algún tiempo en el amo supremo de todo. Tendré todo bajo mi imperio, incluso Tu Templo y todos los tuyos!".*

El abad Robert Dell continuó:

San Miguel advirtió que durante un período de tiempo... **"*... Satanás tendrá permiso para todo. Reinará plenamente sobre todo lo que es de bien. La fe, la religión, todo caerá en la tumba de un profundo luto... Satanás y sus seguidores triunfarán alegremente... pero después del triunfo de Satanás, el Señor tomará a los suyos, y sacará de la tumba la Iglesia enterrada, la Cruz destruida, la oración que -sólo en apariencia- parecía ya no existir, (y) todo el pueblo en vilo bajo el imperio de las masacres. Es imposible, añade el Arcángel, que sin un Milagro luminoso del Cielo, el pueblo de Francia pueda salvarse, pues habrá caído en lo más profundo de los límites de la vergüenza y del mal...***
Tengo mi espada porque la hora del combate está a punto de sonar. Estaré del lado de los justos".

(Testimonio escrito del abad Robert Dell - sin fecha)

En un texto fechado el 28 de junio de 1880, leemos:

"En esos años", dice Satanás, *"haré muchas revelaciones* (Falsas revelaciones a través de apariciones que en realidad son demoníacas). *Será imposible desenmascarar mi lenguaje. Imitaré muy bien las palabras de Cristo y sus revelaciones. Cargando a estas almas, quiero que se pierdan muchos sacerdotes piadosos, para engañarlos profundamente en todas estas cosas. También quiero perder muchas almas que no lo son* (sacerdotes o religiosos) *Si no puedo perder estas almas, les* (haré) *perder su reputación por lo menos, les haré* (ser objeto de) *acusaciones de fuertes calumnias, les haré denunciar* (su fe) *hasta los tribunales de las leyes humanas".*

Una posible interpretación de este texto: En los años en que Satanás cree una gran confusión en la Iglesia, hará que se produzcan muchas falsas apariciones para engañar a los celosos y a los fieles con misterios que suenan muy bien. De hecho, hoy en día, varios supuestos lugares de apariciones ya han sido formalmente condenados por la Iglesia Católica... Algunos de esos casos de apariciones condenados por la Iglesia son Peña Blanca (Chile), Bayside (Nueva York) y muchos otros en todo el mundo que han sido declarados por la Iglesia como no de origen celestial... Cuando me reuní con el padre René Laurentin (principal experto en lugares de apariciones marianas) en Evry (a las afueras de París) en 1995, me mostró entonces su despacho cuyas cuatro paredes estaban cubiertas desde el techo hasta el suelo con estanterías llenas de expedientes y carpetas:

> *"Estos son los casos de apariciones en los que estoy trabajando actualmente"*, me dijo en su discurso lento y bien pensado. *"En este momento hay unos trescientos, pero usted sabe que la gran mayoría de estos casos no son auténticos. Verá, la mayoría de ellos son fruto de personas histéricas o ansiosas. Otros son de...* (sonriendo tranquilamente) *bueno... digamos que NO de Dios".*

Será difícil distinguir un mensaje falso de los verdaderos, ya que Satanás imitará la forma de hablar de Nuestro Señor y de la Virgen. El demonio tratará de engañar a los fieles de varias maneras; sin embargo, según el P. René Laurentin, las pautas para distinguir una aparición verdadera de una falsa o de los mensajes místicos se basan en los siguientes aspectos: una aparición celestial nunca temerá el agua bendita, sino que la acogerá.

Una verdad divina siempre auspiciará y animará a los fieles a vivir los siete sacramentos de la Santa Iglesia Católica y Apostólica Romana (Bautismo, Eucaristía, Confirmación, Confesión, Unción de los Enfermos, Matrimonio y las Sagradas Órdenes), particularmente el recibir la **Sagrada Comunión** (siendo el verdadero Cuerpo y Sangre, Alma y Divinidad de Nuestro Señor Jesucristo), la **Confesión**, recibir el **Bautismo** y hacer la **Confirmación.**

Asimismo, un verdadero mensaje celestial siempre llamará a los fieles a seguir y vivir **las enseñanzas de los Santos Evangelios** que son el fundamento del Dogma de la Fe de la Iglesia. Es más, añadió el P. Laurentin con esa sonrisa que tanto le caracterizaba, el principal mensaje de la Santísima Virgen María al hombre será siempre el mismo que dio en Caná hace 2.000 años: **"Haced lo que Él os diga"**.

Aparentemente, siendo las enseñanzas y los sacramentos de la Iglesia la armadura, el escudo y la espada dados a los cristianos, es lógico que quienes los administran constituyan objetivos primarios. En consecuencia, Marie-Julie nos advirtió de la precaución del Cielo contra un "ataque" dirigido al Papa contemporáneo de su tiempo, el Papa León XIII, (pontificado 1878-1903) que fue testigo, muy parecido a ella, de un coloquio muy notable entre Dios y el Diablo.

El 13 de octubre de 1884, el Papa León XIII, justo después de celebrar la misa, se puso repentinamente pálido y, ante los testigos, se desplomó como si estuviera muerto. Los que estaban cerca se apresuraron a socorrerlo, pero lo encontraron mirando al vacío con una espantosa mirada de puro espanto. Después de volver en sí, contó que había tenido una visión de Satanás acercándose al trono de Dios, jactándose de que podía destruir la Iglesia. Según su Santidad, el Señor le recordó al demonio que su Iglesia era imperecedera. Satanás respondió entonces: — *Concédeme un siglo y más poder a los que me sirvan, y l*a *destruiré.*

Nuestro Señor, continuó el Papa León XIII, le concedió 100 años. El Señor le reveló entonces al buen Pontífice los acontecimientos del siglo XX mostrándole las guerras, la inmoralidad, el genocidio y la apostasía que se avecinaban. Inmediatamente después de esta inquietante visión, el sobrecogido Papa fue a su despacho, se sentó y escribió **la oración a San Miguel Arcángel (ver página: 602)**. Durante décadas esta invocación se utilizó como oración para los exorcismos y siempre al final de cada Misa, es decir... hasta el Concilio Vaticano II...

Algunos han especulado que el siglo de la prueba de la Iglesia Católica comenzó en 1914. Independientemente de cuándo comenzó oficialmente el tiempo de prueba, es importante señalar que en 1917 (el mismo año en que se desencadenó la Revolución Comunista en Rusia), el Papa Benedicto XV escribió una encíclica titulada *Sobre la predicación de la palabra*. Esta notable obra resultaría ser bastante profética, ya que abordaba una cuestión de la mayor y más trascendental importancia:

"Por otra parte, si examinamos el estado de la moral pública y privada, las constituciones y las leyes de las naciones, encontraremos que hay un desprecio general y un olvido de lo sobrenatural, un alejamiento gradual de la norma estricta de la virtud cristiana, y que los hombres se deslizan cada vez más hacia las prácticas vergonzosas del paganismo".

(Extracto *de* Sobre la predicación de la palabra, *Papa Benedicto XV).*

El Papa León XIII también hizo una profecía de interés válido para los fieles:

"La Iglesia será privada de su Líder que gobierna ahora (León XIII). *Los restos de este santo Pontífice actual tienen que desaparecer. La huella de sus pies en el Santo Altar será reducida a cenizas por las llamas del infierno ¡La cabeza de la Iglesia será despreciada!"*

(Su Santidad el Papa León XIII, 7 de julio de 1880).

¿Podría ser *la huella de sus pies en el Santo Altar* las **Oraciones leonianas** que instituyó al final de cada Misa? (La forma final de las Oraciones leonianas consistía en tres Avemarías, un SalveRegina seguida del colofón y un responso, una oración por la conversión de los pecadores, la libertad y la exaltación de la Iglesia Católica, y la oración a San Miguel Arcángel).

Profecías sobre la Iglesia:

Teniendo en cuenta que las oraciones leonianas que debían rezarse a los pies del altar para la protección de la Iglesia y la conversión de los pecadores han sido eliminadas de la liturgia de la Nueva Misa, esta predicción se ha cumplido con la llegada de la Misa del "Novus Ordo" que ha sacado el Concilio Vaticano II... Sin embargo, León XIII no fue el único que se hizo eco de esta angustiosa profecía. En efecto, Marie-Julie Jahenny recibió una predicción similar, y otra más, aún más morbosa que la primera:

"La Iglesia sufrirá las más crueles persecuciones que el infierno haya inventado.
Pronto, en grandes partes de esta tierra de los muertos, no habrá santuarios... Los apóstoles habrán huido. Las almas santas lloran por las ruinas y el abandono; vean cuánto me insultan y cuánto me ofenden... Habrá un implacable (ataque) **infernal contra la devoción al Sagrado Corazón".**
"Habrá un libro de la 'segunda celebración' por parte de los espíritus infames que me han crucificado de nuevo y que esperan el reinado de un nuevo Mesías que los haga felices. Muchos santos sacerdotes rechazarán este libro sellado con las palabras del abismo, pero desgraciadamente hay quienes lo aceptarán, y será utilizado".
"Los obispos traicionan. Darán su fuerza y su vida al fatal gobierno".
"La religión que he establecido, el Evangelio que he predicado, todo esto, lo destrozarán bajo una forma espantosa, para hacer temblar (a la Iglesia...), **y echarán todas estas cosas infames sobre Mis hombros y sobre Mi Adorable Cuerpo. Cambiarán Mis sufrimientos y Mi Pasión, en escritos que estremecerán el corazón de los justos, y sus picos se agrietarán (...) como la montaña el día de Mi Crucifixión.**
Antes del año que lleva una cifra de consuelo para mi pueblo francés, antes de que suene esa época, los santos sacrificios de los altares habrán tomado una forma infernal".
"En las calles, en las ciudades, en el campo y en todas las aldeas, el veneno infeccioso de esos libros malditos se extenderá enormemente y con una rapidez que es más caliente que el camino del sol, desde el amanecer hasta el ocaso".

(A partir de ciertos fragmentos de texto, todos fechados el 21 de julio de 1881)

Además, Nuestro Señor Jesucristo advirtió:

Se exigirá la supresión del toque de campanas y de los funerales religiosos... Borrarán todo recuerdo de la primera religión e

instruirán en una religión impía.

(Nuestro Señor Jesucristo, 6 de septiembre de 1880)

Según el libro **The Breton Stigmatist**, p. 39, Nuestro Señor reveló el 3 de junio de 1880 otras "innovaciones" que inventará Satanás:

Él (Satanás) **se dirigirá a los sacerdotes:**
'Te vestirás con un gran manto rojo... Nosotros (los demonios) os daremos un trozo de pan y unas gotas de agua. Podréis hacer todo lo que hacíais cuando erais de Cristo...'
'Pero', dice Nuestro Señor, **'no añaden Consagración y Comunión', y el Infierno añade:** '
Os permitiremos decirlo en todas las casas e incluso bajo el firmamento'.

(Nuestro Señor Jesucristo, 3 de junio de 1880).

El 9 de junio de 1881, Nuestro Señor le dijo a Marie-Julie:

Los veo abrazar la religión con un corazón alegre, sin pensar en Mí, ni en la Iglesia, ni en su bautismo ni en todo lo que es bueno para el alma cristiana... Manifestando estos signos a Mi pueblo, quiero hacer volver a Mi pueblo antes del castigo, porque lo amo. Veo aparecer con avidez esta (religión) culpable, sacrílega, infame y semejante a la de Mahoma. Veo entrar a los obispos.
Veo a estos Obispos, muchos, tantos, y, en su seguimiento, a todo su rebaño, y sin dudarlo se precipitan a la condenación y al infierno... Mi Corazón está herido de muerte, como en el momento de Mi Pasión... Voy a convertirme en objeto de horror para la mayor parte de Mi pueblo. Toda la juventud se estropeará y pronto caerá en

la putrefacción, cuyo olor será insoportable.

(Nuestro Señor Jesucristo, 9 de junio de 1881).

La Santísima Virgen María declaró en mayo de 1904:

No se detendrán en este camino odioso y sacrílego. Irán más allá para comprometer todo de una vez y de un solo golpe: la Santa Iglesia, el clero y la fe de mis hijos...

(La Santísima Virgen María, 10 de mayo de 1904)

Anunció además **la dispersión de los pastores** (obispos) por la propia

Iglesia, verdaderos pastores que serán sustituidos por otros formados por el infierno, iniciados en todos los vicios, en todas las iniquidades, pérfidos (hombres), que cubrirán las almas de inmundicia (tristemente, esto ya se puede ver en China) ... Nuevos predicadores de nuevos sacramentos, nuevos templos, nuevos bautismos, nuevas cofradías... Nuestro Señor Jesucristo nos advirtió:

Les doy una advertencia incluso hoy. Los discípulos que no son de Mi Santo Evangelio están ahora envueltos en un gran trabajo de la mente para formar una segunda misa, una especie de copia, cuando harán a su idea y bajo la influencia del enemigo de las almas una misa que contiene palabras odiosas a Mis ojos. Cuando llegue la hora fatal, en la que pondrán a prueba la Fe de Mi eterno sacerdocio, son estas hojas las que darán a celebrar en este último período.

El primer período, es el de Mi sacerdocio que existe desde Mí. El segundo, es el período de la persecución cuando los enemigos de la Fe y de la Santa Religión han formulado —y se imponen con fuerza— estas hojas como el libro de la segunda celebración, estos espíritus infames son los que Me crucificaron y que esperan el reinado del nuevo Mesías para ser felices.

Muchos de mis santos sacerdotes rechazarán este libro sellado con las palabras del abismo. Desafortunadamente, (ellos) serán la excepción a la regla, porque este libro será usado.

(Nuestro Señor Jesucristo, 27 de noviembre de 1901 o 1902 o 10 de mayo de 1904 – poco claro)

En casi toda Francia el país se levantará contra la Iglesia. Difundirán, sin descanso, artículos abominables sobre la Fe y sobre la Iglesia, que el mundo, sin el infierno, nunca habría podido inventar por sí mismo: los vergonzosos enemigos del Dios-Salvador que se reúnen en las Logias (¿Masones?) **y las llenan. El momento se acerca. Se levantarán llenos de esperanza para arrojar barro y escándalo sobre los apóstoles de Dios y sobre su Iglesia. Es por ellos que la juventud se olvida de su Creador y Redentor. Este momento hace que uno se estremezca al pensar en aquellos cristianos cuya fe será inquebrantable.**

(El Espíritu Santo, 12 de febrero de 1875).

Nuestro Señor Jesucristo:

Ay del sacerdote que no reflexione sobre la enorme responsabilidad que tendrá de rendirme cuentas. Y los pastores de la Iglesia (los obispos) **¿qué harán por la fe? El gran número está dispuesto a renunciar a su fe para salvar sus cuerpos... El sufrimiento que causan**

nunca será reparado.

En poco tiempo los pastores de la Iglesia habrán difundido grandes escándalos por todas partes y habrán dado la última estocada a la Iglesia.

(1881) (del libro *The Breton Stigmatist*)

Esto, lamentablemente, no es más que una profecía que se está cumpliendo... De hecho, los escándalos del clero se han extendido, en estas últimas décadas, por todo el mundo, no sólo con innumerables casos de corrupción, lavado de dinero, actividades financieras ilegales, sino de pedofilia y abusos homosexuales, y con los "más altos cargos" de la Iglesia ignorando con demasiada frecuencia estos espantosos crímenes, o tratando de encubrirlos y ocultarlos mediante acuerdos financieros multimillonarios.

Demasiados cardenales, obispos y sacerdotes han provocado algunos de los escándalos más morbosos de la Historia de la Iglesia, destruyendo en muchas ocasiones la credibilidad de la propia Fe. Este es otro ejemplo innegable de la total relevancia de los mensajes proféticos de Marie-Julie Jahenny para nuestro tiempo... No obstante, Marie-Julie rogó a Nuestro Señor que no enviara castigos a la Iglesia ni al mundo, pero Él le respondió el 20 de octubre de 1903:

"Hija mía, los pecadores son muy numerosos y muy culpables. Han abusado de Mis gracias, sobre todo los que tienen Mi Cuerpo Adorable a su disposición por su condición, y por su profanación. No, ya no puedo perdonar... Hay que hacer justicia. Pronto necesitarás toda tu fe".

(Nuestro Señor Jesucristo, 20 de octubre de 1903).

Mensaje de la Santísima Virgen María, agosto de 1881:

Hijos míos, en esta época desafortunada, ya no se guardan los días de abstinencia. ¡Mis hijos trabajan los domingos! (transgresión contra el día de descanso) ... **¡Pronto no verán más que unos pocos cristianos asistir a los servicios! Los confesionarios estarán vacíos... Hijos míos, es la blasfemia la que trae el infierno a la tierra. Estoy apenado por el clero. Veo que, en una gran cantidad, y más de sacerdotes, la mente** (o el espíritu) **se debilita cada día. Muchos pastores ya no están, como muchos de nuestros sacerdotes, decididos a morir en honor de su sagrado ministerio.**

(La Santísima Virgen María, 9 de agosto de 1881)

Nuestro Señor en conversación con San José:

— **Mi Padre, mis celosos apóstoles, mis sacerdotes tendrán una parte de consuelo; sin embargo, sufrirán ya que son las columnas de la Iglesia. Pero ¡ay de aquel que suba al altar con la conciencia velada! ¡Ay de aquel cuyo corazón tendrá una fibra a la derecha y la otra a la izquierda!**
— Comenté sobre su apostasía y mi Hijo dijo:
— **¡Eso es lo que más me duele! ¡Ver apostatar a aquellos en el sacerdocio, (aquellos) que estaban dedicados a Mi servicio!**
Padre mío, cuando todas estas infamias se hayan extendido por el mundo, la tierra estará en el mayor de los escándalos.

(Conversación de Nuestro Señor Jesucristo con San José, 19 de marzo de 1878)

La Santísima Virgen María:

Más que nunca el número de sacerdotes, conocidos como los verdaderos ministros de Dios, es muy pequeño... Es siempre tan pequeño... Si nombrara su extensión (completa), os estremeceríais de tristeza... Puedo decirte que hay muchos sacerdotes en Francia, y fuera de Francia, que (no tendrán) vergüenza de violar —en los días del terror— los secretos del confesionario, lesionando la Fe, profanando la Iglesia. Revelaré que un sacerdote puede hacer mil veces más mal que un hombre en el mundo... En este momento, hay quienes trabajan bajo el velo esperando a dejar sus vestiduras sacerdotales para arrojar mejor el horror y la abominación entre el pueblo.

(La Santísima Virgen María, 19 de septiembre de 1881).

Durante un período de tiempo, todas las obras aprobadas por la Iglesia infalible dejarán de existir tal como son hoy. En esta dolorosa aniquilación, se manifestarán en la tierra signos llamativos. Si a causa de la maldad de los hombres la Santa Iglesia estará en tinieblas, el Señor enviará también tinieblas que detendrán a los malvados en su búsqueda de la maldad...

(La Santísima Virgen María a Marie-Julie Jahenny, 1 de junio de 1880).

A pesar de estos mensajes preocupantes sobre el Clero, Nuestro Señor nos advirtió que no debemos juzgar a los sacerdotes:

Respeta a los sacerdotes, ¡soy yo quien juzga!

(Fecha desconocida)

La Virgen destacó la alta dignidad del sacerdocio, que la gente dejará de respetar porque los propios sacerdotes olvidarán la grandeza de su oficio y su excelsa misión de servir a Dios y salvar almas, y todo ello bajo los auspicios de nuevas reformas eclesiásticas.

La Santísima Virgen María:

> — **Hijos míos, en estos tristes tiempos ya no se observan los días de abstinencia.**
> **Hijos míos, el trabajo durante los domingos progresa cada día.**
> **Hijos míos, son las blasfemias las que traen el infierno a la tierra.**
> **Hijos míos, mi último agravio, el que pone la espada sobre los corazones: ¡me quejo del clero! Víctimas mías, siervos míos, tengo tanta pena por el clero... Esta es para mí la mayor de las penas, porque para ellos el perdón es más difícil de obtener... ¡La vida de un sacerdote es tan elevada en gracias! ¡Los dones que poseen son tan poderosos que, si se conocieran, todos los que se ponen a sus pies les hablarían con el mismo respeto que si hablaran con mi Hijo!**

Marie-Julie Jahenny:

> — *Es cierto, buena Madre, pero la dignidad del sacerdote ya no se respeta.*
> — **Pero hija mía, muchos no saben respetarse a sí mismos; ¡palabras que desgarran el corazón del Sacerdote soberano!**
> **Hijos míos, veo que la mente se debilita cada día. El pensamiento de la época actual les dificulta la elección en cuanto al lado que preferirán elegir seguir.**
> **(...) La verdadera realeza de las almas de nuestros padres no se conoce... Con los números más grandes, la mente, la opinión (general) va en dirección a los que gobiernan este pobre país...**
> **¡Qué deshonra (habrá) antes de tiempo sobre la familia sacerdotal! Qué gran deshonra (debido a) el derrumbe de la Fe y el apego a las leyes emitidas por estos tristes hombres del Centro (París) que hacen tanto daño y que quieren transformar el hogar de mis Santos (en) un teatro, un lugar de infierno y abominación. Hijos míos, no son sólo nuestros sacerdotes; el mayor número está en ese lado (del mal) ... Hay siempre tan pocos en el otro... Si tuviera que nombrarlos, no tardaría más que un segundo en nombrarlos a todos...**

— *Oh, buena madre, ¡duele tanto cuando uno piensa en ello!*

— **Oh, hijos míos, soy consciente de ante quién hablo. Oh, si mis palabras se oyeran fuera, debilitarían a mucha gente por la debilidad del clero.**

Hijos míos, ¿creéis... podéis creer que en el Centro, en el Sur y en el Este (de Francia) **los obispos abandonarán la Iglesia sin remordimientos, pensando sólo en salvarse en los tiempos que vivimos?**

Hijos míos, en todos los nuevos obispos no hay una generación completa de fe. Hay sobre todo en su fe una debilidad contra mi Hijo... Nunca serán perdonados por ello... No niegan sus poderes, pero no admiten que mi Hijo se sirve de la tierra para hacer el bien, para asegurar la salvación y la protección de las almas. Serán castigados por su incredulidad, y el castigo está en manos de mi Hijo... El clero es bastante débil... El clero francés se volverá, en su mayor número, hacia el lado perecedero. El clero francés será castigado por su ligereza de corazón... Los castigos sin medida brillan en las Manos de mi Hijo...

Hijos míos, el clero francés es el más responsable porque es el más instruido. La religión, (en Francia), **está más difundida que en cualquier otro país. El catolicismo ha existido en Francia cuando era tan oscuro en otros; por esta razón, serán castigados más severamente. Pero el clero es malo en todas partes... ¡en todas partes, hijos míos!**

(La Santísima Virgen María con Marie-Julie Jahenny, 9 de agosto de 1881)

La Virgen no deja de recordar a Marie-Julie Jahenny la gran necesidad de rezar por los sacerdotes y por los pecadores. Creer en su Hijo no es suficiente para ganarse la salvación... En efecto, los sacerdotes, explica, creen en Jesucristo y en sus enseñanzas, pero también lo hace el diablo y nadie está más condenado que él... No basta con creer en Dios y en su Divino Hijo; los hombres, y también los sacerdotes, deben vivir su fe, combatir las propias tendencias al mal y vivir la Fe con obras y actos de conversión.

Para ello, la Santísima Virgen María pide la confesión, las comuniones frecuentes, muchas oraciones del rosario y muchos viacrucis:

Rezad mucho por la Iglesia, por los sacerdotes y por los pecadores, por los que se van a alzar en desorden y (que) **volverán a crucificar a mi Hijo. Hijos míos, haced el Vía Crucis, que, en poco tiempo, llevará muchas almas al Cielo... Recibid a menudo las santas comuniones y rezad el rosario.**

(La Santísima Virgen María, 2 de febrero de 1881)

En Roma la tormenta será la más negra. La tormenta de Roma será aún peor que la de Francia. Toda la ira de los impíos está en Roma. Toda la ira de los impíos se concentra en la Santa Sede; **sin embargo, los castigos comenzarán por París.**

(Marie-Julie Jahenny, 8 de diciembre de 1874)

En otro mensaje, se nos advierte que habrá señales en el cielo antes de que la "tormenta" se desate sobre París y Francia:

Veinticuatro horas antes del estallido de esta tormenta (que será) **siempre tan negra, Nuestro Señor dará señales en el firmamento. Sin el Sagrado Corazón, todos pereceríamos. Todos los sacerdotes que no sean buenos serán castigados.**

(Marie-Julie Jahenny, 18 de diciembre de 1874)

Todas las autoridades (de la Iglesia) *tendrán que pasar por esta Pasión en sus sedes paternas. Tendrán que huir para escapar de la persecución, de las feroces persecuciones. La Iglesia deberá ver a su Cabeza* (Papa) *bajo el odio vengativo. El templo de Dios debe ser abandonado. Al principio, los ministros del Señor podrán, a pesar de las amenazas, obedecer las leyes de su sagrado ministerio. Será por la fuerza que serán arrastrados fuera del Templo. Entonces saldrá la orden de huir rápidamente. La venganza del infierno subirá a los altares de los más infames de todos los hombres* (los poseídos). *Ellos tomarán el lugar de los verdaderos servidores del Señor.*
Todo irá en contra de la Fe y de las leyes sagradas en sus ceremonias sagradas. La ley obligará a los padres a dejarlos para pervertir a sus hijos. Estos sacrilegios durarán 44 días. Muchos cristianos sufrirán el martirio. Estos crímenes serán seguidos de cerca, (por) *la venganza del Señor.*

(Marie-Julie Jahenny, 10 de agosto de 1880)

En una aparición particular del Papa Gregorio Magno, se le dijo a Marie-Julie:

Reza por la Iglesia que está amenazada por una conspiración urdida por una horrible envidia de mentes pervertidas que se han unido para derrocarla. La tormenta es terrible, pero la Iglesia permanecerá infalible y sus muros no serán sacudidos. Pero habrá mártires… Reza por la Iglesia y pide a Dios el regreso de una familia perdida, de un pueblo corrompido, de una sociedad degradada. Todos son nuestros hermanos en el Señor. Son almas redimidas al precio de Su Sangre.

(Mensaje del Papa Gregorio Magno a Marie-Julie Jahenny, 19 de agosto de 1878).

En un texto del 19 de marzo de 1878, San José también advirtió de una gran apostasía que ocurriría en los tiempos de las profanaciones de la Iglesia... San José suplicó a su Hijo y rezó por la restauración de la Iglesia sin derramamiento de sangre, pero Nuestro Señor le respondió:

El Santo Padre sufrirá tormentos que están más allá de sus poderes. Será desechado y apartado, empujado y zarandeado, como el mar cuando se encrespa.

San José dijo entonces:

El Triunfo sólo llegará a través de víctimas y mucho derramamiento de sangre (martirios). Muchos de estos mártires serán religiosos de clausura, habrá malvados que tenderán trampas en la Iglesia y buscarán destruir a estos religiosos.

En este momento, San José reveló que aparecerán y se extenderán las plagas y se producirán los signos y avisos prometidos. Los fieles de Francia deben huir a Bretaña, que estará protegida.

Vais a ver a los que gobiernan la Iglesia dando su vida y su fuerza a los que establecerán un gobierno fatal... Cerrarán los santuarios... y se entregarán a los desórdenes del infierno…

(San Miguel Arcángel, 25 de octubre de 1881)

Un mensaje particular dado a Marie-Julie afirmaba con gravedad que la Iglesia estará varios meses sin Pontífice:

La Iglesia tendrá su sede vacante durante largos meses... (...) <u>Habrá dos antipapas sucesivos que reinarán todo este tiempo sobre la Santa Sede...</u>

(29 de septiembre de 1882)

Sin embargo, se anuncia la llegada de un tercer Papa como sucesor de los "dos antipapas":

"El tercer Papa será el más santo, pero no reinará sino tres años antes de que Dios lo llame para su recompensa". (16 de mayo de 1882).

Mientras se anuncia un santo Pontífice en Roma, se predice igualmente otro gobernante de Italia, un hombre que será un perseguidor de los cristianos:

> **El enemigo de Dios pasará por Persia (Irán) y los demás reinos, y se alzará durante un año sobre la desafortunada Sede de uno que cortará la cabeza de los apóstoles y que convertirá en mártir a quien sostenga la Iglesia y la Fe.**

Este anunciado enemigo de Dios procedente de Irán será, según nos dice Marie-Julie, un hombre de ascendencia germano-turca, y su nombre, como descubriremos más adelante a través de otra de las revelaciones de Marie-Julie Jahenny, será **Archel de la Torre (ver página: 141)** y tomará la cabeza del gobierno italiano tras la caída de un tirano anterior; sin embargo, su gobierno de un año será aún más sangriento que el de su predecesor, ya que perseguirá y masacrará a innumerables religiosos en toda Italia, pero muy especialmente en la ciudad de Nápoles...

<u>La Iglesia reformada:</u>

En **The Breton Stigmatist** encontramos el siguiente texto fechado en octubre de 1882, una revelación dada a Marie-Julie en la que se afirma que los obispos desobedientes al Santo Padre traerán la infame y blasfema "nueva" religión:

> **El corazón de la diócesis de** (Se deja espacio en blanco... lugar no revelado en las copias de los textos originales) **se rebelará y no será apaciguado. Sus gritos y palabras amenazantes harán temblar a los fuertes... En los días en que las tinieblas de la gran venganza rodearán al pueblo con luchas y conflictos, este pastor** (El Obispo de...), **como los demás no se someterá a las órdenes del Romano Pontífice.**
> **Cuando el poder de los hombres mortales —hombres sucios y corrompidos que están amenazados de una muerte terrible—, cuando este poder ordenará una religión espantosa en todo el Reino, sólo veo a un pequeño número entrar en esta religión que hará temblar al mundo entero... Desde la altura de Mi gloria, veo a los Obispos unirse, con presteza, a esta religión culpable, infame, sacrílega... A la vista de estos muchos, muchos Obispos, ¡ah! Mi Corazón se hiere de muerte, y todo el rebaño que los sigue, todo sin vacilar, se apresura a la condenación y al infierno; ¡Mi Corazón** (se) **hiere de muerte como en el momento de Mi Pasión!**
> **Otros seguirán a estos obispos franceses... Si os digo que, al fundar esta religión infame y maldita, los obispos y sacerdotes no dejarán** (esta falsa religión al oír) **la segunda llamada. Podéis estar seguros, hijos míos, de que** (estos) **obispos y sacerdotes no estarán a favor del que he destinado para levantar vuestro país. Habrá muy, muy pocos**

a favor de él... Estarán en contra del Rey... (Rey Enrique V de la Santa Cruz)

(Nuestro Señor Jesucristo, octubre de 1882)

En otro mensaje fechado en noviembre de 1882, hay una advertencia que subraya otro gran golpe sobre la Iglesia antes de los castigos. Este nuevo ataque comenzará cuando los obispos exijan separarse del Papa y creen así un nuevo cisma:

Marie-Julie Jahenny:

La multitud ruge alrededor del Vicario de Jesucristo. Una reunión de los Padres de la Iglesia formará consejos contra el Padre del universo. Se presentará (una declaración escrita), *a manos del gobernador, el Santo Padre, un pedazo de papel escrito y trabajado por manos que, muchas veces, golpearán el Cuerpo de Cristo. Este pedazo de documento escrito incluirá tres demandas:*

- 1) Que el Papa deje más libertad a la mayor parte de aquellos sobre los que gobierna con su autoridad de Pontífice. (Exigirán que se relaje su obligación de obediencia hacia él).

- 2) Ellos declararán: "Nos hemos reunido (o nos hemos unido todos) y somos de la opinión de que si la cabeza mortal de la Iglesia hace un llamamiento a su clero romano para que reforme la Fe en un grado aún más fuerte, al mismo tiempo que quieren obligarnos a declarar ante los poderes de la tierra que debe haber obediencia y sumisión a ellos, declaramos (que) queremos mantener nuestra libertad. Nos consideramos libres para no hacer nada más, a los ojos del pueblo, que lo que estamos haciendo ahora, y declaramos además que somos nosotros quienes lo haremos todo".
Un dolor amargo y agónico espera al Papa ante tanta insubordinación y desobediencia para responder a la llamada de su corazón. No será personalmente como hará la llamada, sino por escrito.

- 3) *La voz de la Llama dice que lo tercero que se escriba emocionará a los pequeños de la tierra. Vendrá del clero que aspira a una libertad más amplia: el clero de Francia, de Italia, de Bélgica y de muchas otras naciones que Dios revela. Este cisma se agravará antes de que el pueblo pueda estar seguro de la señal de la ira de Dios...*
La próxima llamada arrojará consternación en los corazones donde aún reina la Fe. (Estos obispos) quieren romper la unidad entre el Santo Padre y los sacerdotes del universo, para separarlos de la Cabeza de la

Iglesia, para que cada uno sea libre por sí mismo y sin ninguna supervisión... Se colocará (públicamente) *un cartel que sólo mencionará esta desunión y esta separación de los apóstoles de Dios con el Papa. Se invitará al pueblo a prestar su apoyo y su acuerdo a la autoridad siempre culpable* (obispos rebeldes y traidores) *de aquel tiempo.*

(Marie-Julie Jahenny, noviembre de 1882)

A pesar de los dos antipapas anunciados, a pesar de los escándalos fabricados por los Pastores de la Iglesia, de la ruptura del Clero con la Suprema Autoridad Pontificia, la Iglesia, nos asegura San José, permanecerá firme... Una vez más, mientras se escriben estas líneas (2019), se puede leer y ver en las noticias el cisma alemán, que se prepara en Alemania bajo la dirección del Cardenal Reinhard Marx (Presidente de la Comisión de la Conferencia Episcopal de la Comunidad Europea, Presidente de la Conferencia Episcopal Alemana, Coordinador del Consejo para la Economía del Vaticano)

Bajo la dirección de este cardenal renegado, la Conferencia Episcopal Alemana está organizando un sínodo nacional, que durará hasta el año 2024, para forjar las bases de una declaración de independencia del Magisterio de la Iglesia de Roma (**ver página: 569**). Tal proceder no estaría en comunión con el Magisterio de Roma... El mensaje de Marie-Julie Jahenny no está sujeto a ninguna interpretación: separarse de la Iglesia católica y apostólica romana es separarse de Cristo mismo.

<u>La corrupción de los niños, de la sociedad y de la Iglesia:</u>

La corrupción de la Iglesia y de los más inocentes, los niños, son de hecho dos de los objetivos principales del enemigo, con un tercer y más sutil objetivo: la destrucción de la Iglesia Católica Romana desde dentro... El Sagrado Corazón advierte de un tiempo que debe entenderse como una especie de señal, un punto de referencia que sería la introducción de los acontecimientos que han de seguir y llevar a cabo la profética "Justicia de Dios".

Esta piedra angular en el tiempo, se nos dice, se definiría cuando los cristianos no tendrían paz entre ellos y se enfrentarían con una división que dividiría a la Iglesia en dos grupos duros atrincherados en sus respectivas convicciones. ¿Podría ser esta una profecía de la división entre los reformistas y los conservadores que ya está plagando la Iglesia Católica Romana hoy en día, sobre todo desde la elección del Papa Francisco?

Claramente, se ha establecido una división de hecho en todo el mundo entre las diócesis y los fieles católicos. Esta línea en la arena, por así decirlo, está marcada hoy en día no sólo por lo que algunos ven como la actitud laxa del Papa Francisco hacia los LGBT, las parejas que se han vuelto a casar, el papel de las mujeres en la Iglesia, el celibato de los sacerdotes, las posiciones ecuménicas y la clara inclinación del Papa por la liturgia protestante (en particular la de los luteranos), pero, lo que es más alarmante, lo que muchos dentro de la Iglesia consideran la anémica respuesta del Papa Francisco a los abrumadores y continuos escándalos sexuales que han afectado a tantas diócesis de todo el mundo, incluido el propio Vaticano...

Sabemos por las profecías de Marie-Julie Jahenny que el Clero, la Jerarquía y el Vaticano tendrán que pasar por dos grandes crisis que llevarán a su caída antes de resurgir... Esta grave predicción fue confirmada en repetidas ocasiones y por diversos medios. En efecto, muy pocos supieron que, además de los santos estigmas que Marie-Julie Jahenny llevaba en los pies, las manos, las muñecas, la espalda, las piernas, los brazos, el costado y la coronilla, la estigmatizada bretona tenía también en el pecho los siguientes estigmas con las siguientes inscripciones:

1. *Liberación del Santo Padre*

2. *Triunfo de la Iglesia*

3. *Ven mi víctima,* † ❦ *(una pequeña cruz, una flor)...*

<u>Liberación del Santo Padre. Triunfo de la Santa Iglesia</u>

Los pecados más abominables serán cometidos sin vergüenza ni arrepentimiento... El mayor número de sacerdotes se volverá hacia el lado del mal...

(Nuestro Señor Jesucristo, 25 de octubre de 1881)

Satanás se alegra... Recorre la tierra en los cercos de sus casas donde sus discípulos viven de su doctrina, donde les revela sus secretos satánicos para perder las almas... Da sus consejos, y sus partidarios beben profundamente sus doctrinas hechas de sacrilegios y hechizos...

(La Santísima Virgen María, 5 de enero de 1904).

Cuatro meses después, la Santísima Virgen María añadió:

En este odioso camino sacrílego, no se detendrán. Llegarán a otros que, de un solo golpe, comprometerán todo al mismo tiempo: la Santa Iglesia, el Clero y la fe de mis hijos.

(La Santísima Virgen María, 10 de mayo de 1904)

Como hemos visto antes, la Virgen anunció "la dispersión de los pastores" a través de la propia Iglesia, verdaderos pastores que serán sustituidos por otros que se iniciarán en todos los vicios, en todas las pérfidas desigualdades que cubrirán las almas con una suciedad total... Habrá nuevos predicadores, nuevos sacramentos, nuevos templos, nuevos bautismos, nuevas cofradías...

Son innumerables las apariciones a Marie-Julie Jahenny sobre la horrible crisis que va a desfigurar a la Iglesia Católica. En efecto, una y otra vez se nos advierte con gran insistencia que nuestra fe necesitará ser reforzada para que los fieles sean iluminados y fortificados en el curso de un tiempo incierto y de total confusión; por ello, inscribiré a continuación algunos mensajes de importancia escogidos tácticamente y registrados originalmente por el Dr. Imbert-Gourbeyre, designado como uno de los registradores e historiadores formales de Marie-Julie:

Los escándalos pasarán ante tus ojos. Sólo reza, e invoca la Divina Misericordia. Debes estar preparado para todo. El corazón de la Iglesia no es más que una herida abierta... Sólo reclama la conversión de los pobres pecadores. Hoy el crimen es llevado a los pies de los altares... El Señor se siente ofendido por aquellos que deberían servirle.

(San Miguel Arcángel, 29 de septiembre de 1879)

Se exigirá la supresión del toque de campanas (para las Misas) y para los entierros. Borrarán todo recuerdo de la religión primera y enseñarán una impía.

(Nuestro Señor Jesucristo, 6 de septiembre de 1880)

Estas reformas de la Iglesia no serán, por tanto, inspiradas por el Espíritu Santo... El 21 de septiembre de 1881, Marie-Julie Jahenny explica al doctor Imbert-Gourbeyre:

Estando con Nuestro Señor, que dejaba escapar amargos agravios contra su pueblo, particularmente contra sus Apóstoles que ya no lo respetan, que lo ultrajan y que hacen sufrir a la Santa Iglesia, me dejó ver una profunda herida dentro de su Sagrado Corazón y me dijo:

— La Santa Iglesia está igualmente herida por un gran número de ellos que deberían consolarla, pero que en cambio la afligen. Si no quisieras aceptar por ellos tus inmensos sufrimientos, habría soltado mi brazo cargado de castigos... Tu caridad la ha soportado, pero cuando llegue el momento, los castigos no serán más ligeros; ¡me obligan a golpearlos! ¡Pierden el respeto hasta en los confesionarios! Se salen de los límites que la Iglesia les impone, y son causa de gran

parte de las ofensas que se le hacen.

¡Ay de los sacerdotes que no piensan en la inmensa responsabilidad que tendrán de rendirme cuentas! ¡Son la causa de un daño inconmensurable! Se oponen al bien que opero para despertar la Fe, para inspirar a las almas a servirme más fielmente. ¡Pronto serán terriblemente castigados!

Marie-Julie Jahenny:

> — *Estaba haciendo un esfuerzo para implorar misericordia, pero Él me dijo*:
> — **Te escucho, pero (sólo) por poco tiempo... Y los Pastores de la Iglesia, ¿qué serán en su fe? Su mayor número está dispuesto a entregar su fe para salvar sus cuerpos. La Iglesia está llorando; las penas que le causan nunca serán curadas. Dentro de muy poco tiempo, los Pastores de la Iglesia habrán difundido por todas partes escándalos, y habrán dado el último golpe con la lanza a la Santa Iglesia... Que todo esto se sepa para que la Iglesia conozca cuánto sufro en las personas de Mis sacerdotes, y para que tengan compasión de Mis dolores. Me llevan en sus corazones durante estas grandes y terribles faltas.**

En octubre de 1881, Nuestro Señor le dijo a Marie-Julie:

Anuncio un terrible castigo para aquellos a los que vestí con un carácter sagrado y llené de gracias. Está determinado. Los espero. Ellos persiguen a mi Iglesia. Son muy culpables; no todos, pero sí muchos. La mayor parte no está en el lado real (el lado del rey Enrique V de la Santa Cruz).

Marie-Julie Jahenny:

> — *Jesús mío, no lo hacen a propósito. Creen que lo están haciendo bien.*

Nuestro Señor Jesucristo:

> — **Conozco bien sus planes. Conozco sus pensamientos. Veo que la debilidad se apodera de mi sacerdote hasta un punto espantoso. Los veo ir del lado de los que plantarán sobre este pobre país el estandarte cuyo color es el de la sangre, el del terror** (bandera roja - ¿bandera comunista?) **... Serán escandalizados, algunos meses después, por muchos libros. La religión será señalada, atacada, y en el lugar de esta bella religión habrá escritos infames. Será el Cisma entrado en Francia. Todo quedará (afectado) por ello, y su**

mal olor y sus abominaciones se extenderán por todas partes...

(Coloquio de Marie-Julie con Nuestro Señor Jesucristo, 25 de octubre de 1881)

Anuncio de una próxima aparición de la Virgen María en Francia:

En la tierra de Amiens (Francia), la Madre de Dios está a punto de poner en marcha su visita con el Niño Jesús en sus brazos maternos, y advertir al pueblo, en conjunto como en todas partes. Habrá una señal en el cielo... La voz de un niño pequeño anunciará con Permiso Divino, las terribles penas que esperan al país; las anunciará muy poco tiempo antes de que ocurran... Este niño hablará durante unos 27 minutos, con lágrimas en su voz que afectarán incluso a las hojas de la hierba. Este anuncio, terrible para Francia, será universal.

(16 de noviembre de 1882).

<u>Profecías de catástrofes naturales, curiosas manchas en el sol y señales en el cielo:</u>

En octubre de 1929, la Virgen se apareció a Marie-Julie Jahenny:

Recibirás el aviso precisamente por la aparición de manchas en el sol... He dicho antes... Verás el firmamento rayado con bandas. Habrá una banda blanca que contendrá la protección de nuestros derechos (fieles). Habrá una roja que envolverá el castigo de los desdichados que insulten a su Creador. Habrá una negra donde lucharán bajo Satanás en su ejército. (Esta última) será más amplia, porque Satanás tiene más almas para servirle que mi Divino Hijo para consolar su Corazón y secar sus lágrimas.

(La Santísima Virgen María, 4 de octubre de 1929).

A Marie-Julie también se le mostraron "lluvias grotescas". En una visión vio una lluvia de "sangre" roja pestilente que se coagulaba, seguida de un fenómeno de "quema" que duraría semanas. En otra visión, Marie-Julie vio un arco iris "negro y azul" que derramaba una "lluvia de sangre", seguida de una señal milagrosa de la Santa Cruz (en el cielo) …

"Hijos míos, de esta nube saldrá una lluvia tan extraordinaria, que el mundo no ha visto aún una igual, y no verá otra hasta el fin de los tiempos. Será una lluvia roja que permanecerá coagulada sobre la tierra durante siete semanas... La propia tierra será coagulada por esta lluvia que desprenderá un aliento venenoso, un olor que nadie

podrá soportar. Mi pueblo permanecerá encerrado durante siete semanas. Será difícil salir, ya que el mundo estará atemorizado. Así se anuncia la primera tormenta, que llegará realmente pronto. Después de esta tormenta, haré emerger de la tierra una horrible

quemadura... Los cristianos no soportarán ni el olor ni el calor. Hijos míos, no abran sus puertas, ni sus ventanas".

(9 de marzo de 1878).

Veo en mi sol, un arco iris negro y azul. De este arco iris llueve cuando se cometen los intentos de asesinato y los crímenes; llueve una lluvia roja. En los tejados de las casas, (la lluvia) *se queda pegada como la pintura; cuando está en el suelo, no se puede beber. Cae con una velocidad espantosa. En esta lluvia, se producirá un signo de miedo: una cruz formada en la lluvia que lleva la huella de Cristo. Produce signos de terror que no se borrarán. Los gritos de los justos son aterradores. En esta lluvia perecerán todos los que están abiertos a la impiedad, serán golpeados por el terror. Después de tres días, la lluvia del arco iris se extenderá visiblemente por todo el universo.*

(Marie-Julie Jahenny, 8 de abril de 1880).

En otra visión sobre los Días de las Tinieblas, el Espíritu Santo advirtió de otra lluvia sucia. Es posible que estas lluvias estén relacionadas. Es difícil decirlo a partir de los textos originales:

La tierra temblará desde este lugar hasta el amanecer durante un período de seis días. Un día de descanso y (en) el octavo día, el temblor comenzará de nuevo. Francia e Inglaterra responderán con sus gritos de desesperación. La tierra temblará tan fuerte que la gente saldrá despedida hasta 300 escalones... Los truenos sonarán con más violencia que en los meses que preceden al fin del mundo, con un ruido extraño.

(Mensaje del Espíritu Santo a Marie-Julie Jahenny, 8 de marzo de 1881).

Nuestro Señor reveló a Marie-Julie Jahenny que las revelaciones fueron dadas a Santa Catalina Labouré (vidente de las apariciones de la Santísima Virgen María en 1830 en la Capilla del Convento de las Hermanas de la Caridad, rue du Bac, París - la Medalla Milagrosa) acerca de estos signos-ejemplares. Estas profecías, sin embargo, fueron escondidas para tiempos futuros, pero serán descubiertas en un monasterio:

Este día (de advertencia) **está anotado en cinco rollos bien cerrados** (por) **la hermana de Saint Pierre Tours. Este rollo permanece** (escondido) **en secreto, hasta el día en que una persona de Dios lleve su mano predestinada sobre lo que el mundo ha ignorado a los habitantes de ese monasterio...**

(Fecha desconocida).

En varias ocasiones, Nuestro Señor Jesucristo y la Santísima Virgen María se aparecieron a Marie-Julie, acusando a los obispos y sacerdotes locales de La Salette de haber ocultado el mensaje del Cielo dado en la montaña de los Alpes franceses, cuando nadie sabía aún del hecho escandaloso. La noticia de esta aparición no se difundió tanto como debería. Nuestro Señor Jesucristo y la Santísima Virgen María reprocharon al clero francés su omisión voluntaria de hacerse eco de la amonestación del Cielo al pueblo de Francia, y a través de él a los pueblos del mundo. Los fieles no fueron debidamente advertidos de los castigos que se avecinaban en la tierra, ni de los males que pronto sobrevendrían a la Humanidad si los hombres no se convertían y se arrepentían.

En agosto de 1904, la Santísima Virgen María recordó a Marie-Julie Jahenny su mensaje dado años antes en La Salette:

(...) Finalmente, he sufrido verdaderamente cuando los santos pastores-sacerdotes quisieron que las últimas líneas de mis secretos, sobre los montes de los dolores, fueran conocidas por todo mi pueblo, (pero) **otros pastores se rebelaron** (contra esa idea) **...**
Tuve la dolorosa pena de ver puestas bajo sello estas últimas páginas que deberían haber sido entregadas al mundo... Es porque se trata de una gran cantidad de pastores y del sacerdocio que se han rebelado (contra mis instrucciones)**, y que han doblado las últimas páginas de este secreto divino... ¿Cómo pueden esperar que el castigo no caiga sobre la tierra?**
¡Llegan hasta envolver mis últimas palabras en el monte sagrado y hacerlas desaparecer! (Llegan hasta) **hacer sufrir a los que se consagraron por esta santa causa con la alegría de glorificarme en esta solemne predicción. Es porque estas últimas líneas se refieren al sacerdocio, y fue porque fui yo quien las pronunció, quien las reveló, que el orgullo fue mortificado.**
Muestro cómo sirven a mi Hijo en las santas Órdenes, y cómo viven en todo momento en su sacerdocio. ¿Cómo puedes esperar que el Cielo los bendiga? No hablo de todos los pastores, de todo el sacerdocio, pero el número que eximo es verdaderamente pequeño.
Dejan que todas las almas se pregunten (a ciegas) **en el más absoluto vacío. Cuidan de su salvación de una manera muy reducida. Les gusta**

el descanso, la buena comida y la buena vida... Mis queridos sacerdotes víctimas; los verdaderos son realmente pocos...

Ellos (los corruptos) **aman al Santo Tribunal con indiferencia. Suben al Altar porque se ven obligados a realizar este acto, pero pronto veréis su alegría por no tener que hacerlo más; veréis su felicidad por ser descargados de almas y de su perdón. ¡Qué palabras tan vanas! ¡Qué conversaciones tan desagradables para el Cielo!**

¿Qué serán (los sacerdotes) **en el gran día? ¡Qué serán en esos días horribles e inolvidables! No repito la parte mala que ustedes conocen de mis secretos dados en la montaña santa.**

(La Santísima Virgen María, 4 de agosto de 1904)

Recé, lloré, sufrí. Bajé a la tierra para advertirles. Les prometí la salvación si hacían penitencia.

Anuncié al clero perdiciones fatales. Hice que recibieran mis advertencias si se debilitaba en la tormenta y la tempestad. Clamé sobre Francia. Trazo allí el Vía Crucis, abrí fuentes para limpiar a los enfermos (Lourdes). **Consolé a mi pueblo prometiéndole mantenerlo a salvo. Esto no ha tocado al culpable. Él permaneció en el crimen. Su castigo está cerca.**

(La Santísima Virgen María, 29 de noviembre de 1877)

Todavía tengo en mis ojos el rastro de mis lágrimas que derramé en esos días en los que quise llevar a mis hijos la buena noticia si se convertían, y la triste noticia si persistían en sus desvaríos. Ellos hacían poco caso a lo que yo les revelaba...

Hijos míos, cuando recuerdo el día en que, en el monte santo, traje a la tierra mis advertencias... cuando recuerdo la dureza con la que recibieron mis palabras, no todas, sino muchas; y (cuando recuerdo) **que quienes deberían haberlas difundido en el corazón de mis hijos con inmensa confianza y profundo discernimiento, no me han escuchado** (a mí). **Los han despreciado y, en su mayor parte, se han negado a confiar en ellos... Pues bien, os aseguro que todas estas promesas, estos secretos íntimos, tendrán lugar. Deben tener lugar visiblemente.**

Cuando veo lo que sucederá en la tierra, todavía derramo lágrimas... Cuando la tierra haya sido purificada por los castigos de sus crímenes y de todos los vicios de los que está revestida, volverán los días hermosos con el salvador elegido por nosotros y desconocido hasta ahora por nuestros hijos.

(La Santísima Virgen María, 29 de septiembre de 1901)

No obstante, a Marie-Julie se le comunicó que la Virgen volverá a aparecer en las inmediaciones de este antiguo lugar de apariciones (La Salette - Fallavaux) para advertir al pueblo de Francia por segunda vez que, como antes, los mayores castigos caerán sobre Francia.

La Madre de Dios, movida por el amor de su corazón, bajará a la tierra, apareciéndose a su pueblo de manera inconmensurable. Renovará su descenso del Cielo a la tierra en las montañas circundantes de La Salette. Aparecerá, suspendida en una nube blanca, rodeada de una guirnalda de rosas, para decir: **La tierra será una tumba, desde Alsacia-Lorena que no se cuenta, hasta** la frontera con **Bretaña (ver página 520).**

A Marie-Julie también se le dijo que la Virgen se iba a aparecer en el norte de Francia, para hacer otra advertencia a "una docena de videntes":

En el norte de Francia, vendrá con signos de luto, y dará sólo tres palabras que serán escuchadas por una docena de almas:

— **Toda la tierra** (o, tierra)**, excepto Bretaña, será sólo una tumba sin vida.**
— **La Iglesia sufrirá tales persecuciones que el mismo infierno nunca las había inventado más crueles.**
— **El Centro** (París) **se convertirá en una tierra empapada de sangre. El último que se hunda será aquel de los hombres que el Cielo haya maldecido por sus crímenes.**

En septiembre de 1901, la Virgen se apareció de nuevo durante el aniversario de su aparición en La Salette y el 29 del mismo mes y afirmó, en ambos mensajes (para no confundir una aparición y un mensaje con el otro), casi palabra por palabra con profunda tristeza que las advertencias que hizo en su santa montaña no fueron escuchadas, y los males predichos entonces estaban ahora a punto de producirse:

Mis ojos todavía tienen un rastro de las lágrimas que derramé aquel día cuando quise llevar a mis hijos la Buena Noticia si se convertían, pero una triste noticia si seguían con sus desvaríos. Poco caso hacen de lo que les revelé... Ahora es cuando se cumplirán estas grandes promesas (y) que las autoridades de la Iglesia han despreciado... ¡No querían la luz!
He sufrido mucho por todo esto. El dolor oprime mi corazón en este momento... La espada más dolorosa en este momento es ver los preparativos que se han hecho y que se están haciendo... (Qué doloroso) **es ver a los pastores desprenderse del Sagrado Vínculo que dirige y gobierna la Santa Iglesia... Hijos míos, recuerdo el día en que**

llevé mis advertencias a la Santa Montaña (La Salette), al mundo amenazado.

Recuerdo la dura acogida de mis palabras, no por todos, pero sí por muchos; y aquellos que deberían haberlas dado a conocer a las almas, a los corazones y a los espíritus de los niños con gran confianza, con profunda penetración: ¡no les hicieron caso! Las despreciaron y la mayoría les negó su confianza...

Mi Divino Hijo, que todo lo ve en el fondo de las conciencias, que vio el desprecio de mis promesas, dispuso en el Cielo una medida de severidad para todos aquellos que se negaron a dar a conocer mi palabra a mis hijos como una luz brillante, verdadera y justa. Cuando veo lo que le espera a la tierra, mis lágrimas fluyen de nuevo... Los falsos apóstoles bajo la apariencia de palabras melosas y falsas promesas y dicen mentiras solicitando a mis queridos hijos que salven sus vidas de la tormenta y del peligro de la sangre... Les aseguro que huyan de la misma sombra de estos hombres que no son otra cosa que los enemigos de mi Divino Hijo.

Vuelvo a referirme a este inmenso dolor: Veo a algunos pastores al frente de la Santa Iglesia... (breve pausa mientras la Santísima Virgen María se estremece...) ... cuando veo este ultraje irreparable, cuyo ejemplo mortal será un desastre para mi querido pueblo, cuando veo que se rompe este vínculo... mi dolor es inmenso, y el Cielo se irrita mucho... Reza por aquellos pastores cuya debilidad causará la pérdida de multitud de almas (última frase repetida tres veces).

Cuando veo que los enemigos presentan sus promesas... a muchos de los que son sacerdotes de mi Divino Hijo; cuando veo que esas almas se dejan descender al fondo del abismo, os digo esto: Me sorprende, como Madre de Dios Todopoderoso, que mi Hijo no abra inmediatamente los Cielos para derramar los golpes de su cólera sobre sus enemigos que le insultan y ultrajan...

(La Santísima Virgen María, 19 de septiembre de 1901)

Francia y Europa antes de una guerra por venir, y los castigos al mundo

Francia está en vísperas de sus penas y de su alegría: las penas para los pecadores y la alegría para los justos (...) Antes de que la paz florezca de nuevo sobre la tierra, una gran penitencia debe doblegar la Ira Divina. Es el propio Señor quien ejerce su Cólera. Sólo depende de Él si castiga o no, pero mientras castiga, purificará la tierra y a Su pueblo. No perdonará nada. Él

cultivará la tierra para una nueva cosecha.

(San Miguel Arcángel, 25 de mayo de 1877)

Marie-Julie Jahenny explicó:

Sobre un fondo de confusión y desorden, se establecerán (varias) épocas (eras) que serán como "grados de progresión"... Será, primero, como una tormenta atronadora que aumentará en gran densidad, terminando con un gran golpe que traerá la paz.

— **La primera época será la extensión del mal sobre la hija mayor de la Iglesia: Francia.**
— **La segunda época será la invasión de la Iglesia y el comienzo de una terrible lucha en la Ciudad Eterna** (Roma). **Esta lucha en la Ciudad Eterna durará 5 meses hasta que finalmente se produzcan tristes y graves consecuencias de muerte.**

(Nuestro Señor, 4 de mayo de 1882)

Marie-Julie reveló que, en esos tiempos que preceden a una guerra en Europa, el Señor reservó tres meses de castigos "fatales y terribles" para Francia... Sin embargo, Él acortará mucho dicho período (debido a las respuestas, oraciones, penitencias y ayunos de sus fieles).

"La próxima crisis", añadió Marie-Julie Jahenny, *"comenzará con el inicio revolucionario en Francia que durará cuatro semanas, pero su extensión por dentro del país será inmensa... En efecto, el número de los llamados "Asesinos del Pueblo" será... de una inmensidad inconcebible".*

"Durante esta hora, los extranjeros, poseídos por un sentimiento de violencia que ya no puede contenerse, serán los amos en Francia (...) Durante esta primera lucha, en toda la superficie del país de Francia, ya no habrá criminales encarcelados..."

(9 de mayo de 1882).

"Cuando se acerque la hora de purificar la Tierra, cuando las mentes (se) rebelen unas contra otras, cuando no haya paz ni justicia entre Mis cristianos —no en el mundo sino entre Mis cristianos— la hora de Mi justicia estará cerca. Purificaré la tierra de todas aquellas almas impuras e injustas que Me insultan y ultrajan. Derribaré sus cuerpos con un rasgo de Mi Justicia que será tan súbito, tan rápido,

que será tan veloz como un rayo… (…) Nunca ha sucedido un castigo como éste, un castigo que ya está cerca, muy cerca.
Nunca el mundo ha sido tan corrupto, engañoso, codicioso, ambicioso y malvado (como lo es ahora). (…) **No quiero que sondees la profundidad de estos infames crímenes. Si conocieras las infames correspondencias que están bajo la influencia de Satanás… Venden mi Santa Iglesia; venden en secreto la cabeza del sacerdote; venden en secreto la pobre tierra que someten a un castigo horrible.**
No ha visto, no ha entendido, y hoy hace un comercio infernal como el mundo no ha visto nunca… Todo se entrega, todo se vende, y cada día se urden complots. El hambre de devorar carne humana, la sed de sangre humana hace que todos sus cuerpos hiervan de inquietud, y (se consuman) **con el deseo de alcanzar su objetivo lo antes posible. Todo esto ocurre en la sala del infierno** (Cámara de Diputados, París Francia)**, bajo la presidencia de almas vendidas al espíritu del mal".**

(Nuestro Señor Jesucristo, 12 November 1924).

San Miguel:

La hora de Dios no está lejos. Este profundo terror (traerá) **el triunfo de una Nueva Francia. Pero este triunfo no puede llegar antes** (si) **la Justicia no es** (ejecutada) **sobre esta tierra podrida. No esperes nada de aquel que reina como rey y que, hoy, se sienta en la misma silla que los demás, una silla que no lleva la marca de un poder especial ni mucho más grande** (el Presidente de la República Francesa)**. Su mente coincide con el pensamiento de los demás, su palabra con la de ellos, su voluntad con la de ellos. Su poder y su autoridad no son más que los de aquel que es el último.**
No esperes nada de este lado: no merece más respeto que todos los demás. En la tormenta, su voz gritará tan fuerte como la de los demás, contra todo lo que Dios ha establecido. No hay fuerza en él; lo conducen, lo han dirigido. Este es el retrato de este hombre; es una columna de barro (Presidente de la República Francesa) **… Lamentadlo, pero no le deis mucha importancia.**
Marie-Julie: — *No voy a pensar en ello, buen San Miguel.*
St. Michael: — **Para restituir al Rey elegido y destinado por Dios, es necesario que todos los presentes sean barridos...**

(San Miguel se le apareció a Marie-Julie el 29 de septiembre de 1879)

"Pueblo mío, las leyes lograrán su designio, y Francia, antes de 2 años (¿dos años después de la adopción de dichas leyes?) **(…) Francia se convertirá casi enteramente en "mahometana" y sin religión (…) Es**

durante este período de tiempo agitado que se promulgarán leyes vergonzosas destinadas, entre otras cosas, a establecer un control del poder sobre la religión, sometiendo al clero al poder revolucionario, persiguiendo así toda oposición, cortando todo vínculo jerárquico con Roma.
Algunos revolucionarios instalarán un centro de poder totalitario con un régimen de justicia expeditivo destinado a someter a los militantes de la oposición a vigilancia (y) **denuncias...**
Las cosechas insuficientes y las calamidades (naturales), **como las lluvias torrenciales, provocarán grandes retrasos en la agricultura, y serán signos premonitorios de esta revolución que se avecina..."**

(Nuestro Señor Jesucristo, 13 de abril de 1882).

"El partido (político) **fuerte será el de la victoria del mal... El pequeño número caerá bajo el estruendo de estas voces que piden la sangre y la carne de los cuerpos, para "estirar sus instrumentos", como dicen... Los jueces cristianos serán reemplazados. En todos los lugares de Francia, el pueblo tendrá que someterse a los vigilantes o sufrir el envío a la cárcel y terminar la vida bajo las armas blancas** (¿hacha? ¿guillotina?).
En muchos lugares, se invocará públicamente a Satanás... Los tradicionales guardianes de la paz (nombre de la Policía francesa) **ya no podrán circular por las ciudades... Será la señal para el pillaje** (y) **de una terrible guerra civil... Muchas personas que no tienen trabajo no hacen más que esperar la señal. La Iglesia se verá privada de su Cabeza, y las campanas ya no sonarán...** (...) **Ya no será posible devolver a estos extranjeros porque mezclarán el polvo de sus reinos con la tierra de Francia. ¡Tendrán la orgullosa ambición de arrancar los restos de los tesoros, el honor y la dignidad de Francia!**
(...) **El día 8, los impíos, los profanadores, las conciencias sin remordimientos** (planearán) **uno de los complots más oscuros que Francia pueda imaginar sin el aliento del alma infernal... De este proyecto infernal saldrán todos los mimbres y encenderán el espíritu de la revuelta, y atraerán los terribles castigos. Hace mucho tiempo que los usurpadores han escondido un fuego violeta, pequeño por delante bajo los muros de la gran ciudad de París. En cuanto el pequeño soplo de aire llegue a estos destellos violetas, se convertirán en braseros ardientes que devorarán los hogares y matarán a muchos habitantes** (de la ciudad). **Sabed que estos hombres sin fe, que sólo desean el desorden y la muerte, utilizan la pólvora del carbón sacado del infierno..."**

(Jesucristo, 1 de junio de 1877).

> "Cuando el gobierno (francés) vea que se producen estas agitaciones y la revuelta, hará como un pájaro y volará, y Francia se verá libre para proseguir su revolución. El primer levantamiento de la revuelta civil tendrá lugar en París, y este trono de mala calaña (¿el Palacio del Elíseo?) se derrumbará como la propia ciudad, y sus víctimas perecerán entre sus muros. A menudo, las llamas y el fuego se han manifestado en esta ciudad criminal, pero esta vez... será un granizo sulfurado que sofocará a todos los culpables...
> Allí violarán los Tabernáculos. Allí el sacerdote de las iglesias será perseguido con gran rabia. Muchos no saldrán nunca. Recibiré la sangre de los mártires para ayudar a los verdaderos franceses a obtener la victoria. Allí las llamas devorarán las iglesias, y las estatuas de la Santísima Virgen María serán partidas y arrojadas al fuego...
> Francia no recibirá ningún apoyo. Estará sola, ¿y por qué? Porque no tiene Rey.

(27 de abril de 1877)

Aquí, naturalmente, el escenario descrito en los mensajes anteriores subraya el hecho de que Francia será subyugada por los "mahometanos" y los izquierdistas, y será tomada por revueltas en todo el país que se transformarán rápidamente en una guerra civil. El palacio presidencial (el Elíseo) en París será quemado hasta los cimientos y todos los que estén dentro serán asesinados. El gobierno francés huirá y buscará refugio en el extranjero. La Iglesia Católica será perseguida. Las iglesias de París serán saqueadas, quemadas y devastadas. Los sacerdotes serán expulsados, golpeados y/o asesinados. Nuevas leyes horribles serán aprobadas por un nuevo gobierno impuesto (¿Socio-comunista?).

La Francia de antaño será irreconocible... Francia no recibirá el apoyo de sus aliados simplemente porque Francia ya no tendrá ningún gobierno legítimo... Esto abre la puerta a otra posible conclusión. En efecto, aunque una guerra en Europa, como veremos en las próximas páginas, se anuncia claramente tras una guerra civil en Francia, no significa que este conflicto militar anunciado vaya a ser una guerra mundial. Ciertamente puede tener el potencial de convertirse en una, pero las revelaciones recibidas por Marie-Julie Jahenny no afirman con claridad que vaya a ser así...

La vidente Conchita González —del caso de las apariciones marianas de Garabandal, caso de apariciones españolas que aún está siendo investigado por el Obispo local de Santander (apoyado y confirmado por el Santo Padre Pío - ver Capítulo VII— explicó que, en 1962, cuando se temía una tercera guerra mundial en Francia y en Europa occidental (debido a la explosiva crisis cubana), la Santísima Virgen María informó a Conchita que no habrá una tercera guerra mundial.

Sea como fuere, ¿esta afirmación se refería a la crisis de la época o la

Santísima Virgen María afirmó que nunca habría una tercera guerra mundial? La guerra civil en Yugoslavia en los años 90, los conflictos militares en Georgia, las tensiones entre China, Taiwán y Estados Unidos en el Pacífico, la guerra civil en Ucrania, el mantenimiento de la península de Crimea bajo posesión rusa, la victoria de los talibanes en Afganistán y las continuas tensiones militares e "incidentes" entre Rusia y Turquía en Siria han demostrado que un conflicto del Tercer Mundo es todavía muy posible.

Sin embargo, una cosa sigue siendo absolutamente cierta: no importan todos los esfuerzos invertidos en tratar de descifrar las profecías o descubrir los secretos del futuro, el destino del mañana está y seguirá estando en manos de Dios, y sólo en el juicio de Dios.

Marie Julie:

> *Los militares* (franceses) *serán enviados fuera de Francia a los países orientales y árabes, y las fuerzas policiales serán reducidas a números críticos en Francia. Es durante estos períodos de problemas que se establecerán leyes infames que tendrán por objetivo, entre otras cosas, controlar la religión, y hacer que la Iglesia se someta al poder revolucionario mientras se persigue toda oposición y se corta todo vínculo jerárquico con Roma* (el Vaticano).
> *Los revolucionarios establecerán un poder autoritario con un sistema expeditivo de justicia contra su oposición, aplicando una férrea vigilancia, un sistema de denuncias, etcétera.*

A mediados-finales de 2020 pudimos ver al ejército, la marina y la aviación franceses presentes en Mali, Siria, Irak, Jordania, Emiratos Árabes Unidos, Líbano, Afganistán, en el Golfo Pérsico, y en países de África central como Gabón, Costa de Marfil, Camerún, Chad, República Centroafricana, Senegal y Níger. En cada uno de estos países, Francia ha iniciado una misión de gran envergadura que consiste en la erradicación de una fuerza del ISIS muy eficiente y a la vez escurridiza, que se ha internacionalizado en su acción y en sus fuerzas armadas, pero que, hasta la fecha, se ha reducido a operaciones de comando-gorila debido a la falta de apoyo logístico y militar de un país importante.

Marie-Julie Jahenny afirmó que Francia se vería cada vez más implicada en conflictos terrestres en el extranjero, lo que dejaría a la patria francesa sin preparación para una agitación civil interna que con el tiempo se volvería... incontrolable... La llegada de un gobierno particular vería a la capital francesa ser la primera víctima de una lenta y sutil toma de posesión de los bienes católicos por el "supuesto" bien nacional del país.

¿Podría esto significar que un partido francés patriota de derecha sea elegido (el **Rassemblement National** encabezado por Marine Le Pen o **Reconquête** por Eric Zemmour), y en consecuencia llevar a una fuerza de protesta islamo-comunista en el país?, ya que sólo un escenario así en Francia llevaría a la extrema izquierda a iniciar en Francia tales disturbios civiles contra las instituciones nacionales y contra la Iglesia católica en Francia.

Marie-Julie añadió además que el "Templo" dedicado al Sagrado Corazón en París será requisado por un gobierno malvado formado por conspiradores (predicción relativa a la Basílica del Sagrado Corazón en París). El Espíritu Santo advirtió además a Marie-Julie Jahenny que:

> "¡(...) **el pueblo del Centro** (París) **se apresuró a consagrarse al Sagrado Corazón elevado sobre esta tierra! Este templo, que escuchó tantas oraciones se transformará en una sala de juntas,** (o, sala de consejo). **Aquí es donde los enemigos, en parte, decidirán, por fin, lanzar el anuncio del terror y la muerte en todo este reino".**

(Fecha desconocida).

Nuestro Señor Jesucristo dijo además:

> "**Mi Santuario de Montmartre** (es decir, la Basílica del Sagrado Corazón) **está ya destinado a servir de teatro a los impíos y a todos los que se dedican a las leyes humanas. El lugar de oración de Santa Genoveva no tardará en convertirse en un teatro de bailes y de los crímenes más infernales..."**

(Fecha desconocida).

Recuerdo hace unos años —después de que la política socialista franco-española, Anne Hidalgo, fuera elegida alcaldesa de París— cómo el *Sacre Coeur* de Montmartre fue discutido en un proyecto de ciudad que consistía en erradicar la Basílica y reconstruir en dicho terreno un nuevo edificio para un proyecto popular común y solidario entre las diferentes comunidades de París. Aquí está un artículo de la revista *France-Ouest*:

> **Un habitante del distrito 18 de la capital propuso en la página web del presupuesto participativo del Ayuntamiento de París la demolición de la Basílica del Sagrado Corazón** (*Sacre Coeur*)**, que** *"insulta la memoria de la Comuna de París"*. **Es uno de los monumentos parisinos más fotografiados. El** *Sacre Coeur* **cubre la colina de Montmartre desde el siglo XIX. Aunque muchos turistas visitan la basílica cada año, el edificio no parece gustar a todo el mundo.**
>
> **Un parisino del distrito 18 mostró su profundo disgusto por el monumento, considerado** *"horrible y desproporcionado"*, **y propuso simplemente** *"afeitarlo"*. **Esta extravagante propuesta fue formulada el pasado 11 de febrero (2017) en la plataforma de presupuestos participativos del Ayuntamiento de París. El Ayuntamiento ofrece a los habitantes de la**

Capital la oportunidad de proponer y elegir un proyecto que sea importante para ellos. Los parisinos tuvieron hasta el 21 de febrero para compartir sus ideas. El que reciba más votos en septiembre podrá ser financiado hasta un total de 100.000.000,00 euros.

"La verruga de Versalles"

Bajo el seudónimo de Nathalie Lemel, nombre de una figura feminista de la "Comuna de París", la parisina explica que el *Sacre Coeur* **es** *"una verruga de Versalles que insulta la memoria de la Comuna de París"*. *"El proyecto supone la demolición total de la basílica en (beneficio de) un proyecto popular"*, **imagina.** *"Es una provocación para recordar lo que es el* Sacre Coeur *en la memoria de la Comuna de París"*. **Dice el responsable del proyecto entrevistado por** *France Info* **(programa de radio).**

A modo de recordatorio, la basílica se erigió en el preciso lugar donde comenzó la insurrección comunal el 18 de marzo de 1971, en respuesta a la decisión de Adolphe Thiers, jefe del Gobierno Provisional de la República, de retirar a los parisinos sus armas y pistolas.

Muchos partidarios de los comuneros han visto en la decisión de construir el edificio una voluntad de la Tercera República, (de) inspiración conservadora y monárquica, de castigar los crímenes de la Comuna y de poner en buen lugar la religión católica. *"No es admisible"*.

Su idea ha atraído a muchos internautas. *"Recuerden que Zola se opuso a esta construcción oscurantista"*, **dijo uno de ellos.** *"Qué proyecto tan maravilloso"*, **se entusiasma otro... El descabellado proyecto registra 186** *"me gusta"* **en la página web del presupuesto participativo del Ayuntamiento de París. En el distrito 18, es uno de los favoritos.**

Sin embargo, la desaparición del *Sacre Coeur* **del paisaje parisino no es para mañana. La teniente de alcalde de París, Pauline Veron, afirma que este proyecto** *"no es admisible y no formará parte de los proyectos por los que los parisinos podrán votar en septiembre"*.

Los criterios de selección de los proyectos sometidos a votación figuran en la página web del presupuesto participativo. Incluye, entre otros, tener en cuenta el interés general, los proyectos que sean competencia del Ayuntamiento de París y la ausencia de gastos de funcionamiento.

"El Sacre Coeur *no pertenece al Ayuntamiento de París y es un monumento histórico"*,

argumenta Pauline Veron ... *"y entonces tratamos de construir cosas en lugar de destruirlas"*.

(Artículo de *OUEST-Francia*: Publicado el 23 de febrero de 2017)

Aunque el proyecto de "afeitar" el *Sacre Coeur* ha sido rechazado en esta primera votación en 2017 (más de cien años después del mensaje profético recibido por Marie-Julie Jahenny), se puede decir que este plan será sustituido por otro para más adelante, pero según las advertencias del Cielo, este proyecto volverá a ser sometido a votación, lo que hará que gane la moción de transformar la Basílica en una "Sala de Consejo / Sala de Juntas" ... donde los enemigos, en parte, decidirán, por fin, lanzar el anuncio del terror y la muerte en todo este reino...

No obstante, como francés, la impresión de este apasionado alegato para erradicar uno de los mayores monumentos de la fe católica de Francia fue, como mínimo, extraña... como le pareció a la teniente de alcalde de París, Pauline Veron, y seguramente a muchos más parisinos que se negaron a participar en este extraño proyecto apasionado...

Al parecer, París no será la única gran ciudad francesa en la que la fe se verá asaltada:

"En el Sur, en Lyon, habrá representaciones infames de la Misa, profanaciones. En Lyon y otros lugares habrá apariciones satánicas, habrá culto a diosas infames, falsos milagros que engañarán a muchos. Los obispados, los monasterios serán saqueados. Las cruces serán rotas. Los tabernáculos serán profanados. Los entierros / funerales religiosos serán prohibidos. Los sacramentos religiosos serán parodiados. Se establecerán bautismos sacrílegos. Habrá muchas almas que serán poseídas y harán un fuerte ruido y harán profecías de felicidad... los enemigos pisotearán la cruz.
(Habrá) **Profanaciones en Lourdes. Se enfurecerán contra la devoción al Sagrado Corazón. El claustro de Paray le Monial será quemado... En París, el Santuario de Montmartre se convertirá en la sala de juntas del drama de los rebeldes. Pero la Santísima Virgen protegerá a Nuestra Señora de las Victorias** (es decir, el famoso santuario mariano de París) ... **Todas las estatuas milagrosas de Nuestra Señora** (retomarán) **una misión todopoderosa sobre los lugares que ella protege y conserva".**

(Éxtasis grabado, fecha desconocida)

Todos los trabajadores cuyo empleo les proporcionaba una ocupación diaria, nunca se expusieron a realizar actos malvados. Los designios de los que gobiernan Francia planeaban quitar todo trabajo y todo empleo... Hijos míos, ya no habrá descanso. Noche y día, los "activistas" hacen actos malvados, provocan incendios y asesinatos horribles... Utilizarán los polvos más violentos que pulverizan los edificios más fuertes de la tierra.

(Éxtasis grabado, fecha desconocida)

Aquí, claramente este mensaje se dirige a lo que parece describir a la perfección los múltiples actos de terrorismo que han tenido lugar, y siguen teniendo lugar en Francia desde 2012, y que han causado la muerte de más de 240 víctimas policiales, militares y civiles franceses a manos de terroristas yihadistas (entre 2012 y 2023) … Y sin embargo, esta profecía anunciaba algo más extremo.

La Llama del Espíritu Santo dijo:

> "**Muchos *activistas* llaman a los trabajadores a la revuelta por la falta de trabajo que es su pan de cada día. Las pequeñas ciudades, como las más grandes, se perderán por grupos de trabajadores que no tienen ni asilo ni refugio. Se expandirán por todas partes, sobre todo cuando pronto sonará la hora de que encuentren alivio…**".

Quién no ha oído hablar de los *chalecos amarillos* franceses que, desde diciembre de 2018, han organizado —debido al drástico aumento de los impuestos franceses— protestas semanales sin parar en las ciudades más grandes de Francia, comenzando por París, a las que pronto se unirá un año después (noviembre de 2019) los sindicatos de Francia, que ha causado continuamente grandes huelgas nacionales, violencia, robos de automóviles, destrucción de tiendas, etcétera, debido a las pensiones de jubilación estranguladas por Emmanuel Macron, retrasando la edad legal de jubilación unos años más. Esto describe a la perfección el efecto inicial de la profecía aquí arriba (en negrilla):

> "**Se expandirán por todas partes, especialmente cuando la hora de encontrar alivio pronto sonará…**"
>
> "**Los gritos de desesperación se elevarán al Cielo. Los meses del Sagrado Corazón (junio) y de Mi Sangre (julio) serán la señal de los castigos: La guerra civil**".

(Nuestro Señor Jesucristo, 23 de noviembre de 1882)

Esto plantea un problema que, de hecho, tiene el potencial de encender una escena ya bastante explosiva: la inmigración… En efecto, como Francia recibe cada año más de 250.000 inmigrantes legales, la población del país, formada por norteafricanos y habitantes de Oriente Medio, se está convirtiendo rápidamente en un volumen de población que ya no se puede ignorar. Mientras las iglesias y capillas católicas se venden o se destruyen cada año, se construyen continuamente mezquitas en la Tierra del Rey San Luis.

En 2023, más de 2.200 centros de oración y mezquitas musulmanas son frecuentadas por una población de aproximadamente 9.000.000 a 11.000.000 de musulmanes practicantes, una gran parte de los cuales está compuesta por salafistas intolerantes y militantes. En la actualidad, según los últimos sondeos franceses, más del veintiocho por ciento (28%) de dichos ciudadanos musulmanes practicantes declaran desear llevar su vida según las normas de la *sharia* del Islam y no según las leyes de la República Francesa... Además, la amargura que sienten las generaciones más jóvenes de árabes y subsaharianos que viven en Francia hoy en día, reflejan una profunda animosidad hacia un país que, según ellos, ha subyugado a través de las pasadas colonias francesas en África a sus países de origen; pero cada vez más, este resentimiento se hace sentir mutuamente.

Para dar fe del malestar y la incomodidad que existe actualmente en Francia, algunos de los últimos sondeos realizados en el país muestran la amargura que sienten los franceses por la falta de esfuerzos de los extranjeros para integrarse en la sociedad y la cultura francesas:

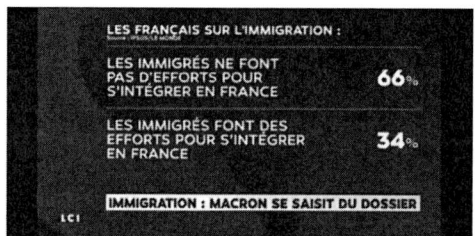

Encuestas en francés de LCI TV (septiembre de 2019)
El 66% de los franceses considera que los inmigrantes no se esfuerzan por integrarse en la sociedad francesa...

Hoy, el testimonio del francés que escribe este libro y estas líneas es el siguiente: Francia es hoy una sociedad multicultural fraccionada en tres frentes. Primero: una élite social laica francesa encabezada por una población predominantemente tibia, cristiana, judía o atea, que ha arbitrado y/o tolerado durante décadas la llegada de millones de inmigrantes para un diseño polivalente. La reducción de los salarios de las masas en las plantas industriales nacionales, la sustitución de una fe católica, una influencia política y social por un consorcio de comunidades no católicas y no cristianas y, se espera, la entrada en un nuevo capítulo de la Historia que vería la *Globalización de la Sociedad Francesa* y la *descomposición de la Identidad Nacional Francesa* en una población multicultural que cohabita en una misma tierra, que pronto se convertirá en una mera región de unos Super Estados Federales de Europa.

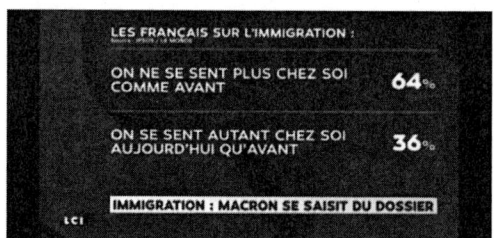

Encuesta francesa de LCI TV (septiembre de 2019)
El 64% de los franceses no se siente en su país como antes...

La segunda fracción de la población francesa está compuesta principalmente por millones de ciudadanos franceses no integrados de primera, segunda y tercera generación, de origen norteño y subsahariano, en su mayoría de religión musulmana, que viven principalmente en comunidades suburbanas fuera pero también dentro de las principales ciudades de Francia. Algunos de estos suburbios están gobernados por comunidades islámicas que gobiernan con su propia policía interna y comercian con su propia economía interna (incluido el tráfico de drogas y armas).

Estos territorios —en los que ni la policía francesa, ni las ambulancias de los hospitales ni los camiones de bomberos se atreven a entrar— se denominan *"Les territoires perdus de la Republiques"* (los territorios perdidos de la República). En algunos de estos "territorios perdidos" los servicios públicos franceses no se atreven a enviar vehículos de ningún tipo por miedo a ser asaltados inmediatamente con piedras, proyectiles y a menudo con fuego pesado por grupos de asaltantes armados con Kalashnikovs... París, Saint Denis, Lille, Estrasburgo, Mulhouse, Marsella, Niza, Lyon y Calais no son más que algunas de las principales ciudades que hoy son víctimas de tales... "tomas de posesión hostiles", pero el gobierno francés mantiene en 2023-2024 este hecho lo más silenciado posible para evitar que la principal oposición y primer partido político de Francia, **Le Rassemblement National**, encabezado por la Sra. Marine le Pen, deje de ganar una popularidad alarmantemente creciente —acreditada después las manifestaciones de Musulmanes y fracasos con masas de emigrantes de Julio 2023 entre el 45% y el 52% de la población votante— y para evitar una chispa cultural que pueda encender una guerra civil en toda regla...

Por último, la tercera fracción de la población francesa consiste principalmente, pero no exclusivamente, en franceses arraigados, patrióticos, abrumadoramente cristianos, si no católicos, que viven en su mayoría en las zonas rurales de Francia, pero a menudo en ciudades, pueblos o aldeas retiradas. Son en su mayoría los franceses que viven en un país que ya no reconocen como propio, en un país en el que descubren con estupor que el himno nacional francés es abucheado abiertamente en los partidos de fútbol de Francia contra equipos argelinos o africanos, o que las calles y piscinas públicas de las ciudades se llenan cada vez más de mujeres musulmanas con hijabs, burkas o burkinis.

Además, hoy en día Francia ve cómo cada año más de 1.000 iglesias y catedrales católicas, y cientos de cementerios cristianos y judíos son objeto de vandalismo por parte de autores musulmanes. Pero, sobre todo, Francia ha sido víctima de decenas de masacres terroristas islámicas en su territorio desde 2012 que se han cobrado cientos de vidas francesas...

Marie-Julie Jahenny anunció que habrá un gran grito de desesperación que llegará al cielo durante un determinado mes de junio y de julio. Esta sería la señal de una Guerra Civil que va a comenzar en Francia. Tal acontecimiento va a tomar una medida tan incontrolable que el gobierno legal francés se verá obligado a abandonar París en puro pánico... Estos instigadores políticos dejarán a los ciudadanos de Francia en manos de los terroristas y a la tiranía de lo que hoy se conoce familiarmente como la minoría de los "franceses de papel":

> "**Cuando el gobierno vea estos cambios, será como un pájaro; volará a otro país, y Francia será libre en su revolución. Será en ese momento cuando huya de París**".

(12 de abril de 1877).

El Espíritu Santo le dijo a Marie-Julie Jahenny:

> "**Queridos amigos de Dios, tan pronto como ellos** (los malvados conspiradores) **enciendan la chispa que producirá un fuego tan extenso sobre la tierra del reino que debe ser sometido a este terror, ellos** (los malvados conspiradores) **se retirarán para refugiarse de la tormenta y dejarán todas las puertas de Francia abiertas; todos podrán penetrar** (en Francia) **sin una defensa** (para detenerlos). **Francia va a ser entregada a merced de todos los pueblos, de todos aquellos que querrán tomar el poder de la tierra francesa**".

(El Espíritu Santo, 20 de septiembre de 1881).

Nuestro Señor Jesucristo reveló a Santa Margarita-María el terror de los días futuros, pero sus palabras no fueron reveladas en su tiempo… Volvió a revelar estas profecías a Marie-Julie Jahenny, diciendo que Francia sólo volverá a Él en medio de la sangre y las lágrimas de una guerra civil:

> "**Pronto, en el tiempo señalado, no quedará en pie en Francia ninguna casa religiosa, ni un monasterio que escape a los tiranos de la época… Habrá una mentalidad para las masacres desde el Centro** (París) **hasta Lyon, desde Lyon hasta el sur y hasta las costas. Bretaña sigue siendo católica, pero no como antes. La generación de la Fe está en todas partes. Estas masacres tendrán lugar en los meses fríos** (del año).
> **La tierra se convertirá en un diluvio de sangre, como en tiempos de Noé** (cuando) **se convirtió en un diluvio de agua. Todos los que no estén en el arco de Mi Corazón morirán, como en el tiempo del diluvio (…) Yo mismo elegiré; nombraré al verdadero consolador de Mi pueblo y de la Iglesia: (Un Gran Monarca) que reconstruirá Mis templos quemados en la violencia de una gran guerra civil, aunque** (la guerra) **no será larga. No puedo, llamarla otra cosa que guerra civil, la guerra en la que Francia será liberada**".

(Nuestro Señor Jesucristo, 15 de junio de 1882)

Aquí, la última línea del mensaje: (...) **"No puedo, llamarla de otra manera que guerra civil, la guerra en la que Francia será liberada"**, dice mucho. En efecto, se hace hincapié en el hecho de que la guerra civil que se avecina en Francia será efectivamente una guerra civil, ya que estará formada por franceses (de origen francés muy antiguo) contra "franceses de papel" recién naturalizados de origen musulmán y/o subsahariano. Este tema es hoy en día uno de los temas actuales de debate político en Francia: la definición de un verdadero francés.

<u>El primer enemigo de Francia:</u>

La Virgen María, en una ocasión, mostró a Marie-Julie Jahenny dos de los enemigos de Francia que vendrían. Marie-Julie Jahenny:

Este enemigo de Francia es alto y muy delgado. Su cara es larga, su pelo es gris. Sus ojos son grandes y muestran ferocidad y astucia. Parece totalmente feliz. Toma el corazón de Francia, lo coloca bajo su pie derecho y dice:

— **He trabajado para vosotros durante mucho tiempo; sigo trabajando y os resistís. He sido el amigo del trono que os ha dejado y, desde entonces, he tomado el gobierno de los hombres. Hace unos meses he perdido a un amigo muy querido y todavía estoy en el dolor... Mis compañeros se alegran. Quiero poner a la religión de rodillas. ¡Bien, Francia! ¡Te pondré de rodillas si no abjuras de la religión!**
Francia responde con voz amarga:

— *Respeto a Dios; respeto a su templo; respeto a los cristianos franceses.*

Mientras se dirige a sus amigos, este hombre dice:

— **Bueno pues, ¡unámonos todos y firmemos un nuevo tratado!**

Marie-Julie Jahenny se asusta al ver la malvada determinación de este hombre y sus amigos que la Santísima Virgen María le muestra:

— *¡Ah, buena madre, llévame de aquí! No puedo quedarme aquí por más tiempo; no puedo mirar a ese hombre que me asusta...*

La Santísima Virgen María: — **Hija mía, escucha y repite todo. ¡Obedece!**

Marie-Julie Jahenny:

— *Veo que una parte de los enemigos de Francia se reúnen en torno a ese hombre del que sería difícil decir cosas buenas… Ahora hay dos grupos. Este hombre feo dice a los reunidos a su alrededor:*
— **¡*Sois de mi partido*** (político)**! *Vamos a buscar refuerzos por todas partes. Yo he mantenido las riendas del mío; no he perdido ninguna. Otros se unen a mi partido*** (político)**. *El amigo que he perdido habría sido mi segunda mano. No sé por qué falleció tan pronto*** (en vida).

Francia responde:

- *Sí, me inscribí en esta sociedad secreta* (¿la masonería?)*; ya no puedo salir de ella, pero todavía hay cristianos fieles que me tienden la mano en mi dolor… Yo no quiero perder a los buenos. Abjuro de todo corazón, en presencia de Dios y de la Virgen María. Renuncio a esta sórdida sociedad que me ha arrastrado al abismo…*
El hombre tiene todavía su pie en el corazón de Francia. Se levanta sin embargo con dificultad, pero ayudado por una fuerza invisible, y se eleva por encima de esta fea máscara.

<u>El segundo enemigo de Francia:</u>

Veo que el eslabón que ata el corazón de Francia se vuelve rojo. Es otro hombre el que agarra el eslabón. Este hombre es pesado, bajo, algo gordo, su frente un poco calva y su pelo no es gris como el del primer hombre. Tiene la cara rojiza y una barba puntiaguda. El rostro de este hombre es feroz. Sus ojos vagabundos son tan grandes que parecen salirse de sus órbitas cuando mira a los católicos franceses. Este hombre de aspecto horrible le dice a Francia:

— **Durante mucho tiempo he querido moldearte como quería, y siempre se me ha escapado. Este es el momento en el que os tendré bien agarrados ¡No quiero un rey en Francia; ni mi comité ni yo lo queremos! Soy del partido** (político) **más fuerte, y reúno a los míos que ya son numerosos. He escrito bastante. ¡Busco destruir por todas partes la raíz de la religión! ¡Seamos verdaderos, amigos sinceros! Ya hemos obtenido muchos resultados. Utilicemos todo nuestro poder para propagar por todas partes la perturbación y el espanto.**

Marie-Julie Jahenny:

Luego, volviéndose, hacia las 10 de la mañana, hacia el punto donde se encuentra el sol a esa hora del día (Mirando desde París hacia el sureste, ese punto sería Roma…)*, añade:*

— ¡Y tú, que esperas en la cárcel la ayuda de los franceses! ¡Estáis tristemente equivocados si pensáis que volveréis a vuestros bienes!

Marie-Julie Jahenny:

Creo que mira hacia Roma, y que sus amenazas van dirigidas a ella...
El malvado francés de rostro rojizo:

— **Oh, si se me permitiera entrar en esa ciudad con mis seguidores, cerraría los ojos de quien es la cabeza de esta religión** (mataría al Papa); **lo pondría bajo mis pies y bailaríamos alrededor** (de su cementerio) **como en una gran fiesta.**

Marie-Julie Jahenny:

— *¡Madre mía, déjame salir de aquí! ¡Estos hombres tan malvados me asustan!*
— **Escucha, hija mía, sabe que es muy necesario que estas cosas sean conocidas, no por ti, sino por mis dos siervos** (el rey Enrique de la Santa Cruz y el futuro Santo Papa...), **de este modo, jurarán no retractarse de mis verdaderas palabras.**

(La Santísima Virgen María, 3 de diciembre de 1877)

Nuestro Señor declaró tres años antes:

— **Pero antes de tener este rey, Francia sufrirá una crisis y una violenta tormenta. La sangre de los cristianos se mezclará con la de los impíos. Los justos caerán en pequeño número, pero algunos, porque la sangre de los buenos ayudará a los impíos. Pero este tiempo pasará rápidamente. Habrá charcos de sangre. Durará poco tiempo, pero a vosotros os parecerá largo.**

(Nuestro Señor Jesucristo, 21 de junio de 1874).

Pero Francia no será el único país del mundo que se verá afectado por la crisis violenta y la agitación geopolítica. En efecto, la Santísima Virgen María reveló a Marie-Julie Jahenny:

Hijos míos, con un corazón tristísimo, lleno de angustia, os recomiendo que recéis mucho por la tierra de Jerusalén (Israel) **... Una lucha sangrienta se declarará en ella, teniendo de un lado al Rey de los Persas** (Irán), **que querrá la posesión en estas tierras de pobre valor: es decir, camino libre para los que vivan en esa tierra.**

Hijos míos, antes de que comience la primera crisis de la hija mayor de la Iglesia (Francia**), habrá noticias dolorosas de Inglaterra, Persia** (Irán) **y Jerusalén. Todos ellos sufrirán los primeros daños importantes...**

Hijos míos, predigo que al final de este momento problemático, habrá un nuevo reinado en la tierra inglesa, y se hará una elección cuando de repente la muerte golpeará a los que tienen el timón de ese reino. Para ese país vendrá un gran daño, y se dividirá en cuatro partes (Inglaterra, Gales, Escocia e Irlanda del Norte...) **pues sus** (respectivas) **voluntades no estarán de acuerdo unas con las otras. La elección de los católicos será rechazada.**

(La Santísima Virgen María, 25 de agosto de 1882)

También en este caso debemos comprender el contexto y la época en que se dio este mensaje. De hecho, en 1882, Israel era una provincia que pertenecía al Imperio Otomano; por lo tanto, que "Persia" (Irán) entrara en una lucha con Jerusalén (que no era más que una ciudad bajo el control del Imperio Otomano turco) para adquirir tierras en Palestina era totalmente ridículo e irreal... en ese momento... pero muy apropiado en nuestra actual escena geopolítica del siglo XXI. Verdaderamente, ¡esta fue otra profecía extraordinaria!

Además, Marie-Julie Jahenny añadió que Inglaterra volverá al catolicismo, pero después del castigo. Dicho esto, el mensaje de la Santísima Madre a Marie-Julie revela que antes de que la primera crisis tenga lugar en Francia, habría noticias desconcertantes de Inglaterra, Irán e Israel... Lamentablemente, desde 2019 las tensiones son máximas entre Teherán, Jerusalén y Londres en Siria, Irak, Líbano, el estrecho de Gibraltar y en el Golfo Pérsico. Los tres países han intensificado inexorablemente las tensiones diplomáticas... Que Inglaterra tenga fuerzas especiales presentes tanto en Irak como en Siria, al lado de sus aliados estadounidenses y franceses, combatiendo a las fuerzas de Hezbolá respaldadas por Irán —cuya extensión va desde las fronteras occidentales iraníes hasta la tierra de Palestina— no contribuye a aliviar esos males diplomáticos entre el Reino Unido Irán e Israel.

España

Marie-Julie mencionó también el Reino de España que, según ella, será atacado por los nuevos amos de Italia que querrán hacer de los países mediterráneos su dominio (Califato Islámico). Asaltarán Valencia pero serán rechazados después de 40 días de combate.

¡Oh, una vez más! Reza por esta tierra romana que será cruelmente perseguida; (reza) **por España cuyo territorio será dividido en dos por**

un robo injusto y por innumerables traiciones. **España sufrirá acontecimientos tan crueles que ninguna de sus revoluciones pasadas se habrá visto como ésta.**

Hijos míos, rezad por España y por esta tierra romana (¿Marruecos? Marruecos era parte del Imperio Romano). **Los gobernantes de esta última, con todo su poder y sus designios** (bien planeados) **querrán, a toda costa, quitarle a España la punta** (de tierra) **que está frente a su tierra** (¿Andalucía?).

Los romanos, empujados por su príncipe y gobernador, marcharán sobre la tierra de España con un poderoso ejército. Entrarán (en España) **por su frontera con barbarie y crueldad,** (y tendrán) **una permanencia calculada de entre 30 ó 40 días. Este príncipe, que será apoyado por otros de la tierra romana, se sentirá fuerte y se animará con la violencia contra la tierra de España que se negará a buscar un acuerdo** (términos de paz) **con ellos.**

(25 de agosto de 1882)

Sobre España, el Cielo tiene también sus designios. Es el Rey de este Reino quien, después de que hayan pasado dos años, no temerá llamar al hermano de la Corona Real cuyas banderas y esperanzas son similares (Felipe VI de España y Enrique V de Francia). (No obstante,) **al principio de esta época, este Rey Católico** (español) **se verá obligado a abandonar su Reino durante unos meses, y a retirarse a salvo de la persecución del enemigo, pero no pasará mucho tiempo antes de que pueda regresar** (a España). **Su regreso será un verdadero triunfo que reanimará la Fe y la esperanza.**

(16 de mayo de 1882)

Se cree que la tierra romana mencionada en esta revelación es una nación del norte de África (parte del antiguo Imperio Romano), teniendo en cuenta que Italia será igualmente, antes o al mismo tiempo, alcanzada por ejércitos invasores del otro lado del Mar Mediterráneo... En cuanto a la península ibérica, todo hace pensar que el rey español mencionado en la profecía de Marie-Julie será efectivamente el rey Felipe VI, ya que su juventud y el hecho de que no tenga ningún hijo, sino dos hijas, indican que efectivamente será el rey católico español que, desde España, se unirá al rey Enrique V de Francia. Parece, pues, que el Rey Felipe se unirá igualmente al Rey francés —después de hacer retroceder hasta el mar a los invasores islámicos de España— y unirá su fuerza militar a la suya para ir al rescate del Santo Padre que estará en gran peligro en Roma (muy probablemente prisionero en una Roma ocupada).

Inglaterra

Marie-Julie anuncia un nuevo reinado en Inglaterra. Hoy en día, tal acontecimiento no sería sorprendente si se tiene en cuenta que Isabel II es una monarca nonagenaria... Por tanto, si el Príncipe de Gales va a sentarse en el trono inglés con más de 70 años, otro asunto sale a la luz. Marie-Julie anunció además que "**... habrá un nuevo reinado en la tierra inglesa, y se hará una elección, cuando de repente la muerte golpee a los que llevan el timón de ese reino**".

Dado que el mensaje del que nos hacemos eco describe una muerte súbita a "**... los que sostienen el timón de ese reino**" en contraposición a él o ella que sostiene el timón de ese Reino, la interpretación de esta profecía es un tanto esquiva ya que los diversos escenarios que vienen a la mente son todos demasiado oscuros para contemplar (plaga / contagio, guerra, acción terrorista o simplemente un accidente).

Ahora bien, la siguiente partición del mensaje es más clara de interpretar ya que la división del Reino Unido en cuatro estados independientes y soberanos puede atribuirse hoy en día a través de la retirada de Inglaterra de la Unión Europea (*Brexit*) que tuvo lugar el 31 de enero de 2020, obligando así a Escocia, Gales e Irlanda del Norte a separarse del Reino Unido para seguir siendo miembros de pleno derecho de la Unión Europea y mantener así sus vínculos económicos con la misma, pero de nuevo, esto no es más que una mera especulación...

Italia

Marie-Julie declaró sobre Italia:

La anarquía triunfará sobre el gobierno local. **Las invasiones del exterior, que serán casi una consecuencia de las mismas, llevarán al poder durante casi tres años a fuerzas anticristianas que perjudicarán enormemente a la Iglesia** *y al Papa de entonces; el propio Papa se convertirá en un mártir de estas fuerzas anticristianas.*

En cuanto a las invasiones de Italia, se nos dice que después de la primera tiranía italiana que resultará de una guerra civil italiana, seguirá otra tiranía, y vendrá de una persona llamada **Archel de la Torre** que no será italiana sino de origen turco y alemán. Llegará a través de Irak e Irán como resultado de una invitación de un partido italiano que tendrá la intención de gobernar el país. Entrará en Italia hacia la segunda mitad del segundo año de la guerra.

Un año después de su toma de poder, Italia sufrirá un año de lo más cruel y difícil a manos de este tirano sediento de sangre, pero Marie-Julie nos asegura que de la Torre caerá, y el rey Enrique de la Santa Cruz liberará al santo Padre y traerá por fin la paz y la libertad a la península italiana... La Voz (Espíritu Santo) dice:

> "Vive en los límites más lejanos del Reino de Persia (Archel de la Torre), en su frontera más exterior, en lo más interior de esta tierra. Hace algún tiempo, esta noble familia era católica; (Sin embargo,) en los últimos años, ha entrado en la herejía y ha pisoteado la Fe...
> Atravesará Persia y los otros reinos, y se sentará durante un año en la desgraciada silla de quien ordenará la jefatura de los apóstoles (Cardenales, obispos y sacerdotes...), y que hará mártir a quien sostiene la Iglesia y la Fe (El Papa).
> Su familia será de la nobleza en las últimas partes de la tierra de Persia. Su padre es turco, y su madre proviene de un reino del que ya hablé: salió de Alemania.
> Hay dos hijos. El que es elegido por Roma tiene 16 años, y el otro es dos años mayor. El primer hijo no será católico cuando Turquía se vea envuelta en la guerra europea, pues toda Europa estará sometida a luchas y revoluciones. Será la gran revolución anunciada antes del fin de los siglos (el fin de los tiempos); sin embargo, se podrán contar muchos años antes del fin eterno. El primer hijo (de la Torre) que tomará Turquía no durará muchos días: será arrojado al mar con la cabeza medio destrozada...
> El rey que atravesará los reinos para responder a las llamadas de sus amigos (en Italia) reinará sólo 1 año. Bajo su reinado no habrá calma... Hasta el último día, el desgarro (del país) se oirá (por todas partes). Un año concluirá su gloria asesina. Su sucesor escapará a Nápoles para huir de la furia de sus cazadores.
> La Iglesia estará vacía durante largos meses. El tercer Papa será más santo, pero reinará sólo tres años antes de que Dios lo llame para su recompensa. En Nápoles, la persecución durará más de 19 meses".

(16 de mayo de 1882)

*Una masacre tendrá lugar durante tres días en la tierra de Nápoles. La "Llama" forma en letras grandes y bien formadas, este nombre que puedo leer sin dificultad. Lo veo fuera del sol. Es **ARCHEL DE LA TORRE**. Se repite: "**ARCHEL DE LA TORRE**". Este es el nombre del príncipe que habrá llevado a cabo la gran masacre contra los religiosos, sacerdotes y monjas de esta región.*

(Marie-Julie Jahenny, 6 de junio de 1882).

París destruido...

Nuestro Señor reveló la siguiente profecía:

La mayor parte de los castigos se dirigirán hacia París, donde se dan las conspiraciones más traicioneras. Este es el momento en que los días se vuelven oscuros. Hace mucho tiempo que os hice (parte de) **esta confidencia, os haré recordar esto como secreto absoluto y necesario. Aquí es donde los ministros son los más perseguidos. Habrá tres días de devastación; no habrá más Sacrificio, más Misas... Podemos llamarlo la Santa Cuarentena; serán tres días de infierno. Satanás recorrerá la Tierra para dar la vuelta a los santuarios, pero será rechazado, roto y derrotado.**
Revelaré estas confidencias (¿secretos?). **Quiero advertir a Mi pueblo para que no se sorprenda y para que aumente su confianza en Mí. En estos tres días, las luces de los cielos se apagarán y los ángeles quedarán consternados.**

(Nuestro Señor Jesucristo, 27 de octubre de 1876)

Habrá grandes colapsos, especialmente en el Centro (París). **Todos estos ricos palacios donde se producen todas las ganancias de la nación el Señor los destruirá a través de un terrible escarmiento bajo la forma de derrumbe** (hundimiento) **de la tierra... Todos estos altos edificios que forman parte del pan de Francia se derrumbarán. Dios sorprenderá a los que trabajan sin pensar en Él ni en su Poder que lo da todo en la tierra.**

(La Santísima Virgen María, 16 de noviembre de 1882)

Vosotros, familias cristianas, que aún lleváis la Cruz (y) **el recuerdo de Mis buenas acciones en vuestros corazones, ¡abandonad esta ciudad ingrata** (París) **que perecerá por Mi Justicia!**

(6 de abril de 1877).

Hijos míos, a Nínive se le prometió un castigo, y hoy se le promete un grave castigo, un terrible castigo a la nueva Nínive (París) **que tanto amé y que es de Mi Reino.**

(12 de mayo de 1881)

Si el Centro (París) **no se convierte, será quemado... Las piedras que**

protegen los hogares ya no los protegerán, pues el fuego de la venganza impedirá que se levanten
de nuevo.

(28 de noviembre de 1881)

Hijos míos, todo está en su punto de saturación. Este es el momento en que mi venganza se desatará. Poned vuestra mano derecha en la herida de mi Corazón y os salvaréis.

(Nuestro Señor Jesucristo, 9 de enero de 1878)

Dichosos los que sabrán cuándo abandonar estos muros (los de París)**, y buscarán refugio lejos, en ese lugar lamentable donde las víctimas se amontonarán en número incontable,** (y) **donde las plazas se mancharán de sangre como en la lluvia que cae durante una tormenta...**

(San Miguel Arcángel, 9 de enero de 1878).

Marie-Julie Jahenny se dirige al Sr. Charbonnier (anotador / registrador):

Hermano, August Charbonnier, el Señor me ha dicho:

"**Hija mía, ahora haré que mi verdadero pueblo conozca antes de los grandes días sin descanso los principales hechos que acontecerán en Francia en estos lugares donde se encuentran tanto los buenos como los malos. No quiero hacer estos anuncios a la luz del día** (pues) **sería demasiado tarde para advertir a mi pueblo...**".

La Santísima Virgen me hizo ver, mientras derramaba algunas lágrimas, las llamas incendiarias que se levantaron en el "Centro" junto con el fuego encendido en medio de terribles combates, especialmente alrededor de la Sala del Infierno (Parlamento francés). *Apenas quedará leña en las casas ya que tomarán su victoria e iniciarán este fuego tan vasto y tan extendido que no se podrá medir su medida... Tres iglesias que no están lejos del Centro no escaparán a estas llamas de venganza.*
Hermano mío, las llamas del fuego de la tierra se elevarán a alturas incomprensibles (¿Explosión atómica?). *La Virgen bendita me dijo, mientras veía: "**Hija mía, los hombres encienden este fuego y Satanás sopla sobre él**".*
No había más que las paredes ennegrecidas de este templo sobre las que la Santísima Virgen lloraba. Ella me hizo ver todos los tabernáculos, todos reducidos a cenizas... Las llamas, sin embargo, no parecían

disminuir en intensidad después de toda esta destrucción.

(Marie-Julie Jahenny, 18 de octubre de 1882)

El fuego del Cielo caerá sobre Sodoma, y en particular sobre esta Sala del Infierno donde se hacen las malas leyes; será tragada y en su lugar habrá un cráter tan inmensamente profundo, que nadie, hasta el fin del mundo, podrá acercarse a él sin sentir un borbotón de horror. En esta Sodoma habrá lugares tan destrozados que no habrá un solo pavimento en su lugar. El fuego del cielo se mezclará con el fuego del infierno. El agua allí será similar al fuego. Este lugar se derrumbará y tendrá una inmensa distancia alrededor... Sólo quedará un cráter tan profundo que nadie podrá distinguir su profundidad, ni medir la inmensidad de su hueco.

(1903)

Los dos últimos mensajes subrayan con gran gravedad la destrucción de París que viene de lo alto (el fuego del Cielo) y del fuego del hombre que se eleva a alturas incomprensibles... ¿Podría tratarse de una explosión nuclear que destruya, arrase y consuma París? El famoso místico francés, el Reverendo Padre Pel, definitivamente pensaba así:

"París será destruida por la revolución, y quemada por el fuego atómico de los rusos en Orleans y en la región de Provins..." (ver página: **519**).

(Reverendo Padre Pel, 1947).

Nunca olvides mis palabras. De edad en edad, se repetirá. Nunca se podrá construir alrededor de (París) **... Nunca estas marcas visibles de Dios serán olvidadas en una tierra donde ha habido tantos hermosos santuarios dedicados a la Santísima Virgen María.**

(El Espíritu Santo a Marie-Julie Jahenny, 5 de octubre de 1882)

Hijos míos, cuando el crimen esté en su grado más alto, cuando los súbditos del despiadado enemigo vuelvan a ocupar su lugar en el Centro (París), **el Terror y la Mano de mi Hijo tocarán ya los muros de esta ciudad tan culpable, aunque en ella haya almas buenas, pero serán víctimas por los** (muchos) **crímenes e injusticias.**
Hijos míos, ¿sabéis el número de los que escaparán de esta guerra infernal? Este número, no me atrevo a mencionarlo...
Hijos míos, todos los cristianos que no huirán para esconderse en lugares secretos, los que preferirán mojar el suelo con su sangre antes

que ir a un país donde haya paz... el número de los que serán protegidos está escrito en el Trono Eterno; cuando miro ese número, no me consuelo y mi corazón se rompe en pedazos con mil espadas... Hijos míos, 100 no escaparán de esta ciudad... No, no 100 en medio de la inmensa ciudad culpable... Contad 12 menos de ese número y tendréis el número exacto del mismo... Nunca una pena ha sido mayor para mí...

(La Santísima Virgen María, 9 de agosto de 1881)

Marie-Julie Jahenny explicó además los mensajes relacionados con el futuro de París:

La ciudad entera no será destruida. Los suburbios serán igualmente muy afectados (por estas catástrofes). *La Virgen María y Santa Genoveva (Santa Patrona de París) no abandonarán a los justos. Habrá milagros de protección, particularmente en Nuestra Señora de las Victorias* (París). *Me han dicho que...* **"Los ángeles vendrán a tomar las Hostias que están amenazadas de ser profanadas"**. *Dicho esto, el mensaje principal es este:* **"¡Abandonen París! La huida del gobierno** (francés) **será la señal definitiva** (de que es hora de abandonar París)".
La Providencia avisará a tiempo. Hay que rezar y estar atentos a la Voluntad Divina. Jesús

LA FRAUDAIS
Marie-Julie Jahenny y amigos en su casa (La Fraudais)

Marie-Julie Jahenny entre dos amigos testigos

La casa de Marie-Julie Jahenny en La Fraudais

Marie-Julie Jahenny en su jardín

Marie-Julie Jahenny in ecstasia durante una aparición

Habitación de Marie-Julie Jahenny (La Fraudais)

**La casa de Marie-Julie Jahenny's en 2011
(Foto tomada en 2011 por Paul J. Dickson)**

Cemiterio en La Fraudais (Tumba de Marie-Julie Jahenny)

Le marquis de la Franquerie en tenue de Camérier vers 1945

Marquis de La Franquerie (1945)   Su Excl. Mgr. Fournier, Obispo de Nantes

avisa mucho antes para evitar los efectos mortales que provoca el pánico. Hasta el último momento, Él escuchará las súplicas de sus pararrayos, de sus almas víctimas, de las familias cristianas, de las comunidades fervorosas. Se me dijo: **"Estas cosas tendrán lugar a menos que, por un milagro de Dios, esta ciudad se convierta"**.

Las lluvias torrenciales serán catastróficas y provocarán retrasos desastrosos en la industria agrícola y constituirán señales de advertencia de esta revolución. **"Advertiré a Mis amigos con signos de la naturaleza. Les advertiré** (por adelantado). **La guerra civil y las enfermedades causarán muchas víctimas, especialmente en las grandes ciudades. (...) Los enemigos lucharán entre sí. (...) Esta ley infame vendrá con muchas otras. Nadie podrá desobedecerlas a menos que sea condenado a muerte, o a prisión. Esta ley pasará por encima de lo más Sagrado"**.

(20 de abril de 1882).

Francia y el mundo en guerra: la llegada del rey francés:

Marie-Julie Jahenny hablaba a menudo, con gran angustia, de una guerra en suelo europeo y de una invasión de Francia por fuerzas procedentes de Europa del Este y del Mediterráneo.

Como la persecución se extenderá en Francia, recibirá una gran ayuda de las potencias vecinas (Argelia, Túnez, Marruecos, Qatar...) *de aquellos que se parecen a los de Francia, que ponen todo al fuego y al derramamiento de sangre sin ninguna piedad.*

(9 de mayo de 1882).

El matiz que se subraya en este mensaje no deja mucho espacio para la interpretación. Está claro que en la última parte de esta frase se afirma que las potencias vecinas de Francia *que se asemejan a los que en Francia ponen todo al fuego y al derramamiento de sangre sin piedad* ofrecerán una gran ayuda a los perseguidores de ese país. La pista es clara. Si se le preguntara a un francés, a cualquier francés de hoy, el origen de la inmensa mayoría de esos grupos que destrozan las calles, los comercios, los coches, los bienes públicos, las iglesias, los cementerios, las catedrales, y los responsables de la inmensa mayoría de los asaltos, asesinatos y actos
terroristas en Francia, se obtendría la misma respuesta: "Los musulmanes".

Por tanto, este pasaje del mensaje de la Santísima Virgen María obliga a concluir que las potencias que han de ofrecer ayuda a los grupos musulmanes franceses no son los vecinos inmediatos de Francia (España, Italia, Suiza, Alemania, Luxemburgo Bélgica ni Inglaterra) sino los vecinos de Francia al otro lado del mar Mediterráneo: Argelia, Marruecos, Túnez, Libia, Siria, Qatar y otros países saharianos y subsaharianos.

Nuestro Señor Jesucristo:

"**Una pausa muy corta seguirá a este gran mal que saldrá, especialmente del Centro** (París) **y de la zona vecina** (suburbios musulmanes). **El 24 de mayo, un gran acontecimiento tendrá lugar entre esos hombres que se llaman a sí mismos vencedores y más altos en la ciencia, que sacudirá esta gran ciudad** (París) **donde la sangre ha manchado tantas veces el pavimento, y esta sacudida no cesará... Sabéis que el número 14 ha sido elegido por Mí**".

(fecha desconocida).

"**La segunda y violenta crisis** (entonces) **comenzará, y durará 45 días. Francia** (entonces) **será invadida hasta las diócesis que comienza** (la región de) **Bretaña. Él** (el líder de los invasores) **quiere enviar los ejércitos extranjeros a través de las puertas de las tierras robadas: Alsacia y Lorena** (unidades militares rusas y posiblemente de Europa del Este). **El ejército más fuerte caminará sobre Orleans e invadirá espacios de tierra que no puedo delimitar. En un solo movimiento, llegarán** (rápidamente) **a las afueras de la gran Ciudad** (París). **No entrarán en ella hasta la segunda mitad de la segunda crisis** (en algún momento entre el 27º y el 45º día después del comienzo de la invasión de Francia).
Amigos de la Santa Cruz, cuando este ejército penetre por la puerta de la tierra robada (Alsacia y Lorena), **recibirá un refuerzo que ayudará a ese rey** (que es) **muy parecido a un tigre contra los franceses. Los elementos más notables de este ejército vendrán de esa "banda" que viene de la puerta de Alsacia. Atacarán rápidamente hacia el Centro** (París) (dejando atrás) **un horrible estrago. Ellos** (por fin) **establecerán su campamento en ese lugar** (París) **completando así la ruina de la pobre Francia... Entrarán** (entonces) **en** (la región de) **Vendée realizando una venganza abominable, pero los vendeanos unirán sus fuerzas a las de los demás** (en la resistencia).
Muchos morirán, pero no todos. (Los ejércitos extranjeros) **se dirigirán entonces hacia Normandía; no obstante, yo vivo en esta tierra que he bendecido y donde he consolado a tantas almas. Sólo mi templo estará protegido** (¿Mont Saint Michel?) **y escapará a las llamas... El fuego no podrá prender a pesar de los mil intentos de los ejércitos extranjeros y de los "mixtos" que habitan el Reino de María** (franceses de origen árabe y/o franco-africanos)".

(San Miguel Arcángel, 28 de septiembre de 1882)

"**En el norte, irán hasta los límites de** (la región de) **Vendée y en**

Normandía. Bretaña no será invadida, pero no estará exenta de castigo, especialmente en su región norte no cristianizada. El enemigo se abandonará al pillaje y a la venganza... **Vendrán de Oriente** (rusos) **y del Mediterráneo** (argelinos, norteafricanos y medio-orientales)**, y se anunciarán muchas situaciones problemáticas también en Italia y España debido a las fuerzas que llegarán allí desde Oriente** (Oriente-medio).

En el sur de Francia, Marsella, Valence... ¡Qué carnicería! (...) Las regiones del norte, del este y del sur de Francia, y el propio París se verán muy afectados... **El territorio nacional de Francia será cortado en dos. Habrá pretendientes para la restauración de un poder que aparecerá en una de estas dos partes** (de Francia). **Es en el curso de estos meses terribles aparecerá el Rey-Salvador, pero habrá una larga campaña de reconquista que durará muchos meses después para empujar** (fuera de Francia) **los invasores. El Rey no establecerá su trono en París porque la ciudad habrá sido destruida...**

Francia, ¡escucha mis palabras! Tendrás que sufrir 14 días de terribles combates. Durante estos 14 días de guerra habrá castigos... Si mi pueblo supiera que está en vísperas de un triunfo tan magnífico, no podría contener su alegría. Rezaría todos los días, y a través de sus oraciones, recibiría muchos consuelos; incluso sería ante la Victoria una muestra de agradecimiento...

Francia, en estos días de batalla, no te entristecerás, no perderás el valor.

Cuando los invasores vengan sobre Francia, a través de una oración revelada será como serán dispersados y rechazados. Él, (el enemigo) vendrá sobre Francia como un león furioso con toda su rabia, con todas sus armas de impiedad, para romper y azotar al pueblo de Francia... Mi mano invisible los aplastará y provocará su caída.

Francia, sin Mi Madre, nunca te habrías levantado de tu maldad. Si el triunfo te es concedido cada vez más rápidamente, es gracias a María, a sus súplicas y a sus lágrimas.

Francia, tendréis una lucha terrible por el rey Enrique que debe traer la paz y la concordia en su país. Tendrás menos dificultades para defender a la Santa Iglesia. Recuerda que la liberación del Santo Padre será terrible, pero menos terrible que la lucha por el Rey. Francia necesitará de un brazo poderoso. El primer día, la batalla tendrá lugar a través del Cielo; el segundo día tendrá lugar a través de los hombres".

(Nuestro Señor, 1 de octubre de 1875)

"(...) **Estas numerosas tropas, después de haber tomado una parte de Vendée y un gran número de franceses bajo su guardia** (prisioneros)

para hacerlos morir, pasarán por el centro de la Diócesis de Nantes desde la línea fronteriza de Vendée hasta el centro de la otra línea fronteriza que toca el corazón de la ciudad.
Hijos míos, los enemigos no penetrarán en el corazón de la Diócesis. Serán detenidos por el Ejército de los soldados de la Santa Cruz y de la Fe. Vendrán de la Santa Cruz (situada) **en la frontera de la tierra de Bretaña. Ellos** (las fuerzas enemigas) **no pasarán... Es allí donde el Señor les espera... Es un poco más abajo** (de la ubicación) **de esa Cruz donde pasarán, pero serán muy pocos... Tratarán de ver si es posible intentar la incursión, pero sólo alcanzarán la mitad de la mitad** (un cuarto) **de la distancia hasta el centro de las Diócesis. Serán rechazados por los bretones que saldrán con muy pocas tropas no heridas.** (Dicho esto), **nunca más estas tierras extranjeras verán a sus soldados..."**

(Fecha desconocida)

"Hijos míos, mi corazón maternal está cada vez más destrozado... Mi reino de Francia se convierte en el centro de todas las profundidades del mal, y para salvarlo, ¡cuántas víctimas! ¡Cuánta sangre derramada!
Mi reino, pronto, será dividido. Los hijos de Francia se convertirán en (súbditos) **de otro reino a pesar de su pretensión de seguir siendo franceses"**.

(La Santísima Virgen María, 25 de marzo de 1895)

La descripción de la Virgen María de la invasión de Francia por los ejércitos de Europa del Este y por las potencias musulmanas del sur abre toda una batería de otras cuestiones subsiguientes. En primer lugar, sabemos que esta campaña de invasión de Francia no fue una descripción ni de los planes de batalla de los ejércitos alemanes en la Primera Guerra Mundial ni de la Segunda Guerra Mundial, ya que la ofensiva alemana de 1914 provino de un arco norte-sur desde la invadida Bélgica y Alemania, y fue rápidamente detenida por el ejército francés. Nunca se tomó París y nunca el ejército alemán se acercó a Vendée, Normandía o Bretaña.

No podría ser tampoco una descripción de los planes de invasión de Francia por parte de Alemania en 1940, ya que la punta de lanza de la fuerza de invasión alemana no era Orleans ni París, sino Lille y Dunkerque a través, esta vez, de un Arco Sur-Norte, y no llegó ninguna fuerza de invasión desde Alsacia-Lorena ni ningún refuerzo a través del mar Mediterráneo.

Esta nueva invasión de Francia descrita por Marie-Julie Jahenny muestra un nuevo plan de batalla irreconocible en cualquier capítulo de la Historia (**ver páginas 189, y 190**).

Dicho esto, si esta próxima invasión (parcial) de Francia va a tener lugar realmente, la siguiente pregunta que viene a la mente es ¿qué acontecimiento animaría un movimiento geopolítico tan radical y arriesgado por parte de Rusia y sus aliados? Según esta profecía, Estados Unidos no envía fuerzas armadas al rescate de Francia, ya sea por una decisión política tomada en Washington, o porque Estados Unidos se verá impedido de enviar refuerzos a Europa, pero ¿por qué razón?

La primera razón podría deberse a una guerra civil que tiene lugar en Francia (y en otras naciones europeas), y una parte contendiente francesa que llama a Rusia y/o a otras naciones musulmanas para que le ayuden? Otro escenario sería que Estados Unidos fuera víctima de una gran catástrofe natural o de origen humano, o de ambas. Por último, otra posibilidad implicaría que Estados Unidos estuviera abrumadoramente comprometido en el Pacífico y/o en otros lugares... En consecuencia, si los rusos iniciaran una invasión de Europa y llegaran al río Rin mediante fuerzas armadas convencionales, implicaría que toda la OTAN forzada entre Bielorrusia y Francia tendría que ser rápida y completamente invadida.

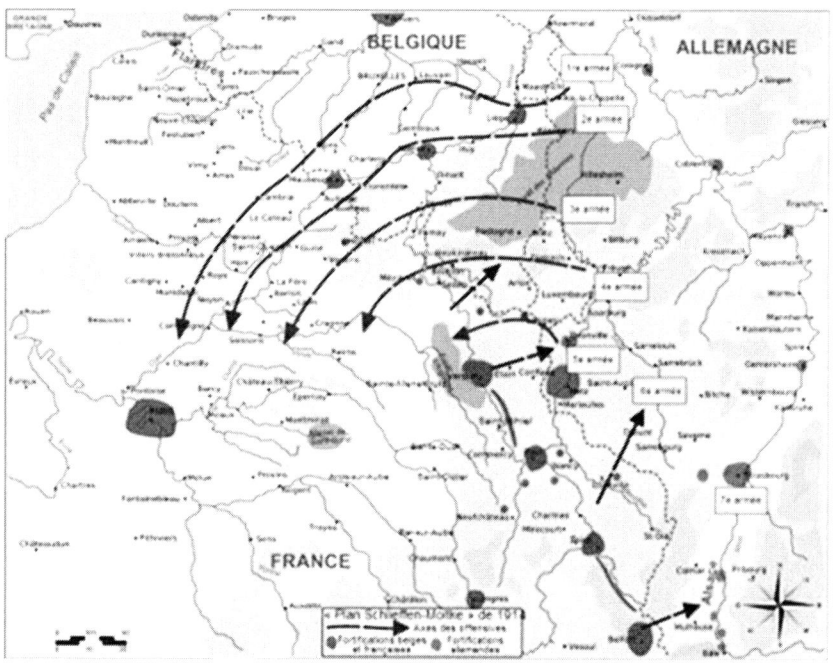

Ofensiva Alemana en Francia (1914-1915)

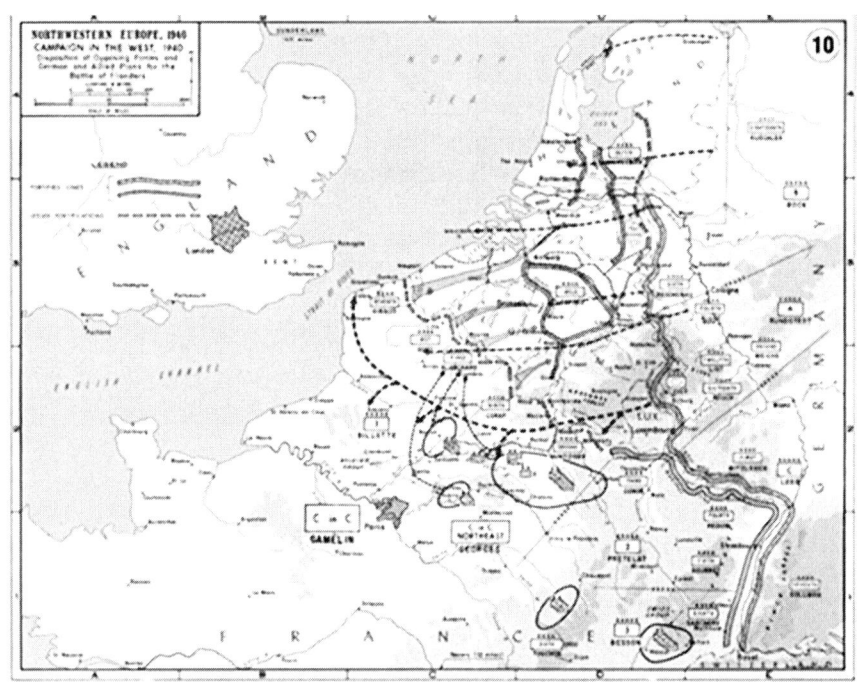

Ofensiva alemana en Francia (1940)

Asimismo, un movimiento mecánico de este tipo tan al oeste de las fronteras rusas supondría asegurar el flanco norte ruso antes o al mismo tiempo mediante una *Blitzkrieg* (guerra relámpago) moderna en toda Escandinavia (Finlandia, Noruega, Suecia y Dinamarca), los estados bálticos, Polonia, Europa central, Alemania, Holanda y Bélgica antes de llegar a la frontera francesa. Asimismo, lo más probable es que se produzca un ataque preliminar ruso sobre Escocia y el este de Inglaterra antes de que lleguen los posibles refuerzos estadounidenses. Este ataque a gran escala tendría que utilizar todas las armas de los arsenales rusos y de las reservas rusas (ataque y apoyo aire-tierra, tropas aerotransportadas, inserciones de comandos, unidades anfibias, divisiones acorazadas, apoyo aéreo, ataques navales y de misiles tácticos), y armamento no convencional distinto del nuclear, como ataques masivos de pulso electromagnético (E.M.P.), causando interrupciones de satélites e intercomunicaciones. Dicho esto, el riesgo de represalias nucleares por parte de Francia y/o Inglaterra sería lo suficientemente importante como para que Rusia no recurra a las ADM (Armas de Destrucción Masiva) sobre las fuerzas de la OTAN.

Francia, desde 1962, ha establecido su defensa militar en su capacidad de disuasión nuclear; sin embargo, en un país cuyo gobierno parece haber huido debido a un masivo malestar civil nacional, y cuyas fuerzas armadas parecen estar comprometidas en tierras árabes (Siria, Irak, Mali, etc.) sin una estructura de mando adecuada en Francia.

Naturalmente, el lector debe saber que los escenarios aquí descritos no son más que especulaciones del autor basadas en los mensajes proféticos recibidos por la vidente Marie-Julie Jahenny.

> **"Dividirán el Reino en dos partes. Los que acaban de entrar residirán en el Centro** (París)**; la otra parte** (Bretaña y las costas occidentales francesas) **será entregada como principio de la conquista a aquel cuyo nombre saldrá pronto a la luz para ser proclamado Rey de los franceses"**.
>
> (Nuestro Señor Jesucristo, 28 de septiembre de 1882).

Esta profecía muestra que París seguirá en pie y será ocupada temporalmente por la fuerza invasora, mientras que el oeste de Francia permanecerá bajo control militar francés con una línea de frente establecida desde Normandía hasta el oeste de Gascuña. Por tanto, se concluye que París será arrasada al retirarse los rusos, o a veces poco después...

> **"Será durante esta división de la tierra cuando Francia entrará dentro de los designios culpables de sus enemigos por la apostasía de la violencia completa.**
> **Francia será invadida hasta las diócesis que introduce Bretaña (...)**
> **La segunda crisis pondrá todas las cosas en su peor momento, y del pueblo** (de Francia)**, escapará sólo aquel que encuentre un refugio oculto (...) Los hombres en el poder, después de haber puesto el reino en la sangre, se reunirán en un lugar tranquilo, y formarán proyectos definitivos y decisivos. Buscarán un salvador para colocarlo en el trono de Francia. (...) Retirados en secreto, elegirán a su rey, el que está en contra de los designios de la Providencia. Así decidirán, y nada podrá cambiar su rumbo y colocar al culpable en un trono que nunca le pertenecerá.**
>
> (El Arcángel Miguel, 28 de septiembre de 1882).

En primer lugar parecerá que Francia ha acogido ya a su salvador, pero no será el verdadero salvador. El elegido y enviado por Dios será el de la Flor de Lis.

(19 de mayo de 1898)

Este mensaje del 19 de mayo de 1898, junto con el del 1 de octubre de 1875 (véase más arriba) son bastante reveladores. Se podría haber pensado que tal vez todas las referencias a un futuro rey de Francia se referirían al conde de Chambord Henri de Bourbon, pero como el buen conde falleció en agosto de 1883, los mensajes mencionan claramente a otro rey francés de la *"Flor de lis"* (mayo de 1898), y a una guerra en Francia que acabaría con la destrucción de París y la invasión de partes de Francia (1 de octubre de 1875). Asimismo, el mensaje del 7 de julio de 1881 (**ver página 160**) habla de un "alma joven" a la que se le asignará la tarea, "cuando Marie-Julie ya no esté", de llevar las luces a "su majestad" sobre la voluntad de Dios durante un tiempo de guerra en Francia; por tanto, esto no deja lugar a interpretaciones: se espera efectivamente el regreso de un rey francés a Francia. La Santísima Virgen María:

> **"Una palabra de saludo, hijos míos, para todos vosotros, ya sea de cerca o de lejos.**
> **Yo conduzco aquí a San Miguel Arcángel, Príncipe de los Ejércitos Celestiales y de los ejércitos mortales. Sólo tengo una palabra, hijos míos, para poner en vuestros corazones...**
> **Dejaré mis lágrimas bien visibles, cada día que venga entre los Amigos de la Santa Cruz. Mi frente estará velada hasta por encima de mis ojos; mis ropas serán negras como las de una madre que está de luto por su pobre pueblo... Lloro por Francia que entrará en el más horrible de los colapsos y apostasías... Veo el abominable sacrilegio colocarse en el altar.**
> **Hijos míos, me detengo... He hecho todo lo posible para salvar a Francia. No perecerá del todo, pero sí una gran parte. Mi corazón está roto... Rezad, hijos míos, porque mi Hijo golpeará a los que perdonó hasta ahora.**

(La Santísima Virgen María, fecha desconocida)

En un éxtasis particular, Marie-Julie Jahenny fue testigo de un coloquio entre San Miguel Arcángel y nuestro Señor.

San Miguel Arcángel:

> — *Señor, ¿cuánto tiempo más me dejarás gemir en el cielo antes de dejarme bajar a la tierra?*

El señor responde:

> — **Santo Arcángel, tú, Príncipe de los Amigos de la Santa Cruz, espera que los demás firmen la gran condena de Francia, la firma que los llevará al peligro y al reino de la última impiedad.**

Nota: Se teoriza que el documento a firmar del que se habla en este mensaje será quizás un tratado entre los restos de los líderes políticos franceses y las fuerzas de ocupación árabe-rusa, sellando algún tipo de acuerdo de colaboración con un gobierno francés títere aún por formar que alzará un Jefe de Estado cuyo objetivo será unir a las poblaciones francesas supervivientes: un rey de una rama traicionera de la familia Borbón (*la familia d'Orleans*) —reconocida por la población franco-musulmana.

San Miguel Arcángel responde:

> — ***Señor, debes ir muy lejos antes de actuar, pues en el estado actual de las cosas, a la tierra sólo le quedan unos pocos pasos.***

Nuestro Señor:

> — **Arcángel, dividirán el reino en dos partes. Los que acaban de entrar en él residirán en el Centro** (París); **la otra parte será dada como principio de reconquista a aquel cuyo nombre saldrá pronto para ser proclamado Rey de los franceses.**

San Miguel dice (dirigiéndose ahora a los amigos de la Santa Cruz):

> — **Amigos de la Santa Cruz, será después del regreso de estos grandes culpables al lugar donde el Cielo no quiere castigarlos. Él** (Nuestro Señor) **los espera en otro lugar para imponer el horrible castigo a la vista de todos** (...)
> **El ejército que el Señor ha elegido para la entrada gloriosa de la paz y de Enrique V, este ejército será invencible cuando toda la tierra se reúna para enfrentarse a él. El ejército francés pasará, rompiendo estas masas como el polvo. Este ejército invencible no es querido por los hombres mortales; es designio escrito** (hecho) **por la Mano del Cielo, establecido y deseado por el Imperio Eterno dentro de la extensión de Su Poder Glorioso.**
> **Hermanos y hermanas, ¡estamos decididos! ¡Tendremos las cabezas de los soberbios! ¡Reduciremos sus lenguas a polvo! Los derribaremos en esta tierra de maldición donde acampan para cometer maldades contra el exiliado y contra el combatiente francés**

(San Miguel Arcángel, 28 de septiembre de 1882)

"Para disipar todos los temores y el miedo, debéis tocar en vuestra frente una imagen o la dulce medalla de María Inmaculada (es decir, la Medalla Milagrosa). **Vuestras mentes permanecerán tranquilas. Vuestras mentes no temerán el acercamiento del terror de los hombres. Ellos no resistirán los efectos de Mi gran Justicia".**

(Nuestro Señor Jesucristo. Fecha desconocida)

Se ha encontrado en los documentos privados de Marie-Julie Jahenny que el rey no sagrado que subirá ilícita y secretamente al trono de Francia (por un brevísimo período de tiempo) será un descendiente del rey Luis Felipe (¿Jean d'Orleans?), y será elegido por dirigentes franceses traidores en un lugar secreto de Alsacia, Francia.

Estos extraordinarios mensajes dados por Nuestro Señor Jesucristo, por la Santísima Virgen María y por San Miguel Arcángel son cuatro de los pocos que dan grandes detalles sobre los eventos que vendrán. De hecho, a través de estas asombrosas profecías, aprendemos de dónde vendrán los ejércitos invasores, cuáles serán sus primeros objetivos tácticos y dónde tendrá lugar el primer enfrentamiento militar con las fuerzas francesas restantes... Así, mientras los rusos avanzan rápidamente por las llanuras europeas y llegan al norte de Italia con el objetivo de ocupar Roma, la punta de lanza occidental rusa entrará por las regiones francesas orientales de Alsacia y Lorena desde la Alemania invadida y probablemente desde el sur de Bélgica y el norte de Suiza.

Su empuje principal se dirigirá, con la parte más fuerte de sus fuerzas armadas, hacia Orleans y se extenderá por el centro y suroeste de Francia, dejando tras de sí enormes espacios de territorios en total destrucción, ruina y estragos... El puerto militar francés de Toulon (en la Costa Azul) será igualmente un objetivo táctico. El segundo ataque principal, aunque con una fuerza algo más débil, se dirigirá hacia París, Picardía y Normandía, que pronto caerá y verá entrar en ella una fuerza de ocupación.

Mientras tanto, una vez tomada Orleans, el empuje principal del ejército ruso-europeo recibirá refuerzos desde París y proseguirá su marcha hacia el oeste y entrará en Vendée, donde tendrá lugar una primera batalla importante que terminará con una victoria francesa en Nantes, y obligará a un ejército ruso sacudido a girar hacia el norte-noreste, hacia Normandía. Sin embargo, en el transcurso de esta invasión, los rusos lanzarán un asalto tras otro en Normandía, sin conseguir sus objetivos.

Estos ataques se concentrarán sobre todo en el renombrado *Mont Saint-Michel* católico que, según nos dijo Marie-Julie Jahenny, resistirá con éxito, no dejando a los rusos y a los musulmanes otro recurso que iniciar un nuevo ataque con unidades de baterías pesadas y lanzamisiles; sin embargo, sus numerosos ataques y bombardeos fracasarán estrepitosamente, como afirmó Miguel:

Sólo mi templo estará protegido (Mont Saint-Michel) **y escapará a las llamas... El fuego no podrá prender a pesar de los mil intentos de los ejércitos extranjeros y de**

los "mixtos" que habitan el Reino de María...

(San Miguel Arcángel).

El mensaje es claro, y será probablemente el segundo milagro de esta guerra... No obstante, vemos todavía una referencia a los "mixtos", probablemente refiriéndose a los franceses de origen árabe y africano que se unen a los ejércitos rusos (los mixtos). De hecho, además nuestro Señor nos revela que en el sur de Francia, cuando los ejércitos rusos crucen el río Rin hacia Francia, una fuerza masiva del norte de África desembarcará y prestará ayuda y refuerzos a su aliado ruso del norte en el centro y oeste de Francia. Además, nos enteramos de que mientras se produce esta invasión masiva desde el este y el sur de Francia, España e Italia sufrirán igualmente invasiones iniciales de tropas árabes extranjeras en sus costas meridionales.

En un apartado posterior de este trabajo, veremos que una fuerza rusa vendrá también desde el norte de Italia y se apoderará de Roma, donde ondeará su bandera sobre la cúpula de la Basílica de San Pedro.

De vuelta a Francia, Marie-Julie Jahenny nos dice que la invasión de Francia será finalmente detenida por un ejército francés en un frente que se encuentra entre Caen y Lourdes (**ver mapa en la página 520**). La invasión del este de Francia durará 45 días. pero se detendrá tan repentinamente como empezó, dando un respiro a ambas partes... Esta profecía en particular no es diferente a la del abad Souffrant, quien afirmó que los límites posteriores de la invasión del enemigo se fijarán en una línea trazada entre las ciudades de Le Havre (Normandía) y Burdeos (Gascuña) (**véase la página 520**). Hay que señalar que, como veremos en el capítulo IX, el padre Pel predice igualmente una línea que separará a Francia en dos, y que se situará entre las ciudades de Lille (Picardía) y Burdeos (Gascuña) (**ver página 520**).

Todo, afirmó, al este de dicha línea será asolado y quemado, mientras que la parte occidental de Francia se salvará... Tres líneas, pero una idea general común en cuanto a la extensión de una invasión extranjera y de la devastación que en consecuencia se producirá como resultado de aquélla... La invasión de Francia, aunque incompleta, se detendrá, dejando a Bretaña, parte de Vendée y las fronteras costeras occidentales francesas todavía bajo control francés, mientras que París y el resto de Francia permanecerán bajo una muy breve ocupación rusa y árabe.

La llamada del Joven Mensajero de Dios al Rey de Francia — La guerra y la liberación

La llama del Espíritu Santo:

— **¿Recuerdas el alma joven que, bajo los rayos de una llamada privilegiada, debe partir de las profundidades de Bretaña para llevar a su Majestad la palabra de lo Alto?**

Marie-Julie Jahenny:

— Sí, lo recuerdo.

— ¿Recuerdas algo que haya quedado sin decir?
— *Quizás... pero nuestros hermanos lo recordarán mejor que yo.*
— A esta joven alma se le asignará la tarea, cuando tú ya no estés, de llevar las luces a su Majestad sobre la Voluntad del Dios de los Ejércitos. He aquí un secreto que será confiado por el niño santo: El hogar sobre el que habrá brillado la Luz del Cielo se convertirá, bajo el reinado de uno llamado por Dios, en un lugar de gracias y oraciones. En este Centro que será renovado y reconstruido como otra Jerusalén, este hogar se convertirá en la Casa de Dios.

Por orden de su Majestad, se plantarán allí tres cruces. Llamarán a esta casa el Santuario de los Mártires, pues muchos sacerdotes y amigos suyos habrán emprendido la huida desde allí... Muchos obispos que serán reconocidos a pesar de estar desprovistos de las vestimentas que hoy llevan, sufrirán cruel martirio. Bajo el reino de la paz, se hará allí una bendición solemne; será realizada por los representantes de Dios que habrán regresado. Muchos de nuestros amigos y de nuestros hermanos volarán allí felizmente. Su Majestad será generoso en regalos para ese lugar reclamado por el Señor.

(El Espíritu Santo a Marie-Julie Jahenny, 7 de julio de 1881)

"**Esta flor es el lirio** (*Fleur de Lys*). **Oh Rey, niño milagroso, no te prepares para venir del exilio bajo una espesa polvareda levantada por la furia de los asesinos de tu país. Te prepararás para venir al borde de esta tierra que te fue ajena. Desde el norte de las fronteras, tu noble persona atravesará las legiones que sólo esperan que inicies una venganza. Pero, como el día de las tinieblas, sus ojos estarán velados, el exiliado será devuelto** (a Francia) **y Mi Justicia será cumplida. Pasarás a reclamar el cetro de la gloria**".

(Nuestro Señor Jesucristo, 22 de marzo de 1881)

Nuestro Señor Jesucristo dirigiéndose a Marie-Julie Jahenny:

"**Para tener un rey como el que os reservo, serán necesarias nuevas murallas. Este rey, cuando llegue a Francia, construirá una nueva fortaleza de una religión fortificada y de antiguas leyes violadas que serán renovadas una vez más. Para cobijar a este gran hombre, a este hombre de fe que lleva sobre su corazón la condecoración de su honor y de su fe, será necesaria una nueva cubierta en el palacio real...**
Éste difundirá aún más la devoción a Mi Sagrado Corazón y a Mi Sagrada Cruz. Será uno de mis ilustres propagadores de mis obras, es decir, ¡consagrará toda Francia a mi Sagrado Corazón! ¡Será como un nuevo Luis XVI con su crucifijo en la mano, cuando dirigía esa

mano hacia el Cielo consagrando Francia, desde su prisión, al Sagrado Corazón!"

Dirigiéndose ahora al rey Enrique V de la Cruz (Henri V de la Croix):

"¡Oh cuántas veces ha latido tu corazón cerca del mío, buen rey,! Buen siervo, ¡tu corazón está a punto de latir junto al mío! ¡Pobre niño desterrado! ¡Estás a punto de volver a ver tu Patria y saludarla con tus lágrimas! La fe está grabada en tu corazón, y la Consagración de Francia a Mi Corazón la fortalecerá aún. ¡Oh Enrique, mi siervo! ¿No ves la vela de Mi Amor que navega hacia tus lejanas regiones? ¡Esta vela se está formando como un estandarte! Bajo esa vela caminaréis tú y tus queridos compañeros y los soldados de tu causa. Enrique, entrando en Francia, tienes la misión de defender al Santo Padre (el Papa). Enrique, mi siervo, ¡estas armas están encerradas en un anillo de oro!"

Ahora dirigiéndose a Marie-Julie Jahenny:

"¡Víctima mía! ¡Ahí están los designios de Mi siervo! ¡Al volver a Francia, quiere llevar un gran Escapulario que represente al Sagrado Corazón y a Francia implorando la ayuda del Cielo! ¡Este hombre no enrojecerá su rostro por su fe! ¡No enrojecerá su fe por ser cristiano! Cuando Enrique entre en Francia, las batallas serán terribles... El centro-derecha y el centro-izquierda se abatirán sobre el Príncipe con total irritación y oscura ira. (Pero) la mera visión de su Escapulario será suficiente para que se derrumben por completo, y Enrique pasará con su Corte... Víctima mía, tengo grandes designios para el Rey y para Francia. Tengo en Mi Dominio grandes preparativos que se revelarán a medida que Francia progrese. ¡Pobre Francia! Sin Mí, nunca habrás resucitado... La Santísima Virgen María pide para Francia la *Salve Regina* cuatro o cinco veces rezada al día como acto de contrición, inclinándose en el suelo".

(Jesucristo, 1 de junio de 1877)

"(Enrique de la Santa Cruz) espera en soledad y con resignación la llamada de sus hermanos para dar días gloriosos a la Francia cuyos santos reyes han gobernado en el pasado. Pero tened por seguro que aquel cuyo exilio posee la soledad no será el primero (en aparecer) cuando la decisión sea ejecutada... Quedan todavía los restos de una familia que reclama el derecho al Cetro y a la Corona; pero esta raza no está incluida en los designios de Dios, porque su malicia (su culpa) ha sido la causa de una víctima inocente: la que ha dado su sangre para mantener a salvo su Fe: Luis XVI. El descendiente de un padre asesino pretende tener derecho al Trono. Esta familia tiene una naturaleza muy mala** (la familia d'Orleans)"[10]

(San Miguel Arcángel, 29 de septiembre de 1879)

"Será en la tercera crisis cuando llegue la salvación. La salvación vendrá del centro de su Sagrado Corazón, o más bien de aquel que está destinado a traer la paz. Con su Coronación (la del Rey Enrique V)**, cesarán todas las penas. Hijos míos, él viene de la Rama de** (el Rey) **San Luis, pero esta Sodoma culpable** (Francia) **no lo reconoce…"**

(Nuestro Señor Jesucristo, 15 de agosto de 1905)

"A quien ha elegido (el rey Enrique V de la Cruz) **Dios le dará todas las gracias y luces que sean necesarias para conocer los medios con los que hará todo lo posible para la regeneración de la humanidad, como Dios quiere"**.

(9 de febrero de 1914).

Estos mensajes, junto con otros papeles encontrados en posesión de la familia del marqués de la Franquerie, muestran claramente que el futuro rey de Francia, el elegido por Dios, el rey Enrique V de la Santa Cruz, será efectivamente descendiente no sólo del rey San Luis de Francia, sino también del rey Luis XVI y de María Antonieta… Esta extraordinaria revelación abre una serie de interrogantes en torno a la fuga de la prisión del "Temple" del joven Príncipe (el Delfín) de diez años, Luis XVII, fuga que ha sido sospechada, discutida y debatida con profunda pasión en Francia durante los últimos 230 años.

El futuro Rey de Francia, leemos, aunque nacido en Francia, francés de alma y de sangre, vivirá en el exilio con su familia, en el extranjero esperando el momento en que la Divina Providencia le llame a asumir su destino. A pesar de ello, se ordena a los fieles que no traten de encontrarlo, pues sólo a Dios le corresponde conocer su paradero, ya que, de lo contrario, si se revelara su ubicación e identidad antes del tiempo señalado, sus enemigos podrían atentar contra su vida…

Marqués de la Franquerie:

*Marie-Julie siempre me ha asegurado que Nuestro Señor y **Nuestra***

---

[10] Louis Philippe Joseph d'Orleans, también conocido como *Philippe Égalité*, fue el primo traidor del rey Luis XVI que emitió el voto que decidió la ejecución del rey en la guillotina. Hoy en día, el pretendiente a la Corona de Francia de esta rama familiar es Jean d'Orléans…

Señora le habían dicho a menudo que los d'Orleans nunca reinarán; el derecho y la justicia se oponen a que herede aquél —que (por su voto decisivo) *ha asesinado* (al Rey Luis XVI)*— y no será permitido a los descendientes de Philippe d'Orleans. Ella nunca dejó de decirme que él* (el verdadero Rey de Francia) *sería un descendiente de los Reyes Mártires, por tanto de Luis XVI y de María Antonieta. El cielo siempre le ha hablado del rey oculto, porque Dios no quiere que sepamos quién es para que los masones, los republicanos o ciertos pretendientes, no intenten asesinarlo. Dejemos a Dios el cuidado de indicarnos a su Elegido.*

(Marqués de la Franquerie, Marie-Julie Jahenny, *The Breton Stigmatist*)

"Esta bola que sirve de trono a mis pies, es aquella en la que, en medio de las Palabras de Gloria del Señor, se sentará aquel a quien los hombres combatirán en el combate, aquel que será despreciado, y aquel que, en su fe, vendrá a los pies de la madre de la Madre de Dios (Santa Ana) **para renovar su fe y su oración** (¿Ciudad de Sainte Anne d'Auray, Bretaña?)**".**

(San Miguel Arcángel, 23 de noviembre de 1882)

Marie-Julie Jahenny:

He aquí las palabras que el salvador mortal (Su Alteza Real Enrique V de la Santa Cruz) dirigirá a Santa Ana en la tierra de Bretaña:

"Tú sabes, Santa Ana, la ambición que tiene mi corazón de reinar en medio de mis hermanos. Esta ambición no es por mi propio interés; es por el de mis hermanos y el de mi pueblo al que quisiera hacer feliz después de tantos años de dolor".

La Santísima Virgen María confió a Marie-Julie Jahenny una importantísima confidencia sobre la identidad del Gran Monarca, eliminando a los pretendientes contemporáneos. Esta extraordinaria revelación tuvo lugar el 28 de marzo de 1874, día de la fiesta de San Gontrán, primer rey canonizado de Francia.

"¿Por qué no rezáis más? ¿Por qué no pedís más por la salvación de Francia, vuestra patria? Le daré un rey piadoso. Él mostrará un buen ejemplo a Francia. Hará florecer la fe y la religión triunfará. El Rey es uno de Lys (*Flor de Lys*)**. Es un héroe; el mundo no lo conoce. Reinará hasta el final de los tiempos con toda su belleza y gloria, su nombre sólo lo conoce el Cielo. Saldrá del Corazón Adorable de Jesús**

unas semanas antes de la **Gran Paz de Francia**. Esta paz tendrá lugar en tiempos de plena dificultad, en tiempos de plena revuelta. No es un descendiente de Luis Felipe, ni de Naundorff, ni de Napoleón. No está entre los pretendientes de los Borbones. **Es un rey oculto que tendrá las virtudes y sobre todo la hermosa fe de un rey San Luis…"**

(La Santísima Virgen María, 28 de marzo de 1874).

A continuación, Marie-Julie Jahenny revela una oración especial que se reza al rey San Luis en su honor y por la llegada del Gran Monarca Católico:

— **Gran San Luis, Rey de Francia**, héroe de Francia, reza por Francia.
— **Gran San Luis, Rey de Francia**, hermoso lirio de la pureza, amigo del Sagrado Corazón de Jesús, ruega por Francia.
— **Gran San Luis, Rey de Francia**, que conservaste tu pureza y tu hermosa inocencia y que nunca mancillaste esta corona en el trono que te dieron Jesús y María, concede la paz, ruega que Francia se humille a los pies de Jesús y María y ante ti.
— **Gran San Luis, Rey de Francia**, que vienes a reconciliar el Cielo con la Tierra y a quien Jesús, el Dios de Francia, da sus gracias, trae la paz a Francia, haz que la Fe florezca allí, reza por Francia, el Santo Pontífice y la Iglesia.
— **Gran San Luis**, tú, amigo del Sagrado Corazón de Jesús, tú, siervo ferviente de María a la que tanto amaste y por la que deseaste morir un sábado, día que le fue consagrado, ruega por nosotros, infelices hijos de Francia.
— **Gran San Luis, Rey de Francia**, tú a quien Jesús y María recibieron en sus brazos y a quien luego dieron una bellísima corona, ruega por Francia.
— **Gran San Luis, Rey de Francia**, Francia te llama y te pide que traigas esa hermosa corona que nunca has mancillado, dásela como una segunda corona, ruega por Francia.
— **Gran San Luis**, que rezas con la Inmaculada por el Soberano Pontífice en medio de sus sufrimientos, las calumnias, las persecuciones, libera al Soberano Pontífice.
— **Gran San Luis, Rey de Francia**, ven hoy con María Inmaculada, reconcilia a Francia con el Cielo. Estamos todos presentes, rezamos juntos. Vendrá en nuestra ayuda, para hacer florecer la verdad y la inocencia en medio de la Francia desvaída, ya que María le ha dado el poder, reza por Francia.
— **Gran San Luis, Rey de Francia**, Jesús y María han permitido que tomes de la mano al Rey que gobernará y le darás su corona que nunca empañaste. María te permite colocar en el trono a este Rey que traerá la paz. Reza por el Soberano Pontífice que te invoca por Francia.

Vemos en ti una hermosa esperanza, vemos tu mano bendita. María no te negará nada, tú que la has amado tanto. Ven en nuestra ayuda. Ven tú también, oh Sagrado Corazón de Jesús, ábrelo por completo para que nos escondamos en él y no salgamos jamás.

— **Todo por ti, oh Sagrado Corazón, todo por ti Jesús y María, y todo por ti.** Oh buen San Luis, Rey de Francia. Amén.

"**Nunca, pobre Francia, serás gobernada por otro que no sea el Rey de mi elección. Yo mismo vendré en el momento en que haya la menor apariencia de esperanza. Me pondré en medio de Francia; convocaré a todos Mis hijos en torno a Mi Sagrado Corazón, y daré al conquistador de Francia el estandarte en el que está grabado Mi Sagrado Corazón.**

Después de esta prueba, acortaré el tiempo del castigo a causa de Mis víctimas, a causa de Mi Sagrado Corazón, y finalmente para dar de una manera más rápida el Rey elegido y escogido por Mi Divino Corazón.

Poblaré la tierra de Francia de flores, es decir de corazones puros, generosos, arrepentidos que amen a la Santa Iglesia, al Santo Padre y al Rey. Bendeciré la tierra y a Mi pueblo (que habrá) **escapado. Daré a Francia una nueva generación. Crecen en Mi Gracia; seguirán durante el reinado de un Rey muy piadoso que, por sus virtudes, se convertirá en el ornamento de Francia. Preferiría que olvidarais otras revelaciones salvo ésta**".

(Nuestro Señor Jesucristo a Marie-Julie, 1 de diciembre de 1876)

"Vendrá el deseado por el pueblo de Francia. Entrará en esta tierra con ejércitos humanos rodeados de ejércitos angélicos. En sus ejércitos se encontrarán grandes cristianos, grandes hombres cuyo honor se mantendrá durante toda la duración de este mundo".

(Marie-Julie Jahenny, fecha desconocida)

"**El extranjero entrará en Francia con todo su ejército. Cruzará una distancia medida por Mí. Yo los detendré, y en esta parada, motivaré al salvador del resto de Mis hijos. Él vendrá del Este mientras parece venir de la profundidad del Norte. Lo conduciré al Sur** (de Francia)**, y desde allí lo dirigiré no hacia el trono de hoy, porque no habrá más trono** (allí)**, ni siquiera una base para construir otro** (Paris destruída)".

(18 de septiembre de 1902)

El 15 de junio de 1875, Marie-Julie tuvo una visión extraordinaria. Era el

Rey traído de nuevo por la Virgen, que lo ama como su Hijo por su inocencia. Apareció como Soberano, coronado de grandeza a la sombra de los pliegues de su bandera. Al cabo de un rato la escena cambió y se completó, Francia siguió a su Cabeza Legítima. Su pequeña corona se transformó en una diadema de victoria. El Sagrado Corazón se unió a la Santísima Virgen María para asegurarle su Amor y anunciarle una vez más que vencería a sus enemigos con un triunfo inigualable. *"¡Francia está salvada! Francia está salvada!"*, repetía Marie-Julie. Los buenos amigos del Sagrado Corazón se agrupaban en grandes multitudes detrás de Francia, precedidos por todos los santos que protegen a la Hija Mayor de la Iglesia.

Marie-Julie tuvo otra visión que daba detalles del momento en que se produciría la salvación de Francia:

"Cuando todo parezca perdido... entonces será el momento de la victoria. Será el momento en que todos los crímenes e impiedades recaigan sobre quienes los cometieron".

Nuestro Señor dirigiéndose a Francia:

— **Enviaré a San Miguel, Príncipe de la Victoria, para que lleve el Lirio que adorne tu cabeza.**

Y la Santísima Virgen María añadió:

— **Mi Divino Hijo y yo hemos reservado el Lirio. Mis fieles hijos, conservad la sencillez de vuestras opiniones.**

Todos los ángeles estaban allí, al pie del Trono Celestial, con la Santísima Virgen María, que ofreció a su Divino Hijo una hermosa bandera blanca adornada con Lirios:

"Se acerca el momento en que, durante algunas semanas, el oráculo no dejará de advertir, con voz fuerte e imponente, a las personas que habitan la región de Marmoutier donde vivió San Martín,[11] (de) los acontecimientos, los enfrentamientos y las revoluciones en la región de Touraine. El número de malvados (allí) es inmenso, (mientras que) el número de almas buenas se reduce a un pequeño número...
Después de que una dama haya hablado por el pueblo de Tours, su voz cambiará... un grito agudo saldrá de ella. Desde ese lugar ella verá el inicio de la primera batalla en la región-centro del Reino (el breve pasaje siguiente no es claro ¿...?) hasta la hora en que llegará el

---

[11] Abadía situada a 3 kilómetros de la ciudad de Tours, fundada por San Martín en el siglo IV.

llamado por Dios, el Rechazado, el abandonado por el mayor número de hombres... Es en el momento en que la Voz de Dios lo llamará (Enrique V de la Santa Cruz) **será el reino que acabará con el terror".**

(25 de agosto de 1882 / Fiesta del Rey San Luis de Francia).

En una particular aparición de San Miguel Arcángel, a Marie-Julie se le revelaron más datos sobre los orígenes del tan esperado futuro Rey de Francia:

"**Los he llevado** (los dos lirios, *Fleurs de Lys*) **al Corazón de Jesús, y del Corazón de Jesús al corazón de un nuevo Rey a través del corazón de un rey que dio su sangre, y que la Iglesia beatificará** (Luis XVI, el rey mártir)".

(San Miguel Arcángel)

Y la Santísima Virgen María:

"**Podéis estar seguros, hijos míos, de que este santo Rey** (Luis XVI) **está ya con los santos, y que el Cielo celebrará una fiesta elevándolo a los honores de los Altares**".

(6 de octubre de 1877)

Marie-Julie explicó:

El triunfo de los vivos será grande cuando la Santa Iglesia, que hoy está rodeada de espinas, sea rodeada por una corona de flores de lis doradas: el Santo Papa, el Gran Monarca y los demás Príncipes de los Lirios que reinarán sobre el mundo y asegurarán el triunfo de Dios y de la Iglesia. Los defensores de la Fe serán protegidos desde el Cielo. Siendo la raza de los Reyes de Francia la de David, por tanto, la misma que la de Nuestro Señor y la de la Virgen Inmaculada, divina en uno de sus Miembros, es natural que sea esta raza la llamada a reinar sobre el mundo en el momento del gran triunfo de la Iglesia.

En 1874, Marie-Julie Jahenny declaró públicamente:

*La Virgen María me ha hablado mucho de Francia. Me ha pedido tres oraciones por Francia para recitarlas cada día: <u>**Un Magnificat. Un Ave Maris Stella y un Stabat Mater. Además, hay que arrodillarse y rezar con fervor mirando al cielo**</u>. La Santísima Virgen María la librará* (a Francia) *por medio de un rey que la salvará y la gobernará mucho tiempo.*

Me ha dicho que no se le pide suficientemente por ese rey y que no le rezamos con suficiente fervor para que nos lo conceda. **Lo nombra Enrique V, y nos recomienda que recemos mucho también a San Miguel Arcángel. En cuanto al Sagrado Corazón. Se ha quejado también en muchas ocasiones de que los franceses no le pidan por el Rey...**
Creo que sería bueno que le pusiera énfasis en el hecho, como le dije antes, de que **este Rey ciertamente NO será un descendiente de la familia de Orleans** *ya que ellos* (sus miembros) *no descienden de la rama masculina de los reyes de Francia que es lo único que quiere Dios, que ha instituido este requisito. Se ha dicho claramente que* **este gran Monarch será un descendiente del Rey y de la Reina mártires: Luis XVI y María Antonieta**.

(Marie-Julie Jahenny, 25 de marzo de 1874)

Cuando Francia esté de rodillas, maltrecha y golpeada, el mensaje de esperanza del que se hace eco Marie-Julie Jahenny será recordado por un país que perderá la fe pero por completo... y, sin embargo, este mensaje comienza con un mensaje dado por uno de los más grandes Reyes de Francia, el Rey San Luis (Luis IX), anunciando la llegada de la salvación a Francia, un Rey enviado y preparado por Dios, un Capeto y un Borbón de verdadera sangre real, descendiente del Rey San Luis y del Rey Luis XVI y de la Reina María Antonieta:

"Cuántas blasfemias, cuántos perjurios en este trono terrenal. Vuelvo para reconciliar el cielo y la tierra. Reconciliará a Francia con el Corazón de Jesús. Quiero que Francia abjure de sus errores. María Inmaculada me da poder y gracia. A través de mis oraciones le daré a Francia un nuevo bautismo y luego restableceré su trono. Le llevaré esta hermosa palma al centro de este trono y mi hermano en Jesucristo (Enrique V) **que la gobernará conservará su inocencia y su pureza, y Jesús y María lo bendecirán, bendecirán su caridad y su gran fe heroica.**
Amigos del Señor, mañana rezaré mucho por aquel que debe hacer feliz a esta tierra, y devolverle esta misma flor (la Real Flor de Lys) *que yo llevaba cuando la gobernaba* (Francia). *Esta antorcha que tengo en la mano es el símbolo del salvador que, lleno de vida y de juventud, aplastará a las tropas* (del enemigo). *Pobre Francia... Muy pronto, será llevada a su tumba... El golpe fatal, que ella merecía, la aplastará sin que pueda defenderse. Pero un Defensor es elegido* (para ella) *por el Verdadero Rey Eterno.*
... ¡Estas pobres almas! En una noche oscura, el Centro (París) *será bombardeado, y las víctimas no sobrevivirán...* (Sin embargo,) *Mis amigos ya no estarán allí; todos lo habrán dejado antes* (de que se produzca la catástrofe). *Rezaré por este reino tan miserable donde el Rey*

de la Gloria ha sufrido tantos ultrajes..."

(Rey San Luis de Francia, 25 de agosto de 1882).

Nota: Aquí, el mensaje del Rey San Luis recibido por Marie-Julie anuncia la tan esperada llegada del Rey, preparada por Dios para Francia; sin embargo, lo que se anuncia al mismo tiempo es gravísimo, pues anuncia que París será "bombardeada" durante una noche de manera tan severa que ningún habitante sobrevivirá (o casi ninguno: 88). Como hemos visto anteriormente, el reverendo padre Pel, místico y vidente francés, anunció también que París será bombardeada mediante dos ataques nucleares sincronizados lanzados por los rusos desde las afueras de las ciudades de Orleans y Reims... Pero, a pesar de la épica destrucción de la capital francesa, París no será totalmente destruida, nos dice Marie-Julie, aunque la mayor parte de la ciudad será quemada y hundida en una profundidad sin fondo...

Como sabemos que los invasores rusos entrarán en París poco después de que crucen la frontera francesa y empujen sus fuerzas armadas hacia la Capital, sólo podemos suponer que París será destruida en su retirada...

> **"Toma buena nota, que en tu última lucha** (Tercera Crisis) **cuando el populacho será más implacable que nunca, verás comenzar todos los castigos: guerra, carnicería, horribles plagas... Después, será... ¡La llamada al Rey!"**

(Nuestro Señor Jesucristo al país de Francia, 12 de febrero de 1876)

> **"¿Oyes mi voz, oh mi hijo amado? ¡Tú que durante tanto tiempo has caminado sobre una tierra extranjera! ¿No ves el camino por el que enviaré a tu encuentro a los príncipes de los ejércitos celestiales para que este triunfo sea hermoso como el de un Rey de Predilección? Mi amado hijo, seca tus lágrimas. El Lirio** (*Fleur de Lys*) **será tu hermano, y Mi Amada Madre será tu Madre. Tu corona llevará el emblema de la Flor de Lys, y la Flor de Lys florecerá siempre sobre tu frente. Desde tu frente, florecerá sobre tu trono, desde tu trono sobre Francia, tu reino reservado, y desde allí más allá de las fronteras francesas hasta la Ciudad Eterna** (Roma)**".**

(Nuestro Señor Jesucristo, 9 de enero de 1878).

He aquí un extraordinario intercambio entre Marie-Julie Jahenny y la Santísima Madre de Cristo que da más luz aún sobre el esperado futuro rey de Francia:

> — **Hijos míos, el Rey vendrá en la Cruz, es decir, en los dolores, porque el reino no estará aún del todo tranquilo... Sólo después**

de haber sufrido las penas, recibirá su corona atravesando el reino. Una vez que consiga hacerlo, se restablecerá la calma, pero todavía habrá (muchas) penas... Su fe le hará salir victorioso de todas las dificultades. El Rey tendrá un don que ningún otro rey ha tenido. San Luis, rey de Francia, cumplió con su deber, pero este nuevo rey será aún más maravilloso en su reinado. Verás en este hombre lo que nadie ha visto en ningún otro.

— *¡Santa Madre, no lo conozco, pero lo amo!*
— Y yo también, mi querido hijo... Mi corazón late por ti, oh rey mío, oh hijo mío. Todavía late.
— *¿Por qué es también tu rey?*
— Porque lo amo; porque será el rey de mis hijos. No hablo por ti (pues todo esto tendrá lugar después de la muerte de Marie-Julie); porque él colmará sus esperanzas a pesar de las grandes dificultades. Si no ves el camino de la llegada de mi rey, no te preocupes. Este camino será milagroso, como el resto de su vida. Nada es imposible para Dios.
— *Sí, Santa Madre. ¡Credo! ¡Credo!*
— ¡Ah! ¡Pobre esperanza vana de los hombres ciegos! Creen que el Rey nunca será suyo... Se equivocan. Se asombrarán de verdad al ver un día a mi rey. Sabed esto: no será Francia quien lo llame. Sabed que vendrá por sus amigos. La pequeña cantidad de los que le desean será bien recompensada. Los otros, el gran número... serán justamente castigados.

(22 de enero de 1878)

En esta notable conversación con Marie-Julie, la Santísima Virgen María describe al Rey de Francia como "Su rey" porque lo ama; cuando afirma que es "Su rey" se refiere a un Rey suyo. Naturalmente, el Rey de la Santísima Virgen María, el que ella ama como su Soberano e hijo, su Señor y Dios, el que "cumple sus esperanzas" es Dios manifestado a través de su Hijo Jesucristo.

"Mi Voz Adorable reúne a mis ilustres y generosos combatientes. Como antes en diferentes circunstancias, ha elegido a verdaderos y generosos guerreros.
Este hombre de fe que ha sufrido y esperado desde la profundidad del exilio, se levantará antes de muchos años como un destello luminoso. Esperará en tierras francesas la llegada del ejército enemigo que se asombrará del oscuro firmamento...
En mis diseños, el salvador duerme en el exilio incrustado en la Flor de Lys que tanto ha soñado su espíritu. Bajo un cielo disperso y lleno de estrellas, llevará el triunfo a Mi Templo y descansará sobre Mi Corazón.

(...) El enemigo se opondrá al triunfo del ilustre vencedor. Sus ejércitos estarán sedientos de la sangre de los que Mi Gloria llama, pero el Cielo los cegará y el trueno los golpeará sin cuidado".

(Extracto del mensaje de Nuestro Señor Jesucristo a Marie-Julie, 17 de enero de 1882)

"Dios ayudará al Rey tan poderosamente que los hombres no comprenderán la rapidez con que se hace la guerra y la paz. Después de esto, el Rey será llevado a Francia por sus partidarios. Recibirá una comunicación del Santo Padre de que es llamado por Dios y que la Santa Iglesia necesita su ayuda. Los obispos también le invitarán, y una invitación de ellos será como la invitación del Sagrado Corazón. Pero habrá un número muy reducido (que le invitará)".

(18 de febrero de 1876).

"El hombre de fe que ha sufrido y esperado desde la profundidad del exilio, se levantará, antes de muchos años, como un destello luminoso. Esperará en tierras francesas la llegada del ejército enemigo que se asombrará del oscuro firmamento...
En Mis designios, el salvador duerme en el exilio incrustado en la Flor de Lys que tanto ha soñado su espíritu. Bajo un cielo disperso y lleno de estrellas, llevará el triunfo a Mi Templo y descansará sobre Mi Corazón.
(...) El enemigo se opondrá al triunfo del ilustre vencedor. Sus ejércitos estarán sedientos de la sangre de los que Mi Gloria llama; pero el Cielo cegará (al enemigo). El trueno los golpeará sin cuidado. Está muy lejos el asedio ensuciado por el culpable, y ensuciado de nuevo por hombres aún más culpables a través del cual conduciré, bajo una nube de triunfo, a Mis elegidos en esta tierra francesa donde los enemigos han jurado dar muerte al salvador del reino, Enrique de la Santa Cruz. Su nombre está inscrito en el libro de oro".

(Nuestro Señor Jesucristo, 17 de enero de 1882)

He aquí otra asombrosa conversación entre Marie-Julie y San Miguel Arcángel que se encuentra en las numerosas grabaciones de apariciones de Marie-Julie Jahenny:

— Los cadáveres de los enemigos del rey serán pisados por todos los grandes que le acompañarán al trono (de Francia) desde donde debe establecer la paz, y hacer que el bien florezca por todas partes; sin embargo, aún quedarán enemigos en pie, pues el Rey debe venir en el momento más furioso de la tormenta. Se mantendrá a salvo, ya que la Madre de Dios lo guarda como su propio hijo, y lo reserva como heredero (legítimo) de una corona bien merecida que le ha sido robada. Los días de exilio le habrán costado caro a este Rey fiel y católico... Sin embargo, será recompensado proporcionalmente. Que los hombres digan y afirmen que nunca vendrá, entonces pregúntales si son profetas...

— *¡Nosotros no diremos nada, buen San Miguel!*

— **No... tú no.** (Ya que Marie-Julie no vivirá en estos tiempos.) **Cuando llegue el reinado de este Rey, Francia estará terriblemente debilitada, terriblemente despoblada... ¡pero Dios la recompensará con maravillosos prodigios! La paz reinará en todas partes con felicidad por doquier. Todas las demás naciones tendrán igualmente su propia justicia después de este horrible dolor reservado a Francia, pues habrá una Renovación de todo el Universo. Habrá por todas partes castigos provenientes de la Justicia Divina. Hay naciones, que no nombraré, que tendrán que sufrir... durante muchos años... Creo que los amigos de la Santa Cruz han comprendido que su futuro está asegurado, y que tendrán un pensamiento** (especial) **de acción de gracias por su querida Madre.**

— *Sí, en todos estos días, se los presentaremos a ella...*

— **Tú no...**

— *No estaba pensando... Les presentarán un ramo de lirios, y luego se lo ofrecerán al rey*

(29 de septiembre de 1878)

Aquí, una vez más, San Miguel Arcángel confirmó que el Rey de Francia vendrá a salvar a Francia años después de la muerte de Marie-Julie.

En presencia de la Divina Majestad, me encontré profundamente descansado. Por otra parte, nunca una pena ha afligido todo mi ser como la visión que el Señor me ha hecho ver de la Tierra.

Esperarás un poco, pero no mucho antes de revelar todo lo que he depositado en tu alma.

(...) He visto el asedio de una tierra terriblemente destrozada. He visto a Satanás y a sus hombres hacerse victoriosos y reyes a pesar de las órdenes de Dios. He visto a los ejércitos triunfantes en el Centro (París). *Los ejércitos de estos vencedores culpables querrán oponerse al paso de los verdaderos siervos de Dios que vendrán de todo el mundo con la Fe que todavía tenemos hoy y con una esperanza que nada podrá romper.*

Los siervos de Dios se enfrentarán a estos ejércitos que se opondrán a su paso en una defensa mortal. El Gran Coronado levantará su voz para decir: "¡Tomad las armas! Golpead a todo este ejército que, por mi autoridad, maldigo". He visto caer la espada sobre la cabeza del vencedor (enemigo) *coronado, y sobre la espada aparecieron las siguientes palabras:*

"¡He declarado que no hay más que un solo hombre destinado al Imperio de Francia!
Me levanto con Cólera y Justicia; exterminaré el orgullo de ese rey hecho por los hombres y que Mi Voluntad ha rechazado (de la Casa de los d'Orleans)**"**

Y todos estos muros fueron destruidos, estos muros que han servido para la protección de los que han reinado bajo ese techo. Pero todo esto no es nada en comparación con lo que aún está por venir...

(7 de noviembre de 1882).

"Hijos míos, soy la Llama de las Palabras Divinas de la Vida Eterna. Hijos míos, en nombre del Poder Infinito, os revelo en voz alta que, pronto, en (la región de) **Saboya** (Francia)**, un anciano, hijo mortal de Adán, se erigirá como antorcha de salvación para estas regiones. Este anciano será pobre, vivirá en el campo, estará retirado del trabajo diario, será santo y venerable por su Fe y por su piedad. Hará mucho bien al exiliado** (el rey Enrique V de la Santa Cruz) **y a los hombres de alto rango. En el bando contrario, se levantarán gritos horribles contra el exiliado. La última palabra será:** *"¡No pasará por la tierra de Francia sin que las balas silben alrededor de sus ejércitos y, sobre todo, alrededor de sus propios oídos!"*. **Hijos míos, será al principio de la gran crisis. El bien será realizado por este anciano llamado por Dios para una misión breve pero hermosa. El pueblo aún tendrá tiempo de leer las líneas dictadas por el Cielo bajo la pluma de este anciano".**

(12 de octubre de 1882)

Es hacia el final de este último período cuando traerán a aquel que no tiene esperanza, que no es ni agradable ni consolador. Su nombre pasará en el Sol, rápidamente como un destello (el falso rey de la familia d'Orleans)**, para que el pueblo sepa que NO es el verdadero rey que debe sentarse en el trono. Es entonces cuando sus amigos** (ejército / comandos) **marcharán al encuentro del verdadero rey** (Enrique de la Cruz)**, antes de que suene totalmente la paz en Francia...**

Algunos amigos (de Enrique de la Cruz) **vendrán a ampliar el pequeño número de amigos franceses** (que compone el ejército) **del verdadero rey. Le acompañarán hasta la misma frontera del reino, pero no dejarán su tierra para pisar la de Francia...**

Los amigos del (falso) **rey que Dios quiere que caiga tendrán también sus propios amigos. Marcharán contra el nuevo Salvador para destrozarlo a su entrada** (en Francia) **e impedirle alcanzar el trono que le está destinado.**

Vendrá del Este (Bélgica, Luxemburgo, Alemania, Suiza, Italia del Norte...).

A unos 9 kilómetros del Centro (París) **se encontrarán los ejércitos** (enemigos) **de los gobernantes actuales. Es allí, en una gran ciudad donde Dios los espera para darles sus grandes señales y cegar a estos bárbaros que se opondrán al futuro salvador. Otros irán más lejos para esperarle a su entrada** (Francia) **...**

El (verdadero) **Rey habrá recorrido ya unos 50 kilómetro dentro de Francia, en dirección al trono** (¿París? ¿Reims?). **Es allí donde Dios espera a sus verdaderos amigos para que se alegren de su Gran Señal. El estandarte blanco será levantado en este lugar cuyo nombre se dirá** (El nombre de esta ciudad / pueblo nunca ha sido encontrado en los archivos de M-J ...). **Él** (Enrique V de la Cruz) **pasará a pesar de la muralla** (defensas) **que será levantada contra él, y sus combatientes verdaderos no temerán nada, porque sobre ellos flotará "la Protección". Él** (Enrique V) **pasará por encima de sus enemigos cuya ceguera los habrá destrozado... Enrique llegará hasta el trono antes de que termine la batalla.**

El que fue realmente elegido (por los culpables "mixtos"[12] de Francia: ¿Jean d'Orleans?) **bajará del trono, avergonzado, ante el futuro Gran Protector de Francia**[13], **ante la gran confusión de los que le han colocado allí en primer lugar.**

La batalla durará sólo unas horas bajo los ojos del salvador de la Paz (Enrique V), **pero antes de subir a su trono, verá pasar muchas semanas debido a las dificultades para encontrar a alguien que lo consagre...**

Los apóstoles de la Iglesia (la revolución en Francia no habrá terminado todavía) **se dispersarán todavía... El que ha de tener ese honor no se olvida,** (pero) **no es el del Centro** (Arzobispo de París) **ni el que está del lado por donde sale el sol** (Arzobispo de Reims), **ni ninguno de los que**

---

[12] Franceses de papel. Franceses de origines musulmanes y immigrantes
[13] Henri V de la Croix (Enrico V de la Cruz)

residen en los alrededores de la *Sala del Infierno*[14] .

(Santísima Virgen María, 9 de mayo de 1882).

El reverendo padre Vanutelli, párroco de Blain, acompañó a Marie-Julie Jahenny en su vida espiritual, pero la Iglesia no intervino oficialmente en los mensajes políticos que le fueron transmitidos, pues, como podemos ver, las revelaciones de Marie-Julie eran muy antirrepublicanas. Marie-Julie hablaba todo el tiempo del futuro Gran Monarca el VERDADERO Rey de Francia al que llamaba Henri (Enrique V). Ella afirmaba que el monarca francés, Enrique V de la Santa Cruz, sería consagrado en las ruinas de *Notre-Dame* entre las ruinas de París.[15]

Se me ocurre una pregunta: ¿qué prueba aportará Enrique V para corroborar su linaje con Luis XVI y María Antonieta, y quién será el traidor rey insaculado de Francia que enviará fuerzas para interceptarlo? La única prueba que se aceptaría en nuestra época es, efectivamente, una prueba de ADN. Los resultados de esta prueba se harán y serán claramente conocidos por todos.

En cuanto al mensaje de Santísima Virgen del 9 de mayo de 1882, parecería que el gobierno franco-musulmán colaborador —sabiendo que Enrique de la Santa Cruz había cruzado la frontera francesa desde un país limítrofe con Francia, estando en camino hacia lo que presumo que es Reims— enviaría tropas armadas y comandos de reconocimiento para interceptar a Enrique y su pequeña fuerza. El acuerdo de paz entre el gobierno traidor franco-musulmán y también la coalición árabe-rusa no se habrá sellado para cuando Enrique haya cruzado la frontera.

La primera batalla tendrá lugar y, en cuestión de horas, se decantará a favor del pequeño ejército de Enrique, permitiendo al futuro príncipe legítimo de Francia tomar y mantener la ciudad de Reims. Con el paso de las semanas, Enrique unió fuerzas con el Ejército Francés del Oeste, derrotando y haciendo retroceder a las fuerzas rusas hasta París. Obligado a retirarse, el mando ruso decidirá seguir su habitual política de tierra quemada mientras el ejército ruso se retira hacia el este, lanzando un ataque nuclear sobre la abandonada capital francesa... París, nos dice Marie-Julie Jahenny, será pulverizada, pero la isla del río Sena, en el centro de París, que alberga la catedral de Notre-Dame (llamada *l'île de la Cite* "la isla de la ciudad") se salvará.

Al llegar a las orillas del río Sena y desembarcar en *l'île de la Cite*, Enrique esperará allí unas semanas ya que ningún obispo estará presente para colocar la Corona de Francia y el Óleo bendito sobre su cabeza... Contra toda

---

[14] Aquí Nuestra Señora se refiere a la Asamblea Nacional / Parlamento francés
[15] Todos los reyes de Francia, desde el bautismo del rey Clovis (Clodoveo) en la Navidad del 496 (a excepción de Luis XVIII, Carlos X y Luis Felipe), han sido ungidos y coronados en la catedral de Notre-Dame de París y/o en la catedral de Reims.

esperanza, Enrique recibirá por fin a un joven obispo, no francés sino alemán, el obispo de Aquisgrán, que vendrá a coronar a Enrique de la Santa Cruz como rey de Francia.

> **No es un pastor del Centro** (es decir, un obispo de París) **quien tendrá el honor de coronar en la gloria al Rey, el heredero que ha merecido gobernar su país. El pastor será joven: no habrá cumplido aún** (sus) **45 años. Vendrá de la diócesis de Aix. Los pastores que hoy gobiernan las diócesis ya no están en su sede episcopal. El glorioso y digno hijo de Dios que coronará al verdadero Rey sobre las ruinas del Centro** (Catedral de *Notre-Dame*), **cuando la tierra esté muy desierta, vendrá de lejos.**
>
> (La Santísima Virgen María, 26 de mayo de 1882)

> **Desde el Cielo, verás el triunfo de la Iglesia cerniéndose sobre la frente de mi verdadero siervo Enrique de la Santa Cruz;** (El Gran Monarca) **consolará a los destituidos, renovará el sacerdocio devastado, debilitado y caído como una rama bajo la sierra del obrero. Su caridad renovará el sacerdocio; levantará las estatuas de Mi Madre; volverá a montar las cruces** (que fueron) **insultadas y destrozadas en pedazos.**
>
> (Nuestro Señor a Marie-Julie, 14 de febrero de 1882)

De vuelta en París, al difundirse la noticia del triunfo y la coronación de Enrique en Notre-Dame, el rey ilegítimo de Francia (¿Jean d'Orleans?), ante la inmensa sorpresa de sus aliados rusos y musulmanes, dimitirá oficialmente y renunciará al trono... Después de la coronación, nombramiento de caballero y unción del ahora rey *Henri V de la Croix*, y a pesar del inmenso dolor causado por la trágica destrucción de París, el ejército francés reanudará su victoriosa campaña de liberación contra los ejércitos ruso y musulmán:

> *(...) Después de haberlos contemplado* (a los soldados del ejército enemigo) *en la orilla del gran torrente, la Reina Inmortal del Cielo ha vencido a miles de estos pérfidos vivos, a estas tropas extranjeras blasfemas. Ella dijo:* **"No saldrán victoriosos"**. *La Santísima Virgen María se volvió dos veces hacia los hijos del Señor, y sus batallones* (y) *avanzaron; todos pasaron sin que el enemigo pudiera dañar a un solo soldado de la Santa Cruz.*
>
> (Marie-Julie Jahenny, 16 de mayo de 1882)

Nota: Existe una descripción escrita por Monsieur Adolph Charbonnier en la que se describen otras batallas antes de la coronación en París: la batalla de Orleans, en las alturas de Blois, en la región de Sens, e incluso en el río de Vienne, desplegando claramente el camino victorioso del ejército del rey Enrique V de la Santa Cruz hacia París; sin embargo, es demasiado difícil descifrar la cansada escritura del Sr. Charbonnier y relatar así adecuadamente los detalles de tales acontecimientos (5 de septiembre de 1882) ...

> *"El momento más resplandeciente fue aquel en el que los ministros cristianos, que estaban todos dispersos bajo los dientes de los tigres, volvieron por caminos horribles para el momento solemne. Entre los ministros del Señor, amigos del Rey, sólo vi cuatro obispos...* **La Santísima Virgen María tiene de nuevo el nombre de quien tendrá el honor de bendecirlo y consagrarlo en medio de la tierra del Centro**".[16]

En cuanto a la catedral de Notre-Dame de París, su incendio de abril de 2019 —aunque se rumoreó mucho y se sospechó fuertemente que era el resultado de un acto terrorista— no hizo que la catedral se derrumbara... milagrosamente... dejando intactos el altar mayor con su Cruz dorada principal y sus dos estatuas circundantes (la de Luis XVI y la de María Antonieta). Marie-Julie afirma que el resto de esta majestuosa catedral está destinado a presidir la coronación de Enrique V de la Santa Cruz por un joven arzobispo alemán de 44 años de Aix la Chapelle (Aquisgrán, Alemania). No obstante, el rey Enrique V será coronado también en Reims, como lo fueron sus padres antes que él, y los de éstos antes que ellos.

> **"Veréis desde el cielo el triunfo de la Iglesia asomando sobre la frente de mi verdadero servidor Enrique de la Santa Cruz. Su nombre está escrito en el Libro de oro. Después de este triunfo, el fiel Pastor pondrá su mano consagrada sobre la cabeza del que el Cielo habrá conducido y traído de manera milagrosa.**
> **Mi designio es que, después de haber recibido la santa bendición, vaya con mis nobles defensores llevando el estandarte blanco al lugar de donde salieron los mensajes de salvación** (¿la casa de campo de Marie-Julie en La Fraudais? ¿Tully?)".
>
> (Nuestro Señor Jesucristo, 4 de febrero de 1882)

---

[16] (…) *en medio de la tierra del Centro*: En Francia, se dice que cada camino, cada avenida y cada calle de París se dibuja desde el centro de la Capital que es la isla en medio del río Sena (*l'île de la Cité*) que alberga la Catedral de Notre-Dame. Esto implica que, a pesar de que París sea destruida y hundida, la isla en el río Sena se salvará y los restos de la catedral de Notre-Dame permanecerán en pie y se usarán para la coronación del rey Enrique.

El retorno de la Santa Paloma:

Desde el principio, la monarquía francesa fue especialmente bendecida y elegida por el Cielo. Marie-Julie reveló que le dijeron que los reyes franceses eran descendientes de la Casa de David, la casa real de Cristo, sin embargo, el primer rey francés Clodoveo I (466-511 d. C.) era pagano. Estaba casado con Santa Clotilde, que era romana y católica, pero en aquella época la herejía arriana discutía la divinidad de Cristo. Esto no impidió que la doctrina de la Santísima Trinidad ganara terreno en el reino.

Aparentemente, Clodoveo estaba abierto a la conversión, pero estaba confundido sobre la verdadera naturaleza de la fe cristiana, pues seguía dudando en abrazar la religión de Jesucristo a pesar del santo ejemplo y las enseñanzas de su esposa. No fue hasta que estuvo a punto de perder su reino frente a las tribus alemanas invasoras que hizo un voto prometiendo que, si salía victorioso contra sus enemigos, se convertiría en un súbdito católico leal a Roma.

Poco después de una espectacular y aplastante victoria contra los alemanes, el rey Clodoveo cumplió su juramento ante Dios y ante su esposa y se bautizó en la catedral de Reims. Como signo de predestinación, el Cielo manifestaría su designio para Francia mostrando una señal que los siglos posteriores no podrían borrar de la memoria del hombre. En efecto, cuando Clodoveo entró en el altar mayor de la catedral para su bautismo, una multitud masiva entró en la catedral de Reims. Francos de los cuatro confines de la Galia acudieron a presenciar la coronación del primer rey de Francia. De hecho, acudió tanta gente que los secretarios no pudieron pasar por la Isla Central para traer los aceites benditos para las unciones reales.

Fue entonces cuando el arzobispo Remigio, alarmado por semejante fiasco, levantó los ojos al cielo y, en el secreto de su corazón, rogó fervientemente por la ayuda divina... En efecto, la misericordia de Dios no tardó en manifestarse, ya que una paloma, de la que se dice que es más blanca que la nieve, voló de repente al interior de esta catedral con un misterioso frasco y un lirio en el pico, que fueron depositados con mucha delicadeza en las manos del profundamente asombrado arzobispo. Tras entregar el precioso cristal, la criatura celestial desapareció suavemente en la nada mientras seguía en manos de un eclesiástico conmovido y agradecido...

Según la tradición, el arzobispo Remigio, que ofició el bautismo del rey, conservó la preciosa ampolla llamada *La sainte Ampoule*, ¡cuyo aceite se utilizaría posteriormente para la coronación de todos los reyes franceses en los siguientes mil doscientos años sin que su nivel bajara nunca! Desgraciadamente, la sagrada reliquia fue posteriormente destrozada por los revolucionarios republicanos en 1793; sin embargo, todos los fragmentos fueron recogidos y conservados hasta hoy en el Palacio de Tau (Reims).

El 17 de julio de 1874, el Sagrado Corazón predijo a Marie-Julie que cuando la Casa Real de Francia fuera restaurada, Francia vería descender de nuevo al Espíritu Santo, en forma de Paloma, llevando al Gran Rey un gran estandarte con la imagen del Sagrado Corazón.

Nuestro Señor dijo además a Marie-Julie Jahenny que, desde La Fraudais, el Rey se dirigirá entonces a la ciudad de Sainte Anne d'Auray para dar gracias a Santa Ana, la madre de la Santísima Virgen María en la tierra.

Aquí, este mensaje revela una vez más una profecía notable. Primero que, como acto de agradecimiento, Enrique V peregrinará sin duda a La Fraudais tras su coronación en Notre-Dame, y plantará después en La Fraudais su estandarte real blanco y dorado como acto de devoción amorosa... Luego, una vez realizada su peregrinación a La Fraudais y a Sainte-Anne d'Auray, su santa campaña retomará su curso...

> "**Amigos de la Santa Cruz, es a una voz cuando los soldados invencibles irán a buscar el éxito y la Victoria. Cuando habrán atravesado una ciudad cercana al Centro** (París)**, tocando de cerca la tierra de Orleans, entre estas dos tierras y la ciudad de Blois, se encontrará una antorcha luminosa. Esta antorcha será un alma inmortal enviada por Aquel que hace todos los prodigios.**
> **Es al pasar por estas tierras que la voz vibrante de esta alma viva, empujada por la Fuerza Divina, os dirá de nuevo hacia dónde debéis caminar, a lo largo de este gran río que es una separación de Francia y de la otra tierra que no es francesa** (el río Rin) **hasta la misma frontera, amigos de la Victoria, pero no avancéis por la otra orilla, pues es en el lado francés donde debéis esperar, pero no por mucho tiempo... Los alegres sonidos de la trompeta se harán oír en la distancia. Esta música de consuelo y felicidad os llegará a la orilla del río".**

Aquí observamos que el ejército francés victorioso se dirigirá hacia el río Rin, en Alsacia, donde se detendrá momentáneamente a la espera de nuevas instrucciones antes de cruzar. Luego, al recibir la orden de cruzar, entrarán en Alemania.

<u>Nota</u>: Una vez más, la descripción de las batallas subsiguientes escrita con la cansada letra del Sr. Charbonnier es demasiado difícil de descifrar...

> "**(...) La cólera y la justicia de Dios los habrán destrozado cuando el ejército de los apóstoles de Dios** (atacará...) **... pero los enemigos no estarán todos muertos".**

(26 de septiembre de 1882)

> "**(...) Cuando el Rey elegido y Salvador de Francia** (habrá) **visto el triunfo de Francia, escribirá en todas partes** *in hoc signo Vinces*: **"¡con este signo vencerás!" Francia estará bajo la bandera del**

Sagrado Corazón, de la Santa Cruz y de María".

(11 de mayo de 1877).

"Francia se salvará a sí misma. Las otras naciones le negarán su ayuda... El comienzo de su furia será por la profanación de Mi Templo. Todas las grandes fortunas se derrumbarán. No quedará nada. Todo será destruido por el castigo y por los hombres".

(Notas tomadas por el doctor Imbert Goubert de las declaraciones proféticas de M.J. Jahenny)

La Santísima Virgen María:

— El ejército de los justos, los soldados de la Santa Cruz, mezclados con otros valientes, atravesará la mayor parte de Francia, bajo el fuego de los signos de Dios. Saldrá de Bretaña para volver justo hasta el río (el Rin) donde el Salvador de la tierra debe llegar con su propio ejército. Se unirán, bajo la estrella de la victoria. Hija mía, fíjate bien en esta palabra: será bajo los signos del Cielo, similares a la sangre de los cristianos. En medio de estos signos sangrientos y espantosos, habrá una luz blanca que superará la belleza de la aurora. Esta blancura partirá los surcos de la sangre, e irá delante de ti, a la orilla del río. Esta blancura ha atravesado la sangre (en) el día de los recuerdos de la Pasión de mi Hijo.

Marie-Julie:

— *Sí, buena Madre, un viernes.*

La Santísima Virgen María:

— Hijos míos, para que no dudéis, os he descrito la señal que mi Hijo os revelará al anochecer, una verdadera prueba: una señal blanca al oeste de Francia, rodeada de una cortina de flecos de diamantes, enorme, durante tres cuartos de hora. Vuestras casas estarán iluminadas como por el sol. Las calles estarán tan claras como en un día normal. Al cabo de media hora, se formará una barra roja, hacia el oeste, en forma de ramas; y de ella saldrán gotas de sangre. Esta barra roja rodeará la blancura del signo e invadirá el brillo de su luz. Hijos míos, desde el oeste, este signo se elevará un poco, y luego la barra roja se disipará, como por la victoria de la blancura (triunfo del Rey). Será un sábado, entre las cinco y las seis...

Después de estas palabras, la Santísima Virgen cayó de rodillas a los pies del Padre Eterno, que respondió:

— **Muy digna Madre de Dios, Mi Hijo Eterno desea manifestar el signo del Salvador mortal** (Enrique de la Santa Cruz) **y volver Su Poder sobre** (contra) **el lado del extranjero. Todos los ojos, en Francia podrán contemplar este favor al respecto.**

La Santísima Virgen María:

— (Aparecerá), **como un adorno en el cielo, en forma de estrella cuadrada, llevando un cetro y una corona en su centro que será bien distinguida** (por) **todos los pueblos de la tierra. Y, como mi Hijo no puede convencer a su pueblo de ese día feliz, que le sorprenderá en medio de sus ideas malas y culpables, comenzará por colocar bajo el firmamento el anuncio de las predicciones hechas en los siglos pasados y en el presente.**

(21 de noviembre de 1882)

"**Así es como marchamos en las fronteras de Francia, llevando el estandarte y la espada. Tengo bajo mis pies a todos los enemigos de Dios y a todos** (los que son de) **la Masonería. Los exterminaré y la Justicia de Dios completará** (esta tarea), **y los aplastará bajo el peso de Su Ira. Caminando sobre Francia cumpliremos nuestros deberes. Cuando la paz sea restablecida allí, y el Reino de Dios comience, caminaremos hacia Roma, ya que Francia debe dedicarse a la defensa de la Santa Sede. El nuevo y santo Pontífice estará mucho más amenazado que el que Dios recogió mientras llevaba su Santo Templo sobre sus hombros.**
Intentarán poner sus días en peligro, y si no se convierte en mártir a manos de los bárbaros, será porque Dios le habrá hecho un brillante milagro. Nunca… nunca antes hubo una tormenta tan violenta contra ningún otro Pontífice. Ya es un mártir antes de haber sufrido su martirio… Sufre antes de que llegue la hora, pero ofrece su persona y la sangre de sus venas por sus verdugos y por los que han atentado contra su vida. ¡Qué desterrados para sufrir!".

(Miguel Arcángel, 29 de septiembre de 1879).

Enrique V de la Santa Cruz no establecerá su trono en París porque la ciudad será destruida…

(Notas tomadas por el doctor Imbert Goubert, 18 de febrero de 1876)

"Una vez liberada Francia, comenzará la prueba para Roma… Cinco meses después de que la paz sea restablecida en Francia por el rey Enrique V de la Santa Cruz, comenzará en Roma una revolución sin igual… La horrible guerra en Italia será larga; durará más de dos años… La Iglesia tendrá su Sede (Sede del Papa) vacante durante largos meses… En Francia las pérdidas humanas serán muy importantes.

Habrá muchas admoniciones del Cielo durante estos momentos difíciles para abrir los ojos de aquellos (cuyos corazones) son más duros. Pero sólo después de estos acontecimientos preliminares, el gran Castigo Universal de tres días pondrá fin a todas las hostilidades… ¡por falta de combatientes! Entonces, el Rey Enrique V de la Santa Cruz reinará durante un largo período de tiempo, y la Iglesia volverá a florecer bajo el pontificado de un Papa santo".

(San Miguel Arcángel, 29 de septiembre de 1882)

"Los últimos minutos serán terribles para la tierra de la Ciudad Eterna (Roma).
El azote caerá sobre los rusos allí, (y) después de sólo dos días (después) **terribles pruebas serán** (reservadas) **para la gente.**

(16 de noviembre de 1822).

"Mi Francia, sumida en el crimen, (pero) **resucitará en la gloria.** El reino de la paz se extenderá siempre a **25 o 30 años**, bajo la dirección de un alma que el Corazón Divino reserva para sus fieles, salvados por su gracia y su amorosa bondad.

Hijitos míos, el surgimiento de este Príncipe que se convertirá en Rey de mi nueva Francia, una Francia que será purificada, ennoblecida y hermosa a mis ojos… El reinado del Divino Corazón, de la Divina Realeza del Divino Corazón de mi Hijo: será de grandes bendiciones mis hijitos, y vosotros tendréis vuestra gran cuota de bendiciones reservada para esa época no lejana… no lejana…"

(La Santísima Virgen María, 23 de julio de 1925).

"Una vez que Francia haya pagado su deuda, será recompensada con tal abundancia de gracias que, en poco tiempo, lo habrá olvidado todo. A las potencias que han luchado con tanta valentía y coraje (por el Rey), recibirán de Francia la mayor recompensa: la de ocupar su lugar dentro de la Iglesia católica, saliendo de este bautismo de sangre rejuvenecidas y renovadas. Romperé todos los obstáculos y revertiré todos los proyectos de aquellos que impiden que haya luz. Francia será salvada por medios fuera de todo conocimiento humano.

Dios les ha reservado el secreto hasta el último momento. Yo hago luz sobre los proyectos de los hombres, preparando Mis justas maravillas. Mi Corazón será glorificado en toda la tierra. Apelo para confundir el orgullo de los malvados. Y cuanto más hostil sea el mundo a lo sobrenatural, más maravillosos serán los acontecimientos que confundirán esta negación de lo sobrenatural".

(Nuestro Señor Jesucristo, febrero de 1941).

Nuestro Señor Jesucristo dirigiéndose a Marie-Julie Jahenny:

> "Un día mi siervo Enrique de la Santa Cruz pedirá a mi Iglesia que te coloque (la imagen) **en los altares al mismo tiempo que a su antepasado Luis XVI. Enrique V es tu rey. Eres tú quien lo ha merecido y quien lo ha obtenido para Francia**".

(Nuestro Señor Jesucristo, fecha desconocida)

El Aviso

Al igual que en el caso de Francia, la liberación de Alemania Occidental, el norte de Italia y Roma finalmente también tendrá lugar. A esto le seguirá un "Aviso" que precederá al anunciado "Castigo mundial" ... Este castigo mundial acabará por fin con el conflicto militar en Europa y en el extranjero...

El "Aviso" anunciado a Marie-Julie Jahenny, que va a anunciar el gran "Castigo" alrededor de un año después, será confirmado en otro lugar de apariciones casi un siglo más tarde, a través de una misma revelación de la Santísima Virgen María a cuatro niñas en un pequeño pueblo del norte de España llamado Garabandal (**ver página: 379, Capítulo VII**). Según Marie-Julie Jahenny, la Santísima Virgen María declaró:

> "**Espera lo que debe llegar: una angustia interior será sentida por todos, un anticipo de la Justicia de Dios. El ejército de los justos, los soldados de la Santa Cruz, mezclados con otros valientes, atravesará la mayor parte de Francia, bajo el fuego de los signos de Dios. Saldrá de Bretaña para volver justo hasta el río** (el Rin) **donde el Salvador de la tierra debe llegar con su propio ejército. Se unirán, bajo la estrella de la victoria**".

(21 de noviembre de 1882).

Nuestro Señor Jesucristo añadió:

"Hijos míos, algún tiempo antes de que estos signos siniestros sean enviados a la Tierra, ya sentirán en sus corazones el efecto de Mi justicia; será que el corazón dirá que el tiempo no está lejos. Pero una gracia de paz está reservada a los cristianos fieles, a los que no han desoído las advertencias del Cielo y que conformarán su vida (a ellas)".

(La Santísima Virgen María y Nuestro Señor Jesucristo, 27 de agosto de 1878)

El Castigo

"Las almas son advertidas para que elijan sus lugares de estancia, por eso uno de los objetivos que debemos perseguir es explicar el *por qué* de los acontecimientos que se avecinan; las fechas y los lugares son del dominio de la Providencia: *No te corresponde saber ni el día ni la hora*, y esta Divina Providencia nunca ha abandonado a nadie..."

(Nuestro Señor Jesucristo, 18 de enero de 1881)

Cuatro horas de tinieblas sobre Bretaña

"Pueblo mío, pueblo mío, pueblo mío, tus ojos verán el comienzo de la hora terrible, cuando el trigo no esté en su tercer nudo de crecimiento. En el momento en que Mi pueblo sólo tendrá Fe y Esperanza para armarse, todavía en la dura estación, que dura cuatro horas —de 12:00 a 16:00 en Francia—, en esos duros días todavía, el sol será como un velo de luto; estará oscurecido, sin luz. Nadie en la tierra podrá creer en la oscuridad (tan profunda) de esta oscuridad. La tierra no experimentará nada más (que este breve período de profunda oscuridad). **El ojo estará velado, sin que pueda ver ningún objeto.**

Pueblo mío, este será el comienzo del castigo de Mi Justicia. El sol anunciará estos dolores: el cielo llorará, sin poder ser consolado, porque será el comienzo del tiempo en que
las almas se perderán, la entrada, en una palabra de la terrible desgracia. Pueblo mío, esta oscuridad cubrirá Bretaña (Francia) durante cuatro horas, pero no habrá ningún daño... sólo un pequeño susto...".

(Nuestro Señor Jesucristo, 5 de octubre de 1882).

"El sol se oscurecerá antes, presagiando la verdadera oscuridad que llegará 37 días después de las señales del oscurecimiento del sol, y de las señales de la tierra y de la tormenta anunciada".

(28 de noviembre de 1928).

Nuestro Señor Jesucristo da más detalles:

"**Advierto a Mi pueblo de lo que sigue al número de males en Francia. Los primeros** (acontecimientos siguientes) **no están lejos, y serán seguidos por muchos otros. Os advierto que un día se encontrará —y está señalado** (escrito)— **que habrá poco sol, ninguna estrella y ninguna luz para poder salir de las casas, los refugios de Mi pueblo. El día comienza a crecer; no será en pleno verano ni en los días más largos, todavía cortos. No será al final del año, sino en los primeros meses** (del año) **que daré claramente Mis avisos...**
El día de las tinieblas y de los relámpagos será el primero que enviaré para convertir a los malvados y para ver si muchos vuelven a Mí antes de la gran tormenta que les seguirá de cerca. Ese día, hijos míos, no alcanzará a toda Francia, sino a una parte de Bretaña (que) **será puesta a prueba. El lado donde la tierra de mi Madre Inmaculada** (ciudad de Santa Ana d'Auray) **no será oscurecida por la oscuridad que vendrá, sólo para tí y, más allá de eso, en el** (lado de) **de la salida del sol** (Este).
Todo lo demás estará en el más terrible espanto. Después de la noche (amanecer) **hasta justo la noche, un día entero, los truenos seguirán estallando; el fuego de los relámpagos hará mucho daño, incluso en las casas particulares donde habrá pecado... Hijos míos, ese primer día no resta (ni quita) a los otros tres señalados y descritos** (aún debemos esperar los Tres Días de Tinieblas)".

(Nuestro Señor Jesucristo, 15 de junio de 1882)

Marie-Julie Jahenny añadió:

"Nuestro Señor también dijo más revelaciones a Santa Catalina Labouré (hermana de la Caridad —vidente de la Capilla de la rue du Bac, París, que recibió instrucciones de difundir la "Medalla Milagrosa") *sobre estas señales de advertencia.* <u>**Fueron escondidas para tiempos futuros y serán descubiertas en un monasterio**</u>. *Este día* (de advertencia) *está anotado en cinco rollos bien cerrados* (de o por) *la hermana de Saint Pierre Tours. Estos rollos permanecen* (escondidos) *en secreto, hasta el día en que una persona de Dios llevará su mano predestinada sobre lo que el mundo ha ignorado a los habitantes de ese monasterio...".*

Dos días de tinieblas:

Antes de los temidos Tres Días catastróficos, se enviará una advertencia a los fieles a través de otros dos días de total oscuridad...
En septiembre de 1880, el Espíritu Santo reveló a Marie-Julie Jahenny:

"Habrá dos días de horribles tinieblas, distintos de los anunciados (diferentes de los tres días de tinieblas universales). El cielo será púrpura y rojo, (y será) tan bajo que el grupo de árboles altos parecerá estar como perdido. Estos dos días os advertirán, como una auténtica prueba de su bondad, como una prueba del descenso de la ira de Dios sobre la tierra. No te librarás de la oscuridad. Hasta ahora, ningún alma lo ha mencionado, porque no son muchos los que se han dado cuenta de ello. Para resistir todos estos signos, el agua bendita es una

La invasión de Francia según Marie-Julie Jahenny

Límite de la invasión de Francia según Marie-Julie Jahenny
(Línea/frente entre Caen (Normandía) y Lourdes)

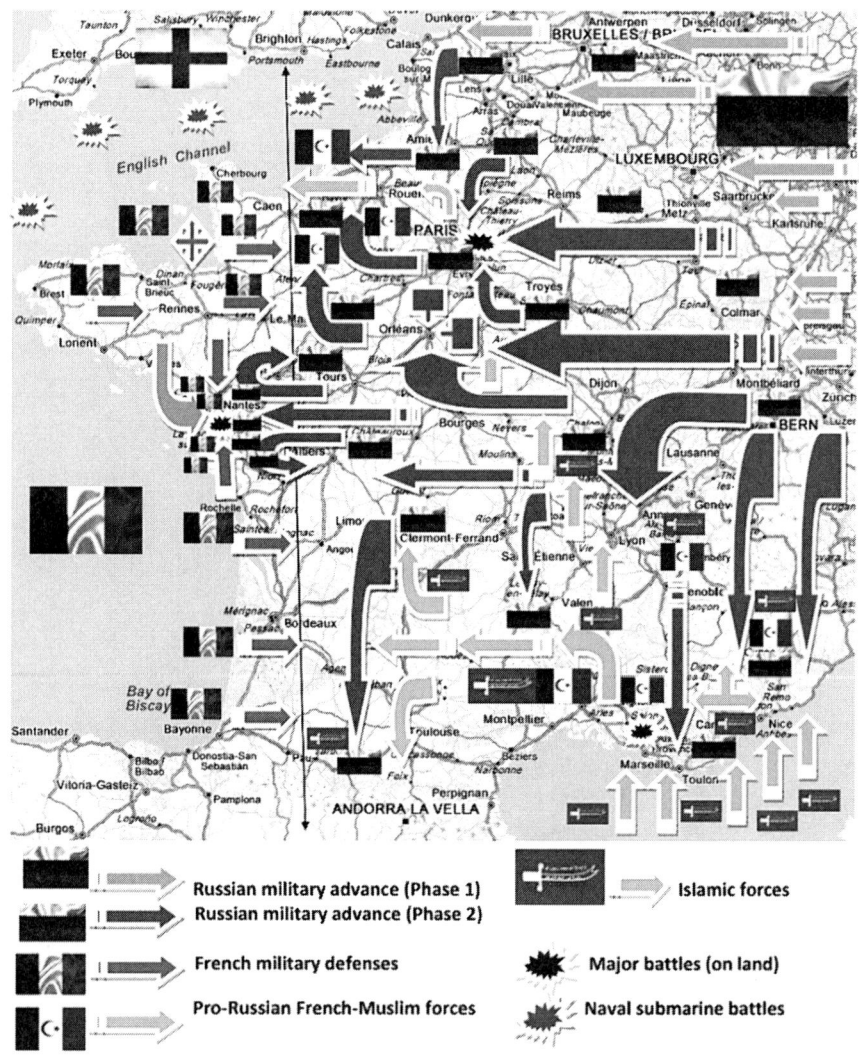

La liberación de Francia por el rey Enrique V de la Santa Cruz según Marie-Julie Jahenny

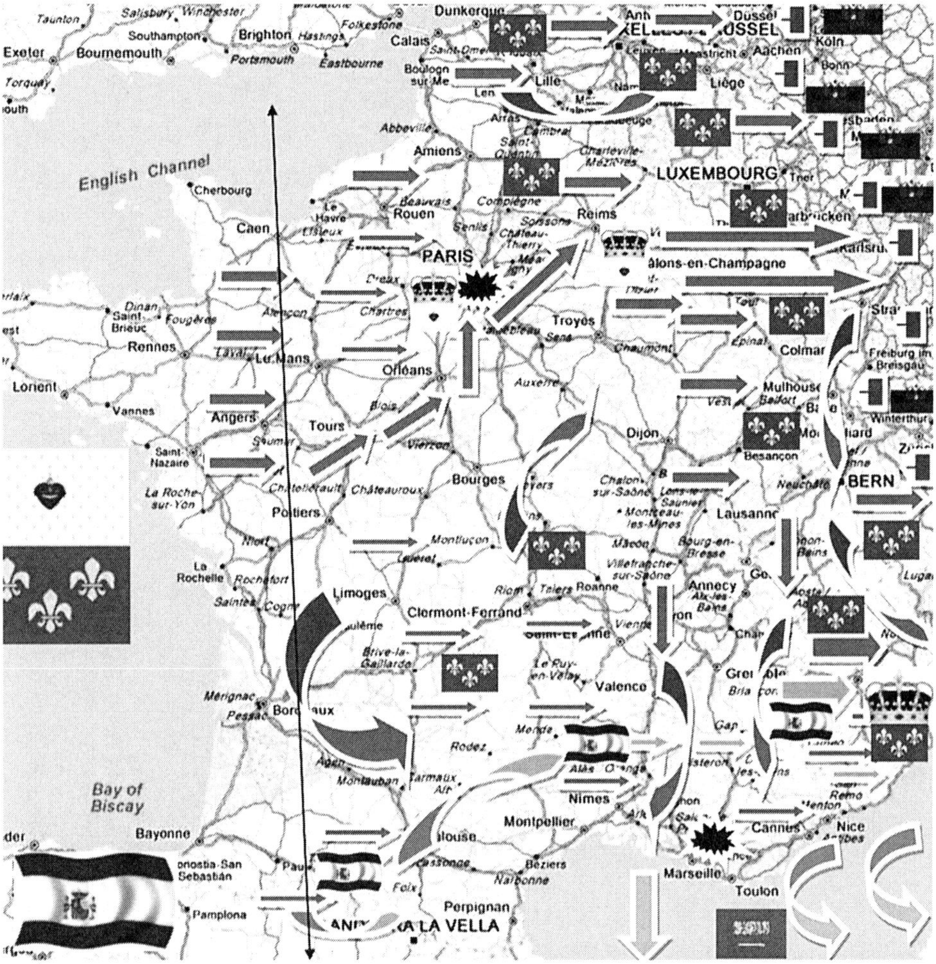

※ Paris y Marseille destruidos…

 Nueva bandera de Francia y del Rey Henri V de la Croix

 Coronación del Rey Henri V de la Croix en Notre Dame y en Reims

"El ejército de los justos, los soldados de la Cruz, mezclados con otros

valientes, cruzarán la mayor parte de Francia, bajo el fuego de los signos de Dios. Saldrá de Bretaña para volver justo hasta el río (el Rin) donde el Salvador de la tierra debe llegar con su propio ejército. Se unirán, bajo la estrella de la victoria.

(21 de noviembre, 1882)

fuerza y un consuelo, y la vela, pero una vela hecha de cera de abejas. (La Santísima Virgen María pidió que se utilizaran velas de cera de abejas 100% puras). **Todas aquellas** (velas) **que no estén hechas de esta pasta no servirán.**
Durante estos dos días, los árboles se quemarán y no producirán ningún fruto al año siguiente porque la savia se quemará y se detendrá. La lluvia que caerá del cielo abajo tendrá un olor nauseabundo, y dondequiera que caiga, será como un granizo de fuego que atraviesa lo más sólido, y dejará una marca visible de quemado. Vuestras casas se conservarán. Sólo sufrirá lo que esté ligeramente cubierto (de débil construcción).
El agua que se derramará sobre la tierra será negra, un negro espantoso, y la mayor parte de la tierra la soportará por igual en todas partes, pero no dañará lo que sirve de alimento a los cristianos. En Bretaña, durante estos dos días de oscuridad, bajo el cielo que baja, parecerá que hay luz, pero nadie podrá ver, porque no podrán sacar la cara de día al abrir una puerta; habrá un enviado de Dios, en forma de destello caliente, que oscurecerá el ojo humano. El Señor me insta a transmitir sus palabras y sus deseos. El día de estas tinieblas seguirá siendo soportable, a pesar de la oscuridad... Pero si el día es tranquilo, la noche será violenta, y durante las dos noches, los gritos saldrán de donde no saben; no oirán nada, ni caminarán sobre la tierra, cubiertos por la Justicia. Por la noche, la vela bendita, la vela no debe ser apagada. Durante el día, podrán ir sin ella, una gracia que viene de lo más lejano del Corazón de Dios. *(Sólo durante los DOS DÍAS del día podemos apagar las velas benditas, pero NO durante los TRES DÍAS en los que las velas benditas DEBEN permanecer encendidas en todo momento)".*

(El Espíritu Santo, 20 de septiembre de 1880).

Los tres días de tinieblas:

"Te doy como hogar tranquilo y seguro: Mi Divino Corazón Adorable

con este gran amor a Mi Santísimo Sacramento que quieren destruir al destruirme, tratando por todos los medios de borrar Mi dulce Cielo en la Tierra, Mi tienda, Mi lugar santo, la fe de Mis elegidos... **Faltará en la tierra, este Pan de Vida Eterna el Pan que sostiene a Mis pequeñas almas sufrientes, el banquete que las fortalece, pero no por mucho tiempo... Dejaré a los malvados una hora de poder y fuerza.**
Aumentarán su número (con) todos los desterrados del abismo, el abismo eterno, todos los condenados que están en la tierra en formas humanas para destruir todo, para aniquilar todo... **Les dejaré esta hora dolorosa y difícil. Le seguirá una profunda oscuridad... Todo el cielo estará nublado.**
Sus luces benditas (las velas de cera de abeja 100% pura) **servirán en el día, y Mis bendiciones serán abundantes. Mi paz estará con vosotros en esta noche oscura, lanzaré todos los rasgos de Mi Justicia. Yo haré estallar a los perdedores de almas. Tamizaré las falsas conciencias. Aniquilaré a los malvados. Los reduciré como un...** (falta el texto).
No está lejos este tiempo en el que, os aseguro, no temeréis. Mi cruz y Mi Divino Corazón serán tu refugio, tu amparo; quédate, no huyas a otra parte. Mi Justicia pasará. Toda la tierra continuará en Mi Justicia. Es el momento en que me levantaré, detendré todo el mal para entrar en el hermoso reino de Mi Sagrado Corazón".

(Nuestro Señor Jesucristo, 13 de noviembre de 1924)

"Los tres días de oscuridad serán un jueves, un viernes y un sábado. Días del Santísimo Sacramento, de la Cruz y de la Virgen, tres días menos una noche".

(<u>**The Breton Stigmatist**</u> por el Marqués de la Franquerie)

"**Hijos míos, prestad atención a mis palabras... En estos días de luto, habrá otro terremoto tan fuerte como muchos otros,** (y sin embargo) **menos fuerte que en muchos otros lugares. Será fácil de notar: todo temblará, excepto el mueble en el que arderá la vela de cera** (de abeja). **Todos se agruparán alrededor, con el crucifijo y mi imagen bendita. Esto es lo que os quitará el miedo, ya que estos días causarán muchas muertes.**
He aquí una prueba de mi bondad, aquellos que me sirven bien, me invocan, y guardan en sus casas mi imagen bendita, yo guardaré con seguridad todo lo que les pertenece. Durante estos tres días, protegeré su ganado del hambre. Los guardaré porque no debe haber ni una sola puerta entreabierta. Los animales hambrientos serán satisfechos por mí, sin ningún alimento.
Durante esta oscuridad, los demonios y los malvados adoptarán las

formas más horribles... Nubes rojas como la sangre se moverán por el cielo. El estruendo de los truenos sacudirá la tierra y siniestros relámpagos surcarán los cielos fuera de tiempo, la tierra será sacudida hasta sus cimientos, el mar se levantará, sus rugientes olas se extenderán sobre el continente..."

(La Santísima Virgen María, 24 de marzo de 1881).

"La Tierra se cubrirá de tinieblas y el infierno se desatará en la Tierra. Los truenos y relámpagos harán que aquellos que no tengan fe o confianza en mi Poder, mueran de miedo... Durante estos tres días de terroríficas tinieblas no debe abrirse ninguna ventana, porque nadie podrá ver la tierra y el terrible color que tendrá en esos días de castigo sin morir al instante... El cielo arderá, la tierra se partirá... Durante estos tres días de oscuridad que se encienda la vela bendita en todas partes; ninguna otra luz brillará..."

(La Santísima Virgen María, 20 de septiembre de 1882)

A Marie-Julie Jahenny:

"Nadie, fuera de un refugio, sobrevivirá. La tierra temblará como el juicio y el miedo será grande. Sí, escucharemos las oraciones de tus amigos; ninguno perecerá. Los necesitaremos para publicar la gloria de la cruz".

(8 de diciembre de 1882).

Nuestro Señor Jesucristo estaba describiendo a Marie Julie Jahenny el curso de los acontecimientos que estaban por venir, una descripción que hizo que la estigmatizada bretona pidiera clemencia:

— Habrá tres días de oscuridad física. Durante tres días menos una noche, habrá una noche continua. Las velas de cera benditas serán las únicas que den luz en esta terrible oscuridad: una sola bastará para los tres días, pero en las casas de los malvados no darán ninguna luz. Durante estos tres días y dos noches, los demonios aparecerán bajo las formas más horribles. Oiréis en el aire las más horribles blasfemias. Los rayos entrarán en vuestras casas, pero no apagarán las velas; ni el viento, ni la tormenta podrán apagarlas.
Nubes rojas como la sangre cabalgarán por el cielo. El estruendo de los truenos sacudirá la tierra. Siniestros relámpagos atravesarán las densas nubes, en una estación en la que nunca se producen. La tierra será sacudida hasta los cimientos. El mar levantará olas estruendosas

que se extenderán por todo el continente (Maremoto). La sangre fluirá en tal abundancia que la tierra se convertirá en un vasto cementerio. Los cadáveres de los malvados y de los justos ensuciarán el suelo. La hambruna será grande. Todo será un caos y tres cuartas partes de los hombres perecerán...

La crisis estallará de repente. Los castigos serán comunes en el mundo. Aumentarán y se sucederán sin cesar. Cuando Mi pueblo cayó en la indiferencia, comencé a amenazarlo. Hoy, merece Mi Justicia. He venido a la tierra; me quieren fuera, quitando Mi Santo Tabernáculo, invirtiendo Mi Cruz e ignorando Mi Poder.

— *"Oh, Señor..."*, dijo Marie-Julie, *"ten piedad"*.

— Sí, me apiadaré de los buenos, pero a los otros, los haré tragar (abajo). La tierra se abrirá y desaparecerán para siempre...

(Coloquio entre Nuestro Señor Jesucristo y Marie Julie, 4 de enero de 1884)

"Hijos míos, veréis caer sobre el mundo enfermedades mortales que no dejarán a nadie tiempo para estar preparado para presentarse ante mi Hijo. Los relámpagos del Cielo se sucederán con una rápida violencia. El fuego del Cielo recorrerá la tierra con una amplitud espantosa: el rayo vengativo quemará todo punto que produzca frutos. Las tierras cultivadas serán devastadas por el poder de este fuego; las praderas serán quemadas y reducidas a una tierra completamente en abrojos. Los frutos no aparecerán. Todas las ramas de los árboles se secarán hasta el tronco...

Hijos de Bretaña, utilizaréis, para conservar vuestras cosechas, lo que la bondad de mi Hijo os ha revelado (ver página 224): es la única manera de salvar vuestros alimentos. Hijos míos, durante tres días el cielo estará en llamas, surcado por el miedo a la ira divina. Lo que me entristece, es que esta ira no detendrá a las fuerzas del infierno. No tienen miedo de mi Hijo ni del infierno. Estos tiempos deben pasar. El peligro de Francia está escrito en el Cielo por el Poder Eterno. Yo no puedo interceder (ya), no soy más que una Madre sin poder...

Durante muchos años la tierra no producirá nada. Francia será infeliz, incluso después de su triunfo... Durante dos o tres años, sentirá la ruina y una profunda miseria. La miseria será grande, aunque mi pueblo está limpio (de ella). La oración traerá la bendición. Mi hijo y yo tendremos piedad de esta larga penitencia.

(La Santísima Virgen María, 30 de noviembre de 1880)

"El Cielo dejará pasar sobre la tierra los signos de su Justicia. La tierra extranjera no cosechará ningún alimento. Una lluvia de fuego reducirá a polvo los alimentos de estos pueblos mezclados, cristianos

no católicos y mahometanos.
La tierra de Francia también se someterá a la justicia de Dios. Durante tres años, las patatas se pudrirán en el momento de la siembra, el maíz no crecerá o se detendrá a medio camino. Las frutas se ennegrecerán: un gusano se comerá el interior, antes de que alcancen el tamaño de un dedo.
El Centro (París) **y sus residencias serán aplastados por la violencia del trueno de Dios. Los temblores y terremotos aumentarán, día y noche sin cesar durante cuarenta y tres días. El mar se agitará y nunca en todas las épocas, sus olas y sus inundaciones han tomado una forma similar. Todos en ese momento perecerán para siempre".**

El Castigo no se limitará a los Días de las Tinieblas, sino al hambre, la peste y la destrucción... Los días desde que la guerra en Europa comience abiertamente hasta tres años después del final de los Tres Días de Oscuridad serán una lucha por la vida, pero la Humanidad sobrevivirá y se esforzará dentro de una nueva Iglesia revivida y bajo el reinado de un Gran Monarca que conducirá a su pueblo, y a otras naciones de todo el mundo a una nueva civilización y era de Paz, pero, antes de que llegue la "Resurrección", primero debe tener lugar la "Crucifixión":

"**He enviado a Mi Madre y no han creído en sus palabras. Hice oír Mi Voz eligiendo y mediando víctimas por medio de las cuales he logrado maravillas; las despreciaron y las persiguieron. Ahora dejaré que Mi Cólera se vaya. Llamaré** (convocaré) **a todos mis pararrayos".**

(Nuestro Señor Jesucristo, 1884).

"**Cuando la furia de los *infieles* se detenga temporalmente** (en Francia)**, una gran enfermedad aparecerá casi de repente... Este castigo dejará a las víctimas como si estuvieran sin vida; seguirán respirando sin poder hablar, con heridas sin piel como si estuvieran gravemente quemadas. Esta enfermedad será muy contagiosa y nadie podrá detenerla... Será un castigo del Señor para hacer volver a muchos** (a la Fe)".

(La Santísima Virgen María, 20 de septiembre de 1880)

"**Habrá epidemias en el sur de Francia, en Valence, Lyon, Burdeos, y en cada distancia de tierra entre eso y el Centro** (París)**. Muy pocas personas podrán escapar de ellas. Los cadáveres difundirán un olor horrible que provoca la muerte ...**
Sabré proteger a todos los que son míos. He hecho colocar una escalera entre la tierra y mi Corazón que es un camino preparado

para los días de dolores. El tiempo (de estos sucesos) **no será largo, pero serán terribles en las tres secuencias diferentes …"**

(La Santísima Virgen María, 5 de octubre de 1881)

"La tierra temblará desde este lugar (¿La Fraudais?) **hasta donde sale el sol** (Este) **durante un periodo de seis días. Habrá un día de descanso, y al octavo día el terremoto comenzará de nuevo. Francia e Inglaterra se responderán con gritos de total desesperación. La tierra temblará tan violentamente que la gente será arrojada a 300 pasos de distancia … Los truenos retumbarán más ferozmente que en los meses que precederán al fin del mundo con un extraño ruido** (de acompañamiento) **…"**

(La Santísima Virgen María, 8 de marzo de 1881)

"Hijos míos, de esa nube se desprenderá una lluvia extraordinaria que el mundo no ha visto nunca, y que no volverá a ver hasta la consumación de los siglos. Será una lluvia roja que permanecerá coagulada en la tierra durante siete semanas. La propia tierra será coagulada por esta lluvia que desprenderá un aliento envenenado, un olor que nadie podrá soportar… Mi pueblo permanecerá encerrado durante 7 semanas. Será difícil salir porque la tierra inspirará miedo. Esa es la primera tormenta que se anuncia y que tendrá lugar pronto. Después de esta tormenta, haré salir de la tierra una horrible *calentura*. El cristiano no podrá soportar este hedor asqueroso ni el calor (que sale de él). **Hijos míos, no abriréis ni vuestras ventanas ni vuestras puertas. ¡El reino del pecado debe terminar! Nunca estuvo la tierra ni el mundo en tal estado. Esto debe terminar o cada alma se perderá.**

(Nuestro Señor Jesucristo, 9 de marzo de 1878)

Marie-Julie explicó en una conversación con el Marqués de la Franquerie:

"Estas lluvias vendrán durante el Castigo General que está en relación con los tres días de Oscuridad. Esta nube roja de sangre es el castigo de los crímenes, los homicidios, los abortos, las guerras injustas… Las tinieblas son la imagen de la oscuridad de los pecados del alma que rechaza la Luz Divina, que desprecia el amor; esta luz despreciada y ultrajada vuelve bajo la forma de un poderoso rayo. Jesús vino a poner luz en las tinieblas, pero las tinieblas no lo han recibido… Recuerdo lo que Nuestro Señor me pidió que repitiera:

Habrá mucha oscuridad en estos días frescos de lluvia, o de luto, de agonía y de muerte. Habrá una horrible tormenta. Los árboles que están profundamente arraigados serán arrancados... Hijos míos, yo soy el Camino, la Verdad y la Vida. Al final de estos tres días, sólo encontraréis cadáveres...".

(Nuestro Señor Jesucristo, fecha desconocida)

<u>Referencia a las apariciones de Fátima, y advertencia de los Tres Días de Oscuridad</u>

El texto que sigue es de suma importancia y constituye un mensaje de Nuestro Señor a los fieles para instruirlos sobre cómo pasar los anunciados Tres Días de Oscuridad. El siguiente mensaje recibido por Marie-Julie Jahenny fue encontrado sin firma ni fecha:

"Los hombres no han escuchado las palabras pronunciadas por Mi Santísima Madre en Fátima. ¡Ay de aquellos que no escuchan ahora mis palabras! Los hombres no han entendido el lenguaje de la guerra. Muchos hombres viven en el pecado, muy a menudo en el pecado de la impureza. ¡Ay de los que seducen a los inocentes!
No debes molestarte con los que no quieren creer, porque no saben lo que hacen... Pero ¡ay de los que se ríen, o de los que se permiten juzgar antes de informarse!
Las frecuentes apariciones de Mi buena Madre son el resultado de Mi Misericordia. La envío con la fuerza del Espíritu Santo para prevenir a los hombres y para salvar lo que debe ser salvado... Debo dejar que suceda (lo que debe) en el mundo entero para que se salven muchas almas que de otra manera se habrían perdido. Por todas las cruces, por todos los sufrimientos y por todo lo que está por venir que será peor aún, no debes maldecir a Mi Padre del Cielo, sino agradecerle. Es la obra de Mi Amor. Lo entenderás más adelante... Debo venir en Mi Justicia porque los hombres no han reconocido el tiempo de Mi Gracia. La medida del pecado está en su máxima expresión, pero a Mis fieles no les llegará ningún daño.
Vendré al mundo pecador en un terrible estruendo de truenos en una fría noche de invierno. Un viento muy caliente del sur precederá a esta tormenta, y un pesado grial golpeará la tierra.
Desde las enormes nubes de fuego rojo, los devastadores relámpagos zigzaguearán, enardeciendo y reduciendo todo a cenizas... El aire se llenará de gases tóxicos y vapores mortales que, dentro de los ciclones, desgarrarán las obras de la arrogancia (¿el orgullo?), de la locura y de la voluntad de poder de la Ciudad de la Noche (París). La humanidad tendrá que reconocer que, por encima de ella, hay una

Voluntad que hará que sus audaces planes se derrumben como un castillo de naipes. El Ángel Destructor destruirá para siempre la vida de aquellos que habrán devastado Mi Reino ...

Vosotros, almas que profanáis el Nombre del Señor, guardaos de burlaros de Mí. ¡Guardaos del pecado contra el Espíritu! Cuando el Ángel de la Muerte segará la mala hierba con la espada cortante de Mi Justicia, el infierno se proyectará entonces con ira y tumulto contra los justos y, sobre todo, contra las almas consagradas para intentar destruirlas mediante un terror espantoso...

Quiero protegeros, Mis fieles, y daros las señales que indicarán el comienzo del juicio: Cuando en una fría noche de invierno los truenos retumben con tanta fuerza que hagan temblar las montañas, entonces cerrad muy rápidamente todas las puertas y ventanas (de vuestra casa). Tus ojos no deben profanar los terribles acontecimientos con miradas curiosas... Reúnanse alrededor del Crucifijo. Poneos bajo la protección de mi santísima Madre.

<u>**No dejéis que se apodere de vosotros ninguna duda sobre vuestra seguridad. Cuanto más confiados estéis, más impenetrable será la muralla**</u>. Quiero rodearos de (...). Quema velas benditas y reza la coronilla. Persevera durante tres días y dos noches. La noche siguiente, el terror se calmará... Después del horror de esta larga oscuridad, con el próximo día naciente, el sol aparecerá con todo su brillo y calor.

Habrá una gran devastación... Yo, su Dios, habré purificado todo. Los supervivientes deberán agradecer a la Santísima Trinidad su protección. Magnífico será Mi Reino de Paz, y Mi Nombre será invocado y bendecido desde el amanecer hasta el atardecer.

¡Rezad! ¡Rezad! ¡Rezad! ¡Convertíos y haced penitencia! No os durmáis como lo hicieron Mis discípulos en el Huerto de los Olivos, porque estoy muy cerca. La Ira del Padre contra la Humanidad es muy grande. Si el rezo del Rosario y la Donación de la Preciosa Sangre no fueran tan agradables al Padre, ya habría una miseria en la tierra que no tiene nombre... Pero Mi Madre intercede ante el Padre, ante Mí y ante el Espíritu Santo. Por eso Dios se deja conmover. Agradece entonces a Mi Madre el hecho de que la Humanidad aún viva... Honradla con el respeto de un niño —os he dado el ejemplo— porque es la Madre de la Misericordia.

No olvides nunca renovar continuamente el don de la Preciosa Sangre. Mi Madre me ruega sin cesar, y con ella muchas almas penitentes y expiatorias. No puedo negarle nada; por eso, es por mi Madre y por mis elegidos que estos días han sido acortados.

Consuélate, tú que honras Mi Preciosa Sangre. Nada os sucederá.

Yo inspiraré a Mi Representante para que ponga continuamente en honor el Sacrificio de Mi Preciosa Sangre, y la veneración de Mi

Madre ...

¿Quieren algunos de Mis sacerdotes parecerse más al Papa que el mismo Papa? Me crucificarán, pues retrasarán las obras de Mi Madre. Reza mucho por los favoritos de Mi Corazón, los sacerdotes. Llegará el momento en que Mis sacerdotes comprenderán todo esto (...)".

(Mensaje de Nuestro Señor Jesucristo a Marie-Julie entre 1917 y 1938).

"Hoy se blasfema de los milagros del Cielo, son rechazados, insultados. Vosotros, queridos amigos de Dios, estáis destinados a vivir para ver realizados grandes milagros, grandes prodigios entre las plagas, grandes justicias, grandes calamidades que el Señor ha prometido. Seréis bien protegidos, pero observad bien todo lo que las Voces Eternas han ordenado".

(San Miguel Arcángel, 29 de septiembre de 1880).

"Hijitos míos, os aseguro que este tiempo no está lejos, pero no os asustéis. Tenéis por cobijo el Corazón Divino, tenéis por protección la Cruz Adorable, tenéis por tienda mi corazón materno, mi manto blanco os servirá de tienda, de cobijo y de fortaleza donde no tendréis miedo porque la tierra se partirá, un terrible terremoto sacudirá la tierra, haciéndola temblar hasta alturas terribles. Los pecadores caerán al abismo y serán enterrados en esa tumba, que se cerrará. Habrá en otros lugares una plaga de un minuto. Puede destruir miles de cuerpos, pero hijitos míos, tenéis vuestras c vuestras promesas de verdad y de paz (ver páginas: 210-235)".

(La Santísima Virgen María, 23 de julio de 1924).

En septiembre de 1904, Marie-Julie reveló este mensaje recibido de la Virgen María:

"... La mitad de la población de Francia será destruida. Después de los castigos, quedarán pueblos sin alma. Cuatro ciudades de Francia desaparecerán... No tengo más poder, ya no puedo retener el brazo de Mi Hijo... Hijos míos, la decisión de Mi Divino Hijo es dejar que todo siga hasta el final. Sólo queda la oración. Si mi Divino Hijo y yo hiciéramos milagros más grandes que todos los de Judea, que todos los milagros del pasado, todas estas maravillas serían despreciadas; insultarían más a mi Divino Hijo y a su Santa Madre..."

(Mensaje de la Santísima Virgen María, 16 de septiembre de 1904)

La victoria y el renacimiento de Francia, la Iglesia y el mundo

Nuestro Señor Jesucristo prometió, a través de Marie-Julie, que los tiempos de penitencia llegarían a su fin, pues a través de Francia comenzaría el Reinado del Sagrado Corazón bajo el gobierno del Gran Rey de Francia, Enrique V de la Santa Cruz, un Monarca santo, que sería descendiente directo del Rey Luis XVI y de María Antonieta; un Rey guiado por Dios para dirigir a su pueblo en unión con un Pontífice "Angélico". Las monarquías, aseguró Marie-Julie, serán restauradas después de la guerra. La Iglesia Católica y Apostólica Romana recuperará sus santos derechos. Francia triunfará y la Santa Fe Católica se extenderá por todo el mundo.

Nuestro Señor Jesucristo:

> "Yo (poblaré) **la tierra de Francia con flores, es decir, con corazones puros, generosos, arrepentidos, que amen a la Santa Iglesia, al Santo Padre y al Rey. Bendeciré esta tierra y a mi pueblo** (que ha escapado) **de los terrores. Daré a Francia una nueva generación. Crecen en Mi gracia; seguirán durante el reinado de un rey muy piadoso que, por sus virtudes, se convertirá en el ornamento de Francia".**

(Nuestro Señor Jesucristo, 1 de diciembre de 1876).

Nuestro Señor Jesucristo declaró además a Marie-Julie Jahenny que, en recompensa por su devoción a su Sagrado Corazón, Francia nunca perdería la fe y seguiría gobernando hasta el final de los tiempos:

> **"Por esta promesa y el amor a esta devoción, más común en Francia que en otras partes, doy en recompensa la salvación de Francia y el triunfo de la Iglesia. La Santa Iglesia brillará por su fe y su amor, y reinará. Francia conservará siempre la fe. Reinará, después de su triunfo hasta el final de los tiempos".**

(Nuestro Señor Jesucristo, 27 de octubre de 1875).

¿Cuándo vendrá el Rey prometido? El Cielo revela en muchas ocasiones que signos y milagros espectaculares anunciarán la llegada de este gran Rey que traerá la gran renovación de la Fe y el renacimiento de un mundo nuevo.

> **"¡Oh Francia, hija mía! La despertaré de su doloroso sueño y, lentamente, la resucitaré con las oraciones, el sufrimiento, la fe y la**

confianza de Mis queridos hijos. Antes del gran acontecimiento, ella parecerá muerta para siempre para todos... Allí, será la lucha del Cielo y de la tierra. Será corta, pero terrible y luctuosa, y después, mi buena gente despertará, y el Salvador oculto dejará aquí el Sagrado Corazón con su flor de lis y su noble corazón de San Luis. Al mismo tiempo, levantaré a todos mis queridos hijos elegidos para la salvación y el triunfo de Francia. Rezad, rezad, rezad hijos míos, no os desaniméis. En medio de la ira, habrá hermosas maravillas".

(La Santísima Virgen María, 3 de enero de 1900).

"**Esta es mi hija mayor. Esta Francia que me abandonó. La tengo sin embargo en Mi Corazón. La apretaré más y será el día en que verá la Paloma del Cielo** (El Espíritu Santo) **que vendrá a traer este estandarte con el Sagrado Corazón**".

Nuestro Señor Jesucristo añadió que Enrique de la Santa Cruz salvará al Papa (el Pontífice Angélico) y concluyó diciendo:

"**¡Bienaventurados los que aman Mi Corazón, ellos estarán a salvo!**".

(Nuestro Señor Jesucristo, 17 de julio de 1874).

La futura gloria de La Fraudais

Marie-Julie también predijo que, después de su fallecimiento, su casa de La Fraudais se convertiría en un gran centro de peregrinación después de los castigos, y en el lugar de acogida del Gran Monarca, Enrique V de la Santa Cruz, pues su casa de campo está destinada a convertirse en el lugar de un gran y santo santuario dedicado a la Santa Cruz y al Inmaculado Corazón de María. Este lugar, se nos dice, será conocido en todo el mundo como un reconocimiento triunfal de la Obra de la Santa Cruz que comenzó con la misión de Marie-Julie como alma-víctima y con la revelación de sus revelaciones y profecías.

"**Oh Esposa mía, cuando ya no estés** (en la tierra), **dejaré grandes gracias en La Fraudais. Este lugar es una tierra bendita. Hasta ahora, he concedido gracias,** (pero) **esto no es nada. Será sobre todo en los últimos días cuando Mi Gracia será visible y podrán decir que he sido Yo quien te ha guiado**".

(Nuestro Señor Jesucristo, 29 de julio de 1875).

Una basílica y una fuente milagrosa en la Fraudais

Marie-Julie Jahenny recibió un número increíble de detalles sobre el enorme proyecto de construcción que se iba a realizar en La Fraudais, y se le mostró el aspecto que tendría la basílica anunciada: un inmenso edificio gótico clásico con capacidad para unas 1.400 personas. Nuestro Señor Jesucristo en persona declaró que sería su arquitecto... A Marie-Julie se le dijo cuántos pilares habría, y se le describieron además los altares.

Al principio, habría disputas por la tierra, ya que la gente de allí no querrá ceder sus propiedades para el gran proyecto, pero serán justamente compensados con un intercambio de tierras, y las amargas disputas durarán poco. Ningún trabajador morirá por accidente durante las pesadas obras. Los ricos donarán generosamente costosos regalos y obsequios para su construcción y adorno. También se anuncian maravillas: un manantial milagroso brotará en el lugar de su casa, cuyas aguas curarán el cuerpo y el espíritu de los peregrinos que acudan al santuario. El agua se canalizará y se recogerá en una fuente especial construida junto al altar mayor.

Se enviarán ángeles para ayudar en la construcción del santuario. Los obreros se irán a descansar y a su regreso descubrirán que los muros se han levantado más altos. De este modo, la obra continuará rápidamente hasta su finalización. Los constructores también tendrán la gracia de escuchar a los coros celestiales y a los santos cantar tres veces al día para refrescarse. Un perfume celestial impregnará el aire. Nuestro Señor prometió que Él mismo también vendría a cantar y a darles fresco.

El Cielo reveló que el Gran Monarca y su séquito vendrán a plantar el santo estandarte en el santuario prometido en acción de gracias por su gran victoria y por las profecías que anunciaron su reinado. Las tierras circundantes albergarán grandes conventos, claustros y orfanatos de caridad. Se producirán grandes conversiones; se convertirá en una nueva "Ciudad de Dios".

Además la Santísima Virgen María afirmó:

"Hijos míos, tantos dolores, tantas cruces, tantas lágrimas serán altamente recompensadas. El Cielo os tiene protegidos. Este lugar (La Fraudais) **se hará grande** (y de) **una grandeza inmensa. Las almas vendrán, impulsadas por una gracia extraordinaria. Hijos míos, aquí se ha levantado una montaña... Desde** (el tiempo del) **Calvario hasta esta fecha, nunca he visto tantas gracias, ni tantas que se han reservado para este lugar donde os hablo ahora".**

(La Virgen María, La Fraudais, 16 de marzo de 1880).

"Aquí se levantará un santuario de la Santa Cruz y de la Inmaculada. Este lugar será venerado por todos. Sanaré aquí el cuerpo y el alma mediante un agua viva".

(Nuestro Señor Jesucristo, 14 de agosto de 1875)

He aquí la grandeza de mi santuario. Yo seré su Arquitecto. ¡Vayan Mis Ángeles y Serafines! ¡Cortad las piedras para empezar! Así es como los planes secretos llegarán lentamente a término después de haber sido velados durante mucho tiempo. Pido estar, mientras esté en el Cielo, entre los pequeños comisionados de Mi amigo ante Dios.

(Nuestro Señor Jesucristo, 4 de marzo de 1884)

Refugio seguro: Bretaña

Marie-Julie Jahenny reveló que, en todo el universo, nunca habría un lugar más seguro de la Justicia Divina de Dios que en la tierra de María, la tierra de Bretaña (Francia).

"En Bretaña he levantado un refugio. ¡Venid a esta tierra, amigos de la Santa Cruz!"

(La Santísima Virgen María, 22 de enero de 1878)

La Santísima Virgen María:

"Sí, hijos míos, mi protección más especial os está reservada. Mirad sin miedo todo lo que se acerca. He venido a esta tierra de Bretaña porque he encontrado en ella corazones generosos".

Marie-Julie Jahenny:

— *Es verdad, madre.*
— **Mi refugio será también el de mis hijos que amo y que no habitan esta tierra. Será un refugio de paz en medio de los flagelos, un refugio muy fuerte y muy poderoso que nada podrá destruir. Los pájaros que huyan de la tormenta se refugiarán en Bretaña. La tierra de Bretaña está en mi poder. Mi Hijo me dijo: "Madre, te doy todo el poder sobre esa Bretaña". Él me ha dado el poder de alejar las tormentas de esa Bretaña tan querida por mi Corazón. Me ha dado el poder de bajar a la Bretaña, el poder de salvaguardar a los pecadores, de bendecirlos y también de golpearlos, pero, hija mía, tú conoces mi bondad.**
— *Oh sí, mi buena Madre. No golpearás.*
— **Este refugio me pertenece, y también a mi buena madre, Santa Ana. ¡Qué privilegio para mis hijos bretones!**
— *¿Por qué un privilegio tan grande, buena Madre?*

— Bretaña será poderosa un día, hijos míos. Los medios para ello os los haré saber más adelante. Esta será una tierra de gracia y privilegios. Mi poder aquí es mayor que en cualquier otra parte de Francia o del universo.

(Conversación entre la Santísima Virgen María y Marie-Julie, 25 de marzo de 1878)

"(...) Bretaña, estás señalada con tres secretos que he comunicado a mi Madre Inmaculada. Prepárate para recibirlos.
Te levantarás por tu cuenta como un poderoso ejército en cuanto los pies manchados del impío vengan a profanar tu fe. Serás lo suficientemente fuerte como para no permitirles cruzar tus primeras fronteras. (...) Bretaña, nunca has conocido el secreto de la Alianza que he contraído contigo ya que llevas el nombre de Bretaña. Sois vosotros los que mostraréis valor cuando se oiga la llamada del Rey. Marcharéis como un ejército victorioso al encuentro de aquel que he dado milagrosamente para salvar a la que muere de vergüenza (Francia) ...".

(Nuestro Señor Jesucristo, 22 de febrero de 1878)

"Mi querida Bretaña, tengo para ti, en mi Corazón tres hermosos secretos que están en el borde de mis labios. Sólo espero una palabra de la Santísima Trinidad para confiárselos en su poder y dulzura. Serán para vosotros, niños bretones, un verdadero bálsamo. Cuando los recibáis, vuestros corazones se alegrarán y no temeréis nunca más nada; ni los ruidos, ni los asaltos, ni las voces impías volverán a oírse en el país de Bretaña".

(La Santísima Virgen María, 22 de enero de 1878)

Cuatro años después del fallecimiento de Marie-Julie Jahenny (1941), un sacerdote francés, un místico llamado por San Padre Pío, un "santo francés", el padre Constant Louis-Marie Pel, tuvo una revelación épica bien conocida que corroboró las profecías de Marie-Julie (**ver página 519**):

"(...) con el aumento del horror de los pecados del mundo, a medida que avanza esta época, grandes castigos de Dios descenderán sobre el mundo y ningún continente se librará de la Ira de Dios. Francia, culpable de apostasía y de negar su vocación, será severamente castigada. Al este de una línea que se extiende desde Burdeos en el suroeste hasta Lille en el noreste, todo será arrasado e incendiado por pueblos que invadirán desde el este, y también por grandes meteoritos

en llamas que caerán en una lluvia de fuego sobre toda la tierra y sobre estas regiones especialmente.

La revolución, la guerra, las epidemias, las plagas, los gases venenosos químicos, los terremotos violentos y el despertar de los volcanes extintos de Francia lo destruirán todo...

Francia al oeste de esa línea será menos afectada... debido a la fe arraigada en La Vendée y en Bretaña... pero ninguno de los peores enemigos de Dios que busquen refugio allí del cataclismo mundial podrá encontrarlo; dondequiera que se escondan, serán muertos por los demonios, porque la Ira del Señor es justa y santa. Las densas tinieblas causadas por la guerra, los gigantescos incendios y los fragmentos de estrellas ardientes que caerán durante tres días y tres noches harán desaparecer el sol, y sólo las velas bendecidas en la Misa de las Velas (2 de febrero) *darán luz en las manos de los creyentes, pero los impíos no verán esta luz milagrosa porque tienen tinieblas en sus almas.*

<u>**En esta onda ¾ de la humanidad será destruida, y en algunas partes de Francia los sobrevivientes tendrán que ir 100 kilómetros** (c. 60 millas) **para encontrar otro ser humano** (vivo)</u>*. Se llegará al punto de que la gente tendrá que comer carne humana para sobrevivir...*

(...) El mar Mediterráneo desaparecerá por completo; los océanos lanzarán enormes chorros de vapor ardiente hacia el cielo e inundarán los continentes en un espantoso maremoto que aniquilará todo a su paso. Nuevas montañas brotarán de la tierra y de los océanos, mientras que los Alpes y el valle del Rin, al norte, se derrumbarán al ser inundados por el mar de esta manera, el mapa del mundo cambiará totalmente; la tierra sufrirá grandes sacudidas (es decir, terremotos) *que le impedirán girar normalmente sobre su eje. Las estaciones dejarán de existir durante tres años, después de los cuales la tierra volverá a producir plantas y vegetación. Habrá una gran hambruna en todo el mundo. París será destruida por la revolución y quemada por el fuego atómico de los rusos desde Orleans y la región de Provins ... Mientras tanto, Marsella y la Riviera Francesa se derrumbarán y quedarán sumergidas bajo el agua ...*

En el futuro, cuando veas que este tiempo espantoso está cerca, <u>*despídete de Bretaña* (en la costa occidental de Francia*) pero vete al centro, lejos de las costas —porque éstas se hundirán*</u>*. Este azote global comenzará en una fría noche de invierno y con un aterrador rugido de trueno divino —un sonido antinatural lleno de gritos demoníacos— que será escuchado por todo el mundo. Será la voz del pecado la que escucharán los hombres aterrorizados en esa noche.*

(Reverendo Padre Constant Louis-Marie Pel, 1945)

Profecías de Marie-Julie Jahenny
(Fotos de satélite de Bretaña)

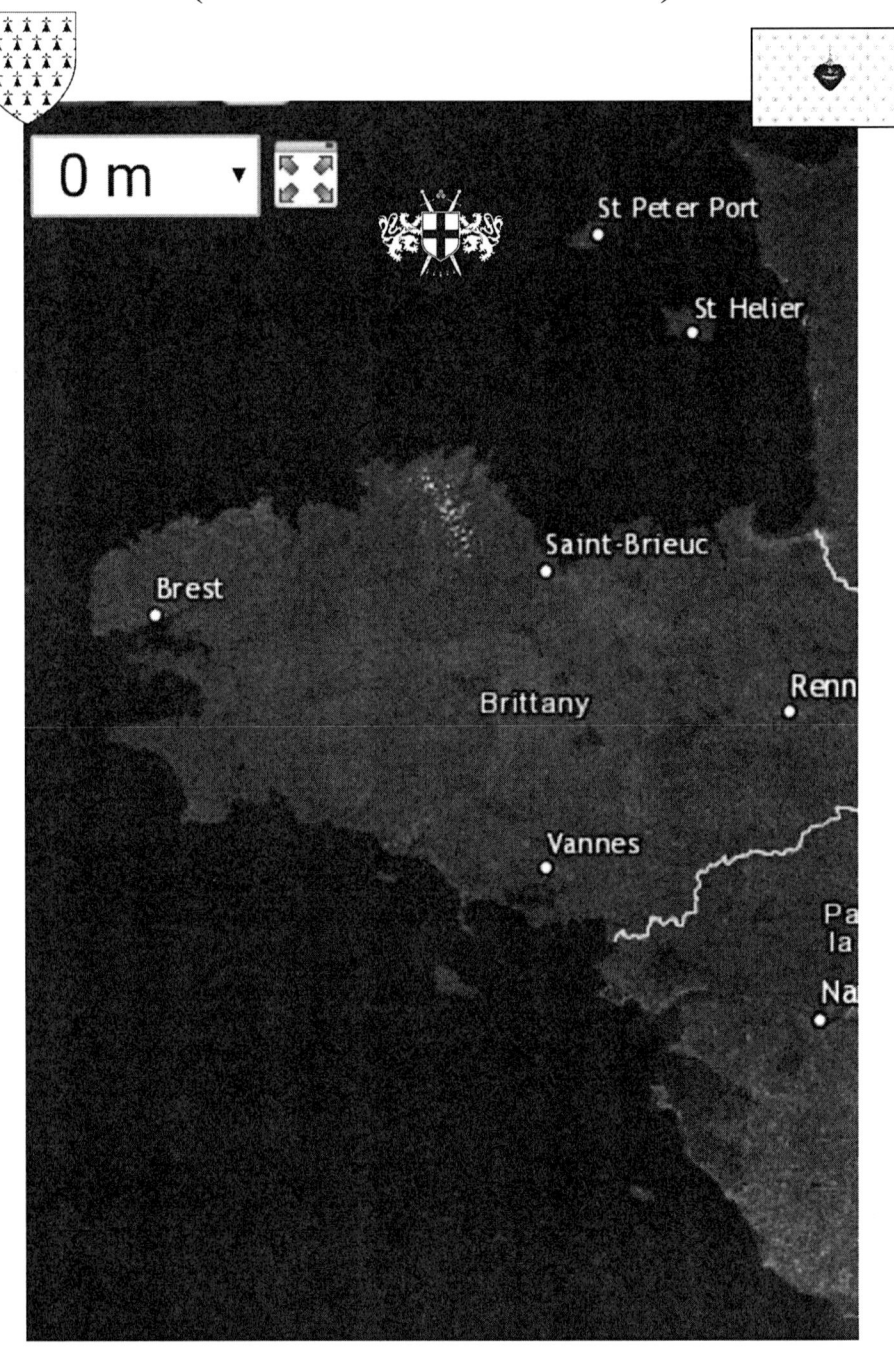

Simulación de Bretaña bajo 35- 40 metros de agua

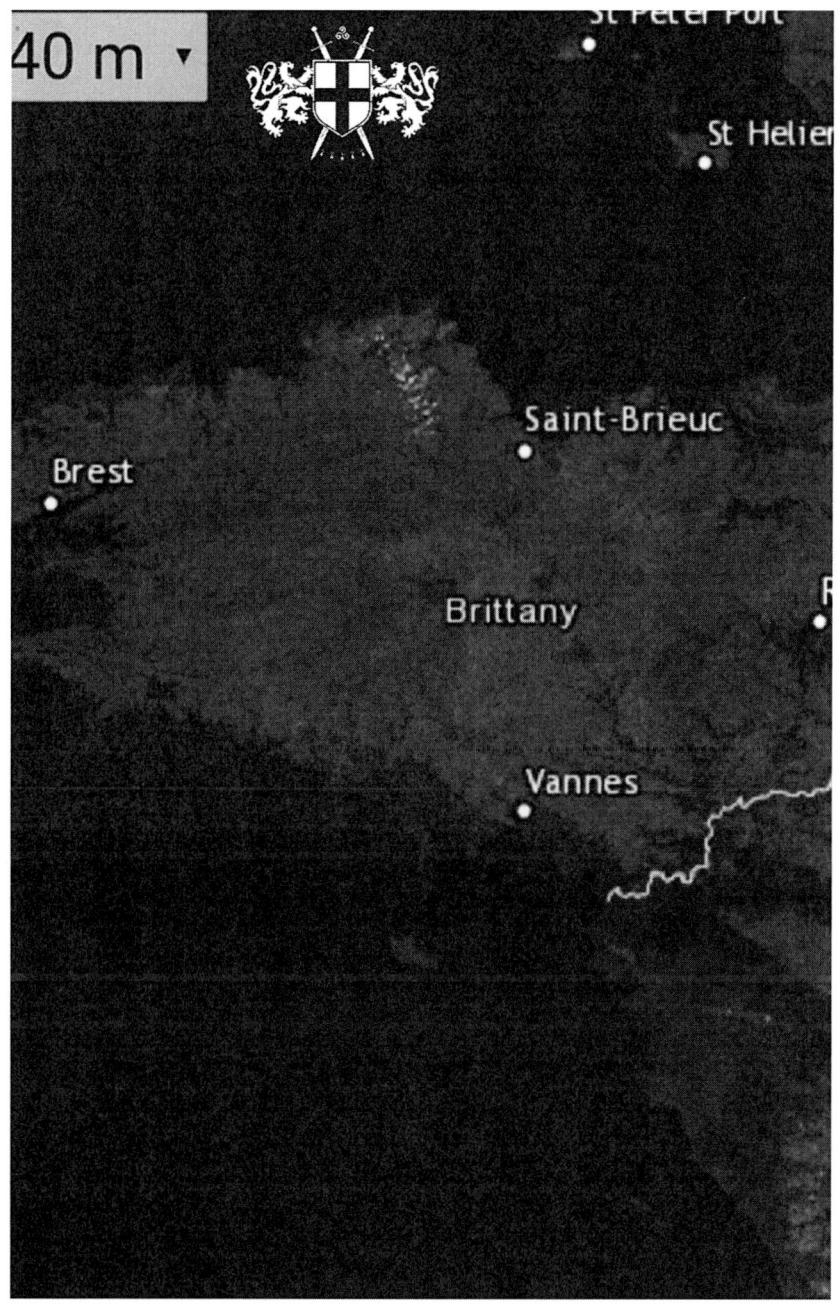

Medios de protección durante el período del Castigo

Debido a la devoción y fidelidad del pueblo bretón a la Virgen, ella y San José le dijeron a Marie-Julie que Bretaña, en el noroeste de Francia, será un "refugio"; se librará en gran parte de la invasión rusa (pero no de las pequeñas incursiones del enemigo), y estará en parte resguardada de las plagas y desastres naturales (la parte norte conocerá la peste).

El Cielo advierte a los fieles que se mantengan fuera de París y se trasladen a Bretaña, que se convertirá en un refugio para muchos, incluso para los extranjeros que vendrán como *"pájaros que vuelan desde lejos para refugiarse en un gran árbol"*, pero en la medida de lo posible en la zona central de Bretaña, ya que los mares subirán de 25 a 35 metros sobre el nivel normal del mar, sumergiendo así muchas zonas costeras.

La Sagrada Comunión:

Marie-Julie Jahenny dio, a lo largo de toda su vida, una importancia fundamental al Santo Sacramento del Altar, la Sagrada Eucaristía, el Pan y el Vino de la Vida por el que vivió exclusivamente durante muchos años de su vida sin ningún otro tipo de comida o bebida. La Sagrada Eucaristía fue, en efecto, alimento para su alma, para su cuerpo, para su vida, para sus obras y su misión.

"Oh, mi querida alma, no olvides que en la Santa Comunión está la Misericordia y el Amor que se entregan a la miseria".

(Fecha desconocida).

"Mi querida alma a la que amo, recuerda que aquí hay (sólo) **un Dios Santo, que es digno de recibir a Dios**".

(Nuestro Señor Jesucristo, 28 de marzo de 1931).

Nuestra Señora dio un hermoso consejo espiritual a Marie-Julie sobre cómo preparar nuestros corazones para recibirlo en la Santa Comunión:

"**Hijitos míos, momentos antes de la Santa Comunión, dejadme tomar vuestro corazón de carne con todo lo que hay en él y purificaré vuestros labios hasta el corazón para que no quede nada** (impurezas / imperfecciones). **El perfume será el lirio de mi pureza, mezclando el aroma de la santa humildad y de la hermosa caridad, la hermosa caridad que tantas veces tiene desgarrado su hermoso manto blanco ... Hijitos míos, pedidme, pedid a San José que ponga el santo perfume de su santa muerte, y después dejadme purificar a la vista de todo el Cielo el lugar de vuestro corazón; lo pondré en el mío con toda su santidad, con toda su belleza.**
Será el Altar Eucarístico donde descansará Jesús, será su Cielo en mi Corazón donde los ángeles lo amarán, y yo coronaré este trono de lirios, violetas y rosas. Yo seré la guardiana de este Divino Tesoro. Los ángeles lo custodiarán y nada empañará la belleza del tabernáculo. Es mi Corazón Inmaculado.
Y entonces, hijitos míos, decidle al Amado que ya no tenéis corazón vosotros, decidle que lo muela bajo las ruedas de la Divina Misericordia y decidle que la Divina Misericordia lleve estas cenizas hasta los confines del mundo con estas palabras: Amor, Piedad, Misericordia, Reconocimiento y Paz a la Tierra y acción de gracias al Corazón Adorable que hizo de nuestras miserias maravillas de Misericordia y dulce caridad para el zoco culpable.

(Fecha desconocida...).

<u>Salvaguarda de los hogares</u>: *Oh, Sagrado Corazón de Jesús. En vos confío*.

Marie-Julie Jahenny mencionó a sus grabadores una salvaguarda que Nuestro Señor Jesucristo había recomendado hace tiempo a Santa Margarita-María:

"*Este Divino Corazón es una fortaleza y un santuario asegurado para aquellos que quieran refugiarse allí para escapar de la Justicia Divina*".

(Santa Margarita-María).

Marie-Julie Jahenny añadió:

Llevemos esta imagen encima; pongámosla en nuestras casas; peguemos los salvoconductos del Sagrado Corazón en las puertas y en las ventanas de nuestros hogares. Después de eso, ¿no podemos esperar que la inscripción "¡Detente! ¡Aquí está el Corazón de Jesús! (o ¡el Corazón de Jesús está conmigo!)", junto con nuestras propias oraciones íntimas, nos guarde de nuestros enemigos de dentro y de fuera?

(**Ver** una versión más amplia **en la página 623**)

Remedios contra las próximas enfermedades y dolencias

Varias enfermedades y epidemias se extenderán por toda Francia, por toda Europa y por todo el mundo, pero una enfermedad en particular le fue predicha a Marie-Julie: una enfermedad *de calentura* que se extenderá muy rápidamente, matando rápidamente y en masa.

> "**Pasarán, en Francia, innumerables muertes que el mundo nunca ha visto** (antes) **y enfermedades desconocidas... Sobre todo, del Centro** (París) **esta mortandad lanzará su plaga. Golpeará justo sobre la parroquia que es la vuestra** (Blain, La Fraudais...)**, pero hijos míos, no temáis, porque Mi Corazón será un refugio para protegeros**".

(Nuestro Señor Jesucristo, 15 de junio de 1882)

Desde el momento en que la furia de los impíos se detendrá por un breve respiro, vendrá una gran enfermedad, casi repentina. Este castigo dejará a sus víctimas como si no tuvieran vida, aún respirarán con la capacidad de hablar, la carne herida como después de una profunda quemadura.

Esta enfermedad será muy contagiosa y nada la detendrá. Es un castigo de Dios para hacer volver a muchas (almas).

(Marie-Julie Jahenny, 20 de septiembre de 1880).

1. Remedio contra la enfermedad mortal desconocida que quema:

"Habrá enfermedades graves que el arte humano no podrá aliviar. Este mal atacará primero el corazón, luego la mente y, al mismo tiempo, la lengua. Será horrible. El calor que la acompañará será un fuego consumidor, tan fuerte que las partes afectadas del cuerpo serán de un enrojecimiento insoportable, (manchas rojas / parches). Después de siete días, esta enfermedad, como la semilla sembrada en un campo, se levantará rápidamente y hará un inmenso progreso.

Hijos míos, éste es el único remedio que puede salvaros: ¿Conocéis las hojas de espino que crecen en la mayoría de los setos y tienen la parte superior larga y afilada? Hijos míos, las hojas de este espino detendrán el progreso de la enfermedad. Debéis recoger las hojas, no la madera. Incluso secas, conservarán su eficacia. Ponedlas en agua hirviendo y dejadlas durante 14 minutos, tapando el recipiente (con una tapa) para que el vapor permanezca.

Cuando la enfermedad ataca por primera vez, debes utilizar este remedio tres veces al día. Hijos míos, esta enfermedad será muy grave en Bretaña. El pensamiento de Dios allí será menos intenso".

Los síntomas:

"La enfermedad producirá una elevación continua del corazón (presión sanguínea, aumento del ritmo cardíaco...), **vómitos. Si el remedio se toma demasiado tarde, las partes afectadas se volverán negras, y en este negro, habrá vetas pálidas amarillentas**".

(La Santísima Vigen María, 5 de agosto de 1880)

Nota: Este remedio se da para el tiempo de los castigos. Si actualmente está tomando medicamentos o tiene afecciones cardíacas, pida consejo a su médico. El espino actúa poderosamente sobre el corazón como una forma natural de digitalis. **(Para pedir Espino Blanco, ver página: 624)**

Arbusto de espino blanco
Imagen po Eugene Zelenko, 2005
. CC BY-SA 3.0

Primer plano de hojas y espinas de espino.
Imagen por 'Rasbak', July 2006. CC

"Hijos míos, esta enfermedad marcará el comienzo del período en el que habrá un olor fétido que emanará de todos los crímenes. Todo sufrirá mucho, tanto los cristianos como los animales. Después de que hayáis utilizado la hoja para vosotros, se podrá aplicar a los animales infectados poniéndola en cualquier alimento que estén comiendo, o hirviéndola en agua.

Habrá una gran pérdida de animales a causa de la enfermedad *negra*. La piel, alrededor del exterior de sus ojos se ennegrecerá. El área afectada será tan amplia como un dedo y medio. Los animales rechazarán toda la comida y les saldrá mucha agua de los ojos. Esta hoja también puede utilizarse para esta dolencia.

Siento compasión por todo. Eso es lo que quería compartir con vosotros, hijos míos, con toda la bondad y la ternura de mi Corazón.

(La Santísima Vigen María, 16 de agosto de 1880)

2. Remedio contra el cólera

Mis pequeñas almas encantadoras, la infusión de espino puede utilizarse también como remedio para esta terrible enfermedad: El cólera.

(21 de junio de 1923).

Plagas

Según un texto fechado el 5 de octubre de 1881, las epidemias azotarán a Francia, y desde Francia, muy probablemente, a todo el mundo. Las enfermedades pueden transmitirse por el aire; el hedor de los cadáveres, se sabe, provocará la propagación de las enfermedades.

"Habrá epidemias en el Sur, Valence, Lyon, Burdeos, todo después de esta tierra que llega al Centro (París). Muy poca gente (podrá) escapar. Los cadáveres propagarán un hedor que mata".

3. Oración que preservará contra futuras plagas

Serán protegidas y preservadas las almas que escriban estas palabras, y las repitan durante el tiempo en que estalle esta violenta plaga, causando grandes daños. Estas palabras escritas en un trozo de papel pueden bastar para toda una familia:

"Oh Virgen Purísima, Tú que siempre has llevado y llevas el buen y casto olor de la Pureza, aparta de nosotros este repugnante olor; devuélvelo a aquel lugar donde nunca más podremos olerlo, por el casto olor de tu Santa Pureza, Amén".

(13 de septiembre de 1880).

4. Dolencias en el pecho y en la cabeza

Tomarás la infusión de "Hierba de San Juan" —Glechoma Hederacea— especialmente durante las crisis, los sufrimientos del pecho y los dolores de cabeza violentos.

(21 de junio de 1923)

Hiedra de tierra / Glechoma Hederacea

"*Lierre terrestre* en francés es *hiedra terrestre*, también conocida como **Glechoma Hederacea** o *Creeping Charlie*, es la hierba para las crisis, los sufrimientos del pecho y los dolores de cabeza violentos".

En 1923, Marie-Julie Jahenny recibió otra revelación del Espíritu Santo:

"El Sol dice de nuevo que esta plaga de calamidades va a extenderse hasta esta región (Bretaña); sin embargo, no de la misma manera; afectará a las vides y a los cultivos jóvenes que no serán atendidos por los cristianos.
Para ayudar a salvar a los cristianos, hay una planta que existe: quien haya recogido un poco ("Hierba de San Juan" o St. Johnswort*) será preservado de todo este flagelo. Esta planta aparece en el Sol al ojo del alma (de Marie-Julie en aquel momento); la veo perfectamente. Su nombre está escrito en la luz; es la planta o hierba de San Juan* (St. Johnswort)*. La hoja no es muy grande; tiene pequeñas costillas por todas partes. El Sol dice que los cristianos pueden beber algunas gotas de ella —hechas como una tisana— sin miedo, y el azote no le afectará.*
Veo esta planta en el Sol; tiene pequeñas flores azules; tiene lo que parecen tubos de los que salen flores; tiene un olor soportable".
Nuestro Señor interrumpe la Voz en el Sol... para decir lo siguiente:

"Bendigo esta planta, hijos míos. Recogedla mientras esté disponible; mucha gente la buscará y no la encontrará. Mis pequeñas almas amadas, guardad siempre esta plantita, porque este nombre es tan precioso. Este nombre es para Mí un nombre de amor. Es el nombre del gran Apóstol que adoptó a Mi Madre como su madre, y Mi Madre lo adoptó como su hijo".

(19 de abril de 1923).

5. Para fiebres desconocidas, la humilde violeta

Las fiebres pueden calmarse con infusión de violeta, el perfume de la virtud y la humildad.

Violetas

6. Remedio para los problemas mentales violentos, los dolores de pecho y los dolores de cabeza violentos

La "hierba de San Juan" amarilla es recomendada por Marie-Julie para los momentos de crisis, la depresión será rampante; también se recomienda para los sufrimientos de los dolores de cabeza violentos. La "hierba de San Juan" amarilla también se menciona en los textos como remedio para los problemas mentales violentos de la cabeza y los dolores de pecho.

Hierba de San Juan / *St. John's Wort*

La "hierba de San Juan" amarilla es muy poderosa; de nuevo, busque el consejo médico de un experto en salud o en hierbas antes de usar estos remedios.

En francés, la *hierba de San Juan* es la *hierba de San Juan amarilla* en inglés —La *hierba de San Juan* es conocida por ayudar a aliviar la depresión (problemas mentales) y tiene las siguientes propiedades que también ayudarían a aliviar los dolores de pecho —marcados con +:
Antioxidante (evita que los radicales libres causen daños a las células)
Antiviral (eficaz contra los virus portadores de enfermedades)
Antiinflamatorio (reduce la inflamación)
Antimicrobiano (desarma los microbios)
Analgésico (alivia el dolor)
Antiespasmódico (relaja las contracciones musculares) +
Aromático (digestivo)
Astringente (tonifica y cicatriza) +
Expectorante (provoca la liberación de mucosidad) +
Nervioso (libera y calma el sistema nervioso) +
Hepático (influye favorablemente en el hígado y la vesícula biliar)
<u>Oraciones para rezar a la Santísima Virgen María antes de usar las plantas</u>

como remedios:

Marie-Julie-Jahenny dirigiéndose a la Santísima Virgen María:

"Buena y santa Madre, en cuanto a las plantas que la Divina Providencia ha sembrado en la tierra, te pedimos que les des una bendición muy especial, particularmente sobre el Espino y sobre la Hederacea de la hierba de San Juan - Glechoma".

La Santísima Virgen María:

— Oh, mis queridos hijitos, cuando uséis esas florecillas y esas plantitas, rezadme:

"Oh Santa Reina del Cielo, Salud de los enfermos, prodigio de poder,
Extiende tus bendiciones sobre esta infusión, Madre todopoderosa.
Muéstranos que eres nuestra Madre aliviando nuestras miserias".

Hijitos míos, cuando toméis esta florecilla, invocadme:

"¡Oh, María Inmaculada! ¡Oh Madre nuestra! ¡Oh Madre nuestra! Míranos y haz que tu bendición se revele en nuestro sufrimiento".

— *¿Y para los que atienden a los enfermos?*
— Mi querida hija, no es necesario decir largas oraciones. Basta con decir:

"¡Oh, buena Madre! Mira mi pequeño trabajo para alguien enfermo o afligido. Por favor, bendícelo".

Hijitos míos, si sólo dependiera de mí, sanaría todos los cuerpos, sanaría todas las almas, pero, ante todo, la Santa Voluntad del Divino Creador antes que la mía… Él es el Rey. Él es el Padre y es infinitamente bueno. Hijitos míos, la fe y la confianza son las oraciones más bellas que obtienen más y más de nuevo.

Por favor, no utilicen estos remedios para sustituir la visita al médico. Esto es para los momentos en que los fieles ya no tendrán ayuda médica inmediata.

7. Para enfermedades desconocidas

Nuestro Señor le dijo a Marie-Julie:

"Una medalla con Mi Divino Corazón, una medalla donde está dibujada la Adorable Cruz. Pondrás en un vaso de agua estas dos imágenes, ya sea de cartón, o de metal (Medalla Milagrosa). Beberás esta agua dos veces bendecida, dos veces purificada. Una sola gota en tu comida, una pequeña gota, bastará para no alejar la aflicción, sino las aflicciones de Mi Justicia".

Además nuestro Señor dijo:

"Daréis una gota de esta agua a las pobres almas alcanzadas por la aflicción de las enfermedades desconocidas que atacarán la mente corazón y la boca / lengua".

Otra fuente independiente de alivio durante estos sufrimientos:

"Mis pequeñas almas amadas y queridas, contra las grandes calamidades pondréis la medalla de mi Sagrado Corazón en un vaso de agua o una cucharada, como queráis, invocaréis mi Corazón Adorable, os aliviaré de todos los ataques, os consolaré en vuestros dolores y penas".

(Esta práctica sólo traerá alivio y no será una cura contra la "*plaga de calentura*" que afecta a la cara; **sólo el espino curará <u>si se toma a tiempo</u>**).

8. <u>Remedio para protegerse de las plagas mortales</u>

Marie-Julie Jahenny reveló un día una receta muy curiosa para un remedio contra las plagas mortales:

Hay que tragar un papelito en el que se deben escribir las siguientes palabras:

"¡Oh Jesús, vencedor de la muerte, sálvanos! O Crux Ave, Spes Unica".

(¡No olvides utilizar tinta no tóxica! Esto es para los castigos. **<u>Por favor, vea la \ 627 para adquirir el papel de arroz con la dicha oración en tinta no tóxica</u>**).

<u>Nota:</u> Todos los sacramentales como medallas, rosarios, cuadros, etcétera deben ser bendecidos por un sacerdote.

Sacramentales adicionales de protección para el período de castigo

El Escapulario Púrpura

El 23 de agosto de 1878, la estigmatizada bretona declaró sobre un nuevo sacramental particular recomendado por la Santísima Virgen María:

He aquí lo que la Santa Virgen me hizo ver en su Inmaculado Corazón: es un gran escapulario, más grande que los escapularios ordinarios, es un poco más grande que la palma de una mano. Es de un hermoso color púrpura, casi del color del violeta. Esto es lo que hay en él: en el centro, están los tres clavos que crucificaron a Nuestro Salvador en la Cruz; unos están cruzados sobre los otros, no exactamente en forma de cruz, y en la punta de cada clavo, hay una gota de sangre roja. Por encima de los tres clavos, hay una especie de esponja grande que tiene como orejas levantadas, como las de la avena en bolas.
Las tres gotas de sangre van a juntarse y caen en un pequeño cáliz pintado de rojo, y el cáliz está rodeado de una corona de espinas, y hay tres pequeñas cruces grabadas en el frente del cáliz. Este es el lado del escapulario que está en el manto de la Santa Virgen. Observo que este escapulario cuelga por dos correas violetas que pasan sobre cada hombro, **y hay tres nudos en el hombro izquierdo, y dos en el derecho.**
El otro lado del escapulario representa a la Santa Virgen María sentada, sosteniendo a su Adorable Hijo en sus brazos, la boca y la Cabeza de Nuestro Señor descansa sobre el corazón de la Santa Virgen. En el extremo inferior del escapulario, a los pies de Nuestro Señor, hay un Ángel vestido de blanco, con el pelo rizado, tiene una corona blanca en la cabeza; su cinturón es rojo. Tiene en sus manos un lienzo blanco con el que limpia los pies de Nuestro Señor. En el lado del Ángel, a la derecha del escapulario, hay grabada una escalera.
Detrás de Nuestro Señor, a la izquierda, la caña de la Pasión pintada en rojo, pero sin esponja. Las lágrimas de la Santa Virgen caen sobre su pecho, a la derecha, y se detienen a los pies del Ángel. El escapulario está ribeteado con una línea roja y los tirantes son de lana.

Nota: Los símbolos de la pasión se llevan en el pecho, la imagen de Nuestro Señor y Nuestra Señora se llevan en la espalda.

La Santísima Virgen me dijo:

"Déjame ahora, mi querida niña, explicarte el significado de este

escapulario. Te digo, víctima mía y sierva mía, mis servidores de la Cruz, que desde hace mucho tiempo mi Hijo y yo hemos tenido el deseo de dar a conocer este escapulario de bendición. Este escapulario, hijos míos, se supone que está hecho sobre mi corazón, porque mi corazón es el emblema de la sencillez y la humildad, de ahí el color violeta.

Los clavos que han atravesado los pies y las manos de mi Hijo han sido poco venerados y son venerables, de ahí que mi Hijo, en su Divina Sabiduría, haya hecho que se pinten estos tres clavos en la parte delantera del escapulario. Estas tres gotas de sangre y el cáliz representan los corazones generosos que recogen la Sangre de mi Divino Hijo. La esponja roja representará a mi Divino Hijo bebiendo, por así decir, los pecados de sus hijos, pero su adorable boca se niega. Deseo que el extremo del escapulario sea de color violeta (el fondo oscuro ...), pero deseo que los clavos, el cáliz, la esponja y la corona estén sobre un trozo de franela rojo oscuro. Esta primera aparición de este escapulario será una nueva protección para los tiempos de los castigos, de las calamidades y de las hambrunas. Todos los que estén vestidos (con él) pasarán bajo las tormentas, las tempestades y las tinieblas, tendrán luz como si fuera de día. He aquí el poder de este escapulario desconocido.

La Santa Virgen María presenta el escapulario a Nuestro Señor, que dice a su vez:

"Me dirijo a ti, Mi víctima, y también a Mis víctimas y a Mi siervo. Hijos míos de la Cruz, veo y vengo a daros una idea y un pensamiento profundo: durante Mi descenso de la Cruz me entregaron a Mi

madre. Este descenso, este pensamiento, esta devoción es poco conocida. Quisiera por esta reproducción en este escapulario, que pase al corazón de los hijos de la Cruz, y que me saluden con estas tres salutaciones:
— Te saludo, Jesús, crucificado por concederme la vida,
— Te saludo con toda la alegría de los Ángeles y de los Santos en Tu descenso de la Cruz.
— Te saludo con la tristeza de Tu Madre cuando reposaste en su Corazón Inmaculado y en su regazo Inmaculado.
Hijos míos, muy pocas almas piensan en enjugar las Adorables Llagas de Mis Pies cuando corrió la Sangre y quisiera que se conociera esta representación. También piensan muy poco en las lágrimas derramadas por Mi Madre durante Mi Pasión; estas lágrimas se encuentran a los pies del Ángel que enjuga Mis Sagrados Pies. Con este escapulario, quisiera que pensaran en la escalera, la caña y los clavos de Mi Pasión".

Otras grandes promesas dadas con el escapulario:

"Hijos míos, todas las almas, todas las personas que posean este escapulario, verán a su familia protegida, su hogar también estará protegido: en primer lugar de los incendios, que nunca entrarán allí. Este escapulario abatirá a los ingratos que blasfemen de Mi Nombre en el hogar en el que esté expuesto.
Si una persona impía entra (en esa casa), será impactada tan completamente que su conversión estará cerca. Todos los que lo lleven serán preservados de los truenos, de la muerte súbita y de los accidentes. Durante los castigos estarán protegidos. Quien lo deposite en el Templo Sagrado (es decir, en una iglesia), lo alejará de los impíos y de la profanación (es decir, esa iglesia estará protegida).
Recordando a un alma obstinada sobre este escapulario en las horas de su desaparición (muerte), despertará la Fe en él y una creencia firme de que todos los que lo tendrán y pensarán en él y lo amarán, se librarán de los problemas de las almas. Aquellos que lo lleven estarán protegidos de cualquier peligro como si ya poseyeran el Cielo. Este escapulario, en fin, será como un pararrayos bajo el cual no morarán los golpes de la justa y divina ira".

Además, nuestro Señor añadió:

Todo sacerdote podrá bendecir este escapulario.
Llevando este escapulario deberán rezar cinco o siete veces el "Crux Ave" (ver página: 234) y meditar uno-tres minutos en Mi Santa Pasión. Concederé grandes gracias a los que deseen revestirse de este

Santo Hábito".

(Nuestro Señor Jesucristo 23 de agosto de 1878)
Agua bendita y velas benditas
(para los días de oscuridad):

Debemos tener a mano velas de cera de abejas bendecidas para los Días de la Oscuridad, y DEBEN ESTAR HECHAS 100% DE CERA DE ABEJAS PURA. Ninguna otra mezcla encenderá... Debemos ser devotos de Nuestra Señora; ayudar a que sea conocida y amada; tener su imagen en nuestras casas, y ser devotos de la Cruz y del Sagrado Corazón. Debemos confiar en Nuestro Señor y en Nuestra Señora. No olvidemos la Preciosa Sangre, ni las Santas Llagas de Nuestro Señor.

(Para mantenernos fuertes ante todos estos signos, el Agua Bendita será una fuerza y un consuelo, así como las velas bendecidas -pero las velas bendecidas hechas 100% de cera de abeja-, las de otro material no servirán).

Debemos reunirnos alrededor de nuestros crucifijos. NO DEBEMOS MIRAR AL EXTERIOR DURANTE ESTOS DÍAS, seremos fulminados si lo hacemos... Serán días terribles, pero debemos confiar en la Virgen, la fe en su protección evitará el terror. La Virgen María me dijo:

"Hijitos míos, os aseguro que entre los golpes de la JustIcIa habrá para vosotros, hijitos míos, grandes señales (dicho tres veces) **de gracias, protecciones y maravillas, todas divinas".**

"Mis pequeños y amados hijos quiero calmarlos, quiero tranquilizarlos. Tened siempre cerca vuestros objetos de protección, vuestras velas bendecidas, vuestras medallas y otros objetos de los

que fluyen todas las bendiciones del Cielo, bendiciones de protección, bendiciones de todos los favores celestiales, bendiciones que alejan (de vosotros) los gritos de Satanás que corren por el aire y por la tierra, bendiciones que calmarán la tormenta desatada por las voces luciferinas".

El Crucifijo y la imagen bendita (o estatuilla) de la Sagrada Familia

"Hijos míos, prestad atención a mis palabras... En estos días de luto, habrá otro terremoto tan fuerte como muchos otros, (y sin embargo) menos fuerte que en muchos otros lugares. Será fácil de notar: todo temblará, excepto el mueble en el que arderá la vela de cera (de abeja). Todos se agruparán alrededor, con el crucifijo y mi imagen bendita. Esto es lo que os quitará el miedo, ya que estos días causarán muchas muertes.

He aquí una prueba de mi bondad: aquellos que me sirven bien, me invocan y guardan en sus casas mi imagen bendita, yo guardaré con seguridad todo lo que les pertenece. Durante estos tres días, protegeré su ganado del hambre. Los guardaré porque no debe haber ni una sola puerta entreabierta. Los animales hambrientos serán satisfechos por mí, sin ningún alimento".

(24 de marzo de 1881).

La medalla de San Benito

Dice la vidente bretona:

"Nuestra Señora sabrá salvar sus campos durante la hambruna".

Dado que el único consejo que he visto atribuido a Marie-Julie **sobre cómo salvar las cosechas durante las plagas y contra la aparición de "espigas negras" en el trigo es plantar medallas de San Benito en la tierra en forma de cruz**, podemos suponer que éste debe ser el remedio. Asimismo, Marie-Julie Jahenny afirmó:

"Poner una medalla de San Benito en el cuello de los animales. Es este gran santo el que ha sido designado por Nuestro Señor para ayudar en estas 2 angustiosas calamidades (agricultura y ganadería)".

(24 de mayo de 1880).

Ritual de bendición de la Medalla de San Benito

La medalla de exorcismo de San Benito debe ser bendecida con la oración especial de protección compuesta para ella. Cualquier sacerdote puede decir la bendición de protección, no sólo un sacerdote benedictino. Si un sacerdote tiene la forma latina del rito, mucho mejor. Sin embargo, la bendición sigue siendo válida en inglés si es bendecida por un sacerdote válidamente ordenado. La fórmula es la siguiente (el sacerdote debe hacer la señal de la cruz en cada una de las cruces (+) en las oraciones que aparecen a continuación):

Sacerdote: **Nuestra ayuda es el nombre del Señor**.
Respuesta: Que hizo el Cielo y la Tierra.

P: **En el nombre de Dios Padre Todopoderoso, que hizo el cielo y la tierra, los mares y todo lo que hay en ellos, exorcizo estas medallas contra el poder y los ataques del maligno. Que todos los que usen estas medallas con devoción sean bendecidos con la salud del alma y del cuerpo. En el nombre del Padre + Todopoderoso, del Hijo + Jesucristo Nuestro Señor, y del Espíritu Santo + Paráclito, y en el amor del mismo Señor Jesucristo que vendrá en el Último Día a juzgar a los vivos y a los muertos, y al mundo por el fuego.**
R. Amén.
P: **Oremos. Dios todopoderoso, fuente inagotable de todos los bienes, te pedimos humildemente que, por intercesión de San Benito, derrames tus bendiciones + sobre estas medallas. Que quienes las usen con devoción y se esfuercen por realizar buenas obras sean bendecidos por Ti con la salud del alma y del cuerpo, la gracia de una vida santa y la remisión de las penas temporales debidas al pecado. Que también, con la ayuda de tu amor misericordioso, resistan a la tentación del maligno y se esfuercen por ejercer la verdadera caridad y la justicia con todos, para que un día aparezcan sin pecado y santos a tus ojos. Te lo pedimos por Cristo Nuestro Señor.**
R: Amén. (Se rocían a continuación las medallas con agua bendita).

Oraciones a la Cruz:

A Marie-Julie le enseñaron dos maneras particulares de rezar, saludando a la Cruz:

La oración *Crux Ave* número 1:

Te saludo, te adoro, te abrazo,
¡Oh, adorable Cruz de mi Salvador!
¡Protégenos, guárdanos, sálvanos!
Jesús te amó tanto,
Siguiendo su ejemplo, Te amo.
Tu Santa Imagen calma mis temores,
Sólo siento paz y confianza.

Oración del *Crux Ave* número 2:

Oh Crux, ave, spes unica!
Et Verbum caro factum est.
¡Oh Jesús Vencedor de la Muerte, sálvanos!

Traducción:
"¡Oh Cruz, salve! ¡Nuestra única esperanza!
Y el Verbo se hizo carne"
¡Oh Jesús Vencedor de la Muerte, sálvanos!

El Crucifijo:

"Mis amadas y queridas almas pequeñas, cuando os asalten los temores, os digo: no temáis porque Yo estaré con vosotros. Pondréis Mi Divina Cruz Adorable en un vaso de agua con esta invocación: *¡O Crux Ave!* Darás una gotita de ella a las pobres almas afectadas por el azote de enfermedades hasta ahora desconocidas y que sufrirán terriblemente ataques de dolor horribles. Todo su dolor será interior, mientras que su aspecto exterior será espantoso por lo pálidas y demacradas que habrán quedado...

Mis amorosas almas pequeñas, podréis salvar a algunas de estas personas porque el Amor de la Redención en la Adorable Cruz obrará milagros en sus almas, pero no en sus cuerpos... No serán resucitados, pero sus almas recibirán vida por unas horas, y entonces tendré misericordia de ellos y el Purgatorio será su alegría hasta el fin de los tiempos".

(Nuestro Señor Jesucristo, 21 de junio de 1923)

La Cruz del Perdón / Cruz de la Salvación
Cruz de la Santa Protección / Cruz que calma las plagas

"Deseo que mis siervos y siervas, e incluso los niños pequeños, puedan revestirse con una Cruz. Esta Cruz será pequeña y llevará en su centro la apariencia de una pequeña llama blanca. Esta llama indicará que son hijos e hijas de la Luz".

Cruz del Perdón / Cruz de la Salvación / Cruz de la Santa Protección / Cruz que calma las plagas

"Mis pequeños y queridos amigos, es para daros una idea de lo que sufro al pensar en tantas almas privadas de la felicidad sin fin. Mis pequeños y amados amigos, estos días pasados han dejado mucho mal, pero los que están por venir serán aún más terribles porque el mal tomará una intensidad terrible, (y se) extenderá pronto con mayores medidas. Mis pequeños y amados amigos, llevaréis sobre vosotros Mi Adorable Cruz que os preservará de todo tipo y clase de males, grandes o pequeños, y más tarde los bendeciré.

En primer lugar, (esta Cruz especial) llevará el nombre de *Cruz del Perdón*; en segundo lugar, llevará el nombre de *Cruz de la Salvación*; en tercer lugar, llevará el nombre de *Cruz de la Santa Protección*; en cuarto lugar, llevará el nombre de *Cruz que Calma las Plagas*; en quinto lugar, llevará la oración:

Oh Dios,
Salvador crucificado,
hazme arder de amor,
fe y valor por la salvación de mis hermanos.

(Nuestro Señor Jesucristo, 20 de julio de 1882)

Las promesas de la Cruz del Perdón:

"Hijitos míos, para todas las almas que están sufriendo, acribilladas por el flagelo, todos los que lo besen tendrán Mi perdón, todos los que lo toquen tendrán Mi perdón. Os he avisado de antemano, Mis pequeños y queridos amigos, para que no os sorprendáis, para que tengáis todo el tiempo para informar a vuestros seres queridos y a vuestras familias".

(Nuestro Señor Jesucristo, 15 de noviembre de 1921)

(Por favor, tened en cuenta que la promesa de perdón adjunta a esta cruz no sustituye al Santo Sacramento de la Confesión. Está pensada para los tiempos ordinarios y extraordinarios, particularmente cuando las iglesias estén cerradas y no tengamos sacerdote, especialmente cuando las plagas golpeen y los afligidos no puedan encontrar un sacerdote o que se les envíe uno a tiempo).

La Medalla Milagrosa (de la *rue du Bac*)

En otra ocasión, la Santísima Virgen María dijo a Marie-Julie Jahenny:

"Hijos míos, en el momento en que se abre la tapa del abismo, quiero que llevéis la prodigiosa medalla de la gracia en la que está escrito":

**Oh María, concebida sin pecado,
ruega por nosotros que recurrimos a vos.**

Medalla Milagrosa de la rue du Bac

"Mi Hijo también quiere que todos Sus hijos, jóvenes y mayores, lleven en sus corazones Su Adorable Cruz, aunque sea muy pequeña. Es Su Cruz la que ha escogido para la época con el fin de vencer a esos tigres devoradores de cristianos, y también como medio para ayudar a mantener la Fe de Sus hijos fieles".

(11 de noviembre de 1880).

"Mis pequeños esposos, os aseguro: tocando vuestra frente con una imagen o dulce medalla de mi Madre Inmaculada, todas vuestras aprensiones y temores se desvanecerán. Vuestro espíritu permanecerá tranquilo, vuestra inteligencia no sentirá los terribles efectos de Mi Gran Justicia. Ya sea una imagen de la Virgen Inmaculada, o una medalla de *María concebida sin pecado* (la Medalla Milagrosa de la calle de Bac), esta hermosa invocación que deleita a todo el Cielo y hace sonreír a Mi Santa Madre".

(Nuestro Señor Jesucristo, 19 de abril de 1923)

La medalla del escapulario del Carmen también conocida como la medalla del Sagrado Corazón

Quien muera llevando este Escapulario no sufrirá el fuego eterno.

(Nuestra Señora del Carmen a San Simón Stock, 16 de junio de 1251)
"Mis amorosas y queridas almas, cuando haya grandes calamidades, debéis poner una medalla de Mi Sagrado Corazón en un vaso o en una cucharada de agua, lo que prefiráis. Debéis invocar a Mi Adorable Corazón, que os aliviará de cualquier cosa

que estéis sufriendo. Yo te consolaré en tus penas y en tus dolores".

(Nuestro Señor Jesucristo, 21 de junio de 1923).

La medalla del escapulario, también conocida como la medalla del Sagrado Corazón

Además, la Medalla del Escapulario fue creada sólo para aquellos que sufren graves molestias al llevar el paño y la indulgencia de 500 días NO se aplica a la Medalla. Para obtener las gracias y promesas del Escapulario, hay que llevarlo constantemente. Debe llevarse día y noche, en la salud y en la enfermedad.

El Privilegio Sabatino consiste en la promesa de la Virgen de liberar del Purgatorio por su especial intercesión, el primer sábado después de la muerte, a quienes cumplan estos tres requisitos:

1.- Deben llevar el Escapulario.
2.- Deben observar la castidad según su estado de vida.
3.- Debe rezar diariamente el Pequeño Oficio de Nuestra Madre (el Rosario o alguna otra obra piadosa puede ser presentada para el Oficio). Todos los confesores recibieron la facultad de hacer esta sustitución por el Papa León XIII en junio de 1901.

La Medalla de Nuestra Señora de la "Buena Guarda" Remedio para este tiempo de impureza:

"**Hijos míos** —repitió la Santa Virgen—, **vuelvo a decir a los padres y** a las madres que sería bueno que sus hijos llevaran, pequeños y grandes (niños o jóvenes), **una medalla, que todavía no existe, pero que podrían hacer, grande o grande, como quisieran. Esta medalla debería llevar estas palabras:** *Oh tú, Virgen Santa, que aplastaste la cabeza de la serpiente, guarda nuestra Fe y la inocencia de nuestros pequeños.* **+ O Crux Ave.**

La Santísima Virgen María llevaba la medalla en su corazón, era redonda y blanca. No es necesario, dijo, que sea cara, (es decir, de metal valioso como el oro o la plata), su eficacia será la misma. Será para guardar la inocencia en los tiempos difíciles en los que la corrupción se extenderá por todas partes. Todo cristiano puede llevarlo para armarse, como defensa y arma de fe.

La Virgen añadió:

"**Antes de venir por primera vez a hablar aquí, se me invocaba con el nombre de** *Notre-Dame de la Garde* **(Nuestra Señora de la Guarda), pero he querido añadir** *Bonne Garde* **(Buena Guarda), porque tenía en mente** (ciertas) **protecciones tan brillantes que** (es justo que) **la palabra** *Buena* **me pertenezca por ser más honorable**".

(26 de agosto de 1880).

Medalla de Nuestra Señora de la Buena Guarda

Se trata de una devoción particular revelada a Marie-Julie en relación con una imagen milagrosa. El título más cercano que tenemos en español es la traducción más literal del francés:

"Buena vigilancia", "Buena protección", "Buena guarda" o "Buen cuidado".

<u>Mensajes de la Santísima Virgen María sobre la protección:</u>

La Santísima Virgen María:

> — **Hijitos míos, tengo miedo de la horrible catástrofe** (que se avecina). ¡Mi Divino Hijo espera todavía el regreso de las almas con tan admirable paciencia! ¡Cuánta sangre pura y cuánta sangre culpable! Todos estos golpes no han tocado todos los corazones endurecidos; no han hecho volver la hermosa Fe del pasado; todos estos golpes no han hecho volver a acercar las almas a Su Amor ni a Su Gracia... Hijitos míos, la Tierra es muy culpable. Pagará su deuda que es bastante grande y profunda... Mis pequeños hijos, toda la tierra no será destruida. Protegeremos a nuestros hijos, los conservaremos para repoblar el mundo, para volver a poner en pie la Fe, para predicar la sublime doctrina de la caridad, de la unión y de la fraternidad.
> Hijitos míos, os aseguro que, entre los grandes alivios de la Justicia, habrá para vosotros, hijitos míos, grandes prodigios (dicho tres veces) de gracias, de protección, de maravillas, todas divinas.
> Mis queridos hijitos, quiero manteneros en paz; quiero tranquilizaros. Tened siempre cerca vuestros objetos de protección, vuestras velas benditas, vuestras medallas y objetos por donde pasan todas las bendiciones del Cielo: las bendiciones de protección, la bendición de los favores celestiales, la bendición que hace retroceder los gritos de Satanás que corren por los aires y por la tierra, las bendiciones que calmarán la tormenta furiosa y desencadenada hecha de voces luciferinas.

Marie-Julie Jahenny:

> — No entiendo estas palabras... Siempre tengo miedo de equivocarme y llevar a otros al error...
> — **No. No te preocupes.** Mis hijitos que están presentes entienden bien mi lenguaje que es un lenguaje de madre, de protección y de salvación. Hijitos míos, no sólo habrá en esta tormenta gritos del infierno; habrá (también) todas las almas perdidas de la tierra, todas estas almas que se entregan a Satanás ofendiendo a mi Divino Hijo, todas estas almas que viven de sacrilegio en sacrilegio. Yo soy la Madre de la Luz. Mis pequeños hijos me entienden muy bien (...).

(Coloquio de la Santísima Virgen María y Marie-Julie, 17 de agosto de 1920)

"(...) Habrá en otros lugares una plaga de un minuto. Puede destruir miles de cuerpos, pero, hijitos míos, tenéis vuestras florecillas de espino, tenéis vuestras cruces benditas, tenéis vuestras medallas, donde todas nuestras gracias caen como una lluvia torrencial, además tenéis vuestras promesas de verdad y de paz".

(La Santísima Virgen María, 23 de julio de 1924)

La historia de Nuestra Señora de la "Buena Guarda":

Una estatua medieval fue donada a Marie-Julie por su madre "adoptiva", Madame Le Camus, una viuda muy piadosa y sin hijos. Dedicó su vida a cuidar de Marie-Julie y de sus visitantes, difundiendo los mensajes que se le daban a Marie-Julie sobre la devoción a la *Santa Obra de la Cruz* en La Fraudais. Madame Le Camus estaba en posesión de la estatua que había sido redescubierta en aquella época, habiendo escapado milagrosamente de los estragos iconoclastas de la Revolución Francesa y, según documentos descubiertos posteriormente, se habían producido muchos milagros extraordinarios por la oración a la Santísima Virgen María ante ella.

Un día, Madame Le Camus oyó una voz interior que le pedía que la donara a Marie-Julie, y accedió. Su generoso sacrificio fue alabado por la Madre de Dios que le dijo a Marie-Julie el 28 de noviembre de 1878:

"¡Oh, si supieras cómo nos alegramos mi Divino Hijo y yo de este regalo! Yo recompenso a esta alma generosa, tu madre adoptiva".

En otros éxtasis, Nuestra Señora llamaría a Madame Le Camus **Mi Rosa**, un reconocimiento muy cariñoso de la devoción de la piadosa dama hacia ella y su alma víctima Marie-Julie, dirigiéndose a ella a través del nombre de su santa patrona, Santa Rosa de Lima:

"Mi querida niña, Rosa, si supieras cómo te quiero, cuánto más me complaces, porque mi Rosa, haces todo para complacerme y consolarme. Mi querida niña, he probado tantos encantos bajo tu bendito techo, estableciéndome como Señora, Gobernanta y Directora de la obra de la Cruz".

(Fecha desconocida)

En efecto, Nuestra Señora reconoció el amor que se le dio cuando Madame Camus poseía la estatua en su casa; además, la Santísima Virgen María reconoció el sacrificio de la estatua, y el hecho de que Rosa le Camus había ayudado a establecer la devoción a Nuestra Señora de la *Bonne Garde* como Maestra, Gobernanta, Directora de la *Obra de la Cruz* a través de Marie-Julie. Nuestra Señora prometió a Marie-Julie que muchas gracias fluirían a través de su veneración bajo el título de "Nuestra Señora de la Buena Guarda".

"Mi querida niña, llevarás a mi Rosa, tu querida madre, mis palabras. (...) Mi nombre se difundirá por todas partes, mi corazón se abrirá como una fuente inagotable para todos los peregrinos de la Cruz. Hija mía, seré muy honrada por todos los visitantes de la obra, comenzando mi devoción... El pueblo me venerará, me rogará, dándome exvotos de gratitud".

(La Santísima Virgen María, 15 de septiembre de 1883)

Marie-Julie dijo entonces:

Con estas palabras, mi Buena Madre se elevó radiante sobre una nube de dones, tan maravillosamente que Nuestra Señora de la Buena Guarda estaba como perdida en los cantos de agradecimiento y gratitud (entonados por) *los pobres humanos...*
Ella (Nuestra Señora) dijo:

"Veo a mis pies a toda Francia con sus soberanos. Hija mía, esta devoción comenzará con el favor de los últimos días de tu vida en la Tierra".

Marie-Julie continuó transmitiendo el mensaje de Nuestra Señora:

"Hija mía, seré gloriosamente coronada más que hoy; coronada, hija mía, por la Santa Iglesia inmortal e infalible en sus luces. Mi Primera Víctima y mi Rosa estarán a mis pies en este día solemne en que la Iglesia me hará una corona de oraciones e himnos (...)".

Marie-Julie hablando a Madame Camus:

Cuando ya no esté con vosotros en la Tierra, mi querida madre, ella (la Virgen) *os dará una señal reconfortante de su dulce amor levantando su mano derecha, como para bendeciros con quienes trabajan en esa tarea.*

Nuestra Señora de la Buena Guarda reveló a Marie-Julie el 1 de octubre de 1935 que deseaba ser honrada con las siguientes oraciones:

"Durante este bello mes (octubre)**, recítame tres "Avemarías" por la mañana, al mediodía y por la noche. Para obtener mi asistencia durante tu vida y tu muerte, dirás:**

**Te saludo, amada Hija del Padre,
Lirio de la Pureza, ruega por nosotros. (Ave María, etcétera)
Te saludo, Esposa del Espíritu Santo,
Violeta de la Humildad, ruega por nosotros. (Ave María...)
Te saludo, Madre del Verbo Encarnado,
Rosa de la Caridad, ruega por nosotros, (Ave María...)**

<u>Nota importante</u>: Todas las medallas, escapularios, velas y cruces que se han mencionado en este libro deben ser bendecidas por un sacerdote católico romano después de comprarlas. Estos se están difundiendo y propagando hoy en día por todo el mundo a través de Francia y los Estados Unidos. Para hacer pedidos de estos sacramentales y de flores y plantas curativas en el Pacífico, en los continentes americano del Norte y del Sur, en Europa y en África, **<u>por favor vea la página 624</u>**.

<u>La oración "Crux Ave" para ser rezada en tiempos de males y grandes temores</u>:

**Te saludo, te adoro, te abrazo,
¡Oh, adorable Cruz de mi Salvador!
¡Protégenos, guárdanos, sálvanos!
Jesús te amó tanto,
Siguiendo su ejemplo, Te amo.
Tu Santa Imagen calma mis temores,
Sólo siento paz y confianza.**

<u>Promesa con el "Crux Ave"</u>:

"Sentirás tantas gracias, tanta fuerza y amor que este gran diluvio pasará por ti como algo inobservable. Es una gracia de Mi ternura".

Aunque los días de la ira y las secuelas serán ciertamente espantosos, se nos dice a través de Marie-Julie que los que vivan para verlos y, más tarde, la Gran Renovación, serán bendecidos. Esos predilectos serán una generación predestinada.

"Mi Justicia pasará. Toda la tierra continuará en Mi Justicia. Es el tiempo en que me levantaré, detendré todo el mal que entre en el hermoso reino de Mi Sagrado Corazón. Habrá grandes signos en este reino; habrá resurrecciones; habrá maravillas de protección para

Mis almas que quiero custodiar, levantar, hacer florecer de nuevo. Repoblaré (la tierra) **con almas santas, con almas justas, almas llenas de fe. La paz hará que** (todos) **olviden los problemas del pasado. Mi Gracia secará las lágrimas; Mis Maravillas deleitarán todos los corazones".**

(Nuestro Señor Jesucristo, 13 de noviembre de 1924)

Oraciones y nuevas devociones y gracias especiales reveladas:

Los visitantes celestiales de Marie-Julie solían compartir con ella nuevas devociones que deseaban impartir, o bien, revelar nuevas promesas a devociones ya existentes, enriqueciéndolas misericordiosamente con más gracias para animar a los fieles a practicarlas. También hay numerosas pequeñas oraciones, recordatorios espirituales y aspiraciones a lo largo de los textos (**ver páginas 595 - 623**).

Letanías de la Pasión: oración de reparación ante el Santísimo Sacramento:

— Oh, mi queridísimo Jesús, ¿qué te llevó a sufrir por nosotros una agonía mortal en el Huerto de los Olivos? **Es el Amor.**
— Oh mi adorado Jesús, aquello que Te llevó a separarte de Tus Apóstoles durante esta agonía: **Es el Amor.**
— Oh Jesús mío, qué te llevó a dejar que los verdugos y los judíos te torturaran y ataran: **Es el Amor.**
— Oh Jesús mío, qué te llevó a comparecer ante el tribunal de Pilatos: **Es el amor.**
— Oh Jesús mío, aquello que te llevó a descender a la oscura prisión de Herodes: **Es el Amor.**
— Oh Víctima Santa, aquello que te llevó a permitir que los verdugos te azotaran sin una queja de Tu parte: **Es el Amor.**
— Oh Santa Víctima, qué te llevó a separarte de Tu Santa Madre para sufrir los insultos: **Es el Amor.**
— Oh Santa Víctima, qué te llevó a lanzar una mirada a San Pedro al salir del Pretorio: **Es el amor.**
— Oh Santa Víctima, aquello que Te llevó a caer ante Tus enemigos bajo el peso: **Es el Amor.**— Oh Santa Víctima, aquello que te llevó a morir por nosotros en una Cruz: **Es el Amor.**
— Oh Santa Víctima, lo que te llevó a entregarte a nuestras almas en el Santísimo Sacramento: **Es el Amor.**
— Oh Santa Víctima, lo que te llevó a residir por nosotros en todos los Santuarios y Tabernáculos del mundo entero: **Es el Amor.**
— Oh Santa Víctima, qué te llevó a decirnos: "Queridos hijos, no temáis,

acercaos, yo duermo, pero mi Corazón vela": **Es el Amor**. Adorable Víctima Sagrada, qué te llevó a permitirnos acercarnos a Tus Sagrados Tabernáculos, para poseerte y disolvernos en estas delicias: Es el Amor. **Es el Amor.**

— Oh Santísima Víctima, qué te llevó a amarnos con un Amor tan ardiente y lleno de bondad: Es el Amor. **Es el Amor.**

Nuestro Señor pidió que se rezara esta oración para consolarlo los jueves por la mañana, a las 9, ante el Santísimo Sacramento, y los viernes por la tarde. Prometió a los que recitaran esta oración como una gran muestra de su amor por Él, que les concedería una solemne felicidad:

"Rezarán (esta letanía) **repasando en su corazón todo lo que he hecho por ellos por amor. Como recompensa, a su muerte, los atraeré casi inmediatamente en la estancia eterna"**. (Las almas serán inmediatamente atraídas por Él, y atraerán sobre sí todas las gracias necesarias para la salvación en ese momento crítico).

Nuestro Señor Jesucristo dijo a Marie-Julie-Jahenny:

"Arde de amor por Mí; dejaré escapar de Mi Corazón la última corriente que te hará arder. Mi Amor viene a buscar tus oraciones para suavizar el dolor causado por todas las ofensas".

Además, nuestro Señor prometió:

"Bendeciré a los que recen esta oración al menos una vez al día, les daré una bendición solemne".

Cuando Marie-Julie le transmitió la letanía que Nuestro Señor Jesucristo le enseñó, le pidió:

— *Señor, ¿estás dispuesto a permanecer con nosotros hasta el final de los tiempos?*

Él respondió: **"Eso es el Amor"**.

<u>Oraciones para salvar a 1.000 pecadores durante la Santa Misa:</u>

Nuestro Señor le dio a Marie-Julie, el 3 de septiembre de 1925, una manera muy sencilla de salvar a 1.000 pecadores cada vez que recibimos la Santa Comunión:

"Diles que descansen cinco minutos en Mi Corazón palpitante de

amor. No piensen más que en Mí con esta simple palabra: "Gracias, amado mío, Tú vives en mí y yo en Ti". Ya ves la dulzura que vas a saborear y cómo me vas a consolar. Pídeme, en el quinto minuto la conversión de mil pecadores. Será una gran alegría para Mi Divino Padre; para el Cielo, te pido el mismo favor. Allí estaré, dentro de ti, la bondad infinita, el esplendor de todas las bellezas. Sólo cinco minutos pensando en Mí y pidiéndome al quinto minuto la salvación de las almas. Mi Divino Corazón se desborda de alegría ante esta petición de gracias y Yo también la concederé".

Promesas a la devoción de la herida en el Hombro izquierdo de Nuestro Señor:

Durante varios éxtasis, Nuestro Señor le reveló a Marie-Julie que la devoción a la Herida de su Hombro era un gran consuelo para Él, y así concedió grandes promesas a los que practicaran esta devoción (**ver página 622**). Nuestro Señor mostró a Marie-Julie esta Herida abierta y le reveló su profundidad:

"El Dolor es incomprensible en los corazones de Mis hijos. Cómo me agrada y consuela esta devoción, cuántas veces las oraciones de estas Llagas han subido a Mi Corazón y han desgarrado (abierto) **el camino de la salvación de las almas confiadas al infierno".**

(17 de mayo de 1878)

1. **"Bendeciré a todas las almas que propaguen esta devoción: Les concedo abundantes gracias".** (29 de marzo de 1878).
2. **"Oh almas que me aman, que propagan esta devoción, os tomo bajo mi protección, os guardo bajo el manto de mi afecto".** (29 de marzo de 1878).
3. **"Disiparé las tinieblas que llegarán a su corazón".** (28 de diciembre de 1878).
4. **"Los consolaré en sus dolores". "Vendré en medio de sus mayores aflicciones, para iluminarlos, para consolarlos".** (8 de febrero de 1878, 28 de diciembre de 1877, 8 de febrero y 12 de abril de 1878).
5. **"Vendré a bendecirlos en sus empresas".** (29 de marzo de 1878).
6. **"Les daré un tierno amor a la Cruz. Vendré a asistirlos en el momento de la muerte con esta cruz y los introduciré en Mi Reino Celestial".** (12 de abril de 1878).
7. **"Endulzaré su agonía".** (28 de diciembre de 1877). **"Vendré a la hora de la muerte. Los consolaré en su tránsito".** (8 de febrero de 1878). **"Especialmente en la hora de la muerte, vendré a darles un dulce momento de calma y tranquilidad. Les diré:** *Oh, buena alma santa, que has difundido esta devoción (sabiendo) que yo tenía tanto interés en que se diera a conocer, ven a recibir la recompensa de tus*

trabajos, el fruto de la bendición". (29 de marzo de 1878).

8. "**Los ampararé, los asistiré, consolaré a todas las almas que busquen propagar esta Sagrada Herida. En el momento de la muerte, consolaré a las almas que me han compensado con su devoción y compasión a la Herida tan profunda y dolorosa. Vendré a fortalecerlas en sus últimos temores. Vendré a preparar su paso: Gracias, tú que Me has compensado por Mis dolores**". (17 de mayo de 1878).

9. "**Ved** —dijo Jesús señalando su Sagrada Llaga con extrema ternura— **que todos mis hijos que han reconocido esta Llaga, que la han venerado, que le han rezado, tendrán en el Último Día una recompensa grande y generosa. Yo no me limito a mostrarla, la anuncio. Mi Palabra es Divina**".

(17 de mayo de 1878).

<u>Devoción a la Preciosa Sangre. Su Santa Herida:</u>

Nuestro Señor nos pidió que siguiéramos siendo devotos de su Preciosa Sangre y que no olvidáramos la piadosa práctica de ofrecer todas nuestras oraciones y obras en unión con los méritos y gracias divinas de su Preciosísima Sangre:

"**No olvidéis nunca renovar con perseverancia el ofrecimiento de la Preciosa Sangre. Seréis consolados, todos los que honráis mi Preciosa Sangre, nada os sucederá**".

(Fecha desconocida).

Marie-Julie Jahenny añadió:

Los devotos de las Llagas de Nuestro Señor también estarán protegidos de los castigos como un "pararrayos". La devoción a las Santas Llagas será un pararrayos para los cristianos que la hayan conservado.

<u>Sobre las distracciones durante la prédica:</u>

Marie-Julie se quejaba el 21 de octubre de 1924 de que la gente parecía muy distraída en la oración, diciendo a menudo un "Padre Nuestro" con los labios, pero con poco pensamiento y no de corazón y a menudo sin respeto. Pidió a la Virgen que enseñara a sus pobres hijos a rezar mejor y la Virgen le respondió:

"**Hijitos míos, el Padre Divino no deja siempre de distraerse y reflexionar poco. Él conoce esta pobre humanidad** (o la pobreza de la humanidad). **Le basta una buena voluntad para dar muchas gracias y obtener su divina amistad, su santa amistad"**.

<u>¡No olvides a tu ángel de la guarda!</u>

A María Julia se le reveló, durante una aparición, que tenía más de un ángel de la guarda. Uno de ellos estaba un poco molesto con ella un día, porque se olvidaba de pensar en él y no pedía su intercesión tan a menudo como debería; por eso, la reprendió por ello:

"¡Rezas sin invocarme! ¡Eres tan poderosa para poder rezar tú sola! ¡Estoy aquí y no me invocas!".

Los ángeles purifican nuestras oraciones ante Dios. Marie Julie Jahenny aprendió bien la lección y recitó la siguiente oración:

Oh, nuestros ángeles de la guarda,
cuando nos olvidamos de la presencia divina del Amado,
rogad por nosotros, adoradLe por nosotros,
hasta el punto de que no haya un minuto sin pensar en el Amado.

Nuestra Señora de los Lirios:

El 23 de junio de 1936, una joven de Blain llevó a Marie-Julie un lirio que se ofrecía ante el Santísimo Sacramento el día del Corpus en la iglesia parroquial. El lirio fue colocado en los brazos de la imagen de Nuestra Señora de Lourdes, que estaba cerca de la cama de Marie-Julie. Durante la aparición del día, respondiendo a una ofrenda total hecha en nombre de Marie-Julie Jahenny y en nombre de todos sus amigos, Nuestra Señora dijo:

"Como recompensa, tengo en mis brazos esta hermosa flor blanca que recuerda la más bella de mis virtudes (la pureza virginal) ... **Esparzan esta flor inmaculada... Llevad cada uno un pedacito a casa, soy yo misma la que llevaréis, la Reina de los Lirios, la Reina de la Paz, la Reina de los Prodigios, la Reina de los Milagros".**

Luego, al final del éxtasis, en las últimas bendiciones, la Virgen dijo a Marie-Julie:

"Da un pedacito (de lirio) **a todos mis pequeños hijos; es la flor de mi**

Jesús, con un delicioso aroma bendecido en la tierra... Debe haber muchos lirios para Jesús".

Las personas que estuvieron presentes durante esta aparición afirmaron que el lirio colocado en los brazos de Nuestra Señora de Lourdes asumió la misma frescura durante el éxtasis y parecía como si estuviera recién cortado.

El martes 2 de febrero de 1937, fiesta de la Purificación de Nuestra Señora, Marie-Julie le agradeció todas las gracias de protección en los accidentes, de conservación en los accidentes y de curaciones concedidas a todos los fieles que recurrieron a los fragmentos del lirio. La Virgen confirmó entonces sus palabras del 23 de junio anterior, cuando Nuestro Señor la interrumpió diciendo:

"Acuérdate mi Madre, que yo había dado mis bendiciones antes que las tuyas".

(Jesús bendijo primero el Lirio, que fue colocado ante Él en el Santísimo Sacramento).

La Virgen continuó:

— **"He bendecido este lirio según mi Divino Hijo; hará muchas maravillas ..."**

Y pidió a Marie-Julie que la invocara bajo el título de *Nuestra Señora de los Lirios*. Dos días después, el 4 de febrero, la Santísima Virgen María dijo las siguientes palabras:

> — **"Amigos, dadme este título: Madre de la Pureza, Lirio de la Pureza sin mancha. Difundid mi amor en la tierra por este Lirio que ha adorado a Jesús en el Santo Tabernáculo, por este hermoso Lirio donde Jesús ha puesto Sus gracias más puras, el amor más resplandeciente, daré muchas gracias, incluso haré prodigios, devolveré la salud a los enfermos cuando sean tocados por este hermoso Lirio de la pureza ... "Oh, hijitos de la tierra, venid a mi corazón, invocadme como Nuestra Señora de los Lirios, Madre del Poder, Madre de los Prodigios ..."**

Entonces Marie-Julie dijo:

> — *No me sorprende, buena Madre Celestial, que una lluvia de gracias se haya desbordado de tu corazón para caer sobre este Lirio que has regado con tus favores. Este Lirio, cuyas blancas corolas distribuyes para animarnos a recurrir a ti, predisponiéndonos* (a confiar) *que este Lirio nos llevará al Cielo, como llevó a la*

Santísima Virgen con sus bellas virtudes al Reino de su Divino Hijo, para amarlo y adorarlo eternamente.
Jesús ha dicho muchas veces:

"Madre, da tus gracias a tus pequeños hijos en la tierra, yo doy las mías. Yo las mezclo con las tuyas, las tuyas con las mías, ¿no es lo mismo, para que sean dos grandes bendiciones las que fluyan sobre ellos desde este bendito Lirio?".

Las bendiciones y promesas fueron renovadas en diferentes ocasiones. El 8 de abril de 1937, la Virgen los bendijo:

"Oh, hijitos míos, os bendigo de todo corazón, os bendigo con el corazón de Nuestra Señora de los Lirios".

El 10 de junio de 1937, Nuestro Señor dio su bendición:

"Amiguitos, doy a vuestros Lirios la misma bendición que di a los que os protegieron y que os hicieron encontrar el nombre tan querido por mi gentil Madre de *Nuestra Señora de los Lirios*. Distribuidlos... Haré milagros, haré prodigios extraordinarios para Mis elegidos en la tierra ..."

Y de nuevo, el 18 de julio de 1939, Nuestro Señor afirmó otra vez:
"Bendigo los Lirios y les doy mis poderes para aliviar los pobres sufrimientos".

<u>Último mensaje recibido por Marie-Julie Jahenny antes de su muerte:</u>

Marie-Julie Jahenny murió el 4 de marzo de 1941, pero antes de que la mística francesa falleciera, recibió un último mensaje de Nuestro Señor:

"La guerra (habrá) **sido un acto de misericordia, y así se reconocerá más tarde, y los que habrán sufrido tendrán la alegría** (de saber) **que han contribuido a hacer una nueva Francia en la que Dios ocupará el lugar que le corresponde. Una vez que Francia haya pagado su deuda, será recompensada con tal abundancia de gracias que, en poco tiempo, lo habrá olvidado todo** (todas sus penas pasadas).
Todas las potencias que habrán luchado con tanta intrepidez y valor, recibirán de Francia la mayor de las recompensas: la de ocupar su lugar en el seno de la Iglesia católica, que a su vez saldrá rejuvenecida y renovada de este bautismo de sangre.
Derribaré todos los obstáculos y derribaré todos los proyectos de los que impiden que la Luz brille. Francia será salvada por medios

desconocidos para el conocimiento humano ... Dios se reserva su secreto hasta el último momento.

Miro con indiferencia los proyectos de los hombres. Mi mano derecha prepara maravillas. Mi Corazón será glorificado en toda la tierra.

Encontraré satisfacción en confundir el orgullo de los malvados, y cuanto más hostil sea el mundo a lo sobrenatural, más maravillosas serán las obras que confundirán esta negación de lo sobrenatural.

En lugar de la Bestia, surgirán dos tronos: el del Sagrado Corazón y el del Sagrado Corazón de María.

Se reconocerá que no ha sido la fuerza de los hombres la que ha puesto fin a la guerra, que sólo llegará a su fin cuando se complete la expiación.

Impaciente por ver terminar la impiedad y la injusticia, y por ver a Francia como la deseo, acortaré el tiempo con intensidad.... Tened valor, porque esta expiación llega pronto a su fin, y estad seguros de que Francia, una vez victoriosa, no la abandonaré al poder de los malvados".

Marie-Julie añadió inmediatamente después:

El Reino de Dios está cerca. Se abrirá con una obra tan brillante como inesperada.

(Febrero de 1941 †††)

Conclusión

El aspecto profético de cualquier caso de supuesta aparición mariana, y más aún si implica a toda la Corte celestial en un plazo de casi setenta años, es sin duda muy delicado de considerar... En efecto, si, por una parte, el mensaje teológico resulta estar en perfecta armonía y, por tanto, en comunión con el Dogma Católico de la Fe, y si las particularidades físicas del o de los videntes son consideradas científicamente como inexplicables e incuestionablemente "sobrenaturales" (como los estigmas, la levitación, la xenoglosia, la hierognosis, el don de predicción y profecía, recepción de Comuniones milagrosas, vivir exclusivamente de hostias de la Sagrada Eucaristía durante un período de tiempo excesivamente largo), hay otros factores que también deben ser tomados en consideración, como el anuncio del cuerpo de la hermana de Marie-Julie Jahenny, y el suyo propio después de su muerte, que, según Marie-Julie Jahenny, deben ser exhumados y encontrarse incorruptos.

Esta declaración profética, si se demuestra que es cierta, indicaría una prueba más de la naturaleza celestial de la misión celestial de Marie-Julie Jahenny en la tierra. Naturalmente, el sello definitivo de autenticidad tendría que ser proporcionado por el reconocimiento formal del obispo local de que su caso "es digno de creerse", un reconocimiento que, como hemos visto anteriormente en este capítulo, ha sido concedido informalmente el 6 de junio de 1875 por Monseñor Fournier, obispo de Nantes, después de montar cuidadosamente una investigación atestiguada por varios prelados y por el muy reputado doctor Imbert-Gourbeyre, renombrado profesor de la Facultad de Medicina de Clermont-Ferrand.

Evidentemente, todas las revelaciones recibidas por Marie-Julie Jahenny estaban destinadas a ser leídas y comprendidas, pero no sólo por las autoridades formales de la Iglesia, sino por "la" Iglesia que consiste principalmente en la Jerarquía y en los fieles laicos. Naturalmente, estas amonestaciones, mensajes y profecías son a menudo… demasiado a menudo… difíciles de aceptar, y mucho más en el momento en que fueron pronunciadas, pero teniendo en cuenta el abrumador volumen de pruebas históricas, profecías ya acontecidas, a más de las 120.000 páginas de pruebas y grabaciones escritas en el momento de estas revelaciones, uno puede además encontrar consuelo en confiar en la posición y la aprobación del obispo local de Marie-Julie Jahenny, Monseñor Fournier, y en las acciones y declaraciones de los Papas León XIII y Pío XII que mostraron y expresaron su opinión favorable en la extraordinaria estigmatizada francesa.

En el día decidido para que Mis escritos sean enviados a todos mis siervos y a mis víctimas para indicarles Mi Hora y la hora del milagro, contra esta llamada, nada resistirá. Yo protegeré y guardaré a los que se verán obligados a esperar un corto tiempo para encontrar refugio bajo el árbol divino de la Santa Cruz.
La hora será enviada a toda la familia de la Santa Cruz cuyo destino es ser protegida. Esta hora llegará antes de que se cierren los caminos de la tierra, antes de que el enemigo se conjure dentro de los vastos espacios de toda Francia a conquistarla y hacerla perecer.

(Nuestro Señor Jesucrosto, julio de 1882)

Estas apariciones de Nuestro Señor Jesucristo y de la Santísima Virgen María, aunque son una advertencia de muertes, invitan a los hombres, no sólo a los franceses, sino a los de todas las naciones, al arrepentimiento, a la conversión y a la expiación, y sobre todo a permanecer eternamente fieles a la Iglesia Católica Romana, a la que, a pesar de las debilidades y los errores de hoy y de mañana, se le promete un nuevo "renacimiento" bajo la dirección de un Papa santo y angélico aún por venir. Este verdadero Vicario de Cristo curará las numerosas heridas autoinfligidas desde mediados del siglo XX hasta nuestros días.

El núcleo principal de los mensajes recibidos por Marie-Julie Jahenny orbita en torno a Francia, ya que anunció que este país sería el primero en ser castigado y en caer de rodillas, y que poco después le seguirían los demás países del mundo. En el momento en que se escribe este libro (2019-2023), Francia se encuentra en una profunda agitación política interna. Actos de terrorismo islámico, protestas violentas antifrancesas diarias contra la población, las fuerzas de policía de ambulancias y bomberos…

Las agresiones a personas, las violaciones y los asaltos se cuentan por miles a diario en todo el país. Las iglesias y catedrales católicas son profanadas masivamente cada año por los agitadores musulmanes (Fuentes tomadas de **Le Figaro**, **C-News France**" y de **Newsweek** - 24 de agosto de 2021 - USA). La Iglesia católica está dividida en medio de innumerables reformas y un cisma alemán en ciernes.

En la escena internacional, los ocho puntos geopolíticos más calientes en 2020 son:

1. **Ucrania** cuyas partes antagonistas son: Ucrania, Rusia, Estados Unidos y la Unión Europea.**El**
2. **Siria** cuyas partes antagonistas son: Siria, Isis, kurdos, rebeldes sirios apoyados por Occidente, Rusia, Estados Unidos, Francia, Inglaterra, Turquía.
   (Antagonistas indirectos: Israel, Arabia Saudita, Qatar, China)
3. **Golfo Pérsico** cuyas partes antagónicas son: Irán (Persia), Irak, Inglaterra, Israel, Estados Unidos, Francia, Arabia Saudí / Emiratos Árabes Unidos / Qatar.
   (Antagonistas indirectos: Siria, Rusia y China)
4. **Cachemira** cuyas partes antagonistas son: India y Pakistán
   (Antagonistas indirectos: China, Estados Unidos, la Unión Europea, Rusia)
5. **El Mar de China** cuyas partes antagonistas son: China, Estados Unidos, Japón, la Unión Europea, Vietnam, Australia, Filipinas, Taiwán.
6. **El Estrecho de Taiwán** cuyas partes antagonistas son: China, Taiwán.
   (Antagonistas indirectos: Estados Unidos, Rusia, Unión Europea, Japón)
7. **La Península de Corea** cuyas partes antagonistas son: Corea del Norte, Corea del Sur, Estados Unidos.
   (Antagonistas indirectos: China, Japón, Rusia)
8. **El norte de África** cuyas partes antagonistas son: Francia, los grupos del ISIS, Mali, Níger, Nigeria, Camerún, Burkina Faso, Mauritania, Argelia, la Unión Europea y Estados Unidos.

En materia de calendario de profecías, Nuestro Señor Jesucristo mencionó en un mensaje de 1882 a Marie-Julie Jahenny algunos años de referencia, la única vez que se ha hecho una referencia de calendario a la estigmatizada francesa: Año 80, 81, 82 y 83…

La tormenta estallará sobre Francia, donde quise mostrar los prodigios de Mi Divino Corazón y desvelar sus secretos. Hijos míos, Francia será la primera en ser herida, desgarrada, perseguida. Cuando mostré este Sol Divino a la beata Margarita-María, dejé que mis labios pronunciaran estas palabras: 'La tierra que vio tu nacimiento y que verá tu muerte, estará en grave peligro, especialmente del 80 al 83'.

Hago comprender a Mi humilde servidora que la tercera estará llena de penas. No habrá más que apostasías y violaciones en las Órdenes de las personas consagradas a Mí, ya sea en el sacerdocio o en la vida religiosa.

(Nuestra Señor Jesucristo a Marie-Julie Jahenny, junio de 1882)

¿En qué punto de referencia se basarían estas fechas (80 a 83)? Una cosa es cierta. Estas "fechas" no corresponden ni al siglo XIX ni al XX... Por tanto, ¿podría ser que el punto de referencia central de estos "años" mencionados fuera la fecha de la muerte de Marie-Julie Jahenny (1941)? Si este fuera el caso, implicaría que la mayoría de los eventos anunciados por venir ocurrirían entre 2021 y 2024 (1941 + 80 = **2021** / 1941 + 83 = **2024**) ... Pero, de nuevo, esta hipótesis no tiene ningún fundamento.

Además, Dios, en su omnipotente sabiduría, puede muy bien decidir posponer su Juicio, como ya dijo a Maximino Giraud en La Salette (**ver páginas 50-51**). El calendario de estas profecías no es de dominio o conocimiento humano, sino de Dios y sólo de Dios.

Hoy en día, considerando de manera objetiva y neutral que entre 1873 y 1941 los mensajes proféticos recibidos por Marie-Julie Jahenny fueron, en su momento, considerados como un puro galimatías irreal, hoy, 79 años después del fallecimiento de Marie-Julie Jahenny, sus revelaciones recibidas inspiran un escalofrío helado en la espina dorsal, ya que describen de manera totalmente precisa la sociedad actual, el estado geopolítico del mundo y las luchas y divisiones eclesiásticas... En efecto, las consecuencias de la insensatez y la obstinación del hombre, añadiría más tarde la estigmatizada francesa, ya no pueden evitarse, sino, en el mejor de los casos, atenuarse.

CAPÍTULO III

Las profecías y mensajes de Tilly

"Mi Niña, deseo que digan a todos los sacerdotes que hagan mi presencia aquí conocida por mi pueblo."

(La Santísima Virgen María, Febrero 2, 1903)

Los mensajes y profecías de Nuestra Señora de Tilly a Marie Martel —aprobados por el Papa Pío X oficialmente y la Iglesia Católica Romana en 1910—, por su similitud verdaderamente asombrosa con los de La Fraudais, se hacen eco y complementan fielmente las extraordinarias revelaciones celestiales dadas a la estigmatizada francesa, Marie-Julie Jahenny, cuyas revelaciones comenzaron antes que las de Tilly, y prosiguieron mucho después del fallecimiento de Marie Martel (vidente de Tilly).

Marie Martel nació en 1872 en Calvados, Normandía. A la temprana edad de nueve años, la pequeña normanda experimentaría su primera visión celestial y, más tarde, sus estigmas invisibles, experiencias que la acompañarían hasta el final de su vida.

El 18 de marzo de 1896, en la pequeña ciudad provinciana de Tilly-Sur-Seulles (al sureste de Bayeux, en Normandía, Francia), tres monjas de la orden del Sagrado Corazón, sesenta estudiantes muy jóvenes y algunos adultos presentes en una escuela católica vieron lo que parecía ser, a 1.200 metros de distancia, una brillante aparición de la Santísima Virgen María en un pequeño campo llamado "Lepetit". La Virgen apareció con la conocida advocación de la *Inmaculada Concepción*. Los testigos, asombrados por la visión, fueron capaces de rezar el Rosario durante largos periodos de tiempo de rodillas sin sentir ningún tipo de fatiga o dolor, incluso niños pequeños de entre seis y siete años pudieron permanecer en la misma posición sin fatiga, incomodidad, dolor o aburrimiento ...

Marie Martel oyó hablar de las extraordinarias apariciones de la Virgen y, al terminar su trabajo, se apresuró a ver por sí misma la aparición en el pequeño campo de "Lepetit". Una vez que llegó, vio de inmediato a la Santa Virgen María cerca de un olmo. La joven Marie Martel describió su visión: *"Era de una belleza celestial, vestida de blanco con un cinturón azul, rosas de oro colocadas en sus pies descalzos, y llevaba un estandarte blanco, con las palabras:* **"Yo soy la Inmaculada"**.

Entre marzo y julio de 1896, el periódico *L'Echo de Tilly* contabilizó hasta 26 apariciones en el campo de "Lepetit" que domina las Seuilles. Sin embargo, el desafortunado árbol en el que se había aparecido la Virgen María no tardó en quedar hecho trizas, ya que todos los visitantes se apresuraron a llevarse un trocito de corteza, unas hojas o una rama como reliquias... Aunque fueron muchos los testigos de la primera aparición de la Virgen María en el lejano campo de las afueras de la ciudad normanda de Tilly, los mensajes y las revelaciones se confiaron sólo a Marie Martel, desde 1896 hasta bien entrado el siglo XX.

Los mensajes:

Marie Martel afirmó:

En el mes de julio de 1896, fiesta de Nuestra Señora del Carmen, oí por primera vez la voz de la Santísima Virgen, que me dijo: "**Penitencia! Hija mía, ¡Penitencia!**".
Además la Santísima Virgen me dijo:

— **Hija mía, ¿quieres ser feliz en esta vida o en la otra?**
— Enseguida dije: *Oh, mi buena Madre, quiero ir con Ud. ahora mismo, si quiere.*

La Santísima Virgen me dijo:

— **Hija mía, tendrás que sufrir mucho aquí, si eres fiel a la misión que tienes que cumplir. Te prometo que serás feliz en la otra vida.**

Y la última palabra de la Santísima Virgen fue ésta:

— **Mis queridos hijos, os ruego que recéis bien y hagáis penitencia. Es a través de la oración y la penitencia que aplacaréis la venganza del Cielo.**

En el mes de agosto de 1896, se observó un fenómeno extraordinario: En el reflejo de los ojos de Marie Martel durante sus éxtasis, innumerables testigos vieron la imagen luminosa de la Santísima Virgen María vestida con una túnica blanca atada a la cintura con un cinturón azul celeste, y envuelta en un velo luminoso con rayos que escapaban de sus manos, fenómeno que se repitió una y otra vez.

El jueves 14 de enero de 1897, Marie Martel tuvo un éxtasis que duró diez minutos completos, durante el cual vio al Niño Jesús en una nube junto a la Santísima Virgen María. Unos días más tarde, la Madre de Cristo le explicó a la joven Marie Martel que el martirio que iba a sufrir consistiría en pruebas muy grandes.

Poco después, tuvo una segunda visión en la que la Virgen María le volvió a advertir:

"**¡Penitencia! Acuérdate de las pruebas que te esperan**".

Profecía de enero de 1897

1. Cisma en la Iglesia, la destrucción de París. La desaparición de

Inglaterra...

El primer día, oí la voz de la Santísima Virgen, diciéndome "**¡Penitencia!**", *le pedí la fuerza para sufrir con amor. Además la Santísima Virgen me dijo:*

> "**Hijos míos, rezad, porque grandes males os golpearán. Pronto se declarará la guerra por todas partes contra la Iglesia. Se está haciendo un cisma**".

La Santísima Virgen suplicó, con los ojos vueltos hacia el cielo, y luego, se volvió hacia mí, diciendo:

> "**¡Oh! París, París no ha respetado las leyes de mi Divino Hijo... Será castigada y destruida por el fuego... Habrá pocas personas que permanecerán... Los que queden no se reconocerán... París será destruida por el fuego si se niega a convertirse... ¡Este es el castigo que le está reservado!**"

La Santísima Virgen María también anunció que los ricos se volverán muy pobres, lo que hace comprender una catástrofe económica... Asimismo, se me dijo que Inglaterra será castigada. He visto hundirse barcos en los que estaba escrito "**Inglaterra**".

2. <u>Profecía de la erupción volcánica del Monte Pelée</u>

El miércoles 27 de enero de 1897, a pesar del horrible tiempo que hacía, Marie Martel se dirigió al campo de "Lepetit", donde la esperaban un centenar de personas. Inmediatamente, Marie Martel cayó en un éxtasis que duró unos 20 minutos:

Marie Martel:

La Santísima Virgen me dijo:

> "**Hija mía, debes rezar bien, especialmente por Martinica, porque será castigada, y será por una lluvia de fuego del cielo que no podrá ser apagada. Muchos perecerán... Los que se queden, si se niegan a convertirse, se llevará un segundo golpe, y la peste prevalecerá**".

La Santísima Virgen me mostró la catástrofe; vi el fuego en el mar, que llegó a los barcos. El fuego consumió estos barcos... fue una lluvia de fuego.

Efectivamente, el Monte Pelée estalló el 8 de mayo de 1902, destruyendo por completo la ciudad de San Pedro, en la isla caribeña francesa de Martinica. En pocos minutos murieron 28.000 personas. El 20 de mayo de 1902 se produjo una segunda erupción que causó la muerte de otros dos mil socorristas y supervivientes. Fue una megacatástrofe volcánica que conmocionó a Francia y al mundo entero, y se considera, con mucho, el peor desastre volcánico del siglo XX. La aparición de la Santísima Virgen María del 2 de febrero de 1897 iba acompañada de un estandarte luminoso en el que aparecía esta inscripción:

"**Reina del Santísimo Rosario, ruega por todos nosotros que esperamos en ti**".

Profecía: Santa Juana de Arco aparecerá y salvará de nuevo a Francia

El martes 18 de mayo de 1897, Marie Martel tuvo un éxtasis más largo de lo habitual (unos 45 minutos). Marie Martel vio por primera vez aparecer ante ella a Juana de Arco (Juana de Arco aún no había sido canonizada):

Marie Martel:

¡Oh! ¡Que hermosura!... ¡Ella es venerable!

Luego, Marie cayó de rodillas y permaneció en esa posición durante unos 20 minutos. Luego se levantó y recitó el *Memorare*. La descripción de Juana de Arco por parte de Marie:

Juana de Arco iba vestida con una armadura, que le cubría el pecho y los brazos, tenía púas afiladas en los codos. Llevaba una falda azul púrpura, salpicada de flores de lis doradas. Su rostro es muy hermoso. Lleva la cabeza descubierta: su pelo redondeado sobre el cuello es bastante corto. Lleva en la mano derecha una espada y en la izquierda un estandarte blanco en el que están escritas en letra dorada estas palabras "**Jesús, María**". *Una paloma está posada en el extremo del asta.*

Marie Martel también escribió sobre la visión en sus notas:

En mayo de 1897, vi a Juana de Arco. La Santísima Virgen me dijo que ella (Juana de Arco) *reaparecería en el momento de gran peligro, y de nuevo vendrá a salvar a Francia. Reaparecerá por donde había pasado. La última palabra fue* "**¡Pobre Rouen! ¡Pobre Rouen!**".

Sábado. 22 de mayo de 1897

Marie Martel llegó a "Lepetit" a las 4 de la tarde. Después de unas cuantas Avemarías, cayó en éxtasis:

"¡Oh! ¡El estandarte!... venerable Juana de Arco! ...".

Luego cayó de rodillas y recorrió el espacio unos metros. Marie Martel pidió entonces varias gracias, y exclamó:

"¡Oh! ¡No les pegues! Te lo ruego, mi buena Madre".

Se levantó de nuevo, todavía en éxtasis, y se acercó a la alta barrera detrás de la Capilla. Su mirada se volvió muy brillante:

"¡Oh! Qué hermoso", exclamó. *"¡Qué hermoso! Nunca podremos construir algo tan hermoso"*.

En ese momento, se pudo ver claramente en sus ojos la imagen de una basílica. La visión se detuvo unos instantes después. Duró 42 minutos...
En otros éxtasis, Marie Martel describió una futura y majestuosa basílica que se construiría en Tilly, y así la dibujó. Este dibujo confirmó lo que los niños de la escuela habían admirado en las apariciones que ellos mismos habían presenciado:

Marie Martel añadió:

Pedí a nuestra buena Madre la adoración del Santísimo Sacramento: "¿dónde establecerla?", pregunté. La voz respondió:

"Aquí está".

Y en ese momento me encontré transportada, y de repente vi muy claramente el Santísimo Sacramento, llevado por un Ángel. Varios Ángeles iban delante, en dos filas, y caminaban acompañando; otros caminaban por detrás, también en dos filas. El Santísimo Sacramento dejaba a su paso una estela muy luminosa. ¡Era hermoso de ver! Los ángeles llevaban en sus manos velas encendidas. Todos iban vestidos de blanco.

Futura Basílica de Tilly según la visión de Marie Martel

Jueves. 27 de mayo de 1897. Fiesta de la Ascensión:

El día de la fiesta de la Ascensión (1897), una gran multitud se encontraba en el campo de "Lepetit" cuando llegó Marie Martel (hacia las 6 de la mañana). La joven tuvo dos éxtasis sucesivos.

Un piadoso peregrino da testimonio:

Marie vio a las pequeñas víctimas, los niños del Bazar de Caridad,[17] coronados. Marie Martel vio por primera vez a tres monjas de San Vicente de Paúl coronadas: el primer día, sólo pasaron por las llamas del purgatorio.

A Marie Martel se le dijo entonces que Santa Juana de Arco debía reaparecer en Orleans, Domremy, Compiegne, Rouen. Santa Juana de Arco dijo:

"¡Ay de ti, Rouen!".

---

[17] El *Bazar de la Caridad* era un evento benéfico anual organizado por la aristocracia católica francesa en París a partir de 1885. Las "víctimas" del Bazar se refieren a las víctimas de un trágico incendio en el Bazar de 1897 que se cobró 126 vidas, el 4 de mayo de ese año, muchas de ellas mujeres aristocráticas, la más eminente de las cuales fue la duquesa de Alençon, de soltera duquesa Sofía de Baviera, hermana de la famosa emperatriz Sisí y antigua prometida del rey Luis II de Baviera. La tragedia supuso una gran conmoción para el pueblo francés y europeo. En el lugar del Bazar se construyó una capilla de expiación, *Notre-Dame de Consolation*. Esta capilla está dedicada a las víctimas del incendio y sirve a la comunidad católica italiana de París.

Marie Martel escribió en sus notas:

> *Muchas veces escuché estas palabras: **"¡Penitencia!"**.*
> *La Santísima Virgen pidió que se bendijesen velas. Ese día* (27 de mayo de 1897), *la Santísima Virgen me dijo que tendría mucho que sufrir y que tendría muchas pruebas, incluso por parte del clero. La buena Madre me preguntó si quería sufrir por la conversión de los pecadores.*
> *Le respondí: "Sí, por su amor, y por todo lo que se ha hecho a su Divino Hijo" Me dieron una reliquia de la verdadera cruz: La veneré con gran respeto.*

París golpeado, el Montmartre y Fontainebleau salvados. Versalles destruido...

En mayo del mismo año, Marie Martel recibió las siguientes revelaciones:

La Santísima Virgen María:

> — **Hija mía, para ti el mundo será cruel. Hay quienes intentarán aplastarte, pisotearte; te escupirán a la cara. Sobre todo, mantén la calma y no digas nada. Serás bien humillada. Lo que os he dicho es la verdad.**
> **Si Dios no ha golpeado todavía, es porque, en su bondad de Padre, ha esperado el regreso de los pecadores; y hoy ¿qué ha recibido de esta espera? Qué blasfemias... Y, sin embargo, mi Divino Hijo, en su bondad, les ha dado a conocer todas las desgracias que les amenazan con las advertencias que les envía.**
> **Ahora Dios atacará si se niegan a rezar, a hacer penitencia y a convertirse. Rezad, mis queridos hijos, porque pronto ya no podré detener esta cólera divina que será enviada por el Divino Maestro. El primer golpe será sobre París: los teatros estallarán; las víctimas arderán; la sangre correrá.**

"Vi cómo se salvaba Montmartre. Versalles destruido. Fontainebleau preservado".

La Santísima Virgen María:

> — **Debes rezar bien. Estáis en días peligrosos, y habrá algo preservado. Pasará un desastre en un festival que se dará; pero esto no es nada al lado de lo otro.[18] Muchos me verán elevarme sobre el**

---

[18] Se trata de una posible referencia al desastre del *Bazar de la Caridad* de París ocurrido

peligro, y los ángeles estarán conmigo. La catástrofe será siempre tan terrible para que el mundo rece mejor... veo a los elegidos por Dios en un tiempo más lejano.

¡Oh! ¡Cuántas madres llorosas! ¡Gritarán al cielo cuando vean a sus hijos retorciéndose en las llamas! Oh! Es allí donde estas madres olvidarán las fiestas de Baal y todos sus placeres; y durante estos días de luto, el mundo rezará mejor. Muchos vendrán a postrarse ante los tabernáculos divinos, y pedirán el perdón de Dios... ¡Ah! ¡Qué arrepentimiento! Pero, ¡será demasiado tarde por desgracia! ... Tanto como el mundo no quiere rezar, ¡así es como Dios golpeará!

Marie Martel:

Y entonces repitió la palabra "¡Penitencia!".

— **Un gran milagro va a tener lugar, y muchos más seguirán. No te desanimes. Debéis rezar, rezar bien.**
— *¡Ten piedad de París! ¡Sostén el brazo de tu divino Hijo!... Después de que haya pasado, ¡no pensarán en ello!... ¡Perdónanos!... ¡Perdónanos a todos!*

(Coloquio entre la Santísima Virgen María y Marie Martel, mayo de 1897)

Marie, que no sentía ninguna fatiga, tomó entonces su rosario. Luego la Virgen le recomendó velas bendecidas en previsión del tiempo de oscuridad.

Profecía: Tilly será un día más grande que Lourdes

En agosto de 1899, durante una peregrinación ante la Gruta de Massabielle, en Lourdes, Marie Martel oyó la voz de la Santísima Virgen María:

"Ves que el mundo viene aquí (Lourdes) en gran número a rezar (...) no es mucho en comparación con los que vendrán a Tilly. Llegará un día en que Lourdes se convertirá en una pequeña Tilly".

(Lourdes, la Santísima Virgen María a Marie Martel, 17 de agosto de 1899)

La reliquia de la verdadera cruz de Marie Martel:

Marie Martel:

Un día la Santísima Virgen me dijo:

---

ese mismo año y que conmocionó a toda Francia.

"**Hija mía, presta la reliquia que llevas que es la de la verdadera Cruz. Llévasela a la pequeña Betou: ella sanará. Desde hoy, a todos los que te lo pidan, no se lo niegues...** Hija mía —añadió—, **por la virtud de esta Cruz, obtendrás muchas curaciones y conversiones**".

El pequeño Betou se curó poco después de la meningitis... Asimismo, cada vez que se pedía la reliquia para la conversión de un pecador, la persona para la que se pedía la gracia se convertía inmediatamente.

La medalla bendecida en Tilly
(Medalla no determinada, quizás una Medalla Milagrosa que fue bendecida por Nuestra Señora en Tilly)

Una joven, miembro de un grupo de peregrinos a Tilly, se acercó un día a Marie Martel y le pidió una medalla bendecida en el Campo de "Lepetit" por la Santísima Virgen, para un impío muy enfermo al borde de la muerte. Se le pidió entonces que pusiera la medalla a este viejo pecador empedernido. Mientras tanto, la familia de dicha alma perdida le presentó a un sacerdote. Como era de esperar, de dicho encuentro no resultó más que una avalancha de insultos y blasfemias dirigidas al pobre sacerdote desconcertado, escandalizando a todos los presentes.

El sacerdote agredido se vio obligado a retirarse y no pudo hacer nada más. Cuando el sacerdote se marchó, la familia afligida dijo: *"¡Bueno! la medalla de Tilly no nos ha servido de mucho"*; sin embargo, la persona que debía poner la medalla al obsceno endurecido reveló que en realidad no había utilizado la medalla bendecida en "Lepetit"... Se apresuró inmediatamente después a ponérsela. El paciente preguntó entonces a su madre:

— *¿Volverá el párroco a verme?*
— **"Después de todo lo que le has dicho, es imposible que se le ocurra volver a pisar nuestra casa"**, le contestó su madre.
— Ah, ¡quiero que vuelva! ¡Vamos a buscarlo! Yo pido... Lo necesito...

El sacerdote volvió y lloró de felicidad, pues el paciente se había confesado. El nuevo converso vivió otros cuatro días, recibió los últimos sacramentos con la mayor piedad, y murió contrito y confesado.

En julio de 1899, Marie Martel se dirigió a su propia familia y consiguió la conversión de su propio padre, que también había sido un duro incrédulo.

Jesús pide una hora de reparación los viernes

Marie Martel:

En junio de 1901, el Sagrado Corazón de Jesús me dijo:

"Hija mía, desde este día, te tomo para que seas, junto a mi pueblo, mi intermediaria, para pedir a cada uno de mis hijos que vengan, todos los viernes del año, a pasar una hora con los Divinos Sagrarios: es decir, una hora de culto (adoración) para reparar todos los ultrajes, de los que mi Corazón se colma cada día, de mis propios hijos.
Los domingos, la mayoría de ellos profanan Mi Santo Día, que Me he reservado para Mí, y otros me blasfeman, e incluso vienen a sentarse a Mi santa mesa, para recibir Mi Sagrada Carne y Mi Preciosa Sangre (en estado de pecado mortal): Vienen a hacerme pasar por una nueva agonía. Es necesario rezar por estos desgraciados, para que se conviertan. Hay que implorar por ellos a Mi Santa Madre".

Marie-Martel:

El buen Jesús también me dijo que tenía que empezar por los pobres, para pedir hacer la hora de adoración.

"Y sobre todo, hija mía, no dejes de cumplir la misión que te acabo de encomendar, y a veces encontrarás muchos problemas y pruebas: incluso te reirás de ti misma, te encontrarás con problemas.
Hija mía, pon la calumnia bajo los pies; porque para todo lo que viene del Cielo hay más dificultades que para las cosas que vienen de la tierra. Hija, ¡sé valiente! ¡Ten valor! ¡Responde a mi llamada!
Di a los que se disculpan por no poder venir todas las semanas, que vengan el primer viernes de cada mes, y sobre todo que es necesario estar bien preparados, para venir a recibirme, para reparar todos los ultrajes de los que me colma, así como Mi Padre, que está dispuesto a golpear a toda Francia.
¡Ella (Francia) es la más culpable! Es ella la que ha recibido más gracias y bendiciones, y yo sólo he recibido ingratitudes. El mundo será castigado si se niega a rezar y hacer penitencia. Francia será castigada... ¡Los juicios llegarán en el momento en que se apruebe la ley sobre las Congregaciones, obligando a los religiosos a marcharse! El cisma contra la Iglesia se está haciendo..."

(Nuestro Señor Jesucristo, junio de 1901).

<u>Milagro visto en el sol</u>

En julio de 1901, una multitud de peregrinos vio un fenómeno solar y una impresionante lluvia de globos luminosos en Tilly.

Los tres días de Tinieblas

El domingo 7 de julio de 1901, sobre los tres días de tinieblas:

"Todas las bolas partían del sol, como si hubieran salido de detrás de él. Cuando partían de la parte inferior del sol, eran un poco alargadas como limones, luego se hacían más grandes; pero disminuían a medida que se acercaban a nosotros, hasta hacerse muy pequeñas. Se balanceaban entonces; un metro de tierra (...) Todo el mundo estaba cubierto: ellas (las bolas luminosas) *estaban en innumerables cantidades. Había algunas verdes, algunas rosas, algunas potras de azul oscuro, algunas negras* (de un negro de mina de plomo)*, algunas amarillas, color de llama, de fuego... algunas venían en gran número hacia nosotros, otras iban hacia todos los lados.*
Vi mucho el sol, y al caer sobre la Iglesia especialmente, me dolió mucho. Mi corazón estaba apesadumbrado... También vi varias veces, debajo del sol, (algo) *como una cortina de luto, no había ninguna nube y el cielo era todo rosa. Este negro sólo estaba debajo del sol; desaparecía rápidamente y volvía a aparecer... fue entonces cuando oí una voz que me decía que el negro que vi, ¡así será la oscuridad! ¡Y las bolas que parecen llamas, es el fuego para París y para otros lugares diferentes! Así es como caerá el fuego del Cielo.*
Haremos penitencia. Nos negamos ahora, pero haremos penitencia... Debemos rezar... pero mucho, para detener el brazo de la Justicia divina. La voz era la del Sagrado Corazón. Con todas las otras bolas que vi caer, la Voz también me dijo:

"Aquí están todos los castigos de todo tipo, y luego también grandes desgracias que te amenazan. Los buenos también pagarán por los malos".

La voz era muy grave, hubiera preferido no oírla. ¡Qué triste fue!
De febrero a marzo de 1906, Marie Martel fue asaltada con calumnias. La Santísima Virgen le había dicho:

"Hija mía, serás bien humillada. Llegará un momento en que serás objeto de burlas. Verás muchos problemas a tu alrededor. Hacen blasfemar a los niños. El santo nombre de Dios ya no se respeta en la mayoría de las familias, pero el buen Maestro los castigará. Hijos míos, redoblad las oraciones por la curación de los enfermos, y especialmente por la conversión de los pecadores".

En otra ocasión, la Santísima Virgen María dijo a Marie Martel:

"Hija mía, hija mía, sé valiente... Siempre serás perseguida por el mundo y el demonio... Cuando te sientas desanimada, vuelve al recuerdo de cuando me mostré a ti. ¡No tengas miedo! Siempre estaré cerca de ti... Habrá muchas veces que te encontrarás desanimada, incluso que tu fe estará dispuesta a abandonarte... Tranquilízate, invoca mi nombre... Será suficiente para reanimarte... Es Dios quien permite que te ponga a prueba. ¡Niña, sé generosa!"

Los castigos

En agosto de 1901, la Santísima Virgen dijo:

"Hijos míos, todas las bolas (de fuego) que veis no son nada comparadas con las desgracias y castigos de todo tipo, que se han anunciado, y de los que tanto se burlan... Será necesario reparar los atropellos cometidos por todas partes. La mayoría de ellos, los domingos, no van a misa: ¡eso es lo que insulta a mi Divino Hijo! Los otros blasfeman: ¡eso es lo que insulta a mi Divino Hijo! Otros muchos ultrajan ya el Santo Tabernáculo.
Rezad, rezad, hijos míos... Todos vais a ser probados: los buenos pagarán por los culpables, yo protegeré a muchos, especialmente a los que siempre han confiado en mí.
Todos los animales que habéis visto, ¡así será en muchos lugares! Devorarán todo lo que encuentren a su paso. Muchas personas serán devoradas".

(La Santísima Virgen María a María Martel, 15 de agosto de 1901)

Marie Martel:

Vi un montón de barcos engullidos. ¡Así es como todos harán penitencia! Se anunció de nuevo el incendio de París, y fue entonces cuando vi una gran pancarta, en la que estaba escrito:

"Guerra, peste, hambre, plagas de todo tipo".

*Vi una cruz rodeada de angelitos. ¡Qué bonitos eran!
Después, vi a Santa Radegunda. Era la primera vez que la veía. Apoyaba sus pies en un estandarte, sostenido por dos angelitos, y en el que estaba escrito* **"Santa Radegunda"**. *¡Qué hermosa era! Iba vestida de blanco: un hermoso manto blanco, con un borde dorado. Estaba coronada.*

Después, vi el Sagrado Corazón. ¡Oh! ¡Cuánto me conmovió ver el Corazón de Jesús sangrando! El Sagrado Corazón me dijo:

"Debes pedir adoradores para todos los viernes, y debes empezar por los pobres".

En ese momento, la sangre fluyó, no pude contemplarla más, ¡me dolía ver! Y siempre la Voz se quejaba:

"Aquí, y en muchos otros lugares, no os apresuráis a hacerme adorar. A toda costa, es necesario antes de los castigos, para aplacar el brazo de la Justicia divina, bendeciré a todos los que me hagan adoración. Venid mañana por la mañana a rezar el rosario".

Durante el rezo del rosario, oí varias veces la palabra: **"¡Penitencia!"**. *Cuando pregunté al Sagrado Corazón por el triunfo de Tilly, el Sagrado Corazón me respondió:*

"Será en el momento del gran choque, que pasará. No debéis desesperar; hay que rezar mucho".

2 de octubre de 1901 - Fiesta de los Santos Ángeles Custodios:

Marie-Martel:

Fui al Campo, como la Voz me había pedido, alrededor de las 7:15 p.m. Al entrar en el Campo, vi a muchas personas, que se agrupaban en el lugar donde tuve el gran favor de ver a la Santísima Virgen María. Comencé mi rosario, y fue en la segunda decena del primer rosario, que vi a los ángeles que acompañaban a la Santísima Virgen, y rezaban bien, con sus hermosos rosarios blancos. De repente me sorprendió la voz de nuestra buena Madre, a la que reconocí inmediatamente. La voz me dijo:

"Habrá muchas catástrofes y desgracias, incluso en lugares muy cercanos a este lugar donde me mostré. No creyeron en mí; muchos me mostraron su indiferencia, y sin embargo, en el fondo, se conmovieron, pero quisieron mostrarse como los que no creen... Otros han sido fervientes. ¡Ah!, los bendeciré, les reservo muchas gracias".

Marie-Martel:

Y entonces, la voz quedó en silencio por un momento. Entonces ofrecí muchas gracias a nuestra buena Madre del Cielo, por todos nuestros queridos pacientes y su curación, y especialmente por muchas conversiones. Me prometieron muchas, también le pedí a la Santísima Virgen que nos bendijera, y en ese momento, todos los Ángeles que vi hicieron la señal de la cruz, lo que me mostró que nuestra buena Madre del Cielo nos bendecía. También pedí el triunfo de Tilly. La voz me respondió:

"**¡Pasará! No tardará en llegar**".

En ese momento, vi una luz muy brillante, apenas podía mirarla, cuando de repente, en medio de esta gran luz, vi el Sagrado Corazón, pero en busto sólo el resto se perdía en una hermosa nube blanca toda salpicada de puntos brillantes de los rayos de esta gran luz. El buen Jesús tenía los brazos extendidos; su rostro era muy severo: "

Aquí, pedía una hora cada viernes, pero una hora de adoración. No van... ¡y sin embargo deben ir! ¡Daré tantas gracias y luces, cuando hayáis cumplido lo que acabo de pedir!".

Marie Martel:

También pedí mucho la Exposición del Santísimo Sacramento, para los primeros viernes de cada mes. El Sagrado Corazón me respondió:

"**La tendrás, pero todavía no.** (en el lugar de la aparición*).*

Volví a preguntar al buen Jesús por las congregaciones religiosas, el Sagrado Corazón me respondió:

"**No deberían haber pedido nada todavía, y sobre todo no huir**". (El contexto de la respuesta del Señor es aquí desconocido...)

Marie Martel:

Vi, en ese momento, grandes gotas de sangre fluir de su Santo Corazón, sus ojos estaban llenos de lágrimas, pero no las vi caer, y la Voz continuó:

"**¡No son valientes! ¡No son valientes!** (el clero)".

El Sagrado Corazón también ha anunciado grandes desgracias, de las que estamos muy amenazados.

Nuestro Señor Jesucristo:

"**En muchos lugares diferentes, los niños pequeños serán asesinados, incluso en los brazos de sus madres. Muchas personas serán destruidas** por el agua, otras por el fuego del cielo (...) Todos estos castigos son terribles... Muchos sacerdotes, que huirán serán masacrados... La sangre fluirá libremente... También hay que rezar mucho por el Santo Padre, el Papa, y por todo el clero... ¡No es valiente! ¡Cuando todos estos castigos pasen, todos estarán en un gran terror! ¡Por eso debemos rezar!

Veo que todos se rinden. Ellos (el clero) olvidarán todos los compromisos que hicieron. Sufrirán, y olvidarán incluso a su Padre del Cielo... Todos aquellos que permanecerán en paz, y que esperan pacientemente todas estas desgracias, serán los bendecidos de Mi Padre. Esta es la última vez que os advierto de todo lo que sucederá: Guerra, plaga, hambre, plagas de todo tipo. Todos tendrán que sufrir, unos más, otros menos. Vuestras almas deben despertar. ¡Es la hora! ¡Es la prueba!"

Marie Martel:

Y entonces la voz del buen Jesús me dijo también que era la última vez que pedía la hora de adoración; (entonces) *volví a oír estas palabras:*

Nuestro Señor Jesucristo:

"Francia es culpable; será castigada y sancionada. Se necesita sangre para reparar los ultrajes con los que se baña Mi Corazón. Francia hace una gran herida a Mi corazón. No se contenta; la agranda cada día. ¡Rezad, hijos míos! Acercaos a mi tabernáculo. ¡Venid a adorar este Corazón, que sufre horriblemente por vuestra ingratitud! Venid a consolar a mi Corazón. Es el canal, a través del cual todas las gracias de amor se difunden en las almas, (y) se desbordan. Es también el camino que conduce al camino del Cielo".

Marie Martel:

Pedí mucho para aplacar la ira divina. Le pedí al buen Jesús que suavizara todos estos castigos; tenía mucho miedo... El buen Jesús miró a la derecha y a la izquierda, y nos bendijo, como si nos dijera: ¡Adiós! Su rostro se volvió radiante y hermoso, y entonces, una gran luz lo envolvió todo: la visión se levantó. Ya no vi nada... Cuando me encontré en medio de todo este mundo, me pareció muy triste, y sin embargo, por otra parte, me alegré, porque todos rezaban bien; pensé que por eso el buen Jesús había mirado a la derecha y se había ido: Probablemente estaba escuchando la oración de todos sus hijos.

2 Diciembre de 1901:

Marie Martel:

Fui al Campo, como la voz me había pedido (...) Me puse de rodillas, y comencé el rosario. Fue durante los Misterios Dolorosos cuando vi ante mí una luz muy brillante, y en ese momento percibí a todos los ángeles que rodeaban a nuestra buena Madre, cuando se mostraba en este lugar bendito. También vi muchos lirios y estrellas que caían sobre los ángeles y también sobre nosotros. En ese momento, oí la voz de nuestra buena Madre, que me dijo que teníamos que rezar mucho por el Santo Padre, y luego por el clero. La voz de nuestra buena Madre era muy triste. Me pareció que su corazón estaba lleno de dolor, pues la voz era sollozante:

La Santísima Virgen María:

"Debéis rezar por todo lo que ocurre en una gran parte del clero. ¡Oh, hijos míos! ¡Estas cosas son espantosas! Cuando veo a los enemigos de mi Hijo que llevan a mis hijos a la muerte; cuando veo a estos enemigos presentar sus promesas engañosas a muchos que llevan el sacerdocio de mi Divino Hijo, los veo, a estas almas, (los sacerdotes descarriados) **descender a la hondonada de los abismos, ¡y veo también la ira divina que va a golpear! Todas las palabras que traje a la tierra, la mayoría las rechazó, e incluso las pisoteó.**
¡Se ha blasfemado sobre mis palabras! ¡Se niegan a creerlas!
Llegará un momento en que todo lo que he traido a la tierra será predicado por el amado de mi Divino Hijo, y todos los que han blasfemado serán golpeados (...) ¡El Corazón de mi Divino Hijo está tan indignado, que a veces se olvida de su Santísima Madre! Está dispuesto a partir el Cielo, a tamizarlos a todos en el tamiz de su santidad.
Todas las desgracias que he venido a anunciar en el monte de La Salette, llegarán. El clero pisó mis palabras a sus pies; se rió; no quiso hacer nada; ¡no quiso escucharme! Y hoy sus corazones van a ser torturados, por falta de fe en mis palabras. Aquí, ¡hicieron oídos sordos a mi llamada! Pero la Justicia Divina los despertará... ¡Sus corazones son más duros que la piedra! ¡Sólo los castigos que los golpearán les harán ver su cobardía contra mí!"

(La Santísima Virgen María, 2 de diciembre de 1901)

Más profecías:

El 6 de junio de 1902, ante las 600 personas presentes, la mirada de Marie

Martel se elevó y descendió, luego volvió a elevarse y finalmente se posó. Sus manos se extendieron hacia adelante, sus ojos se elevaron, y de repente hizo un movimiento enérgico y exclamó: *Sagrado Corazón de Jesús, ten piedad de nosotros*. La joven normanda, todavía de rodillas, comenzó a caminar (de rodillas) unos metros, y luego volvió a gritar, con voz suplicante:

> *¡Jesús, hijo de Dios vivo, ten piedad de nosotros!*
> *Jesús mío, ten piedad!...*
> *Jesús, hijo de David, cura a nuestros enfermos!...*
> *(breve pausa...)*
> *¡Oh! ¡Detengan estas desgracias!...*
> *¡Protege a Francia! ....*
> *¡Ah! ¡Perdónanos, te lo ruego!...*
> *(breve pausa...)*
> *¡Parad! ¡Parad!...*
> *¡Defiéndelos contra tus enemigos!*

(Aparición a Marie Martel, 6 de junio de 1902)

He aquí cómo Marie Martel escribió en sus notas lo que había visto y oído:

Uno de los ángeles se levantó y se volvió hacia nosotros. En ese momento, oí la voz de nuestra buena Madre, que me dijo:

"Debemos rezar bien, por las desgracias y castigos que van a ocurrir. En Francia estallarán dos volcanes y se derrumbarán montañas. Las desgracias de Martinica no son nada comparadas con todo lo que sucederá. Veo una gran destrucción de mi pueblo: Veo a muchos perecer en las llamas, a otros por el agua, a otros por el hambre, la peste y la guerra".

(La Santísima Virgen María, 6 de junio de 1902)

La guerra civil:

Marie Martel:

> *Recé al buen Jesús por todas las desgracias que nos amenazan a todos, y me dijo*: **"Aquí habéis venido en gran número. Muchos vinieron para rezar, y otros para burlarse. En Francia saltarán dos volcanes, se derrumbarán montañas y se hundirán barcos ingleses. Las desgracias que han venido no son nada para lo que sucederá. Fuera de Francia, muchos terremotos; los volcanes también saltarán,**

las montañas se derrumbarán".

Marie Martel:

Mientras el Sagrado Corazón me describía todos los castigos, oí también la voz de nuestra buena Madre que decía:

"¡Si rezaran! ¡Si quisieran convertirse! ¿No se mitigarían estas desgracias?".

Marie Martel:

Y entonces el buen Jesús desapareció un momento, y reapareció menos severo. Él nos ha bendecido.

31 de enero de 1903 – La llamada del Rey

La Santísima Virgen María:

"Oh, hijos míos, rezad, rezad, haced penitencia. Ya no puedo retener la justicia divina.
Rezad por el Rey que viene... En estos días vivís bajo un régimen de crimen... pero Francia irá al Sagrado Corazón.
Debéis venir a este lugar (Tilly-Sur-Seulles) y rezar para que venga el Rey. Esta es la monarquía que asegurará la recuperación de Francia en una nueva era porque la realeza de Francia es tradicionalmente un régimen cristiano".

(La Santísima Virgen María, 31 de enero de 1903)

3 de mayo de 1903 - Reza para que vengan el Rey y el santo Pontífice:

Marie Martel se hizo eco del mensaje de su visión del 3 de mayo de 1903.

La Santísima Virgen María:

"El triunfo vendrá, no tardará (en llegar)... Ruego, ruego a mi Divino Hijo, con el corazón de la más tierna de las madres, para que quite las plagas... Oh hijos míos, rezad, rezad mucho... Será necesario rezar mucho durante los meses de agosto y septiembre... Hay que rezar por el futuro Rey y por el Soberano Pontífice. La República, caerá: ¡es el reino de Satanás!... Otro mundo y otro reinado vendrán..."

(La Santísima Virgen María, 3 de mayo de 1903)

(**Nota**: Esta profecía confirma indudablemente las profecías de Marie-Julie Jahenny sobre el gran monarca, Enrique V de la Santa Cruz, y el santo Pontífice esperado por los fieles).

Marie Martel informó entonces haber visto la masacre de sacerdotes en París. (Se trata evidentemente de la Guerra Civil en Francia que estallará primero en París y que ella, los niños de La Salette y Marie-Julie Jahenny predijeron).

Profecías sobre el Papa León XIII

Marie Martel:

El 8 de julio de 1903 oí la voz de Nuestro Señor que me dijo:

"**Hijos míos, en este momento el Santo Padre piensa en todos vosotros: os bendice**".

Marie Martel:

Estas palabras se repitieron dos veces. Cuando fui a rezar mi rosario, lo ofrecí por la salud del Santo Padre. Después de rezar un momento, la voz de nuestra buena Madre del Cielo me dijo:

"**Hija mía, el Santo Padre** (el Papa León XIII) **pronto estará conmigo; pronto te dejará... Su hora está muy cerca, yo lo bendigo... Hija mía, dile a tu padre espiritual que recogeré su último aliento** (el del Santo Padre); **me apareceré a él en el momento de su muerte, y los que le rodean percibirán algo, y no hablarán de ello; lo guardarán para sí, pero yo, hija mía, lo revelaré a las almas santas que lo publicarán... Hija mía, si rezas bien, se te aparecerá después de su muerte**".

(La Santísima Virgen María, 8 de julio de 1903).

El 13 de julio recé por el Santo Padre; oí la voz de nuestra buena Madre del Cielo que me dijo:

"**Pronto será feliz, porque su fin está cerca, y te bendice al instante. Merecía su corona, porque siempre ha sido celoso de su Iglesia. Tuvo mucho que sufrir por culpa de Francia y del alto clero, pero Dios le librará y le dará el hermoso lugar que le ha preparado allá arriba. Lo veo venir a recibir su corona ...**"

(La Santísima Virgen María, 13 de julio de 1903)

El 15 de julio, la Santísima Virgen me dijo:

"**Pronto, hija mía, el Santo Padre estará muy contento, iré a buscarlo: Me acompañarán mis ángeles... Si todos mis hijos fueran como él, ¡cuántas lágrimas me ahorrarían! Oh, hijos míos, podéis rezarle: ¡es un santo! Llegará un día en que lo reconocerán** (como santo) **...**"

Marie Martel:

Para la fiesta de nuestra buena Madre del Cielo, le llevé un ramo de rosas. En ese mismo momento, al poner el ramo a los pies de la Santísima Virgen, oí estas palabras:

"**Hija mía, ofréceme estas flores en honor a la santidad del Santo Padre. Hija mía, cuando veas desvanecerse la rosa del centro del ramo, será en el momento de la muerte del Santo Padre**".

Marie Martel:

Por la mañana, a las 4, el mismo día de la muerte del Santo Padre (20 de julio), *oí una voz desde mi habitación que me decía que el Santo Padre iba a morir a las 4 de la tarde.*

20 de julio de 1903
La resurrección de la monarquía francesa

Marie Martel:

La Santísima Virgen me dijo:

"**Tened valor, hijos míos, os lo aseguro: Haré aquí** (en Tilly) **lo que nunca he hecho en todo el mundo... El Rey de Francia en el Gran Reino Glorioso de Cristo Rey Maestro de las Naciones. Allí hubo una vez un monasterio. Está muerto. Otro de nueva clase resucitará... La Realeza francesa, encarnada por San Luis y Juana de Arco, fue decapitada en Luis XVI y enterrada con Carlos X ... será resucitada por Tilly**".

(La Santísima Virgen María, 20 de julio de 1903)

En su diario personal, Marie escribió el 3 de mayo de 1909 la siguiente frase:

La Santísima Virgen nos bendijo, y nos recomendó rezar por el clero "… porque no es lo que debería ser". Nuestra buena Madre me dijo que tendría que sufrir mucho de los hombres.

La Santísima Virgen María:

> "**Aquí abajo** (en la tierra)**, hija mía, sólo tendrás sufrimientos, sé valiente, tranquila y paciente. Yo te consolaré en el sufrimiento. Lo que me pediste un día que sufriste mucho, te será concedido, pero para eso, es necesario pedir todos los días, con sencillez. Encontrarás días en los que el sufrimiento será muy grande, incluso en los que tus padres adoptivos se desanimarán al verte sufrir. Pero no debe ser así; al contrario, serás tú, en el sufrimiento, quien los consolará. Diles: no os desaniméis. Sufrirás por todos los que no quieren a Dios, especialmente por los que blasfeman y ultrajan… ¡Oh niña, sé generosa! ¡Responde a mi llamada y a la de mi divino Hijo!".**

En 1902, Marie Martel se convirtió en terciaria de San Francisco. Murió en Francia el 24 de octubre de 1913. Siempre fue considerada pura y piadosa, y fue amada por multitud de franceses y fieles de todo el mundo durante las siguientes décadas. Hasta hoy se pide su intercesión, al igual que la de Marie-Julie Jahenny, Catherine Labouret, Bernadette Soubirous y los niños de La Salette.

Aprobación - Polémica
Por fin se confirma la aprobación definitiva de la Iglesia

En mayo de 1905, el obispo Amette prohibió formalmente al clero ir a Tilly-sur-Seuilles, pero luego, un año después, en mayo de 1906, su santidad el Papa Pío X concedió una bendición especial al decano de Tilly y también a Marie Martel. Roma se declaró entonces "favorable" a las apariciones de Tilly-sur-Seuilles en 1907 y a las visiones y revelaciones de Marie Martel.

En 1908, consciente de la oposición pública del obispo local Amette a las apariciones en el pequeño campo de "Lepetit", el Papa Pío X ordenó que se rindieran cuentas por la oposición, pero entonces el obispo Amette cambió inexplicablemente su posición, y pidió perdón a Pío X, asegurando que ya no dudaba de que los hechos de Tilly fueran auténticos. En marzo del año siguiente (1909), el obispo Amette hizo penitencia por haber hablado contra Tilly y lo reconoció públicamente.

Sin embargo, la polémica volvió a estallar cuando su sucesor se negó a autorizar las peregrinaciones a Tilly… Aun así, en 1910 el Papa Pío X y el Vaticano tras él se declararon de nuevo "favorables a las apariciones de Tilly". La declaración era formal y oficial. Esta rebelión contra Tilly fue simplemente un reflejo de desobediencia dirigida contra la Santa Sede y los cardenales del Papa, pero rápidamente erradicada por la posición formal adoptada por la Santa Sede. Las visiones de Tilly, hasta el día de hoy, están formalmente aprobadas por la Iglesia y las peregrinaciones están permitidas en ellas.

Apariciones en Tilly-sur-Seuilles

Marie Martel (en ecstasia)

Visión de la Sagrada Familia por Marie Martel, 25 de abril de 1899

Capítulo IV

Las apariciones y profecías de Nuestra Señora de Fàtima

(*Nuestra Señora Fatima*)

En los planes de la Divina Providencia, cuando Dios va a castigar al mundo Él siempre agota primero todos los demás remedios. Cuando Él ve que el mundo no presta atención alguna, entonces, como decimos en nuestra imperfecta forma de hablar nos presenta el último medio de salvación: Su Santísima Madre. Si despreciamos y rechazamos este último medio, el Cielo ya no nos perdonará, porque habremos cometido un pecado que el Evangelio llama pecado contra el Espíritu Santo. Este pecado consiste en rechazar abiertamente -con pleno conocimiento y voluntad- la salvación que se pone en nuestras manos.

(Sor Lucía Dos Santos, 26 de diciembre de 1957)

El comienzo del siglo XX marcó, en efecto, no sólo el inicio de una nueva rivalidad, reavivada, de contenciones y eventualmente de violencia entre las naciones de Europa, sino también la prosecución de la incansable llamada del Cielo, a través de su principal Emisario, para apartar al hombre de un plan cuidadosamente concebido cuyo objetivo es realizar un nuevo *Novus Ordo Seclorum* (Nuevo Orden Mundial Secular) bajo la mirada omnisciente de... el gran arquitecto...

Muchos historiadores de la Iglesia creen que la primera aparición de la Santísima Virgen María en el siglo XX fue la de Fátima en Portugal, pero no fue así... Como hemos visto en los dos capítulos anteriores, la Santísima Virgen María se había aparecido de forma excepcional y con una frecuencia poco común en Francia a finales del siglo XIX y a principios del siglo XX (La Fraudais y Tilly), pues se nos dijo que Francia iba a ser el pararrayos de la intervención de Dios en la tierra. El comienzo del siglo XX se inició también con una intervención desconocida y sin embargo bastante asombrosa de la Santísima Virgen María durante la primera Guerra mundial, en el curso de la batalla del Marne.

En enero de 1915, la Primera Guerra Mundial hacía estragos. Las dos principales alianzas europeas desplegaban mortalmente su respectivo arsenal de muerte y de oleadas humanas una contra la otra. Por un lado, estaba la "triple Entente" formada por Francia, Inglaterra y Rusia, a la que se sumaban Bélgica y Serbia. En el otro lado estaba la alianza central que se formó rápidamente con las enormes fuerzas armadas de Alemania, el Imperio Austrohúngaro y el Otomano.

Al comenzar la guerra, Alemania prácticamente conquistó Bélgica y parte del este de Francia... Cuando las primeras unidades de la Fuerza Expedicionaria Británica desembarcaron en el norte de Francia, el Primer Cuerpo de Ejército francés formó una sólida línea de frente, acumulando sus tropas contra los invasores alemanes. La famosa Batalla del Marne estaba a punto de iniciarse, y mientras lo hacía... ocurrió un milagro.

Nuestra Señora del Marne

El 8 de enero de 1917 se publicó un artículo en el periódico <u>Le Courrier</u> de la ciudad de Saint-Lô que decía:

"El 3 de enero de 1915, un sacerdote alemán, herido y hecho prisionero durante la batalla del Marne, murió en una ambulancia francesa en la que viajaban también algunas monjas francesas. El sacerdote alemán les dijo antes de fallecer: *"Como soldado, debería guardar silencio; como sacerdote, creo que debo decir lo que vi... Durante la* *batalla, nos sorprendió que nos hicieran retroceder, pues éramos legiones en comparación con los franceses, y contábamos con llegar a París. Pero... vimos a la Santa Virgen, toda vestida de blanco con un manto azul; se inclinaba hacia París... Nos daba la espalda y con su mano derecha parecía empujarnos hacia atrás".*

Dos oficiales alemanes, heridos y hechos prisioneros, dieron testimonio, al igual que el sacerdote alemán moribundo, el 3 de enero de 1915. Uno de ellos dio el siguiente testimonio: *"Si estuviera en el frente, me fusilarían, pues se nos ha prohibido contar, bajo pena de muerte, lo que voy a contaros: Usted se sorprendió de nuestra retirada tan repentina cuando llegamos a las puertas de París. No pudimos ir más allá... Una Virgen María estaba delante de nosotros, con los brazos extendidos, haciéndonos retroceder cada vez que se nos ordenaba avanzar. Durante muchos días, no supimos si era una de sus santas nacionales, Genoveva o Juana de Arco. Después comprendimos que era la Santa Virgen María la que nos obligaba a quedarnos quietos. El 8 de septiembre, ella nos empujó con tanta fuerza, que, como un solo hombre, ¡salimos corriendo! Lo que os cuento, lo oiréis sin duda de nuevo, pues éramos 100.000 hombres para haberla visto".*

He aquí otro testimonio que viene de dos oficiales alemanes que fueron heridos: Una enfermera benévola los acompañaba en una ambulancia francesa de la Cruz Roja hasta el hospital francés donde iban a ser atendidos. Una vez que entraron en el hospital francés, ambos oficiales se detuvieron, aparentemente conmocionados ante una estatua de la Virgen María. Uno de ellos exclamó mientras señalaba la estatua: *"Die Frau Von Der Marne!"* (¡La señora del Marne!). Su compañero le hizo una seña para que se callara mientras señalaba a la enfermera francesa porque les estaba escuchando. Ella intentó, mientras los atendía, hacerlos hablar, pero fue en vano...

Este testimonio sólo se suma a otros. El siguiente ha sido escrito por una monja que cuidaba de los heridos en Issy-les-Moulineaux.

Fue después de la batalla del Marne. Entre los heridos atendidos en la ambulancia de Issy, había un alemán muy malherido que se juzgó pronto perdido. Sin embargo, gracias a los cuidados que se le dieron, sobrevivió más de un mes. Era católico y daba grandes muestras de fe, los ayudantes del hospital eran todos sacerdotes. El soldado alemán recibió mucho apoyo religioso y no sabía cómo mostrar su gratitud. A menudo decía: Me gustaría hacer algo para agradecerles.

Finalmente, el día que recibió sus últimos auxilios, dijo a los ayudantes del hospital:

"Habéis cuidado de mí con mucha caridad. Quiero hacer algo por vosotros diciéndoos lo que no nos beneficia, pero que os gustará... Pagaré así un poco mi deuda. Si estuviera en el frente, me fusilarían porque nos han prohibido

hablar de esto".

A continuación, habló de la visita de la Virgen, que aterrorizó a los soldados alemanes y provocó su huida despavorida. En otra ambulancia se constató un testimonio similar. Un soldado alemán se estaba muriendo. Le llamó la atención la perfecta devoción de la monja francesa que le cuidaba. Por eso, dijo:

— *Hermana, se acabó... Pronto estaré muerto. Quisiera agradecerle que haya cuidado tan bien de mí, que soy un enemigo... Por tanto, le diré algo que le agradará mucho. En este momento, estamos avanzando mucho en Francia, pero a pesar de todo, es su país el que ganará.*

— *¿Cómo lo sabes?*

— *En la batalla del Marne, vimos a la Santa Virgen hacernos retroceder. Ella los protege contra nosotros. Los oficiales nos han prohibido, bajo pena de muerte, hablar de esta visión. Pero ahora, he terminado... Cuando esté muerto, podréis repetir esto mientras no me nombréis... Durante muchos días, toda nuestra división vio delante de ella, en el cielo, a una Señora vestida de blanco con un manto azul y un velo blanco. Ella nos daba la espalda y nos asustaba mucho... El 5 de septiembre de 1914, recibimos la orden de avanzar e intentamos hacerlo, pero la Dama era tan deslumbrante... y nos empujó con sus dos manos de una manera tan aterradora que todos huimos.*

En Lieja (Bélgica), justo después del armisticio, un soldado le confió a su anfitriona que tomara nota de su testimonio:

Oh, tan pronto como la guerra comenzó, supe que al final seríamos golpeados... Puedo decirle esto porque sé que no se lo repetirá a nuestros oficiales.

<u>La prohibición seguía vigente</u>

Y añadió: *En la primera batalla del Marne, teníamos delante, en el cielo, una Señora vestida de blanco que se volvía hacia nosotros, y nos empujaba con las dos manos. A pesar de nosotros, estábamos en puro pánico. No podíamos avanzar más. Al menos tres de nuestras divisiones vieron esta aparición. ¡Seguramente era la Santa Virgen! Hubo un momento en que nos asustó tanto, que todos huimos, oficiales como los demás...*

Lo único fue que a la mañana siguiente nos prohibieron hablar de ello bajo pena de muerte. Si todo el ejército supiera lo ocurrido, se habría desmoralizado... En lo que a nosotros respecta, ya no teníamos ánimos para luchar, ya que Dios estaba en nuestra contra. Era seguro que íbamos a morir directamente por nada, pero a pesar de ello teníamos que marchar. No podíamos hacer otra cosa. ¡La guerra es dura!

(<u>Le Courrier</u>, 8 de enero de 1917)

La Primera Guerra Mundial trajo consigo una intervención muy necesaria de la Santísima Virgen María, a la que pronto seguiría otra a más de mil kilómetros de las líneas de batalla, en el pequeño país de Portugal, que al final prometería, ante todos los presentes, un acontecimiento sobrenatural tan monumental que ni siquiera la Iglesia católica sería capaz de ocultar a la opinión pública.

La primera aparición del ángel

En 1916, los tres pastorcitos de Fátima, Lúcia dos Santos (9 años), Jacinta (6 años) y Francisco Marto (8 años) salieron, como todas las mañanas, a cuidar sus ovejas en las colinas y llanuras de color verde esmeralda de la aldea de Fátima. Cuando empezaron a caer las primeras gotas de una lluvia torrencial, los tres niños decidieron buscar refugio en una pequeña cueva de la ladera. Cuando dejó de llover y volvió a salir el sol, Lúcia, Jacinta y Francisco decidieron quedarse un poco más para almorzar, rezar el rosario y jugar una partida de bolas.

Llevaban poco tiempo jugando, cuando de repente sopló un viento extraño y una luz blanca los envolvió... En medio de esa luz apareció una nube con la forma de un joven. Lúcia describió esta primera experiencia:

Este ángel tenía la apariencia de un joven de catorce o quince años, más blanco que la nieve, que el sol hacía transparente como si fuera de cristal, y de gran belleza. Estábamos sorprendidos y medio absortos. No dijimos ni una palabra. Mientras se acercaba a nosotros, el Ángel dijo:

"**¡No temáis! Soy el Ángel de la Paz. Rezad conmigo**".

Y arrodillándose en la tierra, inclinó su frente hacia el suelo. Impulsados por un movimiento sobrenatural, le imitamos y repetimos las palabras que le oímos pronunciar: "**Dios mío, creo en ti, te adoro, espero en ti y te amo. Pido perdón por todos los que no creen en Ti, no te adoran, no esperan en Ti y no te aman**".

Después de repetir esta oración tres veces, se levantó de nuevo y nos dijo:

"**Rezad de esta manera. Los Corazones de Jesús y de María están atentos a la voz de vuestras súplicas**".

Y desapareció.

Hay que notar, que Francisco estaba presenciando el intercambio entre el Ángel y Lúcia, y aunque podía ver perfectamente la aparición del magnífico ser de luz, no podía oírle hablar...

La segunda aparición del ángel

La segunda aparición del Ángel tuvo lugar durante el verano de 1916. Mientras los niños jugaban cerca del pozo de la casa de Lúcia, el Ángel se apareció de repente y dijo:

> "¿Qué estáis haciendo?", preguntó. "¡Rezad, rezad mucho! Los Santos Corazones de Jesús y de María tienen designios de misericordia con vosotros. Ofreced sin cesar oraciones y sacrificaos al Altísimo".

Lúcia preguntó al Ángel cómo debían hacer los sacrificios. El Ángel respondió:

> "Haced de todo lo que podáis un sacrificio, y ofrecedlo a Dios como acto de reparación de los pecados por los que Él es ofendido, y en súplica por la conversión de los pecadores. De este modo, atraerás la paz sobre tu país. Yo soy su Ángel de la Guarda, el Ángel de Portugal. Sobre todo, acepta y soporta con sumisión los sufrimientos que el Señor te enviará".

Comentó Lúcia:

> *"Esas palabras del Ángel se grabaron en nuestro espíritu, como una luz que nos hizo comprender quién es Dios, cuánto nos ama y quiere ser amado por nosotros, el valor del sacrificio y lo agradable que es para Él y que, por reverencia a Él, Dios convierte a los pecadores. El tema dominante en esta segunda aparición del Ángel fue la importancia de hacer ofrecimientos a Dios a través de todas las acciones y sacrificios posibles, incluso los más pequeños, y de hacer ofrecimientos con intenciones especiales, en especial para la conversión de los pecadores".*

La tercera aparición del ángel

La tercera aparición del ángel tuvo lugar en otoño en el Cabeço. Cuando los niños llevaron sus ovejas al mismo lugar donde se les había aparecido por primera vez el ángel (Cabeço), los niños comenzaron a recitar la oración que el ángel les había enseñado. Poco después, una luz desconocida apareció sobre ellos.

Lúcia:

> *"Nos levantamos de nuevo para ver qué pasaba, y vimos de nuevo al*

Ángel, que tenía en su mano izquierda un Cáliz que dejó suspendido en el aire con una Hostia justo encima de la cual caían algunas gotas de Sangre en el Cáliz..."

El Ángel se postró en la tierra cerca de los niños y repitió tres veces la siguiente oración:

"Santísima Trinidad —Padre, Hijo y Espíritu Santo— te adoro profundamente. Te ofrezco el preciosísimo Cuerpo, Sangre, Alma y Divinidad de Jesucristo, presente en todos los sagrarios del mundo, en reparación de todos los ultrajes, sacrilegios e indiferencias con que es ofendido. Y por los infinitos méritos de su Sacratísimo Corazón y del Inmaculado Corazón de María, te ruego la conversión de los pobres pecadores".

Entonces, levantándose, el Ángel tomó el Cáliz y la Hostia. Le dio a Lúcia la Sagrada Hostia en la lengua. Luego, mientras daba la Preciosa Sangre del Cáliz a Francisco y Jacinta, dijo:

"Comed y bebed el Cuerpo y la Sangre de Jesucristo, horriblemente ultrajado por los hombres ingratos. Reparad sus crímenes y consolad a vuestro Dios".

Luego, postrándose en el suelo, repitió con los niños tres veces la misma oración: Santísima Trinidad, etc., y desapareció.

<u>Las apariciones de la Santísima Virgen María en Fátima</u>

(13 de mayo de 1917) - Primera aparición de la Virgen del Rosario

El 13 de mayo de 1917, Lúcia, Jacinta y Francisco llevaron a pastar a su rebaño de ovejas a una hondonada natural del terreno conocida como Cova da Iria, a una milla de sus casas. De repente, un rayo de luz brillante atravesó el aire. Los pastorcillos empezaron a reunir a las ovejas pensando que se avecinaba una tormenta en la distancia, aunque el día era agradable y no mostraba signos de mal tiempo, cuando de repente, un segundo rayo los alarmó. Aterrados y temerosos, dieron unos pasos y miraron hacia la derecha. Allí, de pie sobre el follaje de una pequeña encina, se encontraba una Dama de luz deslumbrante.

Lúcia dos Santos:

Una dama vestida toda de blanco, más brillante que el sol, derramando rayos de luz, claros y más fuertes que una copa de cristal llena del agua

más chispeante, atravesada por los rayos ardientes del sol.
La dama les habló y les dijo

— **¡No temáis! No os haré daño.**
— *¿De dónde es Ud.?*, preguntó Lúcia.

Francisco advertía el coloquio entre la Santísima Virgen María y Lúcia, pero, al igual que con el Ángel de Portugal, no podía oír nada... Jacinta estaba hipnotizada por la visión de la Dama de blanco y, a diferencia de su hermano, podía oírla perfectamente...

— **Soy del Cielo**, respondió la bella dama, levantando suavemente la mano hacia el lejano horizonte.
— *¿Qué quiere de mí?*, preguntó Lúcia.
— **He venido a pedirte que vengas aquí durante seis meses consecutivos, el día trece, a esta misma hora. Luego te diré quién soy y qué deseo. Y volveré aquí una séptima vez.**
— Lúcia dijo: *¿Viene del Cielo... e iré al Cielo?*
— **Sí, irás.**
— *¿Y Jacinta?*
— **También.**
— *¿Y Francisco?*
— **Él también, pero tendrá que rezar muchos rosarios.**

Al final la Virgen preguntó:

— **¿Queréis ofreceros a Dios para soportar todos los sufrimientos que Él os envíe, como acto de reparación de los pecados por los que es ofendido y parapedir la conversión de los pecadores?**
— *Sí, lo haremos*, dijeron Lúcia y Jacinta.
— **Tendréis que sufrir mucho, pero la gracia de Dios será vuestro consuelo.**

Entonces la Santísima Virgen María abrió las manos con el gesto amoroso de una madre que ofrece su corazón. De ella partió una intensa luz que parecía atravesarlas. Los niños, impulsados por la inspiración, rezaron interiormente:

— *¡Oh Santísima Trinidad, yo te adoro! Dios mío, Dios mío, te amo en los Santísimos Sacramentos.*

La visión de la Santísima Virgen María se elevó entonces hacia el este, y mientras desaparecía en la distancia, les dijo:

— **Rezad el rosario todos los días para conseguir la paz para el mundo**

y el fin de la guerra.

Lúcia transmitió el mensaje a Francisco que, sorprendentemente, no se amargó por su incapacidad de escuchar a la bella Dama de Blanco. Sin embargo, Lúcia advirtió a sus dos primos que no dijeran nada de lo que habían visto por miedo a la incredulidad, pero la pequeña Jacinta estaba demasiado excitada y, como era de esperar, como haría cualquier niña, contó a sus padres la aparición de la Dama vestida de blanco. Naturalmente, la reacción general fue de incredulidad... La madre de Lúcia estaba convencida de que su hija mentía y la castigó duramente cuando se negó a negar su historia. Otros niños se rieron y les escupieron. Sus sufrimientos comenzaron.

(13 de junio de 1917) - Segunda aparición de la Virgen del Rosario

El 13 de junio de 1917, acompañados por unas 50 personas a Cova da Iria, los tres pastorcillos estaban rezando el rosario, cuando de repente se vio un relámpago e inmediatamente después, la Señora en la encina se apareció como el mes anterior.

— *¿Qué quiere de mí?*, preguntó Lúcia.
— **Deseo que vengas aquí el día 13 del mes que viene, que reces el Rosario todos los días y que aprendas a leer. En los meses siguientes te diré qué más quiero**.
— *Quisiera pedirle que nos lleve al Cielo*, dijo Lúcia.
— **Sí... Pronto me llevaré a Jacinta y a Francisco, pero tú permanecerás aquí durante algún tiempo. Jesús quiere utilizaros para hacerme conocer y amar. Desea establecer la devoción a mi Corazón Inmaculado en el mundo. Prometo la salvación a los que la abracen; y estas almas serán amadas por Dios como flores dispuestas por mí para adornar su trono**.
— Preguntó Lúcia: *¿Me quedaré aquí sola?*
— **No te desanimes. Nunca te abandonaré. Mi Corazón Inmaculado será tu refugio y, a través de él, te conducirá a Dios**.

Entonces la Santísima Virgen María abrió sus manos y emanó su luz sobre los niños. Jacinta y Francisco parecían estar en la parte de la luz que subía hacia el cielo, mientras que Lúcia en la luz que se extendía sobre la tierra. Delante de la palma de la mano derecha de la Virgen había un corazón rodeado de espinas que lo herían. Comprendieron que era el Corazón Inmaculado de María herido por los pecados de los hombres. La Santísima Virgen María pidió entonces reparación.

Cuando cesó esta visión, la Madre de Dios, todavía rodeada de luz, se levantó del arbusto y se deslizó hacia el este hasta desaparecer por completo.

Varias personas que se encontraban más cerca del lugar de la aparición se dieron cuenta de que los brotes de la cima de la encina sobre la que se encontraba la Santísima Virgen María estaban doblados en la misma dirección, como si hubieran sido arrastrados por las ropas de la Señora. Sólo unas horas después volvieron a su posición habitual.

(13 de julio de 1917) - Tercera aparición de la Virgen del Rosario

El día señalado, una multitud obviamente creciente se reunió en Cova da Iria, y mientras los pequeños videntes llegaban a rezar el rosario, el señor Marto, padre de Jacinta y Francisco, se dio cuenta de que, al comenzar la aparición, una pequeña nube grisácea se cernía sobre la encina; la luz del sol disminuía, y una brisa fresca soplaba sobre la sierra, a pesar de estar en pleno verano. El señor Marto también oyó algo curioso, como moscas dentro de una jarra vacía. Los videntes vieron el resplandor acostumbrado, y luego la Santísima Virgen María apareció en su forma habitual sobre la encina. Lúcia se dirigió a ella:

— *¿Qué quiere de mí?*
— **Que vengas el día 13 del mes que viene; que sigas rezando el Rosario todos los días a la Virgen del Rosario para conseguir la paz en el mundo y el fin de la guerra, porque sólo Ella podrá ayudarte**.
— *Quiero pedirle que nos diga quién es y que haga un milagro para que la multitud crea que se aparece.*
— **Continúa viniendo aquí. En octubre os diré quién soy, lo que quiero, y haré un milagro que todos puedan ver y creer**.

Lúcia hizo entonces una serie de peticiones de conversiones, curaciones y otras gracias. La Virgen recomendó el rezo constante del rosario; así obtendrían esas gracias durante el año. La Santísima Virgen continuó:

— **Sacrificaos por los pecadores, y rezad a menudo esta oración, especialmente durante cualquier sacrificio: "Oh Jesús mío, ofrezco esto por amor a Ti, por la conversión de los pobres pecadores y en reparación de todos los pecados cometidos contra el Inmaculado Corazón de María"**.

Al pronunciar estas palabras, la Virgen extendió las manos y salieron rayos luminosos que parecían penetrar en la tierra. De repente, la tierra desapareció y los tres niños vieron el infierno. Asustados, levantaron los ojos hacia la Santísima Virgen María, que les dijo:

— Habéis visto el infierno donde van las almas de los pobres pecadores. Para salvarlas, Dios quiere establecer en el mundo la devoción a mi Corazón Inmaculado. Si se hace lo que os digo, se salvarán muchas almas y habrá paz.

La guerra va a terminar; pero si la gente no cesa de ofender a Dios, estallará otra peor durante el pontificado de Pío XI. Cuando veáis una noche iluminada por una luz desconocida, sabed que es la gran señal que os da Dios de que va a castigar al mundo por sus crímenes, mediante la guerra, el hambre y las persecuciones a la Iglesia y al Santo Padre.

Vendré a pedir la consagración de Rusia a mi Corazón Inmaculado, y la comunión reparadora de los primeros sábados.

(Breve pausa...)

Si son concedidas mis peticiones, Rusia se convertirá y habrá paz. Si no, esparcirá sus errores por todo el mundo, provocando guerras y persecuciones a la Iglesia. Los buenos serán martirizados, el Santo Padre tendrá mucho que sufrir y varias naciones serán destruidas... Pero al final, mi Corazón Inmaculado triunfará. El Santo Padre me consagrará Rusia, Rusia se convertirá y se concederá al mundo un cierto período de paz.

(Breve pausa...)

¿Queréis aprender una oración?

— *"¡Sí queremos!"*, respondieron los niños.

— Cuando recéis el Rosario, decid al final de cada decena: "Oh Jesús mío, perdona nuestros pecados, líbranos del fuego del infierno y conduce a todas las almas al Cielo, especialmente a las más necesitadas de tu Misericordia".

A continuación, la Santísima Virgen María mostró a los niños la visión del tercer Secreto, seguida de una explicación y una profecía final (**ver página 304**).

Lúcia ha escrito:

La Virgen nos mostró un gran mar de fuego que parecía estar bajo la tierra. Sumergidos en este fuego estaban los demonios y las almas en forma humana, como brasas transparentes, todas ennegrecidas o de bronce bruñido, flotando en el crepitar, bien levantadas en el aire por las llamas que las atravesaban desde dentro junto con grandes nubes de humo, o bien cayendo por todos lados como chispas en un gran incendio, sin peso ni equilibrio, y entre gritos y gemidos de dolor y desesperación que nos horrorizaban y nos hacían temblar de miedo.

Los demonios se distinguían por su aterradora y repulsiva semejanza con animales espantosos y desconocidos, todos negros y transparentes. Esta visión no duró más que un instante. Cómo podremos agradecer lo suficiente a nuestra bondadosa Madre celestial, que ya nos había preparado prometiendo llevarnos al Cielo, en la primera Aparición. De lo contrario, creo que habríamos muerto de miedo y terror.

(19 de agosto de 1917) - Cuarta aparición de la Virgen del Rosario

El 13 de agosto, los niños habían sido secuestrados por el alcalde de Vila Nova de Ourem, que intentaba arrancarles el secreto revelado en la aparición del 13 de julio; así, los tres pastorcillos fueron impedidos por las autoridades civiles, por la fuerza, para acudir a la reunión del 13 de agosto, donde ahora se había reunido una inmensa multitud que esperaba la próxima aparición de la Santísima Virgen María.

En Cova da Iria, se oyó un trueno, seguido de un relámpago, a la hora habitual. Los espectadores, sin saber nada de los pequeños videntes secuestrados, notaron una pequeña nube blanca que se cernió sobre la encina durante algunos minutos... Se observaron fenómenos de coloración en los rostros de las personas, en sus ropas, en los árboles y en el suelo. Ciertamente la Virgen había venido, pero no había encontrado a sus pequeños mensajeros...

Lúcia, Jacinta y Francisco fueron confinados durante dos días y amenazados con muchos tormentos para que renegaran de su Señora, pero no flaquearon; estaban dispuestos a ofrecer sus vidas para no traicionar las promesas hechas a la Señora vestida de blanco. Cuando fueron liberados, por fin, el 19 de agosto, hacia las cuatro de la tarde, Lúcia se encontraba con Francisco y otro primo en Valinhos, propiedad de uno de sus tíos, cuando comenzaron a producirse los cambios atmosféricos que precedieron a las apariciones de Nuestra Señora en Cova da Iria.

Sintiendo que algo sobrenatural se acercaba y los envolvía, Lúcia mandó llamar a Jacinta, que llegó a tiempo de ver a la Virgen aparecer —anunciada como antes por una luz brillante—sobre una encina un poco más grande que la de Cova da Iria:

— *¿Qué quiere de mí?*, preguntó Lúcia.
— **Quiero que sigas yendo a Cova da Iria el día 13; que sigas rezando el Rosario todos los días. Yo, en el último mes haré el milagro para que todos crean**.

Luego, con una apariencia más triste, la Virgen de Fátima les dijo:

— **Si no os hubieran llevado a Ourem, el milagro habría sido aún mayor**.

> — ¿*Qué quiere Su Gracia que se haga con el dinero que la gente deja en Cova da Iria?*
> — **Que se hagan dos andas portátiles. Tú y Jacinta, con otras dos muchachas vestidas de blanco, llevad una de ellas, y que Francisco lleve la otra con otros tres muchachos. Las andas portátiles son para la fiesta de Nuestra Señora del Rosario. El dinero que sobre debe ser aportado para una capilla que habrán de construir.**
> — *Quisiera pedirle la curación de algunos enfermos.*
> — **Sí, curaré a algunos durante el año.**

Entristeciéndose más, recomendó de nuevo la práctica de la mortificación y finalmente dijo:

> — **"Reza, reza mucho y ofrece sacrificios por los pecadores. Sabéis que muchas almas van al infierno porque no hay quien rece por ellas"**.

Al final de su aparición, la Santísima Virgen María comenzó a elevarse hacia el este. Los tres pequeños videntes cortaron ramas del árbol sobre el que se les había aparecido la Virgen y las llevaron a casa. Las ramas desprendían una fragancia singularmente aromática.

(13 de septiembre de 1917) - Quinta Aparición de la Virgen del Rosario

Una multitud estimada en 30.000 personas acompañó a Lúcia, Jacinta y Francisco a Cova da Iria para rezar el Rosario. Una vez llegados, miles de personas observaron fenómenos atmosféricos similares a los de las apariciones anteriores: el enfriamiento repentino del aire, una atenuación del sol hasta el punto de poder ver las estrellas, y una lluvia parecida a pétalos iridiscentes o copos de nieve que desaparecían antes de tocar el suelo. Esta vez, se observó un globo luminoso que se desplazaba lenta y majestuosamente por el cielo de este a oeste y, al final de la aparición, en sentido contrario. Los pequeños videntes vieron una luz e, inmediatamente después, vieron a la Virgen sobre la encina:

> — **"Quiero que vengáis aquí el 13 de octubre y que sigáis rezando el Rosario para conseguir el fin de la guerra. En octubre, el Señor, la Dolorosa, la Señora del Monte Carmelo y San José con el Niño Jesús vendrán también a bendecir el mundo"**.
> **"Dios se alegra de tus sacrificios, no quiere que duermas con el cordón puesto. Usadlo sólo durante el día"**. (Los niños llevaban cuerdas alrededor de la cintura como sacrificio por los pecadores).
> — *Me han pedido que le pida muchas cosas, para la curación de algunos*

enfermos, de un sordomudo.
— **Sí, curaré a algunos, a otros no. En octubre, haré un milagro para que todos crean.**

Y levantándose hacia el este, desapareció de la misma manera que en las otras ocasiones.

(13 de octubre de 1917) - Sexta Aparición de la Virgen del Rosario

El 13 de octubre de 1917, los tres pastorcitos de Fátima llegaron con sus padres rodeados de una multitud de 70.000 personas bajo una lluvia torrencial. Mientras los niños se dirigían al lugar de las apariciones con sus padres, la multitud empezaba a perder los nervios, ya que el tiempo se tornaba terrible y la lluvia, que creaba barro, era cada vez más abrumadora. Los niños se arrodillaron y comenzaron a rezar... Poco después, se les apareció la Santísima Virgen María.

Lúcia preguntó:

— *¿Qué quiere de mí?*
— **Quiero deciros que quiero que se construya aquí una capilla en mi honor. Soy la Señora del Rosario. Continuad rezando el rosario todos los días. La guerra va a terminar y los soldados volverán pronto a sus casas.**
— *¿Puedo pedirle curaciones y conversiones? ¿Me las concederá?*
— **A algunos sí, a otros no. Es necesario que pidan perdón por sus pecados, que no ofendan a Dios nuestro Señor. Él ya está demasiado ofendido.**
— *¿Quiere algo más de mí?*
— **No quiero nada más.**

Entonces la Virgen del Rosario abrió sus manos y despachó un rayo de luz en dirección al sol, mientras Lúcia gritaba que miraran al sol mientras lo señalaba. En ese momento se produjo la señal prometida: la lluvia cesó de repente y apareció un sol excepcionalmente brillante; sin embargo, la gente pudo mirarlo directamente sin esfuerzo y sin dañarse los ojos. Entonces... ¡ocurrió lo imposible!

El sol comenzó a girar sobre sí mismo como si proyectara en cada dirección bandas de luz de cada color que iluminaban las nubes circundantes, el cielo, los árboles y la propia multitud. Los rostros se volvieron azules, rojos, verdes, amarillos... ¡Era extraordinario! Entonces, lo impensable: El sol creció de repente en tamaño, en calor y en luminosidad, ¡y pareció por un momento precipitarse hacia la tierra! ¡Ante este espectáculo apocalíptico, hombres y mujeres comenzaron a correr en todas direcciones gritando de puro terror! Otros se arrodillaron llorando y golpeándose el pecho, mientras que otros, de rodillas, seguían rezando pidiendo clemencia. El sol que se hundía se detuvo, se quedó quieto por un momento y luego, muy lentamente, volvió a su posición normal.

Mientras tanto, una vez que la Virgen desapareció en la extensión del firmamento, se sucedieron tres escenas ante Lúcia, Jacinta y Francisco, representando primero los misterios gozosos del rosario, luego, a Lúcia sola, los misterios dolorosos y, finalmente, los misterios gloriosos. Francisco y Jacinta presenciaron sólo los misterios gozosos.

La primera escena: San José apareció junto al sol con el Niño Jesús y la Virgen del Rosario. Era la Sagrada Familia. La Santísima Virgen María estaba vestida de blanco con un manto azul. San José también iba vestido de blanco y el Niño Jesús de rojo claro. San José bendijo a la multitud, haciendo tres veces la señal de la cruz. El Niño Jesús hizo lo mismo.

La segunda escena: Una visión de Nuestra Señora de los Dolores, sin la espada en el pecho, y de Nuestro Señor abrumado por el dolor en el camino del Calvario. Nuestro Señor hizo la Señal de la Cruz para bendecir al pueblo. Lúcia sólo pudo ver la parte superior del cuerpo de Nuestro Señor.

La tercera escena: Finalmente, Nuestra Señora del Monte Carmelo, coronada Reina del cielo y de la tierra, apareció en una visión gloriosa sosteniendo al Niño Jesús cerca de su corazón. Mientras tanto, después de que el sol volvió a su posición normal, las 70.000 personas presentes se dieron cuenta de que sus ropas, que estaban empapadas unos minutos antes, estaban ahora completamente secas, y el suelo, que estaba terriblemente embarrado, no mostraba ahora ninguna evidencia de humedad; además, muchos ciegos, enfermos y discapacitados presentes en el lugar de la aparición se curaron milagrosa e instantáneamente.

Pasaron los días y ya todo el país de Portugal relataba el extraordinario milagro de Fátima. Todos los periódicos del país, en su mayoría socialistas y profundamente anticatólicos, difundían la noticia de lo que llamaban familiarmente: "El Milagro del Sol". Una de las principales publicaciones anticlericales de la época, *O Dia*, un importante periódico de Lisboa, publicó el 17 de octubre de 1917 el siguiente artículo:

Artículo de portada de *O Dia*, 17 de octubre de 1917 (traducción del inglés):

A la una de la tarde, mediodía por el sol, la lluvia cesó. El cielo, de color gris perlado, iluminaba el vasto paisaje árido con una luz extraña. El sol tenía un velo de gasa transparente para que los ojos pudieran fijarse fácilmente en él. El tono gris nacarado se transformó en una lámina de plata que se rompió al desgarrarse las nubes y el sol plateado, envuelto en la misma luz gris difusa, se vio girar y girar en el círculo de nubes rotas.

Un grito salió de todas las bocas y la gente cayó de rodillas sobre el suelo embarrado. La luz se volvió de un hermoso azul, como si hubiera entrado por las vidrieras de una catedral, y se extendió sobre la gente que se arrodillaba con las manos extendidas. El azul se desvaneció lentamente y luego la luz pareció atravesar un cristal amarillo. Las manchas amarillas cayeron sobre los pañuelos blancos, sobre las faldas oscuras de las mujeres. Se reflejaron en los árboles, en las piedras y en la sierra. La gente lloraba y rezaba con la cabeza descubierta ante el milagro que esperaban.

Multitud de fotos fueron publicadas en todo el país, abiertamente admitidas por los medios de comunicación que, hasta ahora, siempre habían sido agresivamente anticatólicos. Luego, muy rápidamente, desde Portugal, la prensa extranjera tomó el relevo de las noticias, imágenes y acontecimientos ocurridos en Fátima desde mayo del mismo año... La Iglesia católica no tuvo más remedio que abrir una investigación formal; sin embargo, de 1917 a 1920 la posición de la Iglesia respecto a las apariciones de Fátima fue de prudente reserva y silencio.

Como es práctica de la Iglesia en circunstancias similares, se abstuvo de emitir un juicio sobre el suceso hasta que se realizó una investigación exhaustiva. En la época de las apariciones, el clero portugués era reacio a fomentar la creencia en las apariciones de la Santísima Virgen María en Fátima. Actuaba así en gran medida debido a las recientes persecuciones sufridas por sacerdotes y religiosos en Portugal a manos del gobierno anticatólico social-masónico.

De ahí que, en un ambiente tan hostil, el clero portugués no quisiera dar ningún paso que provocara una represalia. A pesar de que el presidente Sidonio Pais había derogado muchas de las leyes anticatólicas del país en 1918, lo que a su vez provocó su asesinato organizado por las logias masónicas a finales de 1918, el clero portugués temía tomar medidas que incitaran su regreso al poder. En efecto, las apariciones de la Virgen en Fátima provocaron una fuerte oposición por parte de muchos bandos: del gobierno local, como lo ilustra el secuestro de los tres niños por parte del Administrador del pueblo en agosto de 1917, y, años más tarde, la destrucción de la *Capelinha* (en Cova da Iria) por parte de los masones, que tuvo lugar en marzo de 1922.[19] Incluso la prensa, que estaba controlada por

---

[19] El 6 de marzo de 1922, unos terroristas masones colocaron cinco potentes bombas en el interior de la capilla de.

los masones y que despreciaba las apariciones hasta que presenció el Milagro del Sol de octubre de 1917, se volvió de nuevo contra las apariciones y los jóvenes videntes.

Así, desde todos los sectores que fomentaban el desprecio y el odio hacia Dios y su Iglesia, se exhibió y se impuso una fuerte oposición[20]. Sin embargo, a pesar del silencio y del desaliento de la Iglesia Católica, y del desprecio patente y de la enemistad abierta de los ámbitos seculares, el pueblo portugués mantuvo su creencia y su apoyo a las apariciones de Fátima. Incluso después de finalizado el ciclo de apariciones, a la espera de la aprobación eclesiástica oficial, los fieles portugueses, a los que se unía cada vez más un número creciente de peregrinos extranjeros de todo el mundo, continuaron visitando el lugar sagrado donde Nuestra Señora del Rosario se había aparecido y entregado su mensaje y su llamada.

<u>La primera profecía de la Virgen María se cumplió:</u>

Francisco murió el 4 de abril de 1919 y la pequeña Jacinta el 20 de febrero de 1920. Antes de morir, la pequeña hizo una revelación poco conocida, pero bastante notable, de la Virgen:

> *"Más almas van al infierno por los pecados de la carne que por cualquier otro motivo. Se introducirán ciertas modas que ofenderán mucho a Nuestro Señor. Muchos matrimonios no son buenos; no agradan a Nuestro Señor y no son de Dios. Los sacerdotes deben ser puros, muy puros. No deben ocuparse de nada más que de lo que concierne a la Iglesia y a las almas. La desobediencia de los sacerdotes a sus superiores y al Santo Padre es muy desagradable para Nuestro Señor. La Santísima Madre ya no puede contener la mano de su Divino Hijo para golpear al mundo con un justo castigo por sus muchos crímenes.*
> (Breve pausa...)
> *Decid a todos que Dios concede sus gracias a través del Corazón Inmaculado de María. Diles que le pidan gracias y que el Corazón de Jesús desea ser venerado junto con el Corazón Inmaculado de María".*

<u>La devoción y la práctica del primer sábado de cinco meses consecutivos:</u>

Lúcia se trasladó a Oporto en 1921, y fue admitida a los 14 años como interna en el colegio de las Hermanas de Santa Dorotea en Vilar, en las afueras de la ciudad. El 24 de octubre de 1925 ingresa en el Instituto de las Hermanas de Santa Dorotea como postulante en el convento de Tuy, Pontevedra, España, al otro lado de la frontera norte de Portugal. Menos de dos meses después, el 10 de

---

[20] Fátima, en Cova da Iria, que hicieron explotar el agujero en el suelo, ampliándolo. En diciembre de 1922 se reinició la reconstrucción de la capilla

diciembre de 1925, la hermana Lúcia recibió una aparición del Niño Jesús y de la Santísima Virgen María en su celda del convento. La Virgen sostenía al Niño en una mano y le mostraba un Corazón rodeado de espinas en la otra, mientras le decía:

> **"Ten compasión del Corazón de tu Santísima Madre, cubierto de espinas, con las que los hombres ingratos le clavan a cada momento, y por las que no hay quien haga un acto de Reparación para quitárselas. Mira, hija mía, mi corazón rodeado de espinas que los hombres ingratos atraviesan a cada momento con sus blasfemias e ingratitudes... Intenta al menos consolarme. Di a todos en mi nombre que aquellos que:**
> — **durante cinco meses, en el primer sábado, se confiesen**
> — **reciban la Sagrada Comunión**
> — **reciten el Rosario**
> — **y me hagan compañía durante 15 minutos meditando los quince misterios del Rosario, con espíritu de reparación**
> **Prometo asistir en la hora de la muerte con todas las gracias necesarias para la salvación de sus almas".**

(10 de diciembre de 1925).

En una carta a su madrina, la Hermana Lúcia explica con más detalle esta devoción:

"No sé si ya conoce usted la devoción reparadora de los cinco sábados al Corazón Inmaculado de María. Como todavía es reciente, quisiera animaros a practicarla, porque así lo pide nuestra querida Madre del Cielo; y Jesús ha manifestado el deseo de que se practique. Asimismo, me parece que tú tendrías la suerte, querida madrina, no sólo de conocerla y dar a Jesús el consuelo de practicarla, sino también de hacerla conocer y abrazar por muchas otras personas.

Consiste en lo siguiente: **Durante cinco meses, el primer sábado, recibir a Jesús en la Comunión, rezar un Rosario, acompañar a la Virgen durante quince minutos meditando los misterios del Rosario y confesarse. La confesión se puede hacer unos días antes, y si en esta confesión previa se ha olvidado la intención** (requerida) **se puede ofrecer la siguiente intención, siempre que el primer sábado se comulgue en estado de gracia, con la intención de reparar las ofensas a la Santísima Virgen y que afligen a su Inmaculado Corazón.**

Me parece, mi querida madrina, que somos afortunados de poder dar a Nuestra querida Madre del Cielo esta prueba de amor, pues sabemos que ella desea que se le ofrezca. En cuanto a mí, confieso que nunca soy tan feliz como cuando llega el primer sábado. ¿No es cierto que nuestra mayor felicidad es pertenecer enteramente a Jesús y a María y amarlos a Ellos y sólo a Ellos, sin reservas? Lo vemos claramente en la vida de los santos.

Ellos fueron felices porque amaron, y nosotros, mi querida madrina, debemos procurar amar como ellos, no sólo para gozar de Jesús, que es lo menos importante —porque si no lo gozamos aquí abajo, lo gozaremos arriba—, sino para dar a Jesús y a María el consuelo de ser amados... y que a cambio de este amor puedan salvar muchas almas".

(Carta de Lúcia dos Santos a su Madrina, Doña María de Miranda, 1 noviembre de 1927)

Memorias de Lúcia dos Santos:

Pontevedra, España: El 15 (de febrero de 1926), estaba muy ocupada en mi trabajo, y no pensaba para nada en la devoción. Fui a tirar una cacerola llena de basura más allá de la huerta, en el mismo lugar donde, unos meses antes, había conocido a un niño. Le pregunté si conocía el Ave María, y me dijo que sí, por lo que le pedí que lo dijera para que yo pudiera oírlo. Pero, como no hizo ningún intento de decirlo por sí mismo, lo dije con él tres veces, al final de las cuales le pedí que lo dijera solo.

Pero como permaneció en silencio y no pudo rezar el Ave María solo, le pregunté si sabía dónde estaba la iglesia de Santa María, a lo que respondió que sí. Le dije que fuera allí todos los días y que rezara esta oración: "¡Oh, Madre mía del cielo!, dame a tu Niño Jesús". Le enseñé esto, y luego le dejé... Al ir allí como de costumbre, encontré a un niño que me pareció el mismo que había encontrado anteriormente, así que le interrogué:

— *¿Le has pedido a nuestra Madre celestial el Niño Jesús?*
El niño se volvió hacia mí y me dijo:
— **¿Y has difundido por el mundo lo que nuestra Madre celestial te pidió?**

Con eso, se transformó en un Niño resplandeciente. Sabiendo entonces que era Jesús, dije:

— *Jesús mío, tú sabes muy bien lo que me dijo mi confesor en la carta que te leí. Me dijo que era necesario que esta visión se repitiera, para que ocurriera algo más que probara su credibilidad, y añadió que la Madre Superiora, por sí sola, no podía hacer nada para propagar esta devoción.*
— **Es cierto que tu Superiora por sí sola no puede hacer nada, pero con Mi Gracia puede hacerlo todo. Basta que tu confesor te dé permiso y que tu Superiora hable de ello, para que se crea, incluso sin que la gente sepa a quién se le ha revelado.**

Además, Jesús me participó esto:

— **Es verdad, hija mía, que muchas almas comienzan los Primeros Sábados, pero pocas los terminan, y las que los terminan lo hacen para recibir las gracias que se prometen con ello. Me agradaría más que hicieran cinco con fervor y deseo de reparar al Corazón de tu Madre celestial, que si hicieran quince de manera tibia e indiferente.**

(15 de febrero de 1926, *Memorias de Lúcia* página: 245)

En su libro **El don de Dios** el P. Apostoli nos hace partícipes del humor de Jesús así:

"La joven hermana Lúcia no reconoció al Niño Jesús cuando lo vio por primera vez. Además, cuando trató de que rezara el Ave María por su cuenta, no lo hizo porque el Hijo de Dios no reza a su madre; su madre le reza a Él...".

Lúcia emitió sus primeros votos el 3 de octubre de 1928, y sus votos perpetuos seis años después, el 3 de octubre de 1934, recibiendo el nombre de "Hermana María de los Dolores". Regresó a Portugal en 1946 (donde visitó Fátima de incógnito).

Aparición a Lúcia dos Santos el 13 de junio de 1929

En la tercera aparición de la Santísima Virgen María, el 13 de julio de 1917, la Señora de blanco dijo a sus tres pequeños mensajeros: **"Vengo a pedir la consagración de Rusia"**. Repitió su petición el 13 de junio de 1929, cuando se le apareció a Lúcia en la capilla de las Doroteas, en la ciudad de Tuy. Lúcia, recordando esta aparición, escribió más tarde:

"Había pedido y obtenido el permiso de mis superiores y de mi confesor para hacer una Hora Santa desde las once hasta la medianoche, todos los jueves y viernes por la noche. Estando sola una noche, me arrodillé cerca de las barandillas del altar en medio de la capilla y, postrada, recé las oraciones del Ángel. Sintiéndome cansada, me levanté y continué rezando las oraciones con los brazos en forma de cruz. La única luz era la de la lámpara del santuario.

De repente, toda la capilla se iluminó con una luz sobrenatural, y sobre el altar apareció una cruz de luz que llegaba hasta el techo. En una luz más intensa, en la parte superior de la cruz, se veía el rostro de un hombre y su cuerpo hasta la cintura; sobre su pecho había una paloma de luz; clavado en la cruz estaba el cuerpo de otro hombre. Un poco más abajo de la cintura, pude ver un cáliz y una gran hostia suspendidos en el aire, sobre los que caían gotas de sangre del rostro de Jesús Crucificado y de la herida de su costado.

Estas gotas corrían sobre la hostia y caían en el cáliz. Bajo el brazo derecho de la cruz estaba Nuestra Señora y en su mano su Corazón Inmaculado, (era Nuestra Señora de Fátima, con su Corazón Inmaculado en la mano izquierda, sin espada ni rosas, pero con una corona de espinas y llamas). Bajo el brazo izquierdo de la cruz, grandes letras, como de agua cristalina que corría sobre el altar, formaban estas palabras **"Gracia y Misericordia"**. *Comprendí que era el Misterio de la Santísima Trinidad el que se me mostraba, y recibí luces sobre este misterio que no me es permitido revelar. La Virgen me dijo entonces:*

> '**Ha llegado el momento en que Dios pide al Santo Padre, en unión con todos los Obispos del mundo, que haga la consagración de Rusia a mi Inmaculado Corazón, prometiendo salvarla por este medio. Hay tantas almas a las que la justicia de Dios condena por los pecados cometidos contra mí, que he venido a pedir reparación: sacrifícate por esta intención y reza**'.

El 29 de mayo de 1930, cuando estaba en Tuy, Nuestro Señor le reveló a la Hermana Lúcia la razón por la que pedía la Devoción de los 5 primeros sábados del mes:

> "La razón de los cinco sábados del mes es simple, es porque hay cinco tipos de ofensas y blasfemias contra el Corazón Inmaculado de María:
>
> 1. -Blasfemias contra Su Inmaculada Concepción
> 2. -Blasfemias contra su Virginidad Perpetua
> 3. -Blasfemias contra su Divina Maternidad, al negarse a reconocerla como Madre de los hombres
> 4. -Las blasfemias de quienes públicamente pretenden sembrar en el corazón de los niños la indiferencia o el desprecio, o incluso el odio a esta Madre Inmaculada
> 5. - Las ofensas de quienes la ultrajan directamente en sus santas imágenes"

(Nuestro Señor Jesucristo a la Hermana Lúcia, 29 de mayo de 1930, Tuy)

La Iglesia aprueba finalmente las apariciones de la Virgen de Fátima

Mientras la Iglesia Católica montaba una investigación bien aconsejada sobre los videntes, sus vidas, sus familias, sus costumbres, los innumerables testimonios del "Milagro del Sol", los mensajes de Fátima y su coherencia teológica con el Dogma de la Iglesia, otro aspecto fue puesto bajo el más cuidadoso escrutinio... Los tres secretos que la Virgen había confiado a los tres pastorcitos... En octubre de 1930 el Obispo de Leiria-Fátima anunció finalmente, después de 13 años de cuidadosa y metódica revisión, los resultados de la investigación canónica oficial en una carta pastoral que decía

> *"En virtud de las consideraciones hechas, y de otras que por razón de brevedad omitimos; invocando humildemente al Divino Espíritu y poniéndonos bajo la protección de la Santísima Virgen, y oídos los pareceres de nuestros Reverendos Asesores en esta diócesis, por la presente:*
>
> *1.- Declaro dignas de fe las visiones de los niños pastores en la Cova de Iría, parroquia de Fátima, en esta diócesis, desde el 13 de mayo hasta el 13 de octubre de 1917.*
>
> *2.- Permito oficialmente el culto a Nuestra Señora de Fátima".*

El 13 de mayo de 1931, todos los obispos portugueses consagraron Portugal al Corazón Inmaculado de María, consagración que volvieron a renovar el 13 de mayo de 1938. Como consecuencia de ello, se cumpliría al pie de la letra una de las profecías de la Hermana Lúcia para Portugal: *"Ningún soldado portugués participará en las hostilidades y ningún ejército extranjero ocupará Portugal".* Mientras que toda Europa se verá sometida a una horrenda guerra que durará cinco atroces años...

Dos meses después, en agosto de 1931, Nuestro Señor Jesucristo se le apareció a Lúcia, y muy suavemente le dijo:

> **"Me consuelas mucho pidiéndome la conversión de esas pobres naciones (Rusia, España y Portugal) ... Haz saber a mis ministros, que si siguen el ejemplo del Rey de Francia en retrasar la ejecución de mi petición** (referencia aquí al Rey Luis XIV)**, le seguirán en la desgracia. Como el Rey de Francia, se arrepentirán y harán lo que les he pedido, pero será muy tarde: Rusia ya habrá extendido sus errores por todo el mundo, provocando guerras y persecuciones contra la Iglesia. El Santo Padre tendrá mucho que sufrir. Pero nunca será demasiado tarde para recurrir a Jesús y a María".**
>
> (Nuestro Señor Jesucristo a la Hermana Lúcia, agosto de 1931, Rianjo)

En mayo de 1936, la Hermana Lúcia, durante otra aparición de Nuestro Señor, le preguntó por qué no quería convertir a Rusia sin que el Santo Padre hiciera la consagración. Nuestro Señor Jesucristo le contestó:

> **"Porque quiero que toda mi Iglesia reconozca la Consagración como**

un triunfo del Corazón Inmaculado de María, para que extienda después su culto, y ponga la Devoción al Corazón Inmaculado de mi Madre al lado de la Devoción a mi Sagrado Corazón".

Exclamó entonces la Hermana Lúcia:

— *Pero el Santo Padre nunca me creerá, Señor, a menos que Tú mismo le muevas con una inspiración especial.*
— **El Santo Padre... Reza mucho por el Santo Padre. Hará la Consagración, ¡pero será muy tarde! Sin embargo, el Corazón Inmaculado de María salvará a la Rusia que le ha sido confiada.**

(Mayo de 1936).

El 6 de febrero de 1939, la Hermana Lúcia escribió una carta a Monseñor José da Silva pidiéndole que transmitiera al Santo Padre el siguiente mensaje; estas son las líneas principales de esta carta:

"En una comunicación íntima, Nuestro Señor me ha informado de que el momento de gracia del que me habló, en mayo de 1938, estaba a punto de terminar. La guerra, con todos los horrores que la acompañan, comenzará pronto (...) Las naciones que más sufrirán son las que intentarán el fin del reino de Dios (...) Promete una protección especial a Portugal debido a la consagración que los obispos hicieron a María la Inmaculada. Este país sufrirá un poco la guerra que terminará cuando la Justicia de Dios sea aplacada".

(Hermana Lucia dos Santos, 6 de febrero de 1939)

En marzo de 1939, seis meses antes de la invasión alemana de Polonia, Nuestro Señor Jesucristo se apareció de nuevo a Lúcia:

"Pide que se recomiende la devoción de los primeros sábados de mes en honor del Inmaculado Corazón de María. Se acerca el momento en que el rigor de Mi justicia castigará el crimen de muchas naciones".

(Nuestro Señor Jesucristo, marzo de 1939, Tuy)

El 15 de julio de 1940, Lúcia escribió una carta al recién elegido Pontífice, Pío XII, enterándose de que el Padre Gonçalves había podido comunicar al nuevo Papa la petición del Cielo de consagrar Rusia:

"En cuanto a la consagración de Rusia, no ha tenido lugar en el mes de mayo como su Reverencia esperaba. Debe hacerse, pero no de inmediato. Dios lo

ha permitido así para castigar al mundo de sus crímenes. Nos lo merecemos. Entonces, Él escuchará nuestras pobres oraciones. No obstante, tengo una inmensa pena de que no se haya hecho... ¡Durante ese tiempo se perderán tantas almas! Sin embargo, es Dios quien permite todo esto, pero al mismo tiempo muestra una pena tan grande por no ser escuchado (...)".

(Extracto de la carta de Lúcia dos Santos a su Santidad Pío XII, 15 de julio de 1940)

Del mismo modo, Nuestro Señor le dijo a Hermana Lúcia el 22 de octubre de 1940:

"Reza por el Santo Padre; sacrifícate para que su corazón no sucumba a la amargura que lo oprime. Las persecuciones aumentarán; castigaré a las naciones con guerras y hambre: la persecución contra mi Iglesia pesará sobre mi Vicario en la Tierra. Su santidad podrá acortar estos tiempos de tribulación si cumple mi deseo de consagrar el mundo entero, con especial mención de Rusia, al Corazón Inmaculado de María".

(Nuestro Señor Jesucristo, 22 de octubre de 1940)

El Papa Pío XII, el 31 de octubre de 1942, consagró el mundo al Corazón Inmaculado de María, pero sin mencionar a Rusia en particular, como había pedido Nuestro Señor. La Hermana Lúcia comentó:

"Nuestro Señor ha aceptado la consagración del mundo de octubre de 1942 al Corazón Inmaculado de María, y promete poner rápidamente fin a la guerra. Por otra parte, como la consagración no se hizo completamente como Él lo pidió, la conversión de Rusia no tendrá lugar por ahora..."

En mayo de 1943, Nuestro Señor se apareció de nuevo a Lúcia en Tuy, y le dijo:

"Deseo ardientemente que se propague el culto de la devoción al Corazón Inmaculado de María, porque el amor de este Corazón atrae a las almas hacia Mí; es el centro desde el cual los rayos de Mi luz y de Mi amor atraviesan toda la tierra, y la fuente inextinguible de la que brota el agua viva de Mi misericordia en la tierra".

(Nuestro Señor Jesucristo, mayo de 1943, Tuy).

Nota: El Papa Pío XII no hizo la consagración que la Virgen había pedido a Lúcia.

Pío XII no consagró a Rusia en la forma requerida por Nuestra Señora de Fátima, sino que consagró el mundo entero al Corazón Inmaculado de María. El Papa Pío XII hizo algo similar en 1942, y posteriormente consagró al pueblo ruso en 1952.

La Hermana Lúcia vivía entonces en el convento de las Hermanas Doroteas de Tuy, en España. En junio de 1943, cayó gravemente enferma. Su estado era tan alarmante que el obispo de Leiria, Mons. da Silva, se preocupó y temió que muriera antes de haber revelado el Tercer Secreto de Nuestra Señora, e intuyó que sería la pérdida de una gracia excepcional para la Iglesia. El canónigo Galamba, amigo y consejero del Obispo, le sugirió una idea muy juiciosa: pedir a la Hermana Lúcia que escribiera el texto del Tercer Secreto, colocándolo en un sobre sellado con cera, para que fuera guardado en las diócesis para su custodia.

El 15 de septiembre de 1943, el Obispo da Silva fue a Tuy, por tanto, y pidió a la Hermana Lúcia que escribiera el Secreto "si realmente lo apreciaba". Pero Lúcia se preocupó y no se sintió cómoda con una orden tan vaga... Por tanto, solicitó a su Obispo una orden formal por escrito. A mediados de octubre de 1943, el Obispo da Silva se decidió y escribió a la Hermana Lúcia, dándole la orden expresa que ella le había pedido.

Sin embargo, surgirían nuevas dificultades. La Hermana Lúcia experimentó, durante casi tres meses, una misteriosa y terrible angustia... Ella ha contado que cada vez que se sentaba en su mesa de trabajo y tomaba su pluma para escribir el Secreto, se encontraba con que se le impedía hacerlo. Finalmente, el 2 de enero de 1944, la Santísima Virgen María en persona se le apareció de nuevo a Lúcia, y le confirmó que era verdaderamente la Voluntad de Dios que ella escribiera el tercer Secreto, como le había pedido el obispo da Silva. Así, la Santísima Virgen María le dio a Lúcia el permiso y la fuerza para realizar la tarea que se le había ordenado.

El extremo cuidado que la Hermana Lúcia tuvo para transmitir el tercer Secreto a su destinatario, el Obispo da Silva, fue una nueva prueba de la excepcional importancia que ella atribuía a estos documentos, pues en efecto había dos cartas, cada una colocada en un sobre diferente. Ella no quiso confiarlos a nadie, sino sólo a un Obispo. Fue el Arzobispo de Gurza, Monseñor Ferreira, quien recibió de manos de Hermana Lúcia, los dos sobres cerrados con un sello de cera que contenían las preciosas cartas. Monseñor Ferreira, a su vez, las entregó esa misma tarde a Monseñor da Silva.

El "Tercer Secreto" fue escrito por "orden de Su Excelencia el Obispo de Leiria y de la Santísima Madre..." el 3 de enero de 1944. En un sobre estaba la visión (*revelada en junio de 2000 por la Iglesia Católica*), y en el segundo estaba insertado el mensaje de acompañamiento de la Santísima Virgen María.

Si a esto le añadimos el hecho de que este nuevo texto sobre la aparición de la Santísima Virgen a la Hermana Lúcia fue publicado por el propio Carmelo de Coimbra, no cabe duda de la autenticidad de esta visión. Y tampoco puede haber duda de que el contenido de esta visión está directamente relacionado con el Tercer Secreto mismo. Por tanto, vale la pena investigar sobre esta revelación privada recientemente publicada, dada a la Hermana Lúcia, con algún detalle:

Hacia las 16:00 horas del 3 de enero de 1944, en la capilla del convento, ante el Sagrario, Lúcia pidió a Jesús que le hiciera conocer su voluntad:

"Siento entonces que una mano amiga, afectuosa y maternal, me toca el hombro. Fue la Madre del Cielo quien dijo: **Quédate en paz y escribe lo que te mandan, pero no lo que te he dado a entender sobre su significado.** *Inmediatamente después, sentí mi espíritu inundado por un misterio lleno de luz que es Dios, y en Él vi y oí: una punta de la lanza de fuego que se desprende, toca el eje de la tierra y ésta (la tierra) tiembla; montañas, ciudades, pueblos y aldeas con sus habitantes quedan sepultados. El mar, los ríos y las nubes abandonan sus límites, se desbordan, se inundan y arrastran con ellos en un remolino, casas y personas en un número imposible de ser contado; es la purificación del mundo del pecado en el que está inmerso. El odio, la ambición causan guerras destructivas. Después sentí en el aumento de los latidos de mi corazón y en mi espíritu una voz tranquila que decía:* **En el tiempo, una sola fe, un solo bautismo, una sola Iglesia, Santa, Católica, Apostólica. ¡En la eternidad el Cielo!** *Esta palabra, "Cielo", llenó mi corazón de paz y felicidad, tanto que, casi sin darme cuenta, seguí repitiendo durante algún tiempo ¡Cielo, Cielo!*

(Hermana Lúcia, 3 de enero de 1944).

Mientras tanto, la guerra en Europa terminó en mayo de 1945, pero Japón seguía luchando… En agosto de 1945, una noticia inundó todas las ondas de radio y los periódicos del mundo. En efecto, el 6 de agosto de 1945 un bombardero B-29 estadounidense bautizado como "Enola Gay" lanzó la primera bomba atómica sobre la ciudad japonesa de Hiroshima a las 8:15 de la mañana, a media milla de la iglesia jesuita de la Asunción de Nuestra Señora, donde ocho miembros de una comunidad jesuita rezaban el rosario diariamente.

Después de la pulverización cataclísmica de la ciudad japonesa, se supo más tarde que ni el P. Hubert Schiffer, jefe de la comunidad religiosa, ni los demás sacerdotes jesuitas de la Iglesia de la Asunción de Nuestra Señora sufrieron ninguna radiación ni efectos negativos del bombardeo atómico. En una entrevista posterior, los buenos jesuitas declararon: *"Creemos que hemos sobrevivido porque estábamos viviendo el mensaje de Fátima".*

Del mismo modo, unos días más tarde, el convento franciscano de Nagasaki, fundado por San Maximiliano Kolbe, también resultó ileso tras el bombardeo atómico de esa segunda ciudad japonesa, lo que atribuyeron a la especial protección de la Virgen, ya que los hermanos también rezaban el rosario diario. Al igual que sus hermanos jesuitas en Hiroshima, no sufrieron ningún efecto negativo de la explosión masiva de la bomba ni de la radiación posterior…

En marzo de 1948, tras recibir un permiso papal especial para ser relevada de sus votos perpetuos, Lúcia ingresó en el convento carmelita de Santa Teresa en Coimbra, donde profesó como carmelita descalza el 31 de mayo de 1949, tomando el nombre religioso de: "Hermana María Lúcia de Jesús y del Inmaculado Corazón". La Hermana Lúcia ingresó en el convento carmelita de Santa Teresa en Coimbra, habiendo recibido un permiso papal especial para dejar las Hermanas Doroteas y convertirse en carmelita, que lo fue durante más de 50 años.

En 1950, la Hermana Lúcia confirmó que el escapulario es una de las condiciones del mensaje de Fátima. Durante la aparición del 13 de octubre de 1917, Nuestra Señora se apareció como Nuestra Señora del Monte Carmelo. Y la Hermana Lúcia explicó que *"La Virgen quiere que llevemos el escapulario marrón como signo de nuestra consagración al Corazón Inmaculado de María"*. Cuando la Virgen entregó el escapulario marrón a San Simón Stock en 1251, le dijo al buen inglés:

> **"Recibe, mi querido hijo, este hábito de tu orden. Este será para ti y para todos los carmelitas un privilegio, que quien muera vestido con él no sufrirá jamás el fuego eterno"**.

El Papa Pío XII escribió:

"Porque el santo escapulario, que puede llamarse hábito o vestido de María, es signo y prenda de la protección de la Madre de Dios. Es como si María dijera: ***Si llevas mi hábito, fielmente, me encargaré de que nunca veas el fuego del infierno"***.

En mayo de 1952, la Santísima Virgen María se le apareció a la Hermana Lúcia y le dijo:

> **"Hazle saber al Santo Padre que sigo esperando la consagración de Rusia a mi Inmaculado Corazón. Sin esta consagración, Rusia no se convertirá y el mundo no disfrutará de paz"**.

(La Santísima Virgen María, mayo de 1952)

Este mensaje fue transmitido al Papa Pío XII un mes después, y el santo Padre emitió y publicó en julio de 1952 la Carta Apostólica *Sacro Vergente Anno*, consagrando a Rusia al Corazón Inmaculado de María; sin embargo, esta consagración no cumplía los requisitos de la Santísima Virgen María, ya que el santo Pontífice no hizo ninguna alusión a la Devoción de los cinco primeros sábados del mes, que también debía contribuir a la conversión de Rusia, pero sobre todo Pío XII no pidió a todos los obispos del mundo que se unieran a él en un acto público de reparación y consagración.

1957 - Entrevista del Padre Fuentes

El 22 de junio de 1959 se publicó en el diario portugués *A Voz* el relato de la entrevista del año 1957 entre el Padre Agustín Fuentes y la Hermana Lúcia. Es la última entrevista en la que se permitió a la Hermana Lúcia hablar libremente sobre el Tercer Secreto. Esta entrevista fue publicada con el *Imprimatur* del Obispo de Fátima. Fue muy leída y su autenticidad nunca fue puesta en duda.

Hablando a las hermanas de la Casa Madre de las Misioneras del Sagrado Corazón en México, el 22 de mayo de 1958 el P. Fuentes dijo:

> *"Quiero contarles la última conversación que tuve con ella* (la Hermana Lúcia), *que fue el 26 de diciembre del año pasado. Fue en el convento, donde la encontré muy triste, pálida y abatida".*

A continuación, procedió a leer las palabras que la Hermana Lúcia le dijo en la entrevista del 26 de diciembre de 1957.

Hermana Lúcia:

> *Padre, la Virgen está muy disgustada porque no han hecho caso a su mensaje de 1917. Ni los buenos ni los malos le han hecho caso. Los buenos siguen su camino sin preocuparse, y no siguen las normas celestiales; los malos van por el gran camino de la perdición, sin hacer caso a los castigos anunciados. Créame, Padre, el Señor Dios castigará muy pronto al mundo. El castigo será material, y puede imaginarse, Padre, cuántas almas caerán en el infierno si no rezamos y no hacemos penitencia.*
>
> *Padre, ¿cuánto tiempo falta para que llegue 1960? Esta es la causa de la tristeza de la Virgen. Padre, diga esto a todos: la Señora me ha dicho muchas veces que una gran cantidad de naciones desaparecerán de la superficie de la tierra. Las naciones sin Dios serán el azote elegido por Dios para castigar a la humanidad si nosotros no obtenemos la gracia de su conversión, por medio de la oración y los santos Sacramentos. No puedo dar más detalles, porque todavía es un secreto.*
>
> *Esta es la parte del Mensaje de Nuestra Señora que permanecerá en secreto hasta 1960. Por voluntad de la Santísima Virgen, sólo el Santo Padre y el Obispo de Fátima pueden conocer el secreto. Sin embargo, ambos han decidido no abrirlo para no dejarse influir por él. Dígales, Padre, que el demonio ataca con un asalto decisivo a la Virgen, pues lo que aflige al Corazón Inmaculado de María y de Jesús es la caída de las almas religiosas y sacerdotales... Será muy triste para todos, ni una sola persona se alegrará si de antemano... si el mundo no reza y no hace penitencia.*

Dígales, Padre, que la Santísima Virgen dijo repetidamente a mis primos Francisco y Jacinta, y a mí también, que muchas naciones desaparecerán de la faz de la tierra. Dijo que Rusia será el instrumento de castigo elegido por el Cielo para castigar al mundo entero si no se consigue antes la conversión de esa pobre Nación... Padre, por eso mi misión no es indicar al mundo los castigos materiales que seguramente vendrán si el mundo no reza y hace penitencia de antemano. No, mi misión es indicar a todo el mundo el peligro inminente que corremos de perder nuestras almas para toda la eternidad si seguimos obstinados en el pecado.

Padre, el diablo está librando una batalla decisiva contra la Virgen y, como usted sabe, el diablo sabe qué es lo que más ofende a Dios y que en poco tiempo ganará para él el mayor número de almas; por eso el diablo hace todo lo posible para vencer a las almas consagradas a Dios, porque así el diablo conseguirá dejar a las almas de los fieles abandonados por sus dirigentes, con lo que le será más fácil apoderarse de ellas. El diablo sabe que los religiosos y los sacerdotes conducen a muchas almas al infierno, despreciando su alta vocación.

A duras penas podemos retener el castigo del Cielo... Tenemos a nuestra disposición dos medios muy eficaces: la oración y el sacrificio. El demonio hace todo lo posible para distraernos y quitarnos el gusto por la oración. O nos salvamos o nos condenamos. Pero, Padre, hay que decir a la gente que no debe quedarse esperando un llamamiento a la oración y a la penitencia por parte del soberano Pontífice, ni de los obispos, ni de los párrocos, ni de los superiores generales. Ya es hora de que cada uno, por su propia iniciativa personal, realice obras santas y reforme su vida según las llamadas de la Santísima Virgen María.

El demonio quiere apoderarse de las almas consagradas; trabaja para corromperlas e inducir a otras a la impenitencia final; ¡se vale de todas las artimañas, sugiriendo al final abandonar la vida religiosa! De ello resulta el abandono de la vida interior y la frialdad en la renuncia a los placeres, entre las gentes del mundo, y en la entrega total a Dios. ¡Lo que aflige al Corazón Inmaculado de María y al Corazón de Jesús es la caída de las almas religiosas y sacerdotales!

El demonio sabe que los religiosos y sacerdotes que se alejan de su hermosa vocación arrastran muchass almas al infierno. El demonio desea apoderarse de las almas consagradas. Trata de corromperlas para adormecer a los laicos y llevarlos así a la impenitencia final.

Igualmente, Padre, dígales que mis primos Francisco y Jacinta hicieron sacrificios porque siempre vieron a la Santísima Virgen muy triste en todas sus apariciones. Ella nunca nos sonrió. Esta angustia que veíamos en ella, causada por las ofensas a Dios y los castigos que amenazan a los pecadores, penetraba en nuestras almas. Y, como éramos niños, no sabíamos qué medidas tomar, salvo rezar y hacer sacrificios...

Recuerde a todos, Padre, que dos hechos contribuyeron a santificar a

Jacinta y a Francisco: la aflicción de la Santísima Virgen María y la visión del infierno. La Virgen se encuentra entre dos espadas: por un lado, ve a la humanidad obstinada e indiferente a los castigos anunciados; y, por otro, nos ve pisotear los santos Sacramentos y despreciar el castigo que se aproxima permaneciendo incrédulos, sensuales y materialistas.

La Santísima Virgen María nos ha dicho expresamente: **"Nos acercamos a los últimos días"**. *Me lo dijo tres veces. Afirmó que el diablo ha entablado la lucha decisiva, es decir, la* (batalla) *final, en la que uno de ellos saldrá vencedor o vencido. O estamos con Dios o con el diablo. La segunda vez me repitió que los últimos remedios dados al mundo son el Santo Rosario y la Devoción al Corazón Inmaculado de María.*

La tercera vez me dijo que, al ser despreciados por los hombres otros medios, nos ofrecía con temor el último bote de salvación: la Santísima Virgen en persona, sus numerosas apariciones, sus lágrimas, los mensajes de los videntes en todas partes del mundo. Y la Virgen nos dice todavía que, si no la escuchamos y seguimos ofendiendo al Cielo, ya no seremos perdonados... Es urgente, Padre, que (la gente) *se dé cuenta de esta terrible realidad. Esto no debe asustar a las almas, pero es urgente, porque como la Santísima Virgen ha dado una gran eficacia al santo Rosario, no hay problema material o espiritual, nacional o internacional, que no pueda resolverse con el santo Rosario y nuestros sacrificios. Recitado con amor y devoción, consolará a María, enjugando tantas lágrimas de su Corazón Inmaculado.*

En los planes de la Divina Providencia, cuando Dios va a castigar al mundo, siempre agota primero todos los demás recursos. Cuando ve que el mundo no hace ningún caso, entonces, como decimos en nuestro imperfecto modo de hablar, con cierto temor nos presenta el último medio de salvación: Su Santísima Madre.

Si despreciamos y rechazamos este último medio, el Cielo ya no nos perdonará, porque habremos cometido un pecado que el Evangelio llama pecado contra el Espíritu Santo. Este pecado consiste en rechazar abiertamente —con pleno conocimiento y voluntad— la salvación que se pone en nuestras manos.

Además, como Nuestro Señor es un Hijo muy bueno, no permitirá que ofendamos y despreciemos a su Santísima Madre. Tenemos como testimonio evidente la historia de diferentes siglos donde Nuestro Señor nos ha mostrado con terribles ejemplos cómo ha defendido siempre el honor de su Santísima Madre.

Padre, no debemos esperar un llamamiento al mundo desde Roma por parte del Santo Padre para hacer penitencia. Tampoco debemos esperar una llamada a la penitencia que venga de los Obispos de nuestras Diócesis, ni de nuestras Congregaciones Religiosas. No, Nuestro Señor ha utilizado muchas veces estos medios, y el mundo no ha hecho caso. Por eso, ahora cada uno de nosotros debe empezar a reformarse

espiritualmente. Cada uno tiene que salvar no sólo su propia alma, sino también todas las almas que Dios ha puesto en su camino. El demonio hace todo lo posible para distraernos y quitarnos el amor a la oración; nos salvaremos juntos o nos condenaremos juntos...
Por último, está la devoción al Corazón Inmaculado de María, nuestra Santísima Madre, teniéndola como sede de la misericordia, la bondad y el perdón y como puerta segura para entrar en el Cielo. Ésta es la primera parte del Mensaje que se refiere a Nuestra Señora de Fátima, y la segunda parte, más breve pero no menos importante, se refiere al Santo Padre.

(26 de diciembre de 1957)

Sólo después de la muerte del Papa Pío XII, el 9 de octubre de 1958, se plantearían las primeras objeciones, abierta y públicamente, contra la entrevista sin restricciones de Hermana Lúcia. El 2 de julio de 1959, la cancillería de Coimbra publicó una nota anónima. Decía esto:

"El padre Agustín Fuentes, postulador de la causa de beatificación de los videntes de Fátima, Francisco y Jacinta, visitó a la hermana Lúcia en el Carmelo de Coimbra y habló con ella exclusivamente de cosas relativas al proceso en cuestión. Pero después de regresar a México, su país —si damos crédito a un artículo de *A Voz* del pasado 22 de junio, y a una traducción de M. C. Bragança publicada el 1 de julio por el mismo diario—, este sacerdote se permitió hacer declaraciones sensacionales de carácter apocalíptico, escatológico y profético, que declara haber oído de los propios labios de la Hermana Lúcia.
Dada la gravedad de tales declaraciones, la cancillería de Coimbra se creyó en el deber de ordenar una rigurosa investigación sobre la autenticidad de tales noticias, cuyas personas, demasiado ávidas de lo extraordinario, han difundido en México, en Estados Unidos, en España y, finalmente, en Portugal".

Don Manuel Pío López, Arzobispo de México, defendió al Padre Fuentes, argumentando *"que no había predicado nada que contradijera el mensaje de Fátima, ni había atribuido profecías aterradoras a Hermana Lúcia".* El arzobispo de Guadalajara, el cardenal José Garibi y Rivera, también salió en defensa del padre Fuentes. Sin embargo, el P. Fuentes fue posteriormente relevado de su cargo como postulador de las causas de beatificación de Francisco y Jacinta.
En 1976, el padre Alonso, archivero oficial de Fátima, también defendería al padre Fuentes. Después de su nombramiento, el Padre Alonso había adoptado las opiniones contenidas en el aviso de la Cancillería, y las había expresado públicamente. Sin embargo, en 1976, después de diez años de estudiar los archivos de Fátima y de reunirse con la Hermana Lúcia, ¡el padre Alonso cambió su

posición! En su obra de 1976, El secreto de **Fátima: Realidad y Leyenda, intentó**

Los videntes Lucia Dos Santos, Francisco y Jacinta Marto (Fátima)

Lucia Dos Santos, Francisco y Jacinta Marto

Los tres pequeños videntes de Cova de Iria

70.000 testigos del Sol danzante de Fátima

Monseñor da Silva pidió en 1943 a Hermana Lúcia que escribiera el tercer secreto de Fátima

Visión del 3ᵉʳ Secreto de Fátima (Sobre #:1)

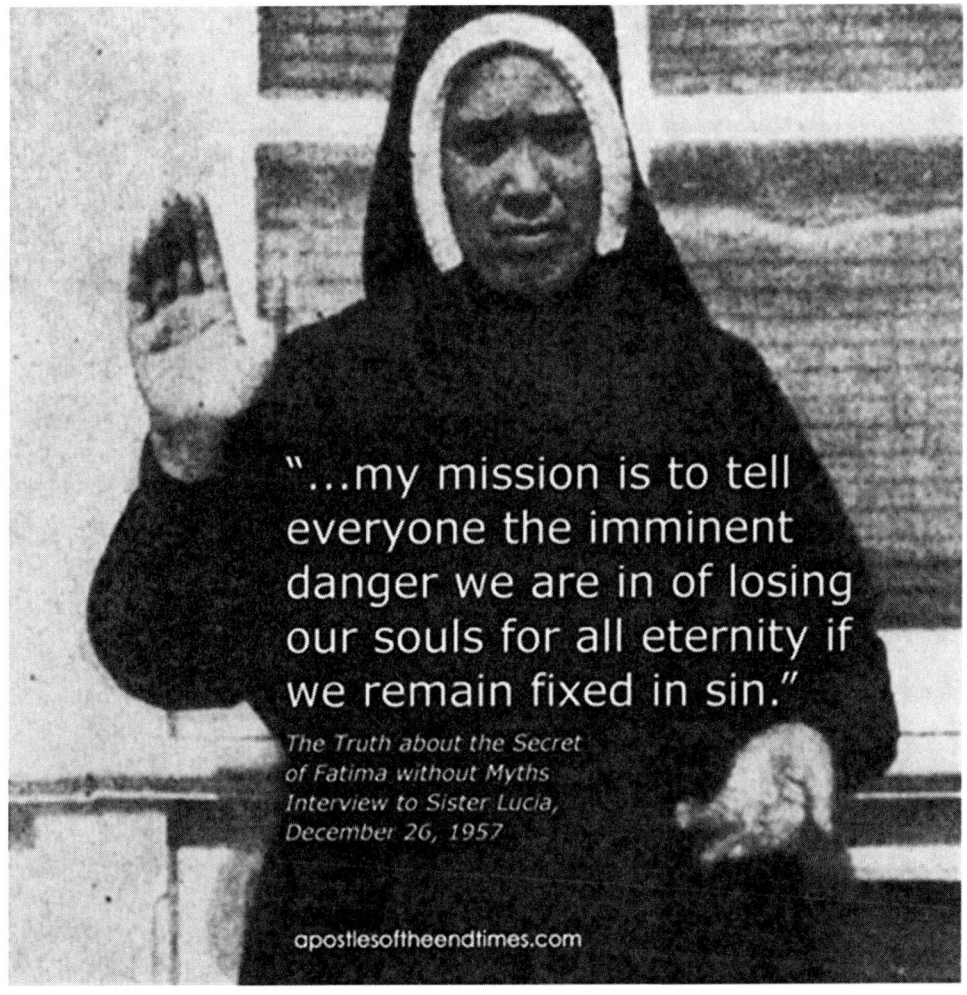

Foto de Hermana Lúcia dos Santos (1957)

[dentro de la foto:] "... mi misión es decir a todo el mundo el peligro inminente que corremos de perder nuestras almas por toda la eternidad si permanecemos adheridos al pecado"
"La verdad sobre el Secreto de Fátima sin mitos. Entrevista a Hermana Lúcia, 26 de diciembre de 1957"

claramente rehabilitar al Padre Fuentes, afirmando que los textos de la famosa entrevista...

> "... nada dicen que la Hermana Lúcia no haya dicho en sus muchos escritos publicados".

Y él continuó:

> "El texto auténtico... no contiene, en mi opinión, nada que pueda dar lugar a la nota condenatoria emitida desde Coimbra. Por el contrario, contiene una enseñanza muy adecuada para edificar la piedad de los cristianos".

Teniendo en cuenta los escritos de la Hermana Lúcia en el convento confirmando las revelaciones que ella y sus dos primitos recibieron en 1917, y la entrevista realizada por el P. Fuentes, los temas tratados se relacionan perfectamente. Los temas tratados se correlacionan perfectamente; además, muchos han argumentado que la cancillería de Coimbra, recibiendo sus instrucciones del Vaticano, difícilmente puede disputar cualquier credibilidad sobre el tema, por el hecho de que la Santa Sede ha ignorado las instrucciones de la Santísima Virgen María de divulgar públicamente su tercer secreto al mundo a más tardar en 1960 y así difícilmente está en condiciones de señalar a quien intenta cumplir con la petición de la Santísima Virgen María.

El Tercer Secreto de Fátima está sellado y Hermana Lúcia recibe la orden de callar...

A pesar de que Nuestra Señora pidió específicamente que el Tercer Secreto de Fátima fuera revelado a más tardar en 1960, el Vaticano decepcionó a un mundo expectante cuando el 8 de febrero de 1960 anunció, a través de un comunicado de la agencia de noticias portuguesa A.N.I. (en Roma), que el Tercer Secreto no sería revelado y que probablemente permanecería **para siempre absolutamente sellado**.

El primer párrafo del comunicado decía:

> "Se acaba de afirmar, en círculos vaticanos muy fiables, a los representantes de United Press International, que lo más probable es que nunca se abra la carta en la que la Hermana Lúcia escribió las palabras que Nuestra Señora confió como secreto a los tres pastorcitos de Cova de Iría".

La flagrante "desobediencia" de la Iglesia a las instrucciones específicas de la Santísima Virgen María, como observó el Padre Alonso,

> "... hizo que la gente sintiera un profundo desencanto y decepción que

hizo mucho daño a Nuestra Señora de Fátima, tanto dentro como fuera de Portugal".

Además de la negativa del Vaticano a revelar el Tercer Secreto, tal como pidió Nuestra Señora, el año de 1960 es también la fecha de la orden formal de silencio dada a la última vidente de Fátima que sobrevivió... De hecho, según las instrucciones de la Santa Sede, se hizo cada vez más difícil ver a Hermana Lúcia y, a partir de entonces, durante muchos años no se publicó ninguno de sus escritos... Se le prohibió no sólo revelar el Secreto, sino también hablar del Tercer Secreto en absoluto. A partir de 1960 no pudo recibir visitas, excepto las de sus parientes cercanos.

Incluso a su confesor de muchos años, el padre Aparicio, que llevaba más de veinte años en Brasil, no se le permitió ver ni hablar con ella cuando visitó Portugal... Al respecto, el padre Aparicio declaró en tono de lamento:

"No he podido hablar con la hermana Lúcia porque el Arzobispo no ha podido dar el permiso para verla. Las condiciones de aislamiento en que se encuentra han sido impuestas por la Santa Sede. En consecuencia, nadie puede hablar con ella sin una autorización de Roma".

Más de cuarenta años después, la Hermana Lúcia siguió bajo las cadenas del silencio. Sólo el Papa o el Dicasterio de la Doctrina de la Fe podían concederle el permiso necesario para hablar abiertamente o para ser visitada por cualquier tercero... ¿Por qué tales precauciones para mantener el Tercer Secreto de Fátima en la clandestinidad y rebelarse así contra los mandatos del Cielo? En todo caso, muchos vieron en esos intentos de secreto un motivo sospechoso... ¿El Tercer Secreto de Fátima señalaba un cisma dentro de la Iglesia Católica? ¿Fueron los religiosos, el clero y la Jerarquía puestos en causa, como en las apariciones de la Santísima Virgen María de La Salette, La Fraudais y Tilly?

Como hemos visto anteriormente, en 1966, su Santidad el Papa Pablo VI revisó el Código de Derecho Canónico, derogando los cánones 1399 y 2318 que prohibían y penalizaban la publicación de cualquier material relativo a las apariciones sin obtener previamente el *imprimatur* de un obispo. Por tanto, después de la revisión del Papa Pablo VI cualquier persona en la Iglesia estaba legalmente autorizada a publicar libremente cualquier mensaje y/o advertencia profética proveniente de un sitio de apariciones marianas aprobado o aún bajo investigación. Sin embargo, la paradoja radica en que a la Hermana Lúcia se le prohibió revelar el Tercer Secreto de Fátima.

Los tres secretos de Fátima

El primer secreto de Fátima

El Primer Secreto de Fátima se refiere a la realidad física del infierno:

"La Virgen nos mostró un gran mar de fuego que parecía estar bajo la tierra. Sumergidos en este fuego había demonios y almas con forma humana, como brasas transparentes, todas ennegrecidas o de bronce bruñido, que flotaban en la crepitación, ahora elevadas en el aire por las llamas que salían de su interior junto con grandes nubes de humo, ahora cayendo por todos lados como chispas en un gran incendio, sin peso ni equilibrio, y entre gritos y gemidos de dolor y desesperación, que nos horrorizaban y nos hacían temblar de miedo. Los demonios se distinguían por su aterradora y repulsiva semejanza con animales espantosos y desconocidos, todos negros y transparentes.
Esta visión no duró más que un instante. Cómo podremos agradecer lo suficiente a nuestra bondadosa Madre celestial, que ya nos había preparado prometiendo, en la primera Aparición, llevarnos al Cielo. De lo contrario, creo que habríamos muerto de miedo y terror".

(Lucia Dos Santos)

El segundo secreto de Fátima

A pesar de lo devastador que fue para los tres pastorcitos ver la visión del infierno, ahora no tenían ninguna duda sobre su realidad. Esta certeza y cada uno de los horripilantes detalles que presenciaron les ayudaría enormemente a la devoción en sus oraciones por los pecadores. Después de ver la visión, los pastorcitos no querían que nadie tuviera que ir al infierno. De hecho, la pequeña Jacinta gritaba a menudo:

"¡Oh, el infierno! ¡Infierno! ¡Qué pena me dan las almas que van al infierno! ¡Y la gente de allá abajo, quemándose viva, como leña en el fuego!".

Los niños permanecieron arrodillados con profundo terror y tristeza mirando ahora a la Santísima Virgen María después de haber visto la visión del infierno; la Señora les dijo entonces:

"Habéis visto el infierno donde van las almas de los pobres pecadores. Para salvarlas, Dios quiere establecer en el mundo la devoción a mi Corazón Inmaculado. Si se hace lo que os digo, se salvarán muchas

almas y habrá paz.

La guerra va a terminar; pero si la gente no cesa de ofender a Dios, estallará otra peor durante el pontificado de Pío XI. Cuando veáis una noche iluminada por una luz desconocida, sabed que es la gran señal que os da Dios de que va a castigar al mundo por sus crímenes, mediante la guerra, el hambre y las persecuciones a la Iglesia y al Santo Padre. Vendré a pedir la consagración de Rusia a mi Corazón Inmaculado, y la comunión reparadora de los primeros sábados.

Si mis peticiones son atendidas, Rusia se convertirá y habrá paz; si no, extenderá los errores por el mundo, provocando guerras y persecuciones a la Iglesia. Los buenos serán martirizados, el Santo Padre tendrá mucho que sufrir, varias naciones serán aniquiladas. Al final, mi Corazón Inmaculado triunfará. El Santo Padre me consagrará a Rusia, que se convertirá, y se concederá al mundo un período de paz".

La Santísima Madre de Dios enseñó a los jóvenes videntes una nueva oración para rezar al final de cada decena del Rosario. Se conoce como la Oración de la Decena de Fátima:

"Cuando reces el Rosario, di después de cada misterio:

Oh Jesús mío, perdónanos, sálvanos del fuego del infierno. Lleva a todas las almas al cielo, especialmente a las más necesitadas. Amén"

El Tercer Secreto de Fátima "completo"

Este Tercer Secreto es y ha sido una controversia desde 1960, y sólo el 26 de junio de 2000 la visión descrita por Lúcia dos Santos ha sido revelada públicamente por Roma. Pero, como la evidencia mostrará, el Vaticano no ha revelado lo que acompañaba al mensaje que la Santísima Virgen María dio a los niños de Fátima. Sin embargo, hemos podido adquirir el texto a través de testimonios de prelados que tuvieron el privilegio de leer en su totalidad el Tercer Secreto.

a) Primer sobre sellado: La "Visión" en el Tercer Secreto de Fátima.

Lo escribo en obediencia a Ud., mi Dios, que me lo manda hacer por medio de su Excelencia el Obispo de Leiria y por medio de Su Santísima Madre y la mía.

A la izquierda de Nuestra Señora y un poco más arriba, vimos a un Ángel con una espada ardiente en la mano izquierda; centelleando, despedía llamas que parecían que iban a incendiar el mundo; pero se apagaron al contacto con el esplendor que Nuestra Señora irradiaba hacia él desde su mano derecha: señalando la tierra con su mano derecha, el Ángel gritó en voz alta: "¡Penitencia, penitencia, penitencia!". Y vimos en una luz inmensa que es Dios: "algo parecido a como aparecen las personas en un espejo cuando pasan delante de él" un Obispo vestido de Blanco "tuvimos la impresión de que era el Santo Padre".

Otros Obispos, Sacerdotes, hombres y mujeres Religiosos subían a una montaña escarpada, en cuya cima había una gran Cruz de troncos toscos como de un alcornoque con la corteza; antes de llegar allí el Santo Padre pasó por una gran ciudad medio en ruinas y medio tembloroso con paso vacilante, afligido por el dolor y la pena, rezó por las almas de los cadáveres que encontró en su camino. Llegado a la cima del monte, de rodillas al pie de la gran Cruz fue asesinado por un grupo de soldados que le dispararon balas y flechas, y del mismo modo murieron uno tras otro los demás Obispos, Sacerdotes, Religiosos y Religiosas, y varios laicos de diferentes rangos y cargos. Debajo de los dos brazos de la Cruz había dos Ángeles, cada uno con un frasco de cristal en la mano, en el que recogían la sangre de los Mártires y con ella rociaban las almas que se dirigían a Dios.

(Hermana Lúcia, 3 de enero de 1944).

b) Segundo sobre sellado: El Mensaje "oculto" del Tercer Secreto

El mensaje que acompaña al Tercer Secreto de Fátima (revelado por el Rev. Padre Villa y por el Cardenal Ottaviani):

"En Portugal, el dogma de la Fe será siempre preservado. Un gran castigo caerá sobre todo el género humano, no hoy todavía, ni mañana, sino en la segunda mitad del siglo XX. Ya no reinará el orden en ninguna parte, y Satanás reinará sobre los lugares más altos dirigiendo los cursos de los acontecimientos. Él (Satanás) logrará infiltrarse en la cima de la Iglesia. También para la Iglesia vendrá un tiempo de sus mayores pruebas. Los Cardenales se opondrán a los Cardenales, los Obispos se opondrán a los Obispos y Satanás marchará en medio de sus filas, y en Roma, habrá cambios. Lo que está podrido caerá, y lo que caerá no volverá a levantarse.
La Iglesia se oscurecerá y el mundo se trastornará por el terror. Una gran guerra estallará en la segunda mitad del siglo XX. El fuego y el humo caerán del cielo. Las aguas de los océanos se convertirán en vapor, lanzando su espuma hacia el cielo; hundiendo todo... Millones y millones de hombres perderán la vida de una hora a otra, y los que queden vivos envidiarán a los muertos. La muerte reinará en todas partes por los errores cometidos por los insensatos y por los partidarios de Satanás que, entonces y sólo entonces, reinarán sobre

el mundo.
Por fin, los que sobrevivan a todos estos acontecimientos volverán a proclamar a Dios y Su Gloria y le servirán como antes, cuando el mundo aún no se había corrompido. Ve, hija mía, y proclama esto. Yo permaneceré siempre a tu lado para ayudarte".

Por fin, el Tercer Secreto de Fátima es revelado, gracias al mérito y a la valentía del Padre Fuentes, del Cardenal Ottaviani y del Reverendo Padre Villa (ver aquí abajo "Controversias sobre el Tercer Secreto de Fátima" y de otros hombres de Iglesia, como veremos en este capítulo. Pero ahora nos vienen a la mente inmediatamente algunas cuestiones... No se produjo una gran guerra en la segunda mitad del siglo XX (¿la Tercera Guerra Mundial?).

Sin embargo, ese detalle no debe causar dudas ni ansiedad, pues todos los mensajes y advertencias que la Santísima Virgen María hizo llegar a los tres pastorcitos de Fátima estuvieron siempre sujetos a la respuesta, a las oraciones y a la conversión del hombre, como lo demuestra claramente la aparición de Nuestro Señor Jesucristo a María-Julie Jahenny:

> "La gente está decepcionada porque lo que he ordenado que se anuncie, para que los hombres se conviertan, no se ha producido todavía... Creerán poder afrentar a las almas elegidas que, a causa de sus acciones, habré retrasado un poco los terribles acontecimientos que están por venir. Si en Mi bondad y a causa de las expiaciones que Me han ofrecido retraso el desastre, no lo elimino. ¡Esto no depende del juicio de los hombres ignorantes! ¿Debo Yo mismo dar cuentas a los que no quieren saber nada?"

(Mensaje de Nuestro Señor Jesucristo a Marie-Julie Jahenny, fecha desconocida)

Me viene a la mente otra pregunta, quizás la más importante de todas: ¿Por qué Juan XXIII se negó a publicar este Tercer Secreto de Fátima al abrir los dos sobres? Las razones, se nos dice, residen en que se temía que este mensaje pudiera inspirar a la URSS a iniciar, antes de lo previsto, planes preparados de invasión de un continente europeo que sólo entonces comenzaba a recuperarse de una devastadora Segunda Guerra Mundial.

Otra razón, se rumoreaba, era la revelación en el Tercer Secreto que decía:

> "(...) Satanás logrará infiltrarse en la cúpula de la Iglesia. También para la Iglesia llegará un tiempo de sus mayores pruebas. Los Cardenales se opondrán a los Cardenales, los Obispos se opondrán a los Obispos y Satanás marchará en medio de sus filas, y en Roma habrá cambios. (...)".

Esta parte del mensaje es extremadamente grave, ya que describe una infiltración en la Iglesia y grandes cambios en su interior, resultado posiblemente de dichas infiltraciones... Y la Santísima Virgen María para añadir que este mensaje debía ser abierto y revelado públicamente a más tardar en 1960, pues entonces se entendería... En 1960, el Concilio Vaticano II —*"diseñado"* por el Papa Juan XXIII— estaba efectivamente en su fase de preparación, y el calendario dado por la Santísima Virgen María no podía ser una coincidencia... De hecho, se rumoreó ampliamente que el Tercer Secreto tenía un potencial muy realista para destruir el plan de reforma del "Vaticano II".

Cuarenta años más tarde, los cardenales Bertone, Sodano y Ratzinger declararon públicamente que todo el Tercer Secreto de Fátima revelado por el Vaticano en junio de 2000 a partir del sobre proporcionado por la Hermana Lúcia no contenía más revelaciones... ¿Cómo puede ser esto cierto, teniendo en cuenta que esta declaración contradice totalmente la revelación del Cardenal Ottaviani y la afirmación de Lúcia dos Santos al Rev. Padre Fuentes en su famosa entrevista de 1957?:

> *"Padre, dígale esto a todo el mundo: la Virgen me ha dicho muchas veces que una gran cantidad de naciones desaparecerán de la superficie de la tierra. Las naciones sin Dios serán el azote elegido por Dios para castigar a la Humanidad si nosotros, por medio de la oración y los santos Sacramentos, no obtenemos la gracia de su conversión. No puedo dar más detalles, porque todavía es un secreto. Esta es la parte del Mensaje de Nuestra Señora que permanecerá en secreto hasta 1960.*
>
> *Dígales, Padre, que la Santísima Virgen dijo repetidamente a mis primos Francisco y Jacinta, y a mí también, que muchas naciones desaparecerán de la faz de la tierra. Dijo que Rusia será el instrumento de castigo elegido por el Cielo para castigar al mundo entero si no se consigue antes la conversión de esa pobre Nación... Padre, por eso mi misión no es indicar al mundo los castigos materiales que seguramente vendrán si el mundo no reza y hace penitencia de antemano. No, mi misión es indicar a todo el mundo el peligro inminente que corremos de perder nuestras almas para toda la eternidad si seguimos obstinados en el pecado".*

Controversias sobre el Tercer Secreto de Fátima

Artículo de Franco Adessa
(autor del *Tercer Secreto de Fátima, El Apostolado de Nuestra Señora del Buen Suceso*)

En el otoño de 1996, poco antes de presentar en Brescia mi libro *¿Un Massacre Game?*, pregunté al padre Luigi Villa qué debía responder si alguien me hacía preguntas sobre el "Tercer Secreto" de Fátima. El Padre Villa, entonces, me mostró el texto de "El Secreto de Fátima" que fue publicado en 1963, por la revista alemana **Neues Europa** de Stuttgart (ver aquí abajo), y me dijo:

> — *"Si tomas el texto del "Tercer Secreto" de Fátima, escrito por Lúcia, y añades o quitas una coma, habrás creado una falsificación. Ahora bien, este texto, publicado por* Neues Europa*, es casi tres veces más largo que el texto original del "Tercer Secreto", y puede ser considerado definitivamente "falso", pero un texto "evidentemente falso" puede contener frases individuales que pertenecen al texto original".*

En ese momento, ante mis ojos, abrió las páginas de ese documento y señaló, una por una, las frases que estaban contenidas en el texto original del "Tercer Secreto", escrito por Lúcia (Las partes en rojo son las frases subrayadas por el P. Villa en el artículo del *Neues Europa* de 1963, que aparece a continuación):

"No te preocupes, querida niña. Yo soy la Madre de Dios que te habla y te ruega que proclames en mi nombre el siguiente mensaje al mundo entero. Al hacerlo, encontrarás una gran hostilidad. Pero mantente firme en la Fe y vencerás esta hostilidad. Escuchad y tomad buena nota de lo que os digo: Los hombres deben ser mejores. Deben implorar la remisión de los pecados que han cometido y seguirán cometiendo. Me pides una señal milagrosa para que todos entiendan las palabras con las que, a través de ti, me dirijo a la Humanidad. Este milagro que acabas de ver ha sido el gran milagro del sol. Todos lo han visto: creyentes y no creyentes, habitantes del campo y de la ciudad, eruditos y periodistas, laicos y sacerdotes. Y ahora, anunciad esto en mi nombre:
<u>**Un gran castigo caerá sobre toda la raza humana, no hoy todavía, ni mañana, sino en la segunda mitad del siglo XX.**</u> **Lo que ya di a conocer en La Salette a través de los niños Melanie y Maximino, lo repito hoy ante vosotros. La humanidad no se ha desarrollado como Dios esperaba. La humanidad se ha extraviado y ha pisoteado los dones que le fueron concedidos. Ya no reina el orden en ninguna parte.** <u>**Y Satanás reinará sobre los lugares más altos dirigiendo los cursos de los acontecimientos. Él (Satanás) logrará infiltrarse hasta la cima de la Iglesia.**</u> **Logrará sembrar la confusión en las mentes de los grandes científicos que inventan armas, con las que se puede destruir a la mitad de la humanidad en pocos minutos.**
Si la humanidad no se abstiene de hacer el mal y se convierte, me veré obligada a dejar caer el brazo de mi Hijo. Si los de arriba, en el mundo y en la Iglesia, no se oponen a estos caminos, seré yo quien lo haga, y rogaré a Dios, Mi Padre, que visite Su justicia sobre la humanidad. Entonces veréis que Dios castigará al hombre aún más duramente de lo que lo hizo por medio del

Diluvio. Llegará el tiempo de los tiempos, y el fin de todos los fines. Si la humanidad no se convierte, y si todo sigue como antes, o peor, será peor... Los grandes y los poderosos perecerán juntos, los pequeños y los débiles.

También **para la Iglesia, llegará un tiempo de sus mayores pruebas. Los Cardenales se opondrán a los Cardenales, los Obispos se opondrán a los Obispos y Satanás marchará en medio de sus filas, y en Roma habrá cambios. Lo que está podrido caerá, y lo que caerá no volverá a levantarse. La Iglesia se oscurecerá y el mundo se trastornará por el terror.** Llegará el momento en que ni el Rey, ni el Emperador, ni el Cardenal, ni el Obispo, esperen a quien vendrá de todos modos (???), sino para castigar de acuerdo con el plan de mi Padre.

Una gran Guerra estallará dentro de la segunda mitad del siglo XX. Fuego y humo caerán del cielo. **Las aguas de los océanos se convertirán en vapor, lanzando su espuma hacia el cielo; hundiendo todo... Millones y millones de hombres perderán la vida de una hora a otra, y los que queden vivos envidiarán a los muertos. Hasta donde alcanza la vista habrá angustia, miseria, ruina.**

Habrá tribulación hasta donde alcanza la vista, y miseria en todos los países. El tiempo se acerca continuamente, el abismo se ensancha, sin esperanza. Los buenos morirán con los malvados, los grandes con los pequeños, los príncipes de la Iglesia con sus fieles y los soberanos gobernantes con su pueblo. La muerte reinará en todas partes por los errores cometidos por los insensatos y por los partidarios de Satanás que, entonces y sólo entonces, reinarán sobre el mundo.

Por fin, los que sobrevivan a todos estos acontecimientos volverán a proclamar a Dios y Su Gloria y le servirán como antes, cuando el mundo aún no se había corrompido.
¡Ve, hija mía, y proclama esto! Yo permanecerá siempre a tu lado para ayudarte".

<u>Nota importante</u>: Cuando la revista **Neues Europa** publicó este artículo el 15 de octubre de 1963, ni el Papa Juan XXIII ni el Papa Pablo VI hicieron que las autoridades vaticanas confirmaran ni desmintieran el contenido del artículo que se difundió en todo el mundo a partir de entonces... Es más, el eminente Cardenal Ottaviani dio el visto bueno al artículo de la publicación alemana *Neues Europa* que reveló hace tiempo el mensaje completo de la Santísima Virgen María a los tres videntes de Fátima. Asimismo, al Padre Coelho, el Cardenal Ottaviani afirmó formalmente que la revista **Neues Europa** publicó el Tercer Secreto de Nuestra Señora de Fátima en sus bases más fundamentales... Corresponde a la verdad, añadió...

El Cardenal Ottaviani habría exclamado sobre el texto impreso por **Neues Europa**:

"¡Publiquen 10.000 ejemplares! ¡Publiquen 20.000 ejemplares!

¡Publiquen 30.000 ejemplares!".

(Testimonio personal de Mons. Corrado Balducci).

Después de algunos años, volví a tratar el tema, preguntando al Padre Villa:

*¿Cómo es que **Neues Europa** tiene este texto sobre el "Tercer Secreto de Fátima"?*

El Padre no respondió directamente a mi pregunta, pero dijo:

*"El cardenal Ottaviani escribió ese documento diplomático. Los de la revista **Neues Europa** se pusieron en contacto con él para saber si podían publicar el texto. El Cardenal Ottaviani respondió afirmativamente".*

El 13 de mayo de 2000, estando en Fátima para la Beatificación de los dos pastorcitos, Francisco y Jacinta Marto, Juan Pablo II anunció la inminente publicación del "Tercer Secreto" de Fátima. El 26 de junio de 2000, el Vaticano publicó un texto de cuatro páginas escrito por Lúcia sobre el "Tercer Secreto" de Fátima, acompañado de una presentación firmada por el arzobispo Tarcisio Bertone, Secretario de la Congregación para la Doctrina de la Fe, y una interpretación del "Secreto".

Esta interpretación incluía una carta de Juan Pablo II a la Hermana Lúcia, el informe de la entrevista que el Card. Bertone con la Hermana Lúcia, el discurso pronunciado en Fátima por el Cardenal Angelo Sodano el 27 de abril de 2000, y un comentario teológico del Cardenal Ratzinger, Prefecto de la Congregación para la Doctrina de la Fe. Dos días después, en una conferencia de prensa sobre el Tercer Secreto, Mons. Bertone hizo una sorprendente declaración que terminaba con estas palabras:

"... el secreto no tiene nada que ver con la apostasía ligada al Concilio, al Novus Ordo (la Misa) y a los Papas Conciliares que ha sido afirmada por los fundamentalistas (tradicionalistas) durante décadas. Sólo por este hecho, valía la pena revelar el Secreto".

El "Tercer Secreto" revelado consistía en la "Visión" de los tres pastores centrada en el "Obispo vestido de Blanco, que subió a la cima de la montaña, y se arrodilló al pie de una gran Cruz y fue asesinado por un grupo de soldados..." Estos dolorosos intentos de Juan Pablo II, del Secretario de Estado, Cardenal Angelo Sodano y del Cardenal Tarcisio Bertone de relacionar el "Tercer Secreto" con el intento de asesinato del Papa Juan Pablo II en San Pedro, el 13 de mayo de 1981, también fueron avalados por el Cardenal Ratzinger, quien, en una entrevista del 19 de mayo de 2000 a **Orazio La Rocca de La Repubblica**, declaró al final de la misma:

> *"La conexión entre el intento de asesinato y el* Tercer Secreto *es evidente, ¡existe en los hechos!"*

Ante este fraude manifiesto, la prensa estalló: **Il Messaggero, La Repubblica, La Stampa**, y el 17 de mayo de 2000 **Le Figaro** publicó la indignación de un tal Elichar Alesne que expresaba claramente el sentimiento general:

> *"Hay que estar realmente en la completa ignorancia de la historia de Fátima para creer la versión del* Tercer Secreto *que Su Santidad, el Papa Juan Pablo II nos dio el 13 de mayo…"*.

Sin embargo, el mismo Juan Pablo II en Fulda, Alemania, en noviembre de 1980, habló de manera diferente a los que preguntaban sobre el "Tercer Secreto" de Fátima. Dijo: *"… como en otras ocasiones, la Iglesia renació con sangre, no será diferente esta vez (…)"* Luego, sobre el contenido del "Tercer Secreto", el Papa añadió:

> *"Debería ser suficiente para todos los cristianos saber esto: cuando se lee que los océanos inundarán continentes enteros, que de un momento a otro perecerán repentinamente millones de personas, si se sabe esto, no se necesita verdaderamente pedir la publicación de este Secreto".*

¿Y dónde están estas palabras en el documento presentado por el Vaticano el 26 de junio de 2000? Las palabras de Juan Pablo II, en Fulda, fueron recogidas por la revista *Vox Fidei*, artículo n° 10 publicado en 1981: "Cuando el Papa Juan Pablo II estuvo en Fula durante su viaje a Alemania (15 de noviembre a 19 de noviembre de 1980), ante un grupo limitado, se le hicieron algunas preguntas, en particular sobre el Secreto de Fátima: *"¿Cuál es el Secreto de Fátima que debía ser revelado en 1960?"*.

Respuesta del Santo Padre:

> *"Por su impresionante contenido, y para que el poder mundial del comunismo no iniciara ciertas medidas, mis predecesores han preferido una* actitud diplomática (respecto al Secreto). *Sin embargo, debería bastar a cada cristiano saber lo siguiente: leemos* (en el Secreto) *que los océanos inundarán continentes enteros, que los hombres morirán repentinamente de un minuto a otro por millones…; cuando sabemos esto, entonces no es urgente publicar este secreto. Muchos quieren saber sólo por curiosidad y sensacionalismo, pero olvidan que el* conocimiento

exige responsabilidad... Sólo quieren satisfacer su curiosidad. ¡Esto es peligroso cuando, en estos tiempos, la despreocupación de la gente les hace pretender que esto no sirve para nada!".

El Papa, siempre sobre el tema, tomó el rosario diciendo:

"¡Aquí está el remedio contra este mal! ¡Rezad, rezad!, y en el futuro no hagáis más preguntas. ¡Encomendaros por todo lo demás a la Virgen!"

(Traducido de su versión francesa)

En 2006, estalló la polémica con el caso del "**Cuarto Secreto de Fátima**", que culminó con la publicación del libro **El Tercer Secreto de Fátima publicado por el Vaticano es falso, aquí están las pruebas**... de Laurent Morlier y el libro de Antonio Socci **El Cuarto Secreto de Fátima**. Fue impulsada por las declaraciones del arzobispo Capovilla sobre la existencia de este "Cuarto Secreto", es decir, la confirmación de la existencia de una pequeña hoja en la que Lúcia escribió el "Tercer Secreto" de Fátima. En aquel momento, yo (Franco Adessa) le pregunté al Padre Villa si podía arrojar algo de luz sobre esta cuestión, pero se limitó a decirme que se trataba sólo de una revelación privada y que, por tanto, no era materia de Fe. No insistí.

En 2009, cuando colaboraba en la preparación de la edición inglesa del libro **¿Pablo VI beatificado?**, trabajamos en los textos del Apéndice 4 que informaban sobre las apariciones de la Virgen del Buen Suceso en Quito, de la Virgen de la Salette y de la Virgen de Fátima. El último texto a determinar fue el relacionado con el "Tercer Secreto" de Fátima. Entonces, tomé el documento publicado por **Neues Europa**, transcribí las frases que el Padre Villa había indicado como las que aparecían en el documento original de Lúcia, lo imprimí y se lo entregué al Padre para que lo aprobara:

"Un gran castigo caerá sobre todo el género humano, no hoy todavía, ni mañana, sino en la segunda mitad del siglo XX. Ya no reinará el orden en ninguna parte, y Satanás reinará en los lugares más altos dirigiendo los cursos de los acontecimientos. Él (Satanás) logrará infiltrarse hasta la cima de la Iglesia. También para la Iglesia vendrá un tiempo de sus mayores pruebas. Los Cardenales se opondrán a los Cardenales, los Obispos se opondrán a los Obispos y Satanás marchará en medio de sus filas, y en Roma, habrá cambios. Lo que está podrido caerá, y lo que caerá no volverá a levantarse. La Iglesia se oscurecerá y el mundo se trastornará por el terror.

Una gran Guerra estallará en la segunda mitad del siglo XX. El fuego y el humo caerán del cielo. Las aguas de los océanos se convertirán en vapor, lanzando su espuma hacia el cielo; hundiendo todo... Millones y millones de hombres perderán la vida de una hora a otra, y los que queden vivos envidiarán a los muertos. La muerte reinará en todas partes por los errores cometidos por los insensatos y por los partidarios de Satanás que, entonces y sólo entonces, reinarán sobre el mundo.

Por fin, los que sobrevivan a todos estos acontecimientos volverán a proclamar a Dios y Su Gloria y le servirán como antes, cuando el mundo aún no se había corrompido. Ve, hija mía, y proclama esto. Yo permaneceré siempre a tu lado para ayudarte".

Unos días después, el Padre me devolvió el papel diciendo:

"¡Está bien!"

La edición inglesa del libro **Paul VI beatified?** entró en imprenta. En las 2.000 356 y 357 aparecían todas las frases que el Padre Villa me había indicado como presentes en el "Tercer Secreto" de Fátima, escritas por Lúcia en una sola hoja.

En mayo de 2010, durante el vuelo a Fátima, el Papa Benedicto XVI respondió a una pregunta sobre el "Tercer Secreto" de Fátima, contradiciendo flagrantemente la versión oficial del Vaticano en junio de 2000 (que afirmaba que la consagración de Rusia ya se había realizado y que la profecía del Tercer Secreto había terminado con el intento de asesinato de Juan Pablo II, en 1981). Las palabras clave de Benedicto XVI fueron:

"Nos equivocaríamos si pensáramos que el mensaje profético de Fátima se ha realizado completamente".

(11 de mayo de 2010).

Además, su Santidad el Papa Benedicto XVI expresó la esperanza de que el centenario de las apariciones de 1917, pudiera acelerar el cumplimiento de la ***"profecía del triunfo del Corazón Inmaculado de María, para gloria de la Santísima Trinidad"***.
Esta frase era una clara indicación de que la Consagración de Rusia al Inmaculado Corazón de María aún no se había realizado, ya que el "triunfo del Inmaculado Corazón", la "conversión de Rusia" y el "período de paz" aún no se habían producido, a pesar de la declaración del Vaticano del año 2000 que afirmaba que la Consagración ya había sido realizada por Juan Pablo II el 25 de marzo de 1984. Esta declaración de Benedicto XVI confirmó la creencia general de los tradicionalistas católicos de un fraude perpetrado al mundo por el Vaticano en el año 2000.
El 11 de mayo de 2010 Benedicto XVI también habló de la ***necesidad de la pasión de la Iglesia, que naturalmente se refleja en la persona del Papa*** y, por tanto, anunció sufrimientos para la Iglesia, especificando que tales sufrimientos se habrían originado no de enemigos externos, sino de dentro de la misma Iglesia. Benedicto XVI, con sus propias palabras pronunciadas en 2010, puso en el

candelero la cuestión del "Tercer Secreto" de Fátima, trastornando la anterior posición oficial del Vaticano... ¿Por qué Benedicto XVI dio este repentino "giro de 180 grados" sobre el "Tercer Secreto" de Fátima?

En 2011, en presencia de un amigo testigo, me puse delante del Padre Villa y, hablando despacio, le hice esta pregunta:

> — *"Padre, ¿recuerda usted cuando, en el documento de la revista Neues Europa me indicó las frases que aparecen en el "Tercer Secreto" de Fátima? ¿Recuerda que esas frases ya fueron publicadas en el apéndice de la edición inglesa del libro* Paul VI beatified*?".*

Respondió:

> — **"Sí, lo recuerdo".**

Y le pregunté:

> — *"¿Me confirma que en el texto* El Tercer Secreto de Fátima *publicado por* **Neues Europa** *en 1963, las frases que usted me mostró, están realmente contenidas en el texto original del Tercer Secreto de Fátima, escrito por Lúcia?"*

Sin dudar y con énfasis, respondió:

> — **"Sí, lo confirmo".**

Poco antes de morir el Padre Villa, volví a retomar este tema, y le pregunté:

> — *"Padre, ¿qué pensaría usted si, un día, yo hiciera un testimonio sobre lo que usted me dijo y lo que ya hemos publicado sobre el contenido del Tercer Secreto de Fátima?".*

Tranquilamente, respondió:

> — **"Puedes hacerlo. Por favor, hazlo".**

(Artículo de Franco Adessa)

P. Luigi Villa

El Padre Pío conoció al P. Villa, a quien suplicó que dedicara toda su vida a combatir la masonería eclesiástica. El Padre Pío le dijo al P. Villa que Nuestro Señor tenía designios sobre él y lo había elegido para ser educado y entrenado para combatir la masonería dentro de la Iglesia. El Santo expuso esta tarea en tres encuentros con el P. Villa, que tuvieron lugar en los últimos quince años de la vida del Padre Pío. Al final del segundo encuentro (1963), el Padre Pío abrazó tres veces al Padre Villa, diciéndole:

> *"¡Sé valiente, ahora... porque la Iglesia ya ha sido invadida por la masonería!"*. Y luego afirmó: *"¡La masonería ya ha llegado a los mocasines* (zapatos) *del Papa!"*. (En ese momento, el Papa reinante era Pablo VI).

La misión encomendada al P. Villa por el Padre Pío de luchar contra la masonería en el seno de la Iglesia católica fue aprobada por el Papa Pío XII, que dio un mandato papal para su trabajo. El Cardenal Tardini, Secretario de Estado del Papa Pío XII, eligió a tres Cardenales para el P. Villa a fin de que trabajaran con él y actuaran como sus propios "ángeles de la guarda": El Cardenal Ottaviani, el Cardenal Parente y el Cardenal Palazzini. El padre Villa trabajó con estos tres cardenales hasta su fallecimiento.

Para librar esta batalla, el P. Villa fundó en 1971 su revista **Chiesa Viva** (*Iglesia Viva*), con corresponsales y colaboradores en todos los continentes, y a medida que sus trabajos adquirían mayor importancia, el P. Villa fue víctima de varios intentos de asesinato... Uno de estos intentos le llevó a París, donde recibió un fuerte golpe en la cara con un puño de hierro que le rompió la mandíbula y le destrozó todos los dientes, y desde entonces, al P. Villa no le quedó ni un solo diente en la boca... A pesar de otros intentos de asesinato considerablemente más graves, el P. Villa sobrevivió a todos ellos, y escribió una serie de libros sobre Fátima y la Fe, y siguió escribiendo en su revista **Chiesa Viva**.

<u>Distorsión sobre la Consagración de Rusia</u>

El 21 de marzo de 1982, Monseñor Sante Portalupi, Nuncio del Papa en Portugal, el Obispo de Leiria-Fátima, Alberto Cosme do Amaral, y el Dr. Francisco Lacerda fueron enviados por el Papa Juan Pablo II para reunirse con la Hermana Lúcia, con el fin de conocer los requisitos necesarios para llevar a cabo la Consagración de Rusia, tal y como pidió Nuestra Señora de Fátima. Ella respondió:

> *"... el Papa, junto con todos los obispos católicos del mundo en el mismo día, debe consagrar a Rusia al Inmaculado Corazón de María"*.

Sin embargo, el Nuncio no transmitió al Papa el mensaje completo de la Hermana Lúcia... Monseñor do Amaral dijo a Monseñor Portalupi que no mencionara al Santo Padre el requisito de que los obispos del mundo debían participar en la Consagración...

El **13 de mayo de 1982**, el Papa Juan Pablo II consagró el mundo, pero no a Rusia, como hizo antes Pío XII. Los obispos del mundo no participaron en el acto. Sin embargo, en julio/agosto de ese año, la revista **Soul Magazine** del Ejército Azul publicó una supuesta entrevista con la Hermana Lúcia en la que supuestamente afirmaba que en la ceremonia de mayo se había realizado la Consagración de Rusia. Los Padres Caillon y Gruner expusieron más tarde que esta entrevista era falsa. (Véase **The Fatima Crusader**, número 20 de junio-julio de 1986 y **The Fatima Crusader**, número 22 de abril-mayo de 1987, para más información).

Después de la **consagración del mundo en 1984** por el Papa Juan Pablo II, las declaraciones de la Hermana Lúcia en múltiples entrevistas confirmaron que la Consagración de Rusia aún no se había realizado. Sin embargo, en 1989, aparecieron repentinamente notas y cartas supuestamente firmadas por la Hermana Lúcia, que contradecían rotundamente todas las declaraciones anteriores que había hecho durante más de cincuenta años sobre la Consagración...

En octubre de 1990, en un informe escrito, un experto forense de gran prestigio estableció que la supuesta firma de la Hermana Lúcia en una carta generada por ordenador en noviembre de 1989 era una falsificación... Extractos de esta carta, publicados en una revista católica italiana en marzo de 1990, se difundieron ampliamente y se citaron como "prueba" de que la Consagración se había realizado. Varios servicios de noticias por cable también publicaron la historia de la revista, ayudando así a difundir la afirmación fraudulenta en todo el mundo.

La instrucción de 1989

En julio de 1989, el padre Messias Coelho, en presencia de tres testigos, reveló que la hermana Lúcia acababa de recibir una "instrucción" de funcionarios vaticanos no identificados, en la que se decía que ella y sus correligionarios debían decir en adelante que la Consagración de Rusia se había realizado en la ceremonia de consagración del mundo de 1984, en la que no participaron los Obispos del mundo y no se mencionó a Rusia.

Después de este acontecimiento, varias personas comenzaron a repudiar sus declaraciones anteriores de que la Consagración de Rusia no se había realizado. Estas personas habían sostenido claramente, hasta 1989, que Rusia no había sido consagrada aún, tal como lo pidió Nuestra Señora de Fátima, porque no se nombró específicamente a Rusia y los obispos del mundo no participaron.

El 11 de octubre de 1992, por una circunstancia extraordinaria, su Eminencia el Cardenal Anthony Padiyara de Emaculam, India, y su Excelencia el obispo Francis Michaelappa de Mysore, India, pudieron reunirse con la Hermana Lúcia para una breve visita. A continuación, la transcripción exacta de esta conversación traducida del portugués al español:

— **Cardenal Padivara (dirigiéndose a la Hermana Lúcia dos Santos):**
"En nuestros días, la gente sólo habla del Paraíso y no del Infierno.

Dicen que Dios es Todo Misericordioso y que perdona, por lo que no permitirá que sus hijos se condenen".

— **Mons. Carlos Evasristo (historiador, periodista e intérprete entonces presente):**
"He oído incluso a sacerdotes predicar que el infierno es sólo imaginación, y que el diablo es un monstruo inventado por los mayores para que se porten bien. Incluso en el lugar de peregrinación (en Fátima) *donde la Virgen os ha mostrado a vosotros y a vuestros primos el Infierno, mi mujer y yo hemos oído a un sacerdote decir eso".*

— **Hermana Lúcia dos Santos (María Lúcia de Jesús y del Corazao Imaculado):**
"El infierno es una realidad. Es un fuego sobrenatural y no un fuego físico, y no se puede comparar con el fuego que quema la madera o el carbón, o con esos fuegos que queman los bosques. Por favor, sigan predicando sobre la realidad del Infierno porque Nuestro Señor mismo ha hablado del Infierno, y esto se puede encontrar en las Sagradas Escrituras. Dios no condena a nadie al infierno. Las personas se condenan a sí mismas al Infierno. Dios ha dado al hombre la libertad de elegir, y Él respeta esta libertad humana".

(11 de octubre de 1992).

Artículo de Maike Hickson. 15 de mayo de 2016

(La Dra. Maike Hickson, nacida y criada en Alemania, estudió Historia y Literatura Francesa en la Universidad de Hannover y vivió varios años en Suiza, donde escribió su tesis doctoral. Está casada con el Dr. Robert Hickson, y han sido bendecidos con dos hermosos hijos. Es una feliz ama de casa a la que le gusta escribir artículos cuando su tiempo se lo permite. Sus artículos han aparecido en revistas americanas y europeas como **Catholicism.org, LifeSiteNews, The Wanderer, Culture Wars, Catholic Family News, Christian Order, Apropos y Zeit-Fragen**).

Cardenal Ratzinger:
No hemos publicado todo el Tercer Secreto de Fátima

El Vaticano ha respondido a esta noticia con un desmentido directo atribuido al propio Papa emérito Benedicto XVI. Puede leer su declaración en Internet en la dirección: *https://onepeterfive.com/on-fatima-story-pope-emeritus-benedict-xvi- breaks-silence/.*

Hoy, en la fiesta de Pentecostés, he llamado al padre Ingo Dollinger, un sacerdote alemán y antiguo profesor de Teología en Brasil, que ahora es bastante mayor y está físicamente débil. Es amigo personal del Papa emérito Benedicto XVI desde hace muchos años. El padre Dollinger confirmó inesperadamente por teléfono los siguientes hechos:

No mucho después de la publicación del Tercer Secreto de Fátima en junio de 2000 por la Congregación para la Doctrina de la Fe, el Cardenal Joseph Ratzinger le dijo al Padre Dollinger durante una conversación en persona que ¡todavía hay una parte del Tercer Secreto que no han publicado!

"Hay más de lo que hemos publicado", dijo Ratzinger.

También le dijo a Dollinger que la parte publicada del Secreto es auténtica y que la parte no publicada del Secreto habla de *"un mal concilio y una mala misa"* que iba a venir en un futuro próximo.

El Padre Dollinger me dio permiso para publicar estos hechos en esta Alta Fiesta del Espíritu Santo y me dio su bendición.

El padre Dollinger se ordenó sacerdote en 1954 y fue secretario del respetado obispo de Augsburgo, Josef Stimpfle. En la providencia de Dios, conocí a este obispo una vez cuando todavía no era católico, y me conmovió profundamente su humildad, calidez y acogida. Me invitó a visitarlo una vez en Augsburgo. Cuando estaba en proceso de conversión, me acerqué a él, pero luego, para mi disgusto, descubrí que el obispo Stimpfle ya había fallecido. (Se le echa mucho de menos). El padre Dollinger también participó en los debates de la Conferencia Episcopal Alemana sobre la masonería en los años 70, al final de los cuales se declaró que la masonería no es compatible con la fe católica. Más tarde enseñó Teología Moral en el seminario de la Orden de Canónigos Regulares de la Santa Cruz, que pertenece al *Opus Angelorum*.

El obispo Athanasius Schneider, obispo auxiliar de Astana (Kazajistán), es miembro de esa misma Orden de Canónigos Regulares de la Santa Cruz. Lo más importante es que el padre Dollinger tuvo como confesor al padre Pío (fallecido en 1968) durante muchos años y se hizo muy cercano a él. Dollinger también es conocido personalmente por uno de mis queridos familiares.

Esta delicada información relativa al Tercer Secreto, que ha estado circulando entre ciertos grupos católicos desde hace algunos años, me ha sido confirmada personalmente por el propio Padre Dollinger, en un momento de la historia en el que la Iglesia parece haber caído en un pozo de confusión. Puede ayudar a explicar, al menos en parte, por qué estamos donde estamos ahora.

Y lo que es más importante, muestra la amorosa misericordia de la Madre de Dios para advertirnos y preparar a sus hijos para esta batalla en la que la Iglesia se encuentra ahora. A pesar de la decisión de los responsables de la Iglesia, Ella se ha asegurado de que la verdad completa sea revelada y difundida.

Esta información también podría explicar por qué el Papa Benedicto XVI, una vez convertido en Papa, trató de deshacer algunas de las injusticias que están directamente relacionadas con esta revelación de Dollinger, a saber: liberó la Misa Tradicional de su supresión; eliminó la excomunión de los obispos de la Sociedad de San Pío X (SSPX). Y, por último, declaró públicamente en 2010 en Fátima:

"Nos equivocaríamos si pensáramos que la misión profética de Fátima está completa".

También añadió estas palabras en una entrevista durante su vuelo a Fátima:

"En cuanto a las novedades que podemos encontrar en este mensaje hoy, está también el hecho de que los ataques al Papa y a la Iglesia no vienen sólo de fuera, sino que los sufrimientos de la Iglesia vienen precisamente de dentro de la Iglesia, del pecado que existe en la Iglesia. También esto es algo que siempre hemos sabido, pero hoy lo vemos de una manera realmente aterradora: que la mayor persecución de la Iglesia no viene de sus enemigos de fuera, sino que surge del pecado dentro de la Iglesia, y que la Iglesia tiene así una profunda necesidad de reaprender la penitencia, de aceptar la purificación, de aprender el perdón, por una parte, pero también la necesidad de la justicia".

Con esta declaración, Benedicto XVI contradijo efectivamente sus propias palabras de junio de 2000, en las que había afirmado:

"En primer lugar, debemos afirmar con el cardenal Sodano: … los acontecimientos a los que se refiere la tercera parte del secreto de Fátima parecen ahora parte del pasado. Aquellos que esperaban emocionantes revelaciones apocalípticas sobre el fin del mundo o el curso futuro de la historia se verán decepcionados".

Todas estas acciones del Papa Benedicto XVI demuestran que debe haber sabido, en su conciencia, que de alguna manera tenía que corregir ciertas injusticias y confusas ambigüedades del pasado reciente. Defendió la misa tradicional, devolvió la dignidad a la SSPX y reinsertó la importancia del mensaje de Fátima. Además, también trató de abordar el misterio del Vaticano II, aunque, al parecer, de forma demasiado vaga.

En este contexto, cabe mencionar que a mi marido y a mí nos dijo un sacerdote que se había reunido en privado con el Papa Benedicto XVI que el propio Papa Benedicto considera al arzobispo Marcel Lefebvre *"ser el mayor teólogo del siglo XX"*. Mi marido y yo damos fe de haber escuchado estas palabras exactas directamente de este sacerdote, palabras que supuestamente fueron pronunciadas por el Papa Benedicto en el contexto de la propuesta del Papa de reintroducir la enseñanza de Marcel Lefebvre más ampliamente en la Iglesia Católica.

Mientras contemplamos la gravedad de las omisiones y retrasos acumulados en relación con la publicación real del Tercer Secreto completo, y cuando el Cielo nos había pedido que lo hiciéramos —a saber, no más tarde de 1960— estamos agradecidos al Espíritu Santo que aparentemente ha hecho posible ahora esta conversación telefónica afirmativa hoy en la Fiesta de Pentecostés. Que el verdadero mensaje de Fátima —junto con las recientes revelaciones del P. Brian Harrison y de la Dra. Alice von Hildebrand sobre lo que también contiene— se difunda a lo largo y ancho y ayude así a liberar a todos los católicos fieles de cualquier atadura a medias verdades y lealtades deficientes. Que todos nos adhiramos libre y plenamente a la verdad completa del Mensaje de la Misericordia de María, que seguramente, bajo la gracia, ayudará a liberarnos.

(Dr. Maike Hickson, 21 de mayo de 2016).

Padre Malachi Martin

El reverendo padre Malachi Brendan Martin (en irlandés: *Maolsheachlainn* Breandan Ó Máirtín) nació el 23 de julio de 1921 y murió en circunstancias muy sospechosas el 27 de julio de 1999 al caer de una escalera. El padre Malachi Martin, que a veces escribía bajo el seudónimo de Michael Serafian, fue un sacerdote católico irlandés y escritor sobre la Iglesia Católica. Ordenado originalmente como sacerdote jesuita, se convirtió en un renombrado exorcista y profesor de paleografía en el Pontificio Instituto Bíblico del Vaticano. A partir de 1958 fue secretario del Cardenal Augustin Bea durante los preparativos del Concilio Vaticano II y, posteriormente, asesor de sus santidades Pablo VI y Juan Pablo II. Desilusionado por el Concilio Vaticano II, pidió ser liberado de ciertos aspectos de sus votos jesuitas en 1964 y se trasladó a la ciudad de Nueva York, donde más tarde se convirtió en ciudadano estadounidense.

Sus 17 novelas y libros de no ficción fueron frecuentemente críticos con la jerarquía vaticana que, en su opinión, había defraudado en relación con el Tercer Secreto revelado por la Virgen María en Fátima, secreto que se le permitió leer en su integridad. Entre sus obras más significativas están **The Scribal Character of the Dead Sea Scrolls** (1958) y **Hostage to the Devil** (1976), que trata del satanismo, la posesión demoníaca y el exorcismo. **The Final Conclave** (1978) era una advertencia contra el espionaje soviético en la Santa Sede a través de espías soviéticos en el Vaticano.

Entrevista original de Art Bell al P. Malachi Martin 13 de julio de 1998 (en Coast-to-Coast Radio)

ART BELL: *Tengo entendido que usted ha hecho un voto de silencio o secreto. Usted ha leído el Tercer Secreto. Fue compartido con usted. ¿Es eso cierto?*

P. MARTIN: *Sí, me lo dieron a leer una mañana, temprano, en febrero de 1960. Y, por supuesto, antes de recibirlo tuve que hacer un simple juramento que* siempre se hace de mantener el secreto. Así que no puedo comunicar los detalles del mismo: es decir, las palabras precisas y sus expresiones.

ART BELL: *Si este Tercer Secreto de Fátima se hiciera público, ¿podría provocar la conmoción que el público, que la Iglesia, necesita?*

P. MARTIN: *Quizás podría. Y esa es una de las razones por las que no se publica; por las que se ha hundido en un limbo, del que no va a salir fácilmente. Provocaría una conmoción. De eso no hay duda. Sin embargo, afectaría a la gente de diferentes maneras.*

ART BELL: *Si se les dijera a algunas personas lo que es auténticamente el Tercer Secreto de Fátima, se enfadarían mucho.*

P. MARTIN: *Oh, sí, entiendo.*

ART BELL: *Créame, lo entiendo, Padre.*

P. MARTIN: *De acuerdo.*

ART BELL: *No garantizo de ninguna manera que lo siguiente sea auténtico. No tengo modo de saberlo. Todo lo que puedo decirle es que parece real. Se alega que es el Tercer Secreto de Fátima. Decida usted mismo. Aquí está:*

"*Una gran plaga caerá sobre la humanidad. En ningún lugar del mundo habrá orden. Satanás gobernará los lugares más altos determinando el camino de las cosas. Conseguirá seducir a los espíritus de los grandes científicos que inventen armas, con las que será posible destruir gran parte de la humanidad en pocos minutos. Satanás tendrá su poder. Los poderosos que mandan al pueblo les incitarán a producir enormes cantidades de armas. Dios castigará al hombre más a fondo que con el Diluvio.*

Vendrán los tiempos de todos los tiempos y el fin de todos los fines. Los grandes y poderosos perecerán junto a los pequeños y débiles. Incluso para la Iglesia, será el tiempo de su mayor prueba. Los Cardenales se opondrán a los Cardenales. Los Obispos se opondrán a los Obispos. Satanás caminará entre ellos. Y en Roma, habrá cambios. La Iglesia se oscurecerá y el mundo se estremecerá de terror. Una Gran Guerra estallará en la segunda mitad del siglo XX. Fuego y humo caerán del cielo. Las aguas de los océanos se convertirán en vapor, y el vapor subirá y lo desbordará todo. Las aguas del océano se convertirán en niebla. Millones y millones de personas morirán de hora en hora. Quien permanezca vivo envidiará a los muertos. Dondequiera que se dirija la mirada habrá angustia y miseria, ruinas en todos los países. La hora se acerca.

El abismo se ensancha sin esperanza. Los buenos perecerán con los malos. Los grandes con los pequeños. Los príncipes de la Iglesia con los fieles. Los gobernantes con su pueblo. Habrá muerte en todas partes a causa de los errores cometidos por los no creyentes y los locos seguidores de Satanás, que entonces, y sólo entonces, tomarán el control del mundo. Al final, los que sobrevivan, en cada momento, volverán a proclamar a Dios y su gloria, y le servirán como cuando el mundo no estaba tan pervertido". Eso es todo. (Pausa)...

ART BELL: *¿Padre Martin?*

P. MARTIN: *¿Sí, Art?*
ART BELL: *¿Algún comentario al respecto?*

P. MARTIN: **Lo he escuchado, y supongo que la respuesta comedida que debo darle es ésta, en dos partes: realmente, dos declaraciones. No es el texto que se me dio a leer en 1960 y hay elementos en él, que pertenecen al texto.**
ART BELL: *Así que, en otras palabras... Estoy tratando de ir con el mayor cuidado posible... en otras palabras, usted está sugiriendo que esto no es precisamente lo que usted conocía, pero hay elementos en lo que acaba de escuchar...*

P. MARTIN: **Sí, hay elementos, que sí pertenecen al Tercer Secreto. Esa es la respuesta más comedida que puedo dar.**

ART BELL: *De acuerdo, está bien, y no le pediré que diga más, pero teniendo en cuenta lo que acabo de leer, ¿consideraría que el Tercer Secreto es tan traumático como se sugiere en lo que he leído o más?*

P. MARTIN: *Más*.

ART BELL: *¿Más?*

P. MARTIN: *Más, sí. Mucho más. El... sin... de nuevo... ya sabes Art, pisando con mucho cuidado, el elemento central en el Tercer Secreto es horrible. Y no está en ese texto.*

ART BELL: *¿No está en el texto?*

P. MARTIN: **No, no está, gracias a Dios**.

ART BELL: *Ahora, creo que me gustaría preguntar esto: entiendo que usted ha hecho un juramento, pero ¿ha considerado que el choque que se requiere para revertir el estado de cosas tiene que ser muy serio, y puede ser que... deba ser revelado?*

P. MARTIN: *A su última frase, estoy totalmente de acuerdo. Debería revelarse, pero aquí está mi dificultad, Art. Soy un un hombre más sin importancia. No* *tengo autoridad pública para hacer eso; tampoco sé si será la voluntad de Dios. Y como tendría efectos tan nefastos para muchos, para los cristianos y para muchos otros más, no puedo tomar esa decisión. ¿Comprende lo que estoy tratando de decir?*

ART BELL: *Padre, ¿de qué manera se le mostró el Tercer Secreto?*

P. MARTIN: *El Cardenal que me lo mostró había estado presente en una reunión celebrada por el Papa Juan XXIII en ese año, 1960, para exponer a un cierto número de Cardenales y prelados lo que él pensaba que debía hacerse con el Secreto. Pero Juan XXIII, el Papa de 1960, no pensaba que debía publicar el Secreto. Arruinaría sus negociaciones en curso, en ese momento, con Nikita Kruschev, el jefe de todos los rusos.*

Y también tenía una visión diferente de la vida, de la que, dos años más tarde, al inaugurar el Concilio Vaticano, se hizo eco de forma muy sucinta y casi despectiva en medio de su discurso del 11 de octubre de 1962 en San Pedro dirigiéndose a los obispos reunidos que habían acudido al Concilio Vaticano, y a los visitantes. El lugar estaba abarrotado, enorme basílica; se burló, despectivamente, diciendo que estaba en contra de las personas a las que llamó "profetas de calamidades". Y a ninguno de nosotros le cabía duda de que se refería a los tres profetas de Fátima.

ART BELL: *Hay quienes dentro de la Iglesia minimizan lo que contiene el Tercer Secreto.*

P. MARTIN: *Totalmente.*

ART BELL: *Y luego hay otros que no lo minimizan en absoluto.*

P. MARTIN: *Éstos exageran.*

ART BELL: *¿Exageran? Así que sin minimizar o sin exagerar, me está diciendo que lo que hay en el Tercer Secreto es más horrible que lo que acabo de leer.*

P. MARTIN: *Oh, sí, Art, lo es. Porque, lo que acabas de leer, esencialmente, es la arremetida de los poderes naturales, etcétera... claro, Satanás anda así entre el hombre... pero esencialmente es como si la naturaleza se rebelara contra la raza humana. Eso es esencialmente, a través de todas estas terribles catástrofes un escarmiento, y esa no es la esencia del Tercer Secreto, no lo espantoso.*

ART BELL: *¡Wufff!*

P. MARTIN: *Sí. Sí que hace tambalear la imaginación.*

ART BELL: *Padre, ¿qué peso le da usted a la totalidad de las revelaciones de Fátima?*

P. MARTIN: *Considero que es el acontecimiento clave en el auge de la organización Católica Romana y el acontecimiento definitorio del futuro próximo de la Iglesia durante el próximo milenio, el tercer milenio. Es el evento definitorio. Y es por eso que los hombres poderosos, los hombres fuertes, pero quiero decir... ves, Art, cuando hablamos de los hombres poderos: lo sorprendente de ese oficio de estadistas, de la gente, la gente que practica el oficio de estadistas, como Casaroli que acaba de morir, o el Papa Juan Pablo II, es aquello que la gente siempre comenta sobre las grandes figuras de la historia, como Napoleón, como Hitler, como Stalin. Tenían una voluntad de poder indestructible. Y podían oponerse a las voluntades unidas de millones de personas y hacer que hasta cierto punto se impusiera su punto de vista, hasta que cayeron, hasta que se convirtieran en un "bicho raro", como decimos en Inglaterra. Y, del mismo modo, en Roma hay hombres con voluntades poderosas. Se dedican a la artesanía de Estado toda su vida. Se dedican al macrogobierno, no sólo de una religión, sino del destino humano. Están entre los grandes. Y ELLOS no alcanzarán eso ni con un gran palo.*

ART BELL: *¿De qué manera la Iglesia tiene un papel en lo que muchos ven venir como un gobierno mundial, un punto final de control mundial?*

P. MARTIN: *Dos respuestas a eso, Art, muy breves. Una es, la respuesta ya elegida por los dirigentes, por los gerentes, por los prelados, por el Papado al final de este milenio, y luego está lo que uno piensa a veces que será la respuesta de Dios. La respuesta del momento actual es ésta: A partir de Juan XXIII, y luego con Pablo VI, y ahora con Juan Pablo II, la respuesta es: "Cooperemos". Se ha unido, como dijo Pablo VI en su famoso discurso de diciembre de 1965 "Cooperemos con el hombre para construir su hábitat". Y Juan Pablo II es un ardiente partidario de la tendencia a un gobierno mundial por razones geopolíticas. Quiere introducir su marca de cristianismo, por supuesto, y el catolicismo, pero ciertamente está a favor de ello [un gobierno mundial]. Cuando se dirigió a las Naciones Unidas, en su última gran carta a ellos, el saludo fue este: "Yo, Juan Pablo, obispo de Roma, y miembro de la humanidad". Esto ya no era ahora, digamos, Pío IX o Pío X. Pío X habría dicho a principios de este siglo: "Soy el Vicario de Jesucristo. Si no escuchan mi voz, entonces serán condenados para siempre. No participaremos en ningún comportamiento gubernamental, en ningún plan de gobierno que no reconozca la realeza de Cristo". Eso está completamente ausente. Ahora existe la política de cooperación con la formación de la Unión Europea, la cooperación con las Naciones Unidas, y el Vaticano y la Iglesia ha entrado en esa lista, en lucha entre la asamblea general de las Naciones Unidas y las organizaciones no gubernamentales.*

ART BELL: *¿Así que está en marcha?*

P. MARTIN: *¡Vas por buen camino! Ésa es la respuesta, y recuerde que el Vaticano, en la colina del Vaticano, hay más o menos, la cifra varía, más de ciento cuarenta embajadores de las naciones. Es una parte integral del sistema que se ha construido a lo largo de los siglos de nuestra vida internacional. Y tiene embajadores y representantes en más de noventa países, incluyendo a Rusia, incluyendo a Israel, y tiene su representante en Pekín, aún no con estatus diplomático, pero llegarán a eso.*

ART BELL: *De nuevo, P. Martin, refiriéndose a lo que leí, que usted dijo que tenía una relevancia parcial... ¿Imagina usted que la persona que escribió esto había tenido conocimiento de alguna manera del texto original?*

P. MARTIN: *Sí, sí, sí, ciertamente, al menos lo sé de palabra, no por haberlo leído.*

ART BELL: *Entiendo.*
(algo después en el programa)

ART BELL: *Muy bien, aquí estamos de nuevo. Sólo un par de cosas que quiero leer rápidamente, una de un amigo en Australia: el Padre que dice: "Conocí un sacerdote jesuita que me contó más del Tercer Secreto de Fátima hace años, en Perth. Dijo, entre otras cosas, que el último Papa estaría bajo el control de Satanás. El Papa Juan se desmayó, pensando que podría ser él. Nos interrumpieron antes de que pudiera escuchar el resto". ¿Algún comentario al respecto?*

P. MARTIN: *... Sí...* (breve pausa) *... Parece como si...* (breve pausa) *... **estuvieran leyendo o se les dijera el texto del Tercer Secreto...***

ART BELL: *Oh, ¡Dios mio!*

Entrevista a Su Eminencia el Cardenal Carlo Caffarra de Bolonia

Rorate Caeli ha publicado una traducción de una notable entrevista con el cardenal Carlo Caffarra de Bolonia, originalmente publicada en el año 2008. En ella hace referencia a la correspondencia que mantuvo con la Hermana Lúcia:

Q. Hay una profecía de la Hermana Lúcia dos Santos, de Fátima, que se refiere a "la batalla final entre el Señor y el reino de Satanás". El campo de batalla es *la familia. La vida y la familia. Sabemos que usted recibió el encargo de Juan Pablo II de proyectar y crear el Instituto Pontificio para los Estudios sobre el Matrimonio y la Familia.*

A. *Sí, así fue. Al inicio de este trabajo que me encomendó el Siervo de Dios Juan Pablo II, escribí a la Hermana Lúcia de Fátima a través de su Obispo, ya que no podía hacerlo directamente. Sin embargo, inexplicablemente, ya que no esperaba una respuesta, dado que sólo había pedido oraciones, recibí una carta muy larga con su firma, que ahora se encuentra en los archivos del Instituto. En ella encontramos escrito:*

> "... la batalla final entre el Señor y el reino de Satanás será sobre el matrimonio y la familia. No tengáis miedo, **añadía**, porque cualquiera que opere en favor de la santidad del matrimonio y de la familia será siempre contestado y opuesto en todos los sentidos, porque ésta es la cuestión decisiva". *Y concluyó*: "sin embargo, la Virgen ya le ha aplastado la cabeza".

Q. *Hablando también con Juan Pablo II, usted sentía que éste era el quid, ya que toca el pilar mismo de la creación, la verdad de la relación entre el hombre y la mujer entre las generaciones. Si se toca el pilar fundacional todo el edificio se derrumba y lo vemos ahora, porque estamos en este punto y lo sabemos. Y me conmueve cuando leo las mejores biografías del Padre Pío, sobre cómo este hombre estaba tan atento a la santidad del matrimonio y a la santidad de los cónyuges, incluso con justificado rigor en ocasiones.*

A. *¿Esto sorprende a quienes observan los acontecimientos que se desarrollan actualmente en la Iglesia? Hemos referido varias apariciones en el pasado que están relacionadas con esto, comenzando por Nuestra Señora del Buen Suceso, en el siglo XVII:*

> "**Así os hago saber que desde finales del siglo XIX y poco después de la mitad del siglo XX... las pasiones estallarán y habrá una corrupción total de las costumbres... En cuanto al Sacramento del Matrimonio, que simboliza la unión de Cristo con su Iglesia, será atacado y profundamente profanado. La masonería, que estará entonces en el poder, promulgará leyes inicuas con el fin de suprimir este Sacramento, facilitando que todos vivan en el pecado y fomentando la procreación de hijos ilegítimos nacidos sin la bendición de la Iglesia... En este momento de suprema necesidad para la Iglesia, quien debería hablar callará**".

Cuando reflexionamos sobre la división entre los prelados en el Sínodo, nos viene a la mente Nuestra Señora de Akita:

> "La obra del demonio se infiltrará incluso en la Iglesia de tal manera que se verán Cardenales contra Cardenales, Obispos contra Obispos. Los sacerdotes que me veneran serán despreciados y enfrentados a sus hermanos… iglesias y altares saqueados; la Iglesia estará llena de quienes acepten compromisos y el demonio presionará a muchos sacerdotes y almas consagradas para que dejen el servicio del Señor".

Q. *Los católicos no estamos obligados a creer ni siquiera en las revelaciones privadas más aprobadas y veneradas, pero muchos de nosotros elegimos hacerlo. ¿Se relaciona esta batalla con el famoso discurso que supuestamente escuchó el Papa León XIII en una visión entre Cristo y Satanás, que le llevó a componer la oración a San Miguel? ¿Cuánto durará la batalla final y qué vendrá después?*

A. *Es imposible saberlo. Pero la idea de que en este mismo momento se está librando una batalla por el corazón de la Iglesia y las almas de los fieles ya no se discute.*

El Papa Juan Pablo II beatificó a Francisco y Jacinta Marto el 13 de mayo de 2000 en una celebración a la que asistieron más de 700.000 personas. Actualmente está en marcha su causa de canonización. Poco antes, la Hermana Lúcia escribió dos libros, uno titulado **Memorias** y otro **Llamadas del Mensaje de Fátima**; ambas obras serán utilizadas ampliamente para dicho proceso. De hecho, el libro de **Llamadas**… fue redactado en los años cincuenta, pero estuvo retenido en la burocracia de la Curia vaticana. Cuando Juan Pablo II supo de ello, con ocasión de su primer viaje a Fátima, ordenó su inmediata publicación. Y la Hermana Lúcia redactó otro escrito breve, que quedó casi interrumpido, titulado **Cómo veo el mensaje a través de los tiempos y de los acontecimientos**, publicado en 2006 tras su muerte. Aparte está su valioso manuscrito **O meu Caminho**, incorporado a su proceso de beatificación, que contiene revelaciones de enorme interés sobre las comunicaciones recibidas de la Virgen.

Discrepancias sobre la publicación del Tercer Secreto del Vaticano

De hecho, en 1984, justo antes de jubilarse a una venerable edad, el reverendo obispo de Niigata (Japón), monseñor John Shojiro Ito, en consulta con la Santa Sede, escribió una carta pastoral en la que reconocía como una auténtica manifestación de la Madre de Dios la extraordinaria serie de acontecimientos que habían tenido lugar de 1973 a 1981 en un pequeño convento laico de su diócesis, en Akita (Japón). El Cardenal Ratzinger (futuro Papa Benedicto XVI), en junio de

1988, aprobó también los sucesos milagrosos de Akita y las apariciones de la Santísima Virgen María como *"fiables y dignos de ser creídos"* debido a que el último mensaje de Nuestra Señora en Akita, el 13 de octubre del 1973 era... *"... en efecto el tercer Secreto de Fàtima..."* (**ver página siguiente: 333**).

Años más tarde, el embajador de Filipinas en el Vaticano, en 1998 habló con el Cardenal Ratzinger sobre las apariciones y revelaciones marianas en Akita, y el Cardenal alemán le hizo el siguiente comentario:

"Estos dos mensajes de Fátima y Akita son esencialmente los mismos".

El 13 de octubre de 1973, en el 56º aniversario del Milagro del Sol en Fátima, la Santísima Virgen María se apareció en Akita, Japón (**ver el mensaje del 13 de octubre 1973 aquí abajo**), para advertir de un doble castigo: que implicaría tanto a la Iglesia como al mundo entero. El cardenal Ratzinger ha descrito el Mensaje de Akita como "esencialmente el mismo" que el de Fátima. El paralelismo entre el Mensaje de Akita y el Mensaje de Fátima no puede ser más parecido: ambos Mensajes predicen una crisis en la Iglesia y la destrucción de gran parte de la Humanidad si continúa la apostasía de muchos sacerdotes y obispos y laicos contra Dios. Ya hemos señalado la deserción masiva de almas consagradas al sacerdocio, de las órdenes religiosas y de los conventos desde el Concilio Vaticano II. Por tanto, en Akita estamos ante una intervención de la Santísima Virgen María aprobada por la Iglesia, que complementa la de Fátima.

Y sin embargo... el tercer mensaje de la Santísima Virgen María en Akita (*en el 56º aniversario exacto de la última aparición de la Santísima Virgen María en Fátima*) trae consigo una advertencia específica y gravísima de un castigo mundial, que no aparece en ninguna parte de los Secretos de Fátima publicados por el Vaticano:

> **"Como os dije, si los hombres no se arrepienten y se mejoran, el Padre infligirá un castigo terrible a toda la Humanidad. Será un castigo mayor que el diluvio, como nunca se ha visto antes. El fuego caerá del cielo y aniquilará a gran parte de la Humanidad, tanto a los buenos como a los malos, sin perdonar ni a los sacerdotes ni a los fieles. Los supervivientes se encontrarán tan desolados que envidiarán a los muertos. Las únicas armas que les quedarán serán el Rosario y la Señal dejada por mi Hijo. Rezad cada día las oraciones del Rosario.**
> **Con el Rosario, rezad por el Papa, los obispos y los sacerdotes. La obra del demonio se infiltrará incluso en la Iglesia de tal manera que se verán Cardenales contra Cardenales, y Obispos contra otros Obispos. Los sacerdotes que me veneran serán despreciados y afrentados por sus colegas. La Iglesia y los altares serán vandalizados. La Iglesia se llenará de quienes acepten compromisos y el demonio presionará a muchos sacerdotes y almas consagradas**

para que dejen el servicio del Señor.
El demonio se ensañará especialmente con las almas consagradas a Dios. El pensamiento de la pérdida de tantas almas es la causa de mi tristeza. Si los pecados aumentan en número y gravedad, ya no habrá perdón para ellos".

(Tercer mensaje de la Virgen María en Akita, 13 de octubre de 1973)

El castigo advertido por la Santísima Virgen María en Akita es mucho peor que la descripción de la tercera visión secreta de Hermana Lúcia divulgada por los Cardenales Sodano, Ratzinger y Bertone en junio de 2000... a pesar de ello, el Cardenal Ratzinger declaró que:

"Estos dos mensajes de Fátima y Akita son esencialmente los mismos".

Esta declaración del cardenal Ratzinger, y la aprobación por parte de la Iglesia del caso de la aparición mariana de Akita son nada menos que una contradicción autoinculpatoria del Vaticano... Pero el castigo no parece ser la única parte que sigue ocultando el Vaticano, sino también una supuesta apostasía dentro de la Iglesia.

Tenemos, para introducir pruebas, los testimonios de cinco prelados que leyeron íntegramente el Tercer Secreto de Fátima, cuatro de los cuales ya hemos tratado: El del Rev. Padre Fuentes, el del Cardenal Ottaviani, el del Rev. Padre Villa y el del Rev. Padre Malaquías Martín; el cuarto es el de su Eminencia el Cardenal Ciappi, teólogo personal de sus santidades el Papa Juan XXIII, el Papa Pablo VI, el Papa Juan Pablo I y Juan Pablo II, que declaró:

"En el tercer Secreto, se predice, entre otras cosas, que la gran apostasía en la Iglesia comienza por arriba..."

Su Eminencia el Cardenal Silvio Angelo Pio Oddi fue un prelado italiano de la Iglesia Católica que trabajó en el servicio diplomático de la Santa Sede y en la Curia Romana. Se convirtió en Cardenal en 1969 y dirigió la Congregación y el Dicasterio para la Vida Religiosa de 1979 a 1986. El buen prelado murió en 2000, y fue uno de los eclesiásticos conservadores más abiertos de su tiempo. También ocupó un lugar especial en la historia del debate sobre el mensaje de Fátima, ya que intentó insistentemente que el Papa Juan XXIII publicara el Tercer Secreto revelado a los tres pastorcillos portugueses.

En una entrevista improvisada con el periódico británico *The Telegraph*, publicada en 1990, el Cardenal Oddi habló de su relación con el Papa Juan XXIII. A principios de los años 60, cuando trabajaba como su secretario, le dijo al Papa italiano:

— *Santísimo Padre, hay una cosa que no le puedo perdonar.*

El Papa, sorprendido, preguntó qué era. Oddi respondió:

— ***No puedo perdonarle que no haya revelado el Tercer Secreto de Fátima, transmitido a tres niños portugueses por la Virgen María en 1917, y cuya publicación estaba prevista para 1960.***
— *"¡No hablemos de ello!"*, respondió el Papa.

En las cuartas Memorias de la Hermana Lúcia, escritas en octubre-diciembre de 1941, la última vidente de Nuestra Señora de Fátima que sobrevivió copió los dos primeros secretos del texto de su libro anterior, pero, sorprendentemente, añadió una frase que no había escrito antes: ***En Portugal se conservará siempre el dogma de la Fe***, etcétera., lo que supone una promesa de que la verdadera Fe se conservará en ese país, aunque en su vaguedad da a entender que esto podría no ser así para el resto del mundo... El prelado portugués Messias de Coelho concluyó que:
... esta alusión, tan positiva sobre lo que sucederá entre nosotros, nos sugiere que será diferente a nuestro alrededor...

El Rev. Padre Alonso, archivero oficial de Fátima, dijo lo siguiente sobre el Tercer Secreto:

*"**En Portugal, el dogma de la Fe será siempre preservado**". La frase implica claramente un estado crítico de la Fe, que otras naciones sufrirán, es decir, una crisis de Fe; mientras que Portugal preservará su Fe. En el período que precede al gran triunfo del Corazón Inmaculado de María, van a ocurrir cosas terribles. Éstas constituyen el contenido de la tercera parte del Secreto. ¿Cuáles son? Si "en Portugal el dogma de la Fe se conservará siempre", se puede deducir claramente que en otras partes de la Iglesia estos dogmas van a oscurecerse o incluso a perderse del todo. Por tanto, es muy posible que en este período intermedio que está en cuestión (después de 1960 y antes del triunfo del Corazón Inmaculado de María), el texto haga referencias concretas a la crisis de la Fe de la Iglesia y a la negligencia de los propios pastores; (por tanto) una conclusión parece efectivamente incuestionable: el contenido de la parte inédita del Secreto no se refiere a nuevas guerras o convulsiones políticas, sino a acontecimientos de carácter religioso e intraeclesial, que por su naturaleza son aún más graves".*

En 1984, el Obispo de Fátima dijo:

"... la pérdida de la Fe de un continente es peor que la aniquilación de una nación; y es cierto que la Fe disminuye continuamente en Europa...".

Y en su entrevista de 1984 con Vittorio Messori, el Cardenal Ratzinger confirmó la conclusión del Padre Alonso cuando afirmó que…

"… la parte final del Secreto habla de los peligros que amenazan la fe y la vida de los cristianos, y por tanto del mundo".

En fría retrospectiva, podemos suponer que el cumplimiento de la profecía del Tercer Secreto comenzó en 1960, pues cuando se le preguntó a la Hermana Lúcia por qué el Tercer Secreto debía ser revelado a más tardar en 1960, respondió:

"Porque entonces será más claro".

El Padre Pío conocía el tercer secreto de Fátima

El jefe de los exorcistas, el padre Amorth: *El Padre Pío conocía el Tercer Secreto.*
(Artículo de Maike Hickson)

En un reciente artículo sobre el Secreto de Fátima, Steve Skojec, el fundador y editor de *OnePeterFive*, publicó, hasta donde yo sé, por primera vez en el idioma inglés, palabras del exorcista principal de Roma, el Padre Gabriele Amorth (fallecido en 2016), sobre el Padre Pío y su conocimiento del Tercer Secreto de Fátima. Provienen de un libro recién publicado, escrito por José María Zavala, titulado **El Secreto Mejor Guardado de Fátima**.

El colaborador de *OnePeterFive*, el Sr. Andrew Guernsey fue de gran ayuda para encontrar estas citas. Dado que el propio artículo del Sr. Skojec es algo extenso, es posible que muchos lectores no se hayan dado cuenta de la importancia de esta entrevista con el padre Amorth, que sólo se publicó después de la muerte del sacerdote. A continuación, citaré extensamente el propio artículo de Steve, que primero habla de la convicción del propio Padre Amorth de que la Consagración específica de Rusia aún no ha tenido lugar, y luego entra en la discusión más amplia sobre Fátima.

[Una pieza del rompecabezas de Fátima] llegó en forma de entrevista con el muy famoso (y ya fallecido) exorcista romano, el Padre Gabriel Amorth, también realizada por José María Zavala. El P. Amorth conoció personalmente a San (Padre) Pío durante 26 años, y es de esta figura cumbre de la santidad católica del siglo XX de donde afirma haber aprendido el contenido del Tercer Secreto de Fátima.

El Padre Amorth fue entrevistado por Zavala en 2011, quien mantuvo la entrevista en secreto hasta después de la muerte del exorcista, publicándola por primera vez en su libro sobre Fátima. En la entrevista, el P. Amorth relata —como ha hecho en otros lugares— que no cree que la Consagración del mundo por parte del Papa Juan Pablo II en 1984 fuera suficiente para satisfacer los requisitos establecidos por la Virgen.

> *"No hubo tal Consagración entonces"*, dice [el padre Amorth]. *"Fui testigo del acto. Estaba en la Plaza de San Pedro ese domingo por la tarde, muy cerca del Papa; tan cerca, que casi podía tocarlo".*

Presionado por Zavala sobre por qué cree tan firmemente que la Consagración no se hizo, el padre Amorth respondió:

> *"Muy sencillo: Juan Pablo II quería mencionar expresamente a Rusia, pero al final no lo hizo".*

Zavala insistió en la cuestión con el P. Amorth, diciendo que la propia Hermana Lúcia (como se ha mencionado anteriormente) había dicho que el Cielo había aceptado la Consagración. Describe una reacción incrédula del P. Amorth.

— *"¿Lucía dijo eso...?"*, preguntó.
— *"Bueno, lo dijo,* continúa Zavala, *el Cardenal Tarcisio Bertone en el año 2000, escudándose en una carta* [escudánodse en una carta] *de Lucía fechada en noviembre de 1989, en la que afirmaba que el Cielo había admitido la consagración a pesar de una de las condiciones más importantes".*
— *"¿Has visto esa carta?"* me preguntó, como si estuviera realizando un interrogatorio policial en busca de pruebas.
— *"Nunca"*, dije rotundamente.
— *"No creo que la vea nunca, porque estoy convencido de que Lúcia no la escribió".*
— *"¿Cómo está tan seguro de eso?"*
— *"¿Por qué Bertone no la mostró cuando debía hacerlo, cuando anunció el Tercer Secreto de Fátima? Una simple fotocopia del manuscrito, incluida en el dossier oficial del Vaticano, habría sido suficiente para disipar cualquier duda. Si el Vaticano ha sido siempre escrupuloso en proporcionar las pruebas documentales que autentificaban las informaciones de Lúcia sobre asuntos menores, ¿qué razón tendría para escatimar la única prueba documental que, según Bertone, validaba un hecho que sin duda era de tanta importancia como la Consagración realizada por Juan Pablo II?"*
— *"Sí, es raro"*, admití.
— *"¿De verdad crees que Lucía tardó cinco años en escribir que la Consagración había sido realmente aceptada? ¿Y que Bertone esperó nada menos que dieciséis años para anunciar la validez de algo tan crucial como la Consagración de Rusia al Corazón*

Inmaculado de María?" La voz del Padre Amorth suena escéptica, como hojas secas.

— *"Es todo muy extraño, la verdad"*, Zavala vuelve a asentir.
— **"Además"**, añade, **"si la Consagración del mundo al Inmaculado Corazón de María hecha por Pío XII en 1942 fue aceptada sólo parcialmente** [porque no mencionó específicamente a Rusia]**, pues Jesús dijo que en vista de ello la Guerra sólo se acortaría en lugar de terminar inmediatamente, ¿por qué iba a cambiar ahora de opinión con Juan Pablo II, si no se mencionó a Rusia en esta ocasión?"**
— *"Sería una incongruencia, sí".*
— *"¿Entonces...?"*
— *"Así que..."*
— **"No me cabe duda de que la Consagración no se produjo en los términos exigidos por la Virgen. Pero no debemos perder de vista lo que ella misma quiso decirnos a través de Lucía:** "Al final mi Inmaculado Corazón triunfará". El Santo Padre me consagrará a Rusia y ésta se convertirá [llegará a ser], [concediéndose así], al mundo un tiempo de paz ... "

La entrevista se aleja aquí del tema de Fátima, pero Zavala vuelve a él más adelante:

— *"Perdóname por insistir en el Tercer Secreto de Fátima: ¿El Padre Pío lo relacionó, entonces, con la pérdida de la fe dentro de la Iglesia?".*

El padre Gabriele frunce el ceño y saca la barbilla. Parece muy afectado.

— *"Efectivamente"*, afirma, **"un día el Padre Pío me dijo muy apenado: ¿Sabes, Gabriele? Es Satanás quien se ha introducido en el seno de la Iglesia y dentro de muy poco tiempo llegará a gobernar una falsa Iglesia".**
— *"¡Oh, Dios mío! ¡Una especie de Anticristo! ¿Cuándo le ha profetizado eso?"*
— ***Debió ser alrededor de 1960, ya que entonces yo ya era sacerdote.***
— *"¿Fue por eso que Juan XXIII tuvo tanto pánico a publicar el Tercer Secreto de Fátima, para que la gente no pensara que era el antipapa o lo que fuese?"*

Una sonrisa leve, pero cómplice, asomó a los labios del padre Amorth.

— *"¿Le dijo el padre Pío algo más sobre futuras catástrofes: terremotos, inundaciones, guerras, epidemias, hambre? ¿Aludió a esas plagas*

profetizadas en las Sagradas Escrituras?".
— *"**Nada de eso le importaba, por muy terrorífico que resultara, salvo la gran apostasía en el seno de la Iglesia. Ésta era la cuestión que realmente le atormentaba y por la que rezaba y ofrecía gran parte de su sufrimiento, crucificado por amor**"*.
— *"¿El tercer secreto de Fátima?"*
— *"**Exactamente**"*.
— *"¿Hay alguna manera de evitar algo tan terrible, Padre Gabriele?"*
— *"**Hay esperanza, pero es inútil si no va acompañada de obras. Empecemos por consagrar Rusia al Inmaculado Corazón de María, recemos el Santo Rosario, hagamos todos oración y penitencia...**"*
[énfasis añadido]

Así termina la presentación que hace el propio Steve Skojec de ciertos pasajes del nuevo libro de Zavala sobre Fátima. El padre Amorth es testigo aquí de lo que el padre Pío —al que conoció cuando él mismo era un joven de diecisiete años— le dijo directa y personalmente. El Padre Amorth afirma en esa misma entrevista que el Padre Pío incluso le dejaba leer a veces su propio diario espiritual.

Como informamos anteriormente, el padre Amorth también había declarado ya en vida que no creía que la Consagración de Rusia hubiera tenido lugar (declaración que acaba de ser confirmada por el cardenal Paul Josef Cordes).

En diciembre de 2015, el padre Amorth había dicho:

"La Consagración aún no se ha realizado. Estuve allí el 25 de marzo [de 1984] en la Plaza de San Pedro, estuve en primera fila, prácticamente a poca distancia del Santo Padre. [El Papa] Juan Pablo II quería consagrar a Rusia, pero su entorno no lo hizo, por temor a que los ortodoxos se enemistaran, y casi lo frustraron. Por eso, cuando Su Santidad consagró el mundo de rodillas, añadió una frase no incluida en la versión distribuida que decía, en cambio, consagrar especialmente a aquellas naciones de las que tú misma has pedido su consagración. Así que, indirectamente, esto incluía a Rusia. Sin embargo, todavía no se ha hecho una consagración específica. Siempre puede hacerse. Es más, ciertamente se hará...".

Al igual que con otros hijos espirituales del Padre Pío —el Dr. Ingo Dollinger y el Padre Luigi Villa, por ejemplo—, parece que el Padre Pío sigue efectivamente con nosotros, trabajando a través de aquellos a los que conoció y guió mientras estaba en la tierra. Parece ser parte de su legado el ayudarnos en estos tiempos difíciles. Recemos entonces al Padre Pío de Pietrelcina y pidamos su intercesión.

(Artículo escrito por Maike Hickson, 23 de mayo de 2017)

En una entrevista realizada en abril de 2020 por la revista portuguesa **Dies Irae** al arzobispo Viganò, el ex Nuncio de los Estados Unidos hace la afirmación de que las autoridades del Vaticano, de hecho, nunca han publicado el llamado "Tercer Secreto" completo de Nuestra Señora de Fátima. El arzobispo Vigano afirma además que el secreto contenía una advertencia que implicaba una grave apostasía: la aceptación por parte de muchos de un tipo de nuevo credo secular y "modernista" que comenzaría en la última parte del siglo XX, separando a la Iglesia de su tradición ininterrumpida de fe y práctica desde los tiempos de los Apóstoles.

Entrevista con el arzobispo Carlo Maria Vigano

Dies Irae:

Su Excelencia, muchas gracias por concedernos esta entrevista. La epidemia del COVID-19 ha afectado en los últimos meses a la vida de millones de personas e incluso ha provocado la muerte de muchas. Ante esta situación, la Iglesia, a través de las Conferencias Episcopales, ha decidido cerrar prácticamente todas las iglesias y privar a los fieles del acceso a los Sacramentos. El 27 de marzo, ante una Plaza de San Pedro vacía, el Papa Francisco, actuando de forma manifiestamente mediática, presidió una hipotética oración por la Humanidad. Hubo muchas reacciones a la forma en que el Papa actuó en ese momento, una de las cuales trató de asociar la presencia solitaria de Francisco con el Mensaje de Fátima, es decir, el tercer secreto. ¿Está usted de acuerdo?

Arzobispo Vigano:

Permítame ante todo decirle que me complace conceder esta entrevista para los fieles de Portugal, a quienes la Santísima Virgen ha prometido preservar en la Fe incluso en estos tiempos de gran prueba. Sois un pueblo con una gran responsabilidad, porque pronto podréis veros obligados a custodiar el fuego sagrado de la Religión mientras otras naciones se niegan a reconocer a Cristo como su Rey y a María Santísima como su Reina. La tercera parte del mensaje que Nuestra Señora confió a los niños pastores de Fátima, para que lo entregaran al Santo Padre, permanece en secreto hasta hoy.

La Virgen pidió que se revelara en 1960, pero Juan XXIII hizo publicar un comunicado el 8 de febrero de ese año en el que afirmaba que la Iglesia… *"no quiere asumir la responsabilidad de garantizar la veracidad de las palabras que los tres niños pastores dijeron que la Virgen María les habló"*. **Con este distanciamiento** (del Vaticano) **del mensaje de la Reina del Cielo, se inició una operación de encubrimiento, evidentemente porque el contenido del mensaje habría revelado la terrible conspiración contra la Iglesia de Cristo por parte de sus enemigos.**

Hasta hace unas décadas hubiera parecido increíble que se llegara al punto de que incluso la Virgen pudiera ser silenciada, pero en los últimos años hemos asistido también a intentos de censura del propio Evangelio, que es la Palabra de su divino Hijo.

En el año 2000, durante el pontificado de Juan Pablo II, el Cardenal Sodano presentó como Tercer Secreto una versión propia que en varios elementos parecía claramente incompleta... No es de extrañar que el nuevo Secretario de Estado, el Cardenal Bertone, tratara de desviar la atención hacia un acontecimiento del pasado (el intento de asesinato de Juan Pablo II el 13 de mayo de 1981) para hacer creer al pueblo de Dios que las palabras de la Virgen (en 1917 cuando se apareció) no tenían nada que ver con la crisis de la Iglesia (en las décadas posteriores a 1960) y el matrimonio de modernistas y masonería que se contrajo entre bastidores en el Concilio Vaticano II (1962-1965).

Antonio Socci, que ha investigado minuciosamente el Tercer Secreto, desenmascaró este comportamiento nocivo por parte del Cardenal Bertone. Además, fue el mismo Bertone quien desacreditó y censuró fuertemente a la *Madonnina delle Lacrime* (Virgen de las Lágrimas) de Civitavecchia, cuyo mensaje concuerda perfectamente con lo dicho en Fátima.

No olvidemos el desatendido llamamiento de la Virgen al Papa y a todos los obispos para que consagraran Rusia a su Corazón Inmaculado, como condición para la derrota del comunismo y del materialismo ateo: consagrar no "el mundo", no "la nación que Tú quieres que te consagremos", sino "Rusia". ¿Era tan costoso hacerlo?

Evidentemente sí, para quienes no tienen una mirada sobrenatural. Se prefirió recorrer el camino de la distensión con el régimen soviético, inaugurado por el propio Roncalli (el Papa Juan XXIII, cuyo nombre de bautismo era Angelo Roncalli), sin comprender que sin Dios no hay paz posible. Hoy, con un Presidente de la Confederación Rusa ciertamente cristiano, la petición de la Virgen podría ser atendida, evitando nuevas desgracias para la Iglesia y el mundo".

(Extracto de la entrevista hecha por *Dies Irae*, medio católico portugués, en abril de 2020)

La Hermana Lúcia falleció el domingo 13 de febrero de 2005 a la edad de 97 años como "Hermana María Lúcia del Corazón Inmaculado"[21]. La vidente portuguesa falleció de avanzada edad en el convento carmelita de Santa Teresa de Coimbra, en el centro de Portugal, a las 17:25 hora local. Cuando visité al entonces abad René Laurentin en Evry (Francia) en 1995, me decía, con su habitual

---

[21] Se han acumulado estos últimos 20 años evidencias científicas que la religiosa que murió el 13 de febrero 2005 conocida bajo el nombre Sor Lucia no era en efecto la verdadera Lucia Dos Santos sino una remplazante establecida como tal por el Vaticano.

discurso pausado y bien pensado y su sonrisa serena, que un signo de una verdadera aparición es éste:

> *"Si un mensaje de un lugar de apariciones viene **verdaderamente** de Dios, no hay nada que el hombre pueda hacer para...* (hace una breve pausa y luego sonríe) *... impedir que la vela encendida de Dios sea colocada en un celemín para que todos la vean".*

En estas graves advertencias, la más alta jerarquía de la Iglesia es puesta en causa, pero no sólo..., y para entender las razones de tan vehemente campaña de desobediencia (al Cielo), basta con leer los mensajes de la Señora del Buen Suceso, de La Salette, de La Fraudais y también de Fátima —en la parte oculta de su Tercer Secreto— para comprender las razones del ensordecedor silencio de Roma, pues la respuesta la da allí la "Sierva del Señor", a plena luz, sin ambigüedades, una y de nuevo la misma otra vez ...

Capítulo V

El mensaje de Nuestra Señora de Akita, Japón

"(…) Reciten cada día las oraciones del rosario. Con el Rosario, rezen por el Papa, los obispos y los sacerdotes."

(Mensaje de Nuestra Señora de Akita, 13 de octubre, 1973)

Como se ha observado, el caso de la aparición mariana de Akita es esencialmente el mismo que el de Fátima, por lo que pretende revelar públicamente lo que estaba... *oculto bajo un celemín*... El mensaje de Nuestra Señora de Akita es incuestionablemente la revelación del Tercer Secreto oculto de Fátima.

Hay que tener en cuenta que, además del mensaje bastante notable de la Santísima Virgen María que le hizo llegar la vidente de Akita, la Hermana Agnes Sasagawa (Hermana de las Esclavas Eucarísticas del Sagrado Corazón), la monja japonesa experimentó estigmas y varias curaciones físicas milagrosas. No obstante, el caso de la aparición mariana de Akita se percibe igualmente con otros sucesos sobrenaturales como la estatua de la Santísima Virgen María (Nuestra Señora de las Naciones) en el convento japonés llorando lágrimas humanas y sangrando sangre humana en su mano derecha... Todos estos sucesos científicamente inexplicables se sumaron al factor de "credibilidad" tan requerido por las autoridades investigadoras de la Iglesia, y llevarían al reconocimiento oficial de este caso de apariciones marianas por parte del Obispo de Akita en 1984, y de Roma en 1988.

Todo comenzó en 1973 en el pequeño convento de las hermanas de las Siervas Eucarísticas del Sagrado Corazón en Akita, Japón, con una monja medio sorda llamada Agnes Sasagawa. La devota religiosa experimentó su primer encuentro con el Cielo en un día regular de Adoración. En efecto, al abrir el Sagrario para preparar su hora habitual de oración, una luz muy brillante, para su sorpresa, salió del interior del santo Sagrario y llenó toda la capilla de una suave luminosidad indescriptible. La hermana Sasagawa quedó tan sobrecogida que cayó al suelo.

Esta extraordinaria experiencia ocurrió en tres días consecutivos, así como en el día de la fiesta del *Corpus Christi*. Cuando se produjeron los hechos, la Hermana Sasagawa preguntó cada vez a las otras Hermanas presentes si habían visto algo fuera de lo normal, todas respondieron que no... En otra ocasión, la Hermana Sasagawa vio con asombro a un grupo de ángeles adorar la Sagrada Eucaristía en círculo alrededor del altar. Cuando la monjita japonesa finalmente informó de sus notables experiencias al obispo de Akita, que estaba de visita en el convento en dicho día de fiesta, éste, sin saber al principio qué pensar de tal afirmación, aconsejó flemáticamente a la buena monja que mantuviera esta experiencia en privado... El 6 de junio de 1973, una oración eucarística escrita por el Obispo Ito estaba siendo recitada por las monjas en la capilla de Akita, cuando la Hermana Sasagawa oyó la voz de la Santísima Virgen María añadir la palabra "verdaderamente" a dicha oración, subrayando así la verdadera Presencia física y espiritual de Nuestro Señor Jesucristo en el Santo Sacramento del Altar:

Sacratísimo Corazón de Jesús, <u>VERDADERAMENTE</u> presente en la

Sagrada Eucaristía, consagro mi cuerpo y mi alma para ser enteramente uno con tu Corazón, siendo sacrificado en cada instante, en todos los altares del mundo, y dando alabanzas al Padre suplicando la llegada de su Reino. Por favor, recibe esta humilde ofrenda de mí misma. Utilízame como quieras para la gloria del Padre y la salvación de las almas. Santísima Madre de Dios, no permitas que me separe de tu Divino Hijo. Por favor, defiéndeme y protégeme como tu hija especial. Amén.

Ese mismo día, una herida sangrante apareció, ante todos los presentes, en la mano derecha de la estatua de Nuestra Señora de todos los Pueblos, en la capilla del convento, y el 12 de junio, vigilia de la fiesta del Sagrado Corazón, algunas monjas del convento, alarmadas por el extraordinario espectáculo, informaron a su Madre-Superiora de las gotas de sangre que salían de la mano derecha de la estatua. Mientras tanto, la hermana Sasagawa, que ese mismo día estaba enferma en el hospital, fue testigo de la primera aparición de su ángel de la guarda.

En esta primera y notable aparición, el ángel le enseñó a la asombrada monja la "Oración de Fátima" (**ver página 603**) que debe rezarse después de cada decena del rosario... Curiosamente, esta oración era entonces prácticamente desconocida en Japón... En la misma ocasión, una herida en forma de cruz apareció curiosamente en el hueco de la mano izquierda de la Hermana Sasagawa y comenzó a sangrar también... Esta herida se convirtió para la pobre monjita en algo insoportable ya que comenzó a sangrar profusamente.

El angustioso dolor de la Hermana Agnes bajó finalmente de intensidad y, en consecuencia, la buena monja decidió no quejarse más, sino ofrecerlo a Nuestro Señor Jesucristo. A su regreso al convento esa tarde, la Hermana Sasagawa reanudó sus tareas en el convento, que estaba revuelto debido al extraordinario milagro reportado anteriormente con la estatua sangrante de la Santísima Virgen María en su capilla. Más tarde, esa misma noche, la Hermana Sasagawa se levantó (a las 3:00 de la mañana) para cambiar el vendaje de su palma sangrante cuando su ángel se le apareció de nuevo, diciendo:

"No temas. Reza con fervor no sólo por tus pecados, sino en reparación por los de todos los hombres. El mundo actual hiere al Sacratísimo Corazón de Nuestro Señor con sus ingratitudes e injurias. Las heridas de María son mucho más profundas y dolorosas que las tuyas. Vamos a rezar juntos en la capilla".

La Hermana Agnes se dirigió a la capilla acompañada de su ángel, quien le dijo que en la mano de la estatua de la Virgen en la capilla había aparecido una herida similar a la suya, y que esta herida era mucho más dolorosa que la suya. El ángel desapareció al llegar a la capilla. La hermana Agnes quería ver la herida en la mano de la estatua cuando de repente la estatua se vio totalmente envuelta en una luz brillante. La hermana Sasagawa se postró inmediatamente en el suelo ante la brillante estatua de Nuestra Señora de todas las Naciones. La hermana Sasagawa escribió en su diario personal:

> *"Me postré en el suelo y en el mismo momento una voz de indescriptible belleza golpeó mis oídos totalmente sordos:*
>
> **Mi querida hija, mi novicia, me has obedecido bien al dejar todo para seguirme. ¿Te duele la enfermedad de tus oídos? Tu sordera se curará, tenlo por seguro. ¡Persevera! Esta será tu última prueba. ¿La herida de tu mano te hace sufrir? Reza en reparación por los pecados de la humanidad. Cada persona de esta comunidad es mi hija insustituible. ¿Dices bien la oración de las Siervas de la Eucaristía? Entonces, recémosla juntas: Sagrado Corazón de Jesús, verdaderamente presente en la Sagrada Eucaristía, consagro mi cuerpo y mi alma para que sean enteramente uno con Tu Corazón, siendo sacrificado en cada instante, en todos los altares del mundo, y dando alabanzas al Padre suplicando la llegada de Su Reino. Por favor, recibe esta humilde ofrenda de mí misma. Utilízame como quieras para la gloria del Padre y la salvación de las almas. Santísima Madre de Dios, no permitas que me separe de tu Divino Hijo. Por favor, defiéndeme y protégeme como tu hija especial. Amén. Reza mucho por el Papa, los Obispos y los Sacerdotes. Desde tu Bautismo, siempre has rezado fielmente por ellos. Sigue rezando mucho... mucho. Cuenta a tu superior todo lo que ha pasado hoy y obedece en todo lo que te diga. Te ha pedido que reces con fervor".**

(La Santísima Virgen María, 12 de junio de 1973).

Doce días después, el 24 de junio, la Hermana Sasagawa volvió a informar al obispo Ito de lo sucedido. Él la escuchó atentamente y con mucho respeto, y tras un profundo silencio, le aconsejó que siguiera siendo humilde y que rezara. El 14 de junio, el dolor en la mano de la Hermana Agnes fue más fuerte de lo que podía soportar... Fue a la capilla para estar en soledad cuando el ángel se le apareció y le dijo:

> **"Tu sufrimiento terminará hoy. Graba cuidadosamente en el fondo de tu corazón el pensamiento de la sangre de María. El derramamiento de sangre de María tiene un profundo significado. Esta preciosa sangre fue derramada para pedir tu conversión, para pedir la paz, en reparación por la ingratitud y los ultrajes hacia el Señor. Como en la devoción al Sagrado Corazón, aplícate a la devoción a la Preciosísima Sangre. Reza en reparación por todos los hombres. Di a tu superior que la sangre se derrama hoy por última vez. Su dolor también termina hoy. Cuéntale entonces lo que ha**

sucedido hoy. Él lo entenderá todo inmediatamente. Y tú, observa sus indicaciones".

(14 de junio de 1973)

Una vez que el ángel desapareció, su insoportable dolor en la mano cesó de inmediato... Poco después, en la siguiente visita del obispo, el 28 de junio, la Hermana Sasagawa pidió hablar a solas con el obispo Ito. Después de escuchar a la monja, el obispo Ito le dio una lista de preguntas para hacer a la Santísima Virgen María en su próximo encuentro. Estas preguntas eran:

1) ¿Desea el Señor la existencia de nuestro Instituto?
2) ¿Es adecuada su forma actual?
3) ¿Es necesario un grupo de contemplativas en un Instituto secular?

El 3 de agosto, la Hermana estaba en la capilla rezando el rosario cuando se le apareció de nuevo el ángel. Rezó el rosario con ella y luego le dijo a la Hermana:

"¿Tienes algo que preguntar? Adelante, no tienes que preocuparte".

La Hermana no había ni siquiera empezado la primera pregunta, cuando oyó de la estatua de la Santísima Virgen María una hermosa voz:

"Hija mía, novicia mía, ¿así que amas al Señor? Si amas al Señor, escucha lo que tengo que decirte. Es muy importante que lo transmitas a tu superior. Muchos hombres en este mundo afligen al Señor. Deseo que las almas lo consuelen, para ablandar la ira del Padre Celestial. Deseo, con mi Hijo, que las almas reparen por los pecadores e ingratos con su sufrimiento y su pobreza.
Para que el mundo conozca su cólera, el Padre Celestial se dispone a infligir un gran castigo a toda la Humanidad. Con mi Hijo he intervenido muchas veces para aplacar la ira del Padre. He impedido la llegada de las calamidades ofreciéndole los sufrimientos del Hijo en la Cruz, su Preciosa Sangre y las almas queridas que lo consuelan formando una cohorte de almas víctimas. La oración, la penitencia y los sacrificios valientes pueden ablandar la ira del Padre. Deseo esto también de vuestra comunidad... que ame la pobreza, que se santifique y rece en reparación de las ingratitudes y ultrajes de tantos hombres.
Recitad la oración de las Siervas de la Eucaristía con la conciencia de su significado; ponedla en práctica; ofreced en reparación por los pecados lo que Dios mande. Que cada una se esfuerce, según su capacidad y posición, en ofrecerse enteramente al Señor.

Incluso en un Instituto secular la oración es necesaria. Ya las almas que desean orar están en camino de ser reunidas. Sin prestar demasiada atención a la forma, sé fiel y ferviente en la oración para consolar al Maestro.

¿Es cierto lo que piensas en tu corazón? ¿Estás verdaderamente decidido a convertirte en la piedra rechazada? Novicia mía, tú que quieres pertenecer sin reservas al Señor, para convertirte en la esposa digna del Esposo haz tus votos sabiendo que debes estar sujeta a la Cruz con tres clavos. Estos tres clavos son la pobreza, la castidad y la obediencia. De los tres, la obediencia es el fundamento. En total abandono, déjate guiar por tu superior. Él sabrá comprenderte y dirigirte".

(La Santísima Virgen María, 3 de agosto de 1973)

Aproximadamente un mes después, la hermana Sasagawa recibió el siguiente mensaje de la Santísima Virgen María:

"Hija mía, si amas a Nuestro Señor, escúchame. Muchas personas en el mundo afligen a Nuestro Señor. Pido almas que lo consuelen y que reparen. El Padre Celestial está preparando un gran castigo para el mundo. Muchas veces he intentado con mi Hijo suavizar la ira del Padre. Le presenté muchas almas expiatorias que reparan con oraciones y sacrificios. Eso es lo que os pido a vosotras. Honrad la pobreza. Vivid pobremente. Debéis cumplir vuestros votos, que son como tres clavos para clavaros en la Cruz: los clavos de la pobreza, la castidad y la obediencia.

Este flujo de sangre es significativo. Será derramada por la conversión de los hombres y en reparación de los pecados. A la devoción al Sagrado Corazón se añade la devoción a la Preciosa Sangre".

(La Santísima Virgen María, septiembre de 1973)

El 23 de septiembre de 1973, la imagen de Nuestra Señora de todos los Pueblos comenzó a sudar desde el rostro hasta los pies; además, las lágrimas comenzaron a correr por el rostro de la hermosa estatua. También se percibió una fragancia muy agradable dentro de la capilla. Esto ocurrió muchas veces en presencia de otras personas, incluso del Obispo visitante. Su Excelencia el Obispo Ito estaba tan conmovido por esta notable experiencia que ordenó que las lágrimas producidas por la estatua fueran inmediatamente recogidas y enviadas a la Facultad de Medicina Forense de la Universidad de Akita, para que fueran analizadas.

Las pruebas técnicas y científicas se llevaron a cabo bajo la dirección del profesor Sagisaka, M.D., un especialista no cristiano en medicina forense, y demostraron, para asombro del buen científico japonés, que se trataba efectivamente de lágrimas humanas...

El 13 de octubre de 1973 (56º aniversario de la última aparición de Fátima), la Santísima Virgen María se le apareció a la hermana Sasagawa, pero de forma un tanto grave y solemne, dándole un mensaje de la mayor gravedad:

— "**Mi querida hija, escucha bien lo que tengo que decirte. Informarás a tu superiora**". Después de un breve silencio, la Santísima Virgen María continuó:

"**Como ya te he dicho, si los hombres no se arrepienten y se convierten, el Padre infligirá un terrible castigo a toda la humanidad. Será un castigo mayor que el diluvio, como nunca se ha visto antes... El fuego caerá del cielo y aniquilará a gran parte de la humanidad, tanto a los buenos como a los malos, sin perdonar a los sacerdotes ni a los fieles. Los supervivientes se encontrarán tan desolados que envidiarán a los muertos. Las únicas armas que les quedarán serán el Rosario y la Señal dejada por Mi Hijo. Rezad cada día las oraciones del Rosario. Con el Rosario, rezad por el Papa, por los obispos y los sacerdotes.**

La obra del demonio se infiltrará incluso en la Iglesia de tal manera que se verán Cardenales contra Cardenales, Obispos contra Obispos. Los sacerdotes que me veneran serán despreciados y afrentados por sus hermanos... Las iglesias y los altares serán saqueados; la Iglesia se llenará de quienes acepten compromisos y el demonio presionará a muchos sacerdotes y almas consagradas para que dejen el servicio del Señor.

El demonio será especialmente implacable contra las almas consagradas a Dios. El pensamiento de la pérdida de tantas almas es la causa de mi tristeza... Si los pecados aumentan en número y gravedad, ya no habrá perdón para ellos.

Con ánimo, hablad a vuestro superior. Él sabrá animar a cada uno de vosotras a rezar y a realizar obras de reparación".

La Hermana Sasagawa preguntó:

— *¿Quién es mi superior?*
— **Es el obispo Ito que dirige tu comunidad.**

La Virgen sonrió y dijo:

"**¿Todavía tienes algo que preguntar? Hoy es la última vez que te hablo con voz viva. A partir de ahora obedecerás al que te ha sido enviado y a tu superior. Reza mucho las oraciones del Rosario. Sólo** yo puedo todavía salvaros de las calamidades que se acercan... Aquellos que pongan su confianza en mí se salvarán".

(La Santísima Virgen María, 13 de octubre de 1973)

Marian apparitions in Akita, Japan

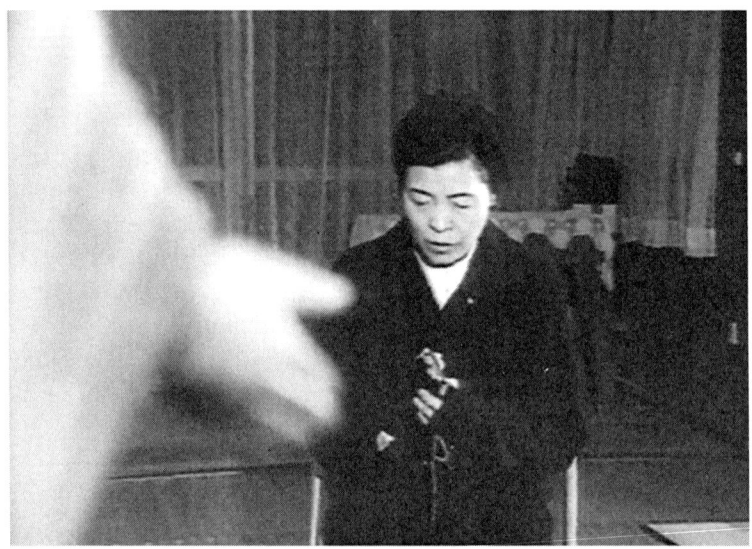

La Hermana Sasagawa (estigmatizada y vidente de Akita

Iglesia del convento de Akita, Japón

Cardinal Ratzinger   Su Excelencvia Monseñor Ito,
(Proefecto de Doctrina de la Fe)   Obispo de Akita

El Cardenal Ratzinger, que se entrevistó cara a cara con el obispo Ito en Roma en relación con las apariciones de Akita, dijo a Howard Dee, ex embajador de Filipinas en el Vaticano, que el mensaje de Fátima y el de Akita son _**"esencialmente los mismos"**_. En ese caso, cabría esperar que se encuentren en el mensaje de Fátima _"los mismos temas tratados"_ que en el mensaje de Akita del 13 de octubre de 1973, el mismo aniversario de la última aparición de Fátima y del Milagro del Sol.

Monseñor Ito en oración con las hermanas del Convento de Akita

La hermana Sasagawa en 2015

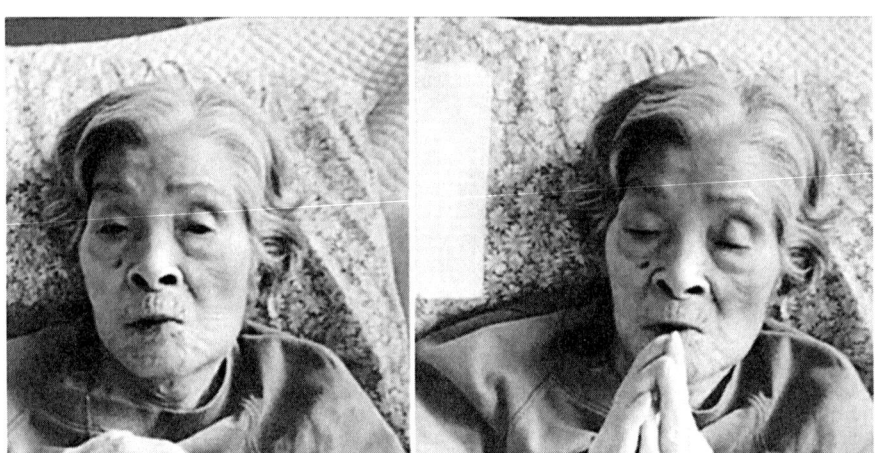

La hermana Sasagawa en 2023

Aquel de quien hablaba la Virgen cuando dijo: **"A partir de ahora obedeceréis al que se os envíe y a vuestro superior"**, era el reverendo padre Teiji Yasuda, que fue destinado y enviado a Akita el 10 de marzo por el obispo Ito. El padre Yasuda comenzó como jardinero de devoción en la propiedad del convento, un jardín que estaba dedicado a María; sin embargo, su principal tarea era la de aconsejar y guiar a la Hermana Sasagawa.

La estatua de Nuestra Señora de todos los Pueblos siguió llorando, pero el 15 de marzo, curiosamente, la fragancia que perfumaba la capilla cesó...

En mayo de 1974, el ángel se apareció de nuevo a la Hermana Agnes y le dio el siguiente mensaje:

> "Tus oídos se abrirán en agosto o en octubre. Oirás. Serás curada. Pero eso durará sólo un momento, porque el Señor aún desea esta ofrenda y volverás a quedarte sorda. Al ver que tus oídos son restaurados de nuevo, los corazones de los que aún dudan se derretirán y creerán. Tened confianza y rezad con buenas intenciones. Informa de lo que te he dicho a quien te dirige. Pero no habléis de ello a nadie más hasta que se produzca".

(18 de mayo de 1974)

Cuatro meses después, el ángel se le apareció de nuevo a la Hermana Agnes y le dijo:

> "Esta mañana has hablado del sueño, ¿no es así? No te preocupes. Hoy o mañana comienza una novena, una de tu elección, y luego dos más. Durante el tiempo de estas tres novenas hechas ante el Señor Verdaderamente Presente en la Eucaristía, tus oídos se abrirán durante la Adoración y escucharás. Lo primero que oirás será el canto del *Ave María* que estás acostumbrado a cantar. A continuación, oirás el sonido de la campana que toca en la bendición con el Santísimo Sacramento.
>
> Después de la bendición pedirás con calma al que te dirige que se cante el Cántico de Acción de Gracias. Entonces se sabrá que tus oídos vuelven a escuchar. En ese momento también tu cuerpo quedará curado y el Señor será glorificado.
>
> Cuando lo sepa, tu superior se llenará de valor, su corazón se consolará y dará testimonio. Sin embargo, cuanto más ofrezcas con buenas intenciones, más dificultades y obstáculos habrá. Para superar estos obstáculos exteriores reza con más confianza en la unidad interior. Serás protegida, tenlo por seguro.
>
> Tus oídos escucharán sólo durante un tiempo. Todavía no estarán totalmente curados. Volverás a ser sorda. El Señor aún desea esta ofrenda... Informa de lo que te he dicho a quien te dirige".

(21 de septiembre de 1974)

El anuncio del ángel se cumplió exactamente como lo predijo...

Las semanas pasaron y pronto se convirtieron en meses, y los meses, en años... El 4 de enero de 1975, la imagen de Nuestra Señora de todos los Pueblos comenzó a llorar de nuevo. Se registró que la estatua de la Santísima Virgen María lloró —hasta el 15 de septiembre de 1981— un total de ciento una veces. Es más, todos los exámenes científicos demostraron que las lágrimas recogidas eran incuestionablemente... lágrimas humanas... La sangre, el sudor y las lágrimas producidas por la estatua de la Santísima Virgen María fueron enviadas también a la Facultad de Medicina Forense de la Universidad de Akita, donde el profesor Sagisaka, M.D., procedió como antes a un exhaustivo examen científico con todos los métodos rigurosos para probar los tres fluidos recogidos.

Los resultados fueron absolutos e incontrovertibles y, como antes, totalmente sorprendentes. La sangre recuperada de la estatua de madera era sangre humana y era del tipo B. El sudor y las lágrimas eran sudor y lágrimas humanas, y eran del tipo AB...

El ángel se le apareció a la Hermana Agnes el último día que la estatua de la Santísima Virgen María lloró, y le dijo:

"Hay un significado en la cifra ciento uno. Esto significa que el pecado vino al mundo por una mujer y también es por una mujer que la salvación vino al mundo. El cero entre los dos significa el Dios eterno que es desde toda la eternidad hasta la eternidad. El primer "uno" representa a Eva y el último "uno" a la Virgen María".

(15 de septiembre de 1981)

El 6 de marzo de 1975, tal como lo predijo el ángel, a partir de ese día la Hermana Agnes comenzó a tener una pérdida de audición en ambos oídos y poco después volvió a quedar completamente sorda... Sin embargo, el 30 de mayo de 1982, la sordera de la Hermana Agnes se curó por fin de forma completa y permanente.

En su carta pastoral, el obispo Ito afirmó que habría sido difícil creer en un mensaje de la Virgen tan espeluznante, a no ser que existieran pruebas contundentes de que este mensaje provenía realmente de Ella. Pero señaló muy acertadamente que el terrible castigo del que habla la Virgen es claramente condicional: **"Si los hombres no se arrepienten y no se convierten"**.

El Obispo añadió que el mensaje de la Virgen es una seria advertencia, y al mismo tiempo se percibe en él el amor maternal de una madre. En su mensaje de advertencia al mundo sobre la aniquilación de una gran parte de la humanidad, la Santísima Virgen María afirmó:

"El pensamiento de la pérdida de numerosas almas me entristece".

Investigación formal, comisión y aprobación final y aprobación formal de la Iglesia

Finalmente, el obispo Ito consultó a la Congregación para la Doctrina de la Fe en 1975. En 1976, el obispo Ito creó una comisión de investigación formal que declaró que: *"no estaba en condiciones de probar los sucesos sobrenaturales ocurridos en el convento de Akita".*

En 1978, la Congregación para la Doctrina de la Fe publicó normas para examinar "las presuntas apariciones de Akita". A raíz de las normas de la Congregación para la Doctrina de la Fe de 1978, el obispo Ito solicitó en 1979 la intervención formal de la Congregación para la Doctrina de la Fe para crear otra comisión de investigación que volviera a examinar todos los hechos acumulados.

En 1981, tras dos años de examen, investigación y estudios de los sucesos de Akita, la Congregación para la Doctrina de la Fe se declaró **"desfavorable a los hechos"** e informó a monseñor Ito de que no iniciaría ningún otro examen. Pero, según el obispo japonés, la respuesta de la Congregación para la Doctrina de la Fe de 1981 contenía algunos ***"malentendidos"*** significativos, por lo que el obispo Ito reunió meticulosamente todas las pruebas teológicas y científicas recogidas en el convento de Akita desde 1975 hasta 1982.

Después de un reexamen completo del dossier cuidadosamente preparado por el obispo Ito, el Cardenal Ratzinger, Prefecto del Dicasterio para la Doctrina de la Fe en el Vaticano, se reunió en Roma con el obispo de Akita en 1983. Tras reunirse con el Cardenal Ratzinger y confiarle el precioso dossier, se le pidió a monseñor Ito que volviera al día siguiente para tratar con él el caso de las apariciones marianas más a fondo. Los acontecimientos del día siguiente fueron realmente notables, como podemos ver en el testimonio de la reputada Vassula Ryden [20] a una revista francesa que transcribo a continuación.

Testimonio de Vassula Ryden (10 de noviembre de 1995)

Vassula Ryden:

"Fui invitada con otras personas el 26 de noviembre de 1992 a una convención mariana internacional... (breve pausa) convención mariana internacional. Allí estaban el Padre René Laurentin, y el Padre Michael

---

[20] **Vassula Ryden (nombre de soltera: Vassiliki Claudia Pendakis)** nació el 18 de enero de 1942 en el seno de una familia griega en Heliópolis, en las afueras de El Cairo, Egipto. Emigró a Europa con su familia a los 15 años. Vassula es miembro de la Iglesia Ortodoxa Griega. En noviembre de 1966, Vassula se casó con un luterano en la ciudad de Lausana (Suiza), en una iglesia ortodoxa griega. En noviembre de 1980, se divorció en Suecia. En junio de 1981, se casó en el registro civil con su actual marido, Per Rydén, luterano sueco. El 31 de octubre de 1990, regularizó su unión en la Iglesia Ortodoxa Griega de Lausana. Vassula Ryden ha sido estudiada en profundidad, apadrinada y apollada por el mariólogo de renombre mundial Monseñor René Laurentin que igualmente escribió muchos artículos y estudios sobre ella y sobre sus experiencias celestiales,

O'Corrall [21] *... ¡ah! y otros sacerdotes también.* Estaba el Cardenal Vidal (Cardenal filipino y arzobispo de Cebú 1985-2010) *también, y él* (el obispo Ito, obispo de Akita, Japón) *quería hablarnos de los mensajes de Akita y de la Hermana Agnes y, por supuesto, dijo que... ya sabes... dijo algo que realmente nos sorprendió* (sonriendo) *que fue que él... cuando fue a Roma, para llevar como Dios quiere la revelación y el mensaje de Akita para la investigación, él se encontró con el Cardenal Ratzinger, y le habló de la Hermana Agnes y de los mensajes, y el Cardenal Ratzinger le dijo que se los dejara y que los leería para ver qué podía hacer.... Y ellos... usted sabe, el Obispo Ito pensó que enviaría una comisión de investigación como es normal. Siempre envía una comisión a los lugares de las apariciones. Al día siguiente, cuando fue allí, dijo que le sorprendió... porque el cardenal Ratzinger le dijo:* **"No haremos allí ninguna investigación, ni enviaremos consultores"**. *Y él* (el obispo Ito) *dijo:* **"¿Por qué?"**. *Y el Cardenal Ratzinger dijo:* **"Porque el mensaje de Akita es el Tercer Secreto de Fátima, así que no tengo que investigar..."**.
Eso es lo que dijo... Sabes, cuando escuchamos esto por supuesto que dijimos: "¡Vaya!" Ya sabes... "¿Ese es el secreto de Fátima?" Y sabes... Yo no lo escuché... No lo oímos de otra fuente, como ya sabes "El Obispo Ito dijo tal y tal" porque no lo habría creído, ya sabes... Pero lo escuché de la boca del mismo Obispo Ito, y también los demás, que no habrá investigación porque no es necesaria. Es casi palabra por palabra el Tercer Secreto de Fátima".

Un año después de su encuentro con el Cardenal Ratzinger, el obispo Ito declaró formalmente que los sucesos de Akita eran de origen sobrenatural y dignos de creer, y emitió una declaración formal el 22 de abril de 1984, en la que afirmaba que no encontraba *"ningún elemento contrario a la fe o a la moral católica"* en el caso de la aparición mariana del convento de Akita. Con su plena autoridad episcopal, el obispo Ito declaró además que:

— **Reconocía** "el carácter sobrenatural de una serie de acontecimientos misteriosos relativos a la imagen" en el convento.
— **Autorizaba** "la veneración de la Santa Madre de Akita", dentro de la Diócesis de Niigata, "mientras se espera" un "juicio definitivo sobre este asunto" pronunciado por la Santa Sede.
— **Distinguía** que los hechos eran una revelación privada y no necesaria

---

[21] El **Padre Michael O'Corrall** es de nacionalidad irlandesa. Es miembro de la Congregación del Espíritu Santo. Desde hace muchos años es profesor y reconocido mariólogo. Es autor de varios libros. ***Theotokos (Mother of Gode)*** es uno de sus libros más conocidos, y el libro sobre Medjugoije ***Facts, Documents ans Theology. ¿Ist Medjugorje Approved?***

para la salvación como la revelación pública.

En agosto de 1988, la Unión de Noticias Católicas Asiáticas (U.C.A.N.) informó que Mutsuo Fukushima, del Servicio de Noticias Kyodo, escribió que acompañó al obispo Ito a una reunión con el Cardenal Ratzinger en junio de 1988. U.C.A.N. informó de que su Eminencia el Cardenal Ratzinger había aprobado formalmente la veracidad de los mensajes de la Santísima Madre María en Akita. Se informó además que Fukushima escribió que el Cardenal Ratzinger le dijo a Monseñor Ito que no se oponía de ninguna manera a la Carta Pastoral de Monseñor Ito, y añadió que:

"… la Congregación de la Doctrina de la Fe aseguró en junio de 1988 que el obispo Ito había actuado correctamente".

(**Nota:** En 2012, por primera vez, las normas de aprobación de las apariciones marianas, antes sólo en latín, fueron publicadas por el Vaticano en inglés, confirmando la delegación formal a los obispos locales de la facultad de decretar una de las siguientes tres conclusiones (de los supuestos casos de apariciones):

1) El Obispo local puede determinar que la aparición es verdadera y digna de creer.
2) El Obispo local puede declarar que la aparición es falsa, dejando la posibilidad de una apelación.
3) El Obispo local puede declarar que por el momento no ha llegado a una conclusión, solicitando la ayuda de una autoridad superior.

Un mensaje recibido por la hermana Sasagawa en la víspera del Sínodo de la Amazonia (octubre de 2019)

La hermana Sasagawa, que en 2019 tenía 88 años y permanecía en silencio por orden de la autoridad, su entonces obispo local en Akita, y sin recibir visitas de nadie, por primera vez en 38 años presenció en octubre de 2019 una nueva aparición de su ángel, que vino con un mensaje muy sorprendente... Lo que sigue es lo que se entregó a la cadena de radio WQPH (89.3 FM) (recientemente comprada por EWTN) en los Estados Unidos de la Hermana M…, que se hizo eco del testimonio de la hermana Sasagawa.

Hermana Sasagawa (octubre de 2019)

Sor Agnes Sasagawa:

El domingo 6 de octubre, a las 3:30 de la madrugada en Akita, se me apareció el mismo ángel que hace unos 30 años. El ángel me dijo primero algo privado… Lo que hay que transmitir es:

"¡Cúbrete de cenizas! Y, por favor, reza el Rosario Penitencial todos los días. Tú (la hermana Sasagawa), **vuélvete como una niña y cada día, por favor, ofrece** (haz) **sacrificios".**

Hermana "M…":

¿Puedo contar a todo el mundo esto?

Hermana Sasagawa:

"Sí. Además: por favor, reza para que pueda ser como una niña y ofrecer sacrificios".

Este último mensaje (el primero desde 1981) fue recibido el día de la apertura del más controvertido **Sínodo Panamericano-Amazónico en Roma (6 de octubre de 2019)** bajo la presidencia del Papa Francisco. ¿Podría ser esto una coincidencia? No sería muy objetivo no pensarlo. Una cosa es cierta, la referencia del ritual de la ceniza que hace el ángel de la hermana Sasagawa no deja lugar a interpretaciones, pues tal referencia se refiere a un acto de penitencia y humildad como se muestra en el Libro de Jonás:

"La palabra de Yahvé se dirigió a Jonás por segunda vez. *Levántate,* **le dijo,** *ve a Nínive, la gran ciudad, y predícale como yo te diré.* **Jonás se puso en marcha y fue a Nínive obedeciendo la palabra de Yahvé. Nínive era una ciudad inmensa; para atravesarla se necesitaban tres días. Jonás comenzó por adentrarse un día en la ciudad y luego proclamó:** *Dentro de cuarenta días más y Nínive será destruida.*
Y el pueblo de Nínive creyó en Dios; proclamó un ayuno y se vistió de cilicio, desde el más grande hasta el más pequeño. Cuando el rey de Nínive recibió la noticia, se levantó de su trono, se quitó el manto, se vistió de cilicio y se sentó sobre cenizas.
Luego hizo proclamar en toda Nínive, por decreto del rey y de sus nobles, lo siguiente *Ninguna persona o animal, manada o rebaño, puede comer nada; no pueden pastar, no pueden beber agua. Todos deben vestirse de cilicio e invocar a Dios con todas sus fuerzas; y que todos renuncien a sus malos caminos y a su comportamiento violento. ¿Quién sabe? Tal vez Dios cambie de opinión y renuncie a su ardiente ira, para que no perezcamos.* **Dios vio sus esfuerzos por renunciar a sus malos caminos. Y Dios cedió en cuanto al desastre que había amenazado con traer sobre ellos, y no lo trajo".**

(Jonás, capítulo 3,1-10).

El mensaje dado a la hermana Sasagawa en el día exacto de la apertura del Sínodo de la Amazonia, organizado por el Papa Francisco y por los Cardenales y Obispos elegidos a dedo que asistieron a él, también presagia una advertencia muy grave, una especie de advertencia, ya que tal solicitud de penitencia, como hemos visto en la historia de Nínive, era para evitar consecuencias innombrables a los crímenes cometidos contra Dios.

A pesar de la inesperada decisión del Papa Francisco de no permitir la abolición del celibato de los sacerdotes y la ordenación de las mujeres en las selvas amazónicas, el sínodo panamericano ha visto ejemplos sórdidos de paganismo e idolatría en el Vaticano bajo la benévola sonrisa del Papa Francisco... En consecuencia, la pregunta que se plantea es: ¿cómo debemos interpretar este último mensaje dado a la vidente de Akita que se hizo eco una vez más del aterrador Tercer Secreto de Fátima el 13 de octubre de 1973?

Hoy, en 2022, al igual que en Fátima desde 1953, la política del nuevo obispo de Akita auspicia el silencio total sobre el mensaje recibido de la Santísima Virgen María, ya que la hermana Sasagawa ha recibido instrucciones expresas de su diócesis de guardar silencio y no conceder ninguna entrevista a reporteros, escritores o particulares, precisamente como se hizo antes con la Hermana Lúcia dos Santos... ¿Por qué?

¿La Iglesia está haciendo repetir la Historia como en Fátima? Indudablemente. Pero, de nuevo, ¿por qué razón? Como el mensaje profético y la advertencia en este caso de la aparición mariana, reconocida y aprobada por la Iglesia, es el mismo que se dio a los tres pastorcitos de Fátima hace cien años, puede observarse un poco más de lo mismo por parte de la Iglesia Católica ante esta última llamada del Cielo, es decir, secreto, ocultación y supresión.

En cualquier caso, y a pesar de toda la mala voluntad y los esfuerzos arraigados por mantener "bajo el celemín" la repetida llamada y advertencia de la Virgen María, una cosa sigue siendo cierta: la Iglesia Católica Romana es y siempre será la Iglesia de Jesucristo, y, a pesar de los errores y desviaciones del hombre, los fieles deberían prestar su atención al mensaje de María —que es un eco apremiante de las enseñanzas de su Hijo Jesús— al igual que hizo Pedro cuando caminó sobre las aguas. La llamada de María es la Mano de Cristo que salva a la humanidad de hundirse en su perdición bajo las olas de la duda.

Capítulo VI

Apariciones de la Virgen del Buen Suceso

(Nuestra Señora del Buen Suceso)

"Prepara tu alma para que, cada vez más purificada, entre en la plenitud del gozo de Nuestro Señor. ¡Oh!, ¡si los mortales, y en particular las almas religiosas, pudieran conocer lo que es el Cielo y lo que es poseer a Dios! ¡Qué diferente sería su vida! Ni se ahorrarían ningún sacrificio para poseerlo".

(2 de febrero de 1634)

Desde principios del siglo XIX, el mundo ha pasado por una serie de guerras, carnicerías y persecuciones de todo tipo en todo el mundo. Todos los continentes del mundo han sido testigos de guerras masivas y sangrientas desde principios del siglo XIX. Los propios Estados Unidos, en el Nuevo Mundo, no estuvieron exentos de una cruel guerra civil fratricida que partió en dos la recién creada república estadounidense. Los países sudamericanos, recién independizados de la Corona española, fueron rápidamente influidos y armados masivamente por las potencias francesas, alemanas e inglesas, dando lugar a rivalidades que rápidamente desembocaron en costosas guerras que ayudaron a generar enormes capitales para las naciones europeas a medio mundo de distancia. Y ahí estaba Europa... De las cenizas aún humeantes de un Imperio Napoleónico caído, las principales potencias europeas comenzaron a rearmar arsenales como nunca antes se habían visto; asimismo, las ambiciones de los herederos del pasado comenzaron a expresar la extensión de sus aspiraciones a través de la expansión de Imperios coloniales dentro de los continentes más débiles del mundo.

La Iglesia Católica Romana era poderosa, influyente, e intentaba como podía mantener una escena internacional lo más pacífica posible; sin embargo... a medida que el siglo XIX veía las primeras revoluciones industriales, la Iglesia empezaba a notar cada vez más una intelectualidad solapada que trabajaba entre bastidores, invirtiendo enormes capitales en las industrias armamentísticas, colocando lobbies políticos dentro de todos los gobiernos de las principales potencias internacionales del mundo, formando sociedades secretas cada vez más involucradas en los aspectos políticos, financieros, religiosos e internacionales de la sociedad.

Este movimiento global descubierto recientemente había tomado un notable impulso en Inglaterra a principios del siglo XVIII, que pronto siguió en Francia y en el Nuevo Mundo. Fue el bum de la masonería. Estas sociedades secretas encendieron las chispas de arranque que pusieron fuego a la torta de pólvora que se convirtió más tarde en la Revolución Francesa y las repúblicas que la siguieron.

La masonería derivó de un antiguo grupo masónico de la Edad Media que tuvo su origen en los famosos *Illuminati* (derivados de la palabra *Lumen - los iluminados*). Estas organizaciones eran principalmente anticatólicas y antimonárquicas, ya que las Coronas católica y ortodoxa de Europa representaban, junto con la Iglesia Católica Romana, un gran obstáculo para una filosofía que se encontraba en las sombras de las altas élites de la sociedad.

El famoso francmasón Albert Pike (29 de diciembre de 1809 - 2 de abril de 1891) fue un autor, poeta, orador, jurista y destacado oficial superior del Ejército de los Estados Confederados que comandó el Distrito del Territorio Indio en el *Teatro Trans-Mississippi* de la Guerra Civil estadounidense. Albert Pike, que sí fue una figura histórica masónica, fue un Gran Maestro Ocultista Luciferino, masón de grado 33 y creador de la Jurisdicción Sur de la Orden del Rito Escocés

Masónico.

El renombrado ocultista luciferino estadounidense escribió en 1871 una carta a un también conocido masón europeo llamado Giuseppe Mazzini, un político, periodista y activista italiano que comenzó a hacerse un nombre a ambos lados del Atlántico por haber formado muchas sociedades secretas en Francia e Italia. La carta de Albert Pike pretendía esbozar el "plan *illuminati*" para las tres guerras mundiales que se avecinaban y que habían sido planificadas y previstas por los masones americanos. La carta a Mazzini estuvo expuesta en la Biblioteca del Museo Británico de Londres hasta 1977, antes de ser retirada "inexplicablemente" de la vista del público.

Extractos de la carta que Pike escribió a Mazzini

La **Primera Guerra Mundial** debe ser provocada para permitir a los *Illuminati* derrocar el poder de los zares en Rusia y hacer de ese país una fortaleza del comunismo ateo. Las divergencias causadas por los "*agentur*" (agentes) de los *Illuminati* entre los Imperios británico y germánico serán utilizadas para fomentar esta guerra. Al final de la guerra, el comunismo será construido y utilizado para destruir los otros gobiernos y para debilitar las religiones.

La **Segunda Guerra Mundial** debe ser fomentada aprovechando las diferencias entre los fascistas y los sionistas políticos. Esta guerra debe ser provocada para que el nazismo sea destruido y para que el sionismo político sea lo suficientemente fuerte como para instituir un Estado soberano de Israel en Palestina. Durante la Segunda Guerra Mundial, el Comunismo Internacional debe hacerse lo suficientemente fuerte para equilibrar la Cristiandad, que será entonces frenada y mantenida en jaque hasta el momento en que la necesitemos para el cataclismo social final.

La **Tercera Guerra Mundial** debe ser fomentada aprovechando las diferencias causadas por Los "*agentur*" de los *Illuminati* entre los sionistas políticos y los líderes del mundo islámico. La guerra debe ser conducida de tal manera que el Islam (el mundo árabe musulmán) y el sionismo político (el Estado de Israel) se destruyan mutuamente. Mientras tanto, las otras naciones, una vez más divididas en esta cuestión, se verán obligadas a luchar hasta el punto de un completo agotamiento físico, moral, espiritual y económico...

Desataremos a los nihilistas y a los ateos, y provocaremos un formidable cataclismo social que en todo su horror mostrará claramente a las naciones el efecto del ateísmo absoluto, origen del salvajismo y de la más sangrienta agitación. Entonces, en todas partes, los ciudadanos, obligados a defenderse de la minoría mundial de los revolucionarios, exterminarán a esos destructores de la civilización, y la multitud, desengañada del Cristianismo, cuyos espíritus deístas estarán sin brújula ni dirección desde ese momento, estará ansiosa de un ideal, pero sin saber dónde rendir su adoración.

Recibirá la verdadera luz a través de la manifestación universal de la doctrina pura de Lucifer, puesta finalmente a la vista del público. Esta manifestación será el resultado del movimiento reaccionario general que seguirá a la destrucción del Cristianismo y del ateísmo, ambos conquistados y exterminados al mismo tiempo.

Esta información fue ampliamente conocida en los pasillos y oficinas del Vaticano, y poco después llegaron las advertencias de La Salette, tema de conversación popular. Pero, al contrario, parece que la aparición a Melania Calvat y a Maximino Giraud no fue la primera advertencia de la Santísima Virgen María sobre los peligros de la masonería... Sin embargo, ¿cuál es la posición de la Iglesia Católica Romana sobre la masonería? La Iglesia ha impuesto formalmente la pena de excomunión a los católicos que se hagan masones.

La pena de excomunión por unirse a las logias masónicas fue emitida explícitamente en el Código de Derecho Canónico de 1917 (canon 2335), y está contenida en el código de 1983 (canon 1374). Sin embargo, debido a que el Código de Derecho Canónico revisado no es explícito en este punto en particular, algunos sacaron la conclusión errónea de que la prohibición de la Iglesia a la masonería había sido abandonada.

Nada más lejos de la realidad, ya que, poco antes de la promulgación del Código de 1983, la Sagrada Congregación para la Doctrina de la Fe emitió una declaración en la que indicaba que la pena de excomunión por pertenecer a las logias masónicas estaba y sigue estando vigente. Esta declaración está fechada el 26 de noviembre de 1983 y se puede encontrar publicada en la revista **Orígenes** 13/27 (15 de noviembre de 1983), 450.

Nuestra Señora del Buen Suceso

Las apariciones de Nuestra Señora del Buen Suceso comenzaron en el siglo XVI, en 1594 en la ciudad de Quito, Ecuador, a una monja concepcionista que más tarde se convertiría en la Venerable **Madre Mariana de Jesús Torres**. Las apariciones recibidas serían posteriormente reconocidas tras una cuidadosa y metódica investigación eclesiástica y aprobadas formalmente por su obispo local y por la Iglesia Católica Romana.

Como una confirmación más de sus experiencias celestiales y sobrenaturales, en 1906, durante la remodelación del Convento, se abrió su tumba de tres siglos de antigüedad y se descubrió el cuerpo de Mariana de Jesús entero y perfectamente incorrupto, con su hábito y los artículos de penitencia que habían sido colocados en la tumba con ella. Asimismo, de todo su cuerpo emanaba un exquisito aroma a lirios.

El comienzo

Mariana nació en 1563 como hija de Don Diego y Doña María Torres Berriochoa, nobles españoles y fervientes católicos que, en el bautismo, llamaron a su hija Mariana Francisca.

Mariana siempre fue criada con una profunda formación católica y una educación noble. Al recibir su primera comunión a los nueve años, fue tan intensa su alegría de recibir por fin la verdadera Presencia de Jesucristo, que cayó en un profundo éxtasis. Vio a Nuestro Señor Jesús de pequeño colocando un hermoso anillo en su dedo, reclamándola para sí, mientras la Santísima Virgen María y San José presenciaban el acontecimiento de este "compromiso".

En esta misma visión, la Santísima Virgen le mostró a Mariana que estaba llamada a su Orden de la Inmaculada Concepción (*Santa Beatriz da Silva, dama portuguesa de noble linaje, acababa de fundar esta orden. Ella adoptó la regla de San Francisco de Asís y un hábito azul y blanco en honor a la Inmaculada Concepción*).

Un día, mientras Mariana, de nueve años, comulgaba en la Misa, se le apareció de nuevo el Señor, invitándola a dejar la casa paterna para abrazar su Cruz en Ecuador con su tía. Ardiendo de amor y entusiasmo por la nueva misión encomendada, la niña se sintió preparada. Sus padres conocían la inocencia de su hija y su incapacidad para mentir y se convencieron enseguida de la voluntad manifestada por Dios a su joven hija.

Desconsolados, pero resignados, los padres de Mariana pusieron a su hija al cuidado de su santa tía María (María Taboada), nombrada Madre-Superiora del convento de Quito, quien prometió a Don Diego y Doña María ser la nueva madre de Mariana, y así cuidar de ella como de su propia hija.

Apenas salió del puerto el barco español con destino a Sudamérica, una tempestad se abatió sobre su nave como un cataclismo... La tormenta del Atlántico fue tan feroz y violenta que los asustados marineros pensaron que todo estaba perdido y se prepararon para lo peor. De repente, la joven Mariana vio en las aguas embravecidas una gigantesca serpiente (dragón) de siete cabezas que intentaba destruir el barco. Al ver esta horrible visión, Mariana se desmayó.

Mientras tanto, la Madre María rezó pidiendo que si Nuestro Señor quería que se realizara la fundación religiosa en Quito, que concediera un milagro y calmara la tormenta. En cuanto la Madre María hizo esta oración, Mariana abrió los ojos y la luz del día venció a la oscuridad del tiempo, pero la joven Mariana oyó enseguida una voz monstruosa:

"No permitiré que se produzca esta fundación; no permitiré su progreso; no permitiré que perdure hasta el fin de los tiempos; ¡la perseguiré!"

Mariana recuperó la calma y se dirigió a su tía:

"Madre María, no sé dónde he estado, madre, pero he visto una serpiente

más grande que el mar, retorciéndose y contorsionándose. Luego vi a una dama de incomparable belleza, vestida de sol y coronada de estrellas que sostenía un bebé en sus brazos. Sobre el pecho de la dama vi una custodia con el Santísimo Sacramento. En una de sus manos sostenía una cruz de oro con una punta de lanza. Apoyando la lanza en el Santísimo Sacramento y en la mano del niño, golpeó la cabeza de la serpiente con tal fuerza que la partió por debajo. En ese momento, la serpiente bramó sus amenazas de no permitir la fundación de la Orden de la Inmaculada Concepción".

Captando todo el significado de esta visión, la Madre María mandó fundir más tarde una medalla con esta escena. Hasta hoy, las monjas de la Inmaculada Concepción de Quito llevan esta medalla sobre sus hábitos.

Mariana y su tía cruzaron con éxito el Atlántico y llegaron por fin a Quito el 30 de diciembre de 1576, donde fueron recibidas por las monjas de la fundación con gran alegría.

La joven Mariana se convertiría años más tarde en priora después de su tía, y viviría una serie de sucesos y manifestaciones verdaderamente extraordinarios y asombrosos que llevarían a su convento a una misión para su época contemporánea, pero también para las generaciones futuras... En efecto, la Madre Mariana, como se la conocería más tarde, experimentaría el trauma de los estigmas, visiones, apariciones e incluso luchas físicas contra el demonio... Pero una de sus tareas más notables fue la de transmitir los mensajes y advertencias que recibió de la Santísima Virgen María para la Iglesia y los fieles del siglo XX.

En 1582, en un día de adoración, cuando Mariana estaba rezando antes de la Santa Eucaristía, vio inesperadamente que toda la iglesia, excepto el altar mayor, estaba sumergida en una oscuridad llena de humo. Sin previo aviso, la puerta del tabernáculo se abrió y salió Nuestro Señor Crucificado, clavado en una cruz de tamaño natural. La Santísima Virgen María y los santos Juan Evangelista y María Magdalena estaban de pie, como en el Calvario. Nuestro Señor agonizaba. Mariana escuchó entonces una voz:

"**Este castigo es para el siglo XX**".

Entonces vio tres espadas colgando sobre la cabeza de Nuestro Señor. En cada una de las espadas estaba escrito:

"**Castigaré la herejía**"
"**Castigaré la blasfemia**"
"**Castigaré la impureza**"

La Santísima Virgen se dirigió entonces a Mariana:

— "**Hija mía, ¿quieres sacrificarte por este pueblo?**"

—*"Estoy dispuesta"*, respondió la joven monja.

Al oír estas palabras, las tres espadas se clavaron en el corazón de Mariana y ésta cayó muerta.

Al notar la ausencia de la Hermana Mariana en la oración comunitaria, su tía, la Madre María, y las monjas la buscaron. Cuando encontraron su cuerpo muerto en el coro bajo, la llevaron con dolor a su celda y la enterraron… El médico de la comunidad, don Sancho, la declaró muerta y no hubo más remedio que darle la debida sepultura. Afuera, el pueblo de Quito clamaba a las puertas del convento para ver el cuerpo de su querida "Santa Hermanita", pues la Hermana Mariana era muy conocida en Quito, ya que había ayudado a muchos con sus consejos, penitencias, oraciones y hasta milagros.

Mientras tanto, la Hermana Mariana se presentó ante el Divino Juez. No encontrando ninguna falta en ella, Nuestro Señor Jesucristo le dijo:

"Ven, amada de mi Padre, y recibe la corona que te hemos preparado desde el principio del mundo".

Dicho esto, Nuestro Señor Jesucristo escuchaba en silencio las numerosas súplicas de los dolientes de Mariana en la tierra… Nuestro Señor presentó entonces a la Hermana Mariana dos coronas, una de gloria y otra de lirios entrelazados con espinas. Ella comprendió que, si elegía la segunda, volvería a la tierra. Mariana, dudando por un momento, pidió a Nuestro Señor Jesucristo que eligiera por ella.

— **"No"**, respondió Nuestro Señor. **"Cuando te tomé por esposa probé tu voluntad, y ahora deseo hacer lo mismo".**

La Santísima Virgen María habló:

— **Hija mía, dejé las glorias del Cielo y volví a la tierra para proteger a mis hijos. Quiero que me imites en esto, pues tu vida es necesaria para mi Orden de la Inmaculada Concepción**.

Naturalmente, Mariana aceptó de inmediato y regresó a la tierra. Grande fue la sorpresa del convento cuando vieron que las mejillas de la joven monjita tomaban su habitual color rosado y sus labios volvían a sonreír.

La noche del 17 de septiembre de 1588, estando la Hermana Mariana en la capilla del convento en profunda oración, comenzó a sentir fuertes dolores y se dio cuenta de que tenía las santas llagas de Nuestro Señor Jesús en las manos, los pies y el costado… Poco después, la Hermana Mariana cayó gravemente enferma y entró en una prueba insoportable, al final de la cual expiró de nuevo… Sin embargo, a la mañana siguiente, cuando las monjas de luto se presentaron en el coro alto para rezar el Oficio, para su gran sorpresa, la encontraron viva de nuevo, ¡rezando! Al igual que su Divino Esposo, al que intentaba imitar en todo, había resucitado en la mañana de Pascua y había vuelto a la vida para seguir sufriendo por las almas y por el mundo...

En 1589, a pesar de tener sólo 36 años, Mariana fue elegida Madre Superiora, ya que la salud de su tía, la Madre María, empezaba a fallar... Mariana cumplió sus deberes como Madre Superiora del convento con admirable bondad, sabiduría y caridad, pero siempre bajo el consejo y la guía de su cariñosa tía, que experimentó también visiones y revelaciones.

Tanto la Madre Mariana como su tía recibieron visiones celestiales sobre el futuro de su convento. Ambas conocían a cada una de las monjas que profesarían en su comunidad, y a las que en el futuro serían almas de gran virtud y mérito. Inevitablemente, previeron también a las ingratas y desobedientes... Las almas santas desviarían en el futuro grandes calamidades del Ecuador y mantendrían la fe encendida incluso durante el calamitoso siglo XX.

El diablo conspiró para destruir el convento ecuatoriano desde dentro. A ambas santas mujeres se les mostró también que pronto, incitadas por el enemigo de Dios, algunas monjas desobedientes que querían una regla menos estricta que los estatutos franciscanos, y en consecuencia separarían su comunidad de la dirección de los frailes franciscanos... Dado que la Orden de la Inmaculada Concepción era una rama de la orden franciscana, esta separación causó a las monjas fieles los más penosos sufrimientos.

La muerte de la tía de Mariana, la madre María Taboada, en 1594, causó a su sobrina y a la pequeña comunidad de monjas un dolor inconsolable... La pequeña comunidad se afligió por la pérdida de su amada fundadora; a pesar de todo, desde el Cielo siguió guiando su monasterio como había prometido en sus últimas palabras antes de entrar en su agonía. De hecho, la Madre María hablaba frecuentemente con su sobrina en visiones y apariciones después de su muerte, cuando ésta buscaba su guía y consejo.

En esta época, la Madre Mariana sufrió cruelmente con todos los cuidados de su comunidad. Carecían de un apoyo económico adecuado, y la cruz añadida de la amenazante separación de los franciscanos era un verdadero martirio. En la madrugada del 2 de febrero de 1594, la Madre Mariana estaba rezando en el coro alto. Postrada con la frente en el suelo, implora ayuda para su comunidad y misericordia para el mundo pecador. Entonces oyó una dulce voz que la llamaba por su nombre. Al levantarse, vio a una hermosa mujer sobre un fondo de luz brillante. En su brazo izquierdo llevaba al Niño Jesús y en el derecho un báculo de oro adornado con brillantes piedras preciosas:

— *"¿Quién sois, hermosa dama?"*, le preguntó, *"¿y qué deseáis? ¿No sabéis que no soy más que una pobre monja, llena de amor a Dios, pero que sufre y se esfuerza al máximo?"*.

La dama respondió:

— **Soy María del Buen Suceso, la Reina del Cielo y de la Tierra.**

Precisamente porque eres una religiosa llena de amor a Dios y a su Madre, que ahora te habla, he venido del Cielo para aliviar tu agobiado corazón.

Entonces la Madre de Dios le mostró cómo sus oraciones y penitencias agradaban a Dios. Le explicó que tenía el báculo de oro en la mano derecha porque deseaba gobernar ella misma el convento, y que el demonio haría todo lo posible para destruir el convento por medio de algunas hijas ingratas que viven allí.

— **"No conseguirá su objetivo, porque yo soy la Reina de las Victorias y la Madre del Buen Suceso. Bajo esta invocación deseo, en los siglos venideros, realizar milagros para la conservación de éste mi convento, y de sus habitantes.**
Hasta el fin del mundo tendré hijas santas, almas heroicas... que, sufriendo persecuciones y calumnias desde dentro de su propia comunidad, serán muy amadas por Dios y su Madre... Sus vidas de oración, penitencia y sacrificio serán sumamente necesarias en todos los tiempos. Después de haber pasado sus vidas desconocidas por todos, serán llamados al Cielo para ocupar un encumbrado trono de gloria".

Entonces la Santísima Virgen colocó al Niño Jesús en los brazos de la Madre Mariana. Abrazándolo fuertemente a su corazón, la Madre Mariana sintió la fuerza de sufrir todo por Él y por la Humanidad. La Santísima Virgen María se apareció varias veces más a la Madre Mariana bajo el título de **Madre del Buen Suceso**. Durante algunas de estas apariciones profetizó muchas cosas, pero sobre todo acerca del siglo XX. Un día, durante un difícil período de aislamiento (en su celda), mientras la Madre Mariana rezaba, presenció de nuevo la aparición de una dama de incomparable majestuosidad y belleza rodeada de una espléndida luz real. Una vez más, la Virgen del Buen Suceso se apareció con su Hijo Jesús y el báculo de oro. Esta vez, entre otras muchas cosas, la Madre del Buen Suceso dijo:

"En el siglo XIX, un presidente verdaderamente cristiano gobernará el Ecuador. Será un hombre de carácter al que Dios Nuestro Señor le concederá la palma del martirio en esta misma plaza central donde se levanta mi convento. Él consagrará la República del Ecuador al Sagrado Corazón de mi Santísimo Hijo, y esta Consagración sostendrá la fe católica en los años venideros, que serán aciagos para la Iglesia.
Durante estos años, en los que la masonería, esa secta maldita, se apoderará del gobierno, habrá una cruel persecución contra las comunidades religiosas. También atacarán violentamente este convento, que es particularmente el mío. A esos desgraciados les parecerá que este monasterio está acabado, pero sin que lo sepan, yo

vivo y Dios vive para levantar en medio de ellos poderosos defensores de esta obra. También pondremos en su camino dificultades insuperables, y el triunfo será nuestro".

Nota: Estas predicciones se cumplieron. Gabriel García Moreno (1821-1875) fue un hombre de valor inquebrantable y de ardiente amor a la Iglesia y al Papado. Como Presidente de Ecuador condujo a la república por los caminos de la Fe y la rectitud, realizando una enorme reforma educativa y económica. Poco después de su reelección, cargó con una enorme cruz de madera durante una procesión de Semana Santa y encabezó el cortejo por las calles de Quito.

Poco después, las logias masónicas de Perú enviaron un asesino para matarlo. Fue brutalmente asesinado el 6 de agosto de 1875, cuando regresaba al palacio presidencial después de la Misa y la comunión. Cayó en la plaza en la que se encuentra el convento de la Inmaculada Concepción, tal y como había predicho la Virgen. Mientras agonizaba en un charco de sangre por las múltiples heridas de machete, logró mojar su dedo en su propia sangre y escribir en el pavimento: ***Dios no muere***.

Durante esta aparición, Nuestra Señora del Buen Suceso pidió a la Madre Mariana que mandara hacer una imagen de ella exactamente como la vio. Quiso que esta imagen se colocara en el asiento de la priora en el coro alto para que, desde allí, pudiera gobernar eficazmente su convento. Deseaba que se colocara un báculo en su mano derecha como signo de su autoridad como superiora, junto con las llaves del monasterio para poder defenderlo en los siglos venideros.

La Madre Mariana estaba desconcertada sobre cómo obtener las medidas exactas de la Señora del Cielo. Al notar su confusión, la Virgen le hizo quitar el cordón de su cintura, uno de cuyos extremos lo tomó suavemente y lo sostuvo en su frente mientras la Madre Mariana tocaba el otro extremo en el pie de la Virgen. El cordón, demasiado corto para tal medida, se estiró hasta alcanzar la longitud perfecta.

El 21 de enero de 1610, Nuestra Señora del Buen Suceso se apareció de nuevo a la Madre Mariana, acompañada ahora por los tres arcángeles Miguel, Gabriel y Rafael, para pedirle una vez más que se hiciera su imagen. A tal efecto, la Santísima Virgen María indicó incluso el artista que deseaba que trabajara en el proyecto asignado: Don Francisco del Castillo, hombre temeroso de Dios y consumado escultor que, junto a su esposa e hijos, regía escrupulosamente su vida por los Diez Mandamientos.

De nuevo la santa monja pidió tomar las medidas de la celestial Señora. De nuevo, la Santísima Madre de Jesús tomó graciosamente un extremo del cordón y lo colocó en su frente, mientras la Madre Mariana tocaba el otro extremo del cordón milagrosamente extendido en su pie. En la mañana del 2 de febrero de 1610, la Virgen se apareció de nuevo a la Madre Mariana y repitió su orden de hacer una imagen suya. Luego añadió:

"Dígale al Obispo que es mi voluntad y la de mi Santísimo Hijo que

su nombre sea ocultado a toda costa, pues no conviene que nadie en este momento conozca los detalles o el origen de cómo se hizo esta imagen. Pues esto sólo será de público conocimiento, en general, durante el siglo XX.

Durante esa época la Iglesia se encontrará atacada por terribles hordas de la secta masónica, y esta pobre tierra ecuatoriana agonizará por la corrupción de las costumbres, el lujo desenfrenado, la prensa impía y la educación laica. Los vicios de la impureza, la blasfemia y el sacrilegio dominarán en este tiempo de depravada desolación, y el que debería hablar, callará..."

La noticia de la petición de la Virgen conmovió profundamente al Obispo, pero reprendió a la Madre Mariana por no habérselo comunicado antes. Cuando se contactó con Francisco del Castillo, apenas pudo contener su sorpresa, alegría y gratitud por haber sido nombrado por la Madre de Dios para este santo proyecto. Rechazó el pago y sólo pidió que su familia y descendientes permanecieran siempre en las oraciones de la comunidad religiosa.

En enero de 1611, cuando la imagen estaba casi terminada y sólo faltaban los últimos toques de pintura y barniz, don Francisco del Castillo partió de viaje para conseguir los mejores materiales posibles. La mañana del 16 de enero, antes del regreso de Castillo, cuando las Hermanas se acercaban al coro alto para rezar el oficio de la mañana, oyeron una hermosa melodía. Al entrar en el coro contemplaron la estatua de Nuestra Señora del Buen Suceso, bañada en luz celestial, mientras voces angélicas cantaban la *Salve Sancta Parens*. Vieron que la imagen había sido exquisitamente terminada y que su rostro emitía rayos de la más brillante luz. Francisco del Castillo, al llegar y contemplar asombrado la exquisita imagen, cayó de rodillas diciendo:

"Madres, ¿qué veo? Esta preciosa imagen no es obra de mis manos. No sé cómo describir lo que siento en mi corazón. ¡Esto fue hecho por manos angelicales!".

De hecho, la capa exterior de la imagen estaba en el suelo. El Obispo, arrodillado ante ella, reconoció igualmente el prodigio mientras grandes lágrimas brotaban de sus ojos. Atestiguó que la imagen había sido modificada y enriquecida por manos no humanas. Después, llamando a la Madre Mariana, que acababa de ser reelegida abadesa una vez más, le pidió que entrara en el confesionario. Sabía que ella debía saber algo de lo ocurrido. La Madre Mariana le reveló que una gran luz había llenado la iglesia y el coro mientras ella rezaba. Había visto a la Santísima Trinidad y a María Santísima, acompañadas por los nueve coros de ángeles que la alababan y le ofrecían reverencia. Los tres arcángeles San Miguel, Gabriel y Rafael se arrodillaron ante María Santísima, diciendo a su vez:

"Dios te salve María, hija de Dios Padre
Dios te salve, María, Madre de Dios Hijo
Salve María, castísima Esposa del Espíritu Santo"

Entonces apareció San Francisco con sus sagradas llagas brillando como soles. Acercándose a la imagen inacabada y tomando su cinturón de la cintura, lo ató alrededor de la cintura de la imagen, poniendo en sus manos su amado convento de la Inmaculada Concepción y pidiéndole que fuera su defensor, maestro y madre en los tiempos difíciles que se avecinaban. Mientras tanto, la imagen brillaba como el sol. Por fin, la Santísima Virgen, se acercó y entró en ella como los rayos del sol penetran en un cristal transparente.

En ese momento, la imagen cantó el *Magnificat*. Esto ocurrió a las 3 de la mañana. La Madre Mariana también vio a su tía, la Madre María Taboada, que también estaba presente. En ese momento, la Madre Mariana volvió a sus cabales. Mirando la imagen, la vio radiante y en pleno esplendor.

El 2 de febrero de 1634, mientras la Madre Mariana terminaba una oración ante el Santo Tabernáculo, vio que la luz del santuario se apagaba, dejando la capilla completamente a oscuras. Entonces la Santísima Virgen María se le apareció y le reveló que Nuestro Señor había escuchado sus oraciones y que pondría fin a su destierro terrenal en menos de un año:

> **"Prepara tu alma para que, cada vez más purificada, entre en la plenitud del gozo de Nuestro Señor. ¡Oh!, ¡si los mortales, y en particular las almas religiosas, pudieran conocer lo que es el Cielo y lo que es poseer a Dios! ¡Qué diferente sería su vida! Ni se ahorrarían ningún sacrificio para poseerlo".**

La Santísima Virgen María explicó entonces a la monja ecuatoriana los cinco significados de la luz del Sagrario que se había apagado ante los ojos de la Madre Mariana:

> — **"<u>El primer significado</u> es que a finales del siglo XIX y en el siglo XX, se propagarán varias herejías en esta tierra, entonces una República libre. A medida que estas herejías se propaguen y dominen, la preciosa luz de la Fe se extinguirá en las almas por la corrupción** (moral) **casi total de las costumbres. Durante este período, habrá grandes calamidades físicas y morales, tanto públicas como privadas. El pequeño número de almas que, ocultas, conservarán el tesoro de la Fe y las virtudes, sufrirán un martirio indeciblemente cruel y prolongado.**
> **Muchos de ellos sucumbirán a la muerte por la violencia de sus sufrimientos, y los que se sacrifiquen por la Iglesia y la Patria serán contados como mártires. Para liberar a los hombres de la esclavitud de estas herejías, aquellos que el Amor misericordioso de mi**

Santísimo Hijo destine a esa restauración necesitarán gran fuerza de voluntad, constancia, valor y mucha confianza en Dios.
Para probar esta fe y confianza de los justos, habrá ocasiones en que todo parecerá perdido y paralizado. Esto, entonces, será el feliz comienzo de la completa restauración".

— "El segundo significado es que Mi Convento, siendo muy reducido en tamaño, estará sumergido en un océano insondable de amargura indescriptible, y parecerá ahogarse en estas diversas aguas de tribulaciones. Muchas vocaciones auténticas perecerán. La injusticia entrará incluso en este Convento, disfrazada bajo el nombre de falsa caridad, haciendo estragos en las almas. Y las almas fieles, llorando en secreto e implorando que se acorten tiempos tan funestos, sufrirán un continuo y lento martirio".

— "La tercera razón por la que se apagó la lámpara es por el espíritu de impureza que saturará la atmósfera en esos tiempos. Como un océano inmundo, correrá por las calles, plazas y lugares públicos con una libertad asombrosa. Casi no habrá almas vírgenes en el mundo... La delicada flor de la virginidad estará amenazada de aniquilación total. Sin embargo, siempre habrá algunas almas buenas en los claustros donde podría echar raíces, crecer y vivir como un escudo para desviar la Ira Divina. Sin la virginidad, sería necesario que el fuego del Cielo cayera sobre estas tierras para purificarlas".

— "La cuarta razón para que la lámpara se apague es que las sectas masónicas, habiéndose infiltrado en todas las clases sociales, introducirán sutilmente su enseñanza en los ambientes domésticos para corromper a los niños, y el diablo se gloriará de devorar la exquisita delicadeza de los corazones de los niños. En estos tiempos desgraciados, el mal asaltará la inocencia infantil. Así, se perderán las vocaciones al sacerdocio, lo que será una verdadera calamidad.
Contra ellos, los impíos harán una guerra cruel, dejando caer sobre ellos vituperios, calumnias y vejaciones para impedir el cumplimiento de su ministerio. Pero ellos, como firmes columnas, permanecerán inamovibles y lo afrontarán todo con el espíritu de humildad y sacrificio del que estarán investidos, en virtud de los infinitos méritos de Mi Santísimo Hijo, que los amará en las fibras más íntimas de Su Santísimo y Tierno Corazón.
El clero secular estará muy alejado de su ideal, porque los sacerdotes se volverán descuidados en sus deberes sagrados. Carentes de la brújula divina, se desviarán del camino trazado por Dios para el ministerio sacerdotal y se apegarán a las riquezas y a los bienes, que procurarán obtener indebidamente. ¡Cómo sufrirá la Iglesia en esa

ocasión: la noche oscura de la falta de un Prelado y Padre que vele por ellos con amor paternal, mansedumbre, fortaleza, discernimiento y prudencia! Muchos sacerdotes perderán su espíritu, poniendo sus almas en gran peligro.

Por eso, reza insistentemente sin cansarte y llora con lágrimas amargas en el secreto de tu corazón. Implora a nuestro Padre Celestial que, por amor al Corazón Eucarístico de Mi Hijo Santísimo y a su Preciosa Sangre derramada con tanta generosidad, se apiade de sus ministros y ponga fin a esos tiempos aciagos, y envíe a la Iglesia el Prelado que restaure el espíritu de sus sacerdotes. Mi Hijo Santísimo y yo amaremos a este Hijo predilecto con amor de predilección, y le dotaremos de una rara capacidad, de humildad de corazón, de docilidad a la inspiración divina, de fuerza para defender los derechos de la Iglesia, y de un corazón tierno y compasivo, para que, como otro Cristo, asista a los grandes y a los pequeños, sin despreciar a las almas más desgraciadas que le pidan luz y consejo en sus dudas y penurias.

En sus manos se pondrá la balanza del Santuario, para que todo sea pesado con la debida medida y Dios sea glorificado. La tibieza de todas las almas consagradas a Dios en el estado sacerdotal y religioso retrasará la venida de este Prelado y Padre. Esta será, pues, la causa de que el maldito diablo se apodere de esta tierra, donde logrará sus victorias por medio de un pueblo extranjero e infiel, tan numeroso que, como una nube negra, oscurecerá los cielos puros de la entonces República consagrada al Sagrado Corazón de mi Divino Hijo.

Con este pueblo entrarán todos los vicios, que atraerán a su vez toda clase de castigos, como las pestes, las hambrunas, las luchas internas y las disputas externas con otras naciones, y la apostasía, causa de la perdición de tantas almas tan queridas por Jesucristo y por Mí. Para disipar esta nube negra que impide a la Iglesia gozar del claro día de la libertad, habrá una guerra formidable y espantosa, que verá el derramamiento de sangre de nacionales y extranjeros, de sacerdotes seculares y regulares, y de religiosos.

Esa noche será de lo más horrible, pues, humanamente hablando, el mal parecerá triunfar. Esto, entonces, marcará la llegada de Mi hora, cuando Yo, de manera maravillosa destronaré al orgulloso y maldito Satanás, pisoteándolo bajo Mis pies y encadenándolo en el abismo infernal. Así la Iglesia y la Patria quedarán finalmente libres de su cruel tiranía".

— "La quinta razón por la que se apagó la lámpara se debe a la laxitud y a la negligencia de los que poseen grandes riquezas, que se quedarán indiferentes viendo cómo se oprime a la Iglesia, cómo se persigue la virtud y cómo triunfa el diablo, sin emplear piadosamente sus riquezas para la destrucción de este mal y la restauración de la Fe. Y también se debe a la indiferencia del pueblo al permitir que el Nombre de Dios se extinga gradualmente y al adherirse al espíritu del mal, entregándose libremente a los vicios y pasiones".

"¡Ay! ¡Mi hija elegida! Si te fuera dado vivir en esa época tenebrosa, te morirías de pena al ver cómo se produce todo lo que aquí te he revelado. Pero Mi Hijo Santísimo y Yo tenemos un amor tan grande por esta tierra, que deseamos incluso ahora la aplicación de vuestros sacrificios y oraciones para acortar la duración de tan terrible catástrofe".

(La Santísima Virgén María, El 2 de febrero de 1634)

Abrumada por la magnitud de los males que veía y las innumerables almas que se condenarían en esos tiempos, la Madre Mariana cayó inconsciente. Allí la encontraron las Hermanas, como si estuviera muerta, salvo por los violentos latidos de su corazón. Todos los esfuerzos del médico del convento por devolverle la conciencia resultaron inútiles. De hecho, se les dijo a las Hermanas que, humanamente hablando, su vida debería haber terminado por la conmoción que había recibido.

Las Hermanas la rodearon, se arrodillaron y suplicaron al Cielo que les dejara su gran tesoro, la última de las Madres Fundadoras, "el pilar de la observancia, la columna de la casa". Dos días después, la Madre Mariana abrió los ojos, animó a sus Hermanas a seguir la Regla y las consoló asegurándoles que permanecería con ellas un poco más.

El 8 de diciembre de 1634, la Madre Mariana recibió una nueva aparición de los arcángeles Gabriel, Miguel y Rafael que escoltaban a la Reina del Cielo. El arcángel Gabriel llevaba un copón lleno de hostias. La Santísima Virgen María le reveló entonces otros acontecimientos proféticos que iban a tener lugar dentro de más de 200 años para un futuro Papa llamado Pío IX:

"**Su infalibilidad pontificia será declarada dogma de la Fe por el mismo Papa elegido para proclamar el dogma del Misterio de Mi Inmaculada Concepción** (Papa Pío IX). **Será encarcelado en el Vaticano por la injusta usurpación de los Estados Pontificios por la iniquidad, la envidia y la avaricia de una monarquía terrenal.**

En el siglo XIX habrá un Presidente verdaderamente católico, un hombre de carácter al que Dios Nuestro Señor dará la palma del martirio en la plaza contigua a este convento. Él consagrará la República al Sagrado Corazón de Mi Santísimo Hijo, y esta Consagración sostendrá la Religión Católica en los años que seguirán, que serán funestos para la Iglesia.

A finales del siglo XIX y sobre todo en el siglo XX, Satanás reinará casi por completo por medio de la secta masónica. Esta lucha

alcanzará su fase más aguda a causa de varios religiosos infieles que, bajo la apariencia de virtud y de celo mal intencionado, se volverán contra la Religión que los alimentaba en su seno. Durante este tiempo, en la medida en que este pobre país carecerá de espíritu cristiano, el sacramento de la Extremaunción será poco estimado.

Muchas personas morirán sin recibirlo, ya sea por la negligencia de sus familias o por el falso sentimentalismo que trata de proteger a los enfermos de ver la gravedad de sus situaciones, o porque se rebelarán contra el espíritu de la Iglesia católica, impulsados por la malicia del demonio. Así, muchas almas se verán privadas de innumerables gracias, consuelos y la fuerza que necesitan para dar ese gran salto del tiempo a la eternidad... En cuanto al sacramento del Matrimonio, que simboliza la unión de Cristo con su Iglesia, será atacado y profanado en el más amplio sentido de la palabra.

La masonería, que estará entonces en el poder, promulgará leyes inicuas con el objetivo de acabar con este sacramento, facilitando que todos vivan en pecado, fomentando la procreación de hijos ilegítimos nacidos sin la bendición de la Iglesia. El espíritu cristiano decaerá rápidamente, apagando la preciosa luz de la Fe hasta llegar a una corrupción casi total y general de las costumbres. Aumentarán los efectos de la educación laica, que será una de las razones de la falta de vocaciones sacerdotales y religiosas.

El sagrado sacramento del Orden será ridiculizado, oprimido y despreciado. El demonio tratará de perseguir a los ministros del Señor de todas las maneras posibles y trabajará con cruel y sutil astucia para desviarlos del espíritu de su vocación, corrompiendo a muchos de ellos. Estos sacerdotes corrompidos, que escandalizarán al pueblo cristiano, incitarán el odio de los malos cristianos y de los enemigos de la Iglesia Romana, Católica y Apostólica a caer sobre todos los sacerdotes. Este aparente triunfo de Satanás traerá enormes sufrimientos a los buenos Pastores de la Iglesia.

Además, en estos tiempos desgraciados, habrá un lujo desenfrenado que, actuando así para atrapar a los demás en el pecado, conquistará innumerables almas frívolas que se perderán. Ya casi no se encontrará inocencia en los niños, ni pudor en las mujeres. En este momento supremo de necesidad de la Iglesia, los que deberían hablar callarán.

Pero debes saber, amada hija, que cuando tu nombre se dé a conocer en el siglo XX, habrá muchos que no creerán, alegando que esta devoción no es agradable a Dios. Una simple y humilde fe en la verdad de Mis apariciones a ti, Mi hija predilecta, estará reservada a las almas humildes y fervorosas, dóciles a las inspiraciones de la gracia, pues nuestro Padre Celestial comunica sus secretos a los sencillos de corazón, y no a aquellos cuyos corazones están inflados de orgullo,

pretendiendo saber lo que no saben, o estando auto-satisfechos con un conocimiento vacío.

Durante este tiempo, el clero secular dejará mucho que desear porque los sacerdotes se volverán descuidados en sus deberes sagrados. Carentes de la brújula divina, se desviarán del camino trazado por Dios para el ministerio sacerdotal, y se apegarán a las riquezas y a los bienes, que se esforzarán indebidamente por obtener. ¡Cómo sufrirá la Iglesia en esta noche oscura! A falta de un Prelado y de un Padre que los guíe con amor paternal, con dulzura, con fuerza, con sabiduría y con prudencia, muchos sacerdotes perderán su espíritu, poniendo sus almas en gran peligro. Esto marcará la llegada de mi hora.

Por eso, clamad insistentemente sin cansaros y llorad con lágrimas amargas en la intimidad de vuestro corazón, implorando a nuestro Padre Celestial que, por amor al Corazón Eucarístico de mi Santísimo Hijo y a su Preciosa Sangre derramada con tanta generosidad y a las profundas amarguras y sufrimientos de su cruel Pasión y Muerte, se apiade de sus ministros y ponga fin a esos tiempos aciagos, enviando a esta Iglesia el Prelado que restaure el espíritu de sus sacerdotes".

La Santísima Virgen María añadió que los siete Sacramentos serán atacados de diferentes maneras:

> **"Será difícil recibir el sacramento del Bautismo y también el de la Confirmación. El demonio hará un gran esfuerzo para destruir el sacramento de la Confesión por medio de personas en posiciones de autoridad. Habrá una profanación indecible de la Santa Eucaristía en nuestro tiempo. Los enemigos de Jesucristo, instigados por el demonio, robarán Hostias consagradas de las iglesias para profanar las especies eucarísticas. Mi Santísimo Hijo se verá arrojado al suelo y pisoteado por pies sucios. La gente no estimará el sacramento de la Santa Unción y muchos morirán sin recibirlo".**

Nuestra Señora predijo que, debido a esto:

> **"Muchas almas se verán privadas de innumerables gracias, consuelos y la fuerza que necesitan para dar ese gran salto del tiempo a la eternidad".**

Y añadió la Santísima Virgen María:

> **"En el siglo XX, esta devoción** (a Nuestra Señora del Buen Suceso) **obrará prodigios tanto en lo espiritual como en lo temporal, porque**

es voluntad de Dios reservar esta invocación y conocimiento de su vida para ese siglo, en el que la corrupción de las costumbres será casi general y la preciosa luz de la Fe casi se extinguirá".

(La Santísima Virgen María, 8 de diciembre de 1634)

El número de fieles, se nos dice, será pequeño y su fe será puesta a prueba. Sin embargo, la Madre de Dios promete que, cuando todo parezca perdido, intervendrá y aplastará a Satanás bajo sus pies. Habrá una gran restauración y Jesucristo reinará a través de María.

Finalmente, llegó el momento de despedirse de sus hijas, la Madre Mariana preparó a sus afligidas Hermanas para su viaje final a la eternidad. Iba a ir con su Señor a las 15 horas del 16 de enero de 1635. Tenía 72 años. Aproximadamente a la 1 de la tarde de ese día pidió a la Madre Abadesa que convocara a la comunidad. Cuando llegaron todas las monjas, leyó en voz alta su magnífico testamento, que comenzaba afirmando que moría como fiel hija de la Santa Iglesia Romana, Católica y Apostólica. Luego, con una voz vibrante de emoción, pero firme con la fuerza de la fe y la sinceridad, se hizo eco de las palabras de su Maestro:

"Es necesario que me vaya, pero no os dejaré huérfanas. Voy a mi Padre y a vuestro Padre, a mi Dios y a vuestro Dios, y el Divino Consolador bajará a consolaros".

Después de recibir el Santo Viático, cerró tranquilamente los ojos y dejó de respirar.

Las revelaciones de Nuestra Señora del Buen Suceso fueron aprobadas por primera vez por la Iglesia Católica a principios del siglo XVII, poco después de que la imagen que lleva este título fuera esculpida por orden de la propia Virgen. El entonces Obispo de Quito, su Excelencia Monseñor Salvador de Ribera, llegó a expedir documentos oficiales que atestiguaban que la imagen fue milagrosamente realizada y transformada por San Francisco de Asís y por los arcángeles Miguel, Gabriel y Rafael. Desde entonces, la devoción ha seguido contando con la aprobación y el apoyo de la Iglesia.

(**Nota:** La fuente principal de la Historia de Nuestra Señora del Buen Suceso aquí escrita está tomada principalmente de extractos extraídos del artículo escrito por Andrea Phillips en la edición de mayo-junio de 2011 de la publicación **Crussade Magazine**).

Capítulo VII

Apariciones de la Virgen María en Garabandal, España

(Nuestra Señora de Garabandal)

"Si le pedís perdón con alma sincera, Él os perdonará Yo, vuestra Madre, por mediación del Ángel San Miguel, os quiero decir que os enmendéis. Ya estáis en los últimos avisos. Os quiero mucho y no quiero vuestra condenación. Pedidnos sinceramente y nosotros os lo daremos. Debéis sacrificaros más. Pensad en la Pasión de Jesús".

(Mensaje de la Virgen María pronunciado por San Miguel, 18 de junio de 1965)

Desde 1939 España ha vivido en relativa paz, consiguiendo mantenerse al margen de cualquier conflicto geopolítico importante desde la Guerra civil española que ganó en última instancia el General Franco, que permaneció en el poder hasta su muerte en 1975.

Antes de fallecer, el "Generalísimo" restauró la Monarquía española colocando en el trono español al heredero de la Corona Juan Carlos I de Borbón. Fue él, tras la muerte de Franco, quien condujo a España fuera de la dictadura y hacia la transición a un régimen democrático; sin embargo, antes de que esto se produjera, un gran acontecimiento estaba a punto de bendecir a España de la manera más notable.

El pequeño pueblo de Garabandal es una pequeña aldea de unas 80 humildes viviendas situada en la Cordillera Cantábrica del norte de España, en la provincia de Santander, cerca de los Picos de Europa. El nombre completo del pueblo es San Sebastián de Garabandal. Se encuentra a 600 metros sobre el nivel del mar, a unos 57 kilómetros de la capital de la provincia. El pequeño pueblo de las montañas quedó marcado entre los años 1961 y 1965 por las extraordinarias apariciones de la Santísima Virgen María a través de más de 3.000 apariciones públicas a cuatro niñas de entre 11 y 12 años: Conchita González, Mari Cruz González, Jacinta González y Mari Loli Mazón.

La primera aparición que experimentaron las cuatro niñas fue la noche del 18 de junio de 1961. Al oír un fuerte ruido como de truenos en una llanura verde esmeralda, las niñas vieron aparecer de repente ante ellas la figura brillante del Arcángel Miguel.

El Arcángel miró intensamente a las cuatro niñas, permaneciendo en silencio, y desapareció rápidamente... Pálidas y visiblemente agitadas, las cuatro niñas corrieron de vuelta a la iglesia de su pueblo en busca de refugio celestial. Durante los doce días siguientes, el Ángel se les apareció varias veces en el mismo lugar. Poco a poco, las cuatro niñas fueron ganando confianza y sintieron cierta amabilidad, calidez y confianza en este visitante celestial que venía simplemente a prepararlas para lo que estaba por venir, y el 1 de julio, San Miguel se les apareció de nuevo, pero esta vez les habló por primera vez, anunciándoles que al día siguiente, el domingo 2 de julio, la Santísima Virgen María se les aparecería como Nuestra Señora del Monte Carmelo.

Las niñas volvieron corriendo a su pueblo y comunicaron a sus familias el anuncio del Arcángel... La noticia se extendió rápidamente como un reguero de pólvora por todo el pueblo y la región.

El 2 de julio, al ser domingo, el pueblo estaba bastante concurrido. Había gente de todos los estratos sociales, incluso muchos de fuera del pueblo, entre ellos médicos y sacerdotes. A las 6 de la tarde, las niñas, seguidas por una gran multitud, se dirigieron al lugar donde se les había aparecido el Ángel en previsión de los anuncios de la víspera, y ante la sorpresa de la multitud, las cuatro niñas entraron inmediatamente en éxtasis... La Virgen se les apareció acompañada de dos ángeles, uno de los cuales era San Miguel Arcángel, el otro era desconocido para ellas.

Las niñas describieron la visión de la siguiente manera:

"Estaba vestida con una túnica blanca con un manto azul y una corona de estrellas doradas. Sus manos eran delgadas. Tenía un escapulario

marrón en el brazo derecho, excepto cuando llevaba al Niño Jesús en brazos. Su cabello, de color marrón nuez, estaba dividido en el centro. Su cara es larga, con una nariz fina. Su boca es muy bonita, con los labios un poco finos. Parece una chica de dieciocho años. Es bastante alta. No hay ninguna voz como la suya. Ninguna mujer es igual a ella, ni en la voz ni en el rostro ni en nada. La Virgen se manifestó como Nuestra Señora del Monte Carmelo".

(2 de julio de 1961)

Del diario de Conchita:

"Venían con Ella dos Ángeles: uno era San Miguel y el otro no sabemos. Venía vestido igual que San Miguel, parecían mellizos Al lado del Ángel de la derecha, a la altura de la Virgen, veíamos un ojo de estatura muy grande. Parecía el ojo de Dios. Ese día hablamos con la Virgen mucho y Ella con nosotras. Le decíamos todo: que íbamos todos los días al prao, que estábamos negras, que teníamos la hierba en morujos, etc. Ella sonreía ¡como le decíamos tantas cosas! Rezamos el Rosario viéndola a Ella y Ella rezaba con nosotras para enseñarnos a rezarlo bien y cuando terminamos el Rosario dijo que se iba".

Después de la primera aparición, siguieron muchas más. En el transcurso de 1961 y 1962, la Santísima Virgen María se apareció varias veces a la semana a las cuatro niñas, no siempre juntas ni siempre a la misma hora del día. La Santísima Virgen María también se apareció a menudo por la noche y por la mañana temprano ... en el mismo momento en que Nuestro Señor se ofende más por los pecados de los hombres... Sin embargo, las muchachas se levantaban todas las mañanas a la hora habitual para trabajar en el campo, llevando fardos de hierba o leña, o cuidando el ganado y las ovejas, sin mostrar nunca signos de cansancio.

A medida que la Santísima Virgen María seguía apareciéndose a las cuatro muchachas, empezaron a producirse hechos cada vez más extraordinarios, que creaban asombro, si no siempre conmoción... En efecto, muchas veces, cuando la Santísima Virgen María se aparecía a las cuatro jóvenes videntes, se veía a las cuatro muchachas levantar inmediatamente la mirada hacia el cielo con espléndidas sonrisas. Asimismo, fueron muchas las veces que, en éxtasis, los niños se pusieron a correr a gran velocidad por terrenos rocosos —sin dejar de mirar al cielo—, cogidos del brazo (muchos hombres jóvenes y atléticos eran incapaces de seguir su ritmo), o caminando rápidamente hacia atrás, siempre mirando hacia arriba, sin caerse ni hacerse daño, con una sonrisa que nunca abandonaba sus rostros.

Su estado de éxtasis no les permitía mirar por dónde pisaban, corrían o saltaban, mientras que, sorprendentemente, nunca se caían o tropezaban con una roca, un agujero o un obstáculo.... Asimismo, antes de las apariciones, las cuatro niñas recibían un gran número de rosarios, sacramentales y objetos religiosos cuyos propietarios las niñas no tenían forma de conocer siempre; sin embargo, esto nunca impidió que las cuatro niñas devolvieran dichos objetos a sus legítimos propietarios (¡sin dejar de prestar atención a la visión que las guiaba en lo alto!).

Esto lo hicieron en innumerables ocasiones, ¡sin confundir nunca a los legítimos dueños de dichos sacramentales! Más notable aún fue observarlas, mientras estaban en éxtasis, desatando sin la menor señal de lucha enormes bolas de rosarios irremediablemente mezclados, sólo para devolverlos ilesos a sus respectivos dueños después de que la Santísima Virgen María los hubiera besado. Lo más extraordinario fueron los casos observados de levitación, y los casos en que aparecían pesadas como rocas, presenciados por hombres que, en ocasiones, en grupos de cuatro o cinco no eran capaces de levantar a ninguna de las pequeñas en éxtasis.

En cambio, cada vidente era capaz de levantar a cualquiera de las otras durante las apariciones (para ayudarse a besar a la Santísima Virgen María) como si fueran simples plumas... Naturalmente, como en otros lugares de apariciones, cuando los niños conversaban con los interlocutores celestiales, ningún destello de luz, ningún pinchazo, ninguna llama ardiente, ninguna prueba o interferencia hecha por el hombre pudieron interrumpir el intercambio extático... En otras palabras, ¡lo extraordinario!

En octubre de 1961, la Santísima Virgen María reveló un mensaje que debía ser entregado al mundo (**ver página 387** - mensaje original escrito en español y firmado por las videntes):

"Hay que hacer muchos sacrificios, mucha penitencia. Visitar al Santísimo Sacramento. Pero antes tenemos que ser muy buenos. Si no lo hacemos nos vendrá un castigo. Ya se está llenando la copa y si no cambiamos, nos vendrá un castigo muy grande".

(La Santísima Virgen María a las cuatro niñas el 18 de octubre de 1961)

Carta del Padre Pío a las videntes de Garabandal

El 3 de marzo de 1962, el Padre Pío escribió una carta, en italiano, a las cuatro videntes y la envió a San Sebastián de Garabandal. Dicha carta fue traducida por Félix López, un seminarista de Bilbao que estaba presente cuando fue entregada. En dicha carta, el Padre Pío escribió:

Queridas niñas,

A las nueve de la mañana la Virgen me ha dicho que os diga:

"Oh, benditas niñas de San Sebastián de Garabandal, os prometo que estaré con vosotras hasta el fin de los siglos, y estaréis conmigo

durante el fin del mundo y después unidas a mí en la gloria del Paraíso".

Adjunto a esta carta hay un ejemplar del Santo Rosario de Fátima, que la Santísima Virgen me ha ordenado enviaros. La Santísima Virgen ha dictado este Rosario, y desea que se dé a conocer para la salvación de los pecadores y para preservar a la Humanidad de los peores castigos con que la amenaza el buen Dios.

Mi recomendación es ésta: rezad y animad a otros a rezar, porque el mundo va camino de la perdición. No os creen a vosotras ni nuestras conversaciones con la Señora vestida de Blanco, pero creerán cuando sea demasiado tarde.

ROSARIO DE LA VIRGEN DE FATIMA

1. *En este primer misterio vemos cómo la Santa Virgen eligió Fátima como su ciudad favorita para difundir sus mensajes.*
2. *En este segundo misterio se contempla cómo la Santa Virgen eligió la Cova de Iría para sus visiones.*
3. *En este tercer misterio se contempla cómo la Santa Virgen eligió a los tres pastorcitos para sus conversaciones celestiales y para confiarles el gran secreto.*
4. *En este cuarto misterio vemos cómo el secreto de Fátima es el mayor secreto de todos los que Ella ha revelado.*
5. *En este quinto misterio podemos ver cómo las visiones de la Santísima Virgen siguen estando presentes en todas las partes del mundo.*

La Virgen ha prometido gracias especiales a todos los que recen este Rosario.

(Carta del Padre Pío, 3 de marzo de 1962)

Cuando Conchita le mostró la carta a la Virgen María en su siguiente aparición, la Madre de Cristo le respondió diciéndole que, efectivamente, era el Padre Pío quien enviaba la carta. Conchita nunca supo quién era el Padre Pío, pero poco después, un seminarista le explicó que el Padre Pío era un famosísimo y santo fraile capuchino de San Giovanni Rotondo, en Italia (**ver página 385**).

En febrero de 1975, en una entrevista para la revista **Needles**, actualmente **Garabandal Journal**, Conchita habló de su reacción a esta carta:

"Me sorprendió lo que decía, y como venía sin firmar, la guardé en el bolsillo hasta la siguiente aparición. Cuando apareció la Virgen, le mostré la carta y le pregunté de quién era. La Virgen me respondió que era del Padre Pío.

Yo no sabía entonces quién era el Padre Pío y no se me ocurrió preguntar más. Después de la aparición, estuvimos hablando de la carta. Entonces un seminarista que estaba allí (Félix López) me explicó quién era el Padre Pío y dónde vivía. Le escribí diciéndole que, si alguna vez visitaba mi país, me gustaría mucho verlo. Me contestó con una breve carta que decía:

*¿**Crees que puedo entrar y salir por las chimeneas?**"*

A los 12 años, no tenía ni idea de lo que podía ser un monasterio.

En febrero de 1966, Conchita viajó a Roma por una invitación que recibió del Cardenal Ottaviani, de la Congregación para la Doctrina de la Fe. La joven partió con su madre Aniceta, el padre Luis J. Luna (actual párroco de Garabandal que había sustituido al padre Valentín el verano anterior) y la princesa Cecilia de Borbón-Parma, miembro de la familia real carlista y principal organizadora del viaje de la vidente a Italia.

En este viaje, uno de los contactos del pequeño grupo español era el Dr. Enrico Medi, amigo y médico personal del Papa Pablo VI. El Dr. Medi sugirió aprovechar el viaje a Roma para visitar San Giovanni Rotondo y así conocer al Padre Pío.

Conchita se alegró mucho de esta idea, ya que recordaba vivamente el mensaje que el capuchino les había transmitido en nombre de la Santísima Virgen María:

"Os prometo que estaréis unidos a mí en la gloria del Paraíso".

La propia Conchita cuenta la historia:

> *"Llegamos sobre las nueve de la noche y nos dijeron que no podríamos ver al Padre Pío hasta la mañana siguiente, en su Misa de las cinco. Antes de la Misa, el padre Luna y el profesor Medi fueron a la sacristía. El profesor me contó después lo que había ocurrido allí. Dijo que el padre Luna le había dicho al padre Pío que la princesa española estaba allí para verlo (Cecilia de Borbón-Parma). El Padre Pío le dijo entonces al Padre Luna:*
>
> — **"No me encuentro bien y no podré verla hasta más tarde en el día de hoy"**.

El profesor Medi dijo entonces:

> — *"Hay otra persona que también desea verle. Conchita desea hablar con usted"*
>
> — **"¿Conchita de Garabandal? Ven a las ocho de la mañana"**

Al llegar, Conchita y su madre fueron conducidas a una pequeña habitación, encontrando al Padre Pío en una celda con sólo una cama, una silla y una pequeña mesa... Conchita recordó que tenía el crucifijo besado por la Virgen y se lo dijo al Padre Pío cuando se lo presentaron:

— *"Esta es la cruz besada por la Santísima Virgen. ¿Quiere besarla?"*

El Padre Pío tomó entonces la pequeña cruz de Cristo y la colocó en la palma de su mano izquierda, sobre los estigmas. Luego tomó la mano de Conchita y la colocó sobre el crucifijo. Luego bendijo su mano y la cruz mientras le hablaba. La joven tenía 16 años y, entre la excitación y los nervios, no pudo recordar lo que el santo estigmatizado le había dicho. Sin embargo, hay muchos hechos que demuestran la benevolencia y el amor con que el capuchino veía los fenómenos de Garabandal, algo que demostrará en varias ocasiones.

De hecho, existen varios testimonios de personas que han sido enviadas a Garabandal por el estigmatizado monje de Gargano. Entre ellos, Joachim Boufflet, doctor y profesor de filosofía en la Universidad de la Sorbona de París y consultor de la Congregación para las Causas de los Santos en Roma.

En efecto, en la tarde del 23 de agosto de 1968, después de haberse confesado con el Padre Pío en el claustro del convento de San Giovanni Rotondo, habló unos minutos con él. Al final de la confesión, el Padre Pío le dijo:

— *"Reza a la Virgen. Conságrate a la Virgen del Carmen que se apareció en Garabandal".*

Joachim Boufflet estaba confundido, pero el Padre Pío insistió:

— *Conságrate a la Virgen del Carmen que se apareció en Garabandal.*

Finalmente, el francés le preguntó:

— ¿Las apariciones de Garabandal? Entonces, ¿son verdaderas?

A lo que el capuchino respondió enfáticamente:

— **¡Por supuesto que son verdaderas!**

Otros santos han demostrado su interés por los fenómenos de Garabandal, por nombrar sólo uno: La reverenda Madre Teresa de Calcuta, que se convirtió en madrina de los hijos de Conchita. Pero la manera en que el Padre Pío se involucró es bastante única. Conchita cita su nombre en su diario, indicando que le fue revelado por la Santísima Virgen María, que él verá el milagro desde donde quiera que esté. Por eso, cuando el monje capuchino falleció el 23 de septiembre de 1968, Conchita se quedó bastante perpleja al ver que la profecía no se había cumplido.

Sin embargo, la Providencia quiso aliviar sus temores. En efecto, la joven española recibió un telegrama de Lourdes. El telegrama le pedía que fuera al famoso lugar francés de apariciones para recibir una carta que el Padre Pío había dejado para ella. El padre Combe, párroco francés de Chazay d'Azergues, en la diócesis de Lyon, y gran promotor de la causa de Garabandal, se encontraba ese día en el pequeño pueblo español. Él y su colaborador, B. L. Elios, se ofrecieron a llevar a Conchita y a la madre de Conchita, Aniceta, en su coche y partir esa noche hacia Lourdes. Ella aceptó y dio gracias al Cielo por haber puesto las circunstancias para que respondiera a la invitación en Lourdes.

En la mañana del 17 de octubre, Conchita recibió en el lugar de peregrinación francés, de manos del reverendo padre Bernardino Cennamo, OFM Cap, un capuchino italiano, un breve mensaje escrito del Padre Pío, una gran parte del velo que había cubierto el rostro del Padre Pío tras su muerte y uno de los guantes del Padre Pío. El padre Cennamo explicó a la joven vidente española que el padre Pellegrino, un sacerdote que cuidó del padre Pío en sus últimos años, le había transcrito una nota dictada por el Santo. El padre Cennamo reconoció entonces que durante mucho tiempo no creyó en Garabandal, pero compartió con Conchita que cuando el padre Pío le pidió que le diera el velo que cubría su rostro tras su muerte, cambió de opinión.

En Lourdes, ese día, el velo y la carta fueron entregados a Conchita. Pero algo más le interesaba a ella. Así que inmediatamente volvió a preguntar al padre Cennamo:

— **¿Por qué la Virgen me dijo que el Padre Pío vería el milagro y ha muerto?**

A lo que el capuchino respondió

— *¡Él vio el milagro antes de morir! Él mismo me lo dijo.*

Después de recibir el famoso velo en Lourdes, Conchita contó:

> — *Tenía el velo delante de mí, mientras escribía aquella tarde. Cuando de repente toda la habitación se llenó de fragancia, un perfume tan fuerte que me puse a llorar.*

La única otra persona a la que se le concedió ver el gran Milagro antes de morir fue al reverendo Padre Luis Andreu, un sacerdote escéptico que vino a Garabandal para ver por sí mismo "el fraude"... pero mientras observaba a las cuatro videntes en éxtasis en los pinos de las afueras del pequeño pueblo, el buen sacerdote español gritó de repente:

¡MILAGRO! ¡MILAGRO! ¡MILAGRO! ¡MILAGRO!

Aquella noche, en el viaje de vuelta a casa con los amigos, el Padre Luis

Andreu dijo a sus compañeros de viaje:

> *— Me siento verdaderamente lleno de alegría y felicidad. Qué regalo me ha hecho la VIRGEN. ¡Qué suerte tener una Madre como ella en el Cielo! No puedo tener la menor duda sobre la verdad de sus apariciones.*

Después de decir esto, el Padre Luis Andreu emitió un ligero sonido de tos, bajó la cabeza al pecho y falleció.

(Testimonio de Rafael Fontaneda)

La noche de los gritos

En los meses siguientes, vinieron peregrinos de toda España, y a veces de países muy lejanos, para ver a las cuatro pequeñas mensajeras de la Santísima Virgen María, incluso científicos y sacerdotes que venían a observar y a veces a desmentir lo que, sin embargo, era una realidad siempre tan clara para una multitud de fieles. El 19 de junio de 1962 la Santísima Virgen María se apareció a Loli y Jacinta con un mensaje para todo el mundo:

> **"No estáis esperando el Castigo, porque estáis desoyendo mi primer mensaje por la forma en que vivís. Vendrá porque el mundo no ha cambiado. Preparaos. Confesaos, porque el castigo llegará pronto si el mundo no cambia".**

(La Santísima Virgen María a Loli y Jacinta, 19 de junio de 1962)

Parecía que la Madre de Cristo presionaba para que se hicieran eco de un mensaje al que no se prestaba la atención adecuada; de ahí que, dos noches después, ante innumerables testigos, las cuatro jóvenes videntes presenciaran juntas, con puro terror, visiones profundas y a la vez espantosas, que más tarde se conocerían en los anales de la historia de Garabandal como "la noche de los gritos". El testimonio de Conchita:

> *"A pesar de seguir viendo a la Virgen, vimos una gran multitud de personas que sufrían intensamente y gritaban de terror. La Santísima Virgen nos explicó que esta gran tribulación, que ni siquiera era el Castigo, vendría porque llegaría un momento en que la Iglesia parecería estar a punto de perecer. Pasaría por una prueba terrible. Le preguntamos a la Virgen cómo se llamaba esta gran prueba, y nos dijo que era el comunismo. Luego nos mostró cómo vendría el gran Castigo para toda la Humanidad, y nos explicó que vendría directamente de*

Dios.

En un momento determinado, ni un solo motor o máquina funcionaría (¿impacto electromagnético sobrenatural, natural o provocado por el hombre?); una terrible ola de calor golpeará la tierra y los hombres comenzarán a sentir una gran sed... Desesperados, buscarán agua, pero ésta se evaporará por el calor. Entonces casi todos se desesperarán y buscarán matarse unos a otros. Pero perderán sus fuerzas y caerán al suelo. Entonces se comprenderá que sólo Dios ha permitido esto.

Entonces vimos una multitud en medio de las llamas. La gente corría para arrojarse a los lagos y mares. Pero el agua parecía hervir, y en lugar de apagar las llamas, parecía avivarlas aún más. Era tan horrible que le pedí a la Virgen que se llevara a todos los niños pequeños antes de que pasara todo esto. Pero la Virgen nos dijo que para cuando llegara, todos serían adultos".

(21 de junio de 1962: La noche de los gritos)

Carta del Rev. Padre Pio a los niñas de Garabandal (2 marzo, 1962)

Mensaje de la Virgen recibido por las cuatro videntes de Garabandal el 18 de octubre de 1961

Conchita González, Mari Loli Mazón, Jacinta González y Mari Cruz González

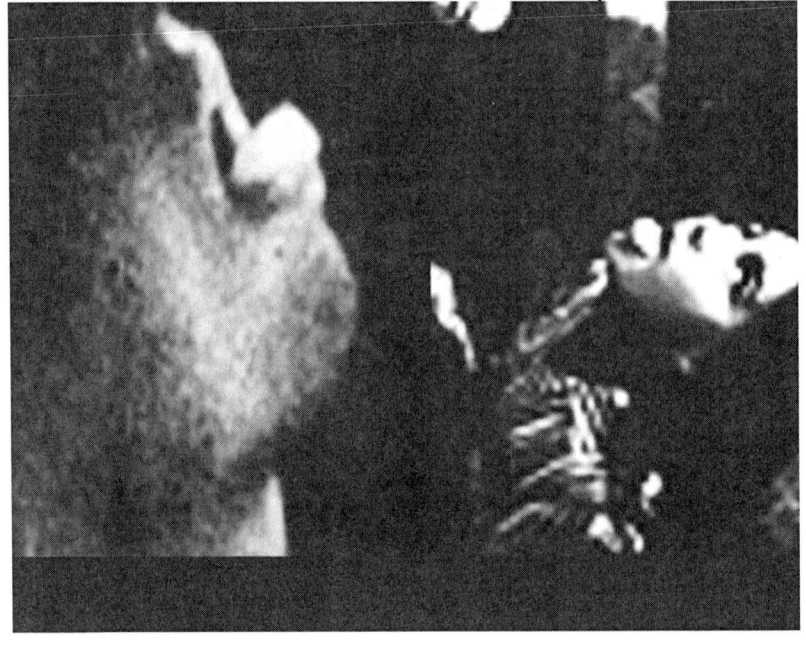

Conchita recibiendo la comunión de San Miguel Arcángel

En una imagen (arriba), una vidente no puede ser levantada del suelo...

En esta foto, una vidente es ligera como una pluma y es levantada sin ninguna dificultad por otra vidente.

Mari Loli Mazon en éxtasis en la primera fase de levitación

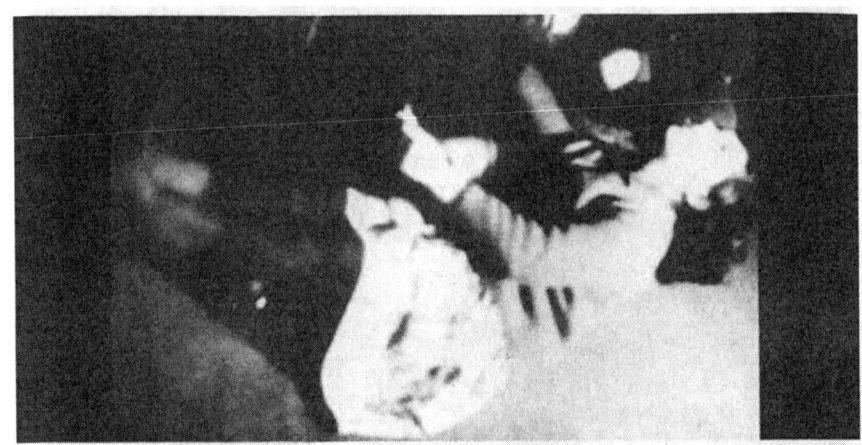

Mari Loli Mazon in ecstasy in stage two of levitation

Mari Loli Mazon en éxtasis en la segunda fase de levitación

Las noches de los gritos: Las niñas (videntes) a las que se les muestran los Castigos.(**Ver página 386**)

Conchita González (vidente de Garabandal) 1980, entrevista con la BBC (**ver página 413**)

Conchita González (vidente de Garabandal) en 2020

Para complementar esta visión, la Santísima Virgen María dio un mensaje para todo el mundo dos días después, el 23 de junio de 1962: *"El mundo sigue igual. No ha cambiado en absoluto. Pocos desean ver a Dios".*

Son tan pocos que esto le causa mucho dolor a la Virgen. Qué pena que no cambie. La Virgen nos dijo que el Castigo se acerca, viendo que el mundo no cambia: "La copa se está llenando". Qué tristeza la de la Virgen, aunque no nos lo dejó ver porque nos quiere mucho y sufre sola. ¡Es tan buena! ¡Sed buenos, todos, para que la Virgen sea feliz! Ella nos dijo que Nosotros que somos buenos debemos rezar por los que son malos. Pidamos a Dios por el mundo, por los que no lo conocen. ¡Sed buenos... sed muy buenos, todos!
Que no esperemos el Castigo; que, sin esperarlo, vendrá; ya que el mundo no ha cambiado, y ya nos lo ha dicho dos veces; y no le hacemos caso ya que el mundo va a peor, y debería cambiar mucho, y no ha cambiado nada. Prepárate. Confiesa, porque el Castigo vendrá pronto y el mundo sigue igual... Te digo esto: el mundo sigue igual. ¡Qué desgracia que no cambie! Pronto vendrá un castigo muy grande si no cambia.

(María Dolores Mazón y Jacinta González, 23 de junio de 1962)

Por encima del pueblo hay una colina empinada en la que se encuentra un grupo de nueve pinos. *"Un día"* —dicen las niñas— *"se nos apareció un ángel con un cáliz de oro en* Los Pinos. *Nos dijo que recitáramos el* Confiteor *y luego nos dio la Santa Comunión"*.

Debido a la falta de sacerdotes, el pueblecito de Garabandal compartía un cura con el pueblo vecino de Cosío, por lo que a veces se les hacía difícil a las cuatro niñas recibir la Sagrada Comunión, tal y como les había prescrito el Ángel y la Santísima Virgen María. Por ello, el Ángel se acercaba de vez en cuando a dar la Comunión a las cuatro niñas, que inmediatamente caían de rodillas abriendo la boca para recibir a Nuestro Señor. A menudo, fue posible filmar algunas de estas Comuniones extraordinarias, utilizando cámaras con luz muy brillante. Los movimientos de los labios y de la lengua de las niñas daban la pista exacta del acontecimiento que se estaba produciendo.

El 2 de mayo de 1962, el Ángel le dijo a Conchita que Dios haría un milagro para que toda la gente creyera: verían la Sagrada Hostia en su lengua en el momento de la Santa Comunión. Para este milagro concedido, explicó el Ángel, Conchita tendría que anunciar este acontecimiento con quince días de antelación, y así lo hizo fielmente como se le indicó.

El 18 de julio de 1962, el pueblo estaba repleto de visitantes. A medianoche Conchita, que había permanecido en su casa, que estaba continuamente rodeada de visitantes, entró en éxtasis en su forma habitual y salió a la calle. A poca distancia de su casa cayó de rodillas ante la multitud. Los faroles se concentraron en ella. Después de un breve momento, en medio de un profundo silencio interrumpido por innumerables flashes de cámaras y chasquidos interminables, Conchita sacó la lengua sobre la que no reposaba nada.

Segundos después, una hostia blanca apareció de la nada en su lengua y permaneció allí durante unos minutos para que todos la vieran. Se escucharon gritos, jadeos y exclamaciones entre la población que presenció el milagro. Un empresario barcelonés, Don Alejandro Damians, situado a menos de un metro de la niña, consiguió unas imágenes en movimiento muy buenas. En la película aparecían 79 imágenes de la extraordinaria escena. Este mismo testigo redactó tiempo después un informe que entregó al Obispo de Santander, junto con una copia de la película. El número de testigos en esta ocasión fue masivo.

Don Benjamín Gómez, un agricultor de Potes, escribió:

"Yo estaba a menos de un brazo de distancia de la niña. Vi muy bien que su lengua estaba completamente limpia y no tenía nada en ella. La niña no se movió. De repente apareció sobre ella la Sagrada Hostia. Era blanca, brillante y resplandeciente. Me recordó a un copo de nieve cuando el sol lo golpea con sus brillantes rayos. El rostro de la muchacha se transformó bellamente en un éxtasis celestial. Su rostro era angelical Puedo certificar que estaba allí inmóvil, sin mover las manos ni la lengua. En esta posición inmóvil recibió la Sagrada Hostia. Tuvimos tiempo suficiente para contemplar este maravilloso fenómeno sin ninguna prisa

indebida, ¡y éramos muchos los que habíamos visto esto! **Yo era incrédulo hasta ese día**. *No soy tan católico como para estar sujeto a cualquier alucinación o imaginación. Hasta entonces no me había preocupado de Dios, salvo para ofenderle. Me confesé en abril, pero antes de ese momento no me había confesado en veintitrés años".*

(El testimonio de Don Benjamín Gómez)

Cuando la Santísima Virgen María pidió que vinieran sacerdotes a presenciar los acontecimientos de Garabandal, las pequeñas videntes respondieron tristemente diciendo que el Obispo de Santander prohibía que vinieran sacerdotes. La Santísima Virgen María replicó entonces:

"Si el Obispo ha dicho que no vengan los sacerdotes, que se acate su decisión".

Esta frase es realmente capital, ya que subraya la enseñanza de la Santísima Virgen María sobre la importancia de los obispos y los sacerdotes, y de mantener la obediencia hacia la Iglesia Católica. En otro caso, la Santísima Virgen María volvió a mostrar una consideración especial hacia los sacerdotes que acudían a la aldea. En efecto, la Virgen dijo a las pequeñas videntes:

"Un sacerdote es más importante que un ángel. Si os encontráis con un sacerdote y un ángel al mismo tiempo, debéis saludar primero al sacerdote".

<u>El Aviso, el Milagro y el Castigo</u>

El Aviso

La advertencia ("el Aviso") vendrá directamente de Dios y será visible para todo el mundo y desde cualquier lugar en el que alguien se encuentre. Será como la revelación de nuestros pecados y será vista y sentida por todos, creyentes y no creyentes, independientemente de la religión a la que pertenezcan. Será visto y sentido en todas las partes del mundo y por cada persona. Ocurrirá en el cielo, nadie podrá evitar que ocurra. Se nos dice que los fieles preferirán estar muertos antes que pasar por este Aviso. Conchita añade: *"No nos matará. Será una* corrección *de nuestra conciencia. Causará un gran temor y nos hará reflexionar en nuestro interior sobre las consecuencias de nuestros pecados personales. Será como una advertencia del Castigo que vendrá. De este modo se ofrecerá al mundo un medio de purificación para prepararse a la gracia extraordinaria del gran Milagro".*

Nuestra Madre le dijo a Jacinta que el aviso llegaría **cuando la situación** *estuviera en su peor momento*. La Madre María de la Nieves García, superiora del colegio de Burgos donde Conchita estudió en 1966 y 1967, declaró:

> *"Durante las apariciones, la Virgen le dijo a Conchita que **antes de que se produzcan los acontecimientos futuros, tendrá lugar un Sínodo**, y un Sínodo importante. Entonces Conchita le contó la historia a su tía. La tía le preguntó:*
>
> *"¿**Te refieres a un Concilio?**" Porque era la época del Concilio Vaticano II.*
>
> *Conchita le dijo a su tía:*
>
> ***"No, la Virgen no dijo Concilio. Dijo Sínodo, y creo que el Sínodo es un pequeño concilio".***
>
> *Es imposible que una niña de 12 años, sin ningún tipo de conocimiento y cultura, hable de un Sínodo que no existía y que no conocíamos en aquella época, y además definió el Sínodo como un pequeño concilio. Esto se lo he oído al Padre Rafinel, y él se lo oyó al Padre Pesquera que escribió algunos de los primeros libros sobre las apariciones de Garabandal. Lo discutió con el profesor Lacques Serre que trabaja en la Universidad de París-Sorbonne y decidió que el Sínodo era un pre-aviso. El profesor le escribió muchas cartas en las que también describió eso como un pre-aviso".*

(Madre María de la Nieves García, superiora de la escuela de Burgos, 1995)

En octubre de 2022 empezó la celebración en Roma de un Sínodo sobre la sinodalidad, un sínodo calificado por el Papa Francisco como:

> *"Una clave para el futuro. La sinodalidad es lo que el Señor espera de la Iglesia del tercer milenio".*

El año 2022 seguía el más controvertido Sínodo episcopal alemán con dos años de duración destinado a reformar la Iglesia Católica alemana...

Notemos que a las niñas de Garabandal también se les dijo que el Aviso tendría lugar después de que **"algo muy parecido a un cisma tenga lugar dentro de la Iglesia"**.

El Milagro

A pesar de este acontecimiento tan extraordinario, se anunció y prometió un milagro aún mayor... explicó Conchita:

"Sobre el milagro, la Virgen sólo me dijo que no puedo decir la fecha hasta 8 días antes. Se producirá un gran Milagro en Garabandal para que todos crean en las apariciones y sean obedientes al mensaje. En cuanto al Castigo, lo merecemos porque los pecados del mundo son grandes; el Milagro debe ser también grande, porque el mundo lo necesita. Se producirá un jueves en la fiesta de un santo consagrado a la Eucaristía, a las 8:30 de la tarde, y durará aproximadamente un cuarto de hora.
También coincidirá con un gran acontecimiento en la Iglesia. Los enfermos que acudan a Garabandal ese día se curarán, los no creyentes se convertirán. Quedará un signo permanente en "Los Pinos" como prueba del tremendo amor de la Virgen por todos sus hijos. El signo que quedará podrá ser visto, fotografiado y televisado, pero no podrá ser tocado. Se verá claramente que no es algo de este mundo, sino de Dios".

Conchita transmitió la fecha del acontecimiento que vendría al Papa Pablo VI, a su confesor y al Cardenal Ottaviani, que era entonces Prefecto del Dicasterio del Santo Oficio (hoy Congregación de la Doctrina de la Fe).
Además, Conchita añadió:

"Con los medios actuales de comunicación y de viaje, 8 días son suficientes para que la gente de todo el mundo se reúna. El día del Milagro puede ser la última oportunidad que nos da Dios, y puede ser también el último esfuerzo de la Virgen para salvar al mundo del Castigo ya amenazado. La Virgen no me permite revelar la naturaleza del milagro, aunque ya la conozco. Pero antes de que el milagro tenga lugar, Nuestra Madre ha dicho que toda la Humanidad recibirá primero un Aviso del Cielo".

La fecha del Milagro no fue revelada a las videntes. Sin embargo Mari-Loli si sabe el año y dijo:

"El Milagro ocurrirá dentro de un año después del Aviso".

Dado que se nos dice que el "Milagro" anunciado ocurrirá un jueves en la fiesta de un santo consagrado a la Eucaristía, podemos considerar que las fechas más tempranas de dicho evento son efectivamente en 2024, 2027, 2028, 2030, 2032, 2034 y 2035.

El Castigo

Conchita escribió más tarde sobre el castigo mundial ("el Castigo") que había sido anunciado por la Santísima Madre de Dios:

"No puedo revelar qué tipo de Castigo es, salvo que será resultado de la intervención directa de Dios, lo que lo hace más terrible y temible que cualquier cosa que podamos imaginar. Será menos doloroso para los bebés inocentes morir de forma natural que para esos bebés morir a causa del Castigo. Todos los católicos deberían confesarse antes del Castigo y los demás deberían arrepentirse de sus pecados. Cuando lo vi (el Castigo), sentí un gran temor, aunque al mismo tiempo veía a nuestra Madre Santísima. El Castigo, si viene, vendrá después del Milagro.
Cuando nuestra Madre nos habló, su rostro tenía una mirada de gran dolor. Nunca la habíamos visto tan seria. Cuando dijo las palabras: **"La copa ya se está llenando"***, habló en voz muy baja".*

El 1 de enero de 1965, Conchita tuvo una aparición de la Virgen que le comunicó que el 18 de junio, cuarto aniversario de sus apariciones en Garabandal, daría otro mensaje para el mundo; por eso, seis meses antes de la fecha real, Conchita reveló públicamente el anuncio de la Santísima Virgen. Como era de esperar, la declaración se difundió rápidamente por toda la región e incluso por Europa y Estados Unidos, y el 18 de junio de 1965, miles de personas acudieron al pueblo de Garabandal. Peregrinos estadounidenses, franceses, ingleses, italianos, alemanes y polacos, científicos y periodistas acudieron a la pequeña aldea de Garabandal.

Los peregrinos y periodistas franceses fueron el grupo más numeroso reunido. Las cámaras de televisión de Francia, Italia y España también estuvieron presentes. El pequeño pueblo español de Garabandal había sido invadido por flotas de coches y autobuses de los que desembarcaron hordas de personas de todo el mundo.

A la hora señalada, Conchita salió por fin de su casa y comenzó a caminar, entre una multitud de seguidores, por el camino que lleva al lugar de los Pinos llamado el "Cuadro". Una vez llegada, se arrodilló y cayó en un éxtasis que duró aproximadamente 16 minutos.

San Miguel Arcángel se le apareció a Conchita y le anunció que había sido enviado para entregar al mundo el mensaje de la Santísima Virgen María (que se hizo público a la mañana siguiente):

"Como no se ha cumplido ni se ha dado mucho a conocer mi mensaje del 18 de octubre, os diré que éste es el último. Antes la copa se estaba llenando, ahora está rebosando. Muchos Cardenales, Obispos y Sacerdotes van por el camino de la perdición y con ellos llevan a

muchas más almas. A la Eucaristía se le da cada vez menos importancia. Debéis evitar la Ira del buen Dios sobre vosotros con vuestros esfuerzos. Si le pedís perdón con alma sincera, Él os perdonará. Yo, vuestra Madre, por mediación del Ángel San Miguel, os quiero decir que os enmendéis. Ya estáis en los últimos avisos. Os quiero mucho y no quiero vuestra condenación. Pedidnos sinceramente y nosotros os lo daremos. Debéis sacrificaros más. Pensad en la Pasión de Jesús".

(Mensaje de la Virgen María pronunciado por San Miguel, 18 de junio de 1965)

Conchita finalmente añadió:

*"Nuestra Santísima Madre nos ha dicho que este es su último mensaje. Por ello, quiere que todos sus hijos escuchen su petición antes del Aviso y del Milagro. Por estas razones **debemos propagar este mensaje urgente lo más ampliamente posible**".*

La última aparición

El sábado 13 de noviembre de 1965 Conchita tuvo su última aparición de la Virgen en Garabandal. Ella da los detalles en una carta:

Un día en la iglesia la Virgen me dijo en una locución que la vería el sábado 13 de noviembre en los Pinos; sería una aparición especial para besar los objetos religiosos y así poder entregarlos después. Estaba ansiosa de que llegara ese día para volver a ver a la Santísima Virgen y al Niño Jesús que han implantado en mi vida la semilla de la felicidad de Dios. Estaba lloviendo, pero no me importaba. Subí a los Pinos llevando conmigo los muchos rosarios que la gente me ha regalado para repartirlos.
Mientras subía iba hablando conmigo misma, lamentando mis defectos, deseando no volver a caer en ellos, pues me daba mucha preocupación presentarme ante la Madre de Dios sin borrarlos. Cuando llegué a los Pinos, comencé a sacar los rosarios y oí una dulce voz, la de la Virgen, que siempre se distingue entre las demás, llamándome por mi nombre. Le respondí:

— *"¿Qué?"*

En ese mismo momento la vi con el Niño en brazos. Estaba vestida como siempre y sonriendo. Le dije:

— *"He venido a traerte los rosarios para que los beses".*

— "Sí, ya veo".

Yo había estado masticando un chicle, pero al verla a Ella no lo mastiqué; puse el chicle sobre un diente. Ella debió darse cuenta porque dijo:

— **"Conchita, ¿por qué no te deshaces del chicle y lo ofreces como sacrificio para la gloria de mi Hijo?".**

Un poco avergonzada de mí misma lo saqué y lo tiré al suelo. Después me dijo:

— **"¿Recuerdas lo que te dije el día de tu santo: que sufrirías mucho en la tierra? Ahora te lo repito. Ten confianza en Nosotros".**
— *"Qué indigno soy, oh Madre nuestra, de tantas gracias recibidas a través de ti, y ahora has venido a mí para ayudarme a llevar la pequeña cruz que tengo".*
— **"Conchita, no vengo sólo por ti, sino que vengo por todos mis hijos, con el deseo de acercarlos a Nuestros Corazones. Dámelos** (los rosarios)**, para que pueda besar todo lo que llevas contigo".**

Y se lo di todo. Llevaba también un pequeño crucifijo que le di a besar. Ella lo besó y dijo:

— **"Ponlo en las manos del Niño Jesús".**

Y lo hice, y Él no dijo nada. Le dije:

— *"Esta cruz pienso llevarla conmigo cuando vaya al convento".*

Pero Él no respondió... Después de besarlo todo, comentó:

— **"Hija mía, a través de este beso, harás maravillas. Distribúyelos a los demás".**
— *"Por supuesto. Así lo haré".*

Después de todo esto, me pidió que le contara todas las peticiones que había recibido de otras personas. Me dijo:

— **"Conchita, cuéntame cosas de mis hijos. Los tengo a todos bajo mi manto".**
— *"¡Es demasiado pequeño! ¡Y no hay espacio para todos!".*

Ella sonrió ante mi comentario, y luego dijo:

— "¿Conchita, sabes por qué no vine yo misma el 18 de junio a entregar el mensaje para el mundo? Porque me dolía dártelo yo misma. Pero debo dártelo por tu propio bien, y si haces caso, por la gloria de Dios. Te quiero mucho y deseo tu salvación y tu reunión aquí en el Cielo con el Padre, el Hijo y el Espíritu Santo. Podemos contar contigo, Conchita, ¿no es así?".
— *"Si pudiera estar siempre viéndote, sí; pero si no, no puedo porque soy muy mala".*
— "Haz todo lo que puedas. Nosotros te ayudaremos, y ayudaremos también a nuestras hijas Loli, Jacinta y Maricruz. Esta es la última vez que me ves aquí, pero siempre estaré con todos mis hijos. Conchita, ¿por qué no vas a menudo a visitar a mi Hijo en el Santísimo Sacramento? ¿Por qué te dejas llevar por la pereza y no vas a visitar a Aquel que te espera día y noche?"

Como he escrito más arriba, llovía mucho. La Virgen y el Niño no se mojaron. No me di cuenta de que estaba lloviendo mientras los veía, pero cuando dejé de verlos estaba empapada. También le dije:

— *"Oh, qué feliz estoy cuando te veo. ¿Por qué no me llevas contigo ahora mismo?"*
— **"Recuerda lo que te dije el día de tu santo. Cuando vayas ante Dios debes mostrarle tus manos llenas de buenas obras hechas por ti para tus hermanos y para la gloria de Dios; ahora tus manos están vacías".**

Eso es todo. Pasé un momento feliz con mi Madre del Cielo, mi mejor amiga, y con el Niño Jesús. He dejado de verlos, pero no de sentirlos cerca. De nuevo han sembrado en mi alma una gran paz, alegría y un deseo de vencer mis defectos para poder amar, con todas mis fuerzas, los Corazones de Jesús y María que tanto nos aman.

La Santísima Virgen María me dijo que Jesús no quiere enviar el Castigo para angustiarnos sino para ayudarnos y reprocharnos porque no le hacemos caso. Y el Aviso será enviado para purificarnos para el Milagro en el que nos mostrará su gran amor, y para que cumplamos el mensaje. El Milagro va a tener lugar para que cumplamos el mensaje y también para confirmar estas apariciones. Sin embargo, si cumplimos el mensaje, no importa si no creemos en las apariciones.

(La Santísima Virgen María a Conchita González, 13 de noviembre de 1965)

Entrevista a Monseñor del Val Gallo
por *The Vigil Special Issue* (1992)

MDVG. ¿Dónde nació y creció?

C. *Algo pasó en la familia y por esas circunstancias nací en Burgos, pero a los quince días me llevaron a Santander, y allí viví siempre después.*

MDVG. ¿Qué le hizo decidirse a ser sacerdote?

C. *Cuando tenía cuatro años, el párroco de mi iglesia me preguntó si quería ser sacerdote, y yo le dije que sí, como un niño pequeño. Pero entonces, cuando tenía nueve años, una tía, que era hermana de mi padre y era monja de la orden de Las Hijas de la Caridad, murió en olor de santidad porque había habido una gran epidemia de una enfermedad muy contagiosa entre los niños y (a pesar de ello) ella estaba cuidando a los enfermos. Le dijeron que tuviera mucho cuidado porque podía contagiarse y morir, pero ella dijo: "Toda mi vida la he consagrado a Dios sirviendo a los pobres y no voy a dejar de hacerlo ahora que es cuando más me necesitan y eso es lo que seguiré haciendo". Finalmente enfermó de la epidemia que había y murió. Esto se discutía y se hablaba en mi casa cuando yo tenía nueve años y me impresionó mucho. Esta acción heroica que hizo la hermana de mi padre como Hija de la Caridad me hizo pensar: "¿Podría yo mismo hacer esto si fuera sacerdote?". Entonces, tomé la decisión: quería ser sacerdote. Tenía nueve años. Luego, a los doce años, ingresé en la Universidad Pontificia de Comillas hasta que me hice sacerdote en 1944*

MDVG. ¿Qué edad tenía usted cuando se ordenó... por quién y dónde?

C. *Fui ordenado por el arzobispo Parrado de Granada cuando tenía 28 años. Él murió hace muchos años. Me ordené en la iglesia de la Universidad Pontificia de Comillas.*

MDVG. ¿Cuándo fue por primera vez a Garabandal y por qué?

C. *Fui ocho días después de la primera aparición. Fui porque me llamó el obispo Doroteo Fernández, que era el administrador apostólico. Como yo era un sacerdote de su confianza, quiso que fuera allí como observador y que le informara de mis impresiones sobre todo lo que había visto. Así que fui allí unos ocho días después de la primera aparición porque el Obispo me dijo que fuera.*

MDVG. ¿Quién era entonces el obispo de la diócesis?

C. *El obispo Doroteo Fernández.*

MDVG. ¿Cuántas veces visitó el pueblo durante los años de las apariciones relatadas?

C. *Sólo fui otras dos veces después por orden del mismo Obispo.*

Q. ¿Presenció usted a alguna de las cuatro muchachas en éxtasis? Si es así, describa lo que vio y oyó. ¿Cuáles fueron sus impresiones?

C. *Sí. Sí, las vi. Sí, las vi en éxtasis. Eso es lo que ellos llamaban un trance psicológico. Creo que era un trance, pero no tan profundo como la primera impresión, porque entraban y salían del éxtasis. Dije que creía que era un trance y esto es lo que asombraba a la gente y les hacía creer que era sobrenatural. Mis impresiones eran las de un espectador. Ir a ver. Ver qué es lo que pasa porque con este tipo de cosas no se puede precipitar el juicio.*

MDVG. ¿Cuándo fue destinado a la diócesis de Santander? ¿Era su primera diócesis como obispo?

C. *Me asignaron la diócesis el 4 de diciembre de 1971 y llegué aquí el 16 de enero de 1972. Esta fue la primera y la última diócesis que he tenido como obispo residente. Estuve aquí durante veinte años. Antes estuve en Jerez de la Frontera, en la zona de Cádiz, que pertenecía a la diócesis de Sevilla. Me puso el Cardenal de Sevilla al frente de esa región de Cádiz ejerciendo allí como cualquier otro Obispo. Hoy es una diócesis propia.*

MDVG. Desde el comienzo de las apariciones relatadas, ¿cuántos obispos le precedieron?

C. *Muchos. Fueron muchos si tenemos en cuenta que algunos fueron obispos y otros administradores apostólicos, porque en aquellos años hubo mucho movimiento en la diócesis de Santander. Estaba Doroteo Fernández, Eugenio Beitia, Vicente Puchol, Enrique de Cabo, que era obispo en funciones, pero era vicario titular, y luego vino José María Cirarda, cuando se ocupaba de la diócesis de Bilbao como obispo auxiliar y Administrador Apostólico; vino otro obispo que se llamaba Rafael Torrija de la Fuente, y luego vine yo en 1972.*

MDVG. ¿No es cierto que, de todos esos obispos, usted es el único que realmente presenció el éxtasis de las chicas?

C. *Creo que sí. Creo que soy el único. He oído decir que Conchita había tenido algún éxtasis delante del obispo Puchol, pero no estoy seguro. Sí, creo que fui el único que vio los éxtasis.*

MDVG. ¿Imaginó alguna vez que Dios le pondría en una situación tan singular?

C. *Siempre he intentado estar en manos de Dios. Siempre lo intento, independientemente de que sea una situación difícil o alegre, y ésta (que es Garabandal) es dura y alegre al mismo tiempo.*

MDVG. ¿Cuándo eliminó todas las restricciones que los anteriores obispos imponían a los sacerdotes y por qué?

C. *No recuerdo con claridad la fecha exacta. Se hizo paso a paso. Le dije al párroco que empezara a eliminar las restricciones, y luego se anunció públicamente. Pero no recuerdo la fecha exacta. Creo que fue unos seis años antes de mi jubilación, que fue el año pasado en septiembre.*

MDVG. ¿Las apariciones de Garabandal han sido condenadas por la Iglesia?

C. *No. Los obispos anteriores no admitieron que las apariciones fueran sobrenaturales, pero condenarlas, no. Nunca se había utilizado esa palabra.*

MDVG. ¿Cuándo se reabrió el estudio de las apariciones y quién lo hizo, cómo se hizo y cuándo se concluyó?

C. *Se terminó en abril de 1991 durante una reunión que celebramos en Madrid, pero no se abrió en una fecha concreta. Se abrió seis años antes, tomando notas de las circunstancias de aquí y de allá. Al principio, íbamos poco a poco, así que tardamos unos seis o siete años en concluir el estudio. Hasta entonces me había guiado por lo que habían hecho los otros obispos. Habían dicho que no. Pero luego me pareció que debía hacer algo personalmente. Tenía que hacer una investigación personal porque la responsabilidad se lo exige a uno mismo; así que tenía que hacer algo al respecto y porque pensaba que era algo grave lo que había ocurrido en Garabandal. Me pareció que, por ser tan grave, tenía que averiguar por mí mismo lo que había sucedido exactamente en Garabandal.*

MDVG. ¿Cuáles han sido de los resultados?

C. *Fueron llevados a la Santa Sede, a la Sagrada Congregación para la Doctrina de la Fe. Ahí es donde hay que llevar este tipo de cosas. Fueron entregados al Cardenal Ratzinger.*

MDVG. ¿Los mensajes de Garabandal fueron considerados teológicamente correctos y acordes con las enseñanzas de la Iglesia Católica?

C. *Creo que sí. Teológicamente correctos, sí. Pero uno de los detalles me molesta* como éste: "Muchos Obispos y Cardenales van por el camino de la perdición"; me parece un poco severo... Los mensajes nada dicen que vaya en contra de la doctrina de la iglesia.

MDVG. ¿Cuándo y por qué se retiró?

C. *Me retiré debido a mi edad. La Iglesia exige a todos los obispos del mundo — y somos más de 4.000— que cuando lleguemos a la edad de 75 años escribamos una carta al Papa comunicándole la fecha en que cumplimos los 75 años para que el Santo Padre pueda empezar a buscar un sustituto. Así que eso es lo que hice. Mi 75 cumpleaños fue el 13 de junio del año pasado (1991), así que me retiré el 29 de septiembre.*

MDVG. ¿Tiene algún plan especial para el futuro?

C. *Sí. Mi primer plan es rezar más que antes porque ahora tengo más tiempo, así que ese es uno de mis primeros planes: dedicar mucho más tiempo a la oración. Mi segundo plan es ayudar a los más desfavorecidos y mi tercer plan es, bueno, que solía escribir antes de ser obispo y después de serlo, no lo hice más porque no tenía tiempo para hacerlo. Si quieres ser un buen obispo, no hay tiempo para escribir porque tienes demasiado trabajo. Así que eso es lo que pienso hacer ahora. Cuando era obispo, no lo hacía porque, si escribes libros, no vas a hacer bien tu trabajo. Pensaba que algún día, cuando me jubile, volveré a ser escritor. Así que estoy escribiendo un libro que me llevará al menos otro año y medio antes de que esté terminado. Pero, por ahora, estoy pensando que el título puede ser "El cristiano en el año 2000". Será un libro sobre la cultura actual en Europa y cómo esta cultura influye en nuestra vida cristiana y cómo esta cultura como cristianos tiene que responder a Dios y al servicio del hombre.*

MDVG. Como "Madre del Redentor" y "Madre de la Iglesia", ¿qué tipo de efecto cree que tendrá la Virgen en la vida de la Humanidad?

C. *En respuesta a esta pregunta, lo primero que me viene a la mente es el Cardenal Wyszynsky de Polonia. Usted sabe que él fue Cardenal allí en los tiempos de las condiciones más difíciles. Con el comunismo imperial, la Iglesia estaba tan oprimida, con tanta persecución, que no había libertad. Sin embargo, en su peor momento, el Cardenal Wyszynsky confió su rebaño a la Virgen, Nuestra Señora de Czestochowa. En ese momento extremo, el Cardenal en su fe encontró su refugio en la Santísima Madre porque ella es la que va a salvar la Fe. En esta cuestión, me identifico con el Cardenal Wyszynsky ya que pienso como él: es decir, que la Virgen es la que va a salvar la Fe. Le agradezco su visita, ha sido muy significativa.*

MDVG. ¿Cree usted que los mensajes son la parte más importante de

Garabandal?

C. *¡Por supuesto que considero que los mensajes son importantes! ¡Porque son importantes! Es importante que los cristianos vivamos lo que dicen los mensajes de la Virgen, si consideramos que ella pudo haber dicho esto... Pero, no digo que lo haya hecho ya que esto sería admitir que las apariciones son verdaderas, y no puedo hacer eso porque la Iglesia no lo ha dicho todavía... La Iglesia es la que tiene la última palabra.*

Obispo Del Val Gallo en el número especial de *The Vigil Special Issue* de 1992
Por María Saraco, editora y responsable de *The Vigil*

Entrevista a Conchita González por el Obispo Garmendia (27 de agosto de 1981)

Obispo: ¿El público en general tiene dudas sobre las apariciones?

Conchita: La Virgen nos dijo que, antes del Milagro, mucha gente dejará de creer.

Obispo: O sea, que vosotras creéis ciegamente en la Virgen y siempre nos remiten a lo que ella les dijo. Hay otro tema que me gustaría tocar, Conchita, y es el de la Santa Cena. Tengo entendido que la Virgen os dijo a las niñas que si había sacerdotes el Ángel no os daría la Comunión; que el Ángel sólo daría la Comunión cuando no hubiera sacerdotes. Sin embargo, tengo entendido que el día del Milagro de la Comunión (visible) había unos treinta sacerdotes en Garabandal. ¿Puedes aclarar esto?

Conchita: *La Virgen nunca nos dijo que el Ángel no vendría si había sacerdotes en el pueblo. Es el Ángel el que no vino cuando había sacerdotes en el pueblo. Sólo ese día, el Ángel vino a pesar de que había sacerdotes en el pueblo. No puedo explicar por qué.*

Obispo: Entonces, la Virgen no te dijo categóricamente que el Ángel te dará la Comunión sólo cuando no haya sacerdotes en el pueblo, ¿verdad?

Conchita: *No. Porque todo lo que dice la Virgen ocurre tal y como Ella dice (...).*

Obispo: En cuanto al actual Obispo de Santander, ¿va a tener un signo especial antes del Milagro? ¿Será algo que ocurra en la naturaleza o algo en general?

Conchita: *La Virgen dijo que iba a enviar una prueba al Obispo de Santander para que permita a los sacerdotes ir a Garabandal*

Obispo: ¿Qué tipo de prueba?

Conchita: *No lo ha dicho. Este signo de la verdad de las apariciones será algo privado para quien sea el Obispo de Santander en el momento del Milagro.*

Obispo: Entonces, ¿será para el que sea Obispo en el momento del Milagro?

Conchita: *Sí, recibirá una señal.*

Obispo: Así que el Obispo recibirá una señal y sabrá que Garabandal es verdad. Esto ya está claro. Sabes, Conchita, que nos atrae Garabandal porque amamos a la Virgen. Sabemos que ella utiliza personas y medios humildes como en Lourdes y Fátima y otras apariciones. Se ha dicho que la Virgen os dijo que el Milagro sería un jueves. ¿Es esto cierto?

Conchita: *Sí. La Virgen dijo que sería un jueves, y también dio el día, el mes y el año.*

Obispo: ¿Estás segura? ¿Lo has comprobado en el calendario?

Conchita: *No, no tuve que hacerlo, porque me dijo el jueves, el día, el mes y el año.*

Obispo: Me alegro mucho de oír esto. Me habían dicho que tú sabías que iba a ser un jueves, y empezaste a adivinar las fechas. Pero la Virgen os ha dicho la fecha exacta, el mes exacto y el año exacto. Ahora nadie tiene que tener dudas. Si todo en la vida estuviera tan perfectamente claro, no habría problemas. He oído que habéis estado en Roma.

Conchita: *El cardenal Ottaviani me envió una carta a través de la princesa Cecilia de Borbón-Parma y fui a Roma con mi madre.*

Obispo: No quiero presionarte, pero ¿qué pasó?

Conchita: *Me entrevistaron durante dos horas y me dijeron que sería mejor mantener en secreto todo lo que se dijo. No recuerdo ahora todas las preguntas que me hicieron, pero recuerdo que fueron dos horas.*

Obispo: ¿Puedes contarnos tus impresiones sobre Roma? Imagino que una chica de Garabandal, un remoto pueblo de la montaña, tendría mucho que decir sobre Roma, ¿no?

Conchita: *No, la verdad es que no. Fui allí porque me llamaron. Me hicieron preguntas y yo las respondí; eso fue todo. Después de ver a la Virgen me cuesta impresionarme con Roma.*

Obispo: ¿Hay alguna otra relación entre Roma, el Santo Padre y el Milagro de la que quieras hablar?

Conchita: *Sí. La Virgen nos dijo algo relacionado con el Santo Padre y fue que, antes del Milagro, sólo habría tres Papas más.*

Obispo: Quiero que esto quede muy claro para todos los que escuchen esta cinta. Conchita fue muy precisa. ¿La Virgen le dijo que antes del Milagro...?

Conchita: *En ese momento vivía el Papa Juan XXIII. La Virgen dijo: "Quedan tres Papas más; sólo habrá tres Papas más". Ella hablaba entonces del fin de los tiempos.*

Obispo: ¿Así que la Virgen te habló del fin de los tiempos?

Conchita: *Sí.*

Obispo: Así que después de Juan XXIII vino Pablo VI, Juan Pablo I y luego Juan Pablo II. Así que cuidado, ¡la soga se está apretando! Es la Virgen la que habla.

Conchita: *La Virgen hablaba del fin de los tiempos. También nos habló de Francia. No sé si te acuerdas, pero se decía que en 1962 iba a estallar una Guerra mundial. En aquel momento todo el mundo tenía miedo, incluido yo. Entonces la Virgen se apareció y dirigiéndose a nuestra preocupación dijo: "No tengáis miedo, no habrá otra Guerra mundial".*

Obispo: Así que ella dijo que no habría otra guerra mundial. Ha habido conflagraciones locales y se ha hablado mucho de una próxima Guerra mundial. La situación es muy tensa, pero una Guerra mundial sería el fin de las naciones.

Conchita: *No recuerdo más. Sin embargo, me gustaría añadir, en referencia a Roma, que algunos sacerdotes o personas están presionando demasiado a la Iglesia para que apruebe Garabandal. Creo que sería mejor que esto se dejara en manos de Dios. Que hablen y difundan el mensaje de la Virgen, pero que dejen el resto en manos de Dios.*

Obispo: Tu adviertes que no hay que precipitarse ni especular. Prefieres que todo se deje en manos de Dios. Tienes plena confianza en Él.

Conchita: *Sí. Antes, cuando estaba tan preocupada por si Roma me iba a creer o no, el mismo Señor me dijo: "No te preocupes por que te crean, sobre todo en Roma. Yo lo haré todo". Me gustaría decir esto a todos los que quieren que el Obispo y Roma se den prisa en este asunto.*

Obispo: La gente siempre busca cosas nuevas. Estoy de acuerdo contigo; deja que Dios y la Santísima Virgen se encarguen de ello a su manera. No estáis buscando grandes cosas, simplemente estáis viviendo una vida cristiana tal y como dijo la Santísima Virgen.

Conchita: *Sí, todos los días, y esperando el Milagro.*

Obispo: Cada día lo vives.

Conchita: *Sí.*

Obispo: Eso es lo que dicen los Evangelios y la Virgen: vivir la vida cristiana cada día. Esto es lo que quieren decir, ¿no?

Conchita: *Sí. Vivir cada momento del día con verdadera fe y devoción.*

(Entrevista a Conchita realizada por Monseñor Francisco Garmendia, Obispo auxiliar de Nueva York (1981), Revista *Garabandal*, marzo-abril 2004)

Monseñor Juan Antonio del Val Gallo, que fue obispo de Santander entre 1971 y 1991, fue inicialmente un escéptico de Garabandal. Pero en 1981, el buen obispo cambió de opinión y se convirtió en un acérrimo partidario. Sin embargo, su sucesor no creía en las apariciones. No obstante, el arzobispo de Oviedo, Carlos Osoro Sierra, ha inaugurado un nuevo espíritu hacia Garabandal entre la jerarquía española, diciendo que respeta las apariciones y que ha conocido "auténticas conversiones".

En cuanto a la profecía del Papado y de los tres siguientes Papas después de Juan XXIII, me gustaría señalar que el Papa Benedicto XVI es el tercer Papa después de Juan XXIII, ya que Juan Pablo I sólo vivió 33 días y no reinó lo suficiente como para reinar y dejar una huella significativa tras él... Efectivamente, el 3 de junio de 1963, cuando las campanas de Garabandal comenzaron a sonar, la madre de Conchita González, sorprendida, se preguntó en voz alta ante su hija el motivo del repique de las campanas de la iglesia del pueblo. Conchita contestó que las campanas anunciaban la muerte del Papa Juan XIII, y añadió además que después de él vendrían tres papas más antes del fin de los tiempos... Conchita se corrigió y dijo:

*"**Bueno, cuatro papas más en realidad, pues uno vivirá tan poco tiempo que no contará** (Juan Pablo I)".*

Esto confirma claramente que el fin de los tiempos ha comenzado en la vida de Benedicto XVI. Benedicto XVI ha fallecido en diciembre 2022 pero, aun en su absencia, sigue defendiendo la Fe con sus últimos libros (Ver **From the Depths of Our Hearts: Priesthood, Celibaty and the Crisis of the Catholic Church**). Por tanto, sigue siendo el "Tercer Papa" profetizado en Garabandal.

Conchita va a Roma.

En febrero de 1966, Conchita viaja a Roma a petición del Cardenal Ottaviani, entonces Prefecto del Santo Oficio. Fue con su madre y permaneció en la Ciudad Eterna unos diez días. Fue recibida y entrevistada muy amablemente en el Santo Oficio por el Cardenal Ottaviani y otros. Luego, ella misma pidió ver al Santo Padre. Se le dio una cita, pero ésta se canceló más tarde. Sin embargo, el Santo Padre envió un enviado a Conchita. Le dijo que el Papa le daba su bendición y con ella la de la Iglesia. Finalmente, al día siguiente, el Santo Padre recibió realmente a Conchita y repitió verbalmente lo que le había dicho el día anterior a través de su emisario.

Controversias frente a las confirmaciones de autenticidad

Las dos principales controversias que han golpeado a las apariciones de Garabandal desde finales de los años sesenta residen en que, en un mensaje privado dado a Conchita, la Santísima Virgen María predijo a la joven vidente que llegaría el día en que ella y las otras niñas llegarían a negar públicamente la autenticidad de su experiencia debido a las horribles dudas que perturbarían sus mentes. Dicho esto, la Santísima Virgen María les prometió que se retractarían de su negación y perseverarían en la misión que les había sido asignada.

Esto efectivamente ocurrió exactamente como la Santísima Virgen María se lo anunció a Conchita, pero muy pronto, en medio de su negación, ella y las otras muchachas se dieron cuenta de que sus experiencias habían sido auténticas e inmediatamente después anunciaron —en contra de todas las presiones, ofertas de dinero y amenazas— que sus visiones y revelaciones eran efectivamente verdaderas y auténticas.

La segunda gran controversia residía en que un peregrino italoamericano ciego, llamado Joseph Lomangino, que se hizo famoso poco después de su visita y encuentro con el Padre Pío en San Giovanni Rotondo, y con Conchita González en Garabandal, había recibido la promesa de la Santísima Virgen María de recuperar la vista el día del "Milagro" en la Colina de los Pinos:

Mi querido José,

Sólo dos líneas para decirte el mensaje que la Santísima Virgen me dio para ti hoy en los Pinos... me dijo que la voz que oíste era la suya y que la verás el día del Milagro. También me dijo que la Casa de la Caridad que establecerás en Nueva York dará gran gloria a Dios.

(Carta de Conchita González a Joseph Lomangino, 19 de marzo de 1964)

El 18 de junio de 2014, Joseph "Joey" Lomangino, de 53 años, el día de aniversario de la primera aparición celestial a las cuatro niñas en Garabandal, España (18 de junio de 1961), falleció de un ataque al corazón en su casa a las 10:30 a.m., rodeado amorosamente por su familia. Después de la primera aparición inicial de San Miguel Arcángel en esta fecha, la Santísima Virgen María se apareció después en numerosas ocasiones a las niñas hasta el último mensaje público del 18 de junio de 1965.

Y, por esta razón, el 18 de junio es la fiesta principal de los acontecimientos de Garabandal, ya que marca la fecha de la primera aparición a los niños en 1961, y también la del último mensaje público de la Santísima Virgen María en esa misma fecha de 1965. Ahora que Joey Lomangino ha pasado de esta vida, muchos se han encontrado en un estado de profunda duda y confusión.

Y, en efecto, ¿cómo podría resultar incumplida una profecía, una promesa emitida por la Madre de Cristo? Y, a primera vista, el autor de este libro confiesa haber sido uno de los que se preguntaba, pero al leer detenidamente la predicción de lo que la Señora en la visión le dijo a Conchita —*que Joey vería el día del Milagro*— hay que reconocer que podría haber otras interpretaciones y posibilidades que la más obvia y aparente.

En efecto, la Santísima Virgen María no le dijo a Conchita: *"Dile a mi hijo José que se prepare para estar presente el día del Milagro en la Colina de los Pinos, porque ese día y en ese lugar recuperará la vista"*. El mensaje real para Joey fue: **"verás el mismo día del Milagro"**. ¿No podría esta afirmación implicar que, incluso desde el Cielo, Joey sería capaz de ver el "Milagro" anunciado a través de los videntes? ¿O tal vez incluso como lo hizo San Padre Pío en el momento mismo de la muerte?

La Santísima Virgen María dijo que muchos dejarán de creer en Garabandal antes del "Milagro". Yo, por mi parte, prefiero seguir el ejemplo del famoso matemático y filósofo francés Pascal y hacer la misma apuesta [22] y ser así uno de los fieles y no de los escépticos, pues, después de todo, el mensaje dado a las cuatro niñas españolas es el mismo que el mensaje de La Fraudais, La Salette, Fátima y Akita.

Además, ya se han dado demasiados signos y testimonios que se han hecho eco. Por otra parte, ¿podría haberse equivocado San Padre Pío al afirmar que las apariciones de Garabandal eran auténticas? ¿Podría haber sido inducido a

---

[22] La **apuesta de Pascal** es un argumento filosófico presentado por el filósofo, matemático y físico francés del siglo XVII, Blaise Pascal (1623-62). Subraya la validez de apostar a que Dios existe y no a que no existe, ya que todo sería ganar si existe y nada perder si no existe.

error por la Santísima Virgen María cuando se le apareció y le pidió que enviara a las niñas de Garabandal la carta que les envió en 1962? Yo, por mi parte, creo que no.

B.B.C. Entrevista a Conchita González (1980)

Conchita: *Cuando vemos a la Virgen, tiene tanta luz ... que no vemos nada a nuestro alrededor. No sentimos dónde estamos. Entonces todo el tiempo miramos hacia ella.*

Pregunta: **Y... ¿Ella te habló?**
Conchita: *Sí, nos habló. A mí cuando la veo me parece que es como alguien a quien no ves desde hace mucho tiempo y luego nos habla enseguida. Dice: "**Hola Conchita**" y dice...* (se interrumpe)

Pregunta: **¿Dice "Hola Conchita"?**
Conchita: *Sí, en español, ya sabes: "**Hola Conchita**" y habla con todas las chicas, y luego hablamos de todo lo que nos ha pasado desde la última vez que la vimos. Le contamos todo lo que hacemos en la familia.*

Pregunta: **¿Tuvisteis miedo?**
Conchita: *No. Te digo que es como si viéramos a una persona querida que no vemos desde hace mucho tiempo. Es como... Es como si a mi madre no la viera desde hace mucho tiempo. Siento que la conozco de antes.*
La Virgen nos dio el mensaje del 4 de julio (breve pasaje incomprensible):

"Hay que hacer muchos sacrificios, mucha penitencia, visitar al Santísimo, pero antes tenemos que ser muy, buenos. Ya se está llenando la Copa. Y, si no cambiamos, nos vendrá un castigo muy grande". *Éste es el mensaje.*

Sobre el Aviso:

Conchita: *Será para todo el mundo, sea cual fuere el sitio donde estés. Podrás sentir "el Aviso". Viene directamente de Dios. Ningún hombre podrá dar una "explicación", ninguna forma humana puede explicar el "Aviso", ya sabes, y lo vas a sentir dentro de ti, y lo vas a ver con tus ojos, pero no te hará daño.*

Pregunta: **¿No te va a doler?**
Conchita: *No. Para mí es como si dos estrellas gemelas... ¿cómo se dice?, chocaran, como estrellas gemelas en el cielo que hacen mucho ruido, dan mucha luz, pero no caen... Ya sabes. No nos golpearán, pero las vamos a ver. En ese momento, vamos a ver nuestra conciencia. Vas a ver todo lo malo que hiciste.*

Pregunta: **¿Vas a ver todo lo malo que uno ha hecho?**
Conchita: *Sí. Y todo lo bueno que no hiciste.*

Pregunta: **¿Todo lo bueno que no has hecho?**
Conchita: *Sí.*

Sobre el Milagro

Conchita: *El Milagro que Ella nos va a mandar... su finalidad es que conozcamos el mensaje que Ella nos dice que desea que se haga. Ella quiere salvarnos y piensa que con el Milagro vamos a cambiar nuestras vidas.*

Pregunta: **Entonces, es para decirle a la gente que el mensaje es verdadero.**
Conchita: *Sí. Todo el mensaje.*

Pregunta: **¿Qué puede decirnos sobre el gran Milagro?**
Conchita: *Bueno, lo único que puedo decir es que va a ser en mi pueblo el Milagro, va a ser algo que va a pasar en mi pueblo.*

Pregunta: **¿En Garabandal?**
Conchita: *Sí. Todo el mundo que esté allí, alrededor del pueblo, podrá verlo. Los enfermos que estén allí se curarán. La Virgen dijo: "Los enfermos sanarán. Los enfermos sanarán. Los pecadores se van a convertirán". Y después quedará una señal en los Pinos.*

Pregunta: **¿Habrá una señal dónde?**
Conchita: *En los Pinos. Sí, en los Pinos. Muchas veces vimos a la Virgen en los Pinos. Ahí quedará una señal, y Ella nos ha dicho que la señal va a quedar ahí para siempre. Como, por ejemplo, va a ser algo así como "los rayos del sol"... Algo que podremos ver, de parte de Dios, que estará ahí para siempre.*

Pregunta: **¿Sabes qué tipo de señal?**
Conchita: *Conozco la señal, pero no sé cómo explicarla. Sé que puede verse, pueden hacerse fotos, pero no se puede tocar, no se puede "palpar"...*

Pregunta: **Sentirlo...**
Conchita: (asintiendo) *Sentirlo...*

Pregunta: **Es como una luz brillante...**
Conchita: *Sí, algo así, y va a estar ahí siempre.*

Pregunta: **¿Esa señal se quedará ahí?**
Conchita: *Sí, para siempre.*

Pregunta: **Y ese gran Milagro, ¿sabes cuándo va a ocurrir?**
Conchita: *Sí. Sé el año en que va a ocurrir; sé la fecha, pero la Virgen dijo que lo dijera ocho días antes.*

Sobre las dudas (temporales)

Conchita: *Entonces hablé con mi Obispo. Recuerdo que hablé con mi Obispo un montón de horas explicándole todo el asunto, y le dije al Obispo que no veo a la Virgen. Ya sabes que por dentro es como si no supiera lo que ha pasado... Lo único es que no sé quién me decía el mensaje. Le dije que me desaparecieron... "las llamadas". No puedo explicar eso... Si el Milagro... alguien me habló del Milagro. Me dijo: "No te preocupes, debes confesarte". Me confesé con él y me dio la absolución.*

Pregunta: **¿Absolución?**
Conchita: *Sí. Luego el obispo me dijo: "es mejor que no hables más de las apariciones".*

Pregunta: **¿Seguiste dudando o volviste a creer?**
Conchita: *Entonces me acordé de cuando la gente que venía a mi pueblo me preguntaba por las apariciones, y yo decía: "no creo". Entonces sentí que hablaba en contra de la Virgen y no me siento bien por dentro.*

Pregunta: **¿No te sientes bien?**
Conchita: *Cuando le cuento a la gente toda la historia, siento que estoy engañando a esta gente... Por eso tuve que dejar el pueblo. Ya no podía quedarme allí.*

Pregunta: **¿Tuviste que dejar el pueblo por toda la gente que quería hablar contigo?**
Conchita: *Sí. No sé qué decir a la gente.*

Pregunta: **¿No sabías qué decirles?**
Conchita: *Sí. Si digo que todo es verdad, siento que los estoy engañando.. Pero, cuando digo que no es verdad, siento que estoy hablando en contra de la Virgen...*

Pregunta: **Entonces, pensabas que los engañabas cuando decías que era verdad, pero que ofendías a la Virgen...** (se interrumpe)
Conchita: *Sí, cuando dije que no es verdad.*

Pregunta: **Si no es verdad, por eso te fuiste del pueblo.**
Conchita: *Sí, entonces me fui del pueblo, ya sabes, para venir a América a trabajar, y no conozco a nadie en este país, desde hace un montón de meses. Y donde estoy trabajando nadie sabe quién soy.*

Pregunta: **Entonces, viniste aquí de forma anónima...**
Conchita: *Y entonces empecé a recordar muchas cosas... Nunca olvidé la imagen de la Virgen en mi mente. Sabes que cuando la vi... empecé a recordar a la Virgen de nuevo. Y todavía recuerdo su voz. Recordé al ángel. Y nunca podré explicar cómo empezó la aparición.*

Pregunta: **¿No pudiste explicar la aparición?**
Conchita: *No puedo explicar la aparición. Y sé que veo a la Virgen. La veo. Ya sabes... y hablo con ella y veo al ángel.*

Pregunta: **¿Así que volviste a creer que era verdad?**
Conchita: *Sí, la veo.*

Pregunta: **Y cuántos meses fueron los que...** (se interrumpe)
Conchita: *¡Muchos! Más de un año.*

Pregunta: **¿Más de un año?**
Conchita: *Ah, sí. Algo así.*
Pregunta: **¿Durante más de un año pensaste que tus apariciones eran un sueño?**
Conchita: *Sí... Yo no lo puedo explicar.*

Pregunta: ¿Pero ahora qué piensas?
Conchita: *Ahora, la Virgen, sí, y el ángel, y oigo su voz. Espero el Milagro.*

Pregunta: **Entonces ahora, crees que tus visiones fueron verdaderas.**
Conchita: *Sí, pero te voy a decir algo: si no llega el Milagro, entonces no me puedo creer que eso sea verdad.*

Pregunta: **¿Si el Milagro no viene, pensarás que no hay nada verdadero entonces?**
Conchita: *Sí... Sí... Pero la Virgen cada vez que dice algo, sucede.*

Pregunta: **Entonces, tu sabes la fecha del Milagro.**
Conchita: *Sí.*

Pregunta: **... ocho días antes...** (se interrumpe)
Conchita: *Yo voy a decírselo a todo el mundo.*

Pregunta: **... Se lo vas a decir a todo el mundo...**
Conchita: *Sí...*

Pregunta: **... Si el Milagro no llega...**

Conchita: (breve silencio...) *Espero que no se produzca...* (risas)

Pregunta: **Pero hoy, tu crees que llegará.**
Conchita: *Sí, creo firmemente que va a llegar. Pero sé que no puedo decir cuándo. (Aún no me está permitido decirlo).*

Pregunta: **¿Y tu crees que tus visiones de la Virgen María fueron verdaderas?**
Conchita: *Creo que veo a la Virgen y creo que veo al ángel. Pero luego si viene el Papa y dice "No, usted no ve a la Virgen, no es la Virgen" yo digo... ya sabe, veo a una Señora, hermosa Señora. Sí, es hermosa, y el ángel parece un ángel.*

Pregunta: **Tu sabes, no, que muchas personas tienen delirios. Se imaginan que ven cosas... ¿Le preocupa a veces haber tenido un delirio?**
Conchita: *No me preocupa. Antes me preocupaba. Pero entonces teníamos médicos. Hicieron todo tipo de pruebas... Nos estudiaban.*

Pregunta: **Te estudiaban a ti.**
Conchita: *Me estudiaban... Sí... Y dijeron que somos normales* (sonriendo)

Pregunta: **Dijeron que sois normales** (sonriendo también).
Conchita: *Sí* (sonriendo)

Pregunta: **¿Pensaste que tal vez estabas mal de la cabeza?**
Conchita: *Si dicen que estamos enfermos de la cabeza, pues a mí me gusta estar así de enfermo,* (sonriendo)*... Me gusta estar enferma así* (sonriendo)*.*

Pregunta: **Te gusta estar enferma si ves visiones así.**
Conchita: *Claro* (sonriendo).

Sobre el futuro

Pregunta: **Al mirar a tus hijos pequeños y al futuro, ¿tienes miedo por ellos?**
Conchita: (Respondiendo inmediatamente) *¡Sí! Sí que lo tengo. Muchas veces le digo a Dios: "Llévate a mis hijos al cielo". Los echaré de menos, pero creo que van a sufrir* (aquí en la tierra)*.*

Pregunta: **¿Crees que van a sufrir?**
Conchita: *Sí* (con cara de tristeza).

Pregunta: **¿Por qué?**
Conchita: *Pero... Yo creo que después del Milagro todo lo que dicen es que vamos a cambiar de vida, pero creo que hemos perdido la noción del pecado, sabes... ya no hay pecado. Nos hemos deteriorado demasiado, no hacemos sacrificios.*

Pregunta: **¿Perdimos el sentido del pecado?**
Conchita: *Sí. Es muy difícil empezar de nuevo y enseñar a los niños. Como veo la forma en que están enseñando a los niños ahora, ya no hay pecado.*

Pregunta: **¿No hay pecado?**
Conchita: *Sí. Por eso creo que vamos a recibir el Castigo.*

Pregunta: **¿Lo crees? ¿Crees que el Castigo va a llegar?**
Conchita: *Sí. Y, si el Castigo viene, será aquí en el tiempo de mis hijos.*

Pregunta: **¿Va a llegar a tus hijos?**
Conchita: *Sí.* (Parece preocupada).

Pregunta: **¿En la vida de tus hijos?**
Conchita: *Sí.* (Aparece preocupada y triste).

Pregunta: **Y eso te preocupa.**
Conchita: *Claro que me preocupa... Sí...* (parece triste...).

Pregunta: **¿Puedes ayudarles a estar seguros?**
Conchita: *Lo único que puedo hacer, lo mejor que podemos hacer, es... ya sabes... enseñar a los niños a amar a Dios y a la Virgen, y a tener fe en Jesús.*

Pregunta: **¿Y qué quieres ahora para el resto de tu vida?**
Conchita: *Amar a Dios y hacer su voluntad* (sonriendo).

(Entrevista a Conchita realizada por la B.B.C., 1980)

<u>Confirmación de la autenticidad</u>

Naturalmente, el testimonio dado por el Rev. Padre P. Bernardino Cennamo, capuchino italiano y amigo del Padre Pío, atestiguando que el Santo italiano vio el "Milagro" antes de morir, no es en sí mismo sino el segundo testimonio de alguien que vio el "Milagro", pues recordemos al Rev. Padre Luis Andreu, inicialmente escéptico, a quien se le concedió la bendición de dar testimonio del "Milagro" antes de fallecer repentinamente.

Asimismo, la famosa carta de 1962 escrita por el Padre Pío a las videntes, y la foto junto a los numerosos testigos de la gran Comunión milagrosa aparecida de la nada, demuestran lo inexplicable. Además, el mensaje de Garabandal sigue, corrobora y complementa el mensaje de Fátima.

La inocencia, el respeto y la obediencia que las videntes del pueblecito español demuestran hacia la Iglesia Católica y su jerarquía, junto con los frutos producidos por el mensaje dado por la Virgen en Garabandal, ofrecen el testimonio de una devoción masiva y de conversiones en España y en el extranjero, y dan así más acentos de autenticidad a este caso de aparición marisana que, de ninguna manera, contradice sino que apoya y confirma el Dogma católico de la Fe.

La posición de la Iglesia Católica Romana

Hasta el año 2022, no se ha emitido ninguna declaración oficial, ni de Roma ni de Santander, respecto a la postura formal de la Iglesia sobre los acontecimientos de Garabandal. La Iglesia, sabia y prudentemente, retiene su opinión hasta que todo lo profetizado tenga lugar. Es raro que las apariciones reciban un fuerte respaldo de Roma. Garabandal no es una excepción.

Los obispos españoles locales se han mostrado previsiblemente escépticos. Esta templanza es digna de elogio, ya que sería imprudente dar la aprobación apostólica a un caso de aparición incompleta. En efecto, para que esta aparición sea reconocida y aprobada, son necesarios el Aviso anunciado, el Milagro y la Señal dejada en los Pinos, para un reconocimiento episcopal formal. En cuanto al contenido teológico de los Mensajes, en su "Nota Oficial" del 8 de julio de 1965, Mons. Eugenio Beitia, Obispo de Santander, escribió:

"Hacemos notar, sin embargo, que no hemos encontrado nada que merezca censura o condena eclesiástica ni en la doctrina ni en las recomendaciones espirituales que se han publicitado como dirigidas a los fieles, pues éstas contienen una exhortación a la oración y al sacrificio, a la devoción eucarística, a la veneración de la Virgen en las formas tradicionales elogiosas y al santo temor de Dios ofendido por nuestros pecados. Se limitan a repetir la doctrina común de la Iglesia en estas materias".

Conclusión

En retrospectiva, uno no puede dejar de notar que las más de 3.000 apariciones de la Santísima Virgen María y los principales mensajes dados a Conchita, Mari Cruz, Jacinta y Mari Loli en Garabandal, de 1961 a 1965, tuvieron lugar durante todo el curso del Concilio Vaticano II (1962-1965), y parecían incuestionablemente una continuación de las apariciones de Fátima que terminaron en 1917, con las instrucciones específicas dadas a la alta jerarquía de la Iglesia para revelar los tres secretos al mundo en 1960, instrucciones que, como sabemos, han sido conscientemente ignoradas con un silencio ensordecedor; sin embargo, el Cielo parece haber enviado a la Santísima Virgen María, un año después del tiempo señalado, para hacerse eco una vez más del mensaje de Nuestra Señora de Fátima de revalorizar la urgente llamada y las advertencias del Cielo. Y, sin embargo, cuando el Concilio Vaticano II estaba a punto de concluir con la victoria de las reformas de Juan XXIII contra el conservadurismo de Pío XII, el último mensaje público dado en Garabandal por la Santísima Virgen María (en 1965) decía:

> **"Muchos Cardenales, Obispos y Sacerdotes van por el camino de la perdición y con ellos llevan a muchas más almas. A la Eucaristía se le da cada vez menos importancia".**

Aunque breve, el último mensaje de la Santísima Virgen María —en el tiempo en que se desarrollaba el "Vaticano II"— fue realmente muy claro... En efecto, desde la clausura del "Vaticano II" se han observado pruebas claras sobre la Sagrada Eucaristía y su desacralización, como por ejemplo el hecho de que los fieles ya no la reciban de rodillas y directamente en la boca, sino de pie y con las manos "no consagradas" (lo que aumenta la posibilidad de que se les caiga accidentalmente, la sustituyan o se la roben). Asimismo, las nuevas medidas instituidas por el Concilio Vaticano II permitieron la reforma de la Liturgia católica para imitar los ritos protestantes; cómo, por tanto, puede uno preguntarse por qué la Santísima Virgen María declaró en Garabandal siempre tan tristemente:

"A la Eucaristía se le da cada vez menos importancia."

Noventa y siete años (hasta hoy) antes de la primera aparición de Nuestra Señora de *Fátima, el 13 de mayo de 1917, la Beata Ana Catalina Emmerich escribió:*

> *"Anoche, desde las 11:00 hasta las 3:00, tuve una visión muy maravillosa de dos iglesias y dos Papas, y una variedad de cosas, antiguas y modernas. Vi las fatales consecuencias de esta iglesia falsa; la vi aumentar; vi a herejes de todo tipo acudiendo a la ciudad. Vi la tibieza cada vez mayor del clero, el círculo de las tinieblas cada vez más amplio. Y ahora la visión se extendía más. Vi en todos los lugares a los católicos oprimidos, molestados, reprimidos y privados de libertad. Las iglesias estaban cerradas, y en todas partes reinaba una gran miseria con guerras y derramamiento de sangre.*
> *Vi a gente ruda e ignorante que ofrecía una violenta resistencia, pero este estado de cosas no duró mucho. De nuevo vi en visión a San Pedro socavado según un plan ideado por la secta secreta* (la masonería) *mientras, al mismo tiempo, era dañado por las tormentas; pero fue liberado en el momento de mayor angustia. De nuevo vi a la Santísima Virgen extendiendo su manto sobre ella".*

(Beata Ana Catalina Emmerich, 13 de mayo de 1820)

> *"Entre las cosas más extrañas que vi, estaban las largas procesiones de obispos. Sus pensamientos y declaraciones se me dieron a conocer a través de imágenes que salían de sus bocas. Sus faltas hacia la religión*

se mostraban con deformidades externas. Algunos sólo tenían un cuerpo con una nube oscura de niebla en lugar de una cabeza. Otros sólo tenían cabeza, sus cuerpos y corazones eran como vapores espesos. Algunos eran cojos; otros eran paralíticos; otros estaban dormidos o se tambaleaban.

Vi lo que creo que son casi todos los obispos del mundo, pero sólo un pequeño número estaba perfectamente sano. No había nada que desear en su aspecto, pero estaba debilitado por la vejez y por muchos sufrimientos. Su cabeza se balanceaba de un lado a otro y caía sobre su pecho como si se durmiera. A menudo se desmayaba y parecía morir. Pero cuando rezaba, a menudo era consolado por apariciones del Cielo. Entonces su cabeza estaba erguida, pero en cuanto bajaba de nuevo sobre su pecho, veía una serie de personas que miraban rápidamente a derecha e izquierda, es decir, en dirección al mundo. Entonces vi que todo lo que pertenecía al protestantismo se imponía poco a poco, y que la religión católica caía en completa decadencia. La mayoría de los sacerdotes estaban por el conocimiento brillante pero falso de los jóvenes maestros de Escuela, y todos ellos contribuyeron a la obra de destrucción. En esos días, la fe caerá muy bajo, y se conservará en algunos lugares solamente, en unas pocas casas de campo y en unas pocas familias que Dios ha protegido de los desastres y de las guerras".

(Beata Ana Catalina Emmerich, 1 de junio de 1821)

Estos mensajes, estos testimonios serán difíciles de aceptar para muchos fieles, particularmente para aquellos que han abrazado una política de interminables compromisos y concesiones en aras de la paz y la conciliación con nuestros hermanos protestantes, pero estas extraordinarias manifestaciones, mensajes e invitaciones a las conversiones de la Santísima Virgen María llaman a la Humanidad a iniciar ahora su propio *"Camino a Damasco"* para ver la verdadera "Luz del Mundo", y a evangelizar la Única Verdad instituida sobre la Iglesia fundada por el mismo Jesucristo sobre Pedro, que se traduce en el Dogma infalible de la Fe, en los Sacramentos de la Iglesia Católica y Apostólica Romana y en los santos Evangelios, que revelan a Jesucristo como el único Hijo de Dios y como la "Luz del Mundo":

Ego sum lux mundis

Capítulo VIII

Apariciones de la Virgen María en Medjugorje

"Un día Satanás se presentó ante el trono de Dios y pidió permiso para someter a la Iglesia a un período de prueba. Dios le dio permiso para probar a la Iglesia durante un siglo. Este siglo está bajo el poder del Diablo, pero cuando se cumplan los secretos que te han sido confiados, su poder será destruido. Incluso ahora está empezando a perder su poder y se ha vuelto agresivo. Está destruyendo matrimonios, creando división entre sacerdotes y es responsable de obsesiones y asesinatos. Debéis protegeros contra estas cosas mediante el ayuno y la oración, especialmente la oración comunitaria. Llevad con vosotros objetos bendecidos. Ponedlos en vuestra casa, y restablezcan el uso del agua bendita".

(1982)

"¡Ora, ora! Es necesario creer firmemente, confesarse regularmente, y, asimismo, recibir la Santa Comunión. Es la única salvación".

(10 de febrero de 1982)

El caso de las apariciones de la "Gospa" en Medjugorje es, con el de La El caso de las apariciones de Medjugorje es sin duda, con el de La Fraudais, la serie de apariciones más larga de la Historia de las apariciones marianas. Además, los mensajes de Medjugorje son "complementarios" a los ya comentados en este libro, ya que los mensajes del Cielo a los seis niños de Medjugorje resaltan principalmente la necesidad de la conversión urgente del mundo a través de la santa Comunión, la oración, el ayuno y la confesión, una obra que se llama *"obra de paz"* muy parecida a los mensajes de La Fraudais que fueron llamados por nuestro Señor y por la Santísima Virgen María *"la obra de la Cruz"* que duró más de 68 años.

La Fraudais, a diferencia de Medjugorje, no ocultó ningún secreto a través de Marie-Julie Jahenny. Todas sus profecías y advertencias han sido reveladas abiertamente durante mucho tiempo tras el fallecimiento de la estigmatizada francesa; sin embargo, la Virgen de Medjugorje ha confiado diez secretos a cuatro de sus seis mensajeros, diez secretos que han de ser revelados al mundo diez días antes de que tengan lugar. Esto, en contraste con La Fraudais, anuncia un calendario alarmantemente cercano, muy dentro del tiempo de vida de los mensajeros de Medjugorje. [23]

Bosnia-Herzegovina se convirtió en un Estado independiente el 1 de marzo de 1992, tras 47 años de dura y represiva dictadura comunista yugoslava. En efecto, tras el final de la Segunda Guerra Mundial, el partido comunista —que contaba con el principal apoyo financiero y militar de la URSS— gestionó con vara de hierro la unión de las regiones modernas de Eslovenia, Croacia, SAP (= *Socialistička Autonomna Pokrajina*) Vojvodina, Bosnia-Herzegovina, Serbia, Montenegro, SAP Kosovo y SR (= *Socialistička Republika*) Macedonia, oprimiendo la libertad de prensa, la libertad de expresión y la libertad religiosa. Bosnia-Herzegovina y Croacia no fueron una excepción.

Incluso podría decirse que Bosnia-Herzegovina y Croacia fueron tratadas de forma algo diferente a las demás regiones por su abierta colaboración con la *Wehrmacht* alemana durante los años de ocupación de 1941-1945. A su vez esto llevó a que su población, a pesar de la supresión del nacionalismo, se volviera cada vez más patriótica y se orientara hacia un sentimiento de identidad regional.

A pesar de las pruebas flagrantes de colaboración entre las autoridades católicas de Croacia y los ocupantes alemanes durante la Guerra, el régimen comunista yugoslavo permitió a la Iglesia Católica practicar su culto tras la liberación de Europa en todas sus regiones, al tiempo que frenaba como podía los Seminarios para enseñar, formar y capacitar a nuevos sacerdotes en una población local todavía practicante. No obstante, fue el 24 de junio de 1981 (*diez años antes de la independencia formal de Bosnia-Herzegovina*) cuando comenzaron las

---

[23] Lo mismo podría decirse de los secretos confiados por la Santísima Virgen María a Conchita González de Garabandal.

apariciones de Medjugorje (*que significa en croata: "entre montañas"*).

Efectivamente, en junio de 1981, la "Gospa" (Santísima Virgen María) se apareció a seis niños en un pequeño pueblo agrícola de las montañas de Bosnia-Herzegovina (poblado por una gran población de croatas) con una llamada urgente a la conversión para el mundo, afirmando que lo que comenzó en sus apariciones en Fátima lo cumpliría en Medjugorje. Desde aquella primera aparición hasta el día en que se escriben estas líneas, la Santísima Virgen María sigue apareciéndose diariamente a tres de los seis videntes.

Sus mensajes son de amor, fe y esperanza, y además dan una guía amorosa en el camino de la conversión del hombre, pero sobre todo la Santísima Virgen María ha dado mensajes que se refieren al estado del mundo y hacia dónde se dirige. No obstante, muchos de sus mensajes tratan también de graves acontecimientos de la sociedad política y moral de hoy. Estos secretos deben ser revelados al mundo diez días antes de que tengan lugar. Estos secretos se refieren a tiempos de Gracia, un gran Castigo para el mundo y … la Iglesia.

Los seis videntes de Medjugorje han sido sometidos durante muchos años a baterías de exámenes teológicos e investigaciones científicas. En los últimos 39 años, investigadores, teólogos y científicos franco-americanos, italianos e ingleses, han dedicado tiempo y medios considerables a escudriñar e indagar tanto a los videntes como los mensajes. Mientras tanto, en este siglo XXI, mientras el mundo espera que la Iglesia emita su juicio, Medjugorje se ha convertido, con Fátima y Lourdes, en uno de los santuarios marianos más visitados del mundo.

En la tarde del 24 de junio de 1981, en la fiesta de San Juan Bautista (*mensajero del Cielo que proclama el Reino de los Cielos*), dos chicas, **Ivanka Ivankovic** de 15 años, y **Mirjana Dragicevic**, de 16, iban caminando hacia una colina llamada *Crnica*, hablando de los acontecimientos cotidianos de las adolescentes. Después de sentarse un rato, en la cima de la colina, Ivanka vio de repente una silueta brillante de una mujer con un vestido gris largo que sostenía un bebé en brazos. Ivanka se levantó de repente y, mirando fijamente a la cima de la colina, le dijo a Mirjana:

— "*¡Es la Gospa! (Nuestra Señora)*".

Mirjana no miró hacia la cima de la colina, sino que se limitó a responder a Ivanka con un tono cínico:

— "*Sí… Estoy segura… Como si la Gospa no tuviera nada mejor que hacer*".

Avergonzada porque habían salido a fumar a escondidas, Mirjana se levantó y se fue. Curiosamente, al llegar a la aldea, sintió una "llamada" muy extraña pero muy fuerte, un impulso abrumador de volver a la colina. Se giró inmediatamente y comenzó a caminar rápidamente de vuelta a la colina. Una vez de vuelta con Ivanka, su amiga le dijo:

— *"Mira ahora, por favor".*

Mirjana vio entonces la aparición de la Virgen con el Niño Jesús en brazos. A pesar de estar abrumada por las emociones, Mirjana huyó despavorida. Unas horas más tarde (18 horas), Ivanka y Mirjana volvieron a la colina de Crnica, pero esta vez con **Vicka Ivankovic**. Cuando la Virgen se hizo visible de nuevo, Vicka, asustada, regresó al pueblo corriendo, dejando atrás a sus dos amigas.

En el camino de vuelta se encontró con **Ivan Ivankovic**. Le contó lo que estaba ocurriendo y así ambos volvieron a reunirse con Ivanka y Mirjana. Una vez llegados, tanto Ivan como Vicka vieron a sus amigos arrodillados ante la aparición de la Santísima Virgen María. A su vez, ellos se arrodillaron también y observaron en silencio el magnífico espectáculo que tenían delante. Así describieron lo que vieron:

"Había una luz increíble. La Santísima Madre tenía al Niño Jesús en sus brazos, cubriéndolo y descubriéndolo mientras nos llamaba con su mano. ¡Era sobrecogedor!".

Cuando se les preguntó a los jóvenes cómo supieron que se trataba de la Santísima Virgen María, Mirjana respondió:

"Todo mi ser sabía sin lugar a dudas que esta Señora de belleza inexplicable era la Madre de Dios. Por eso tenía tanto miedo".

Ivanka, Mirjana, Ivan y Vicka volvieron por fin a su pueblo tras la desaparición de la Santísima Madre de Dios y el Niño Jesús. Al día siguiente, todos tuvieron la inexplicable sensación de ser llamados de nuevo en la colina; por eso Mirjana, Ivanka, Ivan y Vicka volvieron acompañados por **Jakov Colo**, y **Milka Pavlovic**, y por algunos aldeanos curiosos que los seguían por detrás. Esos mismos seguidores fueron testigos de cómo los niños subían corriendo la colina pedregosa con una velocidad y agilidad no-naturales.

Los niños explicaron más tarde que se sintieron como si flotaran hasta llegar a la cima de la colina, a unos dos metros de la Santísima Virgen María. Una vez alcanzada la colina, los seis niños se estrellaron de rodillas sobre la afilada y endurecida roca. Jakov incluso se arrodilló sobre una roca y un arbusto de espinas sin sentir siquiera dolor. Los niños vieron aparecer ante ellos a la Señora de gris, sonriente, vestida con un brillante vestido gris plateado y un velo blanco que cubría sus negros cabellos. Tenía unos amorosos ojos azules y estaba coronada por doce estrellas. Entonces se dirigió a los seis niños:

— **"¡Alabado sea Jesús!"**.

Ivanka respondió:

— *"¿Dónde está mi madre?"* (Su madre había muerto dos meses antes).
— **"Ella es feliz. Está conmigo".**

Los videntes:

— *"¿Volverá Ud. mañana?".*

La encantadora Señora de gris respondió con un movimiento de cabeza. Mirjana continuó:

— *"Nadie nos creerá. Dirán que estamos locos. ¡Denos una señal!".*

La Señora de gris respondió sólo con una sonrisa, y luego dijo:

— **"Adiós, mis ángeles. Id en la paz de Dios".**

(22 de junio de 1981)

Los niños se persignaron y volvieron a su pueblo llorando de emoción. La aparición duró 16 minutos. No pasó mucho tiempo antes de que todo el pueblo se enterara de la experiencia de los seis niños. Y ya se estaba trazando una línea entre los que creían y los que no. La noticia se difundió tan rápidamente, que los pueblos y ciudades vecinas se enteraron también de las apariciones de la Gospa en Medjugorje.

Cientos y cientos de personas decidieron venir al día siguiente y ver por sí mismos. Por eso, al día siguiente, los seis niños volvieron a la colina de Crnica, pero esta vez acompañados por una multitud de 2.000 a 3.000 personas. Una vez allí, una luz brillante destelló tres veces antes de que la Virgen apareciera. Todos los presentes fueron testigos de este notable acontecimiento. Vicka consiguió una botella de agua bendita reservada para la esperada visión de la Señora de Gris. Una vez que la aparición se reveló, Vicka la roció con agua bendita y dijo:

— *"Si es Ud. la Gospa, quédese con nosotros, si no, ándese".*

La aparición sólo sonrió.

Ivanka:

— *"¿Por qué ha venido Ud. aquí? ¿Qué desea Ud.?"*
— **"He venido porque aquí hay muchos verdaderos creyentes. Deseo estar con vosotros para convertir y reconciliar a todo el mundo".**
— *"¿Ha dicho algo mi madre?".*
— **"Obedece a tu abuela y ayúdala porque es vieja.**

Mirjana:

— *"¿Cómo está mi abuelo?"* (Había muerto recientemente).
— **"Está bien"**.

Los videntes, a petición de la multitud:

— *"Denos una señal que demuestre su presencia"*.
— **"Bienaventurados los que no han visto y creen"**.
— *"¿Quién es Ud.?"*.
— **"Soy la Santísima Virgen María"**.
— *"¿Por qué se aparece a nosotros? No somos mejores que los demás"*.
— **"No elijo necesariamente a los mejores"**.
— *"¿Volverá?"*.
— **"Sí, al mismo lugar de ayer"**.

(23 de junio de 1981)

Al volver al pueblo después de la aparición, Mirjana? vio a la Santísima Virgen María, entre lágrimas, cerca de una cruz con los colores del arco iris, y dijo:

— **"¡Paz, paz, paz! ¡Reconciliaos! Sólo la Paz. Haced la paz con Dios y entre vosotros. Para ello, es necesario creer, rezar, ayunar y confesarse"**.

(**Nota**: Diez años más tarde, el 26 de junio de 1991, comenzó la Guerra de los Balcanes, que envolvió a toda la región, redibujando por completo el mapa de Yugoslavia).

Dos meses después, mientras los niños seguían recibiendo apariciones diarias de la "Gospa", el domingo 23 de agosto de 1981, se les volvió a aparecer y les dijo:

— **"¡Alabado sea Jesús! He estado con Ivica hasta ahora"**. (Ivica: Este diminutivo se refiere a veces a Iván, a veces a Ivanka. Aquí, el contexto no permite ser más específico). **Rezad, ángeles míos, por este pueblo. Hijos míos, os doy fuerza. Os la daré siempre. Cuando me necesitéis, llamadme"**.

(La Santísima Virgen María, 23 de agosto de 1981)

En su diario, para la fecha del 25 de agosto de 1981, Vicka escribió:

"Ayer, lunes 24, a las 10:45, Mirjana y yo estábamos en casa de Ivan. Oímos un alboroto y salimos corriendo. Fuera, todo el mundo miraba la cruz del

Krizevac. En el lugar de la cruz, Mirjana, Jakov, Ivan y yo vimos a la Santísima Virgen, y la gente vio algo parecido a su imagen que luego empezó a desaparecer, y la cruz volvió a aparecer. Además, sobre todo el cielo, todos pudieron ver escrita en letras de oro la palabra: "MIR" (PAZ)".

Dos días más tarde, un poco después de que la Virgen rezara por la paz, apareció una gran inscripción sobre el Krizevac. La palabra "MIR" (*Paz* en croata). La inscripción fue vista por el párroco y muchas personas del pueblo. Hay testimonios escritos de quienes vieron la inscripción.

Los videntes afirmaron que la Santísima Virgen María prometió que todavía habría muchos otros signos como precursores en Medjugorje, y en otras partes del mundo, antes de que se dé un gran signo

En otros mensajes, la Santísima Virgen María trató en frases cortas y sencillas grandes temas y afinidades que involucran el escenario local e internacional.

Aparición de la Santísima Virgen María en octubre de 1981

A propósito del conflicto entre los franciscanos y el obispo de Mostar en Herzegovina:

— **"Habrá una solución. Debemos tener paciencia y rezar"**.
— *"¿Qué será de Polonia?"*
— **"Habrá grandes conflictos, pero al final, los justos se impondrán"**.

Con respecto a Rusia:

— **"Es el pueblo donde Dios será más glorificado. Occidente ha hecho progresar la civilización, pero sin Dios, como si fueran sus propios creadores"**.

Aparición de la Santísima Virgen María el 21 de julio de 1982

Respuesta transmitida por el Padre T. Vlasic sobre el Purgatorio:

— **"Hay muchas almas en el Purgatorio. También hay personas que han sido consagradas a Dios: algunos sacerdotes, algunos religiosos. Rezad por sus intenciones, al menos siete padrenuestros, avemarías y glorias y el Credo. Os lo recomiendo. Hay un gran número de almas que llevan mucho tiempo en el Purgatorio porque nadie reza por ellas"**.

Una respuesta a una pregunta sobre el ayuno:

— "El mejor ayuno es a pan y agua. Con el ayuno y la oración pueden detenerse las guerras, pueden suspenderse las leyes de la naturaleza. La caridad no puede sustituir al ayuno. Los que no pueden ayunar pueden sustituirlo alguna vez con la oración, la caridad y la confesión; pero todos, excepto los enfermos, deben ayunar".

Aparición de la Santísima Virgen María el 24 de julio de 1982

Respuesta a algunas preguntas que se hicieron sobre el momento de la muerte:

— "Vamos al Cielo con plena conciencia: la que tenemos ahora. En el momento de la muerte, tenemos conciencia de la separación del cuerpo y del alma. Es falso enseñar a la gente que volvemos a nacer muchas veces y que pasamos a diferentes cuerpos. Sólo se nace una vez. El cuerpo, extraído de la tierra, se descompone después de la muerte. Nunca vuelve a la vida. El hombre recibe un cuerpo transfigurado. Quien ha hecho mucho mal durante su vida puede ir directamente al Cielo si se confiesa, si se arrepiente de lo que ha hecho, y recibe la Comunión al final de su vida".

Aparición de la Santísima Virgen María el 25 de julio. 1982

Respuesta a las preguntas sobre el infierno:

— "Hoy en día muchas personas van al infierno. Dios permite que sus hijos sufran en el infierno porque han cometido pecados graves imperdonables. Los que están en el infierno, ya no tienen la posibilidad de conocer una suerte mejor".

Respuesta a las preguntas sobre las curas:

— "Para la curación de los enfermos, es importante rezar las siguientes oraciones: el Credo, siete Padrenuestros, Avemarías y Gloria, y ayunar a pan y agua. Es bueno imponer las manos a los enfermos y rezar. Es bueno ungir a los enfermos con el óleo santo. No todos los sacerdotes tienen el don de la curación. Para recuperar este don, el sacerdote debe rezar con perseverancia y creer firmemente".

Aparición de la Santísima Virgen María el 6 de agosto de 1982
(Fiesta de la Transfiguración)

Una respuesta a las preguntas que se hicieron sobre la confesión:

— "Hay que invitar a la gente a confesarse cada mes, especialmente el primer sábado. Aquí todavía no he hablado de ello. He invitado a la gente a confesarse con frecuencia. Os daré todavía algunos mensajes concretos para nuestro tiempo. Tened paciencia porque aún no ha llegado el momento. Haced lo que os he dicho. Hay muchas personas que no la observan. La confesión mensual será un remedio para la Iglesia en Occidente. Hay que transmitir este mensaje a Occidente".

Aquella noche la Gospa dio una señal a un grupo de jóvenes que rezaban con Ivan Dragicevic: dos señales luminosas descendieron sobre el Krizevac y la iglesia. Este fenómeno fue observado por el padre Tomislav Vlasic cerca de la iglesia.

El 25 de mayo de 1983, la Santísima Virgen repitió su deseo de que se formara un grupo de oración, totalmente abandonado a Jesús, y el 16 de junio dictó las reglas para este grupo:

"1. Renunciar a todas las pasiones y deseos desordenados. Evitad la televisión, especialmente los programas malignos, los deportes excesivos, el disfrute desmedido de la comida y la bebida, el alcohol, el tabaco, etcétera.
2. Abandonaros a Dios sin ninguna restricción.
3. Eliminar definitivamente toda angustia. Quien se abandona a Dios no tiene espacio en su corazón para la angustia. Las dificultades persistirán, pero servirán para el crecimiento espiritual y darán gloria a Dios.
4. Ama a tus enemigos. Destierra de tu corazón el odio, la amargura, los juicios preconcebidos. Reza por tus enemigos e invoca la bendición divina sobre ellos.
5. Ayuna dos veces por semana a pan y agua. Reúne al grupo al menos una vez a la semana.
6. Dedicar al menos tres horas diarias a la oración, de las cuales al menos, media hora por la mañana y media hora por la tarde. La Santa Misa y el rezo del Rosario están incluidos en este tiempo de oración. Reservad momentos de oración en el transcurso del día y, cada vez que las circunstancias lo permitan, comulgad. Reza con gran meditación. No mirar el reloj todo el tiempo, sino dejarse llevar por la gracia de Dios.
No te preocupes demasiado por las cosas de este mundo, sino confía todo eso en la oración a nuestro Padre Celestial. Si uno está muy preocupado, no podrá rezar bien porque le falta la serenidad interior. Dios contribuirá a llevar a buen término, las cosas de aquí

abajo, si uno se esfuerza por hacer todo lo posible en trabajar por su cuenta.
7. Los que van a la escuela o al trabajo deben rezar media hora por la mañana y por la tarde y, si es posible, participar en la Eucaristía. Es necesario extender el espíritu de oración al trabajo diario.
8. Sed prudentes porque el diablo tienta a todos los que han tomado la resolución de consagrarse a Dios, muy especialmente a esas personas. Les sugerirá que están rezando mucho, que están ayunando demasiado, que deben ser como los demás jóvenes e ir en busca de placeres. Que no le escuchen, ni le obedezcan. Es a la voz de la Santísima Virgen a la que deben prestar atención. Cuando se fortalezcan en su fe, el diablo ya no podrá seducirlos.
9. Reza mucho por el Obispo y por los responsables de la Iglesia. No menos de la mitad de sus oraciones y sacrificios deben estar dedicados a esta intención.

He venido a decir al mundo que Dios es la verdad; Él existe. La verdadera felicidad y la plenitud de la vida están en Él. He venido como Reina de la Paz para decirle al mundo que la paz es necesaria para la salvación del mundo. En Dios se encuentra la verdadera alegría de la que se deriva la verdadera paz".

(La Gospa, 16 de junio de 1983)

"Reza y ayuna. Deseo que profundices y continúes tu vida de oración. Reza cada mañana la oración de consagración al Corazón de María. Hacedlo en familia. Recitad cada mañana el Ángelus, cinco padrenuestros, avemarías y glorias en honor de la Santa Pasión y un sexto por nuestro Santo Padre, el Papa. Luego reza el Credo y la oración al Espíritu Santo. Y, si es posible, sería bueno rezar un rosario".

(27 de enero de 1984)

El escepticismo público del Papa Francisco

En el centenario de la primera aparición de Fátima, el 13 de mayo de 2017, al Papa Francisco le preguntaron su opinión sobre las apariciones contemporáneas de Medjugorje, a lo que el Papa argentino respondió:

"Las primeras apariciones que fueron a niños... el informe dice más o menos que hay que seguir estudiándolas, pero en cuanto a las "presuntas" apariciones actuales, el informe tiene sus dudas.... Yo personalmente soy más desconfiado... Yo prefiero a la Virgen como Madre, nuestra Madre, y no una mujer que es la jefa de una oficina, que

todos los días envía un mensaje a una hora determinada. Esta no es la Madre de Jesús. Y estas presuntas apariciones no tienen mucho valor".

El Papa Francisco aclaró que esto no es más que su "opinión personal", pero añadió además:

"La Virgen no funciona diciendo: Vengan mañana a esta hora y les daré un mensaje a esas personas"¹

Comentarios extraños para un hombre que conoce la historia. Comentarios muy curiosos sin duda. Si el Papa Francisco tuviera razón, ¿cómo explicaría la petición de la Virgen a los videntes de Lourdes, Tilly y Fátima —entre otros— de volver en tal o cual fecha para recibir otros mensajes? Sin embargo, San Juan Pablo II declaró un año después de su atentado:

"¿Puede la Madre, que desea la salvación de todos, guardar silencio sobre lo que socava la base misma de su salvación? No, no puede.
Así que, aunque el mensaje de nuestra Señora de Fátima es maternal, también es fuerte y decisivo. Suena severo. Suena como Juan el Bautista hablando a orillas del Jordán. Invita al arrepentimiento. Advierte. Llama a la oración. Recomienda el Rosario.
El mensaje se dirige a todo ser humano. El amor de la Madre del Salvador llega a todos los lugares tocados por la obra de la salvación. Su cuidado se extiende a cada individuo de nuestro tiempo y a todas las sociedades, naciones y pueblos. Sociedades amenazadas por la apostasía, amenazadas por la degradación moral. El colapso de la moral implica
el colapso de las sociedades".

(San Juan Pablo II, 13 de mayo de 1982)

Sobre Medjugorje han surgido muchas más controversias. En un caso particular que involucraba a un sacerdote católico romano, confundido por la cura milagrosa concedida a un niño ortodoxo, la Santísima Virgen María se dirigió específicamente a él a través de sus videntes:

"Decid a este sacerdote, decid a todos, que vosotros sois los que estáis divididos en la tierra. Los musulmanes y los ortodoxos, por la misma razón que los católicos, son iguales ante mi Hijo y ante mí. Todos sois mis hijos. Ciertamente, no todas las religiones son iguales, pero todos los hombres son iguales ante Dios, como dice San Pablo. No basta con pertenecer a la Iglesia Católica para salvarse, sino que es necesario respetar los mandamientos de Dios siguiendo la propia conciencia. Los que no son católicos, no son menos criaturas hechas a imagen de

Dios, y destinadas a reunirse algún día en la Casa del Padre. La salvación está al alcance de todos, sin excepción. Sólo los que rechazan a Dios deliberadamente, están condenados. A quien se le ha dado poco, poco se le pedirá. A quien se le ha dado mucho, se le exigirá mucho. Sólo Dios, en su infinita Justicia, es quien determina el grado de responsabilidad y quien pronuncia el juicio.

Yo no tengo derecho a imponer a nadie lo que debe hacer. Tú tienes razón y voluntad. Debes reflexionar y decidir después de haber orado. Recibid la paz de mi Hijo. Vívela y difúndela. Permite que Jesús realice en ti grandes obras. La puerta de tu corazón, la cerradura está oxidada. Permite que Él la abra. Que se abra a través de tu oración, tu ayuno, tu conversión. Reza despacio y medita mientras rezas las oraciones del Rosario. Tómate un cuarto de hora para rezar: Cinco padrenuestros, avemarías y glorias.

Te quiero mucho. Y si me amas, podrás sentirlo. Te bendigo en nombre de la Santísima Trinidad, y en mi nombre. Permaneced en paz.

(La Santísima Virgen María, Blais, 1986)

Con el paso de los años, a **Ivanka**, **Mirjana** y **Jakov** se les han revelado los diez secretos, pero ya no ven a la Santísima Madre de Dios a diario. Hasta la fecha, **Vicka**, **Ivan** y **Milka**, han recibido nueve secretos y reciben apariciones diarias de la Santísima Virgen María. De todos los videntes, Mirjana fue la primera en recibir los diez secretos, y fue a ella a quien la Virgen le confió la responsabilidad de revelar públicamente los secretos en el momento señalado. Ella conoce las fechas y los lugares exactos en los que deben tener lugar los secretos; sin embargo, cuando Mirjana recibió los diez secretos, no estaba segura de poder recordar todas las fechas y los detalles de cada secreto.

Por tanto, la Virgen le dio un pergamino físico que contenía los diez secretos. Este pergamino, se nos dice, está hecho de un material que no se encuentra aquí en la tierra. Finalmente, la Virgen pidió a Mirjana que eligiera a un sacerdote para revelar dichos secretos al mundo. La joven eligió al padre Petar Ljubicic, que aceptó inmediatamente esta responsabilidad. Diez días antes de que se produzca cada secreto, el padre Petar recogerá el pergamino, pero sólo podrá leer el primer secreto.

Durante los diez días, él y Mirjana pasarán los primeros siete días en ayuno y oración, y tres días antes de que se produzca el acontecimiento, el padre Petar lo anunciará públicamente al mundo. A la hora señalada, podrá leer y anunciar el segundo secreto, y luego el tercero y el cuarto, y así sucesivamente. Además, Mirjana añadió que, por muy impactantes o angustiosos que sean los secretos, el P. Petar no tendrá derecho a ocultar ningún detalle de los secretos en cuestión: *"Tiene que cumplir su misión según la voluntad de Dios"*.

Mirjana añadió (con sus propias palabras):

> "Tuve apariciones diarias hasta la Navidad de 1982. Fue entonces cuando recibí el décimo secreto, y la Virgen me pidió que eligiera a un sacerdote al que le contaría los secretos. Elegí al padre Petar Ljubicic.
> Se supone que debo decirle con diez días de antelación lo que va a suceder y dónde. Durante siete días debemos pasar (nuestros días) en oración y ayuno, y tres días antes él debe revelarlo al mundo. No tiene derecho a elegir si lo dice o no lo dice. Aceptó esta misión y tiene que cumplirla según la Voluntad de Dios. Pero la Virgen siempre repite: no hables de los secretos. Es mejor que rece. Porque el que siente a la Virgen como Madre y a Dios como Padre, esa persona no tiene miedo a nada.
> La Virgen dice que sólo los que aún no han sentido el amor de Dios, tienen miedo. Pero nosotros, como personas, siempre hablamos del futuro: qué, cuándo, dónde ocurrirán las cosas. Pero siempre repito lo mismo, ¿quién de los aquí presentes puede decir con certeza que estará vivo mañana? Por eso, la Virgen nos ha enseñado que debemos estar preparados en este mismo momento para presentarnos ante Dios. Lo que será en el futuro es la voluntad de Dios y nuestra tarea es estar preparados para ello".

Entrevista al P. Petar Ljubicic en 2008

Q.: P. Petar, su futuro está relacionado con Medjugorje. ¿Puede explicarnos un poco cómo es eso?
P. Petar: *Tal vez se refiera a uno de los videntes que me ha elegido para revelar los secretos. ¿Es eso lo que está preguntando?*

Q.: Correcto, sí.
P. Petar: *Esa es Mirjana, es una vidente. No sabemos cuándo tendrá lugar. Ella ha recibido de la Virgen diez secretos. También ha recibido un pergamino que no es de este mundo, sino algo que la Virgen le dio y en él están los diez secretos. Están escritos allí mismo. Cuando llegue el momento de liberar los secretos, más bien el primer secreto, diez días antes, ella me dará este pergamino. Entonces podré leer el primer secreto y luego, junto con ella, ayunaré durante siete días y rezaré. Entonces podré revelar al mundo lo que ocurrirá: dónde, cómo y cuánto tiempo. Esto es antes de cada secreto.*
Los dos primeros secretos son advertencias; especialmente son para la gente de Medjugorje porque la Virgen se apareció por primera vez allí. Cuando eso ocurra, los dos primeros secretos, entonces quedará claro para todos que la Virgen estuvo realmente allí. El tercer secreto será una señal indestructible que tendrá lugar en el Monte de las Apariciones, en el lugar donde la Virgen se apareció por primera vez. Esa señal será una gran alegría para todos los que han creído que Ella está

allí todo el tiempo. Y será una última llamada para los que no se han convertido y no han escuchado sus mensajes. Pero no es prudente esperar esa señal.
Este es un momento de conversión. Este es el momento de la oración. Este es el momento de nuestra limpieza espiritual. Este es el momento de decidirnos a vivir para Dios, para Jesucristo. Por tanto, llamamos a este tiempo, un tiempo de gracia. Esto es lo que puedo decir sobre los secretos. En consecuencia, hemos de aprovechar este tiempo para estar preparados para encontrar a la Virgen con sus secretos. Ese es mi deber, decirle a la gente que no se sorprenda por nada.

Q.: **P. Petar, ¿ha pensado en cómo dará a conocer el primer secreto? ¿Cómo lo hará?**
P. Petar: *Primero se lo diré a mis amigos más cercanos e íntimos. Ellos estarían preparados y rezarían, y, por supuesto, a través de Internet, la televisión y la radio de hoy en día y el satélite. Creo que ese sería el deber más fácil. Para mí, lo más importante es que la gente esté preparada. Este es el deseo de la Virgen y de su Divino Hijo.*
Lo que debes preguntarte es: "¿Estoy preparado?" Y eso es lo importante. Cuando Él venga, ¿nos encontrará dignos y preparados? Entonces seremos llamados bienaventurados. Si no estamos preparados ahora, tenemos poco tiempo para hacerlo. Pero no debemos permitir que nos tome por sorpresa. Y entonces, en ese momento dado, no sabríamos qué hacer.

Q.: **¿Qué siente sobre los secretos en cuanto a su responsabilidad? ¿Siente ese peso sobre usted?**
P. Petar: *No, realmente no tengo ningún peso sobre mí en cuanto a eso. Sé que hay todo un ejército de personas que rezan por mi. No puedo esperar a que eso ocurra. Y mi punto es que, debido a eso, muchas personas como sea posible se convertirán. Siempre estoy listo para cualquier sacrificio que el Señor me envíe.*

Q.: **¿Qué tan pronto siente que esto llegará a su corazón? ¿Tiene algún sentimiento en su corazón sobre cuándo llegará el primer secreto?**
P. Petar: *Tengo la sensación y el presentimiento de que esto puede llegar muy, muy pronto, pero realmente no quiero especular ni contar fechas al respecto. Puedes mirar el mundo de hoy y verás lo urgente que es que nos convirtamos y nos volvamos a Dios.*

El 4 de septiembre de 1985, el padre Petar Ljubicic hizo la siguiente declaración:

> *"Mirjana, que fue de las primeras en tener las apariciones, nos ha dicho que para ella las apariciones diarias cesaron en la Navidad de 1982. En ese momento, se le prometió que tendría apariciones en su cumpleaños, el 18 de marzo. Según su testimonio, desde entonces ha tenido una aparición en su cumpleaños: es decir, ha visto a la Virgen María como*

solía hacerlo cuando tenía apariciones diarias. Mirjana dice también que desde hace algún tiempo oye una voz interior, la misma voz que oía durante sus apariciones diarias. Afirma que la Virgen le habla, sobre todo de los secretos. Oyó esta "voz interior" el 1 y el 15 de junio, el 19 y el 27 de julio, y el 15 y el 27 de agosto (1985).

Anteriormente, Mirjana me había dicho que yo sería el sacerdote al que confiaría los secretos; es decir, su confidente. Después de escuchar la voz interior el 1 de junio, me dijo definitivamente que me confiaría los secretos. Me dijo que diez días antes de que se produjera el secreto me daría un papel similar a un pergamino. Tres días antes del acontecimiento debo dar a conocer al público el secreto en cuestión. Cuando se produzca el acontecimiento, devolveré el papel a Mirjana y esperaré el siguiente secreto. Yo añado a este informe dos mensajes que Mirjana me ha transmitido".

El 18 de marzo de 1985, durante su aparición:

"También ellos son mis hijos (se refiere a los que están alejados de Dios), **y me aflijo por ellos, porque no saben lo que les espera, si no vuelven a Dios. Mirjana, reza por ellos".**

(18 de marzo de 1985)

El 15 de agosto de 1985, la voz interior:

"Ángel mío, reza por los infieles. Se tirarán de los pelos; el hermano suplicará al hermano, y ellos maldecirán su vida impía pasada, y se arrepentirán pero será demasiado tarde. Ahora es el momento de la conversión. Ahora es el momento de hacer lo que he estado pidiendo durante estos cuatro años. Reza por ellos".

(15 de agosto de 1985)

Mirjana subraya que se acerca el momento en que se revelará el primer secreto. Por eso insta a la vigilancia y a la oración en nombre de la Virgen.

Tres avisos antes de una señal visible

Antes de que se dé un signo visible al mundo, habrá tres advertencias previas en forma de tres acontecimientos terrestres. Después de las tres advertencias, el signo visible aparecerá en el lugar de las apariciones en Medjugorje para que todo el mundo lo vea. El signo se dará como testimonio de las apariciones y para llamar a la gente a la fe.

El primer secreto

La Virgen mostró a Mirjana el primer secreto — *la tierra estaba desolada*. La Virgen y Mirjana rezaron por los débiles, los desafortunados y los desamparados. Después de la oración, la Gospa bendijo a Mirjana. Luego le mostró, como en una película, la realización del primer secreto. La tierra estaba desolada... Era la agitación de una región.

— *"¿Por qué tan pronto?"*, preguntó Mirjana.
— **"En el mundo hay tantos pecados. Qué puedo hacer, si no me ayudas. Recuerda que te quiero".**
— *"¿Cómo puede Dios tener un corazón tan duro?"*
— **"Dios no tiene un Corazón duro. Mira a tu alrededor y ve lo que hacen los hombres, entonces ya no dirás que Dios tiene un Corazón duro. ¿Cuántas personas vienen a la iglesia, a la casa de Dios, con respeto, con una fe fuerte y con amor a Dios? Muy pocos. Aquí tienes un tiempo de gracia y de conversión. Hay que aprovecharlo bien".**

A Mirjana:

— **"Reza mucho por el padre Petar, a quien envío una bendición especial. Soy madre, por eso he venido. No debes temer, porque yo estoy allí".**

(25 de octubre de 1985).

El segundo secreto

El segundo secreto afecta a los habitantes del pueblo de Medjugorje.

El tercer secreto

El tercer secreto, nos dicen, se refiere a un signo visible y duradero que aparecerá milagrosamente en algún lugar de la colina de la primera aparición. Será permanente, indestructible y hermoso (*como el anunciado en Garabandal*) y permanecerá en la colina de las apariciones hasta el fin del mundo, y será una confirmación de su presencia entre nosotros; es algo que no puede ser hecho por manos humanas. El signo será indestructible, y hermoso, algo que nunca ha estado en la tierra, y los que no creen en Dios no podrán decir que es de origen humano.

Los restantes secretos

Mirjana y Vicka añadieron que:

"la mitad del séptimo secreto ha sido cancelada debido a las oraciones y el ayuno de la gente que responde a la llamada de la Virgen; sin embargo, el acontecimiento se desarrollará. Nuestra respuesta puede rebajar la gravedad del acontecimiento que se avecina, pero se producirá y no se podrá evitar".

Sin embargo, asustada por el octavo secreto, Mirjana rezó a la Santísima Virgen para que preservara a la Humanidad de esta calamidad:

"He rezado; el Castigo se ha suavizado. Las oraciones repetidas y el ayuno reducen los castigos de Dios, pero no es posible evitar totalmente el castigo. Id por las calles de la ciudad, contad los que glorifican a Dios y los que le ofenden. Dios ya no puede soportar eso".

(6 de noviembre de 1982)

Los secretos noveno y décimo son muy graves. Implican castigos por los pecados del mundo. El Castigo, se nos dice, es inevitable. El castigo puede ser disminuido por la oración y la penitencia, pero no puede ser eliminado.

"Has olvidado que mediante la oración y el ayuno puedes evitar las guerras y suspender las leyes de la naturaleza".

La Gospa reveló a sus seis mensajeros que habrá un período de gracia y conversión. Una vez que aparezca la señal visible, aquellos *"que todavía están vivos"* tendrán poco tiempo para la conversión. Por eso, la Santísima Virgen nos invita a la conversión urgente y a la reconciliación.

A Mirjana, después de haber recibido el décimo secreto:

"Ahora tendrás que volver a Dios con fe, como cualquier otra persona. Me apareceré a ti el día de tu cumpleaños y cuando tengas dificultades en la vida. Mirjana, te he elegido, te he confiado todo lo esencial. También te he mostrado muchas cosas terribles. Ahora debes soportarlo todo con valor. Piensa en Mí, y piensa en las lágrimas que debo derramar por ello. Debes seguir siendo valiente. Has captado rápidamente los mensajes. También debes entender ahora que tengo que irme. Sé valiente".

(La Gospa, 25 de diciembre de 1982)

La Gospa nos invita constantemente a la oración, al ayuno, a la conversión. Confirma sus promesas. Preuntado con respecto a la hora de la señal: ¿qué día?, ¿qué mes?, ¿qué año?, Iván se limita a responder:

— *"Está previsto"*

(5 de enero de 1983)

Ivanka tuvo una visión en su casa, que duró cerca de una hora: La Virgen estaba más hermosa que nunca y estaba acompañada por dos ángeles:

— *Me preguntó qué deseaba. Le pedí que me dejara ver a mi madre. La Santísima Virgen sonrió y aprobó con un movimiento de cabeza.*

La madre de Ivanka apareció. Sonreía. La Virgen le dijo a Ivanka que se levantara. Su madre la abrazó y le dijo:

— *"Hija mía, estoy muy orgullosa de ti"*. La abrazó de nuevo y desapareció. La Virgen le dijo entonces a Ivanka:

— **"Mi querida niña, hoy es nuestro último encuentro, no estés triste. Volveré a verte en cada aniversario de la primera aparición (25 de junio), a partir del próximo año. Querida niña, no pienses que has hecho algo malo, y que esa sería la razón por la que no vuelvo cerca de ti. No, no es eso. Con todo tu corazón has aceptado los planes que mi Hijo y yo formulamos, y lo has cumplido todo.
Nadie en el mundo ha tenido la gracia que tú, tus hermanos y hermanas han recibido. Tenéis que ser felices porque soy vuestra Madre y os amo de todo corazón. Ivanka, gracias por la respuesta a la llamada de mi Hijo, gracias por perseverar y permanecer siempre junto a Él mientras Él te lo pida. Querida hija, dile a todos tus amigos que mi Hijo y yo estamos siempre con ellos cuando nos llaman. Lo que te he dicho durante estos años sobre los secretos, no se lo digas a nadie".**

Ivanka:

— *"Querida Gospa, ¿puedo abrazarle?"*.

La Virgen bendita hizo una señal afirmativa con la cabeza. Ivanka abrazó entonces a la Santísima Virgen. Ivanka pidió a la Gospa que la bendijera. Ella lo hizo con una sonrisa y añadió:

— **"Ve en la paz de Dios"**.

Luego se fue lentamente con los dos ángeles.

(7 de mayo de 1985).

Jakov Colo tuvo apariciones diarias desde el 25 de junio de 1981 hasta el 12 de septiembre de 1998. Ese día, la Virgen le dijo:

> "¡Querido hijo! Yo soy tu madre y te amo incondicionalmente. A partir de hoy, no me apareceré a ti todos los días, sino sólo en Navidad, el cumpleaños de mi Hijo. No estés triste, porque como madre, siempre estaré contigo y como toda madre verdadera, nunca te dejaré. Y tú, sigue aún más el camino de mi Hijo, el camino de la paz y del amor y trata de perseverar en la misión que te he confiado. Sé un ejemplo de ese hombre que ha conocido a Dios y el amor de Dios. Que la gente vea siempre en ti un ejemplo de cómo Dios actúa en las personas y cómo Dios actúa a través de ellas. Te bendigo con mi bendición maternal y te doy las gracias por haber respondido a mi llamada".

(12 de septiembre de 1998)

Al confiarle el décimo secreto, la Virgen le dijo que durante el resto de su vida tendría una aparición anual, el día de Navidad.

Cuando la Santísima Virgen María se le apareció a Mirjana, la saludó y le dijo:

— **"Alabado sea Jesús"**.

Luego habló de los incrédulos:

— **"Son mis hijos. Sufro por ellos. No saben lo que les espera. Hay que rezar más por ellos"**.

Los videntes —Mirjana Dragicevic-Soldo, Ivanka Ivankovic-Elez y Jakov Colo— han recibido los diez secretos y la Virgen se les aparece una vez al año, y lo hará por el resto de sus vidas. Para Ivanka, que recibió su décimo secreto el 7 de mayo de 1985, es la fecha del aniversario de las apariciones, el 25 de junio. Para Jakov, que recibió su décimo secreto el 12 de septiembre de 1998, es el día de Navidad. Para Mirjana, que recibió su décimo secreto en la Navidad de 1982, es el 18 de marzo. Además, la Virgen le dijo a Mirjana que también experimentaría apariciones extraordinarias.

Además de este mensaje básico, Mirjana relató en ocasiones una aparición que tuvo en 1982 que describe claramente los tiempos que estamos viviendo y el conflicto directo entre el Bien y el Mal. Habló de una aparición en la que se le apareció Satanás. Satanás le pidió a Mirjana que renunciara a la Santísima Virgen María y que así le siguiera. Así podría ser feliz en el amor y en la vida. Le dijo que seguir a la Virgen María sólo la llevaría al sufrimiento. Mirjana lo rechazó, y la Santísima Virgen María llegó inmediatamente después y Satanás desapareció. La Santísima Virgen María le dio entonces a Mirjana el siguiente mensaje:

> **"Discúlpame por esto, pero debes darte cuenta de que Satanás existe. Un día se presentó ante el trono de Dios y pidió permiso para someter a la Iglesia a un período de prueba. Dios le dio permiso para probar a la Iglesia durante un siglo. Este siglo está bajo el poder del Diablo, pero cuando se cumplan los secretos que te hemos confiado, su poder será destruido. Incluso ahora está empezando a perder su poder y se ha vuelto agresivo. Está destruyendo matrimonios, creando división entre los sacerdotes y es responsable de obsesiones y asesinatos. Debéis protegeros contra estas cosas mediante el ayuno y la oración, especialmente la comunitaria. Llevad con vosotros objetos bendecidos. Ponedlos en vuestra casa, y restaurad el uso del agua bendita".**

El mensaje de la Virgen de Medjugorje se hace eco de las enseñanzas esenciales de los Evangelios. Orbita en torno al ayuno, la oración y la reconciliación (confesión). El mensaje se ha transmitido durante los últimos 39 años a través de largas y repetitivas enseñanzas, que, como solía decir su santidad el Papa Juan Pablo II, es el diálogo fundacional de toda madre amorosa con sus hijos.

La Santa Eucaristía

La Virgen llama al hombre a la Misa dominical, como principal medio de salvación y, cuando es posible, a la Misa diaria. Los seis videntes confirmaron haber visto muchas veces a la Santísima Virgen María llorando al hablar de la Eucaristía y de la Misa:

> **"No celebráis la Eucaristía como debéis. Si supierais qué gracia y qué dones recibís, os prepararíais para ello cada día durante una hora al menos".**

(1985)

Marija dijo que, si tuviera que elegir entre la Eucaristía y la aparición, elegiría la Eucaristía. La Santísima Virgen María pidió que la oración al Espíritu

Santo se dijera siempre antes de la Misa. La Virgen quiere que la Santa Misa sea "la forma más elevada de oración" y "el centro de nuestra vida" (según Marija). Vicka también dice que la Virgen ve la Misa como:

> *"... el momento más importante y más santo de nuestra vida. Tenemos que estar preparados y puros para recibir a Jesús con un gran respeto. La Misa debe ser el centro de nuestras vidas".*

La Virgen llora porque la gente no se tiene suficiente respeto hacia la Eucaristía. La Madre de Dios quiere que nos demos cuenta de la extrema belleza del misterio de la Misa. Ella ha dicho:

> **"Hay muchos de vosotros que han sentido la belleza de la Santa Misa. Jesús os da sus gracias en la Misa".**

(3 de abril de 1986)

> **"Que la Santa Misa sea vuestra vida".**

(25 de abril de 1988)

Este mensaje adquiere un significado especial si tenemos en cuenta que, según las últimas encuestas realizadas en Estados Unidos (*PEW Research Center*), ¡sólo un tercio de los católicos estadounidenses cree que el Santo Sacramento del Altar es el verdadero Cuerpo y Sangre, Alma y Divinidad de Nuestro Señor Jesucristo!

> **"La Misa es la mayor oración a Dios. Nunca podréis comprender su grandeza. Por eso debéis ser perfectos y humildes en la Misa, y debéis prepararos para ella.**
> **Queridos hijos, estoy continuamente entre vosotros porque, con mi amor infinito, deseo mostraros la puerta del Cielo. Deseo deciros cómo se abre: a través de la bondad, la misericordia, el amor y la paz, a través de mi Hijo; por eso, hijos míos, no perdáis el tiempo en vanidades. Sólo el conocimiento del amor de mi Hijo puede salvaros. A través de ese amor salvífico y del Espíritu Santo me eligió a mí; y yo, junto con Él, os elijo a vosotros para que seáis apóstoles de su Amor y de su Voluntad.**
> **Hijos míos, grande es la responsabilidad que recae sobre vosotros. Deseo que, con vuestro ejemplo, ayudéis a los pecadores a recobrar la vista, a enriquecer sus pobres almas y a traerlas de nuevo a mi abrazo. Por eso, rezad, orad, ayunad y confesad regularmente. Si recibís a mi Hijo en la Eucaristía, ésta es el centro de tu vida, no tengas miedo, puedes hacerlo todo. Yo estoy con vosotros. Cada día**

rezo por los pastores, y espero lo mismo de vosotros. Porque, hijos míos, sin su guía y fortalecimiento a través de su bendición, no podéis hacerlo. Gracias por haber respondido a mi llamada".

(2 de junio de 2012).

La mayoría de los asistentes a la Misa semanal creen en la transubstanciación.
La mayoría de los demás católicos no

Most weekly Mass-goers believe in transubstantiation; most other Catholics do not

% of U.S. Catholics who …

	NET Believe bread and wine become body, blood of Christ	Know church teaching on transubstantiation	Don't know teaching/ unsure about teaching	NET Believe bread and wine are symbols	Know church teaching on transubstantiation	Don't know teaching/ unsure about teaching
	%	%	%	%	%	%
Attend Mass weekly or more	63	58	5	37	14	23
Monthly/yearly	25	23	1	75	25	50
Seldom/never	13	10	2	87	25	62
Men	32	30	3	67	24	44
Women	29	27	3	70	20	50
White	34	32	2	65	25	40
Hispanic	24	21	4	76	19	57
Under age 40	26	23	3	74	27	47
40-59	27	26	2	72	22	50
60 or older	38	35	3	61	18	43
High school or less	26	22	3	74	15	59
Some college	31	27	4	69	19	50
College graduate	37	36	1	62	33	30

Note: Those who declined to answer not shown. Whites include only non-Hispanics. Hispanics can be of any race.
Source: Survey conducted Feb. 4-19, 2019, among U.S. adults.

PEW RESEARCH CENTER

"¡Queridos hijos! Hoy también os invito a la oración, ahora como nunca antes, cuando mi plan ha comenzado a realizarse. Satanás es fuerte y quiere barrer mis planes de paz y alegría y haceros pensar que mi Hijo no es fuerte en sus decisiones. Por eso, os invito a todos, queridos hijos, a rezar y a ayunar aún con más firmeza. Os invito a la autorrenuncia durante nueve días para que, con vuestra ayuda, se cumpla todo lo que deseo realizar a través de los secretos que inicié en Fátima.
Os invito, queridos hijos, a comprender ahora la importancia de mi venida y la gravedad de la situación. Quiero salvar a todas las almas

y presentarlas a Dios. Por eso, recemos para que todo lo que he comenzado se realice plenamente. Gracias por haber respondido a mi llamada".

(25 de agosto de 1991).

Oración

La oración es el centro del mensaje de la Virgen en Medjugorje:

"También hoy os invito a la oración. Sabéis, queridos hijos, que Dios concede gracias especiales en la oración. Os invito, queridos hijos, a la oración con el corazón".

(25 de abril de 1987)

"Sin una oración incesante, no puedes experimentar la belleza y la grandeza de la gracia que Dios te ofrece".

(25 de febrero de 1989)

Las oracioness recomendadas por la Virgen

Al principio, siguiendo una antigua tradición croata, la Virgen pidió que se rezara diariamente: El Credo, seguido de siete padrenuestros, avemarías y glorias. Más tarde, la Virgen recomendó el rezo del Rosario. Primero la Virgen nos pidió que rezáramos cinco decenas, luego diez, y finalmente la Virgen desea que recemos diariamente, juntos o individualmente, los 15 Misterios del Rosario (Misterios Gozosos, Dolorosos y Gloriosos).

La Santísima Virgen María añadió:

"Que la oración reine en el mundo entero".

(25 de agosto de 1989)

"Sabéis que os amo y que vengo aquí por amor, para mostraros el camino de la paz y de la salvación de vuestras almas. Quiero que me escuchéis y que no permitáis que Satanás os seduzca. Queridos hijos, Satanás es muy fuerte. Por eso os pido que dediquéis vuestras oraciones para que se salven los que están bajo su influencia. Dad testimonio con vuestra vida, sacrificad vuestras vidas por la salvación del mundo. Por eso, hijitos, no tengáis miedo. Si rezáis,

Satanás no podrá haceros daño, ni siquiera un poco, porque sois hijos de Dios y Él vela por vosotros. Rezad, y que el Rosario esté siempre en vuestras manos como señal para Satanás de que me pertenecéis".

(25 de febrero de 1989)

Ayuno

En el Antiguo Testamento y en el Nuevo Testamento hay muchos ejemplos de ayuno. Nuestro Señor Jesucristo y sus discípulos ayunaban con frecuencia. Ciertos demonios *no pueden ser expulsados sino con la oración y el ayuno*, dijo Jesús. (Marcos 9,29). El ayuno es esencial para lograr la liberación de la adicción a los placeres, de la autocomplacencia, de los deseos apasionados y de todo pecado. Mediante el ayuno, se nos dice, puede escucharse mejor a Dios y percibirlo más claramente; por eso, la Santísima Virgen María recomienda ayunar dos veces por semana:

"**Ayuna estrictamente los miércoles y los viernes**".

(14 de agosto de 1984)

La Santa Madre de Cristo pide al mundo que acepte este difícil mensaje…

"**… con una voluntad firme**". Nos pide que "**Perseveremos en el ayuno**".

(25 de junio de 1982)

"**El mejor ayuno es el de pan y agua. Con el ayuno y la oración pueden detenerse las guerras, pueden suspenderse las leyes naturales. Las obras de caridad no pueden sustituir al ayuno. Todos, excepto los enfermos, tienen que ayunar**".

(21 de julio de 1982)

A Mirjana en Sarajevo:

"**¡Mis queridos hijos! He venido a vosotros para llevaros a la pureza del alma, y luego a Dios. ¿Cómo me habéis recibido? Al principio teníais miedo, desconfiabais de los niños que había elegido. Más tarde, la mayoría me recibió en su corazón. Comenzaron a poner en práctica, mi recomendación materna. Por desgracia, eso no duró** mucho tiempo.

Sea cual sea el lugar donde aparezco, y conmigo también mi Hijo, también viene Satanás. Vosotros habéis permitido que os someta sin daros cuenta de que estáis siendo dirigidos por él. Os toca a vosotros daros cuenta de que vuestro comportamiento no está permitido por Dios, sino que sofocáis inmediatamente el pensar. No cedáis queridos hijos. Enjugad de mi rostro las lágrimas que he derramado viéndoos obrar así.

Mirad a vuestro alrededor. Sacad tiempo para acercaroos a Dios en la Iglesia. Entrad en la casa de vuestro Padre. Tómate el tiempo de reunirte para rezar en familia, para obtener la gracia de Dios. Acuérdate de tus difuntos; hazlos felices ofreciendo la Misa. No mires con desprecio al pobre que pide un bocado de pan. No le eches de tu abundante mesa. Ayudadle y Dios os ayudará. Es muy posible que la bendición que te deja en señal de gratitud se cumpla para ti. Puede que Dios le escuche.

Habéis olvidado todo eso, hijos míos. Satanás os ha influido en eso. No cedáis. Rezad conmigo. No os engañéis pensando, yo soy bueno, pero mi hermano, que vive a mi lado, no es bueno. Os equivocaréis. Os quiero porque soy vuestra madre, y os lo advierto. Ahí están los secretos, hijos míos. Uno no sabe lo que son; cuando se enteren, será demasiado tarde.

¡Volved a la oración! Nada es más necesario. Me gustaría que el Señor me hubiera permitido mostraros sólo un poco sobre los secretos, pero, Él ya os da suficientes gracias. Piensa: ¿qué le ofreces a Él a cambio?, ¿cuándo fue la última vez que renunciaste a algo por el Señor? No te culparé más, pero una vez más te llamo a la oración, al ayuno y a la penitencia. Si queréis obtener una gracia del Señor con el ayuno, que nadie sepa que estáis ayunando. Si queréis obtener una gracia de Dios mediante un donativo a los pobres, que nadie lo sepa, sino vosotros y el Señor. Escuchadme, hijos míos. Meditad mi mensaje en la oración".

(La Santísima Virgen María, 28 de enero de 1987)

Lectura diaria de la Biblia

Por lo general, la Virgen se acerca a los videntes feliz y alegre, pero en una ocasión, mientras hablaba de la Biblia, la Santísima Virgen María estaba llorando. La Virgen dijo:

"Te has olvidado de la Biblia".

La Biblia es un libro diferente a cualquier otro libro de la tierra. El Concilio Vaticano II dice que todos los libros canónicos de la Biblia están "escritos bajo la inspiración del Espíritu Santo, tienen a Dios como autor" (Constitución dogmática sobre la Divina Revelación). La Santísima Virgen María nos pide que separemos la Biblia de los demás libros humanos; por eso nos pide que coloquemos la Biblia en un lugar visible en nuestras casas:

"Queridos hijos, hoy os invito a leer la Biblia todos los días en vuestras casas y a que esté en un lugar visible para animaros siempre a leerla y a rezar".

(La Santísima Virgen María, 18 de octubre de 1984)

"Todas las familias deben rezar oraciones familiares y leer la Biblia".

(La Santísima Virgen María, 14 de febrero de 1985)

Confesión

La Virgen pide la confesión mensual. Desde los primeros días de las apariciones:

"Haced la paz con Dios y entre vosotros. Para ello es necesario creer, rezar, ayunar y confesarse".

(La Santísima Virgen María, 26 de junio de 1981)

"Reza, reza. Es necesario creer firmemente, confesarse con regularidad y, asimismo, comulgar. Es la única salvación".

(La Santísima Virgen María, 10 de febrero de 1982)

"Quien ha hecho mucho mal durante su vida puede ir directamente al Cielo si se confiesa, se arrepiente de lo que ha hecho y comulga al final de su vida".

(24 de julio de 1982)

Los videntes de Medjugorje

Videntes durante un éxtasis en la Iglesia de Santiago (Medjugorje)

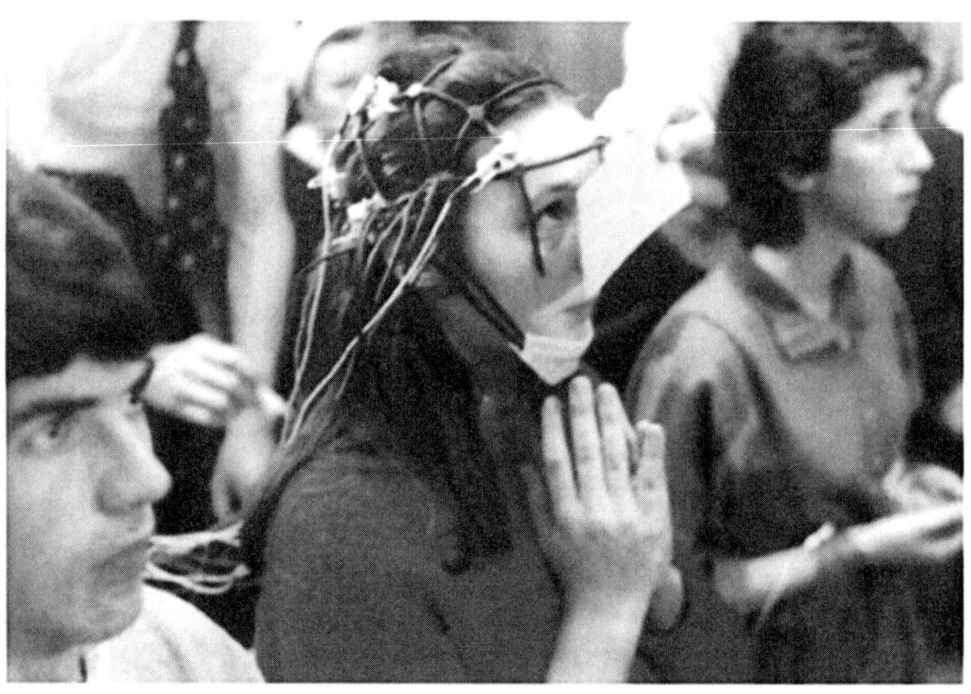

Lecturas del cerebro de Ivanka siendo estudiadas a través de un encefalograma durante un éxtasis

Videntes en el Monte de las Apariciones (Medjugorje)

Rev. Padre René Laurentin

Mgr. René Laurentin (principal defensor de Medjugorje) / Mons. Laurentin con Vicka Ivankovic en su casa.

Los videntes Maria Pavlovic e Ivan Dragicevic son estudiados con un encefalograma por científicos franceses de la Universidad de Montpellier

La Iglesia Occidental, dijo la Santísima Virgen María en La Fraudais y en Medjugorje, ha ignorado la confesión y su importancia. La Gospa añadió:

"La confesión mensual será un remedio para la Iglesia de Occidente. Hay que transmitir este mensaje a Occidente".

(6 de agosto de 1982)

Quien viene a Medjugorje queda siempre impresionado por el gran número de personas que esperan la confesión, y por el número de sacerdotes que se confiesan dentro y fuera de la Iglesia de Santiago. Naturalmente, la confesión no debe ser una costumbre que permita hacer fácil el pecado. Vicka tiene la costumbre de decir a cada grupo de peregrinos que la visita:

"La confesión es algo que tiene que hacer de ti un nuevo ser humano. La Virgen no quiere que pienses que la confesión te liberará del pecado y te permitirá seguir la misma vida después. No, la confesión es una llamada a la transformación. ¡Debes convertirte en una persona nueva!".

La Santísima Virgen María fue muy clara sobre este santo Sacramento:

"No vayas a confesarte por costumbre, para seguir siendo el mismo después. No, no es bueno. La confesión debe dar un impulso a tu fe. Debe estimularte y acercarte a Jesús. Si la confesión no significa nada para ti, realmente, te convertirás con mucha dificultad".

(7 de noviembre de 1983)

Cielo

Los seis videntes de Medjugorje han visto el Cielo. Todos ellos expresaron su asombro y afirmaron que, si supiéramos lo que nos espera en el Cielo, no habría dificultades ni pruebas que no merecieran ser soportadas por la vida eterna en el Cielo.

Dos de los videntes de Medjugorje, Vicka y Jakov, fueron llevados físicamente al Cielo, al Purgatorio y al Infierno. A los demás videntes sólo se les mostraron visiones de los mismos. La Virgen dijo a los videntes que mucha gente no cree que el Cielo, el Purgatorio o el Infierno existan realmente; por eso, la Santísima Virgen María desea que los videntes sean testigos de su existencia a través de sus experiencias.

Vicka

Al describir el Cielo en una entrevista con el P. Livio para *Radio María*, Vicka explicó que ella y Jakov fueron al Cielo. Cuando llegaron, había una gran puerta de madera. Vicka dijo que, al principio, la puerta estaba cerrada, pero cuando llegaron la Santísima Virgen María la abrió, permitiéndoles entrar en el Cielo. San Pedro estaba de pie a la derecha de la puerta.

Vicka:

— *"Enseguida comprendí que era él. Con una llave, más bien pequeña, con la barba un poco robusta, con pelo".*

Padre Bubalo:

— *"Por favor, Vicka, describe el Cielo".*

— *"No puede describirse. Es algo más allá de la descripción. Está lleno de una especie de luz hermosa... gente, flores... ángeles... Todo está lleno de una alegría indescriptible. Tu corazón se detiene cuando lo miras".*

Lo que sigue está tomado de otra entrevista con Vicka:

— Pregunta: *"Vicka, háblanos del Cielo".*

— Vicka: *"El cielo es un espacio inmenso, y tiene una luz brillante que no lo abandona Es una vida que no conocemos aquí en la tierra. Vimos personas vestidas con túnicas grises, rosas y amarillas. Caminaban, rezaban y cantaban. Pequeños ángeles volaban sobre ellos. La Virgen nos mostró lo felices que son estas personas".*

— Pregunta: *"¿Cómo te diste cuenta de que eran felices?"*

— Vicka: *"Se puede ver en sus caras. Pero es imposible describir con palabras la gran felicidad que vi en el Cielo. En el Paraíso, cuando la Virgen pasaba, todos respondían a Ella, y Ella a ellos. Había un reconocimiento entre ellos. Estaban de pie comunicándose con Ella, como en un túnel, sólo que no era exactamente como un túnel, pero un túnel es la comparación más cercana. La gente rezaba, cantaba, miraba. La gente en el Cielo conoce la plenitud absoluta de un ser creado".*

— Pregunta: *"¿Cuánto tiempo estuviste allí?".*

— Vicka: *"Tal vez veinte minutos"*.

— Pregunta: *"¿La gente le hablaba?"*.

— Vicka: *"Fue muy inusual. Hablaban, pero no les entendía. La gente estaba en pequeños grupos. Yo estaba con Jakov y la Virgen. Hablábamos entre nosotros, pero no había comunicación con nadie más. Sobre la gente de allí, la Virgen sólo nos dijo: ¿Veis cómo la gente que está en el Cielo es feliz?".*

Mirjana

Mirjana no fue físicamente al Cielo, pero vio el Cielo durante una aparición. La siguiente es su descripción de lo que vio:

— Mirjana: *"Vi el Cielo como si fuera una película. Lo primero que me llamó la atención fueron los rostros de las personas que estaban allí; irradiaban una especie de luz interior que mostraba lo inmensamente felices que eran".*

— Pregunta: *"¿El Cielo es un lugar real?".*

— Mirjana: *"Sí. Los árboles, las praderas, el cielo son totalmente diferentes a todo lo que conocemos en la tierra. Y la luz es mucho más brillante. El Cielo es hermoso más allá de cualquier comparación posible con todo lo que conozco en la tierra".*

— Pregunta: *"¿Las personas que viste tenían cuerpo?".*

— Miijana: *"Sí".*

— Pregunta: *"¿Qué edades tenían?".*

— Miijana: *"Eran diferentes a las que tenemos ahora. Quizás todos tenían alrededor de 30 años. Estaban paseando por un hermoso parque. Lo tienen todo. No necesitan ni quieren nada. Están totalmente llenos. Estaban vestidos con el tipo de ropa que llevaba Jesús".*

A Mirjana le preguntaron por qué la Santísima Virgen María le mostró el Cielo:

Mirjana: — *"Ella me dijo que mucha gente en la tierra hoy no cree que el Cielo existe. Me dijo que Dios nos ha elegido a nosotros, los seis videntes, para que seamos instrumentos de su amor y de su misericordia. Yo he visto personalmente el Cielo. ¡Existe! ¡Lo he visto! Aquellos que permanezcan fieles a Dios hasta el final verán el Cielo como recompensa por su fidelidad".*

Ivanka

— Pregunta: *"¿Viste el cielo, el infierno y el purgatorio, Ivanka?".*

— Ivanka: **"Vi el Purgatorio y el Cielo como una imagen. Le dije a la Virgen que no quería ver el Infierno".**

— Pregunta: *"¿Cómo era el Cielo?".*

— Ivanka: **"Es un lugar que es muy, muy bello. Todos los que vi estaban llenos de una felicidad que no puedo explicar y que no puedo olvidar".**

— Pregunta: *"¿Anhelas tu esa felicidad?".*

— Ivanka: **"Conozco algo de esa felicidad cuando estoy con la Virgen, y cuando rezo".**

— Pregunta: *"¿Puedes hablarnos más del Cielo?".*

— Ivanka: **"Dios nos hizo para el Cielo. Si rezas, lo sabrás".**

Marija

— Pregunta: *"¿Te llevaron al Cielo o te mostraron una visión del Cielo?".*

— Marija: **"Tuve una visión del Cielo, pero Jakov y Vicka fueron llevados allí".**

— Pregunta: *"Cuando viste la visión, ¿estabas en la rectoría? Cuando tuviste la visión, ¿estabas en la sala de la rectoría? ¿O dónde?".*

— Marija: **"Estaba en la casa de Jakov. Fue como ver una película en la pantalla o mirar por la ventana. Vi una visión. No estaba realmente allí como los otros videntes. Nunca había visto una imagen así; nadie puede ni siquiera empezar a imaginar cómo es... la gente estaba alrededor de las flores. Todos tenían la misma edad. Nadie en el Cielo es mayor que la edad de Cristo. La gente en el Cielo estaba llena de alegría y todos ellos están dando gracias por los regalos que les ha dado Dios. Cada día se dan cuenta del amor que Dios les tiene. Había una multitud de personas".**

Ivan

"El cielo vale cualquier precio. Jesús nos lo demostró con su muerte en la cruz. Su muerte no fue el final. Él resucitó de entre los muertos, glorificado para poner fin a la muerte para siempre para los hijos de Dios. La gente en el Cielo es feliz. Viven en la plenitud de Dios".

Jakov

Jakov fue el otro vidente, junto con Vicka, que fue llevado físicamente al Cielo. En aquel momento sólo tenía 11 años.

— Pregunta: *"¿Podría hablarnos del Cielo?".*

— Jakov: **"Cuando lleguéis allí, veréis cómo es".**

— Pregunta: *"Has dicho que la razón por la que la Santísima Madre te llevó allí fue para mostrarte cómo sería para los que permanecen fieles a Dios. ¿Podría decirnos algo más?".*

— Jakov: **"Si pensara demasiado en ello, me moriría de soledad".**

— Pregunta: *"Dínos cómo entiendes el Cielo".*

— Jakov: **"He estado allí. Me resulta difícil hablar de ello".**

— Pregunta: *"¿Es difícil vivir en la tierra una vez que se ha estado en el Cielo?".*

— Jakov: **"Eso es un eufemismo".**
— Pregunta: *"Jakov, dijiste que, si pensabas demasiado en el Cielo, te morirías de soledad. ¿Cómo manejas los recuerdos del Cielo, del infierno y del purgatorio?".*

— Jakov: **"La Virgen nos pide que tengamos cuidado con el problema de la tiranía de los recuerdos".**

— Pregunta: *"¿Qué significa eso?".*

— Jakov: **"Nos pide que confiemos en el amor de Dios para que todo vaya bien. Nos pide que entreguemos el pasado a su cuidado maternal y que recordemos sólo a la luz del amor de Dios".**

Infierno y Purgatorio

En una entrevista con Vicka, el padre Janko Bubalo le hizo preguntas sobre sus experiencias.

— P. Bubalo: *"Me has contado, y lo he leído en uno de tus cuadernos, que el día de Todos los Santos de 1981, tú, los videntes y todos vosotros estabais reunidos excepto Iván, y la Virgen os mostró el Cielo. Consta que el Cielo es inexpresablemente hermoso, con una multitud de personas y de ángeles. Y cuando le preguntasteis a la Virgen por qué os mostraba el Cielo, consta en el diario que os dijo que para que vierais cómo sería para los que permanecen fieles a Dios. También se añade que Ivanka vio allí a su madre fallecida, y a otra mujer conocida por ella. Permíteme que te recuerde también esto: justo cuatro días después, se anota en ese diario que la Virgen desapareció de repente, como de golpe, y que el infierno apareció ante ti. Eso lo observasteis tú, Jakov, y Marija. Queda registrado que fue horrible. Como un mar de llamas. Dentro de un gran grupo de personas. Se dice que, en medio de todos, se vio a una mujer rubia de pelo largo con cuernos, y que los demonios saltan hacia ella desde todos los lados. Algo así... ¿Te dijo la Virgen por qué te mostró eso?".*

— Vicka: **"¡Sí, sí! Nos dijo que nos lo había mostrado para que supiéramos lo que es para los que van allí".**

— Padre Bubalo: *"La Virgen os llevó a ti y a Jakov a algún lugar para mostraros el Cielo y el infierno... Cuéntame ahora lo más detalladamente posible".*

— Vicka: **"Quince días —no sé exactamente— después de esta visión del infierno. Yo y Jakov fuimos a Citluk por algo. Volvimos sobre las tres de la tarde. Nos detuvimos un poco en mi casa, y luego seguimos hasta la de Jakov para devolverlo sano y salvo a su madre. Su madre estaba fuera, y la Virgen se nos apareció inmediatamente. Nos saludó con un "¡Alabado sea Jesús!" y nos dijo que nos llevaría al Cielo. Nos asustamos. Jakov se puso a llorar. Dijo que no iría, ya que es la única madre que tiene, y que yo debería ir solo".**

— P. Bubalo: *"¿Y la Virgen?".*

— Vicka: **"No dijo nada. Seguíamos arrodillados. Ella me tomó de la mano derecha y a Jakov de la izquierda y se puso entre nosotros, con Su rostro hacia nosotros, e inmediatamente comenzamos a elevarnos… directamente hacia arriba a través del techo. La casa desapareció, y nos fuimos. Me pareció que íbamos hacia arriba".**

Jakov fue interrogado sobre su experiencia con el Cielo, el Purgatorio y el Infierno en una charla que dio a los peregrinos en Medjugorje el 12 de octubre de 2007:

Jakov:
> *"Cuando la Virgen nos llevó al Cielo, tuve mucho miedo. Sólo tenía once años y cuando la Virgen nos dijo que nos iba a llevar con ella, no quise ir con ella. Tenía miedo de morir. Y le dije a la Virgen: ¿Por qué no te llevas sólo a Vicka? Su madre tiene ocho hijos y yo soy el único hijo que tiene mi madre".*

En otra entrevista, Vicka declaró:

— Vicka: **"La Virgen me ha mostrado el cielo, el infierno y el purgatorio. Muchas personas hoy en día no creen que haya un lugar o un estado de vida después de la muerte del cuerpo. Creen que cuando morimos, la vida se acaba. La Virgen dice que no; al contrario, sólo somos pasajeros en la tierra. Ella ha venido a recordarnos las verdades eternas del Evangelio".**

— **Pregunta**: *"¿El cielo y el infierno son lugares reales?".*

— Vicka: **"Sí. Yo los he visto".**

— **Pregunta**: *"¿Cómo?".*

— Vicka: **"De dos maneras: vi con mis ojos. Y luego visité estos lugares. Jakov y yo fuimos llevados allí por la Virgen".**

Marija fue entrevistada por un Amigo de Medjugorje el 6 de noviembre de 1986 sobre sus visiones del Cielo, del Purgatorio y del infierno. Lo que sigue es parte de la entrevista:

— **Pregunta**: *"Cuando viste la visión del Cielo, ¿viste al mismo tiempo el Purgatorio?".*

— Marija: **"Vi todas las visiones en la misma aparición: el Cielo, el Purgatorio y el infierno".**

— **Pregunta**: *"¿Te ha revelado alguna vez la Virgen si un alma en el Purgatorio puede perderse e ir al infierno?".*

— Marija: **"No, una vez que están en el Purgatorio, sólo pueden ir al Cielo".**

— **Pregunta**: *"En tu opinión, algunas personas que van constantemente de lo bueno a lo malo, de lo malo a lo bueno, de lo bueno a lo malo, y sin embargo* *aman a Dios, ¿van a ir al infierno?".*

— Marija. *"No lo sé. Cuando un hombre muere, Dios le da gracias y bendiciones especiales para que él mismo decida a dónde debe ir. Dios le da una escena, revisando toda su vida, lo que ha hecho en su vida, y así Dios le da gracias para decidir a dónde debe ir, según su vida. Tiene una elección libre".*

— **Pregunta**: *"Bien, digamos que uno merece el infierno, pero quiere ir al Cielo. ¿Qué pasa entonces, porque Dios no le dio la posibilidad de elegir?".*

— Marija: *"Sí, pero Dios te da estas gracias especiales para que comprendas plenamente y sólo respondas con la verdad".*

— **Pregunta**: *"Entonces, Él te da tantas gracias que dices:* Dios, no merezco el Cielo, merezco el infierno o el Purgatorio... *¿como el suero de la verdad'?"*

— Marija: *"Sí, correcto".*

— **Pregunta**: *"Entonces, ¿Dios nunca envía a nadie al infierno, deciden ellos mismos?"*

— Marija: *"Sí, somos jueces de nuestra vida".*

— **Pregunta**: *"Entonces, cuando se dice:* Dios no envía a nadie al infierno, ellos se envían a sí mismos, *¿quiere decir eso?"*

— Marija: *"Sí, correcto".*

— **Pregunta**: *"¿Has preguntado alguna vez a la Virgen, Marija, si irás al Cielo como hicieron Jacinta, Francisco y Lucía de Fátima? Ellos le preguntaron a la Virgen:* ¿Vamos a ir al Cielo? *y Ella les dijo:* Sí*".*

— Marija: *"¡No, nunca le he preguntado eso!".*

— **Pregunta**: *"¿Tienes miedo?".*

— Marija: *"Estaría feliz de estar detrás de las puertas del Paraíso, si pudiera estar allí".*
Marija también añade de otra entrevista:

— Marija: *"Nosotros mismos elegimos el Cielo, el Infierno o el Purgatorio. La Virgen me explicó que al morir somos la misma persona que en vida, aunque ya no tenemos el uso de nuestro cuerpo. Este vuelve a la tierra. En la muerte recibimos la luz para ver el plan que Dios ha tenido para nosotros desde el principio. Entonces comprendemos cómo hemos elegido cumplir con su plan divino. A la luz de la verdad, sabemos a dónde pertenecemos, dónde encajamos, y elegimos el Cielo, el infierno o el Purgatorio".*

Reconocimiento de la Iglesia y proceso de aprobación formal

En 2010, el Papa Benedicto XVI creó una comisión para el estudio de Medjugorje presidida por el cardenal Camillo Ruini, e integrada por obispos, Cardenales, teólogos, expertos en mariología, antropólogos y psicólogos. Los trabajos de la comisión concluyeron el 17 de enero de 2014 con un dictamen favorable al reconocimiento del carácter sobrenatural de las primeras apariciones, que tuvieron lugar entre el 24 de junio y el 3 de julio de 1981.

Monseñor René Laurentin

El obispo de Mostar, Mons. P. Zanic, se mostró en julio de 1981 bastante favorable a los acontecimientos extraordinarios que se estaban produciendo con niños tan pequeños en Medjugorje; sin embargo, poco a poco, Mons. P. Zanic adoptó una posición cada vez más hostil contra las apariciones en la colina de Medjugorje debido a un antiguo conflicto que resurgió en la diócesis con los franciscanos locales, cuya orden no estaba sometida directamente a la jurisdicción episcopal de Mostar ni a la autoridad del obispo. En consecuencia, Mons. Zanic anunció un juicio negativo en mayo de 1986; ¡pero Roma, por primera vez en la historia de la Iglesia, rechazó la condena negativa de un obispo a un supuesto lugar de apariciones marianas! Por tanto, el Dicasterio / Congregación de la Doctrina de la Fe —encabezada en ese momento por el Cardenal Ratzinger— tomó la decisión de rechazar el juicio negativo de Mons. Zanic y, en consecuencia, de transferir la autoridad del juicio a la Conferencia Episcopal de Yugoslavia.

De hecho, nunca se había tomado una decisión de este tipo, ya que no pudo encontrarse ningún precedente; en consecuencia, el cardenal Kuharic estableció, tras recibir instrucciones del Cardenal Ratzinger, una nueva comisión que comenzó su trabajo en marzo de 1987. A todos los niveles, la comisión recién nombrada pudo distinguir entre los hechos reales y los frutos innegablemente extraordinarios producidos por los mensajes de las apariciones de la "Gospa" en Medjugorje. Estos hechos fueron efectivamente reconocidos por todos los implicados directamente en la investigación.

Sin embargo, el caso de las apariciones de Medjugorje ha sido víctima de una gran cantidad de difamaciones y calumnias. Falsedades y rumores falsos, inspirados por pura envidia y mezquindad, se han extendido por las comunidades católicas; sin embargo, los acérrimos defensores de los mensajes de las apariciones, entre los que se encuentran multitud de expertos e investigadores, han permanecido al lado de los seis jóvenes mensajeros de la Santísima Virgen María. Uno de esos expertos que más y mejor ha defendido y apoyado las apariciones y a los videntes de Medjugorje ha sido el abad francés René Laurentin,[24] cuya meticulosa e imparcial investigación aportó resultados teológicos y científicos que, lamento decirlo, fueron totalmente rechazados por el obispo de Mostar.

Mons. René Laurentin sobre el expediente de las apariciones de Medjugorje (1997):

La posición de Medjugorje en la Iglesia es un tema difícil, discutido, objeto de confusión y de ambigüedades que es importante disipar. Entre nosotros, Medjugorje no necesita ninguna explicación. Es un lugar de gracia donde la Virgen se ha manifestado con frutos excepcionales:

— *Vida espiritual*
— *Conversiones*
— *Curaciones*

En 1984-1985, cuando el obispo Zanic anunció su veredicto negativo, yo había preparado mi conciencia para esta posibilidad, y me dije cándidamente algo así como: "En este caso, dejaré de escribir o hablar públicamente sobre Medjugorje, pero como los amigos de Santa Juana de Arco, quemada por orden de un obispo en 1431, profundizaré en mi conocimiento sobre ella y pondré las razones para revisar tal juicio".

El respeto a la autoridad y a la obediencia, de la que nunca debemos desviarnos, en este ámbito, permite ocasionalmente ligeras diferencias en el libre servicio de la fe. En cuanto a la palabra "Iglesia", última palabra del tema que me fue asignado ("el lugar de Medjugorje en la Iglesia"), hay que aclarar otra ambigüedad.

Antes del Concilio, para la mayoría de los teólogos, la Iglesia era la jerarquía: es decir, el Papa y los Obispos. El Concilio Vaticano II revisó esta concepción. Reestructuró la Constitución de la Iglesia a la inversa: la Iglesia es, ante todo, el Pueblo de Dios, en el que algunos fieles (iguales a los demás ante

---

[24] El abad (más tarde Monseñor) René Laurentin fue un teólogo francés. Reconocido internacionalmente como una de las mayores autoridades mariológicas del mundo, y autor de 150 libros e innumerables artículos académicos sobre temas relacionados con las apariciones marianas en Lourdes, La Salette, la Rue du Bac (París), Medjugorje, videntes y místicas como Bernadette Soubirous, Teresa de Lisieux, Catherine Labouré e Yvonne Aimée de Malestroit; así como exégesis bíblica y artículos teológicos. Durante los casos de apariciones de Betania (Venezuela), San Nicolás (Argentina), Soufanieh (Siria), Kibeho (Ruanda), el padre René Laurentin, a través de sus investigaciones teológicas y científicas personales y directas, ha sido efectivamente decisivo en el proceso de reconocimiento episcopal de dichos lugares de apariciones aprobadas.

Dios en la fe, la esperanza, la caridad y la búsqueda de la santidad) tienen autoridad en nombre de Cristo, pero esta autoridad está al servicio del pueblo de Dios. Por eso el Papa se ha dado a sí mismo el título de "Siervo de los siervos de Dios".

Examinemos ahora el lugar de Medjugorje "en la Iglesia" según estos dos significados complementarios de la palabra "Iglesia", que significa una realidad orgánica: el Cuerpo Místico pero visible de Cristo.

En Medjugorje, como en otros lugares, **los fieles** *fueron los primeros en reconocer la presencia de la Virgen María en estas apariciones. El párroco, Fr. Jozo Zovko, un hombre espiritual, fue el primero en criticar y exigir la verificación de las apariciones. Dijo a los feligreses:* **"¿Qué vais a hacer en esta colina, cuando tengáis la Eucaristía en la Iglesia?"**. *Los llevó a todos a la iglesia para la Misa diaria a la que se trasladaron las apariciones. Muy pronto creyó* (en la autenticidad de las visiones de los niños) *y tuvo una aparición personal de la Virgen que le confirmó su convicción. Entre los cristianos, sin embargo, hay opositores a la derecha y a la izquierda del espectro:*

1.   El cristiano progresista prefiere la crítica negativa, las explicaciones psicológicas y psicoanalíticas, la duda sistemática y la sospecha ante los fenómenos extraordinarios.

2.   El ala tradicionalista o integrista moderado, por ejemplo, la Fidelidad en EEUU, o la extrema derecha de la Contrarreforma Católica (que excomulgó al Papa por herético) *fueron los adversarios más acérrimos de Medjugorje.*

Los peregrinos suelen preguntar a los videntes: **"¿Qué hemos de hacer para poder convencer a los opositores?"**. *Respondió Vicka:* **"Rezar por ellos y ser buenos. El Señor y la Santa Virgen harán el resto"**.

Esa era ya la posición de Bernadette Soubirous en Lourdes, que no se metía en discusiones con los opositores que querían discutir con ella, sino que cuando insistían, simplemente respondía: **"Me han encargado que os lo diga. No estoy encargada de hacerles creer"**. *La situación es más compleja por parte de las autoridades.*

El obispo local, Mons. Zanic, sucesor de los apóstoles y responsable del discernimiento en su diócesis, se mostró al principio favorable durante el verano de 1981 (aunque hoy no quiera recordarlo). *Pero el conflicto local con los franciscanos* (que constituyen el 80% de los sacerdotes de su diócesis) *agravó todo paso a paso. El tiempo asignado aquí no me permite dar los detalles de este problema. Para ello, les remito a mis libros* [25]

---

[25] El principal problema entre Mons. Zanic y los sacerdotes franciscanos de su diócesis tuvo que ver con que la Orden Franciscana se puso manifiestamente *"en primera fila"* en este caso y, al no estar sometida a la jurisdicción ni a la autoridad del Obispo, las diócesis

Cuando fui a Medjugorje por primera vez en la Navidad de 1983, yo creí que todavía era favorable, pero me desilusionó. Le escuché e hice lo posible por tomar nota de sus objeciones, aunque me parecieron bastante externas, parciales y débiles en comparación con los hechos evidentes, lo que me puso en una difícil situación respecto a su autoridad como espectador. Fui a verle tan a menudo como pude. Me confirmó su oposición radical. Al final de la visita con él, le pedí su bendición. Una vez le resultó difícil (responder amablemente). Insistí diciendo:"Si soy un problema para usted, déme la bendición para mi conversión". A eso respondió con su habitual magnanimidad:

"Siga siendo Laurentin".

Su posición oficial del 30 de octubre de 1984 contra Medjugorje me difamó en varios puntos de forma sorprendente: se suponía que yo era culpable de ocultar la verdad; por tanto, me descalificaba como teólogo; se suponía que lo había hecho por dinero; (supuestamente) había ganado más de mil millones de dólares; había sucumbido al encanto de los videntes de Medjugorje en lugar de escuchar al Obispo; y sin embargo, nunca me había prohibido ir a Medjugorje ni me había pedido que dejara de escribir.

Me preparé para guardar silencio después del veredicto negativo, que había anunciado públicamente, pero cuando vino a Roma en abril de 1986 para proponer dicho veredicto, el Cardenal Ratzinger le dijo (y el obispo Zanic, hombre de claridad y de no ser víctima fácilmente de la doblez):

"No, usted va a disolver su comisión diocesana. El veredicto se traslada a la Conferencia Episcopal".

Esto fue inesperado, porque, según una vieja tradición, potenciada por el Cardenal Ottaviani que, en 1959 y 1960, tomó las decisiones contra Sor Faustina (hoy beatificada) y la Madre Yvonne Aimée, etcétera, el Santo Oficio apoyaba en general a los Obispos desfavorables a las apariciones y, más bien, solía paralizar los juicios favorables. Aquí, pues, se invirtió la situación. Uno podría preguntarse por qué. Creo tener la explicación.

En julio de 1984, el Papa Juan Pablo II, en cuyas manos entregué mi primer libro: **Is the Virgin Mary Appearing at Merdjugorje?** *(febrero de 1984), lo había leído en Castelgandolfo y lo había recomendado a Mons. Pío Belo Ricardo, obispo de Los Teques (Venezuela).*[26] *Al año siguiente, también leyó* **Studies in the Apparitions at Merdjugorje**, *que escribí junto con el profesor*

---

asumieron un incomodísimo segundo papel en este caso ante la opinión pública. Los franciscanos mantuvieron su apoyo abierto a los niños de Medjugorje, al margen de la postura episcopal local.

[26] Monseñor Pío Belo Ricardo aprobaría el lugar de aparición de Betania (Venezuela) en noviembre de 1987.

Joyeux de Montpellier.

Finalmente, inicié un encuentro internacional de médicos y teólogos en Milán para establecer diez conclusiones científicas y diez teológicas sobre Medjugorje. Se llegó fácilmente a un acuerdo en un día de trabajo, y las veinte conclusiones fueron enviadas a Juan Pablo II por el doctor Luigi Farina, presidente de la ARPA, donde había tenido lugar esta reunión. El Papa envió todos estos documentos al Cardenal Ratzinger, Prefecto de la Congregación de la Doctrina de la Fe, *quien parece haber tomado esta nueva decisión después de haber consultado con Juan Pablo II. Fue una decisión sin precedentes. Le quitaba al obispo su autoridad ordinaria sin quitársela del todo, ya que seguiría siendo miembro de la Conferencia Episcopal Yugoslava, a la que se trasladó la sentencia. El resultado fue un largo viaje.*

El cardenal Kuharic, con quien Vicka tuvo una aparición (en el salón de su casa en 1983, según me contó) se mostró, me pareció, abierto y discretamente favorable. En todo caso, deseaba que los obispos asumieran pacíficamente la responsabilidad sobre este importante y fructífero lugar de peregrinación, en lugar de suscitar uno de esos conflictos en torno a las apariciones, que crean malestar y divisiones en la Iglesia, y que son perjudiciales para los fieles, los obispos y el propio Dios. Pero, siendo prudente y respetuoso con Monseñor Zanic, el obispo local responsable ante Dios y ante la parroquia de Medjugorje, el Cardenal Kuharic mantuvo, con razón, un lugar destacado para él.

Cada vez que se dirigía una pregunta a la Conferencia Episcopal, siempre era él quien hablaba primero. Con el vigor que le caracteriza, el obispo Zanic repitió todas las objeciones que había desarrollado, dos veces públicamente:

> — *La Posición Oficial sobre Medjugorje del 30 de octubre de 1984, asestó un golpe a la ulterior expansión de Medjugorje, ya que invitó a todos los Obispos de las Conferencias Episcopales del mundo a apoyar su posición negativa, sugiriendo que no se autorizaran las peregrinaciones oficiales (subrayó el "oficiales").*

El 25 de julio de 1987 pronunció un severo sermón contra Medjugorje durante la ceremonia de confirmación. Esperaba que los feligreses se rebelaran, pero le escucharon en silencio y con respeto, a pesar del profundo dolor que sentían en sus corazones. Dieron prueba de su heroico respeto y obediencia, pero el obispo interpretó su reacción de otra manera.

Durante la cena que siguió, concluyó: **"Hoy ya no creen tanto"**. *Los franciscanos le desengañaron (el sermón está publicado con mis observaciones críticas en* **Seven Years pf Apparitions***, pp.72-77). Tras esta primera intervención del Obispo local, los demás obispos menos informados guardaron silencio o le apoyaron por solidaridad.*

El único que abogó por Medjugorje fue Mons. Franic, arzobispo de Split, una autoridad en estos temas, ya que era presidente de la Comisión de Obispos Yugoslavos para la Doctrina de la Fe. Pero se jubiló el 10 de septiembre de 1988, y ya no era miembro de la Conferencia Episcopal; por tanto, terreno libre para Monseñor Zanic. En estas circunstancias, nunca llegué a saber cómo pudo el cardenal Kuharic, en noviembre de 1990, conseguir a través de la Conferencia Episcopal el reconocimiento de la peregrinación y su práctica.

Se hizo según las directrices y criterios publicados el 25 de febrero de 1978 por el Cardenal Eper, (el predecesor del Cardenal Ratzinger en la Congregación de la Fe). En el caso de las apariciones, si no se presenta ninguna objeción grave y si los frutos son buenos, el Obispo se hace cargo de la peregrinación para dirigir la piedad de los fieles. Después, puede eventualmente, sin prisa y con la necesaria cautela, reconocer las apariciones mismas.

Lamentablemente, el obispo Zanic aceptó este reconocimiento de la peregrinación (al que se oponía) sólo a condición de que se introdujeran varias cláusulas negativas. Estas pequeñas restricciones hicieron que el texto fuera tan oscuro que el Cardenal y la Conferencia Episcopal decidieron no publicarlo, y reconocerlo de hecho (como se hizo en Roma sin una declaración para el reconocimiento de Tre Fontane). Así fue como Mons. Komarica, presidente de la Comisión Episcopal Yugoslava para la investigación de Medjugorje, llegó a Medjugorje para celebrar una misa de peregrinación. Declaró oficialmente:

"He venido no sólo en mi nombre, sino en nombre de todos los obispos yugoslavos, incluido Mons. Zanic. Otros obispos vendrán".

Y otros Obispos le siguieron, incluyendo a monseñor Zanic y a su arzobispo, el futuro cardenal Puljic de Sarajevo. Todo parecía ir bien. Pero el 2 de enero de 1991 el texto, mantenido en secreto por su ambigüedad, fue publicado por la Agencia de Noticias italiana ASCA (por iniciativa de Mons. Zanic, según la contrarreforma, que le apoyaba mucho) con un comentario radicalmente negativo. Este texto oscuro, publicado en condiciones salvajes, creó incertidumbre y desconcierto entre los peregrinos a escala internacional. Se remitieron al cardenal Kuharic, que respondió:

La Iglesia no tiene prisa. Nosotros, los obispos, después de tres años de examen por parte de la Comisión, hemos declarado Medjugorje como lugar de oración y santuario mariano. Esto significa que NO NOS OPONEMOS a que la gente venga en peregrinación a Medjugorje para venerar allí a la Madre de Dios, en conformidad con la enseñanza y la fe de la Iglesia universal. En cuanto a la sobrenaturalidad de las apariciones, hemos declarado: HASTA ESTE MOMENTO NO PODEMOS AFIRMARLO. LO DEJAMOS PARA MÁS ADELANTE. LA IGLESIA NO TIENE PRISA.

(Declaración publicada en Vecernji List, agosto de 1993, *Latest News* 13, página 56)

Varios obispos croatas se pronunciaron en el mismo sentido. Abrumado por los interrogantes a nivel internacional, el cardenal Kuharic se tomó el tiempo necesario para llegar a una nueva versión del texto, más clara y de la que estaban ausentes algunas ambivalencias negativas. El sentido de esta maniobra se hizo más claro, a pesar de las declaraciones negativas que circularon en la prensa. Los obispos yugoslavos tuvieron que elegir entre dos fórmulas clásicas de posibles expresiones de juicios al no reconocerse la autenticidad de las apariciones:

1. "Non patet supernaturalitas"*: No está probado su carácter sobrenatural*
2. "Patet non supernaturalitas"*: Está probado su carácter no sobrenatural*

Los obispos eligieron, no la segunda fórmula, que excluía lo sobrenatural, sino la primera, que tenía un elemento de duda: aún no era posible reconocer el carácter sobrenatural, pero sin excluirlo, como había afirmado claramente el cardenal Kuharic. Es una pena ver cómo la prensa y cómo ciertos sacerdotes o autoridades confunden continuamente la fórmula prudente que suspende el juicio y la fórmula que lo excluye definitivamente. Esta confusión, que es frecuente en estos casos, no ha dejado de revivir en Medjugorje.

Otra ambigüedad: la palabra sobrenatural en circunstancias similares se utiliza generalmente en un sentido ambiguo y está sujeta a confusión; se supone que significa milagroso, extraordinario, inexplicable, que es un significado muy particular de la palabra sobrenatural. La ambigüedad es desafortunada porque parecería privar a los aspectos de la peregrinación (Misas fervorosas, confesiones innumerables, el Vía Crucis y los rosarios) de un carácter sobrenatural, ¡como si fuera un lugar de superstición!

Así lo han sugerido algunos comentarios. Pero la Conferencia Episcopal no deja lugar a dudas sobre el carácter sobrenatural de las liturgias de Medjugorje, sino que se limita a sostener que la prueba de una intervención extraordinaria de Dios no está todavía establecida.

El arzobispo Franic reprochó la prudencia de los obispos y consideró que ésta había sido parcialmente responsable de la guerra que tuvo lugar, en la medida en que "no reconocieron la voz de la Madre de Dios que ofrecía la paz", o que se opusieron "implacablemente". La llamada urgente de la Virgen no fue suficientemente escuchada, no pudo salvar la situación. Dejo al arzobispo la responsabilidad de su juicio publicado en Gebetsaktion, *no teniendo personalmente la autoridad ni la competencia para ello (*Últimas noticias 13, 14 y 15: 1994, 1995, 1996*).*

Durante la guerra civil, que sometió a su diócesis a la destrucción y al derramamiento de sangre, el obispo Zanic se refugió en Roma, donde pasó mucho tiempo para que se nombrara un sucesor que continjuara su lucha contra los franciscanos y Medjugorje. Tuvo éxito

Mons. Peric, superior del Colegio Croata en Roma, que había sido su principal ayudante en la transmisión de sus objeciones y quejas a las

Congregaciones en Roma, se convirtió en el nuevo Obispo local, con convicciones menos arraigadas, y menos impulsivo: por tanto, más eficaz que el obispo Zanic. Ciertamente, mantuvo una apariencia de prudencia y nunca emitió ningún juicio oficial negativo contra las peregrinaciones, a pesar de muchas declaraciones y acciones desfavorables.

En varias ocasiones interpretó el juicio de la Conferencia Episcopal de una manera —en cierto modo— radicalmente negativa. A partir de 1995 hizo que su Vicario General declarara estos términos radicales que él mismo expresó más tarde en **Crkva na Kamenu** *("Iglesia en la Roca", su periódico diocesano):*

*"**Es imposible declarar que se trata de apariciones sobrenaturales** (in Medjugorje). **Desde la declaración de la Conferencia Episcopal del 10 de abril de 1991, hay un juicio negativo de los dos obispos de Mostar: el anterior y el actual** (el obispo Peric habló aquí de sí mismo en tercera persona). **Los que afirman lo contrario están contando cuentos infantiles ingenuos. Mantenemos la opinión de que la Santa Virgen no se ha aparecido en persona en Medjugorje".*

*Sin embargo, añadió (esto limita y contradice su declaración anterior): "**El Ordinario de Mostar** (el mismo Obispo Peric) **sólo dice lo que los Obispos dijeron** (10 de abril de 1991) **y no cree en las historias sobre Medjugorje. Esto es lo que el Vicario General ha dicho claramente antes** (en una reciente declaración a la prensa). **El propio texto de la Declaración y la interpretación autorizada por el Cardenal Kuharic, principal autor y firmante de la declaración de los Obispos antes citada, pone el reloj de nuevo en hora".*

En esta confusión, varios obispos de todo el mundo, sin entender nada (en cuanto a la posición del nuevo obispo local de Mostar), se preguntaron si debían desanimar a los miembros de sus diócesis a ir a Medjugorje o no. Escribieron a la Congregación para la Doctrina de la Fe y varios recibieron una respuesta que se hacía eco de la Declaración oficial de la Conferencia Episcopal del 10 de abril de 1991, pero en términos tan ambiguos que la prensa la interpretó en un sentido radicalmente muy negativo.

Como consecuencia de estas publicaciones, muchos fieles tuvieron la idea de que: **"Si vas a Medjugorje, estás desobedeciendo"**. *He aquí la parte esencial de la respuesta del arzobispo Tarcisio Bertone, secretario de la Congregación para la Doctrina de la Fe, dirigida el 12 de marzo de 1996 a Mons. Taverdet, obispo de Langres, en respuesta a su carta del 14 de febrero de 1996. Después de haber citado lo esencial de la Declaración de la Conferencia Episcopal Yugoslava del 10 de abril de 1991, (véase más arriba) concluye:*

*"**De lo que se ha dicho, resulta que las peregrinaciones oficiales a Medjugorje, entendido como lugar de auténticas apariciones marianas, no deben organizarse porque estarían en contradicción con lo afirmado por los obispos de la ex-Yugoslavia".*

Bajo la influencia de las dos declaraciones sucesivas de los dos obispos locales, la respuesta acumula todas las características negativas sin subrayar el elemento positivo del documento. En la prensa se habló de: "Roma prohíbe las peregrinaciones a Medjugorje".

El obispo de Rottenburg-Stuttgart se hizo eco de la misma declaración recibida de Roma en términos más negativos, y fueron reproducidos por el obispo de Metz. La hermana Emmanuel le escribió señalando con toda razón:

"El Cardenal Ratzinger nunca ha prohibido las peregrinaciones a Medjugorje. Se limitó a recordar una ley de la Iglesia, que significa que para los lugares de apariciones aún en examen están prohibidas las peregrinaciones oficiales, pero se autorizan las peregrinaciones privadas".

(Carta del 8 de noviembre de 1995)

Ante la confusión surgida por estas interpretaciones contradictorias y más o menos abusivas, el Dr. Joaquín Navarro-Valls, portavoz de la Santa Sede y director de la Oficina de Prensa, desmintió claramente la interpretación negativa el 21 de agosto de 1996:

"El Vaticano nunca ha dicho a los católicos: "No podéis ir a Medjugorje". "Al contrario, ha dicho a los obispos: "Vuestras parroquias y diócesis no pueden (todavía) organizar peregrinaciones OFICIALES. Pero no se puede decir a la gente que no vaya allí, en la medida en que no se ha demostrado que las apariciones sean falsas... algo que nunca se ha declarado. Por tanto, quien quiera, puede ir allí".

(Declaración del 21 de agosto de 1996 al *Catholic New Service*)

El Dr. Joaquín Navarro- Vails añadió:

"Un católico que va a ese lugar (de apariciones) de buena fe tiene derecho a la asistencia espiritual. La Iglesia nunca prohíbe a los sacerdotes acompañar los viajes a Medjugorje, en Bosnia-Herzegovina, organizados por los laicos, como tampoco les prohíbe acompañar a un grupo de católicos a visitar la República de Sudáfrica. Quien lea la carta del arzobispo Bertone podría pensar que a partir de ahora está prohibido a los católicos ir a Medjugorje. Esa sería una interpretación incorrecta, ya que nada ha cambiado, nada nuevo se ha dicho. El problema no es organizar peregrinaciones oficiales (dirigidas por un Obispo o por el párroco de una iglesia), lo que parecería constituir un reconocimiento canónico de los acontecimientos de Medjugorje que aún se están investigando. Otra cosa es organizar una

peregrinación acompañada por un sacerdote, que es necesario para las confesiones. Es una pena que las palabras del arzobispo Bertone se hayan entendido en un sentido restrictivo. ¿La Iglesia y el Vaticano habrían dicho no a Medjugorje? ¡No!"

El director de la Oficina de Prensa señaló correctamente que el arzobispo Bertone se había hecho eco de la Declaración de los Obispos que afirmaba que **"los numerosos fieles que van a Medjugorje necesitan la asistencia pastoral de la Iglesia"** *(por tanto, la ayuda de los sacerdotes con su peregrinación). Así, las peregrinaciones a Medjugorje, aunque no sean oficiales, requieren la asistencia pastoral de los sacerdotes para la Misa, la predicación y las confesiones.*

Más de cien Obispos han ido a Medjugorje a pesar de la oposición del Obispo local. Esto es bastante sorprendente, dado el modo estricto en que se lleva a cabo la solidaridad episcopal en la Iglesia (algo que ha dañado mucho mi reputación desde que se tomaron en serio los ataques personales del obispo Zanic contra mí).

Pero muchos Obispos han constatado conversiones notables, profundas y duraderas de la gente de sus diócesis en Medjugorje. Algunos, que eran indiferentes, se oponían y protestaban, se han convertido ellos mismos en pilares de la Iglesia católica. Fueron a mirar, se convencieron y han dado testimonio de ello, según la libertad normativa establecida en la Iglesia en esta materia. He dado los nombres y los testimonios de estos Obispos en los últimos volúmenes de mis "Últimas Noticias".

Si tantos obispos han ido a Medjugorje, a pesar de toda la disuasión que la posición negativa del obispo local estaba creando (y de la que algunos de ellos eran conscientes), había otra razón detrás (de esta popularidad de Medjugorje). Esos Obispos pidieron (directamente) el consejo de Juan Pablo II que les respondió positivamente, por ejemplo, al obispo Hnilica:

"Si yo no fuera Papa, habría ido allí hace tiempo".

No puedo tratar en detalle los numerosos testimonios de los Obispos sobre la posición del Papa. Seré aún más discreto sobre el hecho de que, habiendo sido invitado a desayunar con el Papa para presentarle un asunto importante, y una vez que lo hice, el santo Padre pasó el resto del desayuno haciéndome preguntas sobre Medjugorje. Lo que más señalaba era el número de Obispos que acudían allí y, por tanto, los "buenos frutos"' que son la base de la autenticidad de una aparición, según el único criterio dado por el propio Cristo: **"Se juzga al árbol por sus frutos"** *(Mt. 7,16-20; 12,23 y similares).*

El 6 de abril de 1995, el vicepresidente de Croacia, Sr. Radi, en representación del presidente Tudjman y del cardenal Kuhari, vino a dar las gracias al Papa tras su visita a Croacia, invitándole a venir en septiembre de 1995 para celebrar el 17º Centenario de la fundación de la iglesia de Split. El Papa respondió: **"Lo estudiaré, pero si puedo ir, me gustaría visitar Maria**

Bistrica (el santuario nacional de la Virgen, cerca de Zagreb) y... Medjugorje". Estas palabras fueron recogidas por los periódicos croatas ("Últimas noticias" 14, p.44). Según la hermana Emmanuel, el 31 de mayo de 1995 dijo a un grupo inglés: **"Rezad para que pueda ir a Medjugorje este año"** *("Últimas noticias" 15). Este testimonio y otros se publican en "Últimas Noticias" 14, p.43-44 y "Últimas Noticias" 15, pp. 43-46. No creo que el deseo del Papa pueda realizarse, dada la oposición del Obispo local pues, aunque el Papa es teóricamente todopoderoso, muestra el máximo respeto por las autoridades establecidas en la Iglesia según el principio de subsidiariedad que: el nivel superior debe evitar la interferencia con el nivel inferior, manteniendo su libertad para confirmar sus convicciones en privado.*

En respuesta a la pregunta: "¿En qué dirección va todo esto?". ¿Qué responder?

1. *Medjugorje ya no depende de la Conferencia Episcopal Yugoslava presidida por el Cardenal Kuhari, que había asumido la responsabilidad de las peregrinaciones. La Conferencia Episcopal Yugoslava ya no existe y por ello su Comisión ya no existe.*
2. *El obispo local, Mons. Peri, pertenece ahora a la Conferencia Episcopal de la nueva Bosnia-Herzegovina, presidida por el cardenal Pulji. Siempre se ha solidarizado con el Obispo local, que se opone sin manifestar formalmente su posición. La nueva Conferencia Episcopal de Bosnia-Herzegovina sólo cuenta con tres obispos. Uno es radicalmente negativo (el Obispo local), y el otro (el Cardenal presidente) es normalmente partidario. La posición del tercero, Mons. Komarica, el Obispo perseguido de Banja Luka, presidente de la Comisión Episcopal Yugoslava para la investigación de Medjugorje, sigue siendo sibilina. En la Comisión que él presidía los expertos a favor de Medjugorje no se sentían libres, como algunos de ellos confiaron al arzobispo Frani.*

El obispo de Mostar parece haber dicho en privado a algunas personas que lo repitieron después: **"Durante la guerra no actuaré contra Medjugorje, pero el momento llegará sin duda después de la guerra".**
Lo que hace que su acción negativa quede silenciada es que no ignora la discreta pero conocida posición del Papa. La situación de Medjugorje permanecerá moralmente protegida mientras viva Juan Pablo II. Lo que ocurra después dependerá del próximo Papa.
Por tanto, desde un punto de vista humano, la perspectiva parece bastante sombría. Pero fue aún más sombría cuando el obispo Ani anunció su juicio negativo en diferentes etapas que no puedo relatar en detalle. Cada vez se ha evitado lo peor contra toda expectativa. La gracia de Medjugorje continúa: hasta ahora la Virgen María se ha mostrado discretamente como la más fuerte

incluso cuando las cosas estaban en su peor momento.

(Monseñor René Laurentin, 1997)

En enero de 2014, bajo el pontificado del Papa Francisco, una nueva comisión vaticana concluyó una investigación sobre los aspectos doctrinales y disciplinarios del caso de las apariciones de Medjugorje y los mensajes posteriores, y presentó un documento a la Congregación para la Doctrina de la Fe:

"Las supuestas apariciones comenzaron el 24 de junio de 1981, cuando seis niños de Medjugorje, una ciudad de la actual Bosnia-Herzegovina, comenzaron a experimentar fenómenos que, según ellos, eran apariciones de la Santísima Virgen María. Según estos seis "videntes", las apariciones contenían un mensaje de paz para el mundo, una llamada a la conversión, a la oración y al ayuno, así como ciertos secretos en torno a acontecimientos que se cumplirían en el futuro.

Se dice que estas apariciones han continuado casi a diario desde su primera aparición, y que tres de los seis niños originales —que ahora son jóvenes adultos— siguen recibiendo apariciones todas las tardes porque no se han revelado todos los "secretos" destinados a ellos. Desde su inicio, las supuestas apariciones han sido fuente de controversia y de conversión, ya que muchos acuden a la ciudad para peregrinar y rezar, y algunos afirman haber experimentado milagros en el lugar, mientras que muchos otros afirman que las visiones no son creíbles".

En otras palabras, dicha comisión vaticana concluyó una vez más con una postura de *statu quo*, declarando así que las investigaciones sobre las apariciones son simplemente "no concluyentes".

El fallecimiento de Monseñor René [27] a la edad de 99 años, el 10 de septiembre de 2017, llegó justo un mes antes del Jubileo del Centenario de Fátima. Sabiendo que el Cielo tiene razones y propósitos para este tipo de eventos, no es de extrañar que uno de los mensajes más recientes de la Virgen de Medjugoije diga:

"… con paz en el alma y en estado de gracia, la esperanza existe; este es mi Hijo, Dios, nacido de Dios. Sus palabras son la semilla de la vida eterna. Sembradas en las almas buenas, dan muchos frutos".

(Aparición de la Santísima Virgen María a Mirjana, 2 de septiembre de 2017)

Conocido por su profundo compromiso con la Virgen y sus apariciones,

---

[27] El Padre René Laurentin nació el 19 de octubre de 1917, seis días tras las últimas apariciones de Fátima.

Monseñor Laurentin, aunque firmemente fiel a Roma, respondió sin pensarlo dos veces un firme "¡Oui!" ("Sí") a la llamada de la Santísima Virgen María para ayudar a propagar su mensaje por todo el mundo. En efecto, Monseñor Laurentin fue el principal responsable de la salvación de Medjugorje, ya que la comisión inicial creada por el obispo Pavao Zanic, de Mostar, estuvo a un día de emitir un veredicto negativo y una posible condena.

Mons. Laurentin, a pesar de las crecientes difamaciones y acusaciones infundadas contra su propia persona, afrontó con valentía todos los ataques personales y acudió a Roma, indiferente y frío ante las injustas e infundadas acusaciones que se le hacían, para defender el caso y el honor de estos seis niños inocentes. Ante las abrumadoras pruebas aportadas por el valiente teólogo francés, Roma se dio cuenta rápidamente del juicio poco objetivo y personal del obispo de Mostar y, tras revisar cuidadosamente los fríos hechos, llegó a la conclusión de que el veredicto episcopal negativo era realmente... tendencioso. La comisión investigadora reside ahora en Roma.

Ciertamente, después de más de 70 años de servicio a la Iglesia y de más de 150 libros escritos sobre los lugares de las apariciones marianas y sobre la Teología en general, Monseñor René Laurentin será recordado por su dedicación a la Fe, por su papel instrumental en el proceso de reconocimiento episcopal de Betania (Venezuela), Kibeho (Ruanda), San Nicolás (Argentina), Soufanieh (Siria) y de su investigación y estudio teológico y científico de los videntes de Medjugorje. Asimismo, será reconocido con la inmensa gratitud y el afecto de todos los que le han conocido, y de los fieles y peregrinos de todo el mundo.

El Papa Francisco visitó Bosnia-Herzegovina en junio de 2015, pero, como era de esperar, no quiso detenerse en Medjugorje durante su viaje. Durante su vuelo de regreso a Roma, indicó a un batallón de sorprendidos periodistas su abierto escepticismo sobre el investigado lugar de apariciones marianas. El Papa Francisco demostró otra posición inversa de 180 grados a la de sus dos predecesores, Benedicto XVI y San Juan Pablo II; este último no hizo ningún misterio sobre su opinión personal favorable sobre el lugar de las apariciones en Bosnia-Herzegovina.

Mientras visitaba el Vaticano con un grupo de jóvenes croatas para asistir a una audiencia papal el 22 de julio de 1987, Mirjana se encontró por primera vez con Juan Pablo II. Mientras el Papa caminaba entre la gente dando bendiciones, puso su mano sobre la cabeza de Mirjana y la bendijo. Después de hacerlo, un sacerdote italiano le informó de quién era Mirjana.

Mirjana escribe sobre su encuentro con su Papa Juan Pablo II en su autobiografía:

"Después de escuchar que yo era una de las videntes reportadas de Medjugorje, él se detuvo, regresó y me extendió la mano para bendecirme de nuevo. Me quedé helada. Sus vívidos ojos azules parecían atravesar mi alma. No pude pensar en ninguna palabra que decir. Incliné la cabeza y sentí el calor de su

bendición. Cuando se marchó de nuevo, me volví hacia el sacerdote italiano y bromeé: "Pensó que necesitaba una doble bendición". Los dos nos reímos. Esa misma tarde me sorprendió recibir una invitación personal del Papa. Me pedía que fuera a reunirme con él en privado a la mañana siguiente en Castelgandolfo".

Mirjana escribe sobre el profundo afecto del Papa Juan Pablo II y cómo se emocionó hasta las lágrimas al encontrarse con él a la mañana siguiente. Escribe sobre su lucha por entenderse hasta que descubrieron que ambos podían hablar italiano. Escribió:

"Hablamos de muchas cosas —algunas puedo compartirlas, otras no— y pronto me sentí a gusto en su presencia. Hablaba con tanto amor que podría haber hablado con él durante horas".

Me dijo:

- **"Por favor, pide a los peregrinos de Medjugorje que recen por mis intenciones"**. Le aseguré: — *"Lo haré, Santo Padre".*
- **"Lo sé todo sobre Medjugorje. He seguido los mensajes desde el principio. Por favor, cuéntame cómo es para ti la aparición de la Virgen".*

El Papa escuchó atentamente mientras yo describía lo que experimentaba durante las apariciones. A veces, sonreía y asentía suavemente con la cabeza.

- *"Y cuando se va", concluí, "siento mucho dolor, y lo único que puedo pensar en ese momento es cuándo la volveré a ver".*

El Papa se inclinó hacia mí y me dijo:

- **"Cuida bien de Medjugorje, Mirjana. Medjugorje es la esperanza del mundo entero".**

Las palabras del Papa parecían una confirmación de la importancia de las apariciones y de mi gran responsabilidad como vidente. Me sorprendió la convicción de su voz, y cómo le brillaban los ojos cada vez que decía la palabra Medjugorje, por no hablar de lo bien que pronunciaba el nombre del pueblo, que siempre había sido tan sorprendentemente difícil de pronunciar para los forasteros.

- *"Santo Padre", le dije, "ojalá pudiera ver a toda la gente que va allí a rezar".*

El Papa giró la cabeza y miró hacia el este, soltando un suspiro pensativo.

— *"Si no fuera el Papa", dijo, "habría ido a Medjugorje hace mucho tiempo".*

Nunca olvidaré el amor que irradiaba el Santo Padre. Lo que sentí con él es similar a lo que siento cuando estoy con la Virgen, y mirarle a los ojos fue como mirarle a los suyos. Más tarde, un sacerdote me dijo que el Papa se había interesado por Medjugorje desde el principio, porque justo antes de que empezaran nuestras apariciones, había estado rezando para que la Virgen se apareciera de nuevo en la Tierra:

"No puedo hacerlo todo solo, Madre", *rezaba.* **"En Yugoslavia, Checoslovaquia, Polonia y tantos otros países comunistas, la gente no puede practicar libremente su fe. Necesito tu ayuda, querida Madre".**

Según este sacerdote, cuando el Papa se enteró de que la Virgen se había aparecido en una pequeña aldea de un país comunista, pensó inmediatamente que Medjugorje tenía que ser una respuesta a sus oraciones"

En una charla que Mirjana dio a los peregrinos, contó la siguiente historia de cómo se cumplió el deseo de Juan Pablo II de venir a Medjugorje después de su muerte:

En el Monte de las Apariciones, vi un par de zapatos del Papa delante de mí. Después de la aparición, el señor que trajo estos zapatos (no se presentó a sí mismo) dijo:

"El Papa deseaba desde hace mucho tiempo venir a Medjugorje. Así que le dije: Si no vas, me llevaré tus zapatos. Y así fue como traje sus zapatos, para que estuvieran presentes durante la aparición".

Y así fue como se satisfizo el deseo de San Juan Pablo II de venir a Medjugorje.

En 2013, tras la sorprendente abdicación del Papa Benedicto XVI, fue elegido el Papa Francisco. Conocido por algunos como "el Papa reformista", Francisco explicó por qué no quiso pasar por Medjugorje al expresar, en su vuelo de regreso de una visita al santuario mariano de Fátima (*en mayo de 2017*), sus "sospechas" sobre la autenticidad de las apariciones. De hecho, el documento final de la comisión de Medjugorje —a veces denominado "Informe Ruini", por el nombre del jefe de la comisión, el Cardenal Camillo Ruini— lo calificó de *"muy, muy bueno"*, pero señaló una distinción entre las primeras apariciones marianas en Medjugorje y las posteriores. El Papa continuó afirmando que las primeras apariciones, que fueron a niños, dice más o menos el Informe, deben seguir siendo estudiadas, pero en cuanto a las "presuntas" apariciones actuales, el informe tiene sus dudas.

Incomprensiblemente, y a pesar del evidente recelo y escepticismo público del Papa Francisco hacia las actuales apariciones de Medjugorje, el Vaticano ha concedido formalmente en mayo de 2019 el permiso para que los católicos organicen peregrinaciones a Medjugorje, como lugar de "presuntas apariciones marianas", aunque la Iglesia aún no ha dado un veredicto formal sobre la autenticidad de las apariciones.

> *"La autorización del Papa para las peregrinaciones al lugar no debe entenderse como una "autentificación" de las supuestas apariciones, "que todavía requieren un examen por parte de la Iglesia". La disposición se hizo como un reconocimiento de los "abundantes frutos de gracia" que han venido de Medjugorje y para promover esos "buenos frutos". También forma parte de la "particular atención pastoral" del Papa Francisco al lugar".*

(El portavoz papal Alessandro Gisotti, en mayo de 2019)

Una vez más...: **"Se juzga al árbol por sus frutos"**

(Nuestro Señor Jesucristo, Mt. 7:16-20; 12:23)

El anuncio de la autorización papal fue realizado el 12 de mayo de 2019 por el visitante apostólico del Vaticano en el lugar, el arzobispo Henryk Hoser, y el arzobispo Luigi Pezzuto, nuncio apostólico en Bosnia-Herzegovina.

Divertido, y con una pequeña sonrisa en la cara, todavía puedo oír en mi mente a Mons. René Laurentin decir con su característico y cuidado discurso lento:

"La Virgen María se ha mostrado discretamente como la más fuerte de nuevo, incluso cuando las cosas están en su peor momento".

El 18 de marzo de 2020, durante la aparición anual de Mirjana —que la Santísima Virgen María le prometió tener para el resto de su vida— la Gospa informó a Mirjana de que ya no se le aparecerá los días 2 de cada mes. ¿Podría este último giro ser el preámbulo del comienzo de la profecía? Sólo el tiempo lo dirá…

Capítulo IX

Apariciones y revelaciones a Papas, Santos y Místicos

Cuadro milagroso visto sangrando por la estigmatizada/vidente francesa Marie-Julie Jahenny La Fraudais, Francia (ver página 75)

Muchas revelaciones y apariciones extraordinarias han tenido lugar en la Historia sin requerir la aprobación o el reconocimiento formal de la Iglesia, especialmente cuando se trataba de Pontífices o de santos canonizados.

La mayoría de estos mensajes confirman y a menudo complementan las revelaciones confiadas a los mensajeros que el Cielo ha elegido a lo largo de la Historia, especialmente desde el siglo XIX hasta nuestros días. Todas las almas y los instrumentos de Dios mencionados en este capítulo fueron almas extraordinariamente buenas y santas, profundamente enamoradas de la bondad, de la misericordia, del Amor, pero sobre todo de Nuestro Señor Jesucristo y de la Santísima Virgen María.

El Papa León XIII (1810-1903)

Vincenzo Gioacchino Raffaele Luigi Pecci nació el 2 de marzo de 1810, Papa León XIII, que fue jefe de la Iglesia Católica y Apostólica Romana desde el 20 de febrero de 1878 hasta su muerte el 20 de julio de 1903. Fue el Papa de mayor edad en la historia de la Iglesia (reinó hasta los 93 años), y tuvo el tercer pontificado más largo confirmado, detrás del de Pío IX (su predecesor inmediato) y el de San Juan Pablo II.

Su Santidad el Papa León XIII fue un intelectual de renombre, y sus intentos de definir la posición de la Iglesia Católica frente al pensamiento moderno y reformista —que ya comenzaba su virulenta ofensiva— definieron su papado. En su famosa encíclica de 1891 ***Rerum Novarum***, el Papa León subrayó los derechos de los trabajadores a un salario justo, a unas condiciones de trabajo seguras y a la formación de sindicatos, al tiempo que afirmaba los derechos de propiedad y de libre empresa, oponiéndose tanto al socialismo como al capitalismo del *laissez-faire*. Influyó en la mariología de la Iglesia Católica y promovió con fuerza el Rosario y el Escapulario.

León XIII publicó un récord de once encíclicas papales sobre el Rosario, lo que le valió el título de **Papa del Rosario**. Además, aprobó dos nuevos escapularios marianos y fue el primer Papa que asumió plenamente la noción de la Santísima Virgen María como Mediadora. Fue el primer Papa que nunca tuvo el control de los Estados Pontificios tras su disolución en 1870. Fue enterrado con prisas en las grutas de la Basílica de San Pedro, antes de que sus restos fueran trasladados a la Basílica de San Juan de Letrán.

El Papa León XIII fue también conocido por su experiencia que consistió en ser testigo de un gran enfrentamiento entre Dios y Satanás.

La visión del Papa León XIII (13 de octubre de 1884)

Exactamente 33 años antes del gran Milagro del Sol en Fátima, o para ser precisos el 13 de octubre de 1884, el Papa León XIII tuvo una experiencia extraordinaria. Al final de una Misa privada en la Capilla Vaticana, a la que asistían algunos Cardenales y miembros del personal del Vaticano, el anciano Pontífice se detuvo repentinamente a los pies del altar. Permaneció allí durante unos diez minutos sin hacer un solo movimiento, como si estuviera en trance, una proeza física incluso para un hombre de la mitad de su edad. Su rostro se volvió blanco como la ceniza.

Luego, tras volver en sí, el santo Pontífice se dirigió inmediatamente desde la Capilla a su despacho, donde compuso la oración a San Miguel Arcángel, con instrucciones para que se rezara después de todas las Misas ordinarias en todo el mundo. Cuando le preguntaron qué había sucedido, explicó cómo, después de la Misa, cuando se disponía a abandonar el pie del altar, oyó de repente voces: dos voces, una amable y gentil, la otra gutural y áspera (muy parecida a la experiencia de Marie-Julie Jahenny en La Fraudais, **ver páginas 96-98**). Las voces parecían venir de cerca del tabernáculo. Mientras el Papa León XIII escuchaba atentamente, oyó la siguiente conversación.

Una voz gutural, la voz de Satanás en su orgullo, se jactó ante Nuestro Señor:

— *"Puedo destruir tu Iglesia"*.

La suave voz de Nuestro Señor:

— **"¿Puedes? Pues hazlo"**.

- Satanás: *"Para hacerlo, necesito más tiempo y más poder"*.
- Nuestro Señor: **"¿Cuánto tiempo? ¿Cuánto poder?"**.
- Satanás: *"De 75 a 100 años, y un mayor poder sobre aquellos que se entreguen a mi servicio"*.
- Nuestro Señor: **"Tú tienes el tiempo, tú tendrás el poder. Haz con ellos lo que quieras"**.

Uno de los primeros cambios del Vaticano II fue la supresión de las oraciones leoninas después de las Misas, que incluían la oración a San Miguel Arcángel. Estas oraciones fueron desafortunadamente e inexplicablemente eliminadas por el Vaticano en 1964.

Padre Pío (1887-1968)

"Como sucedió en los días de Noe: comían y bebían, se casaban y se daban en matrimonio, hasta el día en que Noe entró en el arca y vino el Diluvio y los destruyó a todos. Así será también el día en que se manifieste el Hijo del

Hombre". (Lucas 17,26-30).

Francesco Forgione fue hijo de Grazio Mario Forgione y Maria Giuseppa Di Nunzio y nació el 25 de mayo de 1887, en Pietrelcina, una ciudad de la provincia de Benevento, en la región de Campania, al sur de Italia. Sus padres eran campesinos. Francesco fue más tarde monaguillo en la capilla de su aldea. Tenía un hermano mayor, Michele, y tres hermanas menores, Felicita, Pellegrina y Grazia (que más tarde se convertiría en monja brigadista).

Sus padres tuvieron otros dos hijos que murieron en la infancia. El Padre Pío afirmaba a menudo que a los cinco años ya había tomado la decisión de dedicar toda su vida a Dios. Trabajó en el campo hasta los diez años, cuidando el pequeño rebaño de ovejas que tenía la familia.

Según el diario del padre Agostino da San Marco (que más tarde fue su director espiritual en San Marco in Lamis) el joven Francesco padecía varias enfermedades. A los seis años sufrió una grave gastroenteritis. A los diez años contrajo la fiebre tifoidea, pero asombrosamente sobrevivió.

En su juventud, Francesco dijo haber experimentado visiones celestiales y éxtasis. En 1897, después de haber cursado tres años en la Escuela pública, se dice que Francesco se sintió atraído por la vida de fraile tras escuchar a un joven capuchino que estaba en el campo buscando donaciones. Cuando Francesco expresó su deseo a sus padres, éstos viajaron a Morcone, una comunidad situada a 21 kilómetros (unas 13 millas) al norte de Pietrelcina, para averiguar si su hijo podía entrar en la Orden. Los frailes les informaron de que estaban interesados en aceptar a Francesco en su comunidad, pero que necesitaba una mejor educación.

El padre de Francesco se fue a Estados Unidos en busca de trabajo para pagar clases particulares a su hijo, para que cumpliera los requisitos académicos para entrar en la Orden de los Capuchinos. Fue en este período cuando Francesco recibió el sacramento de la Confirmación el 27 de septiembre de 1899. Recibió clases particulares y superó los requisitos académicos estipulados. El 6 de enero de 1903, a la edad de 15 años, entró en el noviciado de los frailes capuchinos en Morcone. El 22 de enero tomó el hábito franciscano y el nombre de Fray Pío, en honor del Papa Pío I, cuya reliquia se conserva en la capilla de Santa Ana en Pietrelcina. Hizo los votos simples de pobreza, castidad y obediencia.

Se dice que el Padre Pío tenía el don de leer las almas y la capacidad de bilocación, entre otros fenómenos sobrenaturales. Se dice que se comunicaba con los ángeles y que realizaba favores y curaciones antes de que se le pidieran. Los informes de los fenómenos sobrenaturales que rodeaban al Padre Pío atrajeron la fama y la leyenda. El Vaticano no tardó en informarse, aunque inicialmente se mostró escéptico.

Según la correspondencia del Padre Pío, incluso al principio de su sacerdocio, experimentó indicaciones menos manifiestas de los estigmas visibles: marcas corporales, dolor y hemorragias en lugares que supuestamente corresponden a las heridas de la crucifixión de Jesucristo. En una carta de 1911, escribió a su consejero espiritual Padre Benedetto de San Marco en Lamis, describiendo algo que aparentemente había estado experimentando durante un año:

> *"Anoche sucedió algo que no puedo explicar ni entender. En medio de las palmas de mis manos apareció una marca roja, del tamaño de una moneda, acompañada de un dolor agudo en medio de las marcas rojas. El dolor era más pronunciado en la mitad de la mano izquierda, tanto que todavía lo siento. También bajo mis pies puedo sentir algo de dolor".*

(Extracto de la carta del Padre Pío al Padre Benedetto, 1911)

Ya en una carta fechada el 21 de marzo de 1912, dirigida a su compañero espiritual y confesor, el padre Agostino, el padre Pío escribió sobre su devoción al Cuerpo Místico de Cristo y la intuición de que él mismo, Pío, llevaría un día los estigmas de Cristo. Luzzatto señala que en esta carta el padre Pío utiliza pasajes no reconocidos de un libro de la mística estigmatizada Gemma Galgani. Posteriormente, Pío negó conocer o poseer el citado libro.

El padre Pío se interesó por los acontecimientos futuros, ya que recibió muchas revelaciones sobre otros lugares de apariciones (Garabandal, España), místicos (el padre Pel), videntes y acontecimientos geopolíticos. Uno de estos acontecimientos implicaba a Francia. En efecto, comprendió muy bien el papel que Dios había confiado a ese país:

> *"Sin el apoyo del poder real de David, la Iglesia caerá en la decadencia bajo el espíritu de la serpiente que levanta su orgullosa cabeza hacia la Cabeza de la Iglesia. Las repúblicas tienen la pena de desenterrar los espíritus de serpientes que sacrifican al pueblo de Dios impidiéndole elevarse hacia el Dios del Cielo... ¡Es hoy el mal de Europa!".*

El Padre Pío habló un día de un testamento que se mantiene secreto en los archivos del Vaticano. Ese testamento fue escrito por la duquesa de Angulema,[28] que no sólo reveló la verdad del misterio de su hermano, Luis XVII, sino también la suya. El Padre Pío afirmó que Francia escondía un poder que va a ser revelado para asombro de todos:

> *"La locura de los hombres ha sido intentar matar a la realeza (monarquía). El mundo sigue pagando hoy este error. Sin el verdadero rey prometido por Dios entre los descendientes de David, el Poder de Dios no reside ya en el corazón de los Jefes de Estado ni de los*

---

[28] La duquesa de Angulema, también conocida como Madame Royale, era la princesa de Francia, hija del rey Luis XVI y de María Antonieta. Se rumoreaba que su hermano, el pequeño Luis XVII, fue rescatado y sacado de su prisión y tuvo una descendencia.

ministros. ¡Cuán grande será la miseria del mundo antes de que los hombres comprendan esta verdad! La verdadera grandeza de Francia reside en el poder real de David que estaba en la tierra de Francia, en la sangre del rey Luis XVI y de María Antonieta. Sin embargo, como el rey Luis XVI perdonó a Francia, ella (Francia) conserva el derecho a la grandeza real de David, que es el amor y la humildad".

El Padre Agostino, amigo íntimo del Padre Pío, le hizo preguntas concretas, como cuándo experimentó por primera vez visiones, revelaciones proféticas, si le habían concedido los estigmas y si sintió los dolores de la Pasión de Cristo, es decir, la coronación de espinas y la flagelación. Pío respondió que había sido favorecido con visiones desde su período de noviciado (1903 a 1904). Aunque se le habían concedido los estigmas, estaba tan aterrorizado por el fenómeno que rogó a Jesucristo que se los retirara. Sin embargo, añadió que no deseaba que se le quitaran los dolores, sino sólo las heridas visibles, ya que las consideraba una humillación indescriptible y casi insoportable.

El 20 de septiembre de 1918, mientras escuchaba confesiones, Pío afirmó haber tenido una reaparición de la aparición física de los estigmas. El fenómeno se mantuvo durante 50 años, hasta el final de su vida. La sangre que fluía de los estigmas supuestamente olía a perfume o a flores. Informó a Agostino de que el dolor se mantenía y era más agudo en días concretos y en determinadas circunstancias. También dijo que sufría el dolor de la corona de espinas y de la flagelación. El Padre Pío no especificó más, pero afirmó que los sufría al menos una vez por semana desde hacía algunos años.

Aunque el Padre Pío hubiera preferido sufrir en secreto, lejos de la atención pública, a principios de 1919, la noticia de los extraordinarios estigmas del Padre Pío había comenzado a difundirse por toda la región, por el país e incluso el extranjero. Pío llevaba a menudo manoplas rojas o coberturas negras en las manos y los pies, ya que se sentía profundamente avergonzado por las marcas y por la sangre que emanaba de ellas. Sin embargo, lo más notable es que no había ninguna cicatriz visible en el momento de la muerte del Padre Pío.

En una carta fechada el 22 de octubre de 1918 al Padre Benedetto, superior y consejero espiritual del Padre Pío, éste describe la experiencia de sus estigmas:

"En la mañana del 20 del mes pasado, en el coro, después de haber celebrado la Misa, me sobrevino una somnolencia parecida a un dulce sueño (...) Vi ante mí una persona misteriosa, parecida a la que había visto la noche del 5 de agosto, con la única diferencia de que sus manos, sus pies y su costado goteaban sangre. Esta visión me aterrorizó y lo que sentí en ese momento es indescriptible.
Pensé que habría muerto si el Señor no hubiera intervenido y fortalecido mi corazón que estaba a punto de salirse del pecho La visión desapareció y fui consciente de que mis manos, pies y costado goteaban sangre. Imagínense la

agonía que experimenté y sigo experimentando casi todos los días. La herida del corazón sangra continuamente, sobre todo desde el jueves por la noche hasta el sábado.
Querido Padre, me muero de dolor a causa de las heridas y de la consiguiente vergüenza que siento en lo más profundo de mi alma. Tengo miedo de morir desangrada si el Señor no escucha mis más sinceras súplicas para aliviarme de esta condición. ¿Me concederá Jesús, que es tan bueno, esta gracia? ¿Me librará al menos de la vergüenza que me causan estos signos externos?
Levantaré mi voz y no dejaré de implorarle hasta que en su misericordia me quite, no la herida ni el dolor, lo cual es imposible ya que deseo embriagarme de dolor, sino estos signos externos que me causan tanta vergüenza y humillación insoportable... el dolor era tan intenso que empecé a sentirme como si estuviera muriendo en la cruz".

(Extracto de la carta del Padre Pío al Padre Benedetto, 22 de octubre de 1918)

Una vez hechas públicas, las heridas fueron estudiadas por varios médicos, algunos contratados por el Vaticano como parte de una investigación independiente. Algunos médicos afirmaron que las heridas eran inexplicables y que nunca parecían haberse infectado. A pesar de que parecían curarse, reaparecían periódicamente. El Dr. Alberto Caserta realizó radiografías de las manos de Pío en 1954 y no encontró ninguna anomalía en la estructura ósea. Sin embargo, muchos críticos acusaron sin tapujos al Padre Pío de provocar artificialmente sus propios estigmas al utilizar ácido carbólico para hacer las heridas. Por el contrario, varios clérigos católicos han rechazado las acusaciones de que se utilizó ácido carbólico para fingir los estigmas:

> *"Los jóvenes habían necesitado inyecciones para combatir la gripe española que hacía estragos en aquella época. Debido a la escasez de médicos, los Padres Paolino y Pío administraron las inyecciones, utilizando ácido carbólico como agente esterilizante".*

Durante su período de sufrimiento espiritual, el Padre Pío fue atacado a menudo por el diablo, tanto física como espiritualmente. El diablo a menudo intentaba engañar al Padre Pío apareciendo como un "ángel de luz". El Padre Pío informó de que había entablado un combate físico con Satanás y sus secuaces, no muy diferente de los incidentes descritos en las experiencias de San Juan Vianney, de los que se dice que sufrió grandes contusiones.

En toda la notable vida del Padre Pío, dejó para las generaciones futuras otro regalo, una especie de herencia espiritual, el eco de una advertencia profética que llamaba a la Humanidad a prepararse para la Justicia de Dios.

La profecía de San Pío sobre los Tres Días de Tinieblas

Copia traducida de una carta personal escrita por el Padre Pío dirigida a la Comisión de Heroldsbach nombrada por el Vaticano que da testimonio de la verdad y realidad de estas revelaciones dadas por Nuestro Señor sobre los Tres Días de Tinieblas:

"Mantén tus ventanas bien cubiertas. No mires hacia afuera. Encienda una vela bendita, que será suficiente para muchos días. Reza el rosario. Lee libros espirituales. Haz actos de Comunión Espiritual, también actos de amor, que tanto nos agradan. Reza con los brazos extendidos, o postrada en el suelo, para que se salven muchas almas. No salgas de casa. Proveeos de suficiente comida. Los poderes de la naturaleza se conmoverán y una lluvia de fuego hará temblar de miedo a la gente. Tened valor. Yo estoy en medio de vosotros".

(Nuestro Señor Jesucristo, 28 de enero de 1950).

"Cuida de los animales durante estos días. Yo soy el Creador y Conservador de todos los animales, así como del hombre. Os daré unas cuantas señales de antemano, en cuyo momento deberéis ponerles más comida. Preservaré la propiedad de los elegidos, incluidos los animales, pues ellos también tendrán necesidad de sustento después. Que nadie atraviese el patio, ni siquiera para alimentar a los animales. El que pise fuera perecerá. Cubre tus ventanas con cuidado. Mis elegidos no verán mi ira. Tengan confianza en Mí, y Yo seré su protección. Tu confianza me obliga a venir en tu ayuda.
La hora de mi venida está cerca. Pero mostraré misericordia. Un castigo espantoso dará testimonio de los tiempos. Mis ángeles, que han de ser los ejecutores de esta obra, están preparados con sus espadas puntiagudas. Tendrán especial cuidado en aniquilar a todos los que se burlaron de Mí y no quisieron creer en Mis revelaciones.
¡Huracanes de fuego brotarán de las nubes y se extenderán por toda la tierra! Tormentas, mal tiempo, rayos y terremotos cubrirán la tierra durante dos días. ¡Tendrá lugar una lluvia de fuego ininterrumpida! Comenzará durante una noche muy fría. Todo esto es para demostrar que Dios es el Dueño de la Creación. Aquellos que esperan en Mí y creen en mis palabras, no tienen nada que temer porque no los abandonaré, ni a los que difunden mi mensaje. Ningún daño vendrá a aquellos que están en estado de gracia y que buscan la protección de Mi Madre.

Para que estéis preparados para estas visitas, os daré las siguientes señales e instrucciones: La noche será muy fría. El viento rugirá. Después de un tiempo, se oirán truenos. Cerrad todas las puertas y ventanas. No hablen con nadie fuera de la casa. Arrodíllate ante un crucifijo, arrepiéntete de tus pecados y ruega la protección de Mi Madre. No mires durante el terremoto, porque la ira de Dios es santa. Jesús no quiere que contemplemos la cólera de Dios, porque la cólera de Dios debe ser contemplada con temor y temblor. Los que desatiendan este consejo morirán al instante. El viento llevará consigo gases venenosos que se difundirán por toda la tierra. Los que sufran y mueran inocentemente serán mártires y estarán conmigo en Mi Reino.

Satanás triunfará. Pero después de tres noches, el terremoto y el fuego cesarán. Al día siguiente el sol volverá a brillar. Los ángeles descenderán del Cielo y difundirán el espíritu de paz sobre la tierra. Un sentimiento de inconmensurable gratitud se apoderará de los que sobrevivan a esta terrible prueba —el castigo inminente— con que Dios ha visitado la tierra desde la creación.

He escogido almas también en otros países, como Bélgica, Suiza, España, que han recibido estas revelaciones para que otros países también estén preparados. Rezad mucho durante este Año Santo de 1950. Rezad el Rosario, pero rezadlo bien, para que vuestras oraciones lleguen al Cielo. Pronto vendrá una catástrofe más terrible sobre el mundo entero, como nunca antes se ha visto, un terrible castigo nunca antes experimentado. La guerra de 1950[29] será la introducción a estas cosas. ¡Cuán despreocupados están los hombres con respecto a estas cosas que tan pronto vendrán sobre ellos, en contra de todas las expectativas! ¡Cuán indiferentes son en prepararse para estos acontecimientos inauditos, por los que tendrán que pasar tan pronto! ¡El peso de la balanza divina ha llegado a la tierra! ¡La ira de Mi Padre se derramará sobre el mundo entero! Vuelvo a advertir al mundo a través de tu instrumento, como tantas veces lo he hecho hasta ahora.

Los pecados de los hombres se han multiplicado sin medida: la irreverencia en la Iglesia, el orgullo pecaminoso cometido en actividades religiosas falsas, la falta de verdadero amor fraternal, la indecencia en el vestir, especialmente en las épocas de verano. El mundo está lleno de iniquidad. Esta catástrofe vendrá sobre la tierra

---

[29] Guerra de Corea (1950-1953): La Corea del Norte comunista, apoyada por China, invadió la Corea del Sur no comunista. Las fuerzas de la ONU, compuestas principalmente por tropas estadounidenses, lucharon con éxito para proteger a Corea del Sur. La guerra de Corea fue el primer conflicto armado en la lucha mundial entre la democracia y el comunismo, llamada Guerra fría.

como un relámpago, en cuyo momento la luz del sol de la mañana será reemplazada por una negra oscuridad. A partir de ese momento nadie saldrá de casa ni se asomará a la ventana. Yo mismo vendré entre truenos y relámpagos. Los malvados verán Mi Divino Corazón. Habrá una gran confusión debido a esta oscuridad total en la que toda la tierra estará envuelta, y muchos, muchos morirán de miedo y desesperación.

Aquellos que luchen por Mi causa recibirán la gracia de Mi Divino Corazón; y el grito: "¡Quién es semejante a Dios!" servirá de protección a muchos. Sin embargo, ¡muchos arderán en los campos abiertos como la hierba marchita! Los impíos serán aniquilados, para que después los justos puedan levantarse de nuevo.

Ese día, tan pronto como se haya instalado la oscuridad total, nadie saldrá de casa ni mirará por la ventana. Las tinieblas durarán un día y una noche, seguidos de otro día y una noche, y otro día. Pero en la noche siguiente, las estrellas volverán a brillar[30] y a la mañana siguiente el sol volverá a salir, y será primavera.

En los días de oscuridad, mis elegidos no dormirán, como lo hicieron los discípulos en el huerto de los olivos. Ellos, orarán incesantemente, y no se desilusionarán de Mí. Yo reuniré a Mis elegidos. El infierno se creerá en posesión de toda la tierra, pero Yo la recuperaré. ¿Piensas acaso que Yo permitiría que Mi Padre hiciera venir sobre el mundo tan terribles castigos, si el mundo se volviera de la iniquidad a la justicia? Pero debido a Mi gran amor, se permitirá que estas aflicciones vengan sobre el hombre. Aunque muchos me maldecirán, miles de almas se salvarán gracias a ellas. Ningún entendimiento humano puede comprender la profundidad de Mi amor.

¡Reza! ¡Reza! Deseo tus oraciones. Mi querida Madre María, San José, Santa Isabel, San Conrado, San Miguel. San Pedro, la Teresita, tus Santos Ángeles, serán tus intercesores. Implorad su ayuda. ¡Sed valientes soldados de Cristo! A la vuelta de la luz, ¡que todos den gracias a la Santísima Trinidad por su protección! ¡La devastación será muy grande! Pero yo, vuestro Dios, habré purificado la tierra. Yo estoy con vosotros. ¡Tened confianza!".

(Nuestro Señor Jesucristo, 7 de febrero de 1950)

El Padre Pío murió el 23 de septiembre de 1968 a la edad de 81 años. En su vida, el santo llevó los estigmas (heridas de Cristo). Se le atribuyen miles de curaciones e intercesiones milagrosas, y por muchos es considerado como uno de

---

[30] La profecía del Padre Pío sobre los Tres Días de Tinieblas recupera la de Marie-Julie Jahenny: Tres días menos una noche.

los santos a quienes más se ha rezado a lo largo de la Historia:

> *"He hecho un pacto con el Señor: cuando mi alma haya sido purificada en las llamas del purgatorio y considerada digna de ser admitida en la presencia de Dios, ocuparé mi lugar en la puerta del paraíso, pero no entraré hasta que haya visto entrar al último de mis hijos espirituales. Manteneos siempre cerca de la Iglesia Católica, porque sólo ella puede daros la verdadera paz, ya que sólo ella posee a Jesús, el verdadero Príncipe de la Paz, en el Santísimo Sacramento".*

(San Padre Pío de Pietrelcina)

El Padre Pío fue canonizado el 16 de junio de 2002, en la Plaza de San Pedro del Vaticano, por su viejo amigo el Papa Juan Pablo II. Asimismo, el cuerpo del Padre Pío fue encontrado incorrupto y se encuentra en Roma expuesto a los fieles.

Ana Catalina Emmerich (1774-1824)

Ana Catalina nació el 8 de septiembre de 1774 en Flamschen, una comunidad agrícola de Coesfeld, en la diócesis de Münster, Westfalia, Alemania, y murió a los 49 años en Dülmen, donde había sido monja, para quedar luego postrada en una cama.

Emmerich es notable por sus extraordinarias y precisas visiones sobre la vida y la pasión de Jesucristo, que se supone le fueron reveladas por la Santísima Virgen María en éxtasis. Ana Catalina era una agustina católica, canonesa regular de Windesheim; asimismo, era una mística muy reconocida, con visiones marianas y éxtasis, y con estigmas bien comprobados.

Emmerich murió el 9 de febrero de 1824 y fue beatificada el 3 de octubre de 2004 por el Papa Juan Pablo II. Sin embargo, el Vaticano se centró en su piedad personal más que en sus escritos religiosos. Sus documentos de postulación a la canonización han sido trabajados por la Fraternidad Sacerdotal de San Pedro.

Profecías y visiones de Ana Catalina Emmerich

22 de marzo de 1820:
> *"Vi muy claramente los errores, las aberraciones y los innumerables pecados de los hombres. Vi la locura y la maldad de sus acciones contra toda verdad y toda razón. Los sacerdotes estaban entre ellos, y con gusto soporté mi sufrimiento para que pudieran convertirse a un corazón mejor".*

12 de abril de 1820:

"Tuve otra visión de la gran tribulación. Me parece que se exigía al clero una concesión que no podía ser concedida. Vi a muchos sacerdotes mayores, especialmente a uno que lloraba amargamente. Algunos más jóvenes también lloraban, pero otros, y los tibios entre ellos, hacían fácilmente lo que se les exigía. Era como si la gente se dividiera en dos bandos".

13 de mayo de 1820:

"Anoche, desde las 11:00 hasta las 3:00, tuve una visión muy maravillosa de dos iglesias y dos Papas y una variedad de cosas, antiguas y modernas (¿Vaticano II?). Vi las consecuencias fatales de esta iglesia falsa; la vi aumentar; vi herejes de todo tipo acudiendo a la ciudad. Vi la tibieza cada vez mayor del clero, el círculo de tinieblas cada vez más amplio. Y ahora la visión se extendía más. Vi en todos los lugares a los católicos oprimidos, molestados, restringidos y privados de libertad, las iglesias estaban cerradas y en todas partes reinaba una gran miseria con guerras y derramamiento de sangre. Vi a gente ruda e ignorante que ofrecía una violenta resistencia, pero este estado de cosas no duró mucho. De nuevo vi en visión a San Pedro socavado según un plan ideado por la secta secreta mientras, al mismo tiempo, era dañado por las tormentas; pero fue liberado en el momento de mayor angustia. De nuevo vi a la Santísima Virgen extendiendo su manto sobre ella".

12 de julio de 1820:

"Tuve una visión del santo emperador Enrique (Enrique V de la Santa Cruz: ver capítulo II). *Lo vi de noche arrodillado solo al pie del altar mayor en una grande y hermosa iglesia. Y vi a la Santísima Virgen bajando sola. Puso sobre el altar un paño rojo cubierto de lino blanco. Colocó un libro con incrustaciones de piedras preciosas. Encendió las velas y la lámpara perpetua. Luego llegó el Salvador en persona, vestido con los ornamentos sacerdotales. Llevaba el cáliz y el velo. Dos ángeles le servían y otros dos le seguían. Su casulla era un manto completo y pesado en el que se veía el rojo y el blanco en transparencia, y que brillaba con joyas. Aunque no había campana de altar, las vinajeras estaban allí. El vino era rojo como la sangre, y también había algo de agua. La Misa fue corta. El Evangelio de San Juan no se leyó al final. Al terminar la misa, María se acercó a Enrique y le tendió la mano derecha, diciendo que era en reconocimiento a su pureza. Luego, le instó a no desfallecer. Entonces vi a un ángel, que le tocó el tendón de la cadera, como a Jacobo. Él* (Enrique) *tenía un gran dolor; y desde ese día caminó con una cojera".*

De agosto a octubre de 1820:

"Veo más mártires, no ahora sino en el futuro. Vi a la secta secreta (la francmasonería) socavando implacablemente a la gran Iglesia. Cerca de ellos, vi una bestia horrible que subía del mar. En todo el mundo, las personas buenas y devotas, especialmente el clero, eran acosadas, oprimidas y encarceladas. Tuve la sensación de que algún día se convertirían en mártires. Cuando la Iglesia había sido destruida en su mayor parte (por la secta secreta), y cuando sólo quedaban en pie el santuario y el altar, vi a los demoledores (de la secta secreta) entrar en la Iglesia con la Bestia. Allí, se encontraron con una Mujer de noble porte que parecía estar embarazada porque caminaba lentamente. Ante esta visión, los enemigos se aterrorizaron, y la Bestia no pudo dar más que un paso adelante. Proyectó su cuello hacia la Mujer como para devorarla, pero la Mujer se volvió y se inclinó (hacia el altar), con la cabeza tocando el suelo. Entonces vi que la Bestia volvía a huir hacia el mar, y los enemigos huían en la mayor confusión. Entonces, vi a lo lejos grandes legiones que se acercaban, en primer plano, vi a un hombre sobre un caballo blanco. Los prisioneros fueron liberados y se unieron a ellos. Todos los enemigos fueron perseguidos. Entonces vi que la Iglesia estaba siendo rápidamente reconstruida, y que era más magnífica que nunca".

10 de agosto de 1820:

"Veo al Santo Padre muy angustiado. Vive en un palacio distinto al de antes, y sólo admite un número limitado de amigos cerca de él. Temo que el Santo Padre sufrirá muchas más pruebas antes de morir. Veo que la falsa iglesia de las tinieblas está progresando, y veo la terrible influencia que tiene sobre la gente. El Santo Padre y la Iglesia están verdaderamente en una angustia tan grande que hay que implorar a Dios día y noche. Anoche me llevaron a Roma, donde el Santo Padre, inmerso en su dolor, sigue escondiéndose para eludir las peligrosas demandas (que se le hacen). Está muy débil y agotado por las penas, las preocupaciones y las oraciones. Ahora sólo puede confiar en pocas personas. Por eso, principalmente, se esconde. Pero todavía tiene con él a un anciano sacerdote que tiene mucha sencillez y piedad. Es su amigo, y debido a su sencillez, no pensaron que valdría la pena eliminarlo. Pero este hombre recibe muchas gracias de Dios. Ve y se da cuenta de muchas cosas que informa fielmente al Santo Padre. Se me pidió que le informara, mientras rezaba, de los traidores y malhechores que se encontraban entre los altos servidores que vivían cerca de él, para que se diera cuenta".

25 de agosto de 1820:

"No sé ahora cómo fui a Roma anoche, pero me encontré cerca de la iglesia de Santa María la Mayor. Alrededor de ella vi una multitud de almas pobres y piadosas, muy angustiadas y ansiosas por la desaparición

del Papa y por la agitación y los informes alarmantes en toda la ciudad. Llevados por un impulso común, habían venido a invocar a la Madre de Dios. No esperaban encontrar la iglesia abierta, sólo pretendían rezar fuera. Pero yo estaba dentro, abrí la puerta y ellos entraron, asombrados de que la puerta se abriera sola. Yo estaba de pie, apartada, donde no podían verme. No había servicio, sólo las lámparas del presbiterio estaban encendidas, y la gente se arrodillaba para rezar en silencio. Entonces apareció la Madre de Dios. Dijo que se avecinaban grandes tribulaciones; que el pueblo debía rezar fervorosamente con los brazos extendidos, aunque sólo fuera por la duración de tres padrenuestros, pues así había rezado su Hijo por ellos en la Cruz; que se levantaran a medianoche para rezar así; que siguieran acudiendo a su iglesia, que siempre encontrarían abierta; y que, sobre todo, rezaran por la extirpación de la iglesia oscura.

Ella (la Santa Madre) dijo muchas otras cosas que me duele relatar: Dijo que, si un solo sacerdote pudiera ofrecer el sacrificio incruento tan dignamente y con las mismas disposiciones que los Apóstoles, podría evitar todos los desastres (que están por venir). Que yo sepa, las personas que estaban en la iglesia no vieron la aparición, pero debieron ser conmovidos por algo sobrenatural, porque tan pronto como la Santa Virgen dijo que rezaran a Dios con los brazos extendidos, todos levantaron los brazos. Todos ellos eran personas buenas y devotas, y no sabían dónde debían buscar ayuda y orientación. No había traidores ni enemigos entre ellos, pero se temían unos a otros. Uno puede juzgar así cómo era la situación".

10 de septiembre de 1820:

"Vi la iglesia de San Pedro. Había sido destruida, excepto el santuario y el altar principal. San Miguel bajó a la iglesia, vestido con su armadura, y se detuvo, amenazando con su espada a varios pastores indignos que querían entrar. La parte de la iglesia que había sido destruida fue rápidamente cercada con maderas ligeras para que el Oficio Divino pudiera celebrarse como es debido. Luego vinieron de todo el mundo sacerdotes y laicos, y reconstruyeron los muros de piedra, ya que los demoledores no habían podido mover las pesadas piedras de los cimientos".

27 de septiembre de 1820:

"Vi cosas deplorables: jugaban, bebían y hablaban en la Iglesia; también cortejaban a las mujeres. Allí se perpetraban todo tipo de abominaciones. Los sacerdotes lo permitían todo y decían la misa con mucha irreverencia. Vi que pocos de ellos seguían siendo piadosos, y sólo unos pocos tenían puntos de vista sólidos sobre las cosas. También vi a judíos de pie bajo el pórtico de la iglesia. Todo esto me causó mucha angustia".

1 de octubre de 1820:

"La Iglesia está en gran peligro. Hay que rezar para que el Papa no se vaya de Roma; se producirían innumerables males si lo hiciera. Ahora le exigen algo. La doctrina protestante y la de los griegos cismáticos van a extenderse por todas partes. Ahora veo que en este lugar (Roma) la Iglesia Católica está siendo tan hábilmente socavada, que apenas queda un centenar de sacerdotes que no hayan sido engañados. Todos trabajan para la destrucción, incluso el clero. Una gran devastación está ahora cerca".

4 de octubre de 1820:

"Cuando vi la Iglesia de San Pedro en ruinas, y la manera en que tantos de los clérigos estaban ocupados en esta obra de destrucción, sin que ninguno de ellos quisiera hacerlo abiertamente delante de los demás, me sentí tan angustiada que clamé a Jesús con todas mis fuerzas, implorando su misericordia. Entonces vi ante mí al Esposo Celestial, y me habló durante mucho tiempo. Me dijo, entre otras cosas, que este traslado de la Iglesia de un lugar a otro significaba que parecería estar en completa decadencia. Pero se levantaría de nuevo; aunque no quedara más que un solo católico, la Iglesia volvería a vencer porque no se apoya en los consejos ni en la inteligencia humana. También se me mostró que casi no quedaban cristianos en la antigua acepción de la Palabra".

7 de octubre de 1820:

"Mientras atravesaba Roma con Santa Francisca y el otro Santo, vimos un gran palacio envuelto en llamas de arriba abajo. Tuve mucho miedo de que los ocupantes murieran quemados, porque nadie se acercó a apagar el fuego. Sin embargo, a medida que nos acercábamos, el fuego disminuyó y vimos el edificio ennegrecido.
Atravesamos una serie de magníficas habitaciones (intactas por el fuego), y finalmente llegamos al Papa. Estaba sentado en la oscuridad y dormía en un gran sillón, estaba muy enfermo y débil; ya no podía caminar. Los eclesiásticos del círculo íntimo parecían poco sinceros y faltos de celo; no me gustaban. Le hablé al Papa de los obispos que iban a ser nombrados pronto. También le dije que no debía abandonar Roma. Si lo hacía, sería un caos. Pensó que el mal era inevitable y que debía marcharse para salvar muchas cosas además de él mismo. Estaba muy inclinado a dejar Roma, y se le instó insistentemente a hacerlo
El Papa sigue apegado a las cosas de esta tierra en muchos aspectos. La Iglesia está completamente aislada y como si estuviera completamente desierta. Parece que todos huyen. Por todas partes veo gran miseria, odio, traición, rencor, confusión y una ceguera absoluta. ¡Oh, ciudad! ¡Oh, ciudad! ¿Qué te amenaza? ¡La tormenta se acerca! Estad atentos".

1820-21- fecha exacta desconocida:

"También vi las diversas regiones de la tierra. Mi guía (Jesús) nombró a Europa y, señalando una región pequeña y arenosa, pronunció estas notables palabras: **Aquí está Prusia, el enemigo**. *Luego me mostró otro lugar, al norte, y dijo:* **Esta es Moskva, la tierra de Moscú, que trae muchos males**".

1 de junio de 1821:

"Entre las cosas más extrañas que vi, estaban las largas procesiones de obispos. Sus pensamientos y declaraciones se me dieron a conocer a través de imágenes que salían de sus bocas. Sus faltas hacia la religión se mostraban con deformidades externas. Algunos sólo tenían un cuerpo con una nube oscura de niebla en lugar de una cabeza. Otros sólo tenían cabeza, sus cuerpos y corazones eran como vapores espesos. Algunos eran cojos; otros eran paralíticos; otros estaban dormidos o se tambaleaban. Vi lo que creo que son casi todos los obispos del mundo, pero sólo un pequeño número estaba perfectamente sano. También vi al santo Padre, temeroso de Dios y orante. No había nada que desear en su aspecto, pero estaba debilitado por la vejez y por muchos sufrimientos. Su cabeza se balanceaba de un lado a otro y caía sobre su pecho como si se durmiera. A menudo se desmayaba y parecía morir. Pero cuando rezaba, a menudo era consolado por apariciones del Cielo. Entonces su cabeza estaba erguida, pero en cuanto bajaba de nuevo sobre su pecho, veía una serie de personas que miraban rápidamente a derecha e izquierda, es decir, en dirección al mundo.

Entonces vi que todo lo que pertenecía al protestantismo se imponía poco a poco, y que la religión católica caía en completa decadencia. La mayoría de los sacerdotes estaban a favor del saber brillante pero falso de los jóvenes maestros de Escuela, y todos ellos contribuyeron a la obra de destrucción. En esos días, la Fe caerá muy bajo, y se conservará en algunos lugares solamente, en algunas casas de campo y en algunas familias que Dios ha protegido de los desastres y de las guerras".

1820-1821 - fecha exacta desconocida:

"Veo a muchos eclesiásticos excomulgados que no parecen preocuparse por ello, ni siquiera son conscientes de ello. Sin embargo, son (ipso facto) excomulgados siempre que cooperan a empresas, entran en asociaciones y abrazan opiniones sobre las que se ha lanzado un anatema. De este modo se ve que Dios ratifica los decretos, órdenes e interdicciones emitidos por la Cabeza de la Iglesia, y que los mantiene en vigor, aunque los hombres no muestren interés por ellos, los rechacen o se rían de ellos".

27 de enero de 1822:
> *"He visto a un nuevo Papa que será muy estricto y alejará de él a los Obispos fríos y tibios. No es romano, pero es italiano. Viene de un lugar que no está muy lejos de Roma, y creo que viene de una familia devota de sangre real. Pero todavía debe haber por un tiempo mucha lucha y malestar".*

22 de octubre de 1822:
> *"Dijo mi guía: "Se avecinan tiempos muy malos. Los no católicos engañarán a muchos. Utilizarán todos los medios posibles para apartarlos de la Iglesia, y se producirán grandes disturbios". Tuve entonces otra visión en la que vi a la hija del Rey armada para la lucha. Multitudes contribuyeron a ello con oraciones, buenas obras, toda clase de trabajos y victorias propias que pasaron de mano en mano hasta el Cielo, donde cada una fue forjada, según su clase, en una pieza de armadura para la virgen guerrera. El perfecto ajuste de las diversas piezas era muy notable, así como su maravilloso significado. Estaba armada de pies a cabeza. Conocí a muchos de los que contribuyeron a la armadura, y vi con sorpresa que instituciones enteras y personas grandes y cultas no aportaron nada. La contribución fue hecha principalmente por los pobres y humildes.*
>
> *Y ahora vi la batalla. Las filas de los enemigos eran, con mucho, las más numerosas; pero el pequeño cuerpo de los fieles cortó filas enteras de ellos. La virgen armada estaba en una colina. Corrí hacia ella, rogando por mi país y por aquellos otros lugares por los que tenía que rezar. Iba armada de forma singular, pero significativa, con casco, escudo y cota de malla, y los soldados eran como los de nuestros días. La batalla fue terrible; ¡sólo sobrevivió un puñado de campeones victoriosos!".*

Nota: ¿Podría ser esto una referencia a la **Batalla del Árbol de Abedul** que está por venir en el siglo XXI, descrita en otras profecías? Se profetiza que esta batalla tendrá lugar en algún lugar de la región de Westfalia (Alemania): por un lado, con el monarca francés (Enrique V de la Santa Cruz), y por el otro los rusos y los europeos del este. Según varias profecías que se remontan hasta el siglo VI, esta batalla, a pesar de las abrumadoras probabilidades en contra de las fuerzas armadas francesas, resultará en la victoria abrumadora del rey Enrique y en el colapso y la derrota de los ejércitos orientales.

22 de abril de 1823:
> *"Vi que muchos pastores se dejaban llevar por ideas que eran peligrosas para la Iglesia. Construían una gran Iglesia extraña y extravagante. Todos debían ser admitidos en ella para estar unidos y tener los mismos derechos: evangélicos, católicos, sectas de todo tipo. Así iba a ser la nueva Iglesi, pero Dios tenía otros designios".*

Aprobación eclesiástica formal

El primer volumen de la obra titulada: *Vida de Ana Catalina Emerick* del Padre Schnioger C.S.S.R, que se nos ha presentado en un manuscrito, no contiene nada contrario a las enseñanzas de la Iglesia Católica, ni en cuanto al dogma ni en cuanto a la moral, y, como parece conducente a la fe y a la piedad, le damos alegremente la aprobación solicitada por el autor.

Pedro José, Obispo de Limburg, Limburg a 26 de septiembre de 1867.

Capítulo X

Reverendo Padre Michel Rodrigue (1958 - presente)
(Sacerdote, exorcista, místico, fundador y superior general de la
Fraternité Apostolique de Saint Benoît-Joseph Labre à Québec, Canada)

El Reverendo Padre Michel Rodrigue se convirtió en el fundador de una nueva orden religiosa formalmente aprobada por la Iglesia Católica Romana conocida como la *Fraternidad Apostólica de San Benito José Labre* en la diócesis de Amos en Quebec, Canadá. Nacido en el seno de una familia católica francófona, pobre pero piadosa, el padre Rodrigue era el menor de 23 hermanos y empezó a tener vocación de vida religiosa a los tres años. En efecto, al igual que el Padre Pío, Dios Padre comenzó a hablarle a esa tierna edad:

> *"Dios comenzó a hablarme y empezamos a tener conversaciones regulares. Recuerdo que me sentaba bajo un gran árbol detrás de la casa en la granja de nuestra familia y le preguntaba a Dios: "¿Quién hizo este árbol?" Eespondió Dios: "Yo lo hice". Y cuando pronunció la palabra "yo", de repente tuve una visión amplia de la Tierra, del universo y de mí mismo, y comprendí que todo estaba hecho y mantenido por Él. Pensé que todos hablaban con Dios Padre. De los tres a los seis años, el Señor me instruyó en la Fe y me dio una profunda educación teológica. También me dijo, a los tres años, que sería sacerdote".*

Al crecer, Miguel comenzó a estudiar Psicología y ciertas áreas de la Teología, como la Mariología, la Pneumatología, los escritos de los Padres de la Iglesia, graduándose así con un doctorado en Teología fundamental.

Años más tarde, tras fundar un centro de acogida para jóvenes sin hogar que les ofrecía una atención espiritual y psicológica, Michel Rodrigue fue finalmente ordenado sacerdote diocesano a la edad de 30 años. Ejerció como párroco durante cinco años en el norte de Ontario, hasta que su obispo local observó en él talentos que podrían utilizarse en la formación y la enseñanza del futuro clero. El P. Rodrigue se convirtió entonces, algún tiempo después, en sacerdote sulpiciano, enseñando Teología en el Gran Seminario de Montreal.

El 24 de diciembre de 2009, un acontecimiento importante hizo que la vida del P. Rodrigue diera un gran giro. En plena noche, el buen sacerdote francocanadiense fue despertado junto a su cama nada menos que por San José Labre, que le sacudía el hombro con suavidad para llamar su atención. Al despertarse, el P. Michel oyó de repente la voz de Dios Padre que decía: **"Ponte de pie"**; por tanto, el P. Michel se puso en pie. La voz de Dios Padre continuó: **"Ve al ordenador"**. El P. Michel obedeció: **"Escucha y escribe"**. Fue entonces cuando la Primera Persona de la Santísima Trinidad comenzó a dictar toda la constitución para una nueva orden religiosa más rápido de lo que el P. Michel podía escribir.

El sacerdote, abrumado, pero con humor, tuvo que pedir a Dios Padre que fuera más despacio. Entonces Dios llevó al P. Michel a un vuelo místico en la tierra de la diócesis de Amos, Quebec, donde quería que se construyera el monasterio de la nueva orden, y le mostró con gran detalle los diseños del monasterio. Además, se le reveló que el P. Michel se convertiría en el fundador de dicho monasterio y comenzaría la nueva orden religiosa llamada **Fraternidad Apostólica San Benito José Labre** para preparar el futuro de la Iglesia Católica.

Hoy en día, gran parte del monasterio ya está construido exactamente como Dios Padre deseaba.

El P. Michel está dotado de extraordinarios dones intelectuales y espirituales como la curación, la lectura de las almas, una memoria fotográfica (que parece haber disminuido después de una enfermedad), la profecía, las locuciones y las visiones. Tiene una disposición muy alegre y la risa le llega con facilidad. Sin embargo, el P. Michel también sabe ser serio y solemne, especialmente cuando se trata de profecías y revelaciones de Dios y de la Santísima Virgen María. Es, asimismo, profesor del Seminario, capellán en un hospital, párroco y, más recientemente, fundador y superior general de la orden de la fraternidad en el Quebec francófono.

El padre Michel afirmó que San Miguel le ha dado instrucciones para que **la gente haya una confesión general en 2019**. Describió eventos proféticos geopolíticos y espirituales que sucederán con detalles gráficos; eventos que, asegura el P. Rodrigue, cambiarán la vida y tendrán lugar... muy pronto.

El P. Michel ha estado en el Cielo y fue bendecido con la entrega del Niño Jesús por parte de San José. Cuando se cuestionó el hecho de no ser digno, la Inmaculada Virgen María le dijo: **"sostienes a Mi Hijo en cada Misa, ¿no es así?"**. El padre Michel ha visto a San Miguel al menos tres veces. Tiene un testimonio sorprendente y habla siempre con calidez, convicción y verdad. Padre Rodrigue:

> *"Dijo que hemos de tener reservas de alimentos para tres meses en casa. Dijo que debemos consagrar nuestro hogar a la Sagrada Familia. Dijo que esto permitirá que tu casa sea un refugio temporal hasta que el Espíritu Santo te guíe a un refugio permanente. Todo lo que necesites se te proporcionará en los refugios a los que serás guiado si te entregas a Dios.*
> *Dijo que un alma debe confesarse al menos una vez al mes para estar preparada.*
> *Dijo que después del Aviso (cuando veamos a Jesús en la Cruz en el cielo con los Rayos saliendo de Su Sagrada Herida de la que brotó Sangre y Agua como fuente de misericordia para nosotros) que cada alma se encontrará con Nuestro Señor Santo. Dijo que pequeñas lenguas de fuego se posarán en cada alma durante este proceso que durará unos 15 minutos. Cada alma verá los pecados de su vida que no han sido confesados. Si un alma está actualmente en camino al Purgatorio, al Infierno o al Cielo, experimentará eso. También dijo que después de este evento la humanidad tendrá seis semanas de calma antes de que todo el infierno se desate en la tierra: seis semanas para llegar a la confesión y tomar una decisión. El dijo que los sacerdotes bautizarán a cientos a la vez y a todas las personas se les mostrará la verdad de la Única Santa Iglesia Católica Apostólica de Cristo. Los sacerdotes pasarán día y noche en el confesionario".*

El Padre Michel añadió: *"(...) una vez que el Aviso suceda, ha de prescindirse de las televisiones. Los medios de comunicación dirán a la gente que este evento tiene que ver con los rayos y la radiación del sol. ¡Eso será una mentira! El orden mundial único comenzará inmediatamente y el ejército para el orden mundial único ya está en su sitio esperando órdenes".*

Profecías alarmantes

El P. Michel añadió que, después de las anunciadas seis semanas de libre discernimiento, ocurrirá una Guerra nuclear y se permitirá que siete misiles nucleares golpeen a los Estados Unidos, como resultado de las abominaciones del hombre; sin embargo, muchos misiles nucleares serán desviados por la Mano de Dios porque América sí reza la Coronilla de la Divina Misericordia. Eso se lo dijo el Padre Eterno. El diablo tratará de matar a un tercio de la Humanidad, así como un tercio de los ángeles fueron expulsados del Cielo al Infierno. Un tercio de la Humanidad morirá en los castigos. Dos tercios de la humanidad morirán en un proceso de tres años y medio que empezará pronto. La oración mitigará la severidad.

El Padre Michel declaró que le fue revelado que el Anticristo tomará su trono dentro de la falsa iglesia. El Papa huirá del Vaticano antes del Aviso (y será asesinado) y habrá un falso Papa (falso profeta). Habrá además una marca requerida, un *chip*, para comprar y vender comida y recursos, y aquellos que no lo acepten serán cazados como los judíos fueron cazados por las *Waffen SS* durante la Segunda Guerra. Dijo que, si eres capturado, serás torturado y martirizado si no te conviertes al Anticristo y al gobierno mundial único. Todo esto precederá a los Tres Días de Tinieblas y al Glorioso Retorno de Nuestro Señor Santo.

El Padre Michel agregó que Satanás será arrojado al infierno por 1.000 años y luego será liberado para una batalla final:

"No comparto esto para crear miedo sino para educar. Cuando el Aviso ocurra y esté cerca, poca gente sabrá lo que ha pasado. La mayoría de la gente estará conmocionada y será incapaz de funcionar durante algún tiempo. Los negocios cerrarán. Los servicios civiles cesarán. La gente hibernará en sus casas. Pensarán que es el fin del mundo. Estas cosas sucederán. Y será inimaginable. Una manzana significará más para un hombre que un coche nuevo. El dinero pronto no tendrá valor y las tiendas estarán vacías. Estos eventos están mucho más cerca de lo que la mayoría de la gente cree. Los bases se han puesto ya en todos en sus lugares, de una y otra parte. Ahora esperamos hasta que Dios diga: ahora es el momento".

Este mensaje tiene la intención de dar a la gente la oportunidad de prepararse. Si un alma no tiene una sana vida sacramental y una vida de oración, el Aviso será mucho más difícil para él. No basta con recibir la Eucaristía e ir a Misa. Un alma debe frecuentar el sacramento de la Confesión con una intención sincera de arrepentimiento. Cuando esto ocurra no habrá Biblias disponibles y la Misa pasará a la clandestinidad. El Padre Michel fue claro al decir que el Santo Sacrificio de la Eucaristía será profanado. Ahora es el momento de preparar el alma y proveer a las necesidades temporales. Pronto la oportunidad habrá pasado de largo.

Las profecías de los dos Papas y la falsa misa ecuménica

El 3 de enero de 2019, el padre Rodrigue recibió una revelación de Dios que vendría a ser una de las profecías más importantes sobre la Iglesia Católica Romana jamás recibidas por el buen sacerdote franco-canadiense: El Padre Michel Rodrigue dice:

> *"Desde hace tiempo hay personas infiltradas en la Iglesia cuyo único objetivo es cambiar la sana doctrina. Una misa ecuménica será introducida en la Iglesia formulada por diferentes jefes religiosos primero, luego por un comité de Obispos, y como paso final este modelo de misa será propuesto al Santo Padre, el Papa Francisco en Roma. Un documento del Papa Francisco llamado "Magnum Principium" que entró en vigor el 1 de octubre del año 2017 otorgó autoridad a las Conferencias nacionales y a los Obispos para incluir nuevos términos, oraciones o modificaciones en el ritual de la Santa Misa, incluyendo la consagración para sus países. Muchos países están ahora atrapados en los pecados y problemas de los matrimonios porque ha habido muchos divorcios y separaciones, y se han desviado del camino del Señor, y ya ha habido muchas*

Entrevistas con el Rev. Padre Michel Rodrigue en 2023

Con John Henry Westen Presidente Director General de Lifesitenews.com

https://www.lifesitenews.com/episodes/visionary-priest-fr-michele-rodrigue-reveals-end-times-prophecy-of-the-antichrist/

Con la Sra. Monique Turnbull de Mother & Refuge of the End of Times

PARTE 1   https://www.youtube.com/watch?v=4aALsOUWPx0

PARTE 2   https://www.youtube.com/watch?v=WKECBJF_pGw&t=164s

Con la Sra. Christine Bacon
https://www.youtube.com/watch?v=4H0zMvDTjxA&t=50s

desviaciones con respecto a este tema. Cada Obispo interpreta a su manera la doctrina de la Iglesia y eso es peligroso. Si los sínodos de los países tienen autoridad para reformar y alterar el derecho de la Misa, tened por seguro que llevarán una propuesta mala al Santo Padre. Si el Papa Francisco no firma sus propuestas, lo que significaría rechazar lo que el Santo Padre ya les autorizó a hacer, entonces eso generaría un cisma, y esto es algo que muy pronto veremos la Iglesia. Roma sólo firmará el documento porque considerará que se ha dado toda la autoridad a los Obispos para hacer cambios en sus propios países. Esto no significa que el Papa haya firmado el documento final, sino que estará cerca para que lo cambien y sólo podremos discernir cuando escuchemos durante la misa que "las palabras en la Consagración no serán las mismas". La gente no tiene que asistir a esas falsas misas, porque "sería mejor comer una galleta de soda que asistir a esas falsas misas" donde el pan no será consagrado. Esta es la primera señal de la crisis que está por venir. La Iglesia pasará por los mismos pasos de

Jesús: Pasión, Muerte y Resurrección. "¡El anticristo ya está en la Jerarquía de la Iglesia ahora mismo! ¡El anticristo NO es el Papa Francisco!". El anticristo siempre quiso sentarse en la Silla de Pedro. El Papa Francisco será como el Apóstol Pedro. Se dará cuenta de sus errores. Intentará volver a unir a la Iglesia bajo la autoridad de Cristo, pero ya no podrá hacerlo. El papa Francisco morirá como un mártir, entonces aparecerá el papa emérito Benedicto XVI —que aún lleva su anillo papal— e intentará convocar un Concilio para salvar a la Iglesia. Lo vi débil y frágil, sostenido a ambos lados por dos guardias suizos. Le he visto huir repentinamente de Roma debido a la devastación generalizada. Se esconde, pero luego lo encontrarán, y también vi su martirio. El Papa Francisco hace muchas cosas con buenas intenciones, pero da confianza, se apoya y da libertades a Obispos que son peligrosos. Se dará cuenta de que hay que rectificar, pero será demasiado tarde.

Dios envía a sus profetas para que comuniquen a su pueblo lo que va a suceder, sus designios, sus propósitos, pero "sólo con oraciones y ayuno podéis cambiar parte de esta profecía". Como la historia de Nínive, donde Dios envía a Jonás para advertir al pueblo que lo destruiría, pero a través de su oración Dios tuvo compasión y perdonó a Nínive.

La Santa Misa, como esencia, nunca desaparecerá en la Iglesia porque las fuerzas del infierno no prevalecerán contra ella. Siempre encontraremos sacerdotes fieles y Obispos fieles que protegerán la verdadera doctrina".

<u>Mensaje recibido por el P. Michel Rodrigue mientras estaba en la capilla del lugar de la aparición de Nuestra Señora de Knock (Irlanda)
11 de octubre de 2019</u>

San Juan dijo:

"En el principio era el Verbo, y el Verbo estaba con Dios, y el Verbo era Dios. Estaba en el principio con Dios (…) Y el Verbo se hizo carne y puso su morada entre nosotros (…) pero los suyos no lo aceptaron. Pero a los que lo aceptaron les dio el poder de convertirse en hijos de Dios" (Juan 1). "He aquí que hago nuevas todas las cosas", dice el Señor.

(Apocalipsis 21,5).

Entonces la Virgen dijo:

"Mis queridos hijos, estoy aquí con vosotros para advertiros de lo que pronto sucederá en la Tierra. Contemplad aquí la presencia de mi Hijo en el altar de su sacrificio, prefigurado por el Cordero del que habló el profeta Isaías, el Cordero del sacrificio para la salvación del

mundo, el Cordero del misterio pascual. En el misterio de la Eucaristía está presente también el Cuerpo de la Iglesia: como militante en el camino de la Tierra, como sufriente en la purificación del Purgatorio y como gloriosa en sus santos del Cielo. La Iglesia es el Cuerpo Místico de Cristo, presente en el altar de la Cruz a través del Cuerpo de mi Hijo, Jesús. Como vuestra Madre, he venido aquí con José, el patrón de la Iglesia y vuestro patrón. Él es tu defensor contra las malas obras de todos los que han traicionado a Jesús.

La figura de Juan el evangelista, como apóstol, también está aquí. Fue elegido por mi Hijo, Jesús, al pie de la Cruz para protegerme desde ese día hasta el día de mi Asunción al Cielo. Está aquí como representante de todos mis hijos fieles y consagrados. Es la antítesis del que traicionó a Jesús. José, yo y mi Hijo, el Cordero de Dios, que quita los pecados del mundo, somos vuestros modelos como familia fiel del Padre Eterno. Abrid las enseñanzas de la Santa Tradición de la Iglesia respecto a las enseñanzas transmitidas de Juan, mi apóstol adoptivo. Abrid sus cartas y el libro del Apocalipsis. Pronto entenderás lo que fue escrito y visto en su visión.

La Iglesia será sacrificada, como lo fue mi Hijo. Mis fieles sufrirán antes de entrar en los lugares preparados para vosotros. La Cruz del Cordero brillará pronto para la Tierra y para cada persona. Verán sus conciencias cuando vean al Cordero de Dios en la Cruz. ¡Será el Día de su iluminación!

Mi actitud de oración, de pie y mirando hacia arriba, y esperando con los brazos abiertos, es para la llegada de ese Día del Aviso para todos. La actitud de oración mostrada por José enseña a la Iglesia lo que debe comprender ahora: la oración, la penitencia, la penitencia. El último apóstol en la Tierra representa la jerarquía de la Iglesia en estos días de confusión. Sólo las verdaderas enseñanzas que se remontan a los apóstoles y que han sido transmitidas a través de la Tradición viva de la Iglesia, tal y como ha sido revelada por el Espíritu Santo, que es el alma de la Iglesia, su santificador, os protegerán de los falsos profetas y de la falsa enseñanza de su pecado. Esta enseñanza pertenece a Satanás, que se ha infiltrado en el Cuerpo Místico jerárquico de mi Hijo en la Tierra.

Llamo a los apóstoles de los últimos tiempos. Levántense con corazones humildes, con vidas obedientes y dedicadas a mi Hijo, Jesús. Escuchad lo que dije en La Salette y en Akita. El tiempo se acerca. Estad preparados. Confesad vuestros pecados. Acudid al confesionario, ayunad y rezad el Rosario que os salvará de las asechanzas del demonio. Rezad a vuestros ángeles de la guarda. Venid a adorar a mi Hijo en el Santísimo Sacramento de la Eucaristía. Meditad las palabras de mi Hijo, el Cordero de Dios, en el Evangelio de Juan y en su libro del Apocalipsis. Al final, os

prometo el triunfo de mi Corazón Inmaculado".

(Nuestra Señora de Knock, Irlanda, el 11 de octubre de 2019)

El P. Michel recibió un segundo mensaje cuando rezaba en la misma capilla de Knock, Irlanda, el 13 de octubre de 2019. Esta vez, era de Nuestro Señor Jesucristo diciendo:

"Yo soy el Cordero de Dios. Pronto, abriré los siete sellos para cumplir la Voluntad de Mi Padre. Quien os acoge, me acoge a Mí, y acoge la bendición de Mi Padre.
Cuando veis la Hostia, veis Mi Cuerpo y Mi Sangre. Ves Mi rostro que se te presenta como un pan blanco y brillante. Yo soy el Pan de Vida para todos. Quien coma este Pan de Vida resucitará en el último día.
Una gran oscuridad viene ahora sobre el mundo: una oscuridad de pecado, de miseria, de Satanás, que tratará de desfigurar el rostro de Mi Cuerpo, que es Mi Iglesia. Tratará de desfigurar Mi blanco rostro en la Santa Eucaristía con un abominable sacrilegio.
En ese momento, el tiempo se acabará. Un gran desastre envolverá al mundo, como nunca antes. Roma caerá. Satanás nunca prevalecerá sobre Mi justo y Mi fiel remanente.
La señal estará en el cielo, y la mano de Mi Padre vencerá las tinieblas de Satanás, su falso profeta y sus acólitos escurridizos. El sello se romperá. Preparaos para este día. Mi Madre protegerá a Mis justos en todas partes en los refugios preparados por su Corazón Inmaculado.
Hijo mío, Michel, tendrás grandes responsabilidades sobre tus hombros. Has de saber que la carga será ligera, y la alegría de Mis hijos será grande. "Dichosos los que son llamados a la cena del Cordero". Yo los cuido y protejo. Los nutro. Los bendigo. No temerán la pestilencia del enemigo. Tu Salvador, tu amigo, Jesús".

(Nuestro Señor Jesucristo, 13 de octubre de 2019)

Mensaje de la Santísima Virgen María:

"Mis queridos hijos: Estáis reunidos para rezar por las familias de la Fraternidad Apostólica de San Benito José Labre y por todas las familias de la tierra. Os ofrezco el don de encontrar la paz, la curación de las heridas y la liberación del maligno para vosotros y vuestros hijos, rezando el Rosario en vuestras familias. Volved al rezo del Rosario. Esta es el arma que os he dado para encadenar el mal y vencerlo.

**Cada vez que meditáis los misterios del Rosario, no sólo habéis salvado a muchas almas del infierno, sino que sanáis las vuestras y permitís que el Espíritu Santo expulse las tinieblas. Os repito con toda mi ternura de Madre, volved al rezo del Rosario, que aliviará vuestros corazones y os preparará para el Día de mi Hijo.
Os amo, Vuestra Madre".**

(La Santísima Virgen María, 10 de enero de 2020)

Mensaje de la Virgen María al P. Michel Rodrigue

**"Mis queridos hijos,
Yo soy la Inmaculada Concepción, María, vuestra Madre.
Debo advertiros del tiempo de la prueba y del tiempo de la tribulación menor que debéis pasar antes de entrar en el refugio permanente preparado por mi Hijo y por mí para salvaros de las garras del ejército de Satanás.
La prueba comenzará con agitación y confusión en las conciencias de mis hijos. Falsas doctrinas y profetas tratarán de distraeros de mi Hijo Jesús. Los falsos profetas realizarán grandes señales bajo el poder satánico. Este tipo de señales solo pueden ser por un tiempo menor a tres días. Con esta actuación, alejarán a muchos de mis hijos de las verdaderas enseñanzas de la Iglesia. También conseguirán, dentro de la Iglesia, evitar la enseñanza del Evangelio, la verdadera relación con vuestro Redentor ocultando su Nombre y haciendo su propio tipo de ministerio sustitutivo.
Yo seré vuestra Madre, y como los discípulos y los apóstoles reunidos en torno a mí después de la muerte de mi Hijo, seré vuestro refugio para protegeros.
Te bendigo y le pido a José que esté contigo".**

(La Santísima Virgen María, 13 de febrero de 2020)

El mensaje que sigue es un mensaje del Padre Eterno al P. Michel. Él ha pedido que este mensaje sea entregado inmediatamente a todos los hijos de Dios, y especialmente a aquellos niños, con los que el P. Michel ha hablado durante su visita a los Estados Unidos. Dado que el P. Michel ha visitado varias iglesias durante sus visitas a los Estados Unidos, quiere seguir fielmente las directrices que le ha dado Dios Padre. Mensaje de Dios Padre:

**"Hijo mío, escucha y escribe:
Exijo que se comunique a todos y en todas partes este mensaje que has predicado en los Estados Unidos y en Canadá. Recuerda la noche en que el Padre Pío te llevó al Cielo para ver a la Sagrada Familia.**

Fue una enseñanza para ti y para las personas que te han escuchado. También fue una señal para recordar la noche en que Mi Amado Hijo Jesús nació en el mundo. Recuerda cómo Mi Evangelista Mateo escribió por la inspiración divina del Espíritu Santo, cómo la estrella se detuvo sobre el lugar donde nació Mi Hijo Niño Jesús. Fue una señal para los Reyes Magos. Hoy es una señal para ti y para todos los cristianos y para todas las naciones.

La Sagrada Familia es una señal para todas las familias y debemos modelarnos según ella. Exijo que cada familia que reciba este mensaje tenga una representación de la Sagrada Familia en su casa. Puede ser un icono o una estatua de la Sagrada Familia, o un pesebre permanente en el centro de la casa. La representación debe ser bendecida y consagrada por un sacerdote. Como la estrella seguida por los Reyes Magos se detuvo sobre el Pesebre, el castigo del cielo no alcanzará a las familias cristianas devotas y protegidas por la Sagrada Familia. El fuego del cielo es un castigo para el horrible crimen del aborto y la cultura de la muerte, la perversión sexual y la concupiscencia (lujuria) respecto a la identidad de un hombre y una mujer.

Mis hijos buscan más sus pecados pervertidos que la vida eterna. Las crecientes blasfemias y la persecución de Mi pueblo justo Me ofenden. El Brazo de Mi justicia vendrá ahora. Ellos no escuchan Mi Divina Misericordia. Ahora debo dejar que sucedan muchas plagas para salvar de la esclavitud de Satanás al mayor número de personas que pueda.

Envía este mensaje a todos. He dado a San José, Mi representante en la tierra, la autoridad para proteger a la Iglesia que es el Cuerpo de Cristo. Él será el protector durante las pruebas de este tiempo. El Corazón Inmaculado de Mi hija María y el Sagrado Corazón de Mi Amado Hijo Jesús, con el corazón casto y puro de San José, serán el escudo de tu hogar, de tu familia y de tu Refugio durante los acontecimientos venideros.

Mis Palabras son Mi bendición sobre todos vosotros. Quien actúe según Mi Voluntad, estará a salvo. El poderoso amor de la Sagrada Familia se manifestará a todos.

Yo soy vuestro Padre, ¡Estas palabras son Mías!".

(Mensaje de Dios Padre, 30 de octubre de 2018)

Padre Michel Rodrigue:

"El 15 de agosto de 2018, estaba de pie cerca de la entrada de la iglesia, dando la bienvenida a las personas que venían a celebrar el alegre acontecimiento de que el Obispo aprobara la Fraternidad de San José

Benito Labre con nuestras nuevas vestimentas. Estaba preparando la celebración con todos nuestros miembros porque el Obispo había aprobado todo a través de la Iglesia. Los ornamentos fueron los primeros que recibimos para la orden. El obispo bendijo las vestimentas y me entregó la primera. Esta es la misma ceremonia en la que escuché decir a la Virgen: **"Llamo al apóstol de los últimos tiempos"**, *mientras el Obispo me colocaba la túnica.*

Mientras la gente entraba en la iglesia, recibí de repente una visión de la Guerra que se avecinaba. Era una Guerra nuclear, pero al principio no lo entendí. Vi mucha destrucción: fuego y bombas y mucha gente muriendo, algunos ya muertos. Todos los cadáveres que vi allí estaban quemados, su carne estaba quemada. Realmente era algo enorme. No fue una pequeña Guerra, te lo aseguro. Era muy destructiva. Y empecé a pedir oración por eso en todas partes.

Y sé que la Guerra vendrá de dos países: uno es Corea y el otro es Irán. Se unirán para enfrentar a los Estados Unidos de América. Me sentí tan turbado por esto que empecé a llorar y tuve que volver a la sacristía. Allí llegaron dos visiones más. Pude ver la carne de la gente goteando como agua de sus cuerpos. Esto era tan aterrador que dije:

"Señor, por favor, detén esto. Tengo que estar con mi gente para recibirlos con alegría hoy, y ahora estoy llorando. No puedo".

El Padre también dijo que a través de la oración se podía disminuir la Guerra, pero no evitarla. Esto es lo que he recibido del Señor. La Guerra tenía que haber empezado ya, pero fue aplazada mediante la oración, mediante el Rosario. Esto es importante porque las oraciones de la gente han sido escuchadas.

Por favor, debéis rezar por vuestro presidente. A veces actúa de una manera que nadie puede entender, pero os aseguro que tenéis la bendición de tenerlo, así que debéis rezar por él. Debido a que es tan errático, está frustrando los planes del Gobierno Mundial Único. No pueden controlarlo. Pero vi muchos países. Después de eso, se lo dije al Obispo. Él sabe todo lo que veo. Le cuento todo. No tengo nada que ocultar.

La Guerra debía haber comenzado ya en 2019, pero se pospuso gracias a la oración, al Rosario. Esto es importante porque las oraciones de la gente han sido escuchadas. A principios de 2019, cuando viajé por Estados Unidos para dar charlas en siete iglesias de Michigan y en Nueva York, vino mucha gente. Rezamos a la Virgen María para detener la Guerra, la Guerra nuclear, y les aconsejé sobre su presidente.

Les dije: "Sabéis. Este presidente (Donald Trump) no es un santo", y se rieron. Pero el Gobierno Mundial Único no sabe qué hacer con él porque un día baila sobre una pierna, al día siguiente baila sobre la otra pierna.

El desequilibra todo tipo de plan o programa que han hecho. Por eso, este personaje es una amenaza para ellos. Lo que puedo decir sobre el presidente Trump es sólo lo que el Padre me ha dicho. Él dijo:
"A éste, lo he elegido. No pueden controlarlo". *No ha dicho que sea un santo. Nunca dijo eso.* **"No pueden controlarlo. No saben sobre qué pierna está bailando"**. *Esto es lo que dijo.* **"Debido a esto, no han sido capaces de culminar su propósito"**.

El Padre dijo que Trump fue elegido por su ángel que modificó el voto. Fue elegido porque el Señor conoce su temperamento, su habilidad, sus acciones y su voluntad.
Fue elegido para bloquear el Gobierno Mundial Único. Esto es importante porque si él no estuviera allí, puedo asegurarles que el Gobierno Mundial Único, que es la obra de Satanás, ya habría tenido lugar. Y sé que puedo estar tranquilo con lo que he dicho. Le he dicho todo esto al Obispo. Él sabe todo lo que veo. Se lo cuento todo. No tengo nada que ocultar.
Le dije a la gente de Estados Unidos: "A veces Trump actúa de manera que nadie puede entender. Pero os aseguro que es una bendición tenerlo, así que debéis rezar por él. Debéis rezar ahora por vuestro presidente, porque estará bajo un gran peligro. Tratarán de matarlo"
Se arrodillaron y todos rezaron el Rosario. Un grupo de ellos se comprometió a rezar por el presidente todos los días y, cuando hace poco estuve en una capilla, el Señor me dijo:

"Michel, he escuchado las oraciones de mi pueblo en los Estados Unidos. Hubo un intento de asesinato hace ocho meses. No tuvieron éxito. Fue protegido gracias al Rosario".
Más tarde, recibí otra señal. De nuevo, el Señor nos pidió que rezáramos por este hombre porque volverán a intentar matarlo. Hemos de rezar. Hemos de rezar el Rosario. El Padre dijo también que a través de la oración la Guerra podría ser disminuida, pero no evitada. Esto es lo que he recibido del Señor".

En la actualidad, las locuciones y visiones del padre Michel Rodrigue se someten a la aprobación de su ordinario local.

Consagración de la Casa revelada al Rev. Padre Michel Rodrigue

P. Michel Rodrigue:

"Consagrad vuestras casas con sal exorcizada y agua exorcizada.

Tendréis que poner vosotros mismos la sal exorcizada en el agua porque yo no podré poner agua exorcizada en cada botella, ya lo sabéis, así que podéis hacerlo vosotros mismos, pero si sólo tenéis una (ya sea agua exorcizada o sal exorcizada) y la mezcláis, la otra se exorcizará también. Entonces, esto es lo que se hace. Haces una oración a Dios Padre Eterno. Te doy un modo de hacer la oración:

"Padre Eterno, te consagro mi casa. Por la intercesión del Inmaculado Corazón de María y del Sagrado Corazón de Jesús, te doy mi casa como refugio para los días venideros. Será tu Voluntad para tu pueblo si quieres que tu pueblo venga aquí. Consagro esta casa y con el agua bendita que rocías en el Nombre del Padre y del Hijo y del Espíritu Santo, bajo la Señal de la Cruz. Amén".

Luego sales y consagras tu tierra de igual manera. Cambia sólo la palabra "casa" o bien "hogar" por "tierra" y dejas caer luego la sal en el suelo, porque la sal penetrará en la tierra".

Además, el P. Rodrigue explica que una vez que tu casa sea consagrada, se convertirá en una especie de refugio pequeño: primero para la familia de los dueños y, después, para cualquiera que pida refugio. Sin embargo, el P. Rodrigue es muy claro: si la voluntad del Padre es que el o los dueños de la casa vayan después a un refugio más grande, serán guiados por su ángel de la guarda mediante una llama mística, que deberá guiar a los fieles a dicho refugio más grande.

Remedio para quienes se han visto obligados a vacunarse contra el virus COVID-19
(Mensaje del Padre al Rev. P. Michel Rodrigue para el año 2021)

El Padre Michel Rodrigue:

"Incluyo aquí el mensaje para el año 2021":

"Si la gente se ha vacunado a la fuerza contra el COVID-19, beban el agua bendita exorcizada. Si no tienen, tomen la bendita Medalla Milagrosa y déjenla empapar en el agua rezando esta oración: *Santa Virgen María, bendice esta agua para purificarme de los ataques del mal en mi cuerpo en el Nombre del Padre, y del Hijo y del Espíritu Santo. Amén.* **Bébela. Estarás protegido".**

(Mensaje del Padre Eterno al Rev. P. Michel Rodrigue, marzo de 2021)

Marzo de 2021 Mensaje de San Gabriel Arcángel al P. Michel Rodrigue sobre diciembre de 2021

(Entregado públicamente el 29 de septiembre de 2021)

Padre Michel Rodrigue:

"En la noche del 17 al 18 de marzo de 2021, el Ángel del Señor (más tarde comprendí que era San Gabriel Arcángel) vino alrededor de las 2:30 de la noche para hablarme de la Santa y Gran discreción de San José con la Sagrada Familia y de su papel al final de los malos tiempos. Digo "fin de los malos tiempos" para expresar un período diferente al del Retorno Glorioso de Cristo al final de los tiempos.
Esta experiencia que voy a relatar, la llamo sueño. Gabriel se presentó primero como una espléndida luz radiante. Poco a poco distinguí la forma de un ser de luz con lo que parecían alas de luz. De su ser emanaba una luminosidad que traía a la vez alegría y una paz muy profunda en Dios. Era como entrar en una parte del cielo mirándolo. Entonces se oyó su voz:

"Vengo a revelar la discreción de San José desde que hablé con él hasta el día en que iba a dejar la tierra. Su papel de protector y guardián de la Sagrada Familia fue de gran serenidad y de gran confianza en Dios Padre Eterno. A él como a la Santísima Virgen María le fue dado ser el primero en el santísimo conocimiento del Misterio de la Trinidad del Padre y del Hijo y del Espíritu Santo. La libre aceptación de tomar a la Virgen María como esposa le dio la alegría de un conocimiento infuso impregnado de una relación viva y paternal con Jesús, su Creador, su Rey y su Amor. Este conocimiento lo recibió José del amor que sentía por María su Esposa y de la Voluntad del Padre Todopoderoso. Desde ese momento, José llevó a María a la casa familiar [de su esposa, *sic*] y actualizó el ministerio de su amor por María y el Niño.

[**Nota de Daniel**: José siempre fue absolutamente célibe. Esta línea no implica que José tuviera otra esposa antes o junto a María; sólo significa que José llevó a María a su casa].

El drama que se produjo en el momento del nacimiento del Salvador plantea la consideración de su gran autoridad, que permitió preservar al Niño-Dios y a su Madre de cualquier presagio que hubiera podido poner en peligro la identidad del Niño. Así el diablo y sus secuaces podrían haber dañado a Jesús y a su Madre. Su fuerza y

su Amor mantuvieron a raya al diablo y a sus acólitos. Hasta el día del nacimiento del Niño Rey, ni siquiera Herodes y su entorno sabían nada. Sin embargo, la Señal estaba en el cielo, los Magos ya caminaban al encuentro del Niño-Dios y los pastores, los más pequeños del pueblo, eran instruidos por la voz de los ángeles.

En el momento en que Herodes quiso matar al Niño-Dios, avisé a José en sueños, por la Voluntad del Padre Eterno, que tomara al Niño y a su Madre y huyera a Egipto. Allí permaneció hasta la muerte del tirano. De vuelta a Nazaret, la Sagrada Familia permaneció allí durante todos los años de crecimiento de Jesús. Nadie sospechaba quiénes eran Jesús y su Madre. La discreción de José fue perfecta para no atraer los ojos del Maligno y entorpecer así el plan de Dios nuestro Padre.

La paternidad putativa de José cubrió al Niño y a su Madre de una manera tan grande que nadie puede expresar ni acercarse. La ternura paternal de José fue como la cueva de la Roca para proteger al Niño y a su Madre de los intempestivos humores de este mundo. Esta discreción continuará en el silencio y la oración, en el trabajo diario y hasta en los descansos para no dejar sospechar la existencia del Mesías de Dios. La obediencia de José para hacer la Voluntad del Padre Eterno con un corazón humilde y puro lo convirtió en la figura masculina más representativa de la tierra en el centro de la Sagrada Familia. Su paternidad y su masculinidad eran similares a la deseada por Dios desde el principio de todo. Así como San José protegió al Niño y a su Madre, protege a la Iglesia en su crecimiento histórico. De manera aún más clamorosa en estos tiempos suyos.

Los tiempos actuales exigen que se levante el velo de la discreción de Dios por San José en su papel para la Iglesia de Cristo. Ahora es el momento de revelar las palabras de la segunda carta a los Tesalonicenses, ocultas desde el principio de la Iglesia. En efecto, la figura misteriosa, que frena o impide la manifestación del Anticristo y su actual dominación, debe ser desvelada ahora para que todos los justos puedan comprender los acontecimientos que están teniendo lugar. Deben estar preparados y mantener sus lámparas encendidas para la manifestación del Hijo del Hombre.

He aquí el texto sagrado de la segunda carta de San Pablo a los Tesalonicenses:

"Os pedimos, hermanos, con respecto a la venida de nuestro Señor Jesucristo y a nuestra reunión con él, que no os dejéis sacudir bruscamente ni os alarméis por un *espíritu*, ni por una declaración oral, ni por una carta supuestamente nuestra en el sentido de que el día del Señor está cerca. Que nadie os engañe de ninguna manera. Porque a menos que la apostasía venga primero y se revele el inicuo, el condenado a la perdición, que se opone y se exalta a sí mismo por

encima de todo supuesto dios y objeto de culto, con el fin de sentarse en el templo de Dios, afirmando que es un dios. ¿No recordáis que mientras todavía estaba con vosotros os hablaba de estas cosas? Y ahora sabéis qué es lo que impide, para que se manifieste a su tiempo. Porque el misterio de la iniquidad ya está en marcha. Pero quien lo impide es sólo para este presente, hasta que se elimina de la escena. Y entonces se manifestará el inicuo, a quien el Señor [Jesús] matará con el aliento de su boca y lo dejará sin poder por la manifestación de su venida, la cual es provocada por la acción de Satanás en toda obra poderosa y en señales y prodigios que mienten, y en todo engaño inicuo para los que perecen por no haber aceptado el amor de la verdad para salvarse. Por eso, Dios les envía un poder engañoso para que crean la mentira, a fin de que se condenen todos los que no han creído en la verdad, sino que han aprobado el mal. Pero debemos dar siempre gracias a Dios por vosotros, hermanos amados del Señor, porque Dios os eligió como primicias para la salvación mediante la santificación por el Espíritu y la creencia en la verdad" (capítulo 2).
En efecto, "el misterio de la iniquidad ya está en marcha; basta con que quien lo impide, sea desechado ahora". Hoy os lo digo: El que lo retiene es San José. Con su oración y su intercesión, San José asiste a los creyentes en una lucha espiritual por la defensa de la fe de la Iglesia militante. Con las oraciones de los santos y de las almas del purgatorio: es decir, la Iglesia triunfante y la Iglesia sufriente, la asistencia de San José y de la Virgen María constituye un escudo de fe que frena al Anticristo hasta ahora. Escuchad bien mis palabras. El cáliz de la iniquidad está desbordado y pronto llegará un momento para la Iglesia en el que tendrá lugar la persecución de los justos. Es por la Voluntad del Padre y del Hijo y del Espíritu Santo que este año 2021 ha sido proclamado por el Papa Francisco como el año de San José. Se os ha ofrecido una gran bendición de protección. Durante este año os veréis obligados a hacer una elección. Lo que se presenta como una vacuna-salvadora es sólo una ilusión. Pronto se os impondrá la marca de la Bestia para comprar, comer o viajar. <u>El año 2021 es un año de discernimiento para los que quieren ser fieles a Cristo. A todos los que desean seguir a Cristo. San José os ayudará. Pero él debe retirarse discretamente el 8 de diciembre.</u> Para entonces, y ya ha comenzado, todos los que rechazan a Cristo se encuentran entrando en una fuerza de engaño que les hace creer una mentira. Una mentira social y planetaria organizada y preparada por los acólitos del Anticristo.
Forman una falsa Iglesia que es en realidad el cuerpo social del Anticristo. Son los que gobiernan por el miedo, la dominación, por las ideologías comunistas y socialistas. Manipulan para una falsa hermandad universal. Se han infiltrado en la Iglesia de Cristo para

desfigurarla y profanar sus sacramentos. Todo se pone en su sitio. Hasta el 8 de diciembre, estos acólitos del mal se organizan mediante los medios de comunicación y crean un clima de sospecha, miedo y denuncia. Deben preparar la llegada del Impío organizando un orden mundial donde reinará la división y la confusión en detrimento de la Verdad de la enseñanza de la Iglesia. Los escándalos y las acusaciones golpearán a la Iglesia por todas partes. Los movimientos que niegan al hombre y a la mujer se convertirán en los nuevos jueces de esta mentira social. Surgirán conflictos en las familias argumentando la necesidad de las vacunas y la marca de la Bestia. Los conflictos entre las naciones llegarán a tal punto que todo parecerá inútil. Los corazones se enfriarán, las conciencias estarán atadas y oscurecidas por el pecado que ha impregnado todo.

Aunque la cizaña del Anticristo parezca sofocar a los justos y a los santos, dando la impresión de la muerte de Dios y del fin de la Iglesia Católica, todo esto es sólo una apariencia. Cuando San José se retire, el Inmaculado Corazón de María iniciará el comienzo del triunfo de su Corazón Inmaculado para sus hijos y para la Iglesia. La Iglesia pasará por los dolores de una purificación en la que la Virgen María la acompañará como Madre de los Dolores. Algunos de sus hijos serán mártires, llevarán la palma de la Victoria de Cristo el día del triunfo del Corazón Inmaculado de María. En el momento en que aparezca el Anticristo, sonará el tiempo de los refugios preparados por los Sagrados Corazones de Jesús y María y el purísimo corazón de San José. Los refugios son la obra de los tres años y medio, anunciados en el Libro del Apocalipsis. Son obra de Dios.

Pequeño rebaño no tengas miedo. Mira con los ojos de la fe, la esperanza y el amor. Los refugios están bajo la protección especial de Nuestra Señora del Monte Carmelo. Así lo ha querido su Inmaculado Corazón. ¿No veis ahora la obra de la Sagrada Familia de Jesús, María y José? Todo lo que necesitas saber ya está dicho. Vive confiado en el cumplimiento de su Divina Voluntad y repite a menudo esta oración: Jesús, confío en ti".

El 16 de junio del 2024, El Padre Michel recibió en su monasterio en Quebec la Santísima Virgen María la cual se le apareció totalmente destrozada y consumida de una tristeza tan profunda que el padre Michel, en profundo estado de shock de ver la Virgen María llorando tanto, pidió a nuestra Señora la razón de su desesperación… La Santísima Virgen le contesto que su inconmensurable dolor de su corazón se debe al hecho que el mundo está al punto de entrar en un estado de guerra como nunca antes en la Historia de la humanidad… Agregó la petición a que una novena de rosarios se haga hasta el 24 de junio. La Virgen María termino anunciando un mensaje público el 22 de junio que deberá ser propagado en el mundo entero no antes el 27 del mismo mes…

Le Virgen María - en frente de un padre Michel profundamente afectado por la visión de la Madre de Cristo en tal estado - agregó que aún que dicha novena del rosario será exitosa, no parará una tercera guerra mundial que empezará oficialmente durante una conferencia de paz en Europa del Este. En efecto, el asesinato de una personalidad política importante durante dicha conferencia llevará una nación a declarar oficialmente la guerra a otra… Francia será una nación instigadora en esta situación, un entorno que tendrá consecuencias que serán en Europa… devastadoras…

Algunos segundos después la desaparición gradual de la Santísima una Virgen María, que todavía estaba llorando con profundas lágrimas, el padre Michel estaba progresivamente volviéndose alarmado, especialmente cuando súbitamente vio aparecer el Espíritu Santo igualmente deslumbrado… Esta vista entristeció al Padre Michel a un punto extremo ya que nunca, desde sus tres años de edad, había visto el Espíritu Santo aparecer de otra manera que radiante, lleno de esperanza, optimismo, alegría y complacencia… Esta tristeza del Espíritu Santo, debida al afecto de la Santísima Virgen María, impactó al Padre Michel hasta un punto de extremo shock…

El 22 de junio, el Padre Michel, como se lo fue anunciado, vio en su monasterio aparecer la Santísima Virgen María, triste, pero más serena que la semana anterior. Ella le dio un mensaje público con la misión de propagarlo internacionalmente no antes el 27 del mismo mes, y el 27 de junio, se juntaron veinte-un canal podcast en Francia, España, Inglaterra, Canadá, Estados Unidos, México, América-Central, Colombia, Venezuela, Ecuador, Perú, Chile, Bolivia, Chile, Argentina, Uruguay, Paraguay, Puerto-Rico y Rep. Dominicana a través de los cuales más de 1,500,000 telespectadores escucharon el mensaje del Cielo.

Aquí fue el mensaje dirigido a los fieles:

El mensaje del Santísima Virgen María a compartir con el mundo antes del 27 de junio del 2024

"Hijos míos,
Gracias por responder a mi llamada.
Esta novena mundial por la paz mundial salva y salvará a muchos de Mis hijos que se han extraviado porque se han desviado de la fe de su Bautismo. Esta novena trae gracias de conversión para mis hijos que aún no han recibido el Santo Bautismo en la Iglesia de Mi Hijo. Esta novena trae al mundo un soplo de esperanza para todos los hijos de Mi Inmaculado Corazón y para todos los de buena voluntad. No rechacen el Amor de Mi Hijo. Él es el Camino, la Verdad y la Vida. ¡Mi Corazón maternal está con vosotros!
Francia, hija mayor de la Iglesia... ¡Cuántas veces te he visitado y no me has escuchado! ¡Con mi oración y mis lágrimas he obtenido para

ti los lirios de la santidad! ¡Llamo a ustedes, los apóstoles de los últimos tiempos! ¡La cohorte de mis hijos que en estos últimos días han rezado el Rosario, han obtenido para ustedes una gracia especial! Este es el caso de todos los países que participaron en esta oración. De Europa y Asia, de América Latina a África, de todos los países nórdicos y eslavos, incluidos mis hijos de Rusia, Canadá y América, de las islas del Pacífico y del Atlántico, ¡vuestra oración ha sido escuchada! El ejército de los secuaces de Satanás se ha debilitado.

Es verdad que la Iglesia de mi Hijo sufrirá persecución. Las naciones se levantarán unas contra otras hasta tal punto que será necesaria una iluminación de las conciencias para salvar al mayor número de personas. ¡Estos serán días como ningunos otros en la Tierra!

¡Se os ha concedido una gracia especial! Mis ángeles protegerán las casas, las cabañas, las familias y sus hijos, sus hogares, sus tierras, sus granjas, a todos aquellos que se han consagrado al Sagrado Corazón de mi Hijo Jesús y a mi Inmaculado Corazón para el advenimiento de una paz mariana para el mundo. Mis ángeles os guiarán y os sacarán de todos los lugares que necesitan ser purificados por las plagas que los siervos de Satanás provocarán. No temáis al Anticristo... Estaréis bajo la protección de vuestros Santos Ángeles. Miguel, mi Santo Arcángel, sostiene la espada de fuego que asestará un golpe contra el Infierno y su príncipe. Gabriel, mi Arcángel del Sacerdocio, protegerá a todos los sacerdotes de la Iglesia de la cual Yo soy Madre. Rafael, mi Arcángel de la curación, limpiará el mundo de su corrupción, de sus pestilencias y enfermedades diabólicas. ¡Hijitos de mi Corazón, no tengan miedo! Vuestros ojos verán el Poder de Dios! ¡Los rumores de guerra no son nada ante Su Brazo que todo lo subyuga!

Hijos míos, guardad el estado de gracia en el Espíritu Santo. Si por casualidad caen en un pecado, acúdanse al sacramento del Perdón, ese río de misericordia para la salvación del mundo. Sed asiduos y vigilantes en la oración y adoración de mi Hijo en el Santísimo Sacramento del Altar. Todos los sacramentales de la Iglesia alejan el Mal en todas sus formas.

En la fiesta de San Juan Bautista, una voz clama en el desierto de este mundo: "Enderecen los caminos del Señor, porque viene el Señor de los señores."

Hijos Míos, los tiempos se están cumpliendo y seréis testigos de las maravillas de vuestro Padre Celestial, de mi Hijo Jesús y del Espíritu Santo. Con Jesús y José, somos vuestra protección con vuestros santos ángeles de la guarda y vuestros santos patronos.

Queridos hijos de Mi Inmaculado Corazón, los bendigo."

(La Virgen del Perpetuo Socorro, sábado, 22 de junio de 2024)

Rev. Padre Constant Louis-Marie Pel (1876-1966)

El reverendo padre Constant Louis Marie Pel nació en 1878 en Lantenay, en la región de Ain, Francia. Era un sacerdote místico invisiblemente estigmatizado. Se ordenó en 1901 y, tras obtener dos doctorados en Teología, se convirtió en profesor de Seminario. Doctor en Teología, profesor de Seminario, fundador de un convento para mujeres y de un seminario para hombres, con una gran devoción al Sagrado Corazón de Jesús y al Corazón Inmaculado de María.

Fue amigo personal de Charles de Foucault, director espiritual de Marta Robin y amigo personal del Padre Pío que dijo de él a unos peregrinos franceses en San Giovanni Rotondo:

"¿Por qué venís a verme si tenéis un santo tan grande en Francia?".

El cardenal Maurin decía del reverendo padre Pel que era un santo cura de Ars, pero con ciencia añadida.

El Padre Pel estuvo presente con el Padre Cennamo —que más tarde se convirtió en el Superior de San Giovanni Rotondo— durante el mensaje dado por San Miguel Arcángel a la vidente Conchita González el 18 de junio de 1965 en Garabandal, España (Capítulo VII). Durante la última aparición en el pueblecito español de Garabandal, San Miguel Arcángel pidió que el Padre Pel estuviera junto a Conchita González. Nadie sabe cómo, pero el sacerdote francés se encontró efectivamente al lado de la joven vidente española y, junto con otros dos franceses, el Padre Pel besó el Crucifijo antes de la aparición. Los tres franceses fueron los únicos en ese día que se beneficiaron de ese favor especial.

De vuelta a Francia, el P. Pel pasaba las noches de pie en la iglesia con la frente apoyada en el Sagrario, conversando con Dios en un éxtasis permanente. Murió, a pesar de una salud de hierro, en un accidente de coche en 1966 (justo después del Concilio Vaticano II), pero no antes de que un seminarista, uno de sus hijos espirituales, pudiera anotar una profecía del P. Pel, que data de 1945, sobre el castigo que golpeará a Francia y al mundo:

"Hijo mío", dijo el P. Pel, *"has de saber que, con el aumento del horror de los pecados del mundo a medida que avanza esta época, grandes castigos de Dios caerán sobre el mundo y ningún continente se salvará de la Ira de Dios. Francia, culpable de apostasía y de negar su vocación, será severamente castigada. Al este de una línea que se extiende desde Burdeos en el suroeste hasta Lille en el noreste, todo será arrasado e incendiado por pueblos que invadirán desde el este, y también por grandes meteoritos en llamas que caerán en una lluvia de fuego sobre toda la tierra y sobre estas regiones especialmente. La revolución, la guerra, las epidemias, las plagas, los gases venenosos químicos, los terremotos violentos y el despertar de los volcanes extintos de*

Francia lo destruirán todo.

Francia al oeste de esa línea será menos afectada... debido a la fe arraigada en La Vendée y en Bretaña, pero ninguno de los peores enemigos de Dios que busquen allí refugio del cataclismo mundial podrá encontrarlo; dondequiera que se escondan, serán muertos por los demonios, porque la Ira del Señor es justa y santa. Las densas tinieblas causadas por la guerra, los gigantescos incendios y los fragmentos de estrellas ardientes que caerán durante tres días y tres noches harán desaparecer el sol, y sólo las velas bendecidas en la Misa de las Velas (2 de febrero) darán luz en las manos de los creyentes, pero los impíos no verán esta luz milagrosa porque tienen tinieblas en sus almas.

De esta manera, las tres cuartas partes de la Humanidad será eliminada, y en algunas partes de Francia los sobrevivientes tendrán que ir 100 kilómetros (casi 60 millas) para encontrar otro ser humano (vivo). Se llegará al punto de tener que comer carne humana para sobrevivir. Varias naciones desaparecerán de la faz del mapa mundial. Francia se volverá muy pequeña, pero una pequeña parte de ella sobrevivirá hasta el final de los tiempos. Y, así purificada, Francia volverá a ser la "hija mayor de la Iglesia" —renovada— porque todos los Caínes y Judas de la Humanidad habrán desaparecido en este "Juicio de las Naciones". Pero esto no es todavía el fin de los tiempos, que tendrá lugar más tarde.

El Mar Mediterráneo desaparecerá totalmente; los océanos lanzarán enormes chorros de vapor ardiente hacia los cielos y anegarán los continentes en un espantoso maremoto que aniquilará todo a su paso. Nuevas montañas brotarán de la tierra y de los océanos, mientras que los Alpes y el valle del Rin, al norte, se derrumbarán al ser inundados por el mar. Así, el mapa del mundo cambiará totalmente; la tierra sufrirá grandes sacudidas que le impedirán girar normalmente sobre su eje. Las estaciones dejarán de existir durante tres años, tras los cuales la tierra volverá a producir sus plantas y vegetación. Habrá una gran hambruna en todo el mundo. París será destruida por la revolución y quemada por el fuego atómico de los rusos en Orleans y la región de Provins... Mientras tanto, Marsella y la Riviera Francesa se derrumbarán y quedarán sumergidas bajo el agua.

En el futuro, cuando veas que este tiempo espantoso está cerca, vete a vivir a Bretaña (en la costa occidental de Francia), pero vete al centro, lejos de las costas, porque éstas se hundirán. Este azote global comenzará en una fría noche de invierno y con un aterrador rugido de trueno divino —un sonido antinatural lleno de gritos demoníacos— que será escuchado por todo el mundo. Será la voz del pecado la que escucharán los hombres aterrorizados en esa noche".

Abad D. Souffrant (1755-1828)

El abad Souffrant nació en 1755. Una vez ordenado, comenzó su sacerdocio en 1780 como vicario de Maumusson, cerca de Ancenis, en la diócesis de Nantes (Bretaña). Enfrentó la agitación de la Revolución Francesa, durante la cual se mantuvo firme en su fe ante los sanguinarios republicanos franceses, por lo que el Obispo legítimo lo nombró su vicario general. El abad Souffrant corrió muchos peligros y más tarde, bajo el régimen imperial y el de la Restauración, sufrió diversas persecuciones.

Después de la Revolución, creyó que el pequeño Delfín de diez años, hijo del rey Luis XVI y de la reina María Antonieta, había sobrevivido y se había escapado de la prisión del Temple. En consecuencia, el buen abad escribió dos cartas, una a Napoleón I y otra al rey Luis XVIII, en las que les reprochaba su "usurpación" del trono francés; de ahí que provocara medidas de persecución del Gobierno contra él.

El abad francés vivió durante casi 50 años en su parroquia de Maumusson. A pesar de la oferta de una parroquia más importante, nunca la abandonó y permaneció allí hasta su muerte en 1828. Fue allí donde el bueno y piadoso eclesiástico, con dotes intelectuales, escribió sus numerosas profecías que, hasta el día de hoy, siguen siendo de lo más populares y discutidas. Desgraciadamente, las copias de su obra escrita se han perdido, pero las copias de sus visiones sobrenaturales siguen circulando hoy en día. Una nota dejada en los registros de la parroquia de Maumusson por su sucesor, el Abad Siche, dice textualmente:

> *"En el año 1821, llegué como vicario del venerable Mons. Souffrant, que entonces tenía 66 años, y con quien pasé seis años; ¡qué dulce y agradable era su compañía! En aquella época, hablaba a menudo de profecías, y la gente venía de lejos para escucharle, y vi en su casa a muchos grandes que pasaban días y noches con él tomando notas; lo máximo era ver en Mons. Souffrant dos caracteres en un mismo hombre. Cuando hablaba de su ministerio, lo hacía siempre con calma y moderación. Era con las profecías con las que se animaba mucho más pareciendo siempre profundamente convencido de lo que decía; cuánto lamento no haber escuchado y copiado lo que decía, pero, lo confieso, no podía creer, sólo (hasta que) los hechos (ocurriendo) triunfaron sobre mi incredulidad".*

<u>Las profecías del abad D. Souffrant:</u>

1. "Al final de la quinta edad, en la que nos encontramos, ya no creeremos", dice el venerable Holzhauser, "que en tiempos de Noé se les llamaba locos, porque construía el arca para salvarse del diluvio".

(**Nota**: Será como en la época de Noé, cuando todos lo consideraban loco por construir el Arca, en lugar de verlo como una señal de advertencia. También, podría significar que la gente de los últimos tiempos ya no creerá que los que se burlaban de Noé eran "tontos": es decir, la gente de los últimos días estará cometiendo los mismos pecados, y son "sabios del mundo" a sus propios ojos, mientras que los que son como Noé serán considerados los "tontos").

> No os alegréis por la Restauración, porque vuestra alegría no será larga. Seguiréis viendo la bandera tricolor (bandera francesa: azul, blanca y roja), y se sucederán tres Gobiernos antes de que aparezca el Gran Monarca: El orleanismo, la República y el bonapartismo.

(**Nota**: Ha llegado la mitad, la restauración del trono francés con Carlos X no duró mucho. Fue obligado a exiliarse. El orleanismo luchó después contra el Conde de Chambord por la legitimidad de su trono. La República vino después. A continuación, la restauración bonapartista. Ésta llegó también con la llegada de Napoleón III, pero la República volvió después).

La rama mayor de los Borbones todavía saldrá de Francia y el movimiento estará cerca, cuando se negocien alternativas por todas partes y se emprenda la guerra contra los turcos. La profecía también está relacionada en su mayor parte con el ascenso de Napoleón III. El trono del Conde de Chambord fue usurpado de nuevo cuando Napoleón III llegó al poder durante el Segundo Imperio y el Conde de Chambord se vio obligado a permanecer fuera de Francia.

2. Sin embargo, se argumenta que Enrique de Borbón podría haber llegado al trono, pero la revelación que le hizo el pequeño vidente de La Salette, Maximino Giraud, le convenció de no sentarse en el trono de Francia, ya que sabía que su primo Luis XVII había sobrevivido al "Temple" y tenía un heredero (**ver página 51**).

3. Tras la caída de Carlos X, tendremos un príncipe de Orleans que hará mucho daño a la religión. Bajo su reinado se establecerán Escuelas perniciosas que harán mucho daño.

4. En el reinado del usurpador, se intentará un movimiento en La Vendée, por parte de la duquesa de Berry y sus amigos, pero durará poco y no tendrá éxito. El Duque y la Duquesa de Angulema (hija de Luis XVI y María Antonieta) permanecen ajenos a este intento. El usurpador será prendido a su vez y el momento de su caída será precedido por movimientos en Italia.

Llegará en un momento de gran prosperidad; normalmente se dirá que estoy equivocado.

(**Nota**: Esta profecía se hizo realidad. El usurpador de Orleans, Luis Felipe I, se vio obligado a abdicar tras el estallido de la Revolución Francesa de 1848. Vivió su vida en el exilio en el Reino Unido. Sus partidarios eran conocidos como orleanistas, en contraposición a los legitimistas que apoyaban la línea principal de la Casa de Borbón. Napoleón III, el siguiente usurpador, fundó el Segundo Imperio Francés y fue su Emperador hasta la derrota del ejército francés, participó en la guerra franco-prusiana de 1870, y hasta que el propio Napoleón III fue capturado por el ejército prusiano.

Sin embargo, antes de la guerra, trabajó en la modernización de la economía francesa, en la reconstrucción de la ciudad de París, en la expansión del Imperio francés de ultramar y en la participación en la guerra de Crimea y en la guerra por la unificación italiana. La Guerra por la unificación italiana debe ser los "movimientos en Italia", predijo el abate Souffrant. Tras la derrota y caída de Napoleón III, el Emperador francés se exilió y murió en Inglaterra en 1873. La Tercera República comenzó tras su muerte, ya que el Conde de Chambord no llegó a ocupar el trono por las razones explicadas en el capítulo I.

5. La sustitución de la "Tricolor" por la bandera blanca con las flores de lis doradas exigida por el Conde de Chambord como condición para su regreso al trono no era en realidad sino un mero pretexto orquestado como excusa para no tomar la corona. En efecto, el conde de Chambord sabía perfectamente que su propuesta sería rechazada con vehemencia por el Parlamento francés, pero su decisión fue firme y tomada en base a la revelación que le hizo Maximino Giraud desde La Salette (ver capítulo I).

6. Cuando se promulgue una ley para regular la práctica de la caza, podéis esperar que la República esté cerca.

(**Nota**: El 3 de mayo de 1844 se aprobó en Francia una importante regulación de la caza. Esto ocurrió justo antes de los acontecimientos históricos mencionados anteriormente).

7. Cuando Francia esté atravesada por carreteras, el usurpador estará cerca de su caída. Será apresado y morirá en el exilio.

(**Nota**: Esto se hizo realidad, en su momento: Napoleón III fue el último en supervisar la creación de nuevas autopistas en Francia que se inició bajo el reinado de Napoleón I según un artículo fechado en 1893. Además, Napoleón se exilió de hecho en Londres tras el fiasco de la guerra franco-prusiana).

8. Después de él, se proclamará una República que dará plena y completa libertad y no hará mucho daño a la religión.

9. No pasará mucho tiempo y tendréis un Napoleón que os gobernará.

10. Hará un gran daño a la religión con su hipocresía. Bajo su reinado, habrá un impulso universal para la construcción de iglesias muy hermosas.

(**Nota**: Aquí, las profecías van más hacia atrás. Puede que Napoleón III haya contribuido a apoyar a la Iglesia, pero al reinar bajo una monarquía constitucional favorable al ideal de la Revolución Francesa, y sentarse en un trono que no era el suyo, su reinado fue ilícito y, según algunos, el de un hipócrita. Sobre la construcción de iglesias: Napoleón III sigue procurando la conservación de numerosos edificios medievales en Francia, que habían quedado en desuso desde la Revolución francesa. Con Eugène Viollet-le-Duc como arquitecto jefe, se salvaron muchos edificios, entre ellos algunos de los más famosos de Francia: la Catedral de Notre Dame, el Monte Saint-Michel, Carcassonne, la Abadía de Wzelay, Pierrefonds y el Castillo de Rochetaillée).

Francia vista en el futuro por el Padre Pel

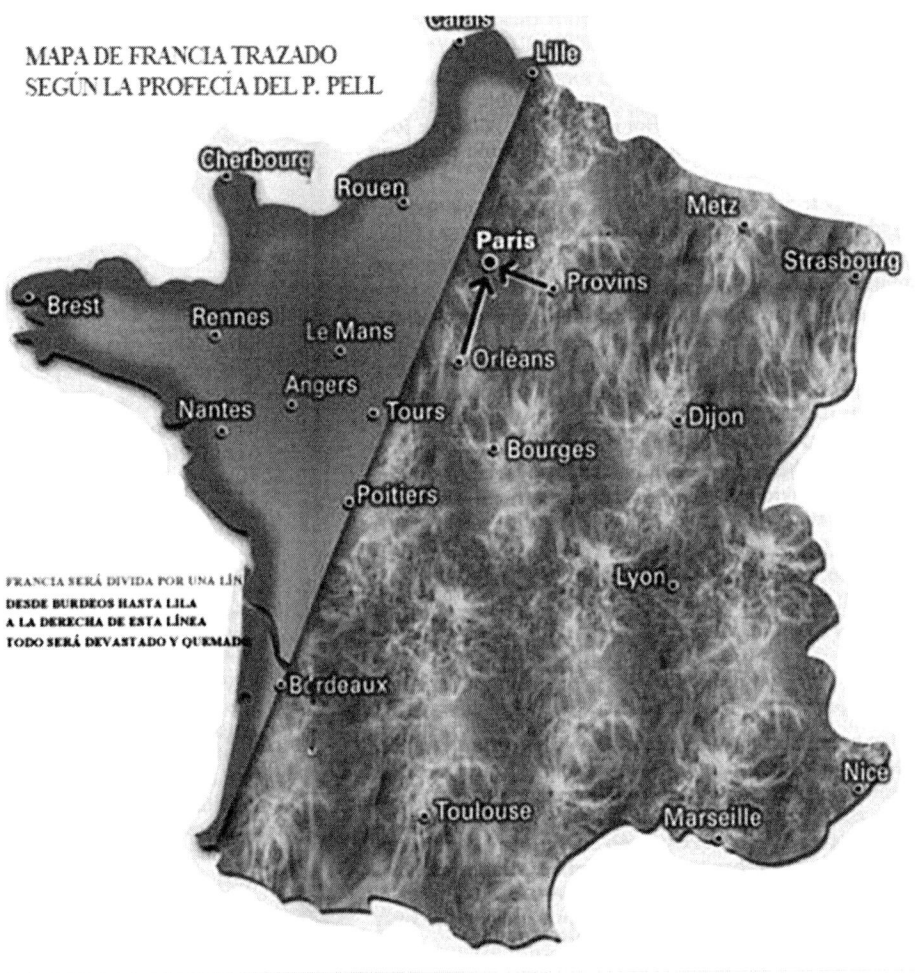

"Francia será dividida por una línea desde la ciudad de Burdeos hasta la ciudad de Lille. A la derecha de esa línea todo será devastado y quemado. París será destruido mediante dos explosiones nucleares: una proveniente de Orleans y la otra de las afueras de Coulommiers"

(Rev. Padre Pel).

Francia vista en el futuro por el Rev. Padre Pel, el Rev. Padre Souffrant y La estigmatista y visionaria Marie-Julie Jahenny

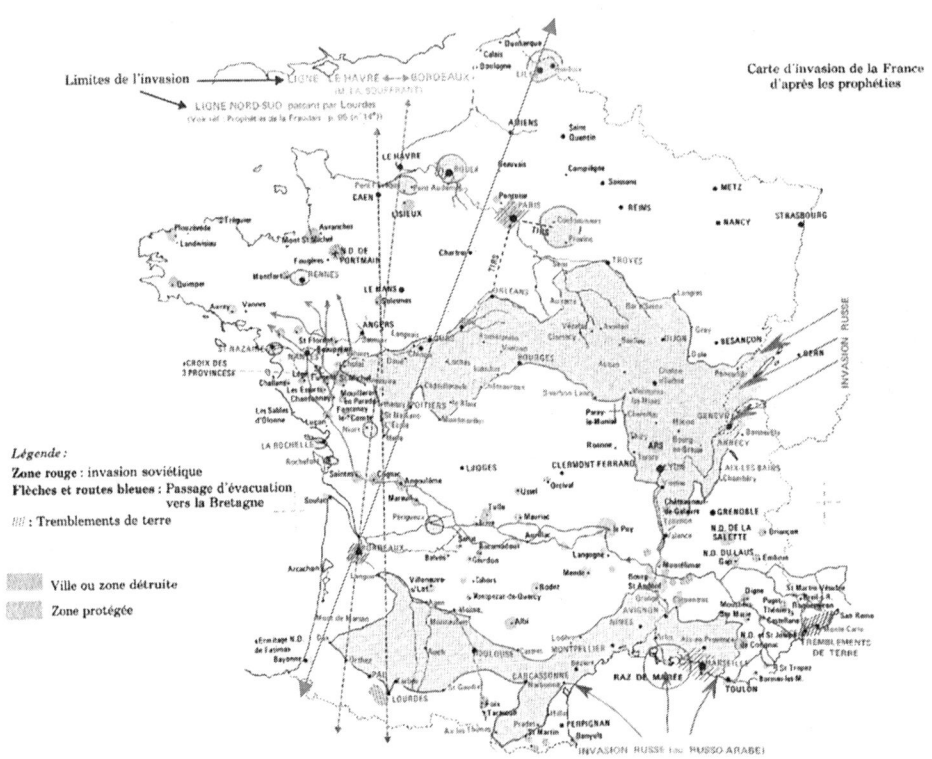

Zona blanca: Ciudades y zonas protegidas (según Marie-Julie Jahenny)
Zona roja: Ciudades y zonas destruidas (según Marie-Julie Jahenny)
Carreteras azules: Caminos de evacuación hacia Bretaña (según Marie-Julie Jahenny)

Líneas de demarcación:

Negra: Al este de Lille - Burdeos todo será quemado (Rev. Padre Pel, vid. línea arriba)
Azul: Límite de la invasión rusa desde El Havre - Burdeos) (según el Rev. Padre Souffrant)
Rojo: Límite de la invasión rusa de Caen – Lourdes (según Marie- Julie Jahenny)

— Francia será dividida en dos. La invasión extranjera se detendrá al este de la línea entre Caen - Lourdes (revelación de Marie-Julie Jahenny)

— **Francia será dividida en dos. La invasión del enemigo será entre una línea en entre las ciudades de Le Havre - Burdeos (revelación del Abad Souffrant)**

¿Cuál será su poder? No puedo decir demasiado, pero tendrá poder suficiente para acuñar dinero.

11. Estará cerca de su caída cuando viajemos con la rapidez de una golondrina. Su caída será costosa.

(**Nota**: viajar con la rapidez de una golondrina se refiere, obviamente, a los tiempos futuros en los que la capacidad de viajar rápido será posible)

12. Entonces vendrá una mala República que persiga la religión y acabará con una catástrofe.

13. Un gran número de personas honestas, monárquicos, sacerdotes y nobles, estarán ansiosos, más ansiosos que otros, de reconocer la República, de encontrarla buena, de desear su mantenimiento.

14. Habrá varias asambleas de diputados: los monárquicos pondrán sus esperanzas en estas asambleas, pero no les traerán ninguna realización de esas esperanzas.

15. La paz es imposible: seremos afligidos por los mayores males. Sucederán acontecimientos terribles. Estas desgracias que Dios nos enviará para hacer penitencia, no serán tan grandes si nos convertimos.

16. Estos males, y todo lo que da de sí la República, son necesarios para purificar el país y hacer entrar el buen grano antes de la llegada del Gran Monarca.

17. La conversión de los burgueses serviría maravillosamente para disminuir o detener muchos males.

18. El momento de los grandes acontecimientos estará cerca cuando se viaje con la mayor rapidez. No sé cómo serán estos viajes, pero veo que los vehículos (coches / vagones) van con la velocidad del pájaro.

19. La venida del Gran Monarca estará muy cerca cuando el número de legitimistas que hayan permanecido verdaderamente fieles será tan pequeño que, a decir verdad, serán contados.

20. En estos acontecimientos, los buenos no tendrán nada que hacer, porque serán los republicanos, los malos los que se cargarán a los demás.

(**Nota**: Posiblemente significa que las personas buenas o monárquicas del lado del rey no podrán hacer ya nada y que en ese momento los republicanos tendrán todo el poder).

21. Los trastornos serán espantosos. La religión será perseguida y sus ministros se verán obligados a esconderse en muchos lugares, al menos momentáneamente; las iglesias estarán cerradas durante un tiempo.
22. Antes de la llegada del Gran Monarca, se producirán grandes males, desórdenes espantosos; deben ocurrir desgracias.
23. La sangre fluirá en torrentes hacia el norte y hacia el sur y la veré correr como la lluvia en un día de tormenta, y veo a los caballos con sangre hasta las correas.

24. Es sobre todo en las ciudades donde fluirá la sangre.

25. En estos tiempos y después de que se proclame una nueva República (¿una sexta república francesa?), pero que durará poco, verás tres partidos en Francia, dos malos y uno bueno. Los dos primeros harán mucho daño en París, que será destruido, y en el resto del Norte y del Sur de Francia.

26. Estos males y desastres arruinarán sobre todo las grandes ciudades.

27. París será tratada con un rigor sin parangón, como centro del crimen y de la corrupción. París será destruida en medio de todas estas calamidades, tan destruida que el arado pasará por allí.

28. La agitación será general en Europa y en todas partes se establecerán Repúblicas.

29. El occidente, que fue tratado tan rudamente bajo la primera Revolución, se salvará en los acontecimientos. Es por esto que el occidente ha encontrado el favor de Dios, por su fe; las desgracias que puedan ocurrir en el occidente serán muy pequeñas comparadas con las de otros países. Sólo sufrirá el reflejo de las grandes conmociones.

(**Nota**: Aquí se habla del occidente de Francia, de Bretaña y de La Vendée, que sufrieron mucho durante la Revolución Francesa, pero que se librarán de muchos de los desastres en los próximos sucesos. Esto también se le predijo a Marie-Julie Jahenny muchos años después).

30. El campo se salvará.

(**Nota**: posiblemente también se refiera a las zonas rurales de Bretaña y La Vendée).

31. Un Bonaparte causará grandes penas al Soberano Pontífice, y le obligará finalmente a huir. Es posible que vaya a Rusia.

(**Nota**: Puede ser uno de los contendientes que se alzarán de nuevo antes de que llegue el Gran Monarca. Los usurpadores causarán problemas).

32. Se lanzarán consignas; las que dominen serán los gritos de: "¡Viva la república!", "¡Viva Napoleón!", y finalmente "¡Viva el Gran Monarca por quien Dios nos guarda!".

(**Nota**: Los partidos republicanos malvados serán poderosos hasta que al final ganen los monárquicos).

33. Ocurrirán cosas nunca vistas; los truenos, los relámpagos y los terremotos tendrán que convertir a más gente que otros males, las guerras y las masacres. Llegará un momento en que se creerá que todo está perdido.

(**Nota**: Los castigos que sacudirán la tierra).

34. Las desgracias predichas anteriormente serán el resultado de nuestros crímenes. Si, como Dios quiere, entramos en sus miras y en las de la Iglesia, nuestros males se aliviarán.

(**Nota**: Las conversiones y el arrepentimiento de los pecados disminuirán los castigos).

35. Cuando se crea que todo está perdido es cuando se salvará todo; porque entre el grito de "¡todo está perdido!" y el grito de "¡todo está salvado!" no habrá intervalo, el tiempo para dar vuelta (o voltear) una tortilla.

36. Las potencias extranjeras se armarán y marcharán contra Francia.

37. El Emperador de Rusia vendrá al frente de un gran ejército al Rin. Rusia vendrá a dar de beber a sus caballos en el Rin, pero no lo pasarán.

38. Luego, en esta sexta edad, Dios consolará a los sacerdotes católicos y a los demás fieles enviando al Gran Monarca y al Santo Pontífice.

39. En ese momento, un monje que tiene la paz en su nombre y en su corazón, orará; tendrá la misma misión que Juana de Arco.

40. Impulsado por todas partes, vendrá a refugiarse en su Seminario en el oeste de Francia, y (también) el Gran Rey que Dios nos reserva, descendiente del rey mártir.

(**Nota**: Parece que el santo monje con la misma misión que Santa Juana de Arco, de ayudar al Monarca a reclamar su trono, huirá a Bretaña o bien a La Vendée en un Seminario. Allí se refugiará, al igual que el Rey. El Rey es descendiente de un "rey mártir": Luis XVI. El hombre que se reveló a Marie-Julie Jahenny como el Gran Monarca será descendiente del rey Luis XVI y de María Antonieta, y se llamará Enrique V de la Santa Cruz).

41. Tendrán muchas dificultades con algunos prelados.

(**Nota**: Significa que algunos funcionarios de la Iglesia se opondrán al Gran Monarca y a sus seguidores. Marie-Julie Jahenny predijo lo mismo, sólo cuatro Obispos lo apoyarán según la estigmatizada francesa).

42. El Gran Monarca que será (de la) Lys, llegará por el Sur de Francia; será traído por el Santo Pontífice y el emperador de Rusia, un príncipe del Norte que se convertirá. Es por el cuidado del Soberano Pontífice especialmente por lo que este emperador se inclinará a aceptarlo.

43. Los generales franceses, que marcharán para el combate, no dispararán un solo tiro; depondrán las armas en cuanto se les presente el Gran Monarca, ¡tan sorprendente será su llegada y acompañada de deslumbrantes pruebas de su derecho y de su virtud!

44. El Gran Monarca es de la rama mayor de los Borbones, y proviene de la línea genealógica de una rama cortada.

45. El Gran Monarca aparecerá contra todo pronóstico cuando los amigos de la Iglesia y los gobernantes legítimos estén consternados y tan angustiados que se verán obligados a tomar las armas a las que Dios dará el éxito más maravilloso y más brillante.

46. Los signos brillantes y manifiestos harán que el príncipe sea reconocido por todos y supere todos los obstáculos.

(**Nota**: Los milagros señalarán al Gran Monarca elegido por Dios).

47. Los buenos republicanos, más impresionados que los demás, estarán mucho más dispuestos a someterse a él que los monárquicos.

48. Por lo demás, pocos se resistirán; los llamativos signos y las calamidades habrán preparado suficientemente las mentes para recibirlo.

49. El Gran Monarca hará cosas tan extraordinarias que los más incrédulos se verán obligados a reconocer el dedo de Dios.

50. Además, será el comienzo de una nueva era de paz y triunfo para la Iglesia, una era de innumerables conversiones.

51. El éxito que será el triunfo de la Iglesia y de los amigos de la legitimidad tendrá su fuente principal en la devoción al Sagrado Corazón. Esta devoción, sin detener los acontecimientos, puede disminuir en gran medida la extensión e intensidad de los males anunciados.

(**Nota**: No sólo el Reinado del Sagrado Corazón comenzará bajo el Gran Monarca).

52. Un noble de la Loira-inferior —un general bretón— será llamado a participar en los acontecimientos y desempeñará un papel importante para la restauración del Santo Pontífice y del Gran Monarca. Lo traerá de vuelta.

53. Francia, pacificada primero, devolverá la calma y la prosperidad a las demás naciones.

54. El Gran Monarca reformará todo, hará un nuevo código, una nueva nobleza, y todos sus actos serán tan perfectos que todos los demás soberanos le serán sumisos.

55. Con el Emperador de Rusia, pondrá fin a la confusión, la usurpación y la injusticia en toda Europa.

56. Pero, sobre todo, ambos restablecerán el reinado de la religión y la autoridad de la Iglesia.

57. Ambos tendrán tal supremacía sobre otras potencias que serán como los dos únicos monarcas.

58. Por supuesto, el emperador de Rusia se convertirá a la fe católica tan manifiestamente que será considerado como otro Constantino.

59. De acuerdo con él, el Gran Monarca exterminará la raza de los herejes e impíos, restaurará el orden y devolverá a cada uno su bien: "*reddet cuique suum bonum*" [dará a cada uno su propio bien].

60. Por así decir, habrá sólo dos Imperios en Europa, el de Oriente y el de Occidente.

61. Rusia se convertirá y ayudará a Francia a restaurar la paz y la tranquilidad en el mundo. Pero, sobre todo, restaurarán el reino de la religión y la autoridad de la Iglesia.

62. Bajo el reinado de este Gran Monarca, se hará toda la justicia. La religión católica florecerá en todo el universo, excepto en Palestina, país de maldición.

63. Lleno del espíritu de Dios, pesará el mérito de cada persona como el oro en la balanza y le hará la más escrupulosa justicia.

64. Los que posean bienes robados serán los primeros en devolverlos. Los bienes nacionales serán arrebatados a sus compradores.

65. Entonces tomará solo la corona y la colocará en la cabeza de su heredero directo.

66. Dios, al mismo tiempo, suscitará al Santo Pontífice que, apoyado por el Gran Monarca llamado "*Auxilium Dei*" ("El Auxilio de Dios"), exterminará todas las sectas heréticas, todas las supersticiones de los gentiles, difundirá y hará brillar más que nunca el reino de la Iglesia Católica en todo el universo, excepto en la región infernal de Palestina, país de maldición donde habrá de nacer el Anticristo.

67. Bajo el reinado del Gran Monarca, la religión será honrada y Dios glorificado como no lo ha sido desde hace siglos; en todo el mundo se observará la mayor virtud y la tierra producirá fruto en abundancia.

68. Después de la crisis, a pesar de ciertas oposiciones provenientes del propio clero, todo terminará con un Concilio general y decisivo al que se someterá todo el universo hasta la última persecución, la de la Bestia o del Anticristo.

(**Nota**: Se celebrará un último gran Concilio en el que todo será restaurado, hasta la venida del Anticristo).

69. Entonces habrá un solo rebaño y un solo pastor, porque todos los infieles y todos los herejes, pero no los judíos, cuya masa se convertirá después de la muerte de la Bestia, entrarán en la Iglesia latina, cuyo triunfo continuará hasta la destrucción del Anticristo.

Jeanne Royer (Hermana de la Natividad) (1731-1798)

La buena Hermana de la Natividad era un alma sensible y profundamente devota de Dios, del Rey y de la patria. Cuando la horrible y bárbara Revolución en Francia empezó a surtir efecto contra la nobleza francesa y contra la Iglesia, ella se mantuvo firme en su fe:

"Un día que estaba rezando ante el Santo Sacramento, el Señor me hizo ver que el Rey sería ejecutado. Le rogué que no permitiera tal cosa. Mis oraciones eran demasiado débiles.
Veo que el siglo que comienza en 1800 no será el último. El reino del Anticristo se acerca. Los espesos vapores que he visto surgir de la tierra y oscurecer la luz del sol son las falsas máximas de la irreligión y la licencia que están confundiendo todos los principios sanos y extendiendo por todas partes una oscuridad tal que oscurece tanto la fe como la razón.

Un día oí una voz que decía:

"La nueva Constitución parecerá a muchos otros lo que realmente es. La bendecirán como un regalo del Cielo; mientras que, en realidad, es enviada desde el infierno y permitida por Dios en su justa ira. Sólo por sus efectos la gente será llevada a reconocer al Dragón que quería destruirlo todo y devorarlo todo".

Una noche vi a varios eclesiásticos. Su altivez y su aire de severidad parecían exigir el respeto de todos. Obligaban a los fieles a seguirlos. Pero Dios me ordenó que me opusiera a ellos:

"Ya no tienen derecho a hablar en mi nombre", *me dijo Jesús.* **"Es contrario a mi deseo que lleven a cabo un mandato para el que ya no son dignos"**.

Ví un gran poder levantarse contra la Iglesia. Saqueó, devastó y sumió en la confusión y el desorden a la vid del Señor, haciéndola pisotear por el pueblo y ridiculizándola por todas las naciones. **Habiendo vilipendiado el celibato y oprimido al sacerdocio,** *tuvo el descaro de confiscar los bienes de la Iglesia y de arrogarse los poderes del Santo Padre, cuya persona y cuyas leyes despreciaba.*
Tuve una visión: Ante el Padre y el Hijo —ambos sentados— estaba arrodillada una Virgen de incomparable belleza, que representaba a la Iglesia. El Espíritu Santo extendía sus alas brillantes sobre la Virgen y las otras dos personas. Las heridas de Nuestro Señor parecían vivas.

Apoyado en la Cruz con una mano, ofreció a su Padre con la otra el cáliz que el Maestro sostenía en el centro. El Padre colocó una mano en la alzada y levantó la otra para bendecir a la Virgen. Me di cuenta de que el cáliz sólo estaba lleno de sangre hasta la mitad, y oí estas palabras pronunciadas por el Salvador en el momento de la presentación: **"No estaré plenamente satisfecho hasta que pueda llenarlo hasta el borde"**. *Comprendí entonces que el contenido del cáliz representaba la sangre de los primeros mártires, y que esta visión hacía referencia a las últimas persecuciones de los cristianos, cuya sangre llenaría el cáliz, completando así el número de mártires y predestinados. Porque al final de los tiempos habrá tantos mártires como en la Iglesia primitiva, e incluso más, pues las persecuciones serán mucho más violentas. Entonces el Juicio Final ya no se retrasará.*

Veo en Dios que mucho tiempo antes del surgimiento del Anticristo el mundo será afligido con muchas guerras sangrientas. Los pueblos se levantarán contra los pueblos, y las naciones se levantarán contra las naciones, a veces aliadas, a veces enemigas, en su lucha contra el mismo partido. Los ejércitos entrarán en espantosos choques y llenarán la tierra de asesinatos y carnicerías. Estas guerras internas y extranjeras causarán enormes sacrificios, profanaciones, escándalos e infinitos males, a causa de las persecuciones que se harán sobre la Iglesia.

Además de todo esto, veo que la tierra será sacudida por espantosos terremotos en diferentes lugares. Veo que montañas enteras se agrietan y se parten con un estruendo terrible. Sólo se es veedaderamente feliz si se logra escapar sin más que con un susto; pero no, veo salir de estas montañas agrietadas torbellinos de humo, de fuego, de azufre y de alquitrán, que reducen a cenizas ciudades enteras. Todo esto y otros mil desastres han de venir antes de que se alce el Hombre de Pecado.

Vi a la luz del Señor que la fe y nuestra santa Religión se debilitarán en casi todos los reinos cristianos. Dios ha permitido que sean castigados por los malvados para despertarlos de su apatía. Y, después de que la justicia de Dios haya sido satisfecha, derramará una abundancia de gracias sobre su Iglesia y difundirá la Fe y restaurará la disciplina de la Iglesia en aquellos países donde se había vuelto tibia y laxa. Vi en Dios que nuestra Madre, la Santa Iglesia, se extenderá en muchos países y producirá sus frutos en abundancia para compensar los ultrajes que habrá sufrido por la impiedad y las persecuciones de sus enemigos.

He visto al pobre pueblo, cansado de los arduos trabajos y pruebas que Dios le ha enviado. Entonces se sentirán entusiasmados con una alegría que Dios infundirá en sus buenos corazones. La Iglesia se volverá más fervorosa y más floreciente que nunca por su fe y por su amor. Nuestra buena Madre la Iglesia será testigo de muchas cosas asombrosas, incluso por parte de sus antiguos perseguidores, pues se presentarán y se arrojarán a sus pies, la reconocerán e implorarán el perdón de Dios y de ella por todos los crímenes y ultrajes que habían perpetrado contra ella. Ya no los considerará sus enemigos, sino que los acogerá como a sus propios hijos. Ahora todos los verdaderos penitentes acudirán de todas partes a la Iglesia, que los recibirá en su seno. Toda la comunidad de los fieles derramará sus corazones en himnos de penitencia y de acción de gracias a la gloria del Señor.

Veo en Dios un gran poder, dirigido por el Espíritu Santo, que restablecerá el orden a través de un segundo resurgir. Veo en Dios una gran asamblea de pastores que defenderán los derechos de la Iglesia y de su Cabeza. Ellos restaurarán las antiguas disciplinas. En particular, veo a dos siervos del Señor que se distinguirán en esta gloriosa lucha y que, por la gracia del Espíritu Santo, llenarán de ardiente celo los corazones de esa ilustre asamblea. Todos los falsos cultos serán abolidos; todos los abusos de la Revolución serán destruidos y los altares del verdadero Dios restaurados. Las antiguas prácticas volverán a ponerse en vigor, y nuestra religión —al menos en algunos aspectos— florecerá más que nunca.

Veo en Dios que la Iglesia gozará de una profunda paz durante un período que me parece de bastante larga duración. Este respiro será el más largo de todos los que ocurrirán entre las revoluciones de ahora hasta el Juicio Final. Cuanto más nos acerquemos al Juicio Final, más breves serán las revoluciones contra la Iglesia. El tipo de paz que seguirá a cada revolución será también más corto. Esto es así porque nos estamos acercando al Final de los Tiempos, y quedará poco tiempo para que los elegidos hagan el bien o para que los malvados hagan el mal.

Un día el Señor me dijo:

"Unos años antes de la llegada de mi enemigo, Satanás levantará falsos profetas que anunciarán al Anticristo como el verdadero Mesías y tratarán de destruir todas nuestras creencias cristianas. Y haré que los niños y los ancianos profeticen. Cuanto más nos acerquemos al reinado del Anticristo, más se extenderán las tinieblas de Satanás sobre la tierra, y más sus esbirros aumentarán sus esfuerzos para atrapar a los fieles en su red".

Cuando se acerque el reinado del Anticristo, aparecerá una falsa religión que negará la unidad de Dios y se opondrá a la Iglesia. Los errores causarán estragos como nunca antes. Un día me encontré en una inmensa llanura a solas con Dios. Jesús se me apareció y desde la cima de una pequeña colina, me mostró un hermoso sol en el horizonte. Me dijo con tristeza:

"El mundo está pasando y el tiempo de mi segunda venida se acerca.

Cuando el sol está a punto de ponerse, uno sabe que el día está a punto de terminar y que pronto caerá la noche. Los siglos son como días para mí. Mirad este sol, ved cuánto le queda por recorrer, y calculad el tiempo que le queda al mundo". *Miré atentamente y me pareció que el sol se pondría en dos horas. Jesús dijo:* "**No olvides que no son milenios, sino sólo siglos, y que son pocos**".

Pero yo comprendí que Jesús se reservaba el conocimiento del número exacto, y no quise preguntarle más. Me bastaba saber que la paz de la Iglesia y el restablecimiento de la disciplina iban a durar un tiempo razonablemente largo.

Dios me ha manifestado la malicia de Lucifer y las intenciones perversas y diabólicas de sus secuaces contra la Santa Iglesia de Jesucristo. A la orden de su amo, estos hombres malvados han cruzado el mundo como furias para preparar el camino y el lugar para el Anticristo, cuyo reinado se aproxima. Con el aliento corrupto de su espíritu orgulloso han envenenado las mentes de los hombres. Como personas infectadas por la peste, se han comunicado el mal unos a otros, y el contagio se ha hecho general. La tormenta comenzó en Francia y Francia será el primer teatro de sus estragos después de haber sido su cuna. La Iglesia en Concilio golpeará un día con anatemas, derribará y destruirá los malos principios de esa constitución criminal. ¡Qué consuelo! ¡Qué alegría para los verdaderos fieles!".

Un día, Nuestro Señor Jesucristo le dijo a la Hermana de la Natividad:

"**He elegido desde tu infancia detener la multitud de pecadores que caen cada día en el infierno. Te he comunicado visiones y revelaciones para que las publiques y las des a conocer a Mi Iglesia. El tiempo es corto. Lo que aquí te digo, hija mía, será leído y contado hasta el fin de los siglos.**

El juicio final está cerca, y Mi Gran Día llega. ¡Ay! ¡Tantas penas lo acompañan! ¡Tantos niños perecerán antes de nacer! ¡Tantos jóvenes (niños) de ambos sexos serán aplastados por la muerte en medio de su camino (hacia el nacimiento)! Los niños en el seno de sus madres perecerán con sus madres (Aborto). ¡Ay de los pecadores que vivirán aún en pecado sin haber ofrecido penitencia! ¡Ay! ¡Ay! ¡Ay del siglo pasado!"

Esto es lo que Nuestro Señor me ha permitido ver en Su Luz. Comencé a mirar en la Luz de Dios el siglo que iba a comenzar con el 1800; yo vi a través de la Luz que el Juicio no sería entonces y que no sería el último siglo; luego consideré desde esa misma Luz el siglo de 1900 o el del año 2000, pero lo que vi fue que, si ese juicio venía en el siglo del 1900, sólo vendría hacia su parte final y que, si alcanzaba el siglo de los años 2000, ese juicio acontecería dentro de las dos primeras décadas; eso es lo que vi en la Luz de Dios".

Asaltos contra la Iglesia:

"El espíritu de Satanás inspirará, contra la Iglesia, ligas de asambleas, de sociedades secretas. La Iglesia condenará primero su sórdida doctrina (la francmasonería). *Entonces los partidarios de Satanás se esconderán en las sombras y producirán volúmenes de obras que causarán mucho daño. Todo se hará en silencio dentro de una envoltura de secreto inquebrantable. Será como un fuego por debajo, sin ruido y que se irá extendiendo poco a poco. Esto será grave y peligroso para la Santa Iglesia, pues no se dará cuenta de estos planes. Algunos sacerdotes verán los primeros humos del fuego maligno. Se levantarán contra los que se notarán que tienen los signos precedentes de falta de devoción y que se separan así de las buenas costumbres de la Iglesia. Estos pobres seguidores de esas nuevas doctrinas dirán entre ellos:* **"Tengamos cuidado de no ser descubiertos. No revelemos lo que somos ni cuál es nuestro secreto. En apariencia, debemos parecer sumisos como niños indefensos. Acerquémonos a los sacramentos. No debatamos, sino actuemos con paz y suavidad"**.
Cuando vean que han ganado un gran número de discípulos, un número tan importante como el de un gran reino, entonces estos lobos ladrones saldrán de sus cavernas, vestidos con pieles de oveja. La Santa Iglesia tendrá que sufrir mucho. Será atacada por todas partes por ajenos, pero también por sus propios hijos que, como víboras, le desgarrarán las entrañas y se pondrán del lado de sus enemigos.
Al principio, mantendrán en secreto su ley maldita. Esta ley será aprobada por todos sus cómplices, pero saldrá a la luz sólo unos años antes de la llegada del Anticristo. Veo en Dios que los sacerdotes se sorprenderán de tal cambio que saldrá adelante sin muchos discursos que lo anuncien. Pero algunos de los ministros del Señor, más iluminados por el Espíritu Santo, serán presa del miedo ante la incertidumbre sobre el resultado de estos sucesos. ¡Oh Dios! ¡Qué angustia veo en la Santa Iglesia cuando se dé cuenta de repente de los progresos de estos impíos, de la extensión de sus obras y del número de almas que habrán enrolado en su partido! Esta herejía se extenderá tanto que parecerá envolver todos los países y todos los estados. ¡Nunca una herejía ha sido más sórdida!".

Jeanne Royer, la buena Hermana de la Natividad, vio que habrá pasado mucho tiempo, quizás medio siglo o un poco más, (desde) el momento en que todo habrá comenzado hasta el momento en que la Iglesia se dará cuenta por fin de los peligros que la amenazan. Al principio, esta herejía tendrá una apariencia magnífica. Se impondrá por su apariencia de bondad y de religiosidad. Será una trampa que seducirá a un gran número de personas:

> *"Para tener más éxito en sus esfuerzos, estos pecadores fingirán un gran respeto por el Evangelio y el catolicismo. Incluso publicarán libros de espiritualidad para que nadie dude de su santidad. Por espíritu de curiosidad, algunas personas más débiles en su fe aliviarán su curiosidad viendo lo que ofrece esta nueva religión. ¡Nadie ha visto nunca tales mentiras y engaños bajo los colores de la religión! Estos orgullosos hipócritas harán hermosos discursos para atraer a las almas vanas y curiosas. Estas almas perdidas correrán hacia todas estas novedades, dejándose atrapar de manera más fácil de cuanto es para los peces ser atrapados ellos mismos en una red.*
> *Para evitar tales penas, será necesario, con la ayuda de la Gracia Divina, adherirse a la Fe de modo inquebrantable. Habrá que recordar siempre las primeras creencias (la Fe católica) para que la Sasta Ley de Jesucristo siga siendo el faro de la propia conducta hasta el último aliento. ¡Por el Amor de Dios es imperativo rechazar esas futuras novedades extraordinarias!".*

Bernadette Soubirous (Hermana María-Bernarda) (1844-1879)

Todo el mundo conoce la extraordinaria historia de las apariciones de Nuestra Señora de Lourdes y de las notables piscinas milagrosas de agua, que han curado a innumerables hombres, mujeres y niños enfermos y moribundos. También se sabe que Bernadette Soubirous se convirtió en una monja piadosa y religiosa en el convento de San Gildard en la ciudad de Nevers, donde Bernadette Soubirous falleció a la edad de 35 años.

Su cuerpo se encontró incorrupto y, a día de hoy, está expuesto en el convento de la joven vidente para que todos los peregrinos acudan a pedir su intercesión. Sin embargo, lo que es menos conocido es el hecho de que la joven vidente recibió de la Santísima Virgen María en Lourdes cinco secretos proféticos extraordinarios, que fueron enviados a su Santidad el Papa León XIII en 1879. Unos años más tarde, el santo Pontífice autorizó (en 1883) la construcción de la magnífica Iglesia del Rosario que se levantó sobre la gruta. Desde entonces millones de personas han visitado el santuario de Lourdes e innumerables fieles han sido inexplicablemente curados física y espiritualmente.

El Papa León XIII, que siguió muy de cerca los pasos del Papa Pío IX — el Papa que no sólo proclamó el dogma de la Inmaculada Concepción, sino también dictaminó favorablemente las apariciones de Lourdes en 1858, dando su aprobación eclesial en 1862—, nunca reveló estas profecías secretas enviadas por la joven Bernadette Soubirous, ni tampoco lo hicieron sus sucesores. Es poco comprensible, ya que su contenido, en su momento, era demasiado increíble como para aceptarlo y habría tenido el posible efecto de restar credibilidad al propio lugar de las apariciones; en consecuencia, este documento se perdió con el paso de los años y de las décadas en lo más profundo de las entrañas de los sótanos de la Biblioteca del Vaticano.

No obstante, será un siglo más tarde cuando un sacerdote francés llamado Padre Antoine LaGrande, investigador del caso de las apariciones de Lourdes, encontró —profundamente cubierta bajo una enorme pila de carpetas y libros— una caja de hierro de aspecto antiguo sin ningún signo de título o pegatina sobre ella. "Extraño", pensó, y al apartar la enorme pila de documentos y libros que cubrían la misteriosa caja, la abrió para encontrar, ante su asombro, ¡cinco páginas donde estaban escritas las cinco profecías reveladas a Santa Bernadette de Lourdes por la Santísima Virgen María!

"¡Es por la Providencia de Dios por lo que estos secretos han sido hallados, y encontrados ahora, en el tiempo de Dios!", exclamó.

Las profecías secretas reveladas a la joven santa francesa estaban escritas en cinco páginas, cada una de las cuales revelaba una profecía particular. Las cuatro primeras ya se han cumplido y han demostrado ser inequívocamente ciertas. La quinta está aún por cumplirse y revela realidades que, aunque difíciles de asimilar, en nuestro tiempo y época suenan como algo bastante realista.

La primera profecía de Lourdes

La primera Profecía confirmó que Lourdes se convertiría en un renombrado centro de curación después de la muerte de Bernadette y vería el santuario visitado por millones de fieles que vienen a curarse física y espiritualmente.

La segunda profecía de Lourdes

La segunda Profecía trataba sobre el desarrollo de nuevas tecnologías por parte de la Humanidad, antes de que amaneciera el siglo XX, entre ellas la del aprovechamiento de la iluminación. Habría importantes descubrimientos científicos, entre ellos "el uso de la energía eléctrica" y la invención de varios tipos de máquinas.

La tercera profecía de Lourdes

La tercera Profecía predijo el terrible mal que se levantaría en Alemania y dañaría a la mayor parte de Europa. Predijo el surgimiento de un dictador malvado en Alemania que causaría "algo horriblemente malo". Su gobierno de terror terminaría en una Guerra en la que "participarían casi todas las naciones".

La cuarta profecía de Lourdes

La Santísima Virgen María le dijo a Bernadette que el hombre volaría en el espacio exterior y pisaría la luna hacia 1970.

La quinta profecía de Lourdes

Estas son las palabras exactas de Bernadette Soubirous escritas en la quinta página:

Su Santidad, la Virgen me ha dicho que cuando el siglo XX pase, con él pasará la Era de la Ciencia. Una nueva Era de la Fe amanecerá en todo el mundo. Se demostrará por fin que fue Nuestro Señor quien creó el mundo y al hombre, y esto será el principio del fin de los científicos, en los que la gente dejará de creer. Millones de personas volverán a Cristo.

A medida que el número de creyentes aumente, el poder de la Iglesia crecerá como nunca antes. También causará que muchos den la espalda a la ciencia, a la arrogancia de los médicos que utilizan sus conocimientos para crear una abominación.

Estos médicos encontrarán los medios para combinar la esencia de un hombre y la esencia de una bestia. La gente sabrá en su corazón que eso está mal, pero será impotente para detener el engendramiento de tales monstruos. Al final, cazarán a los científicos como se caza a los lobos rapaces. En la víspera del año 2000, tendrá lugar un choque final entre los seguidores de Mahoma y las naciones cristianas del mundo.

Se librará una furiosa batalla en la que morirán 5.650.451 soldados y una bomba de gran potencia caerá sobre una ciudad de Persia. Pero en la plenitud de los tiempos el signo de la cruz prevalecerá y todo el Islam será obligado a convertirse al cristianismo. Seguirá un siglo de paz y alegría cuando todas las naciones de la tierra depongan sus espadas y escudos. Seguirá una gran prosperidad cuando el Señor derrame sus bendiciones sobre los fieles. Ninguna familia en la tierra conocerá la pobreza o el hambre. Una de cada diez personas recibirá de Dios el poder de curar y echará fuera todas las enfermedades de los que busquen su ayuda. Muchos se alegrarán de estos milagros.

El siglo XXI será conocido como la Segunda Edad de Oro de la Humanidad.

Beata Elena Aiello (Hermana Elena Aiello) (1895-1961)

La hermana Elena fue la fundadora de las Hermanas Mínimas de la Pasión de Nuestro Señor Jesucristo. Elena Aiello ingresó en las Hermanas de la Preciosísima Sangre, pero se vio obligada a abandonarlas debido a su grave estado de salud, que pronto la mantuvo recluida en su casa, donde comenzó a experimentar visiones tanto de Jesucristo como de la Virgen.

Su deseo de convertirse en monja se vio truncado, pues su padre le pidió que retrasara su ingreso en el convento hasta que terminara la Guerra (la Primera Guerra Mundial) que asolaba Europa. Aceptó y se dedicó a ayudar a los refugiados y a innumerables víctimas de la guerra.

Una anécdota muy conocida es que Elena se encontró en una ocasión con un francmasón llamado Alessandro y, al no poder persuadirlo de que se convirtiera y recibiera los santos sacramentos, insistió y continuó predicándole hasta que, exasperado hasta el límite, Alessandro cogió una botella y se la lanzó violentamente, golpeándola en el cuello, que empezó a sangrar profusamente. Elena acercó un paño y le dijo tranquilamente que su alma estaba en peligro de muerte y afirmó resueltamente, con la mano y el paño aún en la herida sangrante, que no saldría de la habitación hasta que llamara a un sacerdote para que lo convirtiera. Alessandro se conmovió tanto que le dijo que recibiría los sacramentos con la condición de que siguiera atendiéndolo, lo que hizo durante otros tres meses.

En 1920, Elena entró finalmente en las Hermanas de la Preciosísima Sangre —su padre la dirigió a esa orden específica por una razón desconocida—, pero más tarde se vio obligada a dejar esa orden debido a un hombro necrosado. Elena fue operada del hombro sin anestesia mientras sostenía una pequeña cruz de madera y miraba una imagen mariana, pero el inepto médico le hizo un corte en los nervios que le provocaron trismo y vómitos durante varias semanas, por lo que Elena no pudo participar en la ceremonia de profesión, pues su superiora juzgó su situación tan grave que se decidió que no podía participar, forzando así su salida.

El médico le dijo a su padre que demandara a la orden por sus dolencias (su hombro ahora tenía gangrena), pero ella le convenció de que no lo hiciera. Además, le diagnosticaron a Elena un cáncer de estómago y ni siquiera podía retener los alimentos licuados, lo que llevó a su médico a considerar su estado como incurable. Ella confió en Santa Rita para que la curara, lo cual ocurrió de manera sorprendente. En esta situación sus dolencias fueron inexplicablemente curadas en 1921. Su intercesora, Santa Rita, incluso se le apareció en persona a Elena en un sueño. Este fue el comienzo de una vida sobrenatural y espiritual que estaba por llegar.

Dos años después, Elena comenzó a experimentar los estigmas cada Viernes Santo desde 1923 hasta poco antes de su muerte. La primera vez que esto ocurrió, el Señor apareció con un vestido blanco con la corona de espinas. La colocó lentamente sobre la cabeza de Elena, haciendo brotar mucha sangre. La sirvienta Rosaria estaba a punto de salir de la casa cuando oyó lamentos y se quedó petrificada al ver a Elena cubierta de sangre, creyendo que alguien la había asesinado. Rosaria corrió a buscar ayuda.

Cuando regresó con los miembros de la familia de Elena, todos vieron la sangre, pero vieron que seguía viva, por lo que salieron corriendo a la calle para traer a un médico y a varios sacerdotes. Al llegar, el médico intentó detener la hemorragia, pero no pudo hacerlo durante tres horas. Pero, al final, el flujo de sangre se detuvo y la italiana se durmió hasta recuperar la conciencia perfectamente normal.

Años más tarde, en 1947, Elena también empezó a experimentar visiones de la Virgen; tras estas visiones hizo predicciones de acontecimientos futuros. Elena también experimentó visiones de Jesucristo y de varios santos como San Francisco de Paula y Santa Teresa de Lisieux. El 28 de enero de 1928, fundó por su cuenta una nueva orden religiosa que denominó Hermanas Mínimas de la Pasión de Nuestro Señor Jesucristo. Su santidad el Papa Pío XII conocía la historia de Elena Aiello, y fue quien emitió la aprobación pontificia de la orden en julio de 1949.

El 22 de abril de 1940, Nuestro Señor Jesucristo se le apareció y le dijo que entregara un mensaje a Benito Mussolini para decirle que no se uniera a Adolf Hitler durante la Guerra que había comenzado siete meses antes, ya que eso traería una terrible derrota y un castigo divino para Italia; esta súplica, en una carta que ella le envió el 6 de mayo de 1940, fue ignorada. La Beata Hermana Elena Aiello es recordada como una monja estigmatizada italiana que murió en 1961 y fue beatificada cincuenta años después por el Papa Benedicto XVI el 14 de septiembre de 2011.

Las profecías de la beata Elena Aiello

"**La gente ofende demasiado a Dios. Si te mostrara todos los pecados cometidos en un solo día, seguramente te morirías de pena. Estos son tiempos graves. El mundo está completamente trastornado porque se encuentra en peores condiciones que en la época del diluvio. El materialismo avanza, fomentando siempre luchas sangrientas y fratricidas. Señales claras presagian que la paz está en peligro. Ese flagelo, como la sombra de una nube oscura, se desplaza ahora sobre la Humanidad: sólo mi poder, como Madre de Dios, impide el estallido de la tormenta. Todo pende de un delgado hilo. Cuando ese hilo se rompa, la Justicia Divina se abalanzará sobre el mundo y ejecutará sus terribles y purificadores designios.**

Todas las naciones serán castigadas a causa de los pecados que, como un río de lodo, cubren ahora toda la tierra. Los poderes del mal se preparan para golpear furiosamente en todas las partes del globo.

Se prevén acontecimientos trágicos en el futuro. Durante mucho tiempo, y de muchas maneras, he advertido al mundo. Los gobernantes de la nación comprenden la gravedad de estos peligros, pero se niegan a reconocer que es necesario que todos los pueblos practiquen una vida verdaderamente cristiana para contrarrestar ese flagelo. ¡Oh, qué tortura siento en mi Corazón al contemplar a la

Humanidad tan ensimismada en toda clase de cosas e ignorando por completo el deber más importante de su reconciliación con Dios!

No está lejos el momento en que el mundo entero se verá muy perturbado. Se derramará una gran cantidad de sangre de personas justas e inocentes, así como de santos sacerdotes La Iglesia sufrirá mucho y el odio llegará al máximo. Italia será humillada y purgada con su sangre. Sufrirá mucho a causa de la multitud de pecados cometidos en esta nación privilegiada, morada del Vicario de Cristo ¡No podéis imaginar lo que va a suceder!

Estallará una gran revolución y las calles se mancharán de sangre. Los sufrimientos del Papa en esta ocasión bien pueden compararse con la agonía que acortará su peregrinaje en la tierra. Su sucesor pilotará la barca durante la tormenta. Pero el castigo de los impíos no será lento. Será un día sumamente espantoso. La tierra temblará tan violentamente que asustará a toda la Humanidad. Y así los malvados perecerán según la inexorable severidad de la Justicia Divina. Si es posible, publicad este mensaje en todo el mundo y amonestad a todas las personas para que hagan penitencia y vuelvan enseguida a Dios.

Escuchad atentamente y revelad a todos: "Mi Corazón está triste por tantos sufrimientos en un mundo que amenza ruina inminente. La justicia de nuestro Padre está muy ofendida. Los hombres viven en su obstinación por el pecado. La ira de Dios está cerca. Pronto el mundo se verá afligido por grandes calamidades, revoluciones sangrientas, huracanes espantosos y el desbordamiento de los arroyos y de los mares".

"Clama hasta que los sacerdotes de Dios presten sus oídos a mi voz, para aconsejar a los hombres que el tiempo está cerca y, si los hombres no vuelven a Dios con oraciones y penitencias, el mundo se verá envuelto en una nueva y más terrible guerra. Las armas más mortíferas destruirán pueblos y naciones. Los dictadores de la tierra, especímenes infernales de la misma, demolerán las iglesias y profanarán la Santa Eucaristía, y destruirán las cosas más queridas. En esta guerra impía, se destruirá mucho de lo que ha sido construido por la mano del hombre. Nubes con relámpagos de fuego en el cielo y una tempestad de fuego caerán sobre el mundo. Este terrible azote nunca antes visto en la Historia de la Humanidad durará setenta horas (Tres Días de Tinieblas)".[31] Los impíos serán aplastados y aniquilados. Muchos se perderán por permanecer en su obstinación de pecado. Entonces se verá el Poder de la Luz sobre el poder de las tinieblas.

---

[31] No es diferente a la profecía de Marie-Julie Jahenny y del Padre Pío sobre los Tres Días de Tinieblas.

"No te calles, hija mía, porque las horas de las tinieblas, del abandono, están cerca". Me inclino sobre el mundo, manteniendo en suspenso la justicia de Dios; de lo contrario, estas cosas ya habrían sucedido ahora. Las oraciones y las penitencias son necesarias porque los hombres deben volver a Dios y a mi Corazón Inmaculado, mediador de los hombres hacia Dios, y así el mundo se salvará al menos en parte.
Grita estas cosas a todos, como el mismo eco de mi voz. Que esto sea conocido por todos, porque ayudará a salvar muchas almas, y evitará mucha destrucción en la Iglesia y en el mundo".

(Nuestro Señor y la Santísima Virgen María el 16 de abril de 1954).

La Santísima Virgen María:

"La hora de la justicia de Dios está cerca, y será terrible. Se avecinan tremendos azotes sobre el mundo, y varias naciones serán golpeadas por epidemias, hambrunas, grandes terremotos, huracanes terribles, con desbordamiento de ríos y mares, que traen ruina y muerte.
Si los pueblos no reconocen en estos flagelos (de la naturaleza) las advertencias de la Divina Misericordia, y no vuelven a Dios con una vida verdaderamente cristiana, vendrá otra terrible Guerra de Oriente a Occidente. Rusia con sus ejércitos secretos luchará contra América y arrasará Europa. El río Rin se desbordará de cadáveres y sangre. También Italia será acosada por una gran revolución y el Papa sufrirá terriblemente.
Difundid la devoción a mi Corazón Inmaculado, para que muchas almas sean conquistadas por mi amor y para que muchos pecadores vuelvan a mi Corazón Materno. No temáis, porque acompañaré con mi protección maternal a mis fieles y a todos los que acepten mis urgentes avisos, y ellos —especialmente por los rezos de mi Rosario— se salvarán.
Satanás anda furioso por este mundo desordenado, y pronto mostrará todo su poderío. Pero, por mi Corazón Inmaculado, el triunfo de la Luz no tardará en vencer sobre el poder de las tinieblas, y finalmente el mundo, tendrá tranquilidad y paz".

(La Santísima Virgen María el 22 de agosto de 1960)

También es interesante observar que, además de asociar el terremoto escatológico con el martirio de un futuro Papa, la beata Elena parece haber predicho también que el fuego caería del cielo para consumir la tierra después de una gran inundación que vería "el desbordamiento de los arroyos y de los mares", lo que confirma también un mega-tsunami descrito en las profecías de otras apariciones marianas. Por último, también se profetiza una gran guerra. Rusia y sus ejércitos secretos (armas) barrerán Europa occidental y muy rápidamente llegarán al Rin e invadirán Italia.

Beata Anna-Maria Taigi (1769-1837)

Anna-Maria Giannetti nació en Siena el 29 de mayo de 1769 y fue bautizada al día siguiente. Debido a las dificultades económicas, sus padres, Luis Giannetti y María Masi, se trasladaron a Roma cuando Anna-Maria tenía seis años. En la capital italiana, Anna-Maria asistió durante dos años a la escuela de las Hermanas Filipinas. Después de la escuela, trabajó en varios oficios, incluso de sirvienta, para ayudar económicamente a sus padres.

Siendo todavía una jovencita, se casó con Domenico Taigi, un joven piadoso, pero de carácter difícil y bastante tosco. Haciendo caso omiso de estos hechos, Ana María se preocupó más por su virtud, y durante los 49 años de su vida matrimonial se comportó con la mayor amabilidad y misericordia, encontrando amplias oportunidades para ejercitar continuamente las virtudes de la paciencia y la caridad.

Comprendiendo los profundos valores sociales y morales del matrimonio cristiano y considerándolo, sobre todo, como una de las más altas misiones del Cielo, la Beata Ana María transformó su hogar en un verdadero santuario cristiano con Dios en el Centro del hogar. Dócil con su marido en todos los sentidos, evitaba todo lo que pudiera iniciar un conflicto con él y perturbar así la paz familiar. Seria y trabajadora, se ocupó de que nada le faltara a su familia y, en la medida en que una persona en sus empobrecidas circunstancias podía hacerlo, fue generosa con los pobres. Tuvo siete hijos, tres de los cuales murieron en la infancia.

Dos niños y dos niñas llegaron a la madurez y ella les proporcionó la más esmerada y completa educación religiosa. Ana María sólo tenía un deseo: amar a Dios y servirle en todo; sólo tenía una preocupación: agradar a Dios. Era muy devota de la Sagrada Eucaristía, de la Santísima Trinidad, del Niño Jesús, de la Sagrada Pasión de Nuestro Señor, y tenía una tierna y profunda devoción a la Virgen.

Ana María Taigi fue, sin duda, una de las más grandes místicas del siglo XIX. Y, sin embargo, logró su santificación viviendo la vida ordinaria de esposa y madre, con espíritu de misión cristiana y siempre en cumplimiento de la voluntad de Dios. Su asistencia diaria a la Misa, su entrega total a Dios, su disposición a ayudar a quien lo necesitara y su pertenencia activa a la Tercera Orden de la Santísima Trinidad, fueron al mismo tiempo las fuentes y los frutos de su intensa vida espiritual.

Una de sus mejores amigas era la beata Isabel Canori-Mora, que también era esposa y madre. Se ayudaron y apoyaron mutuamente en sus matrimonios y en sus dificultades, y crecieron juntas en santidad. La beata Ana María ingresó en la Tercera Orden de la Santísima Trinidad el 26 de diciembre de 1808.

Dios la enriqueció con muchos dones sobrenaturales. El más insólito fue la aparición de un globo luminoso, como un sol en miniatura, que brillaba ante sus ojos y en el que, durante 47 años, pudo ver los acontecimientos presentes y futuros en cualquier parte del mundo, así como el estado de gracia de las personas, vivas o muertas. Ana María Taigi murió el 9 de junio de 1837.

La Iglesia la declaró "beata" en 1920, como testimonio de cómo un ama de casa y madre ordinaria pudo convertirse en santa y afectar positivamente a la sociedad y a las vidas de quienes entraron en contacto con ella. Sus restos mortales e incorruptos reposan en la Capilla de la Virgen de la Basílica de San Crisógono en Roma, Italia.

Las extraordinarias profecías de Anna-Maria Taigi

"Dios enviará dos castigos: uno será en forma de guerras, revoluciones y otros males; se originará en la tierra. El otro será enviado desde el Cielo. Vendrá sobre toda la tierra una intensa oscuridad que durará tres días y tres noches. No se podrá ver nada, y el aire estará cargado de pestilencia que se cobrará principalmente, pero no sólo, a los enemigos de la religión. Será imposible usar cualquier iluminación hecha por el hombre durante esta oscuridad, excepto las velas benditas. Aquel que, por curiosidad, abra su ventana para mirar al exterior, o salga de su casa, caerá muerto en el acto.

Durante estos tres días, la gente debe permanecer en sus casas, rezar el Rosario y pedir a Dios misericordia. En esta terrible ocasión, serán tantos esos hombres malvados, enemigos de su Iglesia y de su Dios, muertos por este flagelo divino que sus cadáveres alrededor de Roma serán tan numerosos como los peces que una reciente inundación del Tíber ha llevado a la ciudad. Todos los enemigos de la Iglesia, tanto secretos como conocidos, perecerán en toda la tierra durante esa oscuridad universal, con excepción de algunos pocos, a los que Dios convertirá poco después. El aire estará infestado de demonios, que aparecerán bajo toda clase de formas espantosas.

Después de los tres días de oscuridad, los santos Pedro y Pablo, habiendo bajado del cielo, predicarán por todo el mundo y designarán un nuevo Papa. Una gran luz saldrá de sus cuerpos y se posará sobre el cardenal, futuro pontífice. Entonces el cristianismo se extenderá por todo el mundo. Naciones enteras se unirán a la Iglesia poco antes del reinado del Anticristo. Estas conversiones serán sorprendentes.

Los que sobrevivan tendrán que conducirse bien. Habrá innumerables conversiones de herejes, que volverán al seno de la Iglesia; todos notarán la conducta edificante de sus vidas, así como la de otros católicos. Rusia, Inglaterra y China entrarán en la Iglesia.

Francia caerá en una anarquía espantosa. El pueblo francés tendrá

una Guerra civil desesperada, en la que los propios ancianos tomarán las armas. Los partidos políticos habrán agotado su sangre y su rabia, sin poder llegar a ningún entendimiento satisfactorio, y en el último extremo acordarán de común acuerdo recurrir a la Santa Sede. Entonces el Papa enviará a Francia un legado especial, para que examine el estado de los asuntos y las disposiciones del pueblo. Como consecuencia de la información recibida, Su Santidad mismo nombrará un Rey muy cristiano para el gobierno de Francia.
La religión será perseguida y los sacerdotes masacrados Las iglesias serán cerradas, pero sólo por poco tiempo. El Santo Padre se verá obligado a abandonar Roma".

Marcelle Lanchon (Hermana María-Francisca) (1891-1933)

La hermana Marie-France nació en Rouen el 31 de diciembre de 1891. Perteneció al grupo denominado "Les Enfants de Marie" (Los niños de María) y fue uno de los primeros miembros de la Pía Unión de las Adoradoras del Corazón de Jesús, asociación fundada por algunas almas piadosas, todas miembros de "los Niños de María", guiadas por el canónigo Vaury. Marcelle Lanchon se convirtió en la Hermana Marie-France; murió de tuberculosis el 20 de octubre de 1933, a la edad de 41 años.

El obispo de Versalles, Mons. Roland-Gosseling, obispo de Versalles desde 1931 hasta 1952, aprobó formalmente la Pía Unión de las Adoradoras del Corazón de Jesús. Esta unión era una especie de orden tercera. Fue autorizada y aprobada oficialmente el 29 de abril de 1939 por Mons. Roland-Gosselin, lo que permitió la impresión de la imagen de María, Reina de Francia. Monseñor Roland-Gosselin aprobó también las apariciones a la hermana Marie-France, pero la jerarquía de la Iglesia Católica no se pronunció formalmente a pesar de la aprobación formal del Obispo francés de Versalles.

Sabemos que el 8 de septiembre de 1914, ese día, la Santísima Virgen María detuvo el avance alemán hacia París durante la famosa batalla del Marne (**ver página 271**). Ese día milagroso, a las 10 de la mañana, Marcelle Lanchon, que entonces tenía 23 años, estaba rezando en la capilla de *Notre Dame des Armées* (Nuestra Señora de los Ejércitos), en el número cuatro de la calle de los Gendarmes de Versalles. De repente, la Madre de Dios, rodeada de Santa Teresa de la Pequeña Flor y de San Miguel Arcángel, se le apareció a la piadosa joven francesa y le dijo:

"Si en unión de mi Hijo, amo a todas las naciones que Él ha redimido con su Sangre, mira cómo aprecio particularmente a tu querido país. Mi Hijo desea que se hagan cuadros y estatuas que me representen así, y que se me invoque bajo la advocación de Reina de Francia. Si este nuevo deseo de su Divino Corazón es respondido favorablemente,

Francia volverá a ser muy particularmente mía; la tomaré bajo mi protección maternal, y mi Hijo se complacerá en concederle abundantes gracias".
Entonces, la Santísima Virgen Maiy comenzó a rezar a su amado Hijo:

"Hijo mío, perdónala; ella te sigue amando ya que nunca dejó de amarme".

(8 de septiembre de 1914)

El mismo día 8 de septiembre de 1914, la Santísima Virgen María se apareció por segunda vez "rodeada de nubes". Sus pies parecían descansar sobre la mitad de un globo terráqueo; la palabra Francia estaba inscrita a la izquierda de la Virgen María con un manto azul adornado con flores de lis, ribeteado con armiño blanco y las manos unidas. De repente, la Virgen María abrió su manto, descubriendo un vestido blanco y un cinturón azul que caía en un pañuelo tricolor.

El 31 de diciembre de 1914, Marcelle Lanchon asistió a la bendición con el Santísimo Sacramento en la capilla de Nuestra Señora de los Ejércitos. De repente, Nuestro Señor Jesucristo se le apareció de pie en el altar mayor, vistiendo una túnica blanca y llevando las marcas de su Pasión. Llevaba una estola tricolor. Sobre el azul estaba su Corazón coronado por una cruz y rodeado por una corona de espinas. Marcelle vio a Santa Juana de Arco a su izquierda y a San Miguel Arcángel a su derecha.

Jesús dice:

"Quiero ver la imagen de Mi Corazón pintada en las banderas".

Marcelle hizo un voto de ser víctima el 11 de junio de 1915. Cuatro días más tarde, mientras rezaba en esta misma capilla, Nuestro Señor Jesucristo se le apareció por segunda vez, con una luz sobrenatural, vestido con el mismo pañuelo, ceñido con una corona de oro adornada con flores de lis y un manto púrpura. Sus pies descansaban sobre un globo terráqueo en el que estaba escrita la palabra **Francia** en letras doradas. Sobre el blanco de la estola aparecía su Corazón, que mostraba con la mano izquierda, coronado de espinas y sangrante. En el rojo estaba escrito:

"Quiere reinar sobre Francia".

Muchos fieles estaban presentes en la capilla al mismo tiempo que Marcelle; las autoridades eclesiásticas fueron advertidas de los hechos. Pero la Primera Guerra Mundial enterró el expediente y desde entonces no se hizo nada. Por otra parte, muy humilde, Marcelle quiso que las gracias que había recibido permanecieran ignoradas. Sólo sus Hermanas de la Pía Unión de Adoradores lo sabían. Gracias al pequeño diario de la superiora, la señorita Marie Patron, o la Hermana Margarita-María, se escribieron los testimonios de estas apariciones y mensajes, a petición expresa del canónigo Vaury.

La Santísima Virgen María enseñó a la hermana Marie-France la siguiente oración:

"Oh María, sin pecado concebida, nuestra buena Madre que quiso que te invocáramos bajo la advocación, siempre tan consoladora para nuestros corazones, de Reina de Francia, mira a tus súbditos que, postrados a tus pies, están siempre tan apenados. Ten piedad de nosotros; sé nuestra abogada ante tu Divino Hijo, nuestro Rey Amado. Sabemos que lo hemos ofendido mucho, incluso lo hemos ultrajado; hemos despreciado sus mandamientos, hemos pisoteado las santas leyes de su Iglesia; pero también sabemos, oh amable Reina Soberana, que tú eres todopoderosa sobre el Corazón de este Rey del Amor, que Él mismo sólo pide perdonar. Obtén para nosotros esta paz nacional e individual tan deseada por todos para la gran gloria de tu querido Hijo. Amén".

<u>Profecías</u>

El canónigo Vaury deseaba conocer las visiones de la hermana Marie-France por escrito, ya que no se encontraba en la sede de la Congregación en Chesnay. Y, en efecto, es gracias al pequeño diario de la Madre Superiora, la Hermana Margarita-María, como conocemos las visiones y revelaciones a la Hermana Marie-France:

**"Francia ya no se llamará Francia, sino Nueva Francia.
Será gracias a Bretaña por lo que no será maldecida por Dios.
Durante mucho tiempo se preguntarán por qué quedó una hoja verde en la rama muerta de Francia.
Versalles, que tendrá como lema "entre el cielo y la tierra", verá a la Virgen María entronizada como Reina de Francia, por el Rey del Sagrado Corazón** (el Rey Enrique V de la Santa Cruz).
Llegará al pie de las puertas del castillo y entregará su corona al rey Luis XVI y la diadema a María Antonieta ante el pueblo de Francia que tan mal estará de salud que tendrá lágrimas en los ojos. Este Rey será más un sacerdote que un monarca. Reconstruirá sus catedrales con la ayuda de todas las naciones".

Conclusión

Después de terminar estos nueve capítulos y de anotar la última línea de la última página, dejé la pluma sobre mi escritorio con un largo suspiro, y cerré los ojos reflexionando sobre el cuadro general que mostraban estas piezas del rompecabezas. El mensaje que el Cielo está y ha estado enviando a la Humanidad durante los últimos ciento setenta y cinco años es verdaderamente de la más grave y seria importancia, y sólo una persona cegada por una obstinada negación o por la mala fe dejaría de ver el acento de autenticidad en estas extraordinarias admoniciones.

El mismo mensaje, la llamada y las advertencias proféticas a través de diferentes épocas, pueblos y lugares, que en el momento de su divulgación no siempre encajaban en el escenario geopolítico contemporáneo, hoy se redescubren como una adecuación perfecta al escenario mundial actual y, sin embargo, la Iglesia elige seguir callando. En efecto, ahí están los mensajes proféticos sobre el *Islam*, del todo insignificante en el siglo XIX y principios del XX; hoy ha crecido hasta convertirse en una estructura religiosa de mil quinientos millones de fieles en naciones donde los imanes promueven una alarmante guerra santa contra los infieles de Occidente y contra Israel, desde los límites del Océano Pacífico hasta los atlánticos de África y Europa.

Su naturaleza virulenta y agresiva ya ha engendrado conflictos armados, asesinatos y actos de terrorismo, no sólo en los países habituales del Tercer mundo, sino en el corazón de Estados Unidos y en todos los países de Europa Occidental. A través de una inmigración desenfrenada y masiva, las poblaciones musulmanas han proliferado por millones en todo un continente europeo ingenuo y liberal que ha abierto ciegamente sus fronteras durante los últimos 50 años.

En consecuencia, esta tolerancia hacia las poblaciones árabes y africanas ha provocado hoy un problema irresoluble que implica un progresivo reemplazo de la población y un terrorismo alarmantemente creciente, procedente de una parte de pueblos que se niega a asimilarse a las leyes y culturas de sus países de acogida. Estas nuevas "sociedades europeas multiculturales", sobre todo compuestas por argelinos, marroquíes, tunecinos, libios, turcos, pakistaníes, afganos, sirios y subsaharianos de segunda, tercera e incluso cuarta generación, albergan un profundo sentimiento de resentimiento hacia sus países de acogida europeos y, en particular, hacia Francia, debido a sus raíces religiosas y a la pasada colonización de sus países de origen.

Asimismo, dogmas musulmanes como la *sharia* fundamentan diferencias irreconciliables con las ordenanzas de laicidad europeas dentro de las crecientes comunidades musulmanas. En consecuencia, hoy en día suburbios, municipios y distritos europeos enteros, ya no están sujetos a las leyes de las naciones de acogida, sino a las de un *Islam* fundamentalista; a medida que avanza el terrorismo, mientras que las víctimas son en su mayoría cristianos y judíos, los agresores siempre perpetran sus crímenes bajo el grito de guerra de "¡Alá Akbar!". Por poner un ejemplo: la nación de Francia, nación que ha sufrido la mayor pérdida de víctimas por el terrorismo islámico en estos últimos diez años, es la perfecta muestra de un país europeo que acoge hoy una nación extranjera dentro de sus propias fronteras.

> **"La tormenta estallará sobre Francia, donde quise mostrar los prodigios de Mi Divino Corazón y desvelar sus secretos. Hijos míos, Francia será la primera en ser herida, desgarrada, perseguida. Cuando mostré este Sol Divino a la Beata Margarita-María, dejé que mis labios pronunciaran estas palabras: "La tierra que vio tu nacimiento y que verá tu muerte, estará en grave peligro, sobre todo del 80 al 83".[32] Hago comprender a Mi humilde servidora que la tercera (crisis) estará llena de penas. No habrá más que apostasías y violaciones en las Órdenes de las personas a Mí consagradas, ya sea en el sacerdocio o en la vida religiosa"**.

(Nuestro Señor Jesucristo a Marie-Julie Jahenny, junio de 1882)

Por otra parte, una Rusia cristiano-ortodoxa recién renacida —que no se molesta en transigir ni con las exigencias musulmanas de integración, ni con el liberalismo social o cultural occidental— defiende celosamente sus fronteras, su identidad nacional y su independencia, se rearma a un ritmo alarmante (que va más allá de las expectativas occidentales), y se adentra en una "alianza de conveniencia", de lo más preocupante, con una China muy despierta cuya ambición en los océanos Pacífico e Índico ya no tiene límites. Evidentemente, hoy se ha trazado ya una línea roja.

Por un lado, Estados Unidos y sus aliados convencionales: la Unión Europea (O.T.A.N), Israel, los reinos de Oriente Medio, Japón, Corea del Sur Australia-Nueva Zelanda; y por otro, Rusia, China, Corea del Norte y algunas naciones islámicas (*empezando por Irán, Siria, parte de Irak y otras que albergan un profundo odio hacia el Estado sionista de Israel, pero que, de momento, están ganando tranquilamente su tiempo*).

La crisis mundial de hoy entra perfectamente en el guión previsto en las apariciones de la Santísima Virgen María a los místicos, santos y videntes que hemos tratado exhaustivamente en este libro; sin embargo, si hemos de creer ahora en los acontecimientos predichos por los mensajeros de la Santísima Virgen María, el futuro que ahora parece inminente, proyecta un mañana impensable. El

---

[32] **Los años 80 a 83 son las únicas fechas dadas en las apariciones celestiales a Marie-Julie Jahenny**. ¿Podrían los años 80 y 83 tomar como punto de referencia el año de la muerte de Marie-Julie Jahenny (1941)? De ser así, esto situaría la profecía entre 2021 y 2024.

Tercer Secreto de Fátima sí anunció una tercera Guerra mundial antes del final del siglo XX; sin embargo, Maximino Giraud, en La Salette, sí dijo que la Santísima Madre le reveló que estas profecías se realizarían antes del final del siglo XX o, a veces, dentro de las dos primeras décadas del siglo XXI:

"Todo lo que estoy contando aquí sucederá en el próximo siglo, o a más tardar en los años 2000".

(Extracto de la carta de Maximino Giraud a su Santidad el Papa Pío IX, 3 de julio de 1851)

"La guerra debía haber comenzado ya en el año 2019, pero fue aplazada por la oración, por el Rosario"

(Nuestro Señor Jesucristo al Rev. Padre Michel Rodrigue, 2020)

Y tenemos a Jeanne Royer, también conocida como Hermana de la Natividad, que escribió: *"Un día me encontré en una inmensa llanura a solas con Dios. Jesús se me apareció y, desde la cima de una pequeña colina, me mostró un hermoso sol en el horizonte. Me dijo con tristeza*:

"El mundo está pasando y el tiempo de mi segunda venida se acerca. Cuando el sol está a punto de ponerse, uno sabe que el día está a punto de terminar y que pronto caerá la noche. Los siglos son como días para mí. Mirad este sol, ved cuánto le queda por recorrer y calculad el tiempo que le queda al mundo".

Miré atentamente y me pareció que el sol se pondría en dos horas. Jesús dijo:
"No olvides que no son milenios, sino sólo siglos, y que son pocos".

Pero comprendí que Jesús se reservaba el conocimiento del número exacto, y no quise preguntarle más. Me bastaba saber que la paz de la Iglesia y el restablecimiento de la disciplina iban a durar un tiempo razonablemente largo.
Esto es lo que Nuestro Señor me ha permitido ver a su luz. Comencé a mirar en la Luz de Dios el siglo que iba a comenzar con el 1800; vi a través de la Luz que el Juicio no sería entonces y que no sería el último siglo; luego consideré desde esa misma Luz el siglo del 1900, o el del 2000; pero lo que vi fue que si el Juicio venía en el siglo del 1900, sólo vendría hacia su parte final y que, si atravesaba el siglo de los años 2000, el Juicio acontecería dentro de las dos primeras décadas; eso es lo que vi en la Luz de Dios".

(Jeanne Royer, Hermana de la Natividad)

Nuestro Señor Jesucristo a Marie-Julie Jahenny, fecha desconocida:

"La gente está decepcionada porque lo que he ordenado que se anuncie, para que los hombres se conviertan, aún no ha tenido lugar. Creerán poder afrentar a las almas elegidas que, a causa de sus acciones, habré retrasado un poco los terribles acontecimientos que están por venir. Si en Mi bondad y a causa de las expiaciones que Me han ofrecido retraso el desastre, no lo elimino. ¡Esto no depende del juicio de los hombres ignorantes! ¿Debo Yo mismo dar cuentas a los que no quieren saber nada?"

En todas las apariciones de la Santísima Virgen María se nos dice que la Historia y el castigo pueden posponerse o evitarse si el hombre se convierte y vuelve a Dios a tiempo. De hecho, en Medjugorje, una de las principales piedras angulares del mensaje de la Gospa es que la Historia y los acontecimientos naturales pueden cambiarse **mediante la oración y el ayuno, preferentemente los miércoles y los viernes**.

No obstante, si no somos capaces de trazar un calendario para las revelaciones proféticas dadas, al menos se nos confía una visión clara en cuanto al marco temporal de estas profecías mediante la "observación de los signos de los tiempos" a través de la serie de acontecimientos que han de sucederse según los mensajes del Cielo. En efecto, según las revelaciones dadas por la Santísima Virgen María, estos son los acontecimientos que han de tener lugar.

Profecías anunciadas de la Santísima Virgen María
(La Salette. La Fraudais. Tilly. Fátima. Akita. Marcelle Lanchon. Beata Elena Aiello. Jeanne Rover (Hermana de la Natividad). Rev. P. Souffrant. Rev. P. Pel. Rev. P. Rodrigue. San Padre Pío)

— Francia enviará un gran número de su fuerza militar a los países árabes y orientales, dejando a Francia sin una parte importante de sus fuerzas armadas convencionales en su país. El ejército francés luchará en el extranjero y perderá su ventaja táctica en varios teatros árabes. (Esto también está empezando a ocurrir en Siria y Mali).

— Los disturbios civiles se convertirán en revueltas alarmantemente violentas en Francia dirigidas por trabajadores que ya no encuentran un equilibrio entre su salario diario y sus necesidades de supervivencia.

— Los ciudadanos franceses de origen inmigrante plantearán igualmente protestas, revueltas y manifestaciones en toda Francia, y llevarán al país al caos mediante innumerables saqueos, destrucciones, muertes, violaciones e incendios. París sufrirá los mayores daños de esta agitación. Esto es hoy una realidad que se ve a través de los saqueos en todas las protestas públicas francesas que son seguidas por la

violencia de los *Black Blocks* ("Grupos Negros") y a través del vandalismo y destrucción de cementerios cristianos, iglesias y catedrales en Francia.
— Las tensiones geopolíticas aumentarán en Inglaterra, Irán e Israel.
— Inglaterra tomará una difícil decisión que dividirá al Reino Unido en cuatro soberanías independientes (*Inglaterra, Gales, Escocia e Irlanda del Norte*). ¿Podría ser esta profecía un evento futuro que está por venir como consecuencia del *Brexit*?
— Una reina dejará de reinar (Isabel II) y se tomará una decisión en contra de la Voluntad de Dios. Un líder de Inglaterra, o líderes de Inglaterra serán golpeados por la muerte (¿Plaga, terrorismo, accidente?).
— Rusia sellará una alianza con algunas potencias musulmanas en Oriente Medio y en el norte de África.
— La mezcla de todas las rabias en Francia llevará a una revolución nacional. París estará en tal estado de sangre, fuego y destrucción, que la Crisis nacional obligará al gobierno del país a huir de Francia, buscando refugio en el extranjero; mientras tanto, en Italia, tendrá lugar una agitación civil similar, llevando de nuevo al Partido Comunista a una posición de Poder. En Roma también se producirán crímenes, violencia, saqueos y destrucción (la rabia provocada por el hecho de que Europa obligue a vacunarse contra el Coronavirus ya está provocando protestas masivas y airadas en Italia y en Francia).
— La "Advertencia" o la "Iluminación de la Conciencia" o el "Aviso" tendrá lugar en todo el mundo permitiendo a cada persona de la tierra ver el estado de su alma como Dios lo ve. Durante seis semanas y media habrá grandes conversiones y confesiones en todo el mundo.
— Menos de siete semanas después, muchos científicos y políticos tratarán de explicar el fenómeno del "Aviso" por las grandes actividades solares que causaron alucinaciones masivas en todo nuestro planeta.
— Dentro de un año después del anunciado "Aviso" mundial, se producirán "Milagros" que dejarán signos indestructibles e inamovibles para que todos los vean (uno en Garabandal y otro en Medjugorje — y *¿quizás en todos los lugares de apariciones marianas verdaderas?*).
— En Roma, el Papa Francisco, lamentando muchos errores del pasado, intentará restaurar la Iglesia bajo la autoridad de Cristo y rectificar muchas reformas del pasado, pero fracasará. La Iglesia pasará por una especie de "guerra civil" y el Papa Francisco morirá como un mártir. El Papa Benedicto XVI reaparecerá entonces y tratará de poner en orden los asuntos de la Iglesia, pero también fracasará. Huirá de Roma debido a un malestar y desolación generalizados, pero será encontrado. También morirá como mártir.
— La sede de Pedro permanecerá vacante durante mucho tiempo y un

antipapa dirigirá el Vaticano, y la apostasía se extenderá. Varios Conferencias episcopales (en Europa) se separarán de la autoridad del Magisterio de la Iglesia.
— La revolución en Francia dará un giro hacia lo peor. Como el gobierno francés habrá abandonado París, algunas partes de la capital francesa estallarán bajo el fuego de los manifestantes y el desorden, y los crímenes reinarán en toda Francia. Las iglesias serán saqueadas, quemadas y destruidas. Los "franceses mestizos" (ciudadanos de origen extranjero) pondrán a Francia de rodillas mediante el pillaje, el fuego y la destrucción.
— El Partido comunista en Italia y en Francia llegará al poder e introducirá vergonzosas leyes antisociales y anticlericales en ambos países.
— Varias revoluciones también ganarán terreno en otros países de Europa Occidental.
— Comenzará una Guerra en Europa involucrando a Turquía.
— Una Guerra nuclear comenzará también con una alianza que comenzará entre Rusia, China, Corea del Norte e Irán contra la O.T.A.N., la alianza del Pacífico e Israel.
— Marie-Julie reveló que, en los tiempos que preceden a una Guerra en Europa, el Señor reservó tres meses de castigos "fatales y terribles" para Francia.
— Se lanzarán ataques nucleares contra los Estados Unidos. Muchas ojivas se desviarán y no alcanzarán sus objetivos; sin embargo, **siete misiles nucleares lograrán alcanzar sus objetivos en los Estados Unidos y causarán destrucción y bajas masivas** (¿ataque nuclear desde China y/o Corea del Norte?).
— Aprovechando el caótico desorden en Europa Occidental y en los Estados Unidos, Rusia iniciará una invasión relámpago de Europa Occidental, barriendo rápidamente todas las defensas militares convencionales de la O.T.A.N. entre sus fronteras y el Mar del Norte. Las fuerzas rusas alcanzarán muy rápidamente el río Rin, donde se detendrán muy brevemente. Luego, cruzarán la frontera francesa.

Breve nota: Para que este acontecimiento tenga lugar, hay que suponer que, si Rusia iniciara efectivamente una campaña militar de este tipo y alcanzara rápidamente el río Rin, lo haría con la condición de que el flanco derecho e izquierdo de su Fuerza de Ataque estuviera protegido y cubierto en sus dos flancos, lo que significa que Escandinavia (Finlandia, Noruega, Suecia y Dinamarca), Alemania y los países del Benelux (Bélgica, Países Bajos y Luxemburgo), y el Mar Mediterráneo estarían bajo control. El Mar Mediterráneo tendría que ser asegurado principalmente por fuerzas musulmanas/islámicas apoyadas por la poderosa marina rusa del Mar Negro. Esto significaría grandes batallas navales con grupos navales de la O.T.A.N. Para ello, se desplegarían y lanzarían inmediatamente ataques con misiles hipersónicos rusos (*Flat-Tops killers*) contra portaaviones estadounidenses, franceses, británicos, españoles e italianos, mientras que al mismo tiempo se iniciarían grandes ofensivas aéreas en todo el continente europeo occidental. Al mismo tiempo, sería lógico suponer que el Océano Atlántico estaría asegurado temporalmente mediante actividades submarinas masivas destinadas a bloquear la llegada a Europa de los refuerzos económicos y/o militares estadounidenses.

— Después de asegurar la invasión *Blitzkrieg* de Escandinavia, los estados bálticos, Polonia, Alemania, Dinamarca, Holanda, Bélgica y Austria, se lanzará inmediatamente después una doble ofensiva contra Inglaterra, Italia y Francia (*hasta ahora no se intercambiará ningún ataque nuclear*).

— Desde el río Rin, se lanzará una importante fuerza de ataque rusa hacia la ciudad de Orleans, mientras que un segundo y algo menor —pero aún poderoso— ataque se dirigirá hacia París y Normandía.

— Una importante fuerza de ataque musulmana desembarcará al mismo tiempo en el sur de España, el sur de Italia y la Riviera francesa. Las batallas en el sur de Francia y en el sur de España se anuncian especialmente sangrientas. La batalla en Marsella será particularmente horrorosa.

— En cuestión de 40 días, París, el este, el norte y el sur de Francia serán completamente invadidos y devastados por una fuerza de coalición unida ruso-musulmana. El remanente del ejército francés, apoyado por refuerzos bretones, detendrá por fin a la fuerza principal rusa en las afueras de la ciudad de Nantes, y tras una sangrienta batalla los hará retroceder. Parte de Normandía y Gascuña serán invadidas, pero Bretaña y la costa occidental francesa permanecerán bajo control francés. Ni los ejércitos de Europa del Este ni los musulmanes llegarán a la costa atlántica francesa.

— Se producirá una breve pausa mientras se establece un frente en el oeste de Francia que permanecerá durante un tiempo relativamente estable, hasta la llegada del gran monarca francés, Enrique V de la Santa Cruz, que regresará a Francia desde un país oriental limítrofe con sus fronteras (¿Bélgica, Luxemburgo, Alemania, Suiza o Italia.

— Cuando la furia de los "infieles" se detenga temporalmente (en Francia), aparecerá casi de repente una gran enfermedad. Este castigo dejará a las víctimas como si estuvieran sin vida; seguirán respirando sin poder hablar, con heridas sin piel como si estuvieran gravemente quemados. Esta enfermedad será muy contagiosa y nadie podrá detenerla. Esto será un castigo del Señor para que muchos vuelvan a la Fe.

— Como París estará bajo una brevísima ocupación rusa (*con unidades musulmanas llamadas a ayudar a mantener el orden y la colaboración con los musulmanes franceses*), Roma será invadida y tomada por tropas rusas que harán flotar su estandarte sobre la Basílica de San Pedro. Algunas unidades militares musulmanas entrarán igualmente en ella. Un Papa será hecho prisionero en el propio Vaticano, que será saqueado y transformado en una especie de cárcel. Se formará un nuevo gobierno de colaboración italiano.

— España perderá igualmente grandes territorios a manos de los ejércitos musulmanes y de las unidades de comandos de Europa del Este, y el Rey español se verá obligado a huir de España durante un tiempo muy breve, para volver victorioso en una guerra de liberación contra los invasores extranjeros en la península ibérica.

— La fuerza de ocupación rusa pondrá en marcha un "gobierno títere" en Francia, con franceses corruptos que elegirán, en un lugar secreto de Alsacia-Lorena, un Rey ilegítimo elegido de la rama de la familia d'Orleans para que colabore con los enemigos de Francia —mediante un tratado escrito— y, muy probablemente, para que reúna a los ciudadanos franceses musulmanes y no musulmanes.

— Enrique de Borbón (descendiente directo de Luis XVI y de María Antonieta) aparecerá y, con un grupo de amigos y una pequeña fuerza armada, entrará en Francia a través de una nación oriental *(¿Suiza? ¿Luxemburgo? ¿Bélgica? ¿Alemania? ¿Italia?)*. Las fuerzas armadas del Rey francés ilegítimo acudirán a su encuentro *(¿junto con una fuerza armada rusa en apoyo?)*, pero perderán su primer combate contra el pequeño ejército de Enrique.

— Enrique de Borbón, llamado Enrique V de la Santa Cruz, se unirá por fin a las fuerzas armadas francesas de Bretaña y tomará el mando, comenzando así su campaña de liberación. Al mismo tiempo, su primo el Rey de España habrá regresado a su patria para liberar la península española.

— El ejército de Enrique recuperará con bastante rapidez la mayor parte de Francia, haciendo retroceder a los invasores rusos y musulmanes *(y a sus colaboradores)* que no entenderán cómo una fuerza tan pequeña podrá arrollar a una coalición tan grande.

— Cuando el ejército ruso se vea obligado a retirarse y abandonar París, la ciudad será atacada por las fuerzas rusas que huyen con dos ojivas nucleares. Una será lanzada desde la zona de Orleans mientras que la otra desde las afueras de la ciudad de Reims. La capital francesa será entonces pulverizada por la noche y consumida por un violento fuego y viento que hará que la tierra se trague una ciudad en llamas a profundidades inconmensurables.

"¡Estas pobres almas! En una noche oscura, el Centro (París) será bombardeado, y las víctimas no sobrevivirán".

París y sus suburbios serán reducidos a polvo, y sus terrenos se derrumbarán violentamente en un profundo y oscuro "cráter sin fondo". En una zona poblada de más de 8.000.000 de habitantes, **nos dice la Santísima Virgen, sólo sobrevivirán 88 personas**; Marsella también dejará de existir ya que será completamente borrada del mapa, engullida por un enorme tsunami. Otras dos ciudades francesas serán también completamente destruidas (¿Burdeos? ¿Rouen?).

— **La mitad de la población de Francia será completamente aniquilada**. Algunos pueblos de Francia quedarán sin un alma.
— Enrique de la Santa Cruz, victorioso contra sus enemigos, llegará por fin a los restos de una capital francesa destruida. El Rey francés encontrará entre las pocas ruinas y cenizas que quedan de lo que fue París, la catedral de Notre Dame parcialmente en pie en "l'Île la Cité"; sin embargo, Enrique tendrá que esperar durante semanas a que un prelado venga a ungirlo y coronarlo como rey de Francia.

Enrique de la Santa Cruz será coronado por fin en la catedral de Notre Dame ("en el centro del centro") por un joven obispo de Aquisgrán, que vendrá con otros cuatro obispos franceses para coronarlo en París, y más tarde en la catedral de la ciudad liberada de Reims donde el monarca francés recién coronado será finalmente conocido como Enrique V de la Santa Cruz, Rey de Francia y de Navarra. Mientras tanto, el Rey español liberará igualmente las partes restantes de España.

— El ilegítimo rey francés de la Casa de los d'Orleans dimitirá humillado y avergonzado, dejando la Corona de Francia al Rey Enrique V de la Santa Cruz.

Una vez liberadas Francia y España (la reconquista de Francia durará siete meses), ambos reyes unirán sus fuerzas y un ejército franco-español (formado en su mayoría por fuerzas francesas) se moverá en el norte de Italia para liberar al Pontífice que lleva dos años y medio prisionero en el Vaticano. Este nuevo Papa será angelical y elegido por Dios. No obstante, Francia saldrá de la Guerra sufriendo una destrucción abrumadora.

— Mientras tanto, Italia habrá sufrido mucho ya que la Iglesia habrá sido perseguida y los cristianos apresados como lo fueron los judíos durante la Segunda Guerra Mundial. La mayor parte de la sangrienta carnicería en Italia habrá tenido lugar bajo un líder germano-turco que vendrá de Irán bajo el nombre de **Archel de la Torre**.

— Cinco meses después de que la paz sea restablecida en Francia por el rey Enrique V de la Santa Cruz, una revolución como ninguna otra comenzará en Roma. La horrible guerra en Italia será larga; durará más de dos años. Habrá muchas admoniciones del Cielo durante estos momentos difíciles para abrir los ojos de aquellos (cuyos corazones) son más duros.

Una vez que Roma y el Papa sean liberados, los castigos de Dios tendrán lugar **mediante los tres grandes días de tinieblas que pondrán fin a todos los conflictos armados**. Grandes terremotos mundiales, tsunamis masivos, rupturas y colapsos de montañas, lluvias de fuego, caídas de meteoritos, explosiones de volcanes remodelarán el mapa del mundo en el transcurso de los tres días de tinieblas y harán que el eje de la tierra se tambalee de forma irregular durante los tres años posteriores.

— Después de que terminen los anunciados Tres Días de Tinieblas, el mundo se encontrará en total consternación, agonizando y de rodillas. **Tres cuartas partes de la población mundial habrán perecido.**

— Países enteros habrán desaparecido. Inmensos territorios habrán sido quemados por una horrible lluvia de fuego (*¿meteoritos?*). La tierra estará cubierta de cadáveres y aparecerá como un gigantesco cementerio. **Una de las regiones del mundo menos afectadas por estos cataclismos será la región de Bretaña en Francia.**
La guerra cesará inmediatamente por falta de combatientes y de voluntad del hombre para luchar. Los enemigos del Rey Enrique V de la Santa Cruz buscarán términos inmediatos para la paz y se convertirán al catolicismo, que renacerá en todo el mundo bajo el liderazgo guía de un nuevo Papa angelical y santo y bajo el Rey Enrique V.

— (Se nos dice que las tres crisis deben durar aproximadamente tres años).

— El Rey Enrique establecerá los términos de la paz y regresará a La Fraudais donde hará construir una magnífica Catedral (Basílica) y desde donde ordenará construir o reedificar otras basílicas, conventos, monasterios, iglesias y Catedrales en toda Francia.

— Comenzará una larga era de paz bajo la dirección del Papa y del rey Enrique.

No puedo hacer más hincapié en esto, no es más que una mera especulación por mi parte; sin embargo, si tenemos en cuenta las únicas fechas dadas en La Fraudais a Marie-Julie Jahenny: año 80 a 83 (¿a partir de la fecha de fallecimiento de Marie-Julie Jahenny — 1941?), y la posible fecha más temprana de Garabandal para el signo en la colina de los Pinos, el año 2024 podría ser de suma importancia en las profecías de la Santísima Virgen María.

Francia sigue enviando más tropas a tierras árabes (Siria, Chad, Jordania, etcétera), los disturbios civiles aumentando en toda Francia hasta los niveles de antes de la guerra civil, y, desde hace poco, el primer contagio mundial de un virus pandémico (Covid-19 y su interminable lista de variantes). Naturalmente, este futuro no está escrito en piedra y el futuro aún puede cambiar si, como nos imploró la Virgen de Fátima hace más de un siglo, el hombre se convierte a tiempo; no obstante, una cosa sigue siendo cierta, todos los signos parecen anunciar una cierta inminencia, pero todo está a los pies de la Cruz y en las manos de Dios.

"Si la gente hace lo que te digo, muchas almas se salvarán. Si mis peticiones son atendidas, Rusia se convertirá y habrá paz. Si no, esparcirá sus errores por todo el mundo, provocando guerras y persecuciones a la Iglesia. Los buenos serán martirizados, el Santo Padre tendrá mucho que sufrir y varias naciones serán destruidas. Pero al final, mi Corazón Inmaculado triunfará".

(Nuestra Señora de Fátima, 1917)

El mensaje de la Santísima Virgen María a la Hermana Aiello el 22 de agosto de 1960:

"La hora de la justicia de Dios está cerca y será terrible. Se avecinan tremendos azotes sobre el mundo, y varias naciones serán golpeadas por epidemias, hambrunas, grandes terremotos, huracanes terribles, con desbordamiento de ríos y mares, que traen ruina y muerte. Si los pueblos no reconocen en estos flagelos (de la naturaleza) las advertencias de la Divina Misericordia, y no vuelven a Dios con una vida verdaderamente cristiana, otra terrible guerra vendrá de Oriente a Occidente. Rusia con sus ejércitos secretos luchará contra América y arrasará Europa. El río Rin se desbordará de cadáveres y sangre. También Italia será acosada por una gran revolución y el Papa sufrirá terriblemente. Difundid la devoción a mi Corazón Inmaculado, para que muchas almas sean conquistadas por mi amor y para que muchos pecadores vuelvan a mi Corazón Materno. No temáis, porque acompañaré con mi protección maternal a mis fieles y a todos los que acepten mis urgentes avisos, y ellos —sobre todo por los rezos de mi Rosario— se salvarán. Satanás va furiosamente por este mundo desordenado y pronto mostrará todo su poderío. Pero, gracias a mi Corazón Inmaculado, la victoria de la Luz no tardará en triunfar sobre el poder de las tinieblas, y finalmente el mundo tendrá tranquilidad y paz".

Seguramente, como afirmaba a menudo Monseñor René Laurentin:

"No hay que creer en los mensajes que traen las apariciones extraordinarias de la Santísima Virgen María, aunque sean formalmente aprobadas y reconocidas como sobrenaturales por sus obispos locales y por el propio Vaticano. Ya lo tenemos todo en los Evangelios".

Por supuesto, esta afirmación es innegablemente cierta si se tiene en cuenta que no se puede sacar a la luz ninguna doctrina nueva que no esté ya revelada en los Evangelios y afirmada por el dogma de fe católico; sin embargo, la Santísima Virgen María no ha venido a añadir nada a las enseñanzas de su Hijo, sino a recordárnoslas y a mover a la Humanidad a vivirlas.

En efecto, las enseñanzas del Evangelio hoy ya no se enseñan ni se infunden debidamente, pues son indiscutiblemente y totalmente rechazadas por una Sociedad que se adhiere hoy a una noción de compromiso fácil, de conveniencia y de autosatisfacción inmediata, como es el caso de la libre fecundación, del aborto,[33] la pedofilia, la eutanasia, la homosexualidad, el uso de drogas recreativas y la práctica cada vez más común de un paganismo que profesa doctrinas y valores anticristianos. El consumismo, el globalismo y el egoísmo son igualmente espejismos que ciegan a los hombres para la Fe, mientras que el aborto se convierte en un medio muy eficaz de anticoncepción y de control del crecimiento de la población, librando a la sociedad de los no deseados y de los más débiles.

Finalmente, están también los "titiriteros", aquellos que detrás de las escenas internacionales y financieras se han apuntado a la ideología anticristiana, en las sombras de sus sociedades más exclusivas y secretas, con único objetivo: la búsqueda de la dominación y el poder final a través del control de todos los pilares principales de la sociedad occidental. Esto es: financiero, gubernamental, político, civil, científico, industrial y religioso.

Hemos sido advertidos acerca de estas "sociedades secretas" ya en el siglo XVII, precisamente desde la ciudad de Quito, Ecuador, desde un pequeño convento de monjas cuya priora, la Madre Mariana de Jesús Torres, fue bendecida con el don de visiones milagrosas y estigmas (ver capítulo: VI). Las primeras advertencias de la Santísima Virgen María sobre la masonería para el futuro pueblo del siglo XX a través de la priora española fueron claras y ciertamente no están sujetas a ninguna interpretación más que a solo una.

Los mensajes de la Santísima Virgen Maria a la Madre Mariana de Jesús Torres, 21 de enero de 1610, 2 de febrero de 1610, 2 de febrero de 1634 dicen esto:

> **"Así, os hago saber que desde finales del siglo XIX y desde poco después de la mitad del siglo XX, en lo que hoy es la Colonia que luego será la República del Ecuador, estallarán las pasiones y habrá una corrupción total de las costumbres, pues Satanás reinará casi por completo por medio de las sectas masónicas. Se centrarán principalmente en los niños para sostener esta corrupción general. ¡Ay de los niños de esos tiempos! (...) En cuanto al Sacramento del Matrimonio, que simboliza la unión de Cristo con su Iglesia, será atacado y profundamente profanado. La masonería, que estará entonces en el poder, promulgará leyes inicuas con el fin de suprimir este Sacramento, facilitando que todos vivan en el pecado y fomentando la procreación de hijos ilegítimos nacidos sin la**

---

[33] El aborto bate nuevos récords cada año, y se ha convertido hoy en día en uno de los métodos anticonceptivos preferidos por la sociedad.

bendición de la Iglesia.

Durante esa época, la Iglesia se encontrará atacada por terribles hordas de la secta masónica, y esta pobre tierra ecuatoriana agonizará por la corrupción de las costumbres, el lujo desenfrenado, la prensa impía y la educación laica.

(…) La secta [masónica], habiéndose infiltrado en todas las clases sociales, será tan sutil que se introducirá en los ambientes domésticos para corromper a los niños, y el diablo se gloriará cenando en la exquisita delicadeza de los corazones infantiles".

Estas revelaciones y referencias verdaderamente fantásticas —aprobadas formalmente por la Iglesia Católica romana— tuvieron lugar aproximadamente un siglo antes de que se conociera la masonería. En efecto, sólo en el año 1717 se introdujo la masonería en la Sociedad, cuando las cuatro primeras logias francmasónicas de Londres formaron la primera "Gran Logia de Inglaterra"; a partir de entonces esa organización experimentó una rápida expansión en el continente europeo, para luego expandirse en el Nuevo mundo, reclutando a miembros de la élite de todas las ramas gubernamentales, empresariales e industriales. Otros videntes y místicos hicieron también innumerables referencias en sus visiones o se hicieron eco de mensajes sobre la masonería:

— Ana-Catalina Emmerich, 13 de mayo de 1820:

"(…) De nuevo vi en visión a San Pedro socavado según un plan ideado por la secta secreta mientras, al mismo tiempo, era dañado por las tormentas; pero fue liberado en el momento de mayor angustia. De nuevo vi a la Santísima Virgen extendiendo su manto sobre ella (la Iglesia)*".*

— Jeanne Royer, Hermana de la Natividad:

"El espíritu de Satanás inspirará, contra la Iglesia, ligas de asambleas, de sociedades secretas. La Iglesia condenará primero su sórdida doctrina. Entonces los partidarios de Satanás se esconderán en las sombras y producirán volúmenes de obras que causarán mucho daño. Todo se hará en silencio dentro de una envoltura de secreto inquebrantable. Será como un fuego por debajo, sin ruido y que se irá extendiendo poco a poco.

Esto será grave y peligroso para la Santa Iglesia, pues no se dará cuenta de estos planes. Algunos sacerdotes verán los primeros humos del fuego maligno. Se levantarán contra los que se notará que tienen los signos precedentes de falta de devoción y que se separan así de las buenas costumbres de la Iglesia. Estos pobres seguidores de esas nuevas doctrinas dirán entre ellos: "Cuidemos de no ser descubiertos. No revelemos lo que somos ni cuál es nuestro secreto. En apariencia, debemos parecer sumisos como niños indefensos. Acerquémonos a los Sacramentos. No discutamos, sino actuemos con paz y suavidad". Cuando vean que han ganado un gran número de discípulos, un número tan importante como el de un gran reino, entonces estos lobos ladrones saldrán de sus cavernas, vestidos con pieles de oveja".

— Ana-Catalina Emmerich, agosto-octubre de 1820:

"Veo más mártires, no ahora sino en el futuro. Vi a la secta secreta socavando implacablemente la Gran Iglesia. Cerca de ellos, vi una bestia horrible que subía del mar. En todo el mundo, las personas buenas y devotas, especialmente el clero, eran acosadas, oprimidas y encarceladas. Tuve la sensación de que algún día se convertirían en mártires. Cuando la Iglesia había sido destruida en su mayor parte (por la secta secreta), y cuando sólo quedaban en pie el santuario y el altar, vi a los demoledores (de la secta secreta) entrar en la Iglesia con la Bestia".

Los nueve capítulos de este libro aportan cada uno una revelación distinta y complementaria, que describe los acontecimientos que se producirán en los próximos años en Francia, Europa y el mundo. Asimismo, revela verdades ocultas sobre la Iglesia: la apostasía anunciada, la corrupción del clero y la infiltración de la masonería en su alta jerarquía. ¿Podrían estas profecías, en su momento, haberse convertido en una realidad deplorable que ha engendrado la razón del largo silencio de Roma y su total reticencia a promover estos mensajes entre los fieles? Me atrevería a decir incluso que quizás esto es lo más probable.

Sin embargo, el mensaje de la Santísima Virgen María se ha dado a conocer. Pero, por desgracia, a muy pocos fieles. En cualquier caso, uno reflexiona entonces sobre el argumento común de que, a pesar de las corrupciones, depravaciones, faltas a la moral y a la buena reputación de la Iglesia, las revelaciones y manifestaciones del Cielo en la tierra no son necesarias, *¡ya que tenemos los Evangelios y en los Evangelios lo tenemos todo!*

Uno no puede dejar de pensar al mismo tiempo que si el Cielo creyó necesario enviar una y otra vez un nuevo "Jonás" (*la Santísima Virgen María*) en diferentes lugares del globo, a través de diferentes mensajeros en diferentes épocas de la historia para llamar siempre tan repetidamente a la Humanidad a arrepentirse, a convertirse, a abandonar los malos caminos del hombre antes de que la Justicia de Dios lo alcance, me veo obligado a preguntarme: ¿Quién se atrevería a pensar que sabe más que el Cielo y decir así:

"No es necesario difundir estos mensajes sensacionalistas, profecías y advertencias a las masas, ni prestarles atención: pensar lo contrario es un error de juicio"?

Afortunadamente para el pueblo de Nínive, su rey cometió tal "error de juicio" al escuchar y prestar atención a los mensajes sensacionalistas, las profecías y las advertencias presentadas por el mensajero del Cielo: Jonás. Dice Jonás, capítulo 3,1-10:

> "La palabra de Yahvé se dirigió a Jonás por segunda vez. "Levántate", le dijo, "Ve a Nínive, la gran ciudad, y predícale lo que yo te diga". Jonás se puso en marcha y fue a Nínive obedeciendo la palabra de Yahvé. Nínive era una ciudad inmensa; para atravesarla se necesitaban tres días. Jonás comenzó por adentrarse un día en la ciudad y luego proclamó: "Sólo cuarenta días más y Nínive será destruida".
> Y el pueblo de Nínive creyó en Dios; proclamó un ayuno y se vistió de cilicio, desde el más grande hasta el más pequeño. Cuando el rey de Nínive recibió la noticia, se levantó de su trono, se quitó el manto, se vistió de cilicio y se sentó en cenizas. Luego hizo proclamar en toda Nínive, por decreto del rey y de sus nobles, lo siguiente: "Ninguna persona o animal, manada o rebaño, puede comer nada; no pueden pastar, no pueden beber agua. Todos deben vestirse de cilicio e invocar a Dios con todas sus fuerzas; y que todos renuncien a sus malos caminos y a su comportamiento violento. ¿Quién sabe? Tal vez Dios cambie de opinión y renuncie a su ardiente ira, para que no perezcamos". Dios vio sus esfuerzos por renunciar a sus malos caminos. Y Dios cedió en cuanto al desastre que había amenazado con traer sobre ellos, y no lo trajo".

Cuando los preparativos para el lanzamiento de lo que se conocería formalmente como el Concilio Vaticano II (Vaticano II) estaban bien encaminados, el Papa Juan XXIII ordenó que se le trajeran los dos sobres escritos por la Hermana Lúcia dos Santos que contenían el Tercer Secreto de Fátima, para cumplir con la petición de la Virgen de Fátima, y así hacer que su mensaje se transmitiera públicamente al mundo antes de 1960. El 17 de agosto de 1959 Monseñor Philippe (oficial del Santo Oficio) entregó los dos sobres al Papa en Castelgandolfo. Juan XXIII no los abrió de inmediato, sino que expresó su deseo de leer el Tercer Secreto de Fátima con su confesor. Pocos días después, al romper el sello del segundo sobre (el mensaje de la Virgen) y leerlo en silencio, ante la sorpresa de todos, el Pontífice se puso repentinamente blanco como una sábana, pareciendo momentáneamente alarmado; luego declaró, mientras doblaba rápidamente el documento y lo volvía a colocar nerviosamente dentro de su sobre:

"Este mensaje no es para nuestro tiempo".[34]

---

[34] Contradiciendo a Nuestra Señora de Fátima, que pidió expresamente que el tercer

El Cardenal Ottaviani (Prefecto del Santo Oficio) lo leyó también por instrucciones del Santo Padre, pero el 8 de febrero de 1960, un comunicado de la Agencia de Prensa fue enviado desde el Vaticano, declarando que el Tercer Secreto de Fátima no sería publicado, y muy probablemente nunca sería revelado. Además, el comunicado del Vaticano decía:

"Aunque la Iglesia reconoce las apariciones de Fátima, no desea asumir la responsabilidad de garantizar la veracidad de las palabras que los tres niños pastores dijeron que la Virgen María les había dirigido".

A pesar de los apremiantes esfuerzos de los hombres por silenciar el mensaje de la Virgen, los designios de Dios permanecen inalterables y firmes, mientras el mundo de hoy comienza a ver ante sus televisores el desarrollo de las profecías reveladas a través de los mensajeros del Cielo. El mundo está en guerra consigo mismo y con la naturaleza (Covid-19). La Iglesia católica ha estado en un constante pero alarmante declive desde los años 60.

Asimismo, Roma, en aras de atraer a mayores masas y en aras del compromiso, ha permitido un nuevo idealismo basado en el librepensamiento y el culto a sí mismo, evidentemente dentro de sus círculos internos. A menudo esas ideas reformistas abrazan abiertamente el credo de la Iglesia protestante, en particular el de la confesión luterana que, lamento decirlo, ha dividido gravemente a la Iglesia católica en dos. De hecho, algunos sostienen que la apertura del Papa Francisco hacia otras religiones y credos, en contraste con su guerra contra los ritos romanos tradicionales, es un camino peligroso que pisa los principios católicos básicos que han formulado el dogma infalible de la Fe en los últimos dos milenios.

Un mensaje particular dado a Marie-Julie Jahenny en 1904 (13 años antes de las apariciones de Fátima) expuso el inmenso dolor que la Iglesia causa al Cielo por ignorar y alejar el mensaje del Cielo de los fieles. La Santísima Virgen María dijo a Marie-Julie Jahenny el 4 de agosto de 1904:

"(...) Tuve la dolorosa pena de ver selladas estas últimas páginas que deberían haber sido entregadas al mundo. Es porque se trata de una gran cantidad de pastores y del sacerdocio que se han rebelado (contra mis instrucciones) y que han ocultado las últimas páginas de este secreto divino. ¿Cómo pueden esperar que el castigo no caiga sobre la tierra? ¡Llegan hasta envolver mis últimas palabras en la montaña santa y hacerlas desaparecer! (Llegan hasta) hacer sufrir a los que se consagraron por esta santa causa con la alegría de glorificarme en esta solemne predicción. Es porque estas últimas líneas se refieren al sacerdocio, y porque fui yo quien las pronunció, quien las reveló, por lo que el orgullo fue mortificado. Muestro cómo

---

secreto de Fátima fuera revelado públicamente después de la muerte de Sor Lucia o, a más tardar, en 1960…

sirven a mi Hijo en las santas Órdenes y cómo viven en todo momento en su sacerdocio. ¿Cómo puedes esperar que el Cielo los bendiga? No hablo de todos los pastores, de todo el sacerdocio, pero el número que eximo es verdaderamente pequeño. Dejan que todas las almas se pregunten (a ciegas) en el más absoluto vacío. Cuidan de su salvación de modo muy exiguo. Les gusta el descanso, la buena comida y la buena vida.

Mis queridos sacerdotes víctimas, los verdaderos, son verdaderamente pocos. Los demás aman el Santo Sacrificio con indiferencia. Suben al Altar porque están obligados a cumplir este acto, pero pronto veréis su alegría por no tener que hacerlo más; veréis su felicidad por ser descargados de las almas y de su perdón. ¡Qué palabras tan vanas! ¡Qué conversaciones tan desagradables para el Cielo! ¿Qué serán (los sacerdotes) en el gran día? ¡Qué serán en esos días horribles e inolvidables! No repito la parte mala que vosogros ya conocéis de mis secretos dados en la montaña santa".

Apostasía

Mientras se escriben estas líneas, dejo los ejemplos contemporáneos que se comentan en este libro como testimonio de la historia del comienzo de la "entrada del humo de la apostasía en la Iglesia". ¿Y qué mayor apostasía que la de las comuniones sacrílegas? En efecto, desde la elección del Papa Francisco se ha auspiciado ampliamente —a través de la Exhortación Apostólica Postsinodal *Amoris Laetitia* del Pontífice argentino— que se pueda dar la Sagrada Comunión (ilícitamente) a las parejas que se han vuelto a casar (sin anulación previa de sus primeros matrimonios, ignorando así el Sexto y el Noveno Mandamiento),[35] y a los súbditos no católicos casados con fieles católicos (sin requerir previamente los sacramentos del Bautismo ni de la Primera Comunión).

En medio de la confusión provocada por la Exhortación Apostólica Postsinodal *Amoris Laetitia* del Papa Francisco, se formularon unos *Dubia* de Cardenales para pedir al Santo Padre una mayor explicación de lo que a primera vista puede parecer una absoluta contradicción con las enseñanzas de Nuestro Señor Jesucristo. Hasta la fecha, estos *Dubia* ha sido ignorados mediante un ensordecedor silencio.

Graves "errores" contra la Fe - Sínodo panamericano amazónico de octubre de 2019

En otros asuntos, el conocido y célebre cardenal Burke y el obispo Schneider sacan a la luz otros peligrosos errores que han aflorado desde el Vaticano en septiembre-octubre de 2019, en el sínodo panamericano amazónico:

---

[35] Sexto Mandamiento: **No cometerás adulterio** - Noveno Mandamiento: **No codiciarás la mujer de tu prójimo**.

errores que coquetean con la herejía y el sacrilegio y que presentan características que contradicen peligrosamente el infalible dogma católico de la fe. El cardenal Burke y el obispo Schneider escribieron que *consideraban su deber hacer conocer a los fieles seis errores "principales" que se están difundiendo a través del* **Instrumentum laboris** empleado para el Sínodo panamericano amazónico de octubre de 2019:

El **primer error** que enumeraron fue: el **panteísmo implícito** — la identificación de Dios con el universo y la naturaleza donde Dios y el mundo son uno. Esta teoría es totalmente rechazada por el dogma de la Fe de los católicos romanos; en consecuencia, insistir en patrocinarla sería un acto de herejía.

En **segundo** lugar, el Cardenal Burke y el Obispo Schneider criticaron la noción presentada en el documento de trabajo de que las supersticiones paganas son *fuentes de la Divina Revelación y caminos alternativos para la salvación*. Esto implicaba que las tribus amazónicas tienen supersticiones paganas que son una *expresión de la Divina Revelación*, que merecen *el diálogo y la aceptación* de la Iglesia. Citando documentos eclesiásticos, el cardenal Burke y el obispo Schneider afirmaron que el Magisterio rechaza esa **relativización** de la Revelación de Dios y que, en cambio, afirma que hay un solo y único Salvador, Jesucristo, y que la Iglesia es su único Cuerpo Místico y Esposa.

En **tercer** lugar, el Cardenal Burke y el Obispo Schneider señalaron lo erróneo de la teoría contenida en el documento de que "los pueblos aborígenes ya han recibido la revelación divina, y que la Iglesia católica en el Amazonas debe someterse a una *conversión misionera y pastoral*". El Magisterio rechaza tal noción de la actividad misionera como "mero enriquecimiento intercultural", argumentando que la inculturación consiste principalmente en la "evangelización" que hace de la Iglesia el "instrumento más eficaz de la misión".

En **cuarto** lugar, los dos prelados criticaron el documento de trabajo por su apoyo a "adaptar los ministerios católicos ordenados a las costumbres ancestrales de los pueblos aborígenes, concediendo ministerios oficiales a las mujeres y ordenando a los líderes casados de la comunidad como sacerdotes de segunda clase, privados de parte de sus poderes ministeriales pero capaces de realizar rituales chamánicos". El cardenal Burke y el obispo Schneider afirman: "El Magisterio de la Iglesia rechaza tales prácticas y sus opiniones implícitas", y se basan en una serie de documentos de la Iglesia que apoyan el celibato religioso y las reglas de ordenación de los sacerdotes, como la encíclica *Sacerdotalis Coelibatus* del Papa Pablo VI y la carta apostólica *Ordiniatio Sacerdotalis* del Papa Juan Pablo II, para subrayar su afirmación.

En **quinto** lugar, el cardenal Burke y el obispo Schneider afirmaron que, en consonancia con las **"opiniones panteístas implícitas"** del documento, el *Instrumentum laboris* "relativiza la antropología cristiana" al considerar al hombre "un mero eslabón de la cadena ecológica de la naturaleza" y "el desarrollo socioeconómico como una agresión a la *Madre Tierra*". Afirmaron con rotundidad que el Magisterio rechaza esas creencias que consideran que el hombre no posee "una dignidad única" por encima de la "creación material" y que el "progreso tecnológico está ligado al pecado".

Finalmente, el cardenal Burke y el obispo Schneider advirtieron contra lo que el documento de trabajo llama una "conversión ecológica" integral que incluye "la adopción del modelo social colectivo" de las tribus aborígenes donde "la personalidad y la libertad individuales se ven socavadas". El Magisterio, reafirman el Cardenal Burke y el Obispo Schneider, "rechaza tales opiniones" y continuaron citando el *Compendio de la Doctrina Social de la Iglesia*.

Muestra de la confusión

En conclusión, el cardenal Burke y el obispo Schneider afirmaron categóricamente que estos errores "implícitos y explícitos" representan una "manifestación alarmante de la confusión, el error y la división que acosan a la Iglesia en nuestros días". Añadieron que "nadie" puede decir que no era consciente de la "gravedad de la situación" y excusarse así de "tomar las medidas adecuadas" por amor a Cristo y a su Iglesia. Ante tal amenaza, pidieron a "todos los miembros" de la Iglesia que "recen y ayunen" por sus miembros "que corren el riesgo de ser escandalizados: es decir, llevados a la confusión, al error y a la división" por el texto del Sínodo.

El cardenal Burke y el obispo Schneider escribieron además que "todo católico, como verdadero soldado de Cristo" está llamado a "salvaguardar y promover las verdades de la fe" para que los Obispos sinodales no "traicionen" la misión del Sínodo, que es ayudar al Papa en la "conservación y el crecimiento de la fe y la moral", recordando que el beato John Henry Newman —que fue canonizado durante el sínodo panamericano— publicó dos escritos en los que "advertía contra los mismos errores teológicos que figuran en el ***Instrumentum laboris*** del Sínodo".

El cardenal Burke y el obispo Schneider concluyeron invocando a la Santísima Virgen María y la intercesión de los santos misioneros de los pueblos indígenas americanos para que protejan a los Obispos del Sínodo y al Santo Padre "del peligro de aprobar errores y ambigüedades doctrinales, y de socavar la regla apostólica del celibato sacerdotal".

Por si estas últimas bases desconcertantes del Sínodo no fueran suficientes, en el transcurso del mismo se produjeron varios episodios, de máxima gravedad, que implicaron una explosiva pero reveladora idolatría pagana en el suelo del Vaticano ante un Papa Francisco benévolamente sonriente.

En efecto, los medios de comunicación de todo el mundo fueron testigos en directo, dentro de los propios jardines del Vaticano y dentro de la Basílica de San Pedro, de una sacerdotisa religiosa amazónica presidiendo a un hombre con túnica franciscana y a una veintena de indios amazónicos rindiendo homenaje y reverencia —todos en adoración con la frente en el suelo— a una figura de madera de una india desnuda y embarazada conocida como la diosa amazónica Pachamama.[36] A través de su sacerdotisa india, este culto no católico comenzó entonces a rezar ante Francisco:

> *"¡Pachamama, buena madre, sé propicia con nosotros! ¡Sé propicia con nosotros! Haz que la semilla tenga buen sabor, que nada malo ocurra, que las heladas no la perturben, que produzca buenos alimentos. Te pedimos: ¡danos todo! ¡Sé propicia con nosotros! ¡Sé propicia con nosotros!".* [37]

Como era de esperar, la idolatría de esta deidad pagana inspiró el escándalo entre las masas de católicos romanos de todo el mundo. Estos rituales que mostraban a los nativos amazónicos postrados en el suelo, en adoración ante estatuillas de la renombrada deidad llamada "Pachamama", no sólo debilitaron la fe de muchos católicos que no entendían cómo la Iglesia de San Pedro pudiera haber caído tan bajo como para facilitar en sus terrenos tal paganismo, sino que reforzó la firme creencia de las diversas denominaciones protestantes de todo el mundo de que tal vergonzosa muestra de idolatría absoluta es una prueba más de que, efectivamente, la Iglesia Católica Romana ya no es la verdadera Iglesia de Cristo, ganándose así el Papa Francisco el vergonzoso apodo de... *Pachapapa*.

El Papa Benedicto XVI reacciona

El Papa emérito Benedicto XVI, que prometió guardar silencio cuando renunció a la jefatura de la Iglesia católica romana en 2013, ha vuelto a entrar en la escena pública por el controvertido tema del celibato sacerdotal que se ha puesto en discusión en ese Sínodo de octubre de 2019 pan-amazónico. Los participantes de dicho Sínodo han sido cuidadosamente elegidos por el Vaticano, para luego ser aprobados por el propio Papa Francisco a fin de asegurar un resultado de votación deseado a favor de una ruptura excepcional del celibato sacerdotal y la aprobación de la ordenación de mujeres en las selvas amazónicas de América del Sur.

Como era de esperar, la abrumadora mayoría del Sínodo de Obispos provenientes de esa Región Pan-Amazónica votó a favor de que el Papa permitiera

---

[36] **Definición de Pachamama en *Wikipedia*:** Pachamama es una *diosa venerada* por los pueblos indígenas de los Andes. También se la conoce como la madre tierra-tiempo. En la mitología inca, la Pachamama es una diosa de la fertilidad que preside la siembra y la cosecha, encarna las montañas y provoca terremotos. También es una deidad siempre presente e independiente con su propio poder autosuficiente y creativo para mantener la vida en esta tierra.

[37] Oración a la Pachamama publicada en el marco del Sínodo de la Amazonia por la **Fondazione Missio**, órgano de la Conferencia Episcopal Italiana.

la ordenación de hombres mayores y casados para suplir la grave escasez de sacerdotes en Sudamérica, pero el Papa Francisco parecía haber sido cogido completamente por sorpresa cuando se enteró de que el Papa Emérito Benedicto XVI había declarado públicamente —a través de la publicación del libro **Desde el fondo de nuestros corazones**, en coautoría con el cardenal guineano Robert Sarah— que no podía permanecer en silencio *por más tiempo*, y se manifestó defendiendo la posición tradicional católica romana sobre el celibato de los sacerdotes. La publicación de este extraordinario libro ha sido ampliamente interpretada como una ferviente oposición a lo que muchos sospechan ha sido el Sínodo cuidadosamente tramado por el Papa Francisco para justificar un primer paso para eliminar el celibato en la vida religiosa. De hecho, el magistral trabajo de **Desde el fondo de nuestros corazones** defiende claramente la "necesidad" del celibato en el sacerdocio al exponer el conflicto de intereses totalmente evidente que podrían tener los hombres casados entre sus obligaciones como esposos y padres con sus obligaciones hacia sus rebaños parroquiales.

El periódico francés **Le Figaro** publicó extractos que subrayan claramente el mensaje transmitido por los dos eminentes eclesiásticos ante toda la Iglesia católica como testigo. He aquí algunos extractos de **Desde el fondo del corazón**:

— *"El sacerdocio de Jesucristo nos hace entrar en una vida que consiste en hacerse uno con Él y renunciar a todo lo que nos pertenece sólo a nosotros".*
— *"Para los sacerdotes, éste es el fundamento de la necesidad del celibato, pero también de la oración litúrgica, la meditación de la Palabra de Dios y la renuncia a los bienes materiales".*
— *"Puesto que un hombre casado se dedica por completo a su familia, y "servir al Señor" requiere un grado similar de devoción, no parece posible llevar a cabo las dos vocaciones simultáneamente, por lo que el celibato se convirtió en un criterio para el ministerio sacerdotal".*

En una introducción conjunta, los coautores dijeron que habían escrito con un espíritu de obediencia filial al Papa Francisco. Sin embargo, también dijeron que la actual "crisis" de la Iglesia les obligaba a hablar. En un pasaje concreto, el cardenal Sarah, conocido por sus opiniones tradicionales en la Iglesia, se dirige directamente al Papa Francisco:

"Ruego humildemente al Papa Francisco que vete cualquier debilitamiento de la ley del celibato sacerdotal, incluso limitado a una u otra región. Es urgente y necesario que todos —Obispos, sacerdotes y laicos— dejen dejarse intimidar por las súplicas equivocadas, las producciones teatrales, las mentiras diabólicas y los errores de moda que intentan acabar con el celibato sacerdotal". Ambos autores añaden que esta práctica ayuda a la Iglesia a *"(proteger) su misterio"*.

Massimo Faggioli, destacado historiador y teólogo de la Universidad de Villanova, dijo al *National Catholic Reporter* que la decisión de Benedicto de escribir el libro era una grave infracción: *"Interfiere con un proceso sinodal que todavía se está desarrollando después del sínodo de la Amazonía y amenaza con limitar la libertad del único Papa"* (enero de 2020).

Por otra parte, en abril de 2020, el arzobispo Vigano declaró, en términos inequívocos, a un periódico portugués, **Dies Irae**, su opinión sobre el Sínodo Amazónico Panamericano:

Dies Irae:
En plena Semana Santa y después del Sínodo Pan-Amazónico, el Papa decidió crear una comisión para discutir y estudiar el diaconado femenino en la Iglesia Católica. ¿Cree usted que esto pretende allanar el camino para la ordenación de mujeres o, en otras palabras, es un intento de manipular el Sacerdocio establecido por Nuestro Señor Jesucristo el Jueves Santo?

Monseñor Viganó:
— No es posible, y nunca lo será, que el Sagrado Orden sea modificado en su esencia. El ataque al Sacerdocio siempre ha estado en el centro de las acciones de los herejes y de su inspirador, y es comprensible que así sea: un golpe al Sacerdocio significa la destrucción de la Santa Misa y de la Santísima Eucaristía y de todo el edificio sacramental.
Entre los enemigos acérrimos del Sagrado Orden estaban también los modernistas, por supuesto, que desde el siglo XIX teorizaron sobre una Iglesia sin sacerdotes, o con sacerdotes y sacerdotisas. Estos delirios, prefigurados por algunos exponentes del modernismo en Francia, resurgieron sutilmente en el Concilio, con el intento de insinuar una cierta equivalencia entre el sacerdocio ministerial derivado del Orden Sagrado y el sacerdocio común de los fieles derivado del Bautismo.
Es significativo que, precisamente jugando con esta ambigüedad intencionada, la liturgia reformada (es decir, la nueva Misa, introducida después del Concilio) también sufrió el error doctrinal de la **Lumen Gentium** *y acabó reduciendo al ministro ordenado a la (condición de) simple presidente de una asamblea de sacerdotes. Al contrario, el sacerdote es un* **alter Christus**, *no por designación popular, sino por configuración ontológica con el Sumo Sacerdote, Jesucristo, al que debe imitar en la santidad de su vida y en su entrega absoluta representada también por el celibato.*
El siguiente paso debía darse necesariamente, si no anulando el propio Sacerdocio, al menos haciéndolo ineficaz al extenderlo a las mujeres, que no pueden ser ordenadas: exactamente lo que ocurrió en las sectas protestantes y anglicanas, que hoy también viven la embarazosa situación de tener obispas lesbianas en la llamada Iglesia de Inglaterra.
Pero está claro que el "pretexto" ecuménico —es decir, acercarse a las comunidades disidentes adquiriendo incluso sus errores más recientes— se

basa en el odio de Satanás al Sacerdocio y llevaría inevitablemente a la Iglesia de Cristo a la ruina.

Por otra parte, el celibato eclesiástico es también objeto del mismo ataque, porque es distintivo de la Iglesia Católica y constituye una preciosa defensa del Sacerdocio que la Tradición ha guardado celosamente a lo largo de los siglos.

El intento de introducir una forma de ministerio femenino ordenado en la Iglesia no es reciente, a pesar de las reiteradas declaraciones del Magisterio. Juan Pablo II también definió inequívocamente, y con todos los requisitos canónicos de una declaración ex cathedra *infalible, que es absolutamente imposible cuestionar la doctrina sobre este tema. Pero al igual que se pudo toquetear (meter mano) el* Catecismo *para declarar la pena de muerte "no conforme al Evangelio" —algo inaudito y herético—, hoy se intenta crear* ex novo *alguna forma de diaconado femenino, evidentemente preparatoria de una futura introducción del sacerdocio femenino.*

La primera comisión creada por Bergoglio hace años dio un dictamen negativo, confirmando lo que ni siquiera debería haber sido objeto de discusión; pero si esa comisión no pudo obedecer los deseos de Francisco, eso no significa que otra comisión, cuyos miembros, elegidos por él, son más "dóciles" y se relajan en la demolición de otro pilar de la Fe Católica, no pueda hacerlo.

No dudo que Bergoglio tenga métodos persuasivos y que pueda presionar a la Comisión Teológica; pero estoy igualmente seguro de que, en el desafortunado caso de que este órgano consultivo diera un dictamen favorable, no haría falta necesariamente una declaración oficial del Papa para ver una multiplicación de diaconisas en las diócesis de Alemania u Holanda, permaneciendo Roma en silencio.

El método es bien conocido y, por un lado, permite golpear al sacerdocio, mientras que, por el otro, da una coartada conveniente a quienes, dentro de la estructura eclesiástica, siempre pueden apelar al hecho de que "el Papa no ha permitido nada nuevo". Hicieron lo mismo al autorizar a las Conferencias Episcopales a legislar autónomamente sobre la Comunión en la mano, que, impuesta por el abuso, se ha convertido ahora en práctica universal. Hay que decir que esta voluntad de promover las mujeres en la jerarquía delata el afán (de tales movimientos dentro de la Iglesia) de seguir la mentalidad moderna que ha quitado a la mujer su papel de madre y esposa para desquiciar a la familia natural.

Tengamos en cuenta que este acercamiento a los dogmas de la Iglesia confirma un hecho innegable: Bergoglio ha adoptado la llamada "teología de situación", cuyos pilares teológicos son hechos o temas accidentales: el mundo, la naturaleza, la figura femenina, los jóvenes. Esta teología no tiene como centro fundante la verdad inmutable y eterna de Dios; por el contrario, parte de la observación de lo que es la actualidad de estos fenómenos para dar respuestas coherentes con las expectativas del mundo contemporáneo.

Dies Irae:
Excelencia, según historiadores de reconocido mérito, el Concilio Vaticano II representó una ruptura de la Iglesia con la Tradición; de ahí la aparición de corrientes de pensamiento que quieren transformarla en una simple asociación humanitaria que abraza el mundo y su utopía globalista. ¿Cómo ve usted este grave problema?

Monseñor Viganó:
— Una Iglesia que se presenta como nueva con respecto a la Iglesia de Cristo, simplemente no es la Iglesia de Cristo. La religión mosaica, es decir, la "Iglesia de la Ley antigua", querida por Dios para conducir a su pueblo hasta la venida del Mesías, tuvo su cumplimiento en la Nueva Alianza, y fue definitivamente revocada en el Calvario por el sacrificio de Cristo: de su costilla nació la Iglesia de la Nueva y Eterna Alianza, que sustituye a la Sinagoga. Parece que también la Iglesia postconciliar, modernista y masónica, aspira a transformar, a superar la Iglesia de Cristo, sustituyéndola por una "neo-Iglesia", una criatura deforme y monstruosa que no procede de Dios.
La finalidad de esta neo-Iglesia no es llevar al Pueblo Elegido a reconocer al Mesías, como en el caso de la Sinagoga; no es convertir y salvar a todos los pueblos antes de la segunda venida de Cristo, como en el caso de la Iglesia Católica, sino constituirse en el brazo espiritual del Nuevo Orden Mundial y en defensor de la Religión Universal.
En este sentido, la revolución del Concilio (Vaticano II) primero tuvo que demoler la herencia de la Iglesia, su Tradición milenaria, de la que extrajo su vitalidad y autoridad como Cuerpo Místico de Cristo, luego liberarse de los exponentes de la antigua Jerarquía, y sólo recientemente esta revolución ha comenzado a ofrecerse sin pretensiones para lo que pretende ser. Lo que usted llama utopía es en realidad una distopía, porque representa la concreción del plan de la Masonería y la preparación para el advenimiento del Anticristo.
También estoy convencido de que la mayoría de mis hermanos, y más aún casi todos los sacerdotes y fieles, desconocen absolutamente este plan infernal, y que los últimos acontecimientos han abierto los ojos a mucha gente. Su fe permitirá a nuestro Señor reunir al pusillus grex (el "pequeño rebaño") en torno al verdadero Pastor antes de la confrontación final.

Dies Irae:
Para restaurar el antiguo esplendor de la Iglesia, será necesario cuestionar muchos aspectos doctrinales del Concilio. ¿Qué puntos del Vaticano II cuestionaría usted?

Monseñor Viganó:
— Creo que no faltan eminentes personalidades que han expresado, mejor que yo, puntos de vista críticos del Concilio. Hay quienes creen que sería menos complicado y ciertamente más sabio seguir la práctica de la Iglesia y de los

Papas, tal como se aplicó al Sínodo de Pistoia (un Sínodo diocesano en Pistoia, Italia, en 1786, posteriormente condenado en 85 puntos por el Papa Pío VI en Roma el 28 de agosto de 1794): también había algo bueno en ese Sínodo, pero los errores que afirmó fueron considerados suficientes para dejarlo caer en el olvido.

Dies Irae:
¿El actual Pontificado representa la culminación de un proceso que se abrió con el Concilio Vaticano II, deseado en el llamado "Pacto de las Catacumbas", o se encuentra todavía en una fase intermedia?

(**Nota**: El Pacto de las Catacumbas es un acuerdo firmado por 42 Obispos de la Iglesia Católica en una reunión celebrada tras la Misa en las catacumbas de Domitila, cerca de Roma, la noche del 16 de noviembre de 1965, tres semanas antes de la clausura del Concilio Vaticano II. Los Obispos se comprometieron a vivir como los más pobres de sus feligreses y a adoptar un estilo de vida libre de apego a las posesiones ordinarias).

Arzobispo Viganó:
— *Como ocurre con toda revolución, los héroes de la primera hora suelen acabar siendo víctimas de su propio sistema, como le ocurrió a Robespierre. Quien ayer era juzgado como el abanderado del espíritu conciliar hoy parece casi un conservador: los ejemplos están a la vista de todos.*
Y ya hay quien, en los círculos intelectuales del progresismo (como el que frecuenta un tal Massimo Faggioli, altivo en su nombre y poco gramatical en su apellido), empieza a difundir aquí y allá algunas dudas sobre la capacidad real de Bergoglio para tomar "decisiones valientes" — por ejemplo abolir el celibato, admitir a las mujeres al Sacerdocio o legitimar la communicatio in sacris *("comunión en las cosas sagradas", es decir, la Eucaristía) con los herejes— casi con la esperanza de que se haga a un lado para elegir a un Papa aún más obediente a esas élites que tuvieron en las Catacumbas y en la Mafia de San Gallo sus seguidores más inescrupulosos y decididos.*

Dies Irae:
Su Excelencia, los católicos de hoy nos sentimos a menudo aislados de la Iglesia y casi abandonados por nuestros Pastores. ¿Qué puede decir Su Excelencia a los jerarcas y a los fieles que, a pesar de la confusión y el error que se extienden en la Iglesia, tratan de perseverar en esta dura batalla para mantener la integridad de nuestra Fe?

Monseñor Viganó:
— *Mis palabras serían ciertamente inadecuadas. Lo que me limito a hacer es repetir las palabras de Nuestro Señor, la Palabra eterna del Padre: "He aquí que yo estoy con vosotros todos los días, hasta la consumación de los siglos".*

Nos sentimos aislados, por supuesto: pero ¿no se sintieron así también los Apóstoles y todos los cristianos? ¿No se sintió nuestro Señor incluso abandonado en Getsemaní? Estos son los tiempos de la prueba, tal vez de la prueba final; debemos beber el amargo cáliz y, aunque sea humano implorar al Señor que lo deje pasar de largo, debemos repetir con confianza: "No se haga mi voluntad, sino la tuya", recordando sus consoladoras palabras: "En el mundo tendréis tribulaciones, pero tened valor, porque yo he vencido al mundo".

Después de la prueba, por dura y dolorosa que sea, se nos prepara el premio eterno, que nadie podrá arrebatarnos. La Iglesia volverá a brillar con la gloria de su Señor después de este terrible y prolongado Triduo Pascual. Pero si la oración es ciertamente indispensable, tampoco debemos dejar de librar el buen combate, haciéndonos testigos de una militancia valiente bajo el estandarte de la Cruz de Cristo.

No nos encontremos con que nos señalen como hizo la sierva con San Pedro en el patio del sumo sacerdote: "Tú también fuiste uno de sus seguidores", para luego negar a Cristo. No nos dejemos intimidar. No permitamos que se ponga la mordaza de la tolerancia a los que quieren proclamar la Verdad. Pidamos a la Santísima Virgen María que nuestra lengua proclame con valor el Reino de Dios y su Justicia. Que se renueve el milagro de Lapa, cuando María Santísima dio la palabra a la pequeña Joana, nacida muda.

(**Nota**: En Portugal, a finales del año 900, unas monjas que huían de las tropas de Almanzor, el califa de Córdoba, escondieron una imagen de la Virgen bajo una roca, cubriendo una pequeña gruta. Quinientos años después, en 1493, la imagen fue descubierta por una pastora de 12 años llamada Joana, que la encontró tras colarse por la estrecha grieta. Joana era muda, pero cuando su madre intentó arrojar la imagen al fuego, recuperó el habla).

Que Ella también nos dé voz a nosotros, sus hijos, que durante demasiado tiempo hemos sido mudos. Nuestra Señora de Fátima, Reina de las Victorias, ¡Ora pro nobis!

(Extracto de la entrevista realizada por **Dies Irae** (*Días de Ira*), abril de 2020)

Si este triste ejemplo de otra controversia no fuera suficiente, el Vaticano, en medio de los innumerables escándalos financieros, sexuales y doctrinales que afligen a la Santa Sede, está viendo aún una nueva amenaza cuya gravedad predice un efecto dominó de lo más devastador si llegara a tener éxito: el comienzo de un cisma abiertamente orquestado por la Conferencia Episcopal Alemana. El Cardenal Reinhard Marx, de Múnich y Freising, presidente de la Conferencia Episcopal Alemana, ha reunido a principios de 2019 —contra el patrocinio del Vaticano— a un grupo de Cardenales y Obispos alemanes, pidiendo un Sínodo alemán para revisar completamente la enseñanza y la disciplina de la Iglesia

Universal en una serie de asuntos delicados, como la moral sexual (*homosexualidad, aceptación de los LGBT, divorcio y segundas nupcias, etcétera*), el papel de las mujeres en los cargos y el ministerio, y el celibato clerical.

De hecho, el cardenal Marx anunció por primera vez el "camino sinodal vinculante" a principios de 2019. Un tema secundario de este próximo Sínodo de dos años es la creación de una nueva Asamblea Sinodal en colaboración con el Comité Central de los Católicos Alemanes, una especie de Magisterio alemán que actúe de forma independiente y paralela al del Vaticano. Si este movimiento católico alemán logra su objetivo, ¿cuánto tiempo pasará antes de que otras Conferencias Episcopales europeas y/o americanas sigan su ejemplo?

Marie-Julie Jahenny:

> *"La multitud ruge alrededor del Vicario de Jesucristo. Una reunión de los Padres de la Iglesia formará Consejos* (Concilios, Sínodos) *contra el Padre del universo. Se presentará (una declaración escrita), a manos del gobernador, el Santo Padre, un trozo de papel escrito y trabajado por manos que, muchas veces golpearán el Cuerpo de Cristo (La Iglesia). Esta pieza escrita incluirá tres cosas:*
> *— Que el Papa deje más libertad a la mayor parte de aquellos sobre los que gobierna con su autoridad de Pontífice. (*Es decir, exigirán que se relaje su obligación de obediencia a él*).*
> *— Nos hemos reunido* (porque todos nos hemos unido) *y somos de la opinión de que, si la cabeza mortal de la Iglesia hace un llamamiento a su clero romano para reformar la Fe en un grado aún más fuerte, (al mismo tiempo cuando) quieren obligarnos a responder, a declarar ante los poderes de la tierra que debe haber obediencia y sumisión, declaramos (que) queremos mantener nuestra libertad. Nos consideramos libres para no hacer nada más a los ojos del pueblo, que lo que estamos haciendo ahora, y (declaramos) que somos nosotros quienes lo haremos todo".*

Marie-Julie Jahenny:

> *"Un dolor amargo y agonizante espera al Papa ante tanta insubordinación y desobediencia para responder a la llamada de su corazón. No será en persona por lo que hará la llamada, sino por escrito. La voz de la Llama dice que lo tercero que se escriba emocionará a los pequeños de la tierra. Vendrá del clero que aspira a una libertad más amplia: el clero de Francia, de Italia, de Bélgica y de muchas otras naciones que Dios revela.*
> *Esto se agravará antes de que el pueblo pueda estar seguro de la señal de la ira de Dios.*

> *— La próxima llamada arrojará consternación en los corazones donde aún reina la Fe. (Estos obispos) quieren romper la unidad entre el Santo Padre y los sacerdotes del universo, para separarlos de la Cabeza de la Iglesia, para que cada uno sea libre por sí mismo, y sin ninguna supervisión. Se colocará (públicamente) un cartel que sólo mencionará esta desunión y esta separación de los apóstoles de Dios con el Papa. Se invitará al pueblo a prestar apoyo y acuerdo a la autoridad siempre culpable (obispos rebeldes y traidores) de aquel tiempo.*

(Marie-Julie Jahenny, noviembre de 1882)

En junio de 2019, el Papa Francisco escribió una carta al colegio episcopal alemán ofreciendo una "Corrección" a sus planes sinodales. Advirtió contra un "nuevo pelagianismo" y la tentación de "adaptar" la Iglesia "al espíritu de la época". Algunos argumentaron que el Papa Francisco respondió como un bombero pirómano que inició el fuego en primer lugar con sus reformas abiertas expresadas a través de varios discursos, reuniones y escritos. La carta del Papa no sirvió de nada, ya que los Obispos alemanes estaban y siguen dispuestos a desconocer e incluso desafiar la universalidad de la enseñanza y la disciplina del Magisterio Romano, especialmente en lo que se refiere a la posición de la Iglesia frente a la comunidad LGBT. ¡Sin embargo, incomprensiblemente, el Papa Francisco animó dos años después al Sínodo alemán a continuar mientras rechazaba la petición de jubilación y sustitución del cardenal Marx!

En 2013, el Papa en un vuelo de regreso a Roma declaró cuando se le preguntó su posición sobre la homosexualidad: *"¿Quién soy yo para juzgar?"*. En efecto, la posición del Pontífice argentino sobre la homosexualidad se hizo a lo largo de los años de su pontificado cada vez más ambigua. Dicha ambigüedad se pudo constatar una vez más en la ocasión en que pidió al padre James Martin, un conocido sacerdote jesuita, que había escrito y publicado un libro patrocinando a los LGBT católicos, que diera una charla en el Encuentro Mundial de las Familias en Irlanda en el verano de 2019.

La interminable colección de controversias del Papa Francisco tristemente no terminó ahí, ya que el Papa Francisco juzgó necesario añadir más confusión al emitir una declaración en octubre de 2020 que resultó ser una de sus declaraciones más divisivas y polémicas hasta el momento, sacudiendo a la Iglesia Católica en todo el mundo, y llevando a millones de fieles católicos a la más absoluta perplejidad: la llamada a la creación de leyes de unión civil para parejas del mismo sexo.

> *— "Lo que hay que crear es una ley de unión civil"*, afirmó el Papa en su entrevista con el cineasta Evgeny Afineevsky en un documental-película estrenado en Roma en octubre de 2020. *"De esta manera, ellos* (los homosexuales) *están cubiertos legalmente".*
> *— "Son hijos de Dios y tienen derecho a una familia".*

— *"No hay que echar a nadie, ni hacerles desgraciados por ello"*.

Tales comentarios no fueron *ex cathedra* y, por tanto, no alteraron la doctrina católica; no obstante tales declaraciones sin duda representan un cambio notable para una Iglesia que ha luchado contra los derechos legales de los LGBTQ —con Papas del pasado que calificaban las uniones del mismo sexo como "inadmisibles y desviadas". Por nombrar sólo a los dos últimos predecesores del Papa Francisco, su Santidad el Papa Benedicto XVI consideró la homosexualidad como un *"intrínseco mal moral"*. En 2003, bajo el Papa Juan Pablo II, la Iglesia publicó un extenso documento en el que se exponía el *"problema de las uniones homosexuales"*. El documento, emitido por la Oficina doctrinal del Vaticano, decía que:

"El reconocimiento legal de las uniones homosexuales o su equiparación al matrimonio equivaldría a la aprobación de un comportamiento desviado".

Al margen de esto, es cierto que el Papa Francisco nunca ha postulado ninguna acción oficial o directa para cambiar el dogma de la Iglesia sobre la homosexualidad, pero los conservadores aún se han asombrado repetidamente de la evidente tolerancia y aceptación del Papa sobre el tema, reprochándole así haber sido el principal "catalizador" del cisma episcopal alemán que se está produciendo en la actualidad. Asimismo, el Sínodo alemán, en la actualidad defendido abiertamente por el Papa Francisco, es visto ahora como un motivo de nuevas reformas en cuanto a la posición que la Iglesia debe tener frente a los homosexuales, transexuales y bisexuales. No obstante, Roma se dirigió a la Conferencia Episcopal Alemana y declaró:

"La comunión con toda la Iglesia y el respeto a la jerarquía son vitales para cualquier comprensión auténtica de la sinodalidad".

El Cardenal Walter Kasper respondió describiendo explícitamente el efecto del Papa sobre los Obispos alemanes:

"En Alemania, la carta del Papa fue muy alabada, pero luego se dejó de lado y el proceso continuó como estaba previsto".

El 4 de septiembre de 2019, el cardenal Ouellet, prefecto de la Congregación para los Obispos y presidente de la Comisión Pontificia para América Latina, <u>escribió a los obispos alemanes</u> presentando una evaluación oficial de los planes alemanes de la Comisión Pontificia para los Textos Legislativos, que concluyó que:

"(…) las estructuras propuestas por el sínodo no eran

eclesiológicamente válidas y su materia propuesta no puede ser objeto de las deliberaciones o decisiones de una Iglesia particular sin contravenir lo expresado por el Santo Padre en su carta".

El cardenal Marx y sus seguidores permanecen indiferentes y ven los planes sinodales alemanes como el medio para remodelar la Iglesia Católica mundial. Además, el cardenal Marx añadió para consternación de la Curia de Roma:

"Es deber de la Iglesia alemana liderar el camino para que otros lo sigan en estos asuntos. No se trata de querer romper la comunión con la Iglesia Universal, sino de rehacerla para una Iglesia más moderna".

En el proceso de escribir este libro, me ha quedado alarmantemente claro que los acontecimientos catastróficos en la Iglesia Católica de los que hemos sido advertidos desde la aparición de la Virgen en La Salette, La Fraudais, Fátima, Garabandal y Akita pueden verse claramente hoy, y más a medida que pasan los meses. En los casos comentados, como hemos visto anteriormente, ya no puede decirse: *"No hay que creer en los mensajes de las apariciones de la Santísima Virgen María, pues ya lo tenemos todo en los Evangelios"*, pues el conocimiento de los Evangelios no ha impedido que hombres como el Cardenal Marx y la mayor parte de la Conferencia Episcopal Alemana potencien lo que parece cada vez más una clara apostasía y cisma contra Roma, o lo que el Cardenal Burke, el Cardenal Müller y el Obispo Schneider, llaman una *"**manifestación alarmante de la confusión, el error y la división que acechan a la Iglesia en nuestros días"***.

El Reverendo Padre Thomas G. Weinandy OFM es un sacerdote católico romano estadounidense y un reconocido erudito en los Estados Unidos. Es conocido en los círculos católicos como un prolífico escritor tanto de obras académicas como de divulgación, y ha observado de cerca el Sínodo Panamericano. A continuación, copio el extracto de un artículo que escribió en la revista católica más importante, **Catholic Thing**, del que se hizo eco el programa de Raymon Arroyo, **"The World Over"** en EWTN, el 10 de octubre de 2019:

"(...) Como se ha señalado a menudo, el Papa Francisco y su cohorte nunca entablan un diálogo teológico, a pesar de su constante afirmación de que dicho diálogo es necesario. La razón es que saben que no pueden ganar en ese frente. Por tanto, se ven obligados a recurrir a los insultos, la intimidación psicológica y la pura voluntad de poder.

Ahora, como ya han señalado muchos comentaristas, es más probable que la Iglesia alemana entre en cisma. Los Obispos alemanes proponen un Sínodo "vinculante" de dos años de duración que, si se promulga lo propuesto, introduciría creencias y prácticas contrarias a la tradición universal de la Iglesia.

Sin embargo, creo que ese cisma alemán tampoco se producirá formalmente, por dos razones. En primer lugar, muchos dentro de la jerarquía alemana saben que al convertirse en cismáticos perderían su voz e identidad católica. Esto no se lo pueden permitir. Necesitan estar en comunión con el Papa Francisco, ya que es él quien ha fomentado la noción de sinodalidad que ahora intentan implementar. Él, por tanto, es su máximo protector.

En segundo lugar, aunque el Papa Francisco les impida hacer algo atrozmente contrario a la enseñanza de la Iglesia, les permitirá hacer cosas ambiguamente contrarias, porque esa enseñanza ambigua y esa práctica pastoral estarían de acuerdo con la de Francisco. Es así como la Iglesia se encuentra en una situación que nunca esperó.

Es importante tener en cuenta que la situación alemana debe ser vista dentro de un contexto más amplio: la ambigüedad teológica dentro de Amoris Laetitia, *el avance no tan sutil de la agenda homosexual, la "refundación" del Instituto (romano) Juan Pablo II para el Matrimonio y la Familia, es decir, el debilitamiento de la consistente enseñanza de la Iglesia sobre los absolutos morales y sacramentales, en especial con respecto a la indisolubilidad del matrimonio, la homosexualidad, la anticoncepción y el aborto.*

Igualmente, está la declaración de Abu Dhabi, que contradice directamente la voluntad del Padre y socava así la primacía de Jesucristo, su Hijo, como Señor definitivo y Salvador universal. Además, el actual Sínodo de la Amazonía está repleto de participantes que simpatizan y apoyan todo lo anterior. También hay que tener en cuenta los muchos cardenales, obispos, sacerdotes y teólogos teológicamente dudosos a los que Francisco apoya y promueve a altos cargos eclesiales.

Con todo esto en mente, percibimos una situación, cada vez más intensa, en la que, por un lado, una mayoría de los fieles del mundo —clero y laicos por igual— son leales y fieles al Papa, porque es su pontífice, aunque critican su pontificado, y, por otro lado, un gran contingente de fieles del mundo —clero y laicos por igual— apoyan con entusiasmo a Francisco precisamente porque permite y fomenta su ambigua enseñanza y práctica eclesial.

Entonces, lo que la Iglesia acabarán teniendo "es un Papa que es el Papa de la Iglesia Católica y, simultáneamente, el líder de facto, *a todos los efectos prácticos, de una iglesia cismática". Como es la cabeza de ambas, se mantiene la apariencia de una sola iglesia, mientras que en realidad hay dos.*

La única frase que puedo encontrar para describir esta situación es "cisma papal interno", ya que el Papa, incluso como Papa, será efectivamente el líder de un segmento de la Iglesia que a través de su doctrina, enseñanza moral y estructura eclesial, es a todos los efectos prácticos cismática. Éste es el verdadero cisma que está en medio de nosotros y que hemos de afrontar, pero no creo que el Papa Francisco tenga ningún miedo a este cisma. Mientras tenga el control, me temo que le dará la bienvenida, ya que ve el elemento cismático como el nuevo "paradigma" para la futura Iglesia.

Por tanto, con temor y temblor, tenemos que rezar para que Jesús, como Cabeza de su Cuerpo, la Iglesia, nos libre de esta prueba. Por otra parte, es posible que quiera que la soportemos, ya que puede ser que sólo soportándola la

Iglesia se libere de todo el pecado y la corrupción que ahora hay en ella, y se haga santa y pura.

En una nota más esperanzadora, creo que serán los laicos los que lleven a cabo la necesaria purificación. El propio Papa Francisco ha afirmado que ésta es la era de los laicos. Los laicos se ven a sí mismos como impotentes, sin poder eclesial. Sin embargo, si los laicos alzan su voz, serán escuchados".

Extracto del artículo de Catholic Thing "El Papa Francisco y el cisma"
del el Rev. P. Thomas G. Weinandy OFM, martes 8 de octubre. 2019
(EWTN el 10 de octubre de 2019)

En febrero de 2020, cuando se esperaba que el Papa Francisco diera su bendición a la "excepción del celibato amazónico", ante la sorpresa de todos se quedó callado y no patrocinó que se permitiera a los hombres casados ser ordenados sacerdotes ni a las mujeres ser diáconos. No obstante, no nos equivoquemos; el Papa Francisco es, sin duda, el Pontífice más reformista desde Juan XXIII y favorece, como hemos visto en los escritos del Papa, la relajación de los sacramentos tradicionales católicos, al tiempo que patrocina la tolerancia, la reconciliación y el acercamiento a la Iglesia protestante, al paganismo e incluso al ateísmo.

De hecho, estos compromisos injustificables del Vaticano con el ateísmo no pueden demostrarse mejor sino a través del acuerdo oficial que Roma ha negociado (a través del Cardenal McCarrick), firmado y sellado en secreto, con el régimen comunista de China. Este horrendo tratado secreto con el Gobierno comunista chino ha provocado, en última instancia, la persecución de Obispos, sacerdotes y fieles, el derribo de muchas iglesias y capillas católicas y el paso a la clandestinidad de innumerables fieles chinos. Además, como se estipula en los términos de dicho acuerdo, la Santa Sede debía designar a los obispos elegidos por el Gobierno, quienes —antes de que el Papa Francisco les levantara la excomunión que les había impuesto la Iglesia— habían sido declarados fuera de la comunión con Roma por herejía, desobediencia y violación del celibato. No obstante, para respetar su tratado furtivamente sellado con el gobierno chino, el Papa Francisco sustituyó a los ejemplares Obispos chinos, todos ellos rectos y hombres fieles a la fe dispuestos a morir por su causa, por hombres desvergonzados, la mayoría de los cuales están casados con hijos ilegítimos, hombres vergonzosos que no son otra cosa que "obispos de opereta" enaltecidos, farsantes a sueldo del Partido comunista chino.

Entrevista al Cardenal Joseph Zen

El cardenal chino retirado de Hong-Kong critica la "desastrosa" relación con el Vaticano
(Revista CRUX Magazine)

El Cardenal Joseph Zen, arzobispo retirado de Hong Kong, lanza avisos durante una entrevista en Hong Kong, el viernes 9 de febrero de 2018.

MIAMI - En una nueva entrevista, el Cardenal Joseph Zen, ex obispo de Hong Kong y opositor al acercamiento del papa Francisco a China, ha calificado de "desastrosos" sus contactos con el Vaticano durante su etapa como Cardenal, sobre todo en el tema del acuerdo con Pekín.

También criticó a antiguos altos funcionarios del Vaticano, acusando a dos jefes sucesivos de la Congregación para la Evangelización de los Pueblos, también conocida como *Propaganda Fidei*, el departamento misionero del Vaticano con responsabilidad sobre China, de políticas chapuceras e ineficaces que no hicieron "casi nada" para ayudar a los católicos sobre el terreno.

Zen, el obispo emérito de Hong Kong, que ha expresado constantemente duras críticas al acuerdo secreto de 2018 del Vaticano con el Gobierno chino sobre el nombramiento de obispos, expresó de nuevo su frustración en una entrevista con **New Bloom Magazine**, una publicación digital en la red que sigue los sucesos sociales y políticos en Taiwán y la región de Asia-Pacífico.

Refiriéndose a las continuas y, en ocasiones, violentas protestas que se han apoderado de Hong Kong desde junio y que han puesto en duda el futuro del territorio y su estatus como territorio diplomático autónomo, Zen dijo que, en este momento, le preocupan "mucho más" los recientes acuerdos del Vaticano con China. "Toda la Iglesia en China está en una situación terrible —terrible. Terrible. Terrible", dijo, y añadió: "Desgraciadamente, mi experiencia de contacto con el Vaticano es sencillamente desastrosa".

Zen fue nombrado Obispo de Hong Kong en 2002. Recibió el capelo rojo de Benedicto XVI en 2006 y se retiró en 2009. En su retiro, Zen se ha convertido en la cara pública de lo que podría llamarse el "movimiento de resistencia" en China y entre los campos más conservadores del catolicismo en lo que respecta al enfoque del Papado hacia China. Señalando que fue nombrado cardenal por Juan Pablo II, Zen dijo que su capelo rojo no fue necesariamente por decisión del Papa, sino que fue alentado por el entonces jefe de *Propaganda Fidei*, el Cardenal eslovaco Josef Tomko, que gobernó el departamento de 2001 a 2007.

En aquel momento, Zen dijo que China tenía una política más abierta hacia la religión, y que los funcionarios de la Iglesia habían podido intercambiar contactos no oficiales con el Gobierno gracias a la política firme, pero "abierta", de Tomko sobre el compromiso con el Partido Comunista Chino. "Tomko era un hombre muy equilibrado. Partió de una línea dura para defender a la Iglesia de la persecución, pero estaba abierto a la razón", dijo Zen, añadiendo que era necesario algún compromiso, pero lo más importante era "decir la posición correcta de la Iglesia".

"Desgraciadamente, en la Iglesia hay una ley sobre el límite de edad. Así que, a los 75 años, Tomko tuvo que retirarse. Entonces el sucesor no sirvió. Y el sucesor del sucesor, aún peor", dijo Zen, refiriéndose al Cardenal italiano Crescenzo Sepe, sustituto inmediato de Tomko y actual arzobispo de Nápoles, y al fallecido Cardenal indio Ivan Dias, que sucedió a Sepe y que luego murió en 2017. "Sepe no era bueno", dijo Zen, explicando que, en su opinión, *Propoganda*

Fidei "no hizo casi nada" bajo su mandato, sino que intentó débilmente continuar la estrategia de Tomko, "pero no realmente con ese espíritu". Cuando Dias intervino, la decisión fue aplaudida dada su amplia experiencia de servicio en los llamados "territorios de misión", tanto como obispo como diplomático pontificio.

Sin embargo, Zen criticó el enfoque de Dias con respecto a China, diciendo que era "un discípulo" del Cardenal Agostino Casaroli, un antiguo Secretario de Estado del Vaticano que era un firme partidario de un enfoque de *Ostpolitik* para el diálogo con las naciones comunistas. En la época en que Dias ocupaba su cargo, el actual Secretario de Estado del Vaticano y autor del reciente acuerdo del Vaticano con China sobre los nombramientos episcopales, el Cardenal italiano Pietro Parolin, trabajaba como funcionario de *Propoganda Fidei* y, en esa función, estaba profundamente implicado en las negociaciones de la Santa Sede con China.

Como ha hecho en el pasado, Zen criticó a Parolin y sus métodos, diciendo que "nadie puede estar seguro" de lo que quiere en un momento dado. "Es un verdadero misterio cómo un hombre de la Iglesia, con todo su conocimiento de China, de los comunistas, puede hacer algo como lo que está haciendo ahora", dijo Zen, añadiendo que, en su opinión, "la única explicación no es la fe. Es un éxito diplomático. La vanagloria".

Zen también criticó el enfoque de Francisco, argumentando que, en su opinión, dados los movimientos del Papa sobre China, "tiene poco respeto por sus predecesores". "Está cerrando todo lo hecho por Juan Pablo II y por el Papa Benedicto", dijo, y acusó a los aliados de Francisco de usa de "palabrería" cuando insisten en que los movimientos del Papa están en continuidad con sus predecesores. "Pero eso es un insulto", dijo Zen.

RELACIONADO: Lo amas o lo odias, el acuerdo de Francisco con China tiene un profundo pedigrí vaticano.

En 2010 Zen dijo que Dias y Parolin presentaron un proyecto de acuerdo con China a Benedicto, pero nunca se firmó. Zen expresó su creencia de que Benedicto XVI "se negó" a firmar el documento; sin embargo, admitió que no tiene "ninguna prueba" para respaldar esta teoría. En cuanto al acuerdo actual, que está en vigor desde septiembre de 2018, Zen dijo que, aunque es uno de los dos cardenales chinos y ha estado en Roma tres veces desde que empezaron a circular los rumores del acuerdo a principios de 2018, aún no lo ha visto y, como la mayoría, no conoce los términos.

A pesar de su oposición a Francisco en el tema de China, Zen dijo que personalmente disfrutan de "relaciones maravillosas" y señaló que cenó con el Papa en julio. Sin embargo, "no responde a mis cartas. Y todo lo que ha sucedido va en contra de lo que he sugerido".

Los principales temas con los que Zen dijo estar en desacuerdo son el Acuerdo en sí, el levantamiento de la excomunión de siete obispos ordenados ilícitamente como parte del Acuerdo, y, según dijo, el posterior "asesinato" de la llamada *Iglesia clandestina*, compuesta por aquellos que se negaron a inscribirse en la Asociación Patriótica Católica (AP) oficial, sancionada por el Gobierno, en un intento de mantenerse fieles a Roma.

"No puedes engañarte a ti mismo. No puedes engañar a los comunistas. Estás engañando a todo el mundo", dijo, porque una persona que se registra en la AP: "aceptas ser un miembro de esa iglesia bajo el liderazgo del Partido comunista".

Refiriéndose al comentario de Francisco en un vuelo de vuelta de Madagascar en septiembre, cuando dijo que, aunque no quiere un cisma tampoco le da miedo, Zen insistió en que, si tiene la oportunidad, le va a decir al Papa que está "fomentando un cisma. Está legitimando la iglesia cismática en China".

En cuanto a la práctica pacífica de su fe de forma independiente en la China comunista, Zen dijo que, debido a la dinámica global de la Iglesia católica, "no hay ninguna esperanza, ninguna esperanza".

Por Elise Harris, CRUX **Magazine**, 4 de diciembre de 2019

La negociación del arzobispo McCarrick en China

Hoy es ampliamente conocido que el arzobispo McCarrick tuvo un papel decisivo en la negociación con el Gobierno chino para la implantación de una presencia católica en China. Sin embargo, su nombramiento como negociador principal del Vaticano fue un tema de gran controversia al hacerse eco de un gran escándalo a través del conocido y respetado arzobispo Carlo Maria Viganó, ex Nuncio en los Estados Unidos, quien acusó públicamente al Papa Francisco de haber faltado a la verdad al no haber tomado en serio nunca las pruebas sobre abusos sexuales bien registradas del ahora infame arzobispo norteamericano, ni del hecho de que el Papa Benedicto XVI le ordenara abandonar la vida pública, ya que él mismo le había informado personalmente de tales hechos.

En consecuencia, el arzobispo Viganó pidió enérgicamente "al Papa Francisco que renuncie" por cuestiones de ejemplaridad, nombrando al mismo tiempo a una serie de Cardenales y arzobispos que, añadió, también conocían las infamias de McCarrick.

Todos los ejemplos subrayados anteriormente sacan a la luz —sin ánimo de socavar el santo oficio del Sumo Pontífice de la Iglesia Católica— una serie de numerosas crisis que están dividiendo a la Iglesia en varios bandos. No obstante, podría parecer que estos informes critican severamente no sólo a la más alta jerarquía de la Iglesia, sino muy especialmente al Papa Francisco —quien, en abril de 2020, declaró públicamente su rechazo a ser llamado, en público o en privado, **Vicario de Jesucristo**—, pero en realidad sólo quieren subrayar el estado actual de las cosas en el seno de la Iglesia Católica en comparación con los extraordinariamente lúcidos mensajes de advertencia que los videntes comentados en este libro han dado a conocer desde el año 1846.

En retrospectiva y a la vista de todos los desconcertantes acontecimientos suscitados en Roma, algunos sostienen que las declaraciones y acciones del Papa en estos últimos años han sido de lo más confusas, en efecto, por no decir otra cosa. Pero informar de una manera más "diplomática" de los cambios que se produjeron en el Vaticano desde 2013 sería nada menos que una forma de deshonestidad y supongo que una manera de atenuar o camuflar lo que simplemente es extremadamente difícil de justificar.

Ante lo que es claramente uno de los mayores períodos de crisis de la Historia de la Iglesia actual se puede sentir hoy la tentación de una silenciosa indiferencia, o una sensación de falsa neutralidad o, peor aún, entregarse a la seducción de abandonar una Iglesia que uno puede considerar que ya no lo es. Y, sin embargo, es aquí donde las apariciones de la Santísima Virgen María tienen una importancia vital, ya que su suave y amorosa voz puede oírse en los corazones de los hombres desilusionados, implorando a los fieles que permanezcan fieles a la Única y Verdadera Iglesia de su Hijo Jesucristo, que recen por el Papa, y que mantengan el rumbo a pesar de la tormenta de granizo y de las altas marejadas que se estrellan con tanta violencia contra la nave de Cristo.

A pesar de la herejía, la apostasía, la infiltración y la sedición, la lealtad al Papa y a los Obispos sigue siendo imperativa, pero cuando, y sólo cuando, su doctrina no contradice el dogma Católico Romano y Apostólico de la Fe. Como decía Santa Juana de Arco: *"¡Lo primero es servir a Dios!"*. Por tanto, no debemos condenar al Papa ni a la jerarquía católica, incluso si uno está en puro desacuerdo con su nueva *realpolitik* establecida, sus declaraciones y/o sus prácticas; los fieles están llamados por la Santísima Virgen María a rezar por el Papa, por los Obispos y los sacerdotes, independientemente de los errores, el pecado y la traición. Nosotros, como católicos, no debemos condenar al Papa, al clero, ni caer en la tentación de abandonar la Iglesia Católica, pues Cristo fue muy claro: **"Las puertas del infierno no prevalecerán contra ella"**.

El obispo Anathesius Schneider, autor del libro **Christus Vincit**, declaró en una entrevista de vídeo pasada en el programa John Henry Western (4 de febrero de 2020):

> *"Tenemos que rezar por nuestra Madre la Iglesia aún más en estos tiempos de su Pasión. Tenemos que decir a la gente que nuestra Madre la Iglesia está ahora soportando...* (breve pausa) *el Viernes Santo, porque la Iglesia es el Cuerpo Místico de Cristo, y, por permiso divino, Dios permitió que la Iglesia en los últimos 50-60 años entrara en un tiempo realmente... um... su Vía Crucis... el Vía Crucis, y creo que ahora que, en este nuestro tiempo actual, hemos llegado al Calvario, al Gólgota. Nuestra Madre la Iglesia está humillada como lo estuvo Jesucristo.* (Está)*... um... encadenada como lo estuvo Jesús, atada... um... y el día en que aquellos humillaron a nuestra Madre la Iglesia y ... no tanto (por) los enemigos de la Iglesia sino, increíblemente, (por)*

el clero sobre todo,

e incluso el alto clero de la Iglesia. Este es el misterio en cierto modo de Judas".

(El obispo Schneider, en el *John Henry Western Show*, 4 de febrero de 2020)

Monseñor Schneider utiliza también aquí un lenguaje muy fuerte (***Este es el misterio en cierto modo de Judas***), un lenguaje que apenas deja lugar a la interpretación, pero que muestra claramente que, ya sea un hombre religioso o un simple laico, no se puede permanecer en silencio ante la herejía y la apostasía sin arriesgarse a someterse a una forma de complicidad silenciosa.

El Cardenal Müller, ex-Prefecto del Dicasterio de la Doctrina de la Fe, escribió en su *Manifiesto de la Fe*:

"Guardar silencio sobre estas y otras verdades de la Fe, y enseñar a la gente en consecuencia, es el mayor engaño contra el que el Catecismo advierte vigorosamente. Representa la última prueba de la Iglesia y conduce al hombre a un engaño religioso, "el precio de su apostasía" (CCE 675). Es el fraude del Anticristo".
"Engañará a los que están perdidos por todos los medios de la injusticia, pues se han cerrado al amor de la verdad por la que deberían salvarse".
(2 Tes 2-10).

En la **Rorate Caeli** de 2008, el Cardenal Carlo Caffarra de Bolonia y presidente del Pontificio Instituto Juan Pablo II para Estudios sobre el Matrimonio y la Familia desde 1981 hasta 1995, desarrolló una pregunta relacionada con las profecías y los mensajes de la Santísima Virgen María sobre el ataque del Diablo a la Iglesia y a la familia en su conjunto:

Q.: Hay una profecía de Sor Lúcia dos Santos, de Fátima, que se refiere a "la batalla final entre el Señor y el reino de Satanás". El campo de batalla es la familia. La vida y la familia. Sabemos que usted recibió el encargo de Juan Pablo II de proyectar y crear el Instituto Pontificio para los Estudios sobre el Matrimonio y la Familia.

A.: — *Sí, así fue. Al inicio de esta obra que me encomendó el Siervo de Dios, Juan Pablo II. Escribí a Sor Lúcia de Fátima a través de su Obispo, ya que no podía hacerlo directamente. Sin embargo, inexplicablemente, ya que no esperaba una respuesta, puesto que sólo había pedido oraciones, recibí una carta muy larga con su firma, que ahora se encuentra en los archivos del Instituto. En ella encontramos escrito:* **"la batalla final entre el Señor y el reino de Satanás será sobre el matrimonio y la familia. No tengáis miedo, añadía, porque todo aquel** *que opere en favor de la santidad del matrimonio y de la familia será siempre contestado y encontrará oposición en todos los sentidos, porque ésta es la cuestión decisiva". Y luego concluyó: "Sin embargo, la Virgen ya le ha aplastado la cabeza".*

Q.: Hablando también con Juan Pablo II, usted sentía que éste era el *quid*, ya que toca el pilar mismo de la creación, la verdad de la relación entre el hombre y la mujer entre las generaciones. Si se toca el pilar fundacional todo el edificio se derrumba y lo vemos ahora, porque estamos en este punto y lo sabemos. Y me conmueve cuando leo las mejores biografías del Padre Pío, sobre cómo este hombre estaba tan atento a la santidad del matrimonio y a la santidad de los cónyuges, incluso con justificado rigor en ocasiones.

A.: — *¿Esto sorprende a quienes observan los acontecimientos que se desarrollan actualmente en la Iglesia? Hemos hecho referencia a varias apariciones en el pasado que están relacionadas con esto, comenzando con Nuestra Señora del Buen Suceso, en el siglo XVII.*

> **"Así os hago saber que, desde finales del siglo XIX y poco después de la mitad del siglo XX, las pasiones estallarán y habrá una corrupción total de las costumbres. En cuanto al Sacramento del Matrimonio, que simboliza la unión de Cristo con su Iglesia, será atacado y profundamente profanado. La masonería, que estará entonces en el poder, promulgará leyes inicuas con el fin de suprimir este Sacramento, facilitando que todos vivan en el pecado y fomentando la procreación de hijos ilegítimos nacidos sin la bendición de la Iglesia. En este momento de suprema necesidad para la Iglesia, quien debería hablar callará".**

Cuando reflexionamos sobre la división entre los prelados que se produjo como consecuencia del Sínodo de la Amazonía, nos viene a la mente la Virgen de Akita:

> **"La obra del Diablo se infiltrará incluso en la Iglesia de tal manera que se verán Cardenales contra Cardenales, Obispos contra Obispos. Los sacerdotes que me veneran serán despreciados y tendrán la oposición de sus hermanos, iglesias y altares saqueados; la Iglesia estará llena de quienes acepten compromisos y el demonio presionará a muchos sacerdotes y almas consagradas para que dejen el servicio del Señor".**

Q.: Los católicos no estamos obligados a creer ni siquiera en las revelaciones privadas más aprobadas y veneradas, pero muchos elegimos hacerlo. ¿Se relaciona esta batalla con el famoso discurso que supuestamente escuchó el Papa León XIII en una visión entre Cristo y Satanás, que le llevó a componer la oración a San Miguel? ¿Cuánto durará la batalla final y qué vendrá después?

A.: — *Es imposible saberlo. Pero la idea de que en este mismo momento se está librando una batalla en el corazón de la Iglesia y las almas de los fieles ya no se discute.*

(Entrevista en *Rorate Caeli* al Cardenal Caffarra de Bolonia, 2008)

Otros comentarios del obispo Schneider

> *"La fe católica en la voz del Magisterio perenne, el sentido de la fe de los fieles ("sensus fidelium"), así como el sentido común, rechazan claramente cualquier unión civil de dos personas del mismo sexo, unión que tiene como objetivo que estas personas busquen el placer sexual del otro. Aun cuando las personas que viven en tales uniones no deban buscar el placer sexual mutuo —lo que en realidad se ha demostrado que es bastante irreal—, tales uniones representan un gran escándalo, un reconocimiento público de los pecados de fornicación "contra natura" y una continua ocasión próxima de pecado. Por tanto, quienes defienden las uniones civiles entre personas del mismo sexo son también culpables de crear una especie de estructura de pecado, en este caso de la estructura jurídica de la fornicación habitual "contra natura", ya que los actos homosexuales pertenecen a los pecados que claman al cielo, como señala el* Catecismo de la Iglesia Católica *(ver n. 1867). Quienes defienden las uniones civiles entre personas del mismo sexo son, en definitiva, injustos y hasta crueles contra las personas que viven en estas uniones, porque estas personas se confirmarán en el pecado mortal, se solidificarán en su dicotomía psicológica interior, ya que su razón les dice, que los actos homosexuales son contra la razón y contra la voluntad explícita de Dios, Creador y Redentor de los hombres.*
> *Todo verdadero católico, todo verdadero sacerdote católico, todo verdadero Obispo católico debe con profundo dolor y corazón compungido lamentar y protestar contra el hecho inaudito de lo que el Papa Francisco, el Romano Pontífice, el sucesor del apóstol Pedro, el Vicario de Cristo en la tierra, pronunció en el documental "Francesco" que se estrenó el 21 de octubre de 2020 como parte del Festival de Cine de Roma: su apoyo a las uniones civiles entre personas del mismo sexo. Tal apoyo del Papa significa el apoyo a una estructura de pecado, a un estilo de vida en contra del sexto mandamiento del Decálogo, que fue escrito con los dedos de Dios en tablas de piedra en el Sinaí (ver Ex. 31,18) y entregado por las manos de los Ángeles a los hombres (ver Gal. 3,19). Lo que Dios ha escrito con su mano, ni siquiera un Papa puede borrarlo ni reescribirlo con su mano o con su lengua. El Papa no puede comportarse como si fuera Dios o una encarnación de Jesucristo,*

modificando estas palabras del Señor:

"Habéis oído que se dijo: "No cometerás adulterio". Pero yo os digo que todo el que mira a una mujer con intención lujuriosa ya ha cometido adulterio con ella en su corazón"

(Mt 5,27-28)

Y, al contrario, di más o menos lo siguiente

"Habéis oído que se dijo: "No cometerás adulterio", 'si un hombre se acuesta con un varón como con una mujer, ambos han cometido una abominación"

(Lev. 20,13)

"los hombres que practican la homosexualidad no heredarán el reino de Dios"

(1 Cor. 6,9)

"la práctica de la homosexualidad es contraria a la sana doctrina"

(1 Tim. 1:10)

Pero yo te digo que para las personas que sienten atracción por el mismo sexo "hay que crear una ley de unión civil. De esa manera están cubiertos legalmente". Cada Pastor de la Iglesia y el Papa sobre todo deberían recordar siempre estas graves palabras de Nuestro Señor:

"Quien deja de lado uno de estos mandamientos más pequeños y enseña a los demás en consecuencia, será llamado el más pequeño en el reino de los cielos"

(Mt. 5,19)

Todo Papa debe tener muy en cuenta lo que proclamó el Concilio Vaticano I: "El Espíritu Santo no fue prometido a los sucesores de Pedro para que, por su revelación, dieran a conocer una nueva doctrina, sino para que, con su asistencia, guardaran inviolablemente y expusieran fielmente la Revelación, el Depósito de la Fe, entregado por los Apóstoles"

(Constitución dogmática *Pastor aeternus*, cap. 4)

El abogar por una unión legal para que un estilo de vida contra el

mandamiento explícito de Dios, contra la naturaleza humana y contra la razón humana sea cubierto legalmente, es una nueva doctrina, que "cose almohadones debajo de cada codo y hace almohadas para las cabezas de las personas" (Ez. 13,18), una nueva doctrina que "pervierte la gracia de nuestro Dios en placer sexual" (Judas 4), una doctrina que está evidentemente en contra de la Revelación Divina y de la enseñanza perenne de la Iglesia de todos los tiempos. Tal doctrina es una maquinación con el pecado y, por tanto, es una medida sumamente antipastoral. Promover un estilo de vida jurídico de pecado está en contra del núcleo del propio Evangelio, ya que las personas en uniones del mismo sexo, a través de sus actos sexuales, ofenden gravemente a Dios. La Virgen de Fátima hizo un llamamiento maternal a toda la humanidad para que deje de ofender a Dios, que ya está demasiado ofendido.
La siguiente voz del Magisterio, se hace eco fielmente de la voz de Jesucristo, nuestro Divino Maestro, la Verdad Eterna, y de la voz de la Iglesia y de los Papas de todos los tiempos:

— *"La ley civil no puede contradecir la recta razón sin perder su fuerza vinculante para la conciencia"*

(cf. Juan Pablo II, Encíclica *Evangelium vitae*, 72)

— *"Las leyes a favor de las uniones homosexuales son contrarias a la recta razón porque confieren garantías jurídicas, análogas a las concedidas al matrimonio, a las uniones entre personas del mismo sexo. Dados los valores que están en juego en esta cuestión, el Estado no podría conceder legitimidad a tales uniones sin faltar a su deber de promover y defender el matrimonio como institución esencial para el bien común"*

(Congregación para la Doctrina de la Fe, *Consideraciones sobre las propuestas de reconocimiento legal de las uniones entre personas homosexuales*, n. 6)

— *"Cabría preguntarse cómo una ley puede ser contraria al bien común si no impone ningún tipo de comportamiento particular, sino que se limita a dar reconocimiento legal a una realidad de hecho que no parece causar injusticia a nadie. En este ámbito, hay que reflexionar primero sobre la diferencia entre el comportamiento homosexual como fenómeno privado y el mismo comportamiento como relación en la sociedad, prevista y aprobada por la ley, hasta el punto de convertirse en una de las instituciones de la estructura jurídica. Este segundo fenómeno no sólo es más grave, sino que asume una influencia más amplia y profunda, y daría lugar a cambios en toda la organización de la sociedad, contrarios al bien común. Las leyes civiles son principios estructuradores de la vida del hombre en sociedad, para bien o para mal. Desempeñan un papel muy importante, y a veces decisivo, a la hora de influir en las pautas de pensamiento y comportamiento". "Los estilos de vida y los presupuestos subyacentes que éstos expresan no sólo configuran externamente la vida de la sociedad, sino que también tienden a modificar la percepción y la evaluación de las formas de comportamiento de las generaciones más jóvenes. El reconocimiento legal de las uniones homosexuales oscurecería ciertos valores morales básicos y provocaría una devaluación de la institución del matrimonio"* (Ibid.).

— *"Las relaciones sexuales son humanas cuando y en la medida en que expresan y promueven la ayuda mutua de los sexos en el matrimonio y están abiertas a la transmisión de una nueva vida"* (Ibid.n. 7).

— *"Al situar las uniones homosexuales en un plano jurídico análogo al del matrimonio y la familia, el Estado actúa de forma arbitraria y en contradicción con sus deberes"* (Ibid.n. 8).

— *"La negación del estatuto social y jurídico del matrimonio a formas de convivencia que no son ni pueden ser matrimoniales no se opone a la justicia; al contrario, la justicia lo exige. Hay buenas razones para sostener que tales uniones son perjudiciales para el buen desarrollo de la sociedad humana, sobre todo si su impacto en la sociedad aumentara"* (Ibid.).

— *"Sería gravemente injusto sacrificar el bien común y las leyes justas sobre la familia para proteger los bienes personales que pueden y deben ser garantizados de manera que no perjudiquen al conjunto de la sociedad"* (Ibid.n. 9).

— *Existe siempre "el peligro de que una legislación que haga de la homosexualidad una base de derechos pueda de hecho animar a una persona de orientación homosexual a declarar su homosexualidad o incluso a buscar una pareja para explotar las disposiciones de la ley"*

(Congregación para la Doctrina de la Fe, *Algunas consideraciones relativas a la respuesta a las propuestas legislativas sobre la no discriminación de las personas homosexuales*, 24 de julio de 1992, n. 14).

Todos los católicos, ya sean fieles laicos como niños pequeños, como jóvenes y mujeres jóvenes, como padres y madres de familia, o como personas consagradas, como monjas de clausura, como sacerdotes y como Obispos, guardan inviolablemente y "luchan por la fe que fue

entregada una vez y para siempre a los santos" (Judas 3), y que por ello son despreciados y marginados en la periferia en la vida de la Iglesia de nuestros días, deben llorar y clamar a Dios para que, por la poderosa intercesión del Corazón Inmaculado de María, que en Fátima dijo que se dejara de ofender a Dios que ya está demasiado ofendido, el Papa Francisco se convierta y se retracte formalmente de su aprobación de las uniones civiles entre personas del mismo sexo, para confirmar a sus hermanos, como le ha mandado el Señor (ver Lucas 2,32).
Todos estos pequeños de la Iglesia (niños, jóvenes, mujeres jóvenes, padres y madres de familia, monjas de clausura, sacerdotes, "bispos) seguramente le dirían al Papa Francisco: Santísimo Padre, por la salvación de su propia alma inmortal, por el bien de las almas de todas aquellas personas que por tu aprobación de las uniones del mismo sexo están ofendiendo gravemente a Dios por sus actos sexuales y exponiendo sus almas al peligro de perderse eternamente, conviértase retracte tu aprobación y proclame con todos sus predecesores la siguiente enseñanza inmutable de la Iglesia:
"La Iglesia enseña que el respeto a las personas homosexuales no puede conducir en modo alguno a la aprobación del comportamiento homosexual o al reconocimiento legal de las uniones homosexuales"

*(*Congregación para la Doctrina de la Fe, *Considerações sobre las propuestas de reconocimiento legal de las uniones entre personas homosexuales*, n. 11*)*

"El reconocimiento legal de las uniones homosexuales o su equiparación con el matrimonio significaría no sólo la aprobación de un comportamiento desviado, con la consecuencia de convertirlo en un modelo en la sociedad actual, sino que también oscurecería valores básicos que pertenecen al patrimonio común de la Humanidad. La Iglesia no puede dejar de defender estos valores, por el bien de los hombres y de la sociedad misma" (Ibid.n. 11).

Con la increíble aprobación de las uniones entre personas del mismo sexo por parte del Papa, todos los verdaderos hijos de la Iglesia se sienten huérfanos, al no escuchar más la voz clara e inequívoca del Papa, que debería guardar inviolablemente y exponer fielmente la Revelación, el Depósito de la Fe, entregado por los Apóstoles.
Los verdaderos hijos de la Iglesia de nuestros días podrían utilizar estas palabras del Salmo 137, diciendo: "Nos sentimos como en el exilio, junto a los ríos de Babilonia, llorando al recordar a Sión", al recordar la luminosa y cristalina enseñanza de los Papas, de nuestra Santa Madre la Iglesia. Sin embargo, creemos inquebrantablemente en las palabras de nuestro Señor, que las puertas del infierno no prevalecerán contra Su

Iglesia.

El Señor vendrá, aunque venga tarde, sólo en la cuarta vigilia de la noche, para calmar la tormenta dentro de la Iglesia, para calmar la tormenta dentro del Papado de nuestros días, y dirá:

"Ánimo, soy yo, no temáis. Oh, vosotros hombres de poca fe, ¿por qué dudásteis? Y cuando subieron a la barca, cesó el viento".

(Mt. 14,27;32-33)

Nuestro Señor le dirá también al Papa Francisco:

"¿De qué le sirve al hombre ganar el mundo entero, si sufre la pérdida de su propia alma? ¿O qué cambio dará el hombre por su alma? Porque el Hijo del hombre vendrá en la gloria de su Padre con sus ángeles, y entonces pagará a cada uno según sus obras"

(Mt. 16, 26-27)

Y nuestro Señor dirá además al Papa Francisco:

"He rogado para que vuestra propia fe no desfallezca y para que, una vez convertidos, fortalezcáis a vuestros hermanos"

(Lucas 22,32)

(22 de octubre de 2020 Athanasius Schneider,
obispo auxiliar de la archidiócesis de Santa María, Astana:
https://www.gloriadei.io/same-sex-civil-unions-and-the-catholic-faith/)

Los guardianes de la fe dentro de la Iglesia católica siguen siendo muchos y se expresan con fuerza. Estos hombres valientes son de la talla del Cardenal Gerhard Ludwig Müller KGCHS, ex-Prefecto de la Congregación para la Doctrina de la Fe, el Cardenal Carlo Caffarra de Bolonia, el arzobispo Viganó, ex-Nuncio en los Estados Unidos, el Cardenal Sarah, el Cardenal Raymond Burke, el Arzobispo de San Francisco Salvatore Cordileone, el arzobispo de Filadelfia Charles Chaput, el obispo Schneider, el Rev. Padre Gerald E. Murray, JCD y tantos otros con ellos. Estos notables eclesiásticos constituyen una de las principales líneas de defensa de la Iglesia.

— **"¿Crees en la infalibilidad de la Iglesia?"**.
— *Sí, sí, mi querido Esposo. La Iglesia es infalible. Nuestro Señor se lo dijo a San Pedro. Sí, creo en la victoria de la Iglesia.*

(Coloquio entre nuestro Señor Jesucristo y M. J. Jahenny, 24 de abril de 1877)

Las revelaciones de nuestro Señor Jesucristo y de la Santísima Virgen María de las que se hace eco este libro son, en efecto, más necesarias hoy más que nunca. La Santísima Virgen María no es *"una mujer jefa de una oficina, que todos los días envía un mensaje a una hora determinada por enviar un mensaje"*; en realidad es una madre amorosa que, a pesar de los intentos despiadados de la Iglesia de su Hijo por ocultarla, por silenciarla, por hacer insignificantes sus llamadas, suplica insistentemente y trata de transmitir una invitación a rezar por el Papa y el Clero, al tiempo que llama a una conversión cada vez más urgente. Si los hombres se negaran a esta apremiante llamada amorosa, las consecuencias, se nos dice en términos nada equívocos, serían verdaderamente... indecibles.

"Como os dije, si los hombres no se arrepienten y se mejoran, el Padre infligirá un terrible castigo a toda la humanidad. Será un castigo mayor que el diluvio, como nunca se ha visto antes. El fuego caerá del cielo y aniquilará a gran parte de la Humanidad, tanto a los buenos como a los malos, sin perdonar a los sacerdotes ni a los fieles. Los supervivientes se encontrarán tan desolados que envidiarán a los muertos. Las únicas armas que les quedarán serán el Rosario y la Señal dejada por Mi Hijo. Rezad cada día las oraciones del Rosario. Con el Rosario, rezad por el Papa, por los Obispos y los sacerdotes.
La obra del demonio se infiltrará incluso en la Iglesia de tal manera que se verán Cardenales contra Cardenales, Obispos contra Obispos. Los sacerdotes que me veneran serán despreciados y enfrentados a sus hermanos. Las iglesias y los altares serán saqueados; la Iglesia se llenará de quienes acepten compromisos y el demonio presionará a muchos sacerdotes y almas consagradas para que dejen el servicio del Señor.
El demonio será especialmente implacable contra las almas consagradas a Dios. El pensamiento de la pérdida de tantas almas es la causa de mi tristeza. Si los pecados aumentan en número y gravedad, ya no habrá perdón para ellos.
Con ánimo, hablad a vuestro superior. Él sabrá animar a cada uno de vosotros a rezar y a realizar obras de reparación. ¡Los que confíen en mí se salvarán!

(Nuestra Señora de Akita, 13 de octubre de 1973)

Dios es un Dios de amor y de misericordia para los que la piden, pero es un Dios de Justicia para los que no la piden. El mayor acto de "Misericordia" y "Apertura" que un cristiano puede tener hacia su prójimo es abrir los ojos guiando el camino de su propia salvación con los instrumentos que el Cielo ha enviado a través de los Evangelios y los santos Sacramentos católicos, pero también a través de los mensajes de la Santísima Virgen María que son un recuerdo de los dos primeros. Su mensaje es este:

"Haced todo lo que os diga mi Hijo Jesús".

La Santísima Virgen María nos invita también, como en los tiempos de las Cruzadas, a tomar la Cruz y armarnos a nosotros mismos con:

— **La Santa Misa (semanal, si no diaria)** — La recepción de la santa Comunión pero nunca en estado de pecado mortal. Si se está en pecado mortal, hay que confesarse antes de recibir el verdadero Cuerpo y Sangre, Alma y Divinidad de Nuestro Señor Jesucristo.

— **Los Evangelios** — Una y otra vez, la Santísima Madre nos invita a leer diariamente los Santos Evangelios. Seguramente, las siempre numerosas versiones de la Biblia hacen que esta tarea sea algo confusa. ¿Qué Biblia debemos leer? Las mejores y más utilizadas en la Santa Iglesia Católica y Apostólica Romana son la **BIBLIA VULGATA** y la **BIBLIA DE JERUSALÉN**.

— **Confesión** — La Santísima Virgen María pide una y otra vez que sus hijos fieles acudan a este importantísimo Sacramento, pero con un corazón verdaderamente sincero y arrepentido. La Santísima Madre de Cristo recomienda la Devoción de Fátima de los cinco primeros sábados de cinco meses consecutivos (**ver página 620**), pero en general se llama a la Confesión una vez al mes.

— **El Santo Rosario** — Los cristianos están llamados a rezar diariamente el Santo Rosario, ya que se ha concedido un poder especial sobre dichas oraciones. Esta oración es constantemente referida por la Santísima Virgen María como uno de los principales medios para la propia salvación. La meditación de los quince misterios es en sí misma una reflexión sobre la vida de Cristo en la tierra, y sobre los sacrificios que ha asumido para redimir a la Humanidad.

— **El ayuno** — El principio de los sacrificios unidos a la oración es, según se nos dice, una combinación poderosísima para vencer las tentaciones cotidianas y permanecer firmes en la fe. Las combinaciones de tal práctica varían, pero la que más se enfatiza es el ayuno a pan y agua solo, **preferiblemente los miércoles y los viernes**. Se recomienda que el inicio de esta práctica sea gradual, ya que una práctica inmediata se considera demasiado desalentadora y difícil.

— **La Iglesia Católica** — A pesar de los muchos errores, equivocaciones y caídas de la Iglesia, la Santísima Virgen María implora repetidamente con profunda emoción y dolor a los fieles que permanezcan incondicional e irrevocablemente fieles a la única Iglesia cristiana fundada por su Hijo Jesucristo (*sobre Pedro y sus sucesores*).[38]

La Iglesia Católica, nos dice María, a pesar de sus intentos de reconciliar a los fieles con la cultura actual y las tendencias paganas de la sociedad, nunca será destruida por el enemigo de Dios, pues la Iglesia de su Hijo está y permanecerá siempre bajo su protección e inspirada por el Espíritu Santo a través de las Sagradas Escrituras y los siete sacramentos de la Iglesia:

— Bautismo
— Santa Eucaristía
— Confirmación
— Confesión
— Unción de los enfermos
— Matrimonio
— Orden sagrado

Existe incluso un "*Octavo Sacramento*" que no se utiliza en Francia desde hace más de dos siglos: la Coronación de los Reyes Católicos con la Santo Ampolla de San Remigio.[39]

— **La Santísima Virgen María** — Finalmente, la Madre de Dios se ofrece a sí misma, dijo, a través de su amorosa intercesión, a través de su recurso maternal y a través de sus apariciones en todo el mundo, como nuestra última arma y herramienta para la salvación.

En palabras de Sor Lúcia dos Santos (vidente de Fátima), según una Carta dirigida al Rev. Padre Fuentes, de 1957:

"(...) En los planes de la Divina Providencia, cuando Dios va a castigar al mundo, siempre agota primero todos los demás recursos. Cuando ve que el mundo no presta atención alguna, entonces, como decimos en nuestra imperfecta forma de hablar, nos presenta el último medio de salvación: su Santísima Madre. Si despreciamos y rechazamos este último medio, el Cielo ya no nos perdonará, porque habremos cometido un pecado que el Evangelio llama pecado contra el Espíritu Santo. Este

---

[38] La Iglesia Católica Romana es, en efecto, la única Iglesia cristiana fundada por Jesucristo. Es una Iglesia Apostólica desde San Pedro (el primer Pontífice de la Iglesia) hasta Francisco. Todas las demás Iglesias cristianas fueron fundadas por simples hombres.
[39] La coronación de los reyes franceses con el santo óleo de San Remigio está efectivamente reconocida por la Iglesia como un *holy Sacrament*.

pecado consiste en rechazar abiertamente —con pleno conocimiento y voluntad— la salvación que se pone en nuestras manos".

En conclusión, uno de los más extraordinarios mensajes de nuestro Señor Jesucristo a la Humanidad trata de la importancia de la Santa Misa y del Santo Rosario, y de la importancia de rezar a Su Santísima Madre por sus hijos de predilección, los sacerdotes, pero este mensaje retoma también el Tercer Secreto de Fátima y Akita, y advierte a los hombres de las consecuencias de caer en la seducción y tentación de Satanás.

El mensaje de Nuestro Señor Jesucristo dada a Marie-Julie entre 1917 y 1938 dice:

"Los hombres no han escuchado las palabras pronunciadas por mi santísima Madre en Fátima. ¡Ay de los que no escuchen ahora mis palabras! Los hombres no han entendido el lenguaje de la guerra. Muchos hombres viven en el pecado, muy a menudo en el pecado de la impureza. ¡Ay de los que seducen a los inocentes!
No debes molestarte con los que no quieren creer, porque no saben lo que hacen. Pero ¡ay de los que se ríen o de los que se permiten juzgar antes de informarse!
Las frecuentes apariciones de Mi buena Madre son el resultado de Mi Misericordia. La envío con la fuerza del Espíritu Santo para prevenir a los hombres y para salvar lo que debe ser salvado. Debo dejar que ocurra (lo que debe) en el mundo entero para que se salven muchas almas que de otro modo se habrían perdido. Por todas las cruces, por todos los sufrimientos y por todo lo que está por venir que será peor aún, no debes maldecir a Mi Padre del Cielo, sino agradecerle. Es la obra de Mi Amor. Lo entenderás más adelante. Debo venir en Mi Justicia porque los hombres no han reconocido el tiempo de Mi Gracia.
La medida del pecado está en su máxima expresión, pero a Mis fieles no les llegará ningún daño. Vendré al mundo pecador con un terrible estruendo de truenos en una fría noche de invierno. Un viento muy caliente del sur precederá a esta tormenta, y una pesada lluvia golpeará la tierra. Desde las enormes nubes de fuego rojo, los devastadores relámpagos zigzaguearán, enardeciendo y reduciendo todo a cenizas. El aire se llenará de gases tóxicos y de vapores mortales que, dentro de los ciclones, desgarrarán las obras de la arrogancia (¿el orgullo?), de la locura y de la voluntad de poder de la Ciudad de la Noche (París).
La Humanidad tendrá que reconocer que, por encima de ella, hay una Voluntad que hará que sus audaces planes se derrumben como un castillo de naipes. El Ángel Destructor destruirá para siempre la

vida de aquellos que habrán devastado Mi Reino.

Vosotros, almas que profanáis el Nombre del Señor, guardaos del burlaros de Mí. ¡Guardaos del pecado contra el Espíritu! Cuando el Ángel de la Muerte segará la mala hierba con la espada cortante de Mi Justicia, el infierno se proyectará entonces con cólera y tumulto contra los justos y, sobre todo, contra las almas consagradas para intentar destruirlas mediante un terror espantoso.

Quiero protegeros, mis fieles, y daros las señales que indicarán el comienzo del juicio: Cuando en una fría noche de invierno los truenos retumben con tanta fuerza que hagan temblar las montañas, entonces cerrad muy rápidamente todas las puertas y ventanas (de vuestra casa). Tus ojos no deben profanar los terribles acontecimientos con miradas curiosas. Reuníos alrededor del Crucifijo. Poneos bajo la protección de mi santísima Madre. No dejéis que se apodere de vosotros ninguna duda sobre vuestra seguridad.

Cuanto más confiados estéis, más impenetrable será la muralla. Quiero rodearos de (…) Enciende las velas benditas y reza la coronilla. Persevera durante tres días y dos noches. La noche siguiente, el terror se calmará. Después del horror de esta larga oscuridad, con el próximo día naciente, el sol aparecerá con todo su brillo y calor.

Habrá una gran devastación. Yo, tu Dios, habré purificado todo. Los supervivientes deberán agradecer a la Santísima Trinidad su protección. Magnífico será Mi Reino de Paz, y Mi Nombre será invocado y bendecido desde el amanecer hasta el atardecer.

¡Rezad! ¡Rezad! ¡Rezad! ¡Convertíos y haced penitencia! No os durmáis como lo hicieron mis discípulos en el Huerto de los Olivos, porque estoy muy cerca. La Ira del Padre contra la Humanidad es muy grande. Si el rezo del Rosario y la Donación de la Preciosa Sangre no fueran tan agradables al Padre, ya habría una miseria en la tierra que no tiene nombre. Pero Mi Madre intercede ante el Padre, ante Mí y ante el Espíritu Santo. Por eso Dios se deja conmover.

Agradece entonces a Mi Madre el hecho de que la Humanidad aún viva. Honradla con el respeto de un niño —os he dado el ejemplo— porque es la Madre de la Misericordia. No olvides nunca renovar continuamente el don de la Preciosa Sangre. Mi Madre me ruega sin cesar y, con ella, muchas almas penitentes y expiatorias. No puedo negarle nada; por eso, es por mi Madre y por mis elegidos que estos días se han acortado.

Consuélate, tú que honras Mi Preciosa Sangre. Nada os sucederá. Yo inspiraré a Mi Representante para que ponga continuamente en honor el Sacrificio de Mi Preciosa Sangre, y la veneración de Mi Madre. ¿Quieren algunos de Mis sacerdotes ser más parecidos al Papa que el mismo Papa? Me crucificarán, pues retrasarán las obras de Mi Madre. Reza mucho por los predilectos de Mi Corazón, los

sacerdotes. Llegará el momento en que Mis sacerdotes comprenderán todo esto (...)".

Estas son las verdades reveladas en estos últimos 175 años y, aunque hoy pueda ser *políticamente correcto* decir que Dios quiere varias religiones, varias realidades, varias verdades, esto es otro error, pues si Dios tolera diferentes religiones, ciertamente no las quiere, pues la Verdad es una sola.

De hecho, hoy se tolera la idolatría dentro del recinto del Vaticano,[40] se firman tratados secretos con regímenes comunistas,[41] lo que lleva a persecuciones cristianas, quemas de iglesias y arrestos de obispos y sacerdotes. Asimismo, las más altas autoridades de Roma publican nuevas doctrinas [42] contradiciendo abiertamente la Fe, causando una confusión y división masiva entre millones de fieles en todo el mundo; los métodos tradicionales de veneración de los Evangelios y de la Sagrada Eucaristía —permitidos por el Vaticano II— se ordenan hoy en día para prohibirlos en favor de una liturgia más abierta de tipo protestante —que se centra más en la consideración del hombre que de Dios. Para añadir el insulto a la herida, las condiciones de recepción del Sagrado Cuerpo de Cristo ya no están prohibidas a los no católicos, sino que se distribuyen ampliamente a los católicos que están en abierto desafío con las posiciones de la Iglesia sobre el aborto y la eutanasia. Por último, mientras florecen las rebeliones y cismas abiertos dentro de la Iglesia, el Papa Francisco —que abraza diferentes credos y culturas, patrocina la unión civil entre personas del mismo sexo y escribe cartas laudatorias de recomendación a los defensores del colectivo LGBT— [43] paradójicamente no dudó en prohibir los rituales de adoración a través del Rito Romano de antaño ordenando la celebración de la Misa Tridentina [44] en latín fuera de las iglesias católicas, retrocediendo así el permiso especial de Benedicto XVI concedido en 2007.

Dicho todo esto, no debemos caer en la trampa de la ira, pues ése es

---

[40] Pachamama.
[41] Acuerdo secreto firmado entre el Vaticano y la República Popular China (China comunista).
[42] *Amoris Laetitia* (19 de marzo de 2016).
[43] Padre James Martin (promotor de LGBTQ).
[44] Francisco, de 84 años, emitió el 16 de julio de 2021 el *Motu Proprio "Traditionis Custodes"* exigiendo a los Obispos individuales que, antes de que se practiquen, ellos han de aprobar esas celebraciones de la antigua Misa, también llamada *Misa Tridentina*. El *Traditionis Custodes* requiere que los sacerdotes recién ordenados reciban permiso explícito de sus Obispos para poder celebrarla, según consulta hecha al Vaticano. Según la nueva ley, los Obispos locales también han de determinar si los actuales grupos de fieles adscritos a la antigua Misa aceptan los preceptos del Vaticano II, que permitieron celebrar la Misa en la lengua vernácula en lugar de en latín. Estos grupos de fieles no pueden utilizar las iglesias habituales, sino que los Obispos han de encontrar lugares alternativos para ellos sin crear nuevas parroquias. Además, el Papa Francisco declaró que los Obispos ya no podrán autorizar la formación de ningún nuevo grupo de Misa pro-latín en sus diócesis.

precisamente el designio del "caído" y, si no debemos rebelarnos contra Roma, sí podemos oponernos al error y a la apostasía; debemos amar a nuestros enemigos y en este caso rezar fervientemente por el Papa Francisco. La Misericordia de Dios se extiende incluso ahora con estas últimas llamadas de las que se ha hecho eco repetidamente a través del mejor Emisario del Cielo: la Santísima Virgen María. Lamentablemente, en las iglesias apenas se habla de estas llamadas, ni por tanto se responde a ellas. ¡Convertíos! Cambiad vuestras vidas, porque el mensaje de la Santísima Virgen María es un mensaje de amor y, sobre todo, de extraordinaria esperanza y misericordia para todos los hombres. La Misericordia de Dios es la expresión de su amor eterno por la Humanidad, incluso por el peor de los pecadores, si, y sólo si, se arrepiente y se convierte sinceramente, pidiendo perdón desde lo más profundo de su corazón. Después de todo, ¿no fue el primer hombre que entró en el Cielo, incluso antes que la Santísima Virgen María, el último de todos nosotros?

> Relata Lucas 23,39-43:
>
> "**Uno de los condenados colgados en la crucifixión blasfemaba:** *¿No eres tú el Mesías? Entonces sálvate a ti mismo y a nosotros.* **Pero el otro le reprendió:** *¿No tienes miedo a Dios, estando bajo el mismo suplicio? Al fin y al cabo, nosotros lo merecemos. Nosotros sólo pagamos el precio por lo que hemos hecho, pero este hombre no ha hecho nada malo.* **Entonces dijo:** *Jesús, acuérdate de mí cuando entres en tu Reino.* **Y Jesús le respondió:** *Te aseguro que hoy estarás conmigo en el Paraíso*".

Oraciones recomendadas y promesas

1. Marie-Julie Jahenny reveló una oración especial que debía rezarse al Rey San Luis en su honor y por la llegada del Gran Monarca Católico:

— **Gran San Luis, Rey de Francia**, héroe de Francia, reza por Francia. Gran San Luis, Rey de Francia, hermoso lirio de pureza, amigo del Sagrado Corazón de Jesús, ruega por Francia.
— **Gran San Luis, Rey de Francia**, que conservaste tu pureza y tu hermosa inocencia y que nunca mancillaste esta corona en el trono que te dieron Jesús y María, concede la paz, ruega que Francia se humille a los pies de Jesús y María y ante ti.
— **Gran San Luis, Rey de Francia**, que vienes a reconciliar el Cielo con la Tierra y a quien Jesús, el Dios de Francia, da sus gracias, trae la paz a Francia, haz que la Fe florezca allí, ruega por Francia, el Santo Pontífice y la Iglesia.
— **Gran San Luis**, tú, amigo del Sagrado Corazón de Jesús, tú, siervo ferviente de María, a la que tanto amaste y por la que deseaste morir un sábado, día consagrado a ella, ruega por nosotros, infelices hijos de Francia.
— **Gran San Luis, Rey de Francia**, tú a quien Jesús y María recibieron en sus brazos y a quien luego dieron una bellísima corona, ruega por Francia.
— **Gran San Luis, Rey de Francia**, Francia te llama y te pide que traigas esa hermosa corona que nunca has mancillado, dásela como una segunda corona, ruega por Francia.
— **Gran San Luis**, que rezas con la Inmaculada por el Soberano Pontífice en medio de sus sufrimientos, las calumnias, las persecuciones, libera al Soberano Pontífice.
— **Gran San Luis, Rey de Francia**, ven hoy con María Inmaculada, reconcilia a Francia con el Cielo. Estamos todos presentes, rezamos juntos. Vendrá en nuestra ayuda, para hacer florecer la verdad y la inocencia en medio de la Francia demacrada, ya que María te ha dado el poder, reza por Francia.
— **Gran San Luis, Rey de Francia**, Jesús y María han permitido que tomes de la mano al Rey que gobernará y le darás su corona que nunca empañaste. María te permite colocar en el trono a este Rey que traerá la paz. Reza por el Soberano Pontífice que te invoca por Francia. Vemos en ti una hermosa esperanza, vemos tu mano bendita. María no te negará nada, tú que la has amado tanto. Ven en nuestra ayuda. Ven tú también, oh Sagrado Corazón de Jesús, ábrelo por completo para que en Él nos refugiemos y de ahí no salgamos jamás.

— Todo por ti, ¡oh Sagrado Corazón, todo por ti Jesús y María! y todo por ti ¡oh buen San Luis, Rey de Francia! Amén.

2. Oraciones por Francia

a) *La Virgen María me ha hablado mucho de Francia. Me ha pedido tres oraciones por Francia para rezarlas todos los días:*

1 Magnificat, 1 Ave Maris Stella y **1 Sabat Mater.**

Además, hay que arrodillarse y rezar con fervor mirando al cielo. La Santísima Virgen María la librará (a Francia) por medio de un Rey que la salvará y la gobernará mucho tiempo. Me ha dicho que no se le pide suficientemente ese Rey y que no le rezamos con suficiente fervor para que nos lo conceda. Lo llama Enrique V y nos recomienda que recemos mucho también a San Miguel Arcángel. En cuanto al Sagrado Corazón, se queja también en muchas ocasiones de que los franceses no le piden por el Rey.

b) (...) La Santísima Virgen María ha pedido también para Francia la "Salve Regina" cuatro o cinco veces rezada al día como acto de contrición, postrándose en el suelo

3. Mensaje de la Santísima Virgen María sobre las plantas a utilizar como remedios:

Oh, mis queridos hijitos, cuando uséis esas florecillas y esas plantitas, rezadme:

**Oh Santa Reina del Cielo,
salud de los enfermos, prodigio de poder,
extiende tus bendiciones sobre esta infusión, Madre todopoderosa.
Muéstranos que eres nuestra Madre aliviando nuestras miserias.**

Hijitos míos, cuando toméis esta florecilla, invocadme:

**"¡Oh, María Inmaculada! ¡Oh Madre nuestra! ¡Oh, Madre nuestra!
Mira hacia abajo y deja que tu bendición se revele en nuestros sufrimientos".**

Y para los que atienden a los enfermos:

Mi querida niña, no hay necesidad de decir largas oraciones. Basta con decir:

**¡Oh, buena Madre!
Mira mi pequeño trabajo para alguien enfermo o afligido.
Por favor, bendícelo.**

4.   Oraciones a la Cruz.

A Marie-Julie le enseñaron dos maneras particulares de rezar, saludando a la Cruz:

a) La oración *Ave Crux* (a rezar en tiempos de temor y castigos):

Te saludo, te adoro, te abrazo,
¡oh, adorable Cruz de mi Salvador!
¡Protégenos, guárdanos, sálvanos!
Jesús te amó tanto,
siguiendo tu ejemplo, Te amo.
Tu Santa Imagen calma mis temores,
sólo siento paz y confianza.

b) La oración del *Ave Crux* número 2:

¡Oh Crux, ave, spes unica!
Et Verbum caro factum est.
¡Oh Jesús Vencedor de la Muerte, sálvanos!

Traducción:
¡Oh Cruz, salve! ¡Nuestra única esperanza!
Y el Verbo se hizo carne.
¡Oh Jesús Vencedor de la Muerte, sálvanos!

5.   Oración a la Cruz del Perdón

"Oh Dios, Salvador Crucificado, hazme arder de amor, fe y empeño por la salvación de mis hermanos".

Para obtener mi asistencia (Nuestra Señora de la Buena Guardia) *durante tu vida y muerte, dirás:*

Te saludo, amada Hija del Padre,
lirio de la Pureza, ruega por nosotros. (*Ave María*)

Te saludo, Esposa del Espíritu Santo, lirio de la Humildad,
ruega por nosotros. (*Ave María*)
Te saludo, Madre del Verbo Encarnado,
Rosa de la Caridad, ruega por nosotros, (*Ave María*)

6. Oración del "Ave Crux" para ser rezado durante el tiempo de males y grandes temores.

T

Te saludo, te adoro, te abrazo,
¡oh adorable Cruz de mi Salvador!
¡Protégenos, guárdanos, sálvanos!
Jesús te amó tanto,
siguiendo tu ejemplo, Te amo.
Tu Santa Imagen calma mis temores,
Sólo siento paz y confianza.

Promesa que acompaña a esta oración: "Sentirás tantas gracias, tanta fuerza y amor que esta gran inundación te empapará de modo inadvertido. Es una gracia de Mi ternura".

Nuestro Señor también prometió: **"Bendeciré a los que recen esta oración al menos una vez al día, les daré una bendición solemne"**.

Cuando Marie-Julie transmitió la letanía que nuestro Señor Jesucristo le enseñó, le pidió: *"Señor, ¿estás dispuesto a permanecer con nosotros hasta el final de los tiempos?"* (es decir, en el Santísimo Sacramento). Él respondió. **"Esto es Amor"**.

7. Las letanías de la Pasión (para ser recitadas ante el Santísimo).

Nuestro Señor pidió que se rezara esta oración para consolarlo los jueves por la mañana, hacia las 9 horas ante el Santísimo Sacramento, y los viernes por la tarde:

— Oh, mi queridísimo Jesús, qué te llevó a sufrir por nosotros una agonía mortal en el Huerto de los Olivos: Es el Amor.
— Oh mi adorable Jesús, qué te llevó a separarte de tus Apóstoles durante esa agonía: Es el Amor.
— Oh Jesús mío, qué te llevó a dejar que los verdugos y los judíos te torturaran y ataran: Es el Amor.
— Oh Jesús mío, qué te llevó a comparecer ante el tribunal de Pilatos: Es el amor.

- Oh Jesús mío, qué te llevó a descender a la oscura prisión de Herodes: Es el Amor:
- Oh Víctima Santa, qué te llevó a permitir que los verdugos te azotaran sin una queja de tu parte: Es el Amor.
- Oh Santa Víctima, qué te llevó a separarte de tu Santa Madre para sufrir los insultos: Es el Amor.
- Oh Santa Víctima, qué te llevó a lanzar una mirada a San Pedro al salir del Pretorio: Es el Amor.
- Oh Santa Víctima, qué te llevó a caer ante tus enemigos bajo el peso de la Cruz: Es el Amor.
- Oh Santa Víctima, qué te llevó a morir por nosotros en una Cruz: Es el Amor:
- Oh Santa Víctima, qué te llevó a entregarte a nuestras almas en el Santísimo Sacramento: Es el Amor.
- Oh Santa Víctima, qué te llevó a permanecer por nosotros en todos los Santuarios y Tabernáculos del mundo entero: Es el Amor.
- Oh Santa Víctima, qué te llevó a decirnos: "Queridos hijos, no temáis, acercaos, yo duermo, pero mi Corazón vela": Es el Amor.
- Adorable Víctima Sagrada, qué te llevó a permitirnos acercarnos a tus sagrados Tabernáculos, para poseerte y disolvernos en estas delicias: Es el Amor. Es el Amor.
- Oh Santísima Víctima, qué te llevó a amarnos con un Amor tan Ardiente y lleno de Bondad: Es el Amor. Es el Amor.

8. Oración para salvar a 1.000 pecadores.

Nuestro Señor le dio a Marie-Julie, el 3 de septiembre de 1925, una manera muy sencilla de salvar a 1.000 pecadores cada vez que recibimos la santa Comunión.

> **"Diles que descansen cinco minutos en Mi Corazón palpitante de amor. No piensen más que en Mí con esta simple palabra:** *"Gracias, amado mío, Tú vives en mí y yo en Ti"*. **Ya ves la dulzura que vas a probar y cómo me vas a consolar. Pídeme, en el quinto minuto, la conversión de mil pecadores. Será una gran alegría para Mi Divino Padre; para el Cielo, te pido el mismo favor. Estaré allí, dentro de ti: la bondad infinita, el esplendor de todas las bellezas. Sólo cinco minutos pensando en Mí y pidiéndome en el quinto minuto la salvación de las almas. Mi Divino Corazón se desborda de alegría ante esta petición de gracias y también la concederé".**

9. Promesas a la devoción por la herida en el hombro izquierdo de Nuestro Señor.

Durante varios éxtasis, Nuestro Señor reveló a Marie-Julie que la devoción a la Herida de su Hombro izquierdo era un gran consuelo para Él, y por ello concedió grandes promesas a quienes practicaran esta devoción.

Nuestro Señor mostró a Marie-Julie esta herida abierta y le reveló su profundidad:

> "El Dolor es incomprensible en el corazón de mis hijos. Cómo me agrada y consuela esta devoción, cuántas veces las oraciones de estas Llagas han subido a Mi Corazón y han desgarrado (abierto) el (camino de) salvación de las almas entregadas al Infierno".

(17 de mayo de 1878)

Promesas recogidas durante los éxtasis de Marie-Julie para las almas que propagan y son fieles a esta devoción:

a. "Bendeciré a todas las almas que propaguen esta devoción: Les concedo gracias abundantes". (29 de marzo de 1878).
b. "Oh almas que me aman, que propagan esta devoción, os tomo bajo mi protección, os guardo bajo el manto de mi afecto". (29 de marzo de 1878).
c. "Disiparé las tinieblas que lleguen a su corazón". (28 de diciembre de 1877).
d. "Los consolaré en sus dolores". "Vendré en medio de sus mayores aflicciones, para iluminarlos, para consolarlos". (28 de diciembre de 1877, 8 de febrero y 12 de abril de 1878).
e. "Vendré a bendecirlos en sus trabajos". (29 de marzo de 1878).
f. "Les daré un tierno amor a la Cruz. Vendré a asistirlos en el momento de la muerte, con esta cruz, y los introduciré en mi Reino celestial". (12 de abril de 1878).
g. "Endulzaré su agonía". (28 de diciembre de 1877). "Vendré a la hora de la muerte. Los consolaré en su tránsito". (8 de febrero de 1878). "Especialmente en la hora de la muerte, vendré a darles un dulce momento de calma y tranquilidad. Les diré: Oh, buena alma santa, que has difundido esta devoción (sabiendo) que yo tenía tanto interés en que se diera a conocer, ven a recibir la recompensa de tus trabajos, el fruto de la bendición". (29 de marzo de 1878).
h. "Los ampararé, los asistiré, consolaré a todas las almas que busquen propagar esta Sagrada Herida. En el momento de la muerte, consolaré a las almas que me han compensado con su devoción y compasión hacia esa Herida tan profunda y dolorosa. Vendré a fortalecerlas en sus últimos temores. Vendré a preparar

su paso: Gracias, tú que me has compensado por mis dolores". (17 de mayo de 1878).

i. "Ved," —dijo Jesús señalando su Sagrada Llaga con extrema ternura— "todos Mis hijos que han reconocido esta Llaga, que la han venerado, que le han rezado, tendrán en el último día una recompensa grande y generosa. Yo no me limito a mostrarlo, lo pronuncio. Mi palabra es divina". (17 de mayo de 1878).

10. Oración a Nuestra Señora de La Salette.

En 1937 Roma se dignó favorecer la reconciliación de los pecadores, concediendo 500 días de indulgencias recordando el rezo y de "300 días a la invocación":

"Nuestra Señora de La Salette, Reconciliadora de los Pecadores, ruega sin cesar por nosotros que recurrimos a ti".

11. Comunión espiritual.

Esta oración debe ser rezada cuando la santa Comunión no está/estará disponible, y es para invocar al Espíritu Santo para que acepte una Comunión Espiritual:

**Jesús mío, creo que Tú
estás verdaderamente presente en el Santísimo Sacramento.
Te amo sobre todas las cosas y deseo recibirte en mi alma.
Ya que en este momento no puedo recibirte sacramentalmente,
ven al menos espiritualmente a mi corazón.
Te abrazo como si ya estuvieras como si ya estuvieras aquí
y me uno totalmente a Ti.
No permitas que me separe de Ti.**

12. Oraciones que se rezan por las almas del Puergatorio (Medjugorje)

"Hay muchas almas en el purgatorio. También hay personas que han sido consagradas a Dios: algunos sacerdotes, algunos religiosos. Reza por sus intenciones, al menos siete <u>**Padrenuestros, Avemarías y Glorias y el Credo**</u>. Os lo recomiendo. Hay un gran número de almas que llevan mucho tiempo en el Purgatorio porque nadie reza por ellas".

I. Rosario recomendado por la Virgen María

1. Señal de la Cruz

2. Invocación al Espíritu Santo (opcional)

"Ven, oh Espíritu Santo, llena los corazones de tus fieles y enciende en ellos el fuego de tu amor. Envía tu Espíritu, ellos se renovarán y tú renovarás la faz de la tierra".

Oremos.
"Oh Dios, que has instruido los corazones de los fieles con la luz del Espíritu Santo, concédenos con el mismo Espíritu ser verdaderamente sabios y alegrarnos con su consuelo. Por Cristo nuestro Señor. Amén".

3. Oración de San Miguel Arcángel (opcional):

"San Miguel Arcángel, defiéndenos en la batalla; sé nuestra salvaguarda contra la maldad y las asechanzas del enemigo. Que Dios lo reprima, pedimos suplicantes, y tú, oh Príncipe de las Milicia celestial, con el divino poder arroja al infierno a Satanás y a todos los demás espíritus malignos que vagan por el mundo para la perdición de las almas. Amén".

4. Credo:

"Creo en Dios Padre Todopoderoso, Creador del cielo y de la cierra. Creo en Jesucristo, Su Único Hijo, nuestro Señor, que fue concebido por obra y gracia del Espíritu Santo, nació de Santa María Virgen, padeció bajo el poder de Poncio Pilato, fue crucificado, muerto y sepultado. Descendió a los infiernos. Al tercer día resucitó de entre los muertos. Subió a los cielos y está sentado a la derecha de Dios Padre Todopoderoso. Desde allí ha de venir para juzgar a vivos y muertos. Creo en el Espíritu Santo, en la Santa Iglesia Católica, en la Comunión de los Santos, en el perdón de los pecados, en la resurrección de la carne y en la vida eterna. Amén".

5. Un "Padrenuestro".

"Padre nuestro, que estás en los cielos, santificado sea tu Nombre. Venga a nosotros tu Reino; hágase tu voluntad en la tierra como en el cielo. Danos hoy nuestro pan de cada día, y perdona nuestras ofensas como también nosotros perdonamos a los que nos ofenden, y no nos dejes caer en la tentación, mas líbranos del mal. Amén".

6. Tres "Avemarías".

"Dios te salve María, llena eres de gracia, el Señor es contigo. Bendita tút eres entre todas las mujeres y bendito es el fruto de tu vientre, Jesús. Santa María, Madre de Dios y **Madre nuestra**, ruega por nosotros ahora y en la hora de nuestra muerte. Amén".

7. Un "Gloria al Padre".

"Gloria al Padre, al Hijo y al Espíritu Santo, como era en el principio, ahora y siempre, por los siglos de los siglos. Amén".

Los cinco misterios gozosos

El primer misterio gozoso: **La Anunciación**.

I. Un "Padrenuestro".
"Padre nuestro, que estás en los cielos, santificado sea tu Nombre. Venga a nosotros tu Reino; hágase tu voluntad en la tierra como en el cielo. Danos hoy nuestro pan de cada día, y perdona nuestras ofensas como también nosotros perdonamos a los que nos ofenden, y no nos dejes caer en la tentación, mas líbranos del mal. Amén".

II. Diez "Avemarías".
"Dios te salve María, llena eres de gracia, el Señor es contigo. Bendita tút eres entre todas las mujeres y bendito es el fruto de tu vientre, Jesús. Santa María, Madre de Dios y **Madre nuestra**, ruega por nosotros ahora y en la hora de nuestra muerte. Amén".

III. Un "Gloria al Padre".
"Gloria al Padre, al Hijo y al Espíritu Santo, como era en el principio, ahora y siempre, por los siglos de los siglos. Amén".

IV. Oración de Fátima.
"Oh Jesús mío, perdona nuestros pecados. Líbranos del fuego del Infierno y conduce a todas las almas al Cielo, especialmente a las más necesitadas de tu Misericordia. Amén".

V. Oración adicional (opcional):
"Oh María, sin pecado concebida, ruega por nosotros que recurrimos a vos. Amén".
(Devoción a la Virgen de la Medalla Milagrosa).

El segundo misterio gozoso: **La Visitación**.

I. Un "Padrenuestro".
"Padre nuestro, que estás en los cielos, santificado sea tu Nombre. Venga a nosotros tu Reino; hágase tu voluntad en la tierra como en el cielo. Danos hoy nuestro pan de cada día, y perdona nuestras ofensas como también nosotros perdonamos a los que nos ofenden, y no nos dejes caer en la tentación, mas líbranos del mal. Amén".

II. Diez "Avemarías".
"Dios te salve María, llena eres de gracia, el Señor es contigo. Bendita tút eres entre todas las mujeres y bendito es el fruto de tu vientre, Jesús. Santa María, Madre de Dios y **Madre nuestra**, ruega por nosotros ahora y en la hora de nuestra muerte. Amén".

III. Un "Gloria al Padre".
"Gloria al Padre, al Hijo y al Espíritu Santo, como era en el principio, ahora y siempre, por los siglos de los siglos. Amén".

IV. Oración de Fátima.
"Oh Jesús mío, perdona nuestros pecados. Líbranos del fuego del Infierno y conduce a todas las almas al Cielo, especialmente a las más necesitadas de tu Misericordia. Amén".

V. Oración adicional (opcional):
"Oh María, sin pecado concebida, ruega por nosotros que recurrimos a vos. Amén".
(Devoción a la Virgen de la Medalla Milagrosa).

El tercer misterio gozoso: **La Natividad**.

I. Un "Padrenuestro".
"Padre nuestro, que estás en los cielos, santificado sea tu Nombre. Venga a nosotros tu Reino; hágase tu voluntad en la tierra como en el cielo. Danos hoy nuestro pan de cada día, y perdona nuestras ofensas como también nosotros perdonamos a los que nos ofenden, y no nos dejes caer en la tentación, mas líbranos del mal. Amén".

II. Diez "Avemarías".
"Dios te salve María, llena eres de gracia, el Señor es contigo. Bendita tút eres entre todas las mujeres y bendito es el fruto de tu vientre, Jesús. Santa María, Madre de Dios y **Madre nuestra**, ruega por nosotros ahora y en la hora de nuestra muerte. Amén".

III. Un "Gloria al Padre".
"Gloria al Padre, al Hijo y al Espíritu Santo, como era en el principio, ahora y siempre, por los siglos de los siglos. Amén".

IV. Oración de Fátima.
"Oh Jesús mío, perdona nuestros pecados. Líbranos del fuego del Infierno y conduce a todas las almas al Cielo, especialmente a las más necesitadas de tu Misericordia. Amén".

V. Oración adicional (opcional):
"Oh María, sin pecado concebida, ruega por nosotros que recurrimos a vos. Amén".
(Devoción a la Virgen de la Medalla Milagrosa).

El cuarto misterio gozoso: **La Presentación**.

I. Un "Padrenuestro".
"Padre nuestro, que estás en los cielos, santificado sea tu Nombre. Venga a nosotros tu Reino; hágase tu voluntad en la tierra como en el cielo. Danos hoy nuestro pan de cada día, y perdona nuestras ofensas como también nosotros perdonamos a los que nos ofenden, y no nos dejes caer en la tentación, mas líbranos del mal. Amén".

II. Diez "Avemarías".
"Dios te salve María, llena eres de gracia, el Señor es contigo. Bendita tút eres entre todas las mujeres y bendito es el fruto de tu vientre, Jesús. Santa María, Madre de Dios y **Madre nuestra**, ruega por nosotros ahora y en la hora de nuestra muerte. Amén".

III. Un "Gloria al Padre".
"Gloria al Padre, al Hijo y al Espíritu Santo, como era en el principio, ahora y siempre, por los siglos de los siglos. Amén".

IV. Oración de Fátima.
"Oh Jesús mío, perdona nuestros pecados. Líbranos del fuego del Infierno y conduce a todas las almas al Cielo, especialmente a las más necesitadas de tu Misericordia. Amén".

V. Oración adicional (opcional):
"Oh María, sin pecado concebida, ruega por nosotros que recurrimos a vos. Amén".
(Devoción a la Virgen de la Medalla Milagrosa).

El quinto misterio gozoso: **El Niño Jesús hallado en el Templo**.

I. Un "Padrenuestro".

"Padre nuestro, que estás en los cielos, santificado sea tu Nombre. Venga a nosotros tu Reino; hágase tu voluntad en la tierra como en el cielo. Danos hoy nuestro pan de cada día, y perdona nuestras ofensas como también nosotros perdonamos a los que nos ofenden, y no nos dejes caer en la tentación, mas líbranos del mal. Amén".

II. Diez "Avemarías".

"Dios te salve María, llena eres de gracia, el Señor es contigo. Bendita tút eres entre todas las mujeres y bendito es el fruto de tu vientre, Jesús. Santa María, Madre de Dios y **Madre nuestra**, ruega por nosotros ahora y en la hora de nuestra muerte. Amén".

III. Un "Gloria al Padre".

"Gloria al Padre, al Hijo y al Espíritu Santo, como era en el principio, ahora y siempre, por los siglos de los siglos. Amén".

IV. Oración de Fátima.

"Oh Jesús mío, perdona nuestros pecados. Líbranos del fuego del Infierno y conduce a todas las almas al Cielo, especialmente a las más necesitadas de tu Misericordia. Amén".

V. Oración adicional (opcional):

"Oh María, sin pecado concebida, ruega por nosotros que recurrimos a vos. Amén".

(Devoción a la Virgen de la Medalla Milagrosa).

Los cinco misterios dolorosos

La oración en el huerto.
Las oraciones deben ser rezadas siguiendo exactamente los mismos pasos I a V (**página 603**)

La clagelación en la columna.
Las oraciones deben ser rezadas siguiendo exactamente los mismos pasos I a V (**página 603**)

La coronación de Espinas.
Las oraciones deben ser rezadas siguiendo exactamente los mismos pasos I a V (**página 603**)

Jesús, camino del Calvario.
Las oraciones deben ser rezadas siguiendo exactamente los mismos pasos I a V (**página 603**)

Jesús muere en la Cruz.
Las oraciones deben ser rezadas siguiendo exactamente los mismos pasos I a V (**página 603**)

Los cinco misterios gloriosos

La Resurrección.
Las oraciones deben ser rezadas siguiendo exactamente los mismos pasos I a V (**página 603**)

La Ascensión.
Las oraciones deben ser rezadas siguiendo exactamente los mismos pasos I a V (**página 603**)

La venida del Espíritu Santo.
Las oraciones deben ser rezadas siguiendo exactamente los mismos pasos I a V (**página 603**)

La Asunción (*).
Las oraciones deben ser rezadas siguiendo exactamente los mismos pasos I a V (**página 603**)

La Coronación de la Virgen María (*).
Las oraciones deben ser rezadas siguiendo exactamente los mismos pasos I a V (**página 603**)

(*): La Virgen María ha pedido que el cuarto y el quinto Misterio Glorioso se recen en latín.

Oraciones del Rosario en latín

Padrenuestro – "Pater noster"

"Pater Noster, qui es in caelis, sanctificetur nomen tuum; adveniat regnum tuum; fiat voluntas tua, sicut in caelo et in terra. Panem nostrum cotidianum da nobis hodie et dimitte nobis debita nostra, sicut et nos dimittimus debitoribus nostris et ne nos inducas in tentationem, sed libera nos a malo. Amen".

Avemaría – "Ave María"

"Ave Maria, gratia plena, Dominus tecum, benedicta tu in mulieribus et benedictus fructus ventris tui Jesus. Sancta Maria, Mater Dei (et Mater nostra), ora pro nobis peccatoribus, nunc et in hora mortis nostrae. Amen".

Gloria al Padre – "Gloria"

"***Gloria*** Patri et Filio et Spiritui Sancto, sicut erat in principio et nunc et semper et in saecula saeculorum. Amen".

Un "Padrenuestro", un "Avemaría" y un "Gloria al Padre".
Después del último "Gloria al Padre" (en latín) del quinto Misterio Glorioso, la Santísima Virgen María ha pedido un "Padrenuestro", un "Avemaría" y un "Gloria" por las intenciones del Papa, para obtener las indulgencias del Santo Rosario y por las almas del Purgatorio.

La "Salve a la Santa Reina" (*Salve Regina*).
"Salve Santa Reina, Madre de Misericordia: vida, dulzura y esperanza nuestra. A Ti clamamos los ponbres desterrados hijos de Eva, a Ti suplicamos, gimiendo y llorando en este valle de lágrimas. Vuelve a nosotros esos tus ojos misericordiosos y. después de este destierro, muéstranos al fruto bendito de tu vientre, Jesús. ¡Oh, clementísima! ¡Oh, piadosísima! ¡Oh, dulce siempre Virgen María!, ruega por nosotros, Santa Madre de Dios, para que seamos dignos de alcanzar las promesas de nuestro Señor Jesucristo. Amén".

Consagración al Corazón Inmaculado de María (opcional).
"Reina del Santo Rosario y bondadosa Madre de los hombres, nos consagramos a ti y a tu Corazón Inmaculado, y te encomendamos nuestra comunidad, nuestra familia, nuestra patria y toda la Humanidad. Acepta nuestra consagración, oh amada Madre, y utilízanos siempre que lo desees para realizar tus designios en la tierra. ¡Oh Corazón Inmaculado de María, enséñanos a que el Corazón de Jesús reine y triunfe dentro y alrededor de nosotros como ha reinado y triunfado en ti. Amén".

Oración del Ángel de la Paz (opcional).
"Oh Santísima Trinidad, Padre, Hijo y Espíritu Santo, te adoro profundamente y te ofrezco el Preciosísimo Cuerpo y Sangre, Alma y Divinidad, de Nuestro Señor Jesucristo, presente en todos los Sagrarios del mundo entero en reparación por los ultrajes, sacrilegios e indiferencias con que Él mismo es ofendido, y por los infinitos méritos del Sagrado Corazón de Jesús y del Inmaculado Corazón de María, os pido la conversión de los pobres pecadores. Amén".

El "Magnificat" (opcional).
"Engrandece mi alma al Señor y se alegra mi espíritu en Dios, mi Salvador, porque se ha fijado en la humildad de su esclava. Por eso en adelante, me llamarán bienaventurada todas las generaciones, porque el Todopoderoso ha hecho obras grandes por mí. Y su nombre es santo; y su misericordia llega de generación en generación a todos los que le aman. Ha mostrado el poder de su brazo, dispersa a los soberbios de corazón, derriba de su trono a los poderosos, y ha exaltado a los humildes. A los hambrientos los colma de bienes y a los ricos los despide vacíos. Socorre a Israel, su siervo, acordándose de su misericordia,

como lo había prometido a con nuestros padres, a Abraham y a su descendencia por siempre".

<u>Invocación a San Miguel Arcángel</u>.

"San Miguel Arcángel, defiéndenos en la batalla. Sé nuestro amparo contra las indidias y asechanzas del enemigo. Humildemente pedimos, suplicantes, que Dios lo reprima y tú, Príncipe de la milicia celestial, arroja al infierno a Satanás con el divino poder y a todos los demás espíritus malignos que vagan por el mundo para la perdiicón de las almas. Amén".

II. Rosario de la Virgen de Fátima

Este esquema de rezo del Rosario fue dado por la Santísima Virgen María a San Padre Pío para los niños videntes de Garabandal, España, el 3 de marzo de 1962 (ver Capítulo VII).

1) En este primer misterio, vemos cómo **la Santísima Virgen eligió Fátima como su ciudad favorita para difundir sus mensajes.**

2) En este segundo misterio, se contempla cómo **la Santísima Virgen eligió la Cova de Iría para sus visiones.**

3) En este tercer misterio, se contempla cómo **la Santísima Virgen eligió a los tres pastorcitos para sus conversaciones celestiales y para confiarles el gran secreto.**

4) En este cuarto misterio, vemos cómo **el secreto de Fátima es el mayor secreto de todos los que Ella ha revelado.**

5) En este quinto misterio, vemos cómo las visiones de **la Santísima Virgen siguen estando presentes en todas las partes del mundo.**

La Virgen ha prometido gracias especiales a todos los que recen este rosario.

III. Las quince promesas de la Virgen María a los cristianos
que recitan el Santo Rosario

1. Quien me sirva fielmente con el rezo del Rosario recibirá gracias señaladas.
2. Prometo mi especial protección y las mayores gracias a todos los que recen el Rosario.
3. El Rosario será una poderosa protección contra el infierno: destruirá el vicio, disminuirá el pecado y vencerá las herejías.
4. Hará florecer la virtud y las buenas obras; obtendrá para las almas la abundante misericordia de Dios; apartará los corazones de los hombres del amor al mundo y sus vanidades, y los elevará al deseo de las cosas eternas. ¡Oh, que las almas se santifiquen por este medio!
5. El alma que se encomienda a mí por el rezo del Rosario no perecerá.
6. Quien rece el Rosario devotamente, aplicándose a la consideración de sus sagrados misterios, nunca será vencido por la desgracia. Dios no lo castigará en su Justicia, no perecerá por una muerte no prevista; si es justo, permanecerá en la gracia de Dios y se hará digno de la vida eterna.
7. Quien tenga una verdadera devoción por el Rosario no morirá sin los sacramentos de la Iglesia.
8. Quienes sean fieles al rezo del Rosario tendrán durante su vida y en el momento de la muerte la luz de Dios y la plenitud de sus gracias; en el momento de la muerte participarán de los méritos de los santos en el Paraíso.
9. Libraré del Purgatorio a los que han sido devotos del Rosario.
10. Los fieles hijos del Rosario merecerán un alto grado de gloria en el Cielo.
11. Obtendrán todo lo que me pidan por el rezo del Rosario.
12. Todos los que propaguen el Santo Rosario serán ayudados por mí en sus necesidades.
13. He obtenido de mi Divino Hijo que todos los defensores del Rosario tendrán por intercesores a toda la Corte Celestial durante su vida y en la hora de la muerte.
14. Todos los que rezan el Rosario son mis hijos y hermanos de mi único Hijo Jesucristo.
15. La devoción de mi Rosario es un gran signo de predestinación.

IV. Coronilla de San Miguel

I. Esta coronilla comienza con la siguiente oración (en la medalla):

"Oh Dios, ven en mi ayuda.
Señor, apresúrate a socorrerme.
Gloria al Padre, *etcétera*"

II. Se reza un "Padrenuestro" y tres "Avemarías" después de cada una de las siguientes nueve salutaciones en honor a los nueve coros de ángeles.

1

Por la intercesión de San Miguel y del Coro Celestial de **Serafines**, que el Señor nos haga dignos de arder con el fuego de la caridad perfecta. Amén.

2

Por la intercesión de San Miguel y del Coro Celestial de **Querubines**, que el Señor nos conceda la gracia de dejar los caminos de la maldad para correr por las sendas de la perfección cristiana. Amén.

3

Por la intercesión de San Miguel Arcángel y del Coro Celestial de los **Tronos**, que el Señor infunda en nuestros corazones un verdadero y sincero espíritu de humildad. Amén.

4

Por la intercesión de San Miguel y el Coro Celestial de los **Dominaciones**, que el Señor dé la gracia de gobernar nuestros sentidos y someter nuestras pasiones indómitas. Amén.

5

Por la intercesión de San Miguel y el Coro Celestial de las **Potestades**, que el Señor nos conceda la protección de nuestras almas contra las asechanzas y tentaciones del diablo. Amén.

6

Por la intercesión de San Miguel y el Coro Celestial de las **Virtudes**, que el Señor nos preserve del mal y nos permita no caer en la tentación. Amén.

7

Por la intercesión de San Miguel y el Coro Celestial de los **Principados**, que Dios llene nuestras almas de un verdadero espíritu de obediencia. Amén.

8

Por la intercesión de San Miguel y el Coro Celestial **<de los Arcángeles>**, que el Señor nos dé perseverancia en la fe y en todas las buenas obras, para que ganemos la gloria del Paraíso. Amén.

9

Por la intercesión de San Miguel y del Coro Celestial de **Ángeles**, que el Señor nos conceda ser protegidos por ellos en esta vida mortal y conducidos después a la gloria eterna. Amén.

Una vez concluida la coronilla, reza un "Padrenuestro" en honor de cada uno de los siguientes ángeles: Arcángel San Miguel, Arcángel San Gabriel, Arcángel San Rafael, nuestro Ángel de la Guarda.

La coronilla se concluye con las siguientes oraciones:

"Oh glorioso Príncipe de las milicias celestiales, guardián de las almas, vencedor de los espíritus rebeldes, siervo en la casa del Rey Divino y nuestro admirable guía, tú que brillas con excelencia y virtud sobrehumana, concédenos librarnos de todo mal a quienes nos dirigimos a ti con confianza y con tu bondadosa protección permítenos servir a Dios cada día más fielmente".

— **V.** Ruega por nosotros, oh glorioso San Miguel, Príncipe de la Iglesia de Jesucristo.

— **R.** *Para que seamos dignos de sus promesas.*

"Dios todopoderoso y eterno que por un prodigio de bondad y deseo misericordioso de la salvación de todos los hombres, has designado Príncipe de tu Iglesia al glorioso Arcángel San Miguel, haznos dignos, te rogamos, de ser librados de todos nuestros enemigos para que ninguno de ellos nos acose en la hora de la muerte y seamos conducidos por él ante la presencia augusta de tu Divina Majestad. Te lo pedimos por los méritos de Jesucristo nuestro Señor. Amén".

V. Coronilla de la Divina Misericordia

1. Señal de la Cruz.

2. Un "Padrenuestro".

3. Un "Avemaría".

4. Un "Credo" de los Apóstoles.

5. En las cuentas del "Padrenuestro" se reza la siguiente oración:
"Padre Eterno, te ofrezco el Cuerpo y la Sangre, el Alma y la Divinidad de tu amadísimo Hijo y nuestro Señor y Salvador Jesucristo, en expiación de nuestros pecados y de los del mundo entero".

6. En las cuentas del "Avemaría" se reza la siguiente oración:
"Por tu dolorosa Pasión ten piedad de nosotros y del mundo entero".

7. Entre cada decena se reza la siguiente oración:
"Oh Sangre y Agua que brotan del Sagrado Corazón de Jesús como fuente inagotable de misericordia para nosotros, te rogamos".

8. Una vez alcanzada la quinta decena, se reza tres veces la siguiente oración:
"Oh Santo Dios, Santo Fuerte, Santo Inmortal, ten piedad de nosotros y del mundo entero".

9. Se concluye la coronilla con la señal de la Cruz.

VI.- Invocación a los Santos Ángeles

"Dios todopoderoso y eterno, Uno en tres Personas. Antes de invocar a los santos, tus ángeles, tus siervos, y antes de llamarlos en nuestra ayuda, nos inclinamos ante Ti y Te adoramos Padre, Hijo y Espíritu Santo. Seas bendito y alabado por toda la eternidad. Que todos los ángeles y todos los hombres que has creado Te adoren, Te amen, Te sirvan, Santo Dios, Santo Fuerte, Santo Inmortal. Y tú María, Reina de los ángeles, Mediadora de todas las gracias, Todopoderosa en tu oración, recibe con bondad la oración que dirigimos a tus siervos, y hazla llegar ante el Trono del Todopoderoso para que recibamos la gracia, la salvación y la asistencia. Amén".

Ángeles, grandes santos, ya que Dios os envía para protegernos y ayudarnos:

Os invocamos en el Nombre de Dios, Uno y Trino en Personas: *¡venid en nuestra ayuda!* Os invocamos en el Nombre de la Preciosa Sangre de Nuestro Señor Jesucristo:
¡Venid en nuestra ayuda!
Te invocamos en el Nombre Todopoderoso de Jesús: *¡Ven en nuestra ayuda!*
Te invocamos por todas las heridas de nuestro Señor Jesucristo: *¡Ven en nuestra ayuda!*
Te invocamos por las torturas sufridas por nuestro Señor Jesucristo:
¡Ven en nuestra ayuda!
Te invocamos por la Santa Palabra de Dios:
¡Ven en nuestra ayuda!
Te invocamos por el Sagrado Corazón de nuestro Señor Jesucristo:
¡Ven en nuestra ayuda!
Te invocamos en el Nombre del Amor de Dios por nosotros necesitados:
¡Ven en nuestra ayuda!
Te invocamos en el Nombre de la Misericordia de Dios por nosotros necesitados:
¡Ven en nuestra ayuda!
Te invocamos en el Nombre de María, Reina del Cielo y de la Tierra:
¡Ven en nuestra ayuda!
Te invocamos en el Nombre de María, tu Reina y Soberana:
¡Ven en nuestra ayuda!
Te invocamos en el Nombre de María, Madre de Dios y Madre de los hombres:
¡Ven en nuestra ayuda!
Te invocamos por tu propio gozo:
¡Ven en nuestra ayuda!

Te invocamos por tu propia fidelidad:
¡Ven en nuestra ayuda!
Te invocamos por tu fuerza combativa por el Reino de Dios:
¡Ven en nuestra ayuda!
Te invocamos, ¡cúbrenos con tus escudos!
¡Ven en nuestra ayuda!
Te invocamos, ¡protégenos con tus espadas!
¡Ven en nuestra ayuda!
Te invocamos, ¡ilumínanos con tu luz!
¡Ven en nuestra ayuda!
Te invocamos, ¡abríganos bajo el manto de María!
¡Ven en nuestra ayuda!
Te invocamos: ¡enciérranos en el Corazón de María!
¡Ven en nuestra ayuda!
Te invocamos: ¡confíanos en la mano de María!
¡Ven en nuestra ayuda!
Te invocamos: muéstranos el camino hacia la puerta de la vida: el Corazón abierto de
  nuestro Señor
¡Ven en nuestra ayuda!
Te invocamos: ¡condúcenos con seguridad a la Casa del Padre Celestial
¡Ven en nuestra ayuda!
Todos los coros de los espíritus santos:
¡venid en nuestra ayuda!
Ángeles de la vida:
¡Venid en nuestra ayuda!
Ángeles de la fuerza de la Palabra de Dios:
¡Venid en nuestro auxilio!
Ángeles de la caridad:
¡Venid en nuestro auxilio!
Ángeles asignados por Dios como compañeros nuestros:
¡Venid en nuestra ayuda!

¡Venid en nuestra ayuda, os invocamos! porque hemos recibido en herencia la Sangre de
  Nuestro Señor y Rey.
¡Venid en nuestra ayuda, os invocamos! porque hemos recibido en herencia el Corazón
  de nuestro Señor y Rey.
¡Venid en nuestra ayuda, os invocamos! porque hemos recibido en herencia el Corazón
  Inmaculado de María, la Virgen Purísima y vuestra Reina.
¡Venid en nuestra ayuda, os invocamos!

San Miguel Arcángel, tú eres el Príncipe de los Ejércitos Celestiales, el vencedor del Dragón Infernal. Has recibido de Dios la fuerza para aniquilar el orgullo del poder de las tinieblas mediante la humildad. Te invocamos: pon en nosotros una auténtica humildad de corazón, una fidelidad inquebrantable para cumplir siempre la Voluntad de Dios, nuestra fuerza en el sufrimiento y en la necesidad. Ayúdanos a permanecer en pie ante el Tribunal de Dios.

San Gabriel Arcángel, eres el Ángel de la Encarnación, el fiel mensajero de Dios. Abre nuestros oídos para percibir los más pequeños signos y llamadas del Corazón Amoroso de Nuestro Señor. Permanece siempre atento a nosotros, te lo rogamos, para que aprendamos, sigamos y obedezcamos la Palabra de Dios y para que cumplamos la Voluntad de Dios. Haz que estemos atentos a la esperanza del Señor para que no nos encuentre dormidos cuando llegue.

San Rafael Arcángel, ¡tú eres el mensajero del Amor de Dios! Te rogamos que imporimas en nuestros corazones un amor ardiente por Dios y no permitas que esta herida se cure nunca para permanecer en el camino del amor en la vida cotidiana y para vencer cualquier obstáculo con la fuerza de este amor.

¡Ayudadnos, grandes y santos hermanos, siervos, como somos, ante Dios! ¡Protegednos contra nosotros mismos, contra nuestra propia cobardía y tibieza, nuestro egoísmo y codicia, nuestra envidia y falta de confianza, nuestra autosuficiencia y nuestra comodidad, contra nuestro deseo de ser apreciados! ¡Liberadnos de las ataduras del pecado y de cualquier apego al mundo! Desatad la venda que nosotros mismos nos hemos puesto en los ojos para no ver la miseria que nos rodea y para vernos sin pesimismo sino con compasión.

Traspasad nuestros corazones con el cerrojo del Santo Aprecio de Dios para no dejar de buscarlo con pasión, contrición y amor.

¡Buscad en nosotros la Sangre de Nuestro Señor que fue derramada por nosotros! ¡Buscad en nosotros las lágrimas de su Reina derramadas por nuestra causa! ¡Buscad en nosotros la imagen de Dios destruida, descolorida, deteriorada, imagen que nos fue arrebatada y que Dios ha querido crearnos por amor!

¡Ayudadnos a reconocer, adorar, amar y servir a Dios! Ayudadnos en la lucha contra los poderes de las tinieblas que nos rodean y que nos angustian con engaños; ¡ayudadnos para que ninguno de nosotros se pierda y para que un día feliz nos reunamos en la felicidad eterna!

Amén.

VII. Las estaciones de la Cruz

I. La 1ª estación del Vía Crucis:
Jesús es condenado a muerte.

II. La 2ª estación del Vía Crucis:
Jesús carga con su cruz.

III. La 3ª estación del Vía Crucis:
Jesús cae por primera vez.

IV La 4ª estación del Vía Crucis:
Jesús se encuentra con su Madre.

V. La 5ª estación del Vía Crucis:
Jesús es ayudado por Simón.

VI. La 6ª estación del Vía Crucis:
La Verónica enjuga el rostro de Jesús.

VII. La 7ª estación del Vía Crucis:
Jesús cae por segunda vez.

VIII: La 8ª estación del Vía Crucis:
Jesús habla a las mujeres de Jerusalén.

IX. La 9ª estación del Vía Crucis:
Jesús cae por tercera vez.

X. La 10ª estación del Vía Crucis:
Jesús es despojado de sus vestiduras.

XI. La 11ª estación del Vía Crucis:
Jesús es clavado en la Cruz.

XII. La 12ª estación del Vía Crucis:
Jesús muere en la Cruz.

XIII. La 13ª estación del Vía Crucis:
Jesús es bajado de la Cruz.

XIV: La 14ª estación del Vía Crucis:
Jesús es depositado en el sepulcro.

JESÚS RESUCITA DE ENTRE LOS MUERTOS...

VIII. Promesas al Hermano Estanislao (1903-1927) de Nuestro Señor Jesucristo para todos los que practican con devoción el Vía Crucis

1. Concederé todo lo que se me pida con Fe, al hacer el Vía Crucis.
2. Prometo la Vida eEterna a los que recen de vez en cuando el Vía Crucis.
3. Los seguiré por todas partes en la vida y los ayudaré, en especial en la hora de la muerte.
4. Aunque tengan más pecados que briznas de hierba en los campos, y granos de arena en el mar, todos ellos serán borrados por el Vía Crucis.

(**Nota**: *Esta promesa no elimina la obligación de confesar todos los pecados mortales antes de recibir la Comunión*).

5. \\Los que recen el Vía Crucis con frecuencia tendrán una gloria especial en el Cielo.
6. Los libraré del Purgatorio; es más, si van allí, el primer martes o viernes después de su muerte serán liberados.
7. Los bendeciré en cada Vía Crucis y mi Bendición los seguirá por todas partes en la tierra y, después de su muerte, en el Cielo por toda la Eternidad.
8. En la hora de la muerte no permitiré que el demonio los tiente; le quitaré todo poder para que descansen tranquilos en mis brazos.
9. Si lo rezan con amor, haré de cada uno de ellos un Copón viviente en el que me complacerá derramar mi Gracia.
10. Fijaré mis ojos en los que recen a menudo el Vía Crucis; mi mano estará siempre abierta para protegerlos.
11. Como estoy clavado en la Cruz, así estaré siempre con los que me honran haciendo el Vía Crucis con frecuencia.
12. Nunca podrán separarse de Mí, pues les daré la gracia de no volver a cometer un pecado mortal.
13. A la hora de la muerte les consolaré con mi Presencia y nos iremos juntos al Cielo. La muerte será dulce para todos aquellos que me han honrado durante su vida rezando el Vía Crucis.
14. Mi alma será un escudo protector para ellos, y les ayudará siempre que a ella recurran.

IX. Oración de Santa Gertrudis la Grande

Nuestro Señor dictó esta oración a Santa Gertrudis la Grande para liberar mil (1.000) almas del Purgatorio cada vez que se rece:

"Padre Eterno, te ofrezco la Preciosísima Sangre de tu Divino Hijo, Jesús, en unión de las Misas que se dicen hoy en todo el mundo, por todas las almas santas del Purgatorio, por los pecadores de todo el mundo, por los pecadores de la Iglesia universal, los de mi propia casa y los de mi familia. Amén".

La vida de Santa Gertrudis fue la vida mística del claustro de monjas benedictinas. Meditaba sobre la Pasión de Cristo, que muchas veces hizo brotar un torrente de lágrimas en sus ojos. Hacía muchas penitencias y el Señor se le aparecía con frecuencia. Tenía un tierno amor por la Santísima Virgen y era muy devota de las almas sufrientes del Purgatorio. Murió en 1334. Su fiesta se celebra el 16 de noviembre.

X. La devoción de los cinco primeros sábados de Fátima

"Prometo asistir en la hora de la muerte con las gracias necesarias para la salvación a todos aquellos que, para repararme, el primer sábado de cinco meses sucesivos se confiesen, comulguen, recen cinco decenas del Rosario y me hagan compañía durante un cuarto de hora, meditando los quince misterios del Rosario".

Los elementos de esta devoción, por tanto, consisten en los siguientes cuatro puntos, todos los cuales deben ser ofrecidos en reparación al Corazón Inmaculado de María. **Hay que hacer esta intención antes de realizar las peticiones a la Virgen.** Lo mejor es renovar la intención actual en ese momento; sin embargo, si se formula esa intención ahora, cumplirá los requisitos si se olvida la intención actual en el momento de la confesión, por ejemplo.

— **Confesión:** Esta confesión puede hacerse antes de la primera sábado o después, siempre que se reciba la Santa Comunión en estado de gracia. En 1926, Cristo en una visión le explicó a Lúcia que esta confesión podía hacerse una semana antes o incluso más, y que debía ofrecerse en reparación.

— **La Sagrada Comunión:** Antes de recibir la Sagrada Comunión, es igualmente necesario ofrecerla en reparación a la Virgen. Nuestro Señor le dijo a Lúcia en 1930:

"Esta Comunión será aceptada el domingo siguiente por razones justas, si mis sacerdotes lo permiten".

Así que si el trabajo o la escuela, la enfermedad u otra razón justa, impide la Comunión en un primer sábado, con este permiso puede recibirse el domingo siguiente. Si se traslada la Comunión, cualquiera o todos los demás actos de la devoción pueden realizarse también el domingo.

— **Rosario**: El Rosario es una oración vocal que se reza meditando los misterios de la vida y la Pasión de Nuestro Señor y de la vida de Nuestra Señora. Para cumplir con la petición de la Virgen, debe ofrecerse en reparación y rezarse adecuadamente mientras se medita.

— **Meditación de 15 minutos**: También ofrecida en reparación, la meditación puede abarcar uno o varios misterios; puede incluirlos todos, tomados juntos o por separado. Esta meditación debe ser la más rica de todas, porque la Virgen prometió estar presente cuando dijo "los que me acompañan".

A los que sigan fielmente las peticiones de la Virgen para los Cinco Primeros Sábados, les ha hecho una maravillosa promesa que Ella, como Mediadora de todas las Gracias, cumplirá:

"Prometo asistir en la hora de la muerte con las gracias necesarias para la salvación".

XI. Oración por las almas del purgatorio

"Hay muchas almas en el Purgatorio. También hay personas que han sido consagradas a Dios: algunos sacerdotes, algunos religiosos. Reza por sus intenciones al menos <u>siete padrenuestros, avemarías y glorias y el Credo</u>. Os lo recomiendo. Hay un gran número de almas que llevan mucho tiempo en el Purgatorio porque nadie reza por ellas".

(Nuestra Señora de la Paz, Medjugorje, 21 de julio de 1982)

XII. Oración pedida por la Santísima Virgen María

"Reza y ayuna. Deseo que profundices y continúes tu vida de oración. Rezad cada mañana la oración de la Consagración al Corazón de María. Hacedlo en familia. Recitad cada mañana el Ángelus, cinco

Padrenuestros, Avemarías y Glorias en honor de la Santa Pasión y un sexto por nuestro Santo Padre, el Papa. Luego reza el Credo y la oración al Espíritu Santo. Y, si es posible, sería bueno rezar un Rosario".

(Nuestra Señora de la Paz, Medjugorje, 27 de enero de 1984)

XIII. Oración - Devoción a la Santa Herida del hombro de Nuestro Señor Jesucristo - San Bernardo de Claraval

Nuestro Señor Jesucristo reveló un día a San Bernardo de Claraval (1090-1153):

"Tuve, mientras llevaba la Cruz, una herida profunda, de tres dedos de profundidad, que dejaba al descubierto tres huesos de Mis Hombros. Esta herida, que no es conocida por los hombres, Me ha causado más pena y dolor que todas las demás. Pero reveladla a los fieles cristianos, y sabed que cualquier gracia que se me pida en virtud de esta Herida será concedida. Y a todos los que, por amor a Ella, me honren cada día con tres Padrenuestros, tres Avemarías y tres Glorias, les perdonaré sus pecados veniales y no me acordaré más de los mortales; no expirarán por una muerte imprevista; a la hora de su muerte, serán visitados por la Santísima Virgen María y obtendrán de nuevo la Gracia y la Misericordia".

Esta devoción, aceptada por Su Santidad el Papa Eugenio III, también forma parte de las "oraciones apócrifas con indulgencia":

"Oh amadísimo Señor, dulce Cordero de Dios, yo (... nombre...), *pobre pecador, adoro y venero la santísima Herida que recibiste en tu hombro llevando la pesadísima Cruz hacia el Calvario, que expuso tres santos huesos, causando tan inmenso dolor.*

Oh Jesús, te ruego que, en virtud de los méritos de dicha herida, te apiades de mí concediéndome la gracia de (...) que imploro, al tiempo que te pido que me perdones todos mis pecados mortales o veniales, asistiéndome en la hora de mi muerte, y conduciéndome a tu feliz Reino.

Amén".

XIV. El Sagrado Corazón: salvaguarda del cuerpo, del alma y de los hogares

Añadió Marie-Julie Jahenny:

"Llevemos esta imagen encima; pongámosla en nuestras casas; **peguemos los salvoconductos del Sagrado Corazón en las puertas y en las ventanas de nuestros hogares**. *Después de eso, ¿no podemos esperar que la inscripción* "*¡Detente! ¡ Aquí está el Corazón de Jesús!*" (o "*¡El Corazón de Jesús está conmigo!*"), *junto con nuestras propias oraciones profundas, nos preserve de nuestros enemigos de dentro y de fuera?"*.

Bibliografía

I. La Salette:
— René LAURENTIN - Michel CORTEVILLE (2002), *Decouverte du Secret de La Salette*, ed. Fayard.
— ANDRE LIAUD (1897), *Les fleurs mystiques de la sainte montagne de La Salette, ou les Enseignements de l'apparition de N. D. de La Salette, par le Reliure inconnue*.
— ROGER REBUT (2019), *Je ne peux plus sursoir*, Paris, ed. auto-edición.

II. La Fraudais:
— MARQUES DE LA FRANQUERIE (1977), *Marie-Julie Jahenny the Breton Stigmatist*, auto-edición.
— IMBERT-GOURBEYRE (1895), *La Stigmatization —l'extase divine et les miracles de Lourdes— reponse aux libres penseurs*, Clermont-Ferrand, ed. Editions Bellet 2 vol.
— PIERRE ROBERDEL (1978), *Marie-Julie Jahenny, la Stigmatisee de Blain 1850-1941*, ed. Hauteville.
— PIERRE ROBERDEL (2000), *Les Prophecies de La Fraudais*.
— ISABELLE SZCZEBURA (2000), *Marie-Julie Jahenny prophetise*.
— JACQUELINE BRUNO (1941), *Quelques souvenirs sur Marie-Julie: La Stigmatisée de Blain*, ed. Edition du-Courrier de Saint Nazaire.

III. Tilly:
— FERDINAND GOMBAULT (2013), *Les Apparitions de Tilly-Sur-Seulles. Étude Scientifique et Theologique: Reponse à M. Gaston Méry*, ed. Hachette Livre.

IV. Fátima:
— LAURENT MORLIER (2003), *Vrai ou Faux le Troiseme Secret de Fatima*, Editions D.F.T.
— ANTONIO SOCCI (2000), *The Fourth Secret of Fatima,* Broché.
— JOSÉ MARÍA ZAVALA (2017), *El Secreto mejor guardado de Fátima,* Broche.
— HERMANA LÚCIA DOS SANTOS (2005), *Calls from the Message of Fatima*, ed. International.
— PAPA PIUS XII (1952), *Apostolic Letter "Sacro Vergente Anno", 7 July 1952* en HERMANO MICHAEL DE LA SANTA TRINIDAD: *The whole truth about Fatima*, vol. III, parte I, cap. VII.

V. Akita:
— TEIJI YASUDA (1999), *Akita: The Tears and Message of Mary,* ed. 101 Foundation.
— JOHN M. HAFFERT (1989), *The Meaning of Akita,* ed. 101 Foundation.

VI. Señora del Buen Suceso:
— MARIAN THERESE HORVAT (1999), *Our Lady of Good Success: Prophecies for Our Times,* ed. Tradition in Action.
— MANUEL SOUSA PEREIRA (2013), *Brief History of Our Lady of Good Success and Novena,* ed. Society of St. Pius X.

VII. Garabandal:
— FRANCISCO SANCHEZ VENTURA (1966), *Las Apariciones de Garabandal: El interrogante de Garabandal,* ed. San Miguel Publishing Company.
— ED KELLY (2017), *A Walk to Garabandal: A Journey of Happiness and Hope,* ed. CreateSpace Independent Publishing Platform.

VIII. Merdjugorje:
— RENE LAURENTIN - LJUDEVIT RUPCIC (1984), *Is the Virgin Mary appearing in Medjugorje? An urgent message for the world given in a Marxist country,* ed. Word among us Press.
— RENE LAURENTIN - HENRI JOYEUX (1988), *Scientific and Medical Studies on the Apparitions at Medjugorje,* ed. Veritas.
— MIRJANA SOLDO (2018), *My Heart will Triumph,* ed. Catholic Shop.
— FINBAR O'LEARY (2017), *Vicka... Her Story.* Ed. Dufour Editions.
— XAVIER REYES-AYRAL (1998), *Un Message d'Amour,* ed. Resiac.

IX. Alia scripta:
— FRANCISCO (2016), *"Amoris Laetitia" Post-Synodal Apostolic Exhortation,* ed. Libreria Editrice Vaticana.
— BENEDICTO XVI - ROBERT SARAH (2019), *From the Depths of Our Hearts: Priesthood, Celibacy and the Crisis of the Catholic Church, Ignatius.*
— ANATHESIUS SCHNEIDER (2019), *Christus Vincit,* ed. Angelico Press.
— JOSEPH ZEN (2019), *For love of my people, I will not keep silent,* ed. Ignatius Press.
— CHRISTINE WATKINS (2019), *The Warning, Testimonies and prophecies of the Illumination of Conscience,* ed. Queen of Peace Media.

Sitios *web* de la red

II: La Fraudais:
www.marie-julie-jahenny.fr

IV. Fátima:
https://sspx.org/en/news-events/news/private-heavenly-apparitions-sister-lucia-fatima-1925-1952

V. Akita:
WQPH (89.3FM) in the United States (http://wqphradio.org/2019/10/27/a-new-message-from-sister-agnes-of-our-lady-of-akita/)
https://video.search.yahoo.com/yhs/search?fr=yhs-itm-001&hsimp=yhs-001&hspart=itm&p=Vassula%2C+Akita+and+the+Third+Secret+of+Fatima#id=2&vid=9e560ea73bc0c5 2c900ft)5b742541644&action=click

VII. Garabandal:
https://www.garabandal.it/en/documentation/interviews-and-testimonies/p-pio
http://jeanneshouseafire.blogspot.com/2013/11/blessed-anne-catherine-emmerich.html
https://whatisgarabandal.blogspot.eom/2014/09/a-synod-before-warning-update.html
https://www.eugeneshannon.net/ventura/Ventura%20Book%20.pdf

VIII. Merdjugorje:
https://www.medjugorj ehotelspa.com/en/history-of-medj ugorj e-the-first-apparitions/
https://medjugoije.org/concordance/framconc.htm
https://gadelali.wordpress.com/2011/03/13/our-lady-of-akita/
http://wqphradio.org/2019/10/27/a-new-message-from-sister-agnes-of-our-lady-of-akita
(https://medjugorjecouncil.ie/fr-rene-laurentin-medjugoije-1997/)

IX. Alia scripta:

http://nova.evangelisation.free.fr/apparitions_mariales.htm
https://www.countdowntothekingdom.com

— Pontífices:
https://w2.vatican.va/content/dam/francesco/pdf7apost_exhortations/documents/papa-francesco_esortazione-ap_20160319_amoris-laetitia_en.pdf
(https://w2.vatican.va/content/dam/francesco/pdf/apost_exhortations/documents/papa-francesco_esortazione-ap 20160319 amoris-laetitia en.pdf)

— Padre Pío:
https://onepeterfive.com/chief-exorcist-father-amorth-padre-pio-knew-the-third-secret/

— Cardenales:
"www. Lifesitenews.com—Five Cardinals and two bishops speak about the end of times"

— Michel Rodrigue:
http://wqphradio.org/2019/09/21/fr-michel-rodrigue-apostle-of-the-last-times-parti/Fr.Michel Rodrigue
https://www.countdowntothekingdom.com Quotations from Fr. Michel Rodrigue
http://mrcabitibi.qc.ca/services/evaluation-municipale Amos, Quebec
https://www.planetdeadly.com/human/incredible-nuclear-explosion-photos
Fratemite Apostolique Saint Benoit-Joseph Labre New Apostolic Fraternity of St. Benedict-Joseph Labre vestments
https://www.hearingreview.com/inside-hearing/legislation/president-trump-signs-otc-hearing-aid-legislation-law
https://dsdoconnor.com/2021/09/27/new-prophecy-from-father-michel/

https://www.youtube.com/watch?v=e7EcHeiueMg&t=823s
https://www.youtube.com/watch?v=cwHZbsr1YFA&t=2s
https://www.youtube.com/watch?v=9nRfzTkR2B4&t=18s
https://www.youtube.com/watch?v=cwHZbsrlYFA&t=17s
https://www.youtube.com/watch?v=V6nhFWVYzvM
https://www.youtube.com/watch?v=0BfNClIs5pY
https://www.youtube.com/watch?v=mewMBbbvRNI&t=55s
https://www.youtube.com/watch?v=ux5KEaZF7KA&t=2831sl